国际电气工程先进技术译丛

先进电动汽车

[加] 阿里·埃玛迪（Ali Emadi） 主编

王典 张宏业 等译

机械工业出版社

在不断加剧的"人、车、自然"之间的矛盾之下，世界各国开始把目光从传统的燃油汽车转向新能源汽车，先进电动汽车即是一个非常重要的发展方向。我国作为能源消费大国，发展以先进电动汽车为代表的新能源汽车产业是低碳经济时代的必然选择。本书分为17章，从车辆电气化的角度入手，详细介绍了电动汽车的发展，全面地论述了电动汽车及其关键零部件的主要技术，以及关键动力传动系的技术现状与发展趋势，对各类电气化汽车、混合动力汽车、插电式混合动力汽车、增程式电动汽车、电池电动汽车和燃料电池汽车等进行了全面论述。读者通过本书可以较好地串联起与电动汽车相关的机械、电气、化学等多方面知识。书中包含了插图、实例和案例研究，可供广大电动汽车相关领域的工程技术人员、管理人员和科研人员参考，也可作为高等院校车辆工程专业高年级本科生和研究生的选修课教材。

译 者 序

汽车在全球的保有量不断增加，使人类面临能源短缺、全球变暖、空气质量下降等诸多挑战，同时也推动了汽车自身技术的发展。为此，汽车工程师正在不断努力研究降低油耗的方法，寻求各种代用燃料，并积极开发不用或少用汽油的新型车辆。越来越多的人士已认识到各种类型的电动汽车和燃料电池汽车是实现清洁汽车的解决方案，汽车业界也正在为此努力并投入巨大的资金和人力。

本书所论述的先进电动汽车是目前研究开发出的集机械、电子、汽车、电机、智能控制、化学电源、计算机、新材料等科学领域和工程技术中研究成果于一身，是多种高新技术凝聚的成果。先进电动汽车包括电气化汽车（MEV）、混合动力汽车（HEV）、插电式混合动力汽车（PHEV）、增程式电动汽车（REEV），以及电池电动汽车（BEV）和燃料电池汽车（FCV）。

电动汽车的最大特点是在行驶过程中很少甚至没有排放污染、热辐射低、噪声低且环境友好。电动汽车可应用多种能源，能节省甚至不消耗汽油或柴油，解决了汽车对化石的能源的需求问题。毫无疑问，电动汽车是一种节能、环保、可持续发展的新型交通工具，具有广阔的发展前景。

本书共分为17章。第1章介绍了汽车行业对电气化的需求，并与其他行业进行了比较，描述了从MEV到HEV，再到PHEV和REEV，最终形成了电动汽车（EV）的发展历程，此部分由王典等翻译。第2、3章分别列举了传统汽车和内燃机（ICE）的基本原理，此部分由张宏业等翻译。第4~7章介绍了电气化车辆的关键部件，如功率变换器、电机、电动机控制器和电能存储系统，此部分由王典、孔建磊、张宏业等翻译。第8章介绍了在先进的电动汽车中应用的混合电池和超级电容器储能系统，此部分由王建利等翻译。第9章介绍了应用在低压电气系统上的非动力负载电气化技术，此部分由王典、李媛媛等翻译。第10章介绍了48V带传动起动发电机电气系统，此部分由宋陶然等翻译。第11、12章分别介绍了混合动力传动系和HEV的理论基础，此部分由张宏业、孙治博等翻译。第13章主要是介绍了插电式汽车的充电器问题，此部分由曾宇凡等翻译。第14章主要是介绍了PHEV，此部分由孟阳等翻译。第15章介绍的是EV和REEV，此部分由陈双成等翻译。第16章介绍了车辆到电网接口及电气基础设施问题，此部分由周汀等翻译。第17章主要介绍了先进电动汽车的能量管理与优化，此部分由郑毅等翻译。此外，韦继勇、马晓晨、刁昊、周兆辉、张志威、梁恒诺、王钦、黄立超、赵志强、赵亚、丁浩、李佳子、李天宇、徐之栋、张博或、李博、潘林峻、鲍薪如、刘文权、关畅、秦悦、蒲帅、唐伟国、何颖、徐小俊、孙浩、樊丽、彭阳、韩东涛、李泽慧、单绍琳、朱彤彤、郑建业、陆浣绫和张光强等参与了部分章节的翻译工作，在此对他们致以诚挚的谢意。译者还要感谢机械工业出版社相关人员为本书的出版所做的细致工作。

由于电动汽车技术是近十多年来迅速发展的新技术，许多关键技术问题正在研究和解决中，相关成果推陈出新，加之译者知识水平与认识能力有限，不足之处在所难免，敬请广大专家和读者批评指正！

原书前言

电气化是交通运输业向更高效、更高性能、更安全、更智能和更可靠车辆发展的范式转变。事实上，从内燃机（ICE）转向更一体化的电气化动力传动系是一个明显的趋势。非推进负载，如动力转向和空调系统等也正在经历电气化进程。电动汽车包括各类电气化汽车（MEV）、混合动力汽车（HEV）、插电式混合动力汽车（PHEV）、增程式电动汽车（REEV）以及电池电动汽车（BEV）和燃料电池汽车（FCV）。

本书首先介绍了汽车行业，第1章介绍了电气化的必要性以及与电信等其他行业的相似之处，同时也介绍了汽车发展的范式转变如何从MEV开始，进而建立HEV，并由PHEV和REEV发展壮大，终将由电动汽车（EV）完成的全部进程。

第2、3章分别介绍了传统汽车和ICE的基本原理。第4~7章主要介绍电动汽车的主要部件，包括电力电子变换器、电机、电动机控制器和电能存储系统。第8章介绍了混合电池/超级电容器储能系统及其在先进电动汽车中的应用。

第9章介绍了应用于低压电气系统的非动力负载的电气化技术。第10章介绍了48V带传动起动发电机电气系统，第11、12章分别介绍了混合动力传动系和HEV的基本原理。第13章将重点介绍插电式汽车所需的充电器。第14章介绍了PHEV。第15章介绍了纯电动汽车和REEV。此外，车辆到电网（V2G）接口和电气基础设施问题将在第16章提出。第17章介绍了先进电动汽车的能量管理与优化。

本书作为一本综合性教科书涵盖了先进电动汽车的主要方面，主要面向对象是工程学的研究生和高年级本科生，每个章节都包含多张插图、多个应用实例和案例研究。对交通电气化感兴趣的工程师、管理人员、学生、研究人员和其他专业人员，本书也是与电动汽车有关的比较容易理解的参考书。

感谢Taglor & Francis/CRC出版社工作人员的努力和协助，特别是Nora Konopka女士、Jessica Vakili女士和Michele Smith女士。感谢Weisheng Jiang先生为准备本书中的许多插图所做的辛勤工作。

Ali Emadi
2014年11月

本书主编

Ali Emadi (IEEE S'98 - M'00 - SM'03 - F'13) 在伊朗德黑兰的谢里夫工业大学以最高荣誉获得电气工程学士学位（1995）和硕士学位（1997）。他在美国得克萨斯州的得克萨斯农工大学获得了电气工程博士学位（2000）。他目前是混合动力传动系加拿大卓越研究主席（CERC），也是加拿大安大略省汉密尔顿市麦克马斯特大学麦克马斯特汽车研究与技术研究所（MacAUTO）主任。在加入麦克马斯特大学之前，Emadi博士是Harris Perlstein资助的工程学讲座教授，以及美国伊利诺伊理工学院（IIT）的电力与电力电子中心和Grainger实验室主任，他建立了电力电子、电动机驱动和车辆动力系统的研究和教学设施以及课程。此外，Emadi博士是混合动力汽车技术公司（HEVT）的创始人、董事长兼总裁，HEVT是IIT的大学附属公司。

Emadi博士获得了众多奖项和荣誉。2009年，他被任命为芝加哥事务全球远见者。由于他对混合动力汽车的杰出贡献，他被电气工程荣誉学会授予2003年Eta Kappa Nu杰出青年电气工程师（单项国际大奖）。他还获得了IEEE电力电子学会颁发的2005年Richard M. Bass杰出青年电力电子工程师奖。2005年，他被IIT的学生选为年度最佳教授。Emadi博士是IIT 2002年大学卓越教学奖（University Excellence in Teaching Award）以及2004年Sigma Xi/IIT大学卓越研究奖（Award for Excellence in University Research）获得者。他带领一组学生设计并制造了一种新型的电动机驱动装置，该装置荣获2003年IEEE国际未来能源挑战赛电动机竞赛总冠军。此外，他还是IIT和麦克马斯特大学混合动力方程式车队的顾问，该团队分别在2010年和2013年的动力方程式大赛（Formula Hybrid Competitions）中获得了通用汽车最佳工程混合动力系统奖（GM Best Engineered Hybrid Systems Award）。

Emadi博士是300余篇期刊和会议论文的主要作者/合著者，著有 *Vehicular Electric Power Systems: Land, Sea, Air, and Space Vehicles*（Marcel Dekker, 2003），*Energy Efficient Electric Motors*（Marcel Dekker, 2004），*Uninterruptible Power Supplies and Active Filters*（CRC出版社, 2004），*Modern Electric, Hybrid Electric, and Fuel Cell Vehicles: Fundamentals, Theory, and Design, Second Edition*（CRC出版社, 2009），和 *Integrated Power Electronic Converters and Digital Control*（CRC出版社, 2009）. Emadi还是 *Handbook of Automotive Power Electronics and Motor Drives*（CRC出版社, 2005）的编者。

Emadi博士是第一届IEEE车辆动力与推进会议（VPPC'05）的大会主席，并担任同期举办的美国汽车工程师学会（SAE）国际未来交通技术大会主席。他还是

2011 年 IEEE VPPC 的大会主席。他目前是 IEEE 交通电气化会议及博览会（ITEC）的指导委员会主席。此外，Emadi 博士还是 2012 年 ITEC 的首任大会主席。他曾担任 IEEE 车辆动力和推进指导委员会主席、IEEE 电力电子学会车辆与运输系统技术委员会主席、IEEE 工业电子学会电力电子技术委员会主席。他还曾担任 2007 年 IEEE 国际未来能源挑战赛主席。

Emadi 博士是 *IEEE Transactions on Transportation Electrification* 的主编，他还是 *International Journal of Electric and Hybrid Vehicles*（北美版）的编辑。他曾任 *Transportation Electrification and Vehicle Systems*，*IEEE Transactions on Power Electronics* 特刊特约主编。他还曾担任过 *Transportation Electrification and Vehicle - to - Grid Applications*，*IEEE Transactions on Smart Grid*，*Automotive Power Electronics and Motor Drives*，*IEEE Transactions on Power Electronics* 的特刊客座主编以及 *Hybrid Electric and Fuel Cell Vehicles*，*IEEE Transactions on Vehicular Technology*，*Automotive Electronics and Electrical Drives*，*IEEE Transactions on Industrial Electronics* 的特刊客座编辑。

本书作者

Florence Berthold
Department of Electrical and Computer Engineering
Concordia University
Montreal, Quebec, Canada

Berker Bilgin
McMaster Institute for Automotive Research and Technology (MacAUTO)
McMaster University
Hamilton, Ontario, Canada

Giampaolo Carli
Department of Electrical and Computer Engineering
Concordia University
Montreal, Quebec, Canada

Ilse Cervantes
Institute for Scientific and Technological Research of San Luis Potosi (IPICyT)
San Luis Potosi, Mexico

Ali Emadi
McMaster Institute for Automotive Research and Technology (MacAUTO)
McMaster University
Hamilton, Ontario, Canada

Lucia Gauchia
Michigan Technological University
Houghton, Michigan

Oliver Gross
Oxford, Michigan

Ruoyu Hou
McMaster Institute for Automotive Research and Technology (MacAUTO)
McMaster University
Hamilton, Ontario, Canada

Weisheng Jiang
McMaster Institute for Automotive Research and Technology (MacAUTO)
McMaster University
Hamilton, Ontario, Canada

Alireza Khaligh
Electrical and Computer Engineering Department
University of Maryland
College Park, Maryland

Mariam Khan
McMaster Institute for Automotive Research and Technology (MacAUTO)
McMaster University
Hamilton, Ontario, Canada

Mahesh Krishnamurthy
Electric Drives and Energy Conversion Laboratory
Illinois Institute of Technology
Chicago, Illinois

William Long
McMaster Institute for Automotive Research
and Technology (MacAUTO)
McMaster University
Hamilton, Ontario, Canada

Pierre Magne
McMaster Institute for Automotive Research
and Technology (MacAUTO)
McMaster University
Hamilton, Ontario, Canada

Pawel P. Malysz
McMaster Institute for Automotive Research
and Technology (MacAUTO)
McMaster University
Hamilton, Ontario, Canada

Fariborz Musavi
Novum Advanced Power, CUI, Inc.
Portland, Oregon

Nicholas J. Nagel
Research and Development, Triumph
Aerospace Systems
Seattle, Washington

Omer C. Onar
National Transportation Research Center
Oak Ridge National Laboratory
Knoxville, Tennessee

Josipa G. Petrunić.
McMaster Institute for Automotive Research
and Technology (MacAUTO)
McMaster University
Hamilton, Ontario, Canada

Anand Sathyan
Electrical and Computer Engineering
Department
McMaster University
Hamilton, Ontario, Canada

Arash Shafiei
Department of Electrical and Computer
Engineering
Concordia University
Montreal, Quebec, Canada

Xiaodong Shi
Electric Drives and Energy Conversion
Laboratory
Illinois Institute of Technology
Chicago, Illinois

Piranavan Suntharalingam
McMaster Institute for Automotive Research
and Technology (MacAUTO)
McMaster University
Hamilton, Ontario, Canada

Sheldon S. Williamson
Department of Electrical and Computer
Engineering
Concordia University
Montreal, Quebec, Canada

Sanjaka G. Wirasingha
Electrical and Computer Engineering
Department
McMaster University
Hamilton, Ontario, Canada

Fengjun Yan
Department of Mechanical Engineering
McMaster University
Hamilton, Ontario, Canada

Hong H. Yang
Electrical and Computer Engineering
　Department
McMaster University
Hamilton, Ontario, Canada

Yinye Yang
McMaster Institute for Automotive Research
　and Technology (MacAUTO)
McMaster University
Hamilton, Ontario, Canada

Mengyang Zhang
Chrysler Group LLC
Auburn Hills, Michigan

目　　录

译者序
原书前言
本书主编
本书作者

第1章　汽车工业和电气化 ··· 1
  1.1　从第一批电动汽车到交通运输2.0的未来 ··· 1
    1.1.1　从风能到蒸汽：交通运输2.0 19世纪的类比 ································ 3
  1.2　汽车电气化的连续性 ··· 4
    1.2.1　电气化汽车 ··· 5
    1.2.2　混合动力汽车 ··· 5
    1.2.3　插电式混合动力汽车 ··· 6
    1.2.4　电动汽车 ··· 7
  1.3　交通电气化的实现技术 ··· 8
  1.4　电网系统 ··· 9
    1.4.1　微电网和可再生能源供应 ··· 10
    1.4.2　智能电网 ··· 11
  1.5　交通电气化是一个范式转变 ··· 11
  1.6　总结 ··· 12
  参考文献 ··· 12

第2章　传统汽车及其动力传动系基础 ··· 13
  2.1　纵向车辆模型 ··· 13
  2.2　纵向阻力 ··· 13
    2.2.1　空气动力阻力 ··· 13
    2.2.2　分级阻力 ··· 14
    2.2.3　滚动阻力 ··· 14
  2.3　总牵引力 ··· 14
  2.4　最大牵引力和动力传动系牵引力 ··· 15
  2.5　车辆性能 ··· 16
    2.5.1　车辆的最大速度 ··· 16
    2.5.2　爬坡能力 ··· 17
    2.5.3　加速性能 ··· 17
  2.6　制动性能和分布 ··· 18

2.6.1　制动力 ··· 18
　　2.6.2　一个两轴汽车制动的特点 ··· 18
2.7　车辆动力装置和传动特性 ·· 19
　　2.7.1　电力特性 ·· 19
　　2.7.2　传动特性 ·· 20
习题 ·· 21

第3章　内燃机 ··· 23
3.1　引言 ··· 23
　　3.1.1　运行周期 ·· 24
3.2　概念 ··· 26
　　3.2.1　基本几何性质 ··· 26
　　3.2.2　性能指标 ·· 27
3.3　气路回路 ··· 29
　　3.3.1　节流阀和阀门 ··· 29
　　3.3.2　流形 ·· 30
　　3.3.3　功率提升 ·· 30
3.4　燃料路径回路 ·· 30
　　3.4.1　SI发动机燃油喷射系统 ··· 30
　　3.4.2　CI发动机燃油喷射系统 ··· 31
3.5　燃烧 ··· 31
　　3.5.1　SI发动机燃烧 ··· 31
　　3.5.2　CI发动机燃烧 ··· 32
3.6　排放 ··· 32
　　3.6.1　排放污染物的形成 ··· 32
　　3.6.2　排放控制策略 ··· 33
习题 ·· 33
参考文献 ··· 34

第4章　电力电子基础 ·· 35
4.1　开关模式的直流-直流变换器 ·· 35
　　4.1.1　现代电动汽车中的直流-直流变换器 ·································· 35
　　4.1.2　开关模式直流-直流变换器的稳态运行 ······························ 36
　　4.1.3　开关装置概述 ··· 38
　　4.1.4　开关模式直流-直流变换器状态空间表示 ··························· 44
　　4.1.5　电感和电容的选择 ·· 47
　　4.1.6　有限连续导通模式-断续导通模式 ····································· 51
4.2　开关模式的直流-交流逆变器 ·· 52
　　4.2.1　单相逆变器 ··· 52

4.2.2 三相逆变器 ··· 57
4.3 开关模式的交流-直流变换器 ··· 61
  4.3.1 单相半波整流器 ··· 61
  4.3.2 单相全波整流器 ··· 65
  4.3.3 三相整流器 ··· 70
4.4 功率变换器设计的实际应用 ··· 73
  4.4.1 介绍 ··· 73
  4.4.2 半导体损耗的评估 ··· 74
  4.4.3 功率模块的选择 ··· 77
  4.4.4 开关装置的驱动电路 ··· 80
  4.4.5 缓冲电路 ··· 84
  4.4.6 汇流排设计 ··· 88
习题 ··· 89
参考文献 ··· 90

第5章 电机原理 ··· 91
5.1 引言 ··· 91
5.2 电磁学基础 ··· 91
  5.2.1 磁场的散度和旋度 ··· 92
  5.2.2 洛伦兹力定律 ··· 93
  5.2.3 电磁感应和法拉第定律 ··· 93
  5.2.4 电感和磁场能量 ··· 95
5.3 电机损耗 ··· 96
  5.3.1 介绍 ··· 96
  5.3.2 铜损 ··· 97
  5.3.3 铁心损耗 ··· 99
  5.3.4 永磁体的损耗 ··· 101
  5.3.5 机械损耗 ··· 101
5.4 电机绕组 ··· 102
  5.4.1 交流电机绕组 ··· 102
  5.4.2 凸极定子绕组 ··· 107
  5.4.3 线圈设计 ··· 110
5.5 电机材料 ··· 111
  5.5.1 铁心材料 ··· 111
  5.5.2 永磁体 ··· 120
  5.5.3 电机绝缘 ··· 127
5.6 电机的工作原理 ··· 128
  5.6.1 永磁同步电机 ··· 128
  5.6.2 感应电机 ··· 140

5.6.3　开关磁阻电机 …………………………………………………… 146
5.7　牵引电动机说明 ……………………………………………………………… 151
　　5.7.1　高压电池的作用和逆变器的控制方法 …………………………… 151
　　5.7.2　磁体的选择、温度的影响和退磁 ………………………………… 151
　　5.7.3　齿槽转矩和转矩脉动 ………………………………………………… 151
　　5.7.4　力学性能与电气性能 ………………………………………………… 153
　　5.7.5　材料和传动公差 ……………………………………………………… 153
　　5.7.6　尺寸细节 ……………………………………………………………… 153
　　5.7.7　效率要求和直流电压 ………………………………………………… 154
5.8　IPM 电机故障情况 …………………………………………………………… 154
　　5.8.1　非受控发电模式 ……………………………………………………… 154
　　5.8.2　短路故障 ……………………………………………………………… 155
5.9　电机测试 ………………………………………………………………………… 157
5.10　其他电机配置 ………………………………………………………………… 159
　　5.10.1　同步磁阻电机 ………………………………………………………… 159
　　5.10.2　横向磁通永磁电机 …………………………………………………… 160
　　5.10.3　轴向磁通永磁电机 …………………………………………………… 160
习题 …………………………………………………………………………………… 161
参考文献 ……………………………………………………………………………… 165

第6章　电动机控制原理 ………………………………………………………… 167
6.1　引言 …………………………………………………………………………… 167
　　6.1.1　有刷直流电动机转矩的产生 ………………………………………… 167
　　6.1.2　直流电动机转矩控制 ………………………………………………… 168
　　6.1.3　有刷直流电动机的转矩控制 ………………………………………… 171
6.2　交流电动机控制基本原理 …………………………………………………… 183
　　6.2.1　无刷直流电机转矩控制基本原理 …………………………………… 183
　　6.2.2　无刷交流电机转矩控制基本原理 …………………………………… 184
6.3　开关磁阻电机控制 …………………………………………………………… 195
　　6.3.1　SRM 转矩的产生 ……………………………………………………… 195
6.4　电机的速度控制 ……………………………………………………………… 202
　　6.4.1　速度控制的经典方法 ………………………………………………… 202
6.5　总结 …………………………………………………………………………… 206
习题 …………………………………………………………………………………… 206
参考文献 ……………………………………………………………………………… 209

第7章　电能存储系统基础 ……………………………………………………… 211
7.1　引言 …………………………………………………………………………… 211
7.2　电动汽车的储能要求 ………………………………………………………… 212

- 7.2.1 能量密度和比能量 214
- 7.2.2 功率密度和比功率 214
- 7.2.3 循环寿命和日历寿命 214
- 7.2.4 运行工作温度 215
- 7.2.5 安全 216
- 7.2.6 展望 216
- 7.3 电化学电池 218
  - 7.3.1 基本物理和电化学 218
  - 7.3.2 铅酸电池 220
  - 7.3.3 镍-金属氢化物电池 222
  - 7.3.4 锂离子电池 223
  - 7.3.5 氯化镍钠电池 225
- 7.4 超级电容器电池 227
  - 7.4.1 基本物理知识 227
  - 7.4.2 电双层电容器 228
  - 7.4.3 带有赝电容的超级电容器 229
- 7.5 特性术语和性能参数 231
- 7.6 建模 232
  - 7.6.1 电化学电池的等效电路模型 232
  - 7.6.2 电化学电池的增强自校正模型 234
  - 7.6.3 超级电容器电池 235
- 7.7 测试程序 236
  - 7.7.1 时域 236
  - 7.7.2 频域 240
- 7.8 封装和管理系统 243
  - 7.8.1 功能和设计方面的考虑 243
  - 7.8.2 电池平衡 245
- 7.9 状态与参数估计 247
  - 7.9.1 估计算法 247
  - 7.9.2 在线 SOC 和阻抗估计 249
- 习题 252
- 参考文献 252

第8章 混合储能系统 254
- 8.1 混合电池和超级电容器拓扑学 254
  - 8.1.1 拓扑1：无源并联配置 255
  - 8.1.2 拓扑2：超级电容器/电池配置 256
  - 8.1.3 拓扑3：电池/超级电容器配置 256
  - 8.1.4 拓扑4：级联变换器配置 257

8.1.5 拓扑5：多并联连接的变换器配置 ················ 258
8.1.6 拓扑6：多个双有源电桥变换器配置 ············· 259
8.1.7 拓扑7：双源双向变换器配置 ····················· 261
8.1.8 拓扑8：多输入变换器配置 ························ 261
8.1.9 拓扑9：多模式单变换器配置 ····················· 262
8.1.10 拓扑10：交错变换器配置 ························ 263
8.1.11 拓扑11：开关电容变换器配置 ·················· 264
8.1.12 拓扑12：基于耦合电感器的混合架构 ········· 265
8.2 其他储能装置和系统：飞轮、压缩空气存储系统和超导磁储能系统······ 266
8.2.1 飞轮ESS ·· 266
8.2.2 基于压缩空气泵浦的液压存储系统 ····························· 268
8.2.3 超导磁ESS ··· 269
8.3 总结 ··· 271
8.4 PEV混合ESS拓扑的模拟和分析 ··· 271
8.4.1 无源并联配置的模拟与分析 ······································ 272
8.4.2 级联变换器拓扑的模拟与分析 ··································· 275
8.4.3 并联连接多重变换器拓扑的模拟与分析 ······················ 280
8.4.4 小结 ·· 282
习题 ··· 283
参考文献 ·· 284

第9章 非动力负载的低压电气系统 ·· 288
9.1 引言 ··· 288
9.2 低压电气负载 ··· 289
9.3 辅助功率模块的要求 ·· 290
9.4 辅助功率模块的变换器拓扑 ··· 290
9.4.1 反激变换器 ··· 290
9.4.2 正激变换器 ··· 292
9.4.3 推挽变换器 ··· 292
9.4.4 一次侧拓扑 ··· 292
9.4.5 二次侧拓扑 ··· 293
9.4.6 同步整流 ·· 294
习题 ··· 297
参考文献 ·· 299

第10章 48V带传动起动发电机电气系统 ··· 300
10.1 引言 ·· 300
10.2 低压电气化 ··· 300
10.2.1 电气化需要 ·· 300

10.2.2 混合度 … 301
10.2.3 低压与高压电气化 … 303
10.2.4 12V 与 48V 低压电气化 … 305
10.3 BSG 系统概述 … 308
10.3.1 BSG 系统的功能概述 … 308
10.3.2 48V 电气拓扑 … 311
10.4 BSG 要求和实施 … 313
10.4.1 BSG 性能要求 … 313
10.4.2 BSG 系统的设计更改 … 315
10.4.3 设计挑战与实施 … 316
10.5 关键 BSG 子系统部件 … 317
10.5.1 能量存储系统 … 317
10.5.2 电动机 … 323
10.5.3 功率逆变器模块 … 325
10.5.4 DC-DC 变换器 … 330
10.5.5 前端附件驱动 … 330
10.5.6 发动机控制单元 … 331
10.6 标杆 … 332
10.6.1 通用汽车 … 332
10.6.2 PSA 标致雪铁龙 … 332
10.6.3 48V LC 超级混合 … 332
10.6.4 绿色混合 … 333
10.6.5 48V 生态驱动 … 333
10.6.6 全混合 … 333
10.6.7 博世 … 333
10.6.8 48V 乡镇混合动力传动系 … 334
习题 … 334
参考文献 … 335

第 11 章 混合动力传动系原理 … 336
11.1 引言 … 336
11.2 混合动力汽车和混合动力传动系的介绍 … 336
11.2.1 串联混合动力系统 … 341
11.2.2 并联混合动力系统 … 341
11.2.3 功率分流式混合动力系统 … 341
11.3 混合动力传动系部件的介绍 … 349
11.3.1 HEV 的内燃机 … 349
11.3.2 混合动力传动系的电机 … 352
11.3.3 2010 年丰田普锐斯（Prius）变速驱动器 … 354

- 11.3.4 混合动力传动系概述 …… 356
- 11.4 再生制动系统 …… 360
  - 11.4.1 电动汽车双制动系统的主要原因 …… 361
  - 11.4.2 电动汽车制动系统 …… 364
  - 11.4.3 再生制动系统的能量存储 …… 366
  - 11.4.4 总结 …… 367
- 11.5 混合动力传动系控制介绍 …… 367
  - 11.5.1 发动机开/关的决定 …… 369
  - 11.5.2 发动机工作点优化 …… 370
  - 11.5.3 发动机起动控制 …… 372
  - 11.5.4 再生制动控制 …… 373
- 附录 自动模拟配置和输入参数 …… 374
- 习题 …… 376
- 参考文献 …… 376

第12章 混合动力汽车 …… 377

- 12.1 引言 …… 377
- 12.2 混合动力汽车 …… 377
  - 12.2.1 燃油经济性改善型混合动力汽车 …… 377
- 12.3 行驶工况 …… 379
  - 12.3.1 行驶工况对燃油经济增效和减排的影响 …… 381
  - 12.3.2 混合动力汽车如何从传统车辆中获益, 实现燃油经济性 …… 384
- 12.4 燃油经济性行驶工况和道路条件 …… 385
  - 12.4.1 案例研究 …… 385
- 12.5 HEV 技术 …… 388
  - 12.5.1 微型混合动力汽车 …… 388
  - 12.5.2 轻度混合动力汽车 …… 389
  - 12.5.3 全混合动力汽车 …… 389
- 12.6 基于动力传动系的道路车辆分类 …… 391
  - 12.6.1 轻度混合动力汽车 …… 391
  - 12.6.2 并联混合动力汽车 …… 391
  - 12.6.3 串联混合动力汽车 …… 392
  - 12.6.4 串并联混合动力汽车 …… 392
  - 12.6.5 插电式混合动力汽车 …… 393
- 12.7 混合动力汽车设计与实现中的主要挑战 …… 396
- 12.8 研究与开发领域 …… 397
  - 12.8.1 电机的设计、选型和尺寸 …… 397
  - 12.8.2 储能系统 …… 397

12.8.3　热管理系统 398
　12.9　案例研究 398
　习题 401
　参考文献 402

第13章　充电系统的基本原理 403
　13.1　引言 403
　13.2　充电器的分类和标准 403
　　13.2.1　交流充电系统 403
　　13.2.2　直流充电系统 404
　13.3　充电器要求 405
　13.4　1级和2级交流充电器的拓扑选择 406
　　13.4.1　前端AC-DC变换器拓扑 406
　　13.4.2　隔离式DC-DC变换器拓扑 412
　13.5　3级充电器的拓扑选择 416
　　13.5.1　前端AC-DC变换器拓扑 417
　　13.5.2　隔离式DC-DC变换器拓扑 417
　13.6　实践示例 417
　　13.6.1　前端PFC升压变换器设计 418
　　13.6.2　隔离式DC-DC变换器设计 419
　13.7　无线充电器 420
　　13.7.1　介绍 420
　　13.7.2　感应充电 421
　　13.7.3　谐振感应充电 421
　　13.7.4　道路/在线充电 422
　习题 423
　参考文献 423

第14章　插电式混合动力汽车 427
　14.1　引言 427
　14.2　PHEV的功能和优点 429
　14.3　PHEV的部件 434
　　14.3.1　电池 434
　　14.3.2　电机 435
　　14.3.3　发动机 435
　　14.3.4　电力电子器件 436
　14.4　PHEV的工作原理 437
　　14.4.1　CD模式 437
　　14.4.2　CS模式 438

14.4.3 AER 模式 ………………………………………………………………… 438
14.4.4 发动机维护模式 …………………………………………………………… 439
14.5 PHEV 结构 ……………………………………………………………………… 439
14.5.1 PHEV 串联混合 …………………………………………………………… 439
14.5.2 PHEV 并联混合 …………………………………………………………… 440
14.5.3 PHEV 复合混合 …………………………………………………………… 441
14.6 PHEV 的控制策略 ……………………………………………………………… 443
14.7 与 PHEV 相关的技术和挑战 …………………………………………………… 445
14.7.1 PHEV 电池 ………………………………………………………………… 445
14.7.2 PHEV 成本 ………………………………………………………………… 446
14.7.3 PHEV 的充电 ……………………………………………………………… 447
14.7.4 PHEV 相关电网挑战 ……………………………………………………… 447
14.8 PHEV 市场 ……………………………………………………………………… 448
14.9 总结 ……………………………………………………………………………… 450
习题 …………………………………………………………………………………… 450
参考文献 ……………………………………………………………………………… 450

第 15 章 纯电动汽车和增程式电动汽车 …………………………………………… 452
15.1 电动汽车的历史和发展 ………………………………………………………… 452
15.2 电动汽车的配置和主要部件 …………………………………………………… 455
15.2.1 电动汽车的配置 …………………………………………………………… 455
15.2.2 电动汽车能量存储装置 …………………………………………………… 457
15.3 电动汽车的性能 ………………………………………………………………… 461
15.3.1 电动汽车功率分布 ………………………………………………………… 461
15.3.2 汽车加速度 ………………………………………………………………… 462
15.3.3 汽车的最高车速 …………………………………………………………… 463
15.4 增程式电动汽车 ………………………………………………………………… 464
15.4.1 增程式电动汽车的介绍 …………………………………………………… 464
15.4.2 增程器 ……………………………………………………………………… 464
15.4.3 增程器连接 ………………………………………………………………… 465
15.5 燃料电池电动汽车 ……………………………………………………………… 467
15.5.1 燃料电池电动汽车介绍 …………………………………………………… 467
15.5.2 燃料电池介绍 ……………………………………………………………… 467
15.5.3 燃料电池电动汽车动力传动系 …………………………………………… 468
15.6 太阳能电动汽车 ………………………………………………………………… 469
15.6.1 太阳能电动汽车介绍 ……………………………………………………… 469
15.6.2 太阳能电动汽车动力传动系 ……………………………………………… 470
15.6.3 太阳能充电站 ……………………………………………………………… 472

- 15.7 电动自行车 ··· 473
  - 15.7.1 电动自行车介绍 ··· 473
  - 15.7.2 电动自行车推进系统 ·· 473
  - 15.7.3 电动自行车功率分布 ·· 474
- 习题 ··· 475
- 参考文献 ·· 475

第 16 章 车辆到电网接口及电气基础设施 ·· 477
- 16.1 引言 ·· 477
- 16.2 电动汽车和插电式混合动力汽车充电基础设施 ···························· 478
  - 16.2.1 电动汽车/插电式混合动力汽车的电池和充电状态 ················· 478
- 16.3 EV/PHEV 充电基础设施的电力电子技术 ·································· 489
  - 16.3.1 充电硬件 ·· 490
  - 16.3.2 并网基础设施 ·· 491
- 16.4 V2G 和 V2H 概念 ·· 492
  - 16.4.1 电网升级 ·· 493
- 16.5 PEV 充电用电力电子设备 ·· 494
  - 16.5.1 安全注意事项 ·· 494
  - 16.5.2 并网的住宅系统 ··· 496
  - 16.5.3 并网的公共系统 ··· 497
  - 16.5.4 本地可再生能源发电的并网系统 ······································· 501
- 16.6 电动汽车电池充电说明和安全问题 ·· 504
  - 16.6.1 电动汽车充电水平、规格和安全性 ···································· 505
  - 16.6.2 EV/PHEV 电池充电电压水平 ·· 506
  - 16.6.3 充电安全问题 ·· 506
- 16.7 电动汽车充电和 V2G 功率流对电网的影响 ······························· 506
  - 16.7.1 线路稳定性 ··· 507
  - 16.7.2 逆变器畸变和直流电流注入 ··· 507
  - 16.7.3 本地分布配置 ·· 508
- 16.8 智能电网中的可再生能源和 EV/PHEV 混合 ······························ 508
  - 16.8.1 车辆到电网：测试用例 ··· 509
- 习题 ··· 511
- 参考文献 ·· 511

第 17 章 能量管理与优化 ··· 514
- 17.1 引言 ·· 514
  - 17.1.1 能量管理问题：现有解决方案 ·· 515
  - 17.1.2 章节结构组成 ·· 517
- 17.2 能量管理问题表述 ·· 518

17.2.1 PEMFC 说明 …… 518
17.2.2 功率需求计算：FCHEV …… 519
17.2.3 问题表述：启发式方法 …… 520
17.2.4 问题表述：优化方法 …… 521
17.3 DOP 的解决方案 …… 524
17.3.1 变分演算结果 …… 524
17.3.2 动态规划 …… 526
17.4 FCHEV 的最佳 EMS …… 527
17.4.1 静态 OF …… 528
17.4.2 积分 OF …… 531
17.5 控制系统 …… 534
17.5.1 控制设计 …… 535
17.5.2 稳定性概念和工具 …… 535
17.5.3 鲁棒控制设计 …… 536
17.5.4 最佳控制设计 …… 538
习题 …… 538
参考文献 …… 539

第1章 汽车工业和电气化

Ali Emadi, Josipa G. Petrunić

汽车是现代工业生活的重要组成部分。19世纪，欧洲和北美开始了一场以内燃机（ICE）作为主要动力的工业革命，现用于个人和工业运输的汽车、厢式货车、运动型多功能车（SUV）和卡车是这场工业革命的结果。然而，20世纪出现了许多与ICE驱动的交通运输产生的温室气体（GHG）相关的严重环境、经济和社会问题。这些负面影响重塑了制造业格局，促使汽车制造商们重新思考设计汽车的方式，他们还重新调整了消费者和公众对整体运输效率和可持续性的期望。

"可持续性"作为一种新的口号，正逐渐成为交通技术的一项重要指标。本章的编写有一个首要原则，即交通电气化是我们确保汽车工业在未来半个世纪"可持续发展"的主要手段。

电气化的全球可持续交通系统就是我们所说的交通2.0（Emadi 2011）。在交通2.0的世界里，先进电动汽车和运输网络发生了深刻的技术变革，重塑了汽车工业，并将其注意力集中在最有效的动力来源——电力上。公司将努力开发新技术，确保新技术具有可扩展性、适销性和盈利性，来满足消费者对低成本、低维护、安全、可靠、坚固耐用且环保等方面不断增长的需求。

为了满足消费者的这些需求，需要在混合动力、插电式混合动力和全电动动力传动系方面进行工业和学术投资，包括开发高级电动机、电力电子和控制器、嵌入式软件、电池、储能设备以及微型智能电网接口系统，并且需要掌握了先进电动汽车理论和实践的高技能工作者，为未来几十年汽车公司的创新工作提供指导。

本章向读者介绍了过去一个世纪中先进电动汽车发展的创新概况，并指出了未来创新路径。首先，简要回顾了贯穿整个20世纪的交通1.0汽车技术。我们提出了"可持续性"的概念，作为交通2.0范式中体现的核心概念，这是一种包含了向先进电动汽车和电气化交通根本转变的世界观。然后，我们探索了已经在交通运输电气化领域形成行业趋势的颠覆性技术，包括各类电气化汽车（MEV）、混合动力汽车（HEV）、插电式混合动力汽车（PHEV）和电动汽车（EV）等。最后我们探索与电力电子、控制器、电机、电池和超级电容器以及电网创新相关的未来技术。21世纪，这些技术将推动改进型电动汽车的发展。

1.1 从第一批电动汽车到交通运输2.0的未来

电气化交通有着150多年丰富的历史。电动机在19世纪初基于实验与磁铁首次开发，但是直到19世纪50年代后，电动机才被用于运输，电动机被实验性地应用于火车、轮船和私人马车（或小汽车）。产生了一系列用于个人运输的新型电动汽车——其中许多汽车在第一次世界大战之前一直统治着汽车市场。

1834年，托马斯·达文波特（Thomas Davenport）制造了第一台实用的单人"电动汽车"，随后在1847年制造出了双人版本。1851年第一辆电动汽车问世，类似于今天的"汽车"，行驶速度约20mile/h（32km/h）。

几十年后，随着爱迪生电池（Edison Cell）的发展，第一批大规模生产的电动汽车进入了市场，镍铁电池推动了这个已经蓬勃发展的市场的发展。与早期的电动汽车和原型车中使用的电池相比，爱迪生电池具有更大的存储容量。爱迪生电池是可充电电池，汽车厂商使用爱迪生电池生产出在公共或私人充电站（其中许多安装在城市街道或优惠电价的家庭中）充电的汽车，有了这些充电汽车，消费者出行更加方便。1900年，电动汽车在休闲车市场占据较大比重，在美国售出的4200辆汽车中，有38%是电动的，只有22%是汽油驱动的，而另外40%仍然是蒸汽驱动的（Electric Vehicles，2008）。

虽然电动汽车很受欢迎，但是价格昂贵并且行驶距离有限。与电动汽车相比，汽油和柴油汽车更加便宜，第一次世界大战期间以使用汽油和柴油汽车为主。在1890年至1914年之间，德国和美国的工程师和制造商设计了可为轮船、火车和汽车以及许多其他工业和制造应用提供动力的热力发动机，开始用内燃机代替电动汽车和蒸汽机提供动力。

1872年，美国发明家乔治·布雷顿（George Brayton）制造了"布雷顿的电动机"。他使用恒压燃烧和液体燃料生产了第一台"内燃发动机"。19世纪80年代，戈特利布·戴姆勒（Gottlieb Daimler）和他的合伙人威廉·迈巴赫（Wilhelm Maybach）发布了世界上第一台内燃机汽车，他们获得了使用Nicolaus Otto的"大气发动机"版本的汽油动力汽车的专利。19世纪90年代，鲁道夫·迪塞尔发现了内燃机不需要外部点火系统的优点，该发动机在压缩循环结束时注入燃料，由压缩产生的高温点燃燃料。鲁道夫·迪塞尔获得了压缩点火发动机设计的专利。柴油机是一种高压、高效、耐用的发动机，适用于铁路机车、大型卡车、轮船和汽车。随后，德国制造商卡尔·奔驰（Karl Benz）开发了化油器、电点火系统、水冷却系统和改进的转向系统等创新产品。1900年初，奔驰主要以"可靠、快速、耐用、优雅"等优点来推销内燃机。

在这些新兴内燃机（ICE）技术的背景下，美国商业大师和发明家亨利·福特（Henry Ford）启动了流水线制造来批量生产以ICE来作为动力的T型福特汽车（也称为"Tin Lizzies"）。1908年，这些低成本汽车的售价不到当代电动汽车价格的1/4，从而使得普通家庭也有购买汽车的能力。20世纪前10年，许多早期的交通系统都是电动的，石油公司建议市政当局和地方政府改用ICE驱动公共交通系统。

20世纪初期，ICE的日益兴起创造了交通1.0模式，该模式的核心运输系统是在不受阻碍、廉价和持续供应化石燃料作为动力来源的基础上运行的。在交通1.0领域，电动汽车主要适用于基础市场，如轻型送货货车或牛奶车，但它们并不适用于大众消费或日常通勤。交通1.0模式重塑了公众对汽车的看法。虽然内燃机效率低，但在动力传动系方面效率高，有利于尖端汽车的创新。实际上，在第二次世界大战后，最重要的汽车创新即是与之前的汽车相比功率更大、发动机更大和材料更坚固。

20世纪90年代，高效、清洁、智能和相互连接交通网络的概念还有待探索。十年之后，环境、地缘政治和社会问题的结合促使北美和欧洲各国政府改变了他们对汽车的理解和制造方式。燃烧驱动带来环境污染、燃烧不安全等一系列问题，也间接导致医疗保健费用快速增加。2000年，世界上许多地区，尤其是北美和欧洲，开始意识到石油并非价格低且取之不尽之不竭的燃料。20世纪70年代，由于石油危机的反复发生，石油价格大幅度上涨。人们也意识到内燃机驱动的汽车造成一定的环境污染。地球大气中温室气体的浓度迅速上升，预测模型预测出全球气候变化可能带来相关的灾难（如天气会受到不可预测的影响，农作物的损失以及海平面上升）。美国采取了更加严格的防范措施，制定了严格的企业平均燃油经济性（CAFE）标准，如今美国的温室气体排放标准已成为世界上最严格的排放标准之一。过去十年以来，CAFE标准一直作为主要的推动因素，为重新设计和制造新型高效电动汽车提供了信息。

由于ICE驱动导致了与环境、地缘政治、经济和健康等相关的一系列问题，人们又开始倾向投资电动汽车和电气化交通。

如今全球有超过10亿辆已注册的车辆——大约地球上每七个人就有一辆汽车。随着亚洲和南美经济的快速发展，居民的财富和购买能力的增长，已注册汽车数量将在未来几十年大幅增长。全世界每年生产汽车数量超过8000万辆，为了避免下一世纪有关环境和经济的灾难，生产更清洁、更高效、对社会的危害更少的汽车很有必要。

1.1.1 从风能到蒸汽：交通运输2.0 19世纪的类比

交通2.0范式想要创造一个使用清洁、高效、安全、可靠、强大和智能移动选项的世界。它的前提是"交通电气化"，更新相关技术生产出电动汽车，使消费者、制造商和政府出行更加方便环保。向交通2.0世界转变具有深刻意义，可以类比之前交通网络中不可逆转的一个变革（蒸汽时代）来最好地说明。

18世纪，蒸汽机在跨洲旅行中高速发展，从根本上改变了全球社会和本国经济的发展。1769年，苏格兰发明家詹姆斯·瓦特（James Watt）为一台高效蒸汽机申请了专利，从而推动了蒸汽动力机动性的最早创新。18世纪80年代，美国发明家约翰·菲奇（John Fitch）用瓦特的发动机为船只提供动力，19世纪10年代，商业领袖和发明家罗伯特·富尔顿（Robert Fulton）利用蒸汽船和轮船在欧洲和北美之间运送货物和人员。接下来的40年间，蒸汽的流动加快了世界范围内的原材料（例如棉花）和制成品（例如亚麻布）的运输，创造了新的国际市场，并为英国和美国这些正在崛起的大国提供了粮食，引发了一场工业革命。

交通2.0代表了社会、经济、政治和技术变革。这种新范式很可能是20世纪的象征，它将改变人们的出行方式，从一个地方到另一个地方的运输方式以及他们对日常生活中交通方式的认识。交通2.0使货物运输方式更高效、成本更低、更可靠，它将改变全球贸易网络。电动出行导致成本节约，有潜力促进发达国家和发展中国家经济的发展。

先进电动汽车的兴起还将通过选择何时、如何为汽车充电以及何时与电网系统连接以将电力卖回电网，来为个人消费者和旅行者提供确定运输动力的价格，摆脱有限的不可再生石油燃料供应的束缚（因为电动汽车可以通过电池供电，这些电池使用太阳能电池板、风力发电机和本地储能装置的微型离网系统充电）。

与此同时，"智能"技术的加入将使驾驶员摆脱泵站繁重的工作，从而节省了车辆维护相关的时间。"自动"汽车技术与智能驾驶机制（如"自动驾驶汽车"）的集成，为创建城市环境中公路和道路无交通拥挤提供了可能性，规划了运输人员和货物的理想路线，使公交系统得到了优化。

"交通2.0"蕴含着无限的可能性，正如18世纪依靠帆动力的贸易商无法预见到一个世纪后改变世界的高度工业化的蒸汽动力革命一样，当今许多消费者、制造商和政策制定者将难以想象"交通2.0"运输的内容。交通2.0与我们目前生活的交通1.0世界有着根本的不同，但是这个新的电气化运输世界，是一个将车辆和网格基础设施无缝地交织在一起的高效、低成本、安全、可靠、智能、高性能以及最终"可持续"的移动选择网络。交通2.0为公交用户或汽车驾驶员所带来的便利似乎是完全自然且显而易见的。车辆驾驶员想知道在以ICE为主导的世界中交通2.0如何改变他们的生活。

与蒸汽动力改变人们的出行方式、企业互动方式以及社会网络的方式一样，电动汽车的兴起也将改变人类日常的生活方式，包括日常通勤、休闲旅行、商业贸易和国家之间的互动等。

1.2　汽车电气化的连续性

一个多世纪以来，消费者对汽车的主导话题一直都是汽车性能。动力、空间以及豪华度已成为衡量汽车创新价值的准则。从20世纪90年代开始，当代电动汽车遭受品牌危机。20年后，消费者和工业制造商对电动汽车品牌进行重新评估，电动汽车强大的性能特征已显而易见。电动机的效率与瞬时转矩相结合，以清洁、强大的功能等特征进入现代汽车市场。一些追求性能的消费者被世界上使用电驱动的高速汽车所吸引。自2010年以来，由文图里汽车公司（Venturi Automobiles）（与俄亥俄州立大学合作）设计的全电动汽车保持着国际上最快的陆地电动车纪录，最高速度超过495km/h。文图里的新车型名为"JamaisContente"，其目标是到2014年突破700km/h的最高速度（摩纳哥阿尔伯特亲王首次揭开Venturi VBB-3世界最强大电动车的面纱，2013年）。电动汽车方面获得的这些成就消除了人们对与电动驱动器相关的功率和散热因素的疑虑。

与大多数豪华、高性能汽车一样，绝大多数车主负担不起文图里和甚至便宜得多（但仍然很豪华）的特斯拉Model S。但是，还有许多其他价格具有竞争力的产品。当今市场上的电动汽车，提供了各种级别的电动汽车，如电气化汽车（MEV）、混合动力汽车、插电式混合动力汽车和全电动汽车等。价格便利的电动汽车将从根本上决定向交通2.0世界的大规模过渡。

为了实现未来交通运输的可持续性，以产生最低的排放量和最高的效率为准，在未来 50 年内，所有车辆的电气化水平都需要显著提高。由于汽车的电气化可以在推进系统和非推进系统中同时发生，可以将汽车的"电气水平"定义为车辆的电功率占其总功率的百分比。汽车的电气水平从 0%（车辆不包含电气系统）到 100%（车辆仅包含电气系统）不等。如今大多数传统汽车的电气化水平徘徊在 5% ~10%。下面，我们将探讨与电气化汽车、混合动力汽车、插电式混合电动汽车和电动汽车相关的电气化水平的提高。

1.2.1 电气化汽车

电气化汽车（MEV）指的是提高了动力和非推进载荷电气化整合水平的车辆。通常，车辆使用 4 种不同的动力传输系统：机械、液压、气动和电气系统。电气系统通常效率更高、速度更快，并且更易于控制。MEV 包含机械、液压和气动系统以及电气系统。

为了满足政府日益严格的标准和消费者对更高的燃油经济性和更低的排放的期望，汽车行业开始寻求除动力传动系以外的辅助和非推进载荷的电气化。非推进载荷包括电动助力转向、电动空调、内部和外部照明、座椅加热器、电动窗、电动后视镜、泵、风扇、节气门致动、防抱死制动系统、电加热的催化转化器等。由于电力的高效率，这些辅助系统在电驱动作用下的运行效率最高。实际上，当今北美和欧洲道路上的大多数车辆已经是 MEV，因为它们包含了电动辅助系统。ICE 驱动的车辆中不断增加的辅助系统电气化的转变，已帮助传统汽车在总体上提高到更高效的水平。

电驱动的非动力载荷使电气化系数适当提高，最高可达 15%~20%。车辆的推进模式电气化产生更大的电气化因子，在混合动力传动系中达到 50%~70%，在所有电动汽车中达到近 100%。

1.2.2 混合动力汽车

毫无疑问，要显著提高 ICE 动力汽车的效率，需要动力传动系混合动力，而不仅仅是非推进载荷的电气化。推进效率的增加和随之而来的排放要求的降低，将电机引入车辆的传动系统中以提供动力。混合动力汽车实际上是双动力汽车，它们包含电动机和内燃机。有多种混合动力传动系拓扑结构设计在这些类型的车辆中提供动力。

在混合动力汽车中，电池为电动机供电。电池能够通过再生制动进行充电，这是在汽车频繁起停的城市环境中采用的实用系统。再生制动利用了电机也可以作为发电机运行的原理。在这种情况下，只要驾驶员踩刹车，电动机就会变成发电机，将车辆的前进动能转化为电能存储起来（混合动力汽车还使用常规的摩擦制动和再生制动）。

混合动力汽车中的电池也可以由发动机充电。由汽油、柴油、压缩天然气（CNG）或生物燃料提供动力的热力发动机为电池供电。因此当电池电量低时，电动机充当发电机为电池充电，混合动力汽车通常以电量维持（CS）模式运行。这意味着在 CS 模式下，机载电池电量永远不会低于一定的水平，因为它们会通过再生制动或使用电机作为发电机来不断充电。

根据汽车的制造商和型号，混合动力汽车可以单独依靠电力行驶（热力发动机停机直到电池电量耗尽达到临界水平），也可以由电动机和热力发动机互补工作，来共同推动。

根据电动推进系统相对 ICE 的大小以及电力和机械推进系统的作用和功能，混合动力汽车分为微混合动力、轻度混合动力、动力（完全）混合动力和能源混合动力。最简单形式的混合因子定义为电力推进功率峰值与电力和机械推进功率峰值的比值。微混合动力的混合因子通常在 5%~10% 范围内，并且受益于起动/停止技术。轻度混合动力的混合因子通常在 10%~25% 的范围内。较高的混合因子通常与强（全）混合相关。能源混合动力车的储能系统（ESS）比动力混合动力车大。由于 CS 模式下的 PHEV 的 ESS 较大，因此也称为能源混合动力车。

混合动力通常有三种拓扑动力传动系形式：并联、串联和串并联。在并联系统中，动力传动系包括一个电动机和一个内燃机，它们以并联的方式连接在一起，可以组合或单独为车辆提供动力，换句话说，有平行推进系统在起作用。通常情况下，只有一个电机安装在并联混合动力传动系中。内燃机、电动机、是通过自动离合器和变速箱耦合的。

在串联混合动力中，牵引动力由电动机提供，而 ICE 驱动发电机，发电机发电以给电池充电并驱动电动机。在串联混合动力架构中，ICE 与车轮分离。电动机安装在变速器上或直接安装在差速器/车轮上。

在考虑并联和串联混合动力设计时，丰田普锐斯是一个有趣的案例研究，因为普锐斯使用了功率分流装置，使其既可以是串联也可以是并联混合动力。实际上，它是一个串并联的混合动力传动系。动力分配装是置包括一个变速箱，该变速箱连接汽油发动机、发电机和电动机。该设备使汽车可以像并联混合动力车一样运行，这样电动机可以自己为汽车提供动力，汽油发动机可以单独为汽车或与电动机结合为汽车提供动力。但是这种动力分配装置还可以使汽车像串联混合动力车一样运转，汽油发动机为发电机提供动力，为车载电池充电。与其他起动/停止系统一样，普锐斯的动力分配装置也允许发电机起动发动机。

串并联混合动力传动系，两台机器用来提供并联和串联的动力。这些类型的先进机电混合动力传动系在当今的行业构成主要技术趋势。

1.2.3 插电式混合动力汽车

与普通混合动力汽车相比，插电式混合动力汽车使用电力的时间更长，燃油使用相对更少。这是因为插电式混合动力汽车中的电池组通常比混合动力汽车中的电池组大得多。因此，它们的全电范围也更长。插电式混合动力汽车通过车载发动机将强大的效率卓越的电机与远距离安全性相结合。

插电式混合动力汽车中的电池的电量是可耗尽的，我们需要最大程度地利用其有效电力，这称为电量消耗（CD）模式。在典型的 CD 模式下，发动机关闭并且车载电池电量耗尽至预定的低 SOC 后，发动机起动并且车辆以 CS 模式运行，在该模式下，SOC 通常保持在预定范围内。

当车辆静止时，通过从主电网系统获取电力的插入式机构进行充电。深度放电周期意味着插电式混合动力汽车最大限度地使用了来自电网的电力。PHEV 的电能由风能和太阳能等可再生能源提供电力，因此，使用 PHEV 提供的电力比使用传统混合动力汽车提供的电力更为清洁。最后由于 PHEV 也包含热力发动机（大小不同，具体取决于车辆的制造商和型号），它们使驾驶员不再需要顾虑纯电动汽车（BEV）行驶范围有限的局限。

插电式混合动力汽车是未来通往低排放和可持续交通网络的关键桥梁技术。主要制造公司的这一新兴系列的插电式混合动力汽车确保了消费者能够显著提高其私人汽车的电气化程度和效率水平。插电式混合动力汽车包括丰田普锐斯插电式混合动力汽车和福特 C – MAX Energi 插电式混合动力汽车。

与混合动力汽车类似，插电式混合动力汽车也可以使用并联、串联或串联 – 并联动力传动系架构来制造。外部电气系统可直接从电网为车载电池充电，而由热力发动机和再生制动驱动的车载发电机不仅可用于在车辆使用过程中为电池充电，而且可以在电池耗尽至低于临界 SOC 水平后为电池充电。

就雪佛兰 Volt 而言，在增程式电动汽车设计中，拓扑大多看起来像是串联设计，ICE 为发电机提供动力。在这种情况下，电池通过插件机构充电，该插件支持车辆在任何时段接上插头即可充。雪佛兰 Volt 还允许热力发动机通过耦合机构为车辆提供动力。因此 Volt 既不是纯串联系列也不是纯并联插电式混合动力汽车设计，它被称为"范围扩展"EV。

在过去的 20 年中，高效电力电子技术的出现进一步推动了 PHEV 的发展，对电力电子变换器的创新增加了车辆的接口模式，例如，双向交流 – 直流（AC – DC）变换器在车辆和电网之间提供接口。包含车辆到家庭（V/2H）、车辆到电网（V2G）和车辆到建筑物（V2B）系统等。这些变换器允许给定的车辆以高功率因数和低总谐波畸变率（THD）从电网汲取交流电。当电网运营商有需要时，剩余的功率可以反馈回电网。未来电力电子技术的进步使插电式混合动力汽车成为智能电网系统的移动储能设备，消费者自己的车辆也能成为创收工具。

1.2.4　电动汽车

电动汽车的动力完全由电力提供。晚上在家里通过电网系统充电，工作时间在工作场所充电以及在使用连接电网的充电器的公共或商业有汽车充电站对汽车进行充电。

与 EV 或混合动力汽车相比，EV 相关的关键优势是其极高的效率，可以使电动机以高于 ICE 的 30% 的效率水平进行操作。第二个好处是其较低的维护成本，与燃油相比，电力的成本相对较低。

对于决策者、气候科学家和具有环保意识的消费者而言，最重要的是电动汽车使用可再生能源系统（包括太阳能、风能、水力和潮汐能）产生的电力运行时，其排放为零。从源到轮（STW）的角度来看，在电动汽车的整个生命周期中产生的唯一温室气体是，与整车零部件的制造、装配和运输相关的温室气体。电动汽车从根本上减少运输中温室气体排放水平。

与 HEV 和 PHEV 相比，BEV 的使用范围受到限制。但是由于在轻质材料、高能量密度存储设备和电动推进电动机驱动器领域的不断研究和开发，预计 BEV 的使用范围会逐渐增大。

EV 主要包括特斯拉 Model S、福特福克斯电气、日产 Leaf、三菱 i-MiEV、菲亚特 500E、雪佛兰 Spark EV 和 Smart ED 以及一系列最近在中国制造的所有 EV，如奇瑞 QQ3 EV 等。

1.3 交通电气化的实现技术

电动车辆包括集成的机电动力传动系、电机、电力电子设备、嵌入式软件和控制器以及电池和储能设备。这些领域的创新以及轻质材料技术的使用是交通范式颠覆性转变的关键。实际上电动车辆的大规模商业化需要开发动力传动系组件和控件，这些组件和控件必须低成本、坚固耐用、可靠、重量轻、体积小且可扩展。

交流电动机是当今电动汽车中最常见的电机形式。它们将电磁能转换为动能。电动动力传动系中常用的电动机类型包括永磁电动机（依赖于稀土金属）、感应电机和开关磁阻电动机（SRM），每一个机器都有其优点和缺点。

电力电子设备用于变换和控制电力。功率电子变换器包括 DC-DC 变换器、DC-AC 逆变器和 AC-DC 整流器。强大的电动动力传动系依赖于强大的电力电子和控制系统的开发，这些系统不仅能量和功率密度高，而且成本低。

用于电动汽车的电池是通过功率密度、能量密度、重量、体积、寿命、温度范围以及成本等指标来判断的。在过去的 20 年中，三种类型的电池装置已成为电动汽车行业的典型代表。它们包括铅酸电池[通常用于车辆的起动、照明和点火（SLI）应用]、镍金属氢化物（NiMH）和用于牵引应用的锂离子（Li-ion）电池。一些混合动力和纯电动汽车制造商最近开始使用锂离子电池，因为它们的比能量比镍氢电池高。

镍氢和锂离子电池都面临着其他障碍，这些障碍在将来需要技术来解决。为了研制出续航里程更长的汽车，如今工程师们正在努力改善和优化电池的储能能力。尽管经常深度放电，插电式混合动力汽车和电动汽车中的电池仍必须长期保持良好性能。任何新的电池设计都必须具有可扩展性，以确保批量生产时降低制造商和消费者的成本。

与用于混合动力和所有电动汽车的新兴电池技术相关的是超级电容器。超级电容器是可以快速存储和释放能量的设备。先进的混合动力储能系统（HESS）可以将电池与超级电容器进行混合使用，工程师能够使用电池和超级电容器作为主要动力源相结合来改善电动汽车的整体性能。

超级电容器在各种动力设备中使用，作为对 ICE、电池和燃料电池的补充，所有这些都可以作为连续动力源发挥最佳作用，但没有一种能作为突然动力源发挥很好的作用。超级电容器还可以有效地从再生制动系统中收集能量。此外它们还可以在发电高峰电或突发时段快速充电，从而作为存储设备使用。实际上由于其快速的放电和充电特性，超级电容器在其交通应用方面具有多种用途。它们可以释放动力，以帮助混合动力汽车快速加速。它们可以帮助车辆在非常寒冷的天气下起动，还可以为混合动力汽车的起停系统提供起动动力。

1.4 电网系统

插电式混合动力汽车和纯电动汽车将对电网系统产生重大影响，无论是作为负载还是作为储能设备。交通 2.0 范式带来了电网端创新的根本性转变，它将涵盖微电网、智能电网、先进的储能设备和先进的能量管理系统（EMS）等新技术。这些创新技术将使电网系统更强大、更可靠、更智能，从而将定义与未来电力驱动相关的许多功能和可能性。

为了解释原因，让我们考虑一下 20 个世纪网络系统的发展历史。第一个安装用于公众消费的直流电源系统是托马斯·爱迪生（Thomas Edison）1882 年在纽约珍珠街安装的系统。爱迪生的直流网络并非没有对手。尼古拉·特斯拉（Nikola Tesla）和乔治·威斯汀豪斯（George Westinghouse）推广了其交流系统，使其优于爱迪生的直流网络。两种系统的支持者都在效率、长距离传输能力、负载要求、安全级别和价格上争论不休。

这些相互联系的争论很快就成为公共政策的"战争"，在州、地区和市政府努力确定要支持、补贴和安装哪个系统的过程中，导致了 1882 年至 1914 年间电力供应系统的混乱。"战争"还将照明、电报和电动汽车制造商带到了辩论桌上，每个制造商都主张采用能够最好地满足其本地行业需求的本地系统。

20 世纪初，与直流系统相比，地方和州政府更偏向使用实用的交流系统。这主要是由于交流系统利用了变压器，变压器可以根据需要使交流电压升高或降低。

变压器允许将 AC 的电压升压，以用于远距离传输（即从远程发电机到区域负载中心），并且允许将电压降压至低压，以分配给住宅、商业和工业用途负载，例如，加热设备、风扇、水泵以及最重要的照明，它们是至关重要的使能技术，使特斯拉和威斯汀豪斯赢得了一系列的公共关系之战，并为威斯汀豪斯在不断发展的北美城市中安装私人交流系统创造了成熟的条件。

在过去的一个世纪中，公共和私人公用事业都结合了变压器、逆变器和变换器，以庞大的网络提供交流电，这些网络可以为住宅和工业环境中的交流和直流负载供电。在同一时期，AC 网络变得更加强大。它们从最初的三相系统（在 1900 年左右传输 250kW 的功率）发展到可以在 2000 年代传输 2000MW 功率的大型传输系统。现在的交流传输系统不再像 19 世纪那样一次传输数千米的电力，而是传输数百或数千千米的电力。

但是从 20 世纪 70 年代开始的先进电力电子技术的发展重新打开了"电流之战"的伤口，导致工程师质疑 AC 主导系统的长期可用性。首先电子和数字通信行业在过去 30

年中的兴起意味着住宅和工业负载在本质上都越来越成为直流电。从计算机、打印机、移动电话到电动汽车，一切都构成了电网系统上的直流负载。其次为了适应这些负载，交流系统已配备有变换器，可将交流电变换为直流电以用于特定应用。现在变换器在整个交流系统中很普遍，但是将它们比喻作"创可贴解决方案"引起了人们对系统总体效率的质疑，特别是考虑到直流应用的数量仍在增加（并且在大多数电网系统上，已经超过交流负载的数量和类型）。例如，考虑一下高效的发光二极管（LED）照明，它是一个直流负载，并且正在慢慢取代 AC 荧光灯。可调速驱动器是此转型过程中要考虑的另一个重要直流负载。

1.4.1 微电网和可再生能源供应

一直以来，直流系统一直以其简单性、模块化和安全性而受到吹捧。如今由先进电力电子技术支持的高压直流输电系统也因其较高的额定功率和对潮流的出色且高效的控制而受到赞誉，尤其是在破坏性自然或社会政治事件（例如，飓风、龙卷风、暴风雪或恐怖破坏行为）可能会导致广泛而危险的停电时。最重要的是主要的工业化国家正在推动更高水平的可再生能源供应，而光伏（PV）面板、风力发电机（WTG）、燃料电池发电机、ESS 和 EV 所产生的电力全部为直流电。因此，向可再生能源供应和零排放移动性的转变需要从根本上重新考虑直流系统在电网系统中所扮演的角色。

如今，由光伏面板或 WTG 组成的微电网需要逆变器连接到本地交流配电网络。每个逆变器都需要控制电路，以使负载与 60Hz 或 50Hz 的交流系统同步。这些逆变器有助于提供高质量的交流电流而不会引起电源干扰（也称为谐波）。如果最终负载需要直流电，则必须将交流电再次变换回直流电。因此可再生分布式发电的并网目前需要多个阶段的变换，从而导致多个阶段效率损失和损耗。

此外，连接到电网系统的 PHEV 和 EV 都需要 AC-DC 充电控制器来为车辆的电池充电，同时使用 PHEV 和 EV 作为能量存储设备将电能反馈回电网系统（即平滑的峰值曲线）还取决于使用控制器来管理充电和放电周期。这些 V2G 接口创建了多个变换阶段。

也许不足为奇的是，直流系统重新流行起来，因为直流负载、电动汽车、储能设备和可再生分布式发电机的日益增加给 20 世纪建造的交流系统带来了压力。一种解决方案是通过合并高级变换设备来升级老化的交流系统，或者可以将 AC 系统与 DC 系统混合使用，以更有效地支持不同的负载类型。交流和直流混合系统具有多个优势。它们消除了从发电到最终负荷的不必要的多变换途径，从而减少了整个系统的总损耗。混合系统还可以简化本地系统的设备要求，因为将直流负载与直流电源隔离，通过减少与同步相关的谐波，改善了电网中高质量交流电的提供。

插电式混合动力汽车和电动汽车的知名度不断提高，以及对可持续能源供应、储能设备和微电网的兴趣日益浓厚，将继续推动人们进一步研究改进混合电网系统的电力电子变换器和 EMS。

1.4.2 智能电网

电气基础设施方程式中的最后一个变量是智能电网系统的集成。智能电网对于电动汽车的未来尤为重要，因为智能电网可确保与 PHEV 和 EV 相关的新负载不会给电网系统带来负担。它们还确保 PHEV 和 EV 所有者和驾驶员的燃油价格尽可能低。

智能电网的概念对不同用户而言意味着不同的事物。在这里，我们使用工程技术学院（IET）提供的特征，该观点认为，希望在不损害安全性、稳定性或低成本的前提下过渡到低碳电网的工业化社会需要的智能电网系统。简而言之，智能电网系统旨在将需求管理系统与分布式发电相集成，以最有效地利用现有的基础设施。

尽管 20 世纪的大多数电网都是为了确保发电源能够满足用户的需求而设计的，但智能电网技术却可以通过传统电源以及间歇性电源（例如，太阳能和风能）更有效地为负荷提供电能。这是通过使用智能控制系统来监视负载和电源，并在需要时将电能从储能设备反馈到电网来实现的。为此电网运营商将需要有效地将间歇性和可变的可再生能源（例如，太阳能和风能）与储能设备结合在一起。此外智能 V2G 系统允许 PHEV 和 EV 与电网动态通信。

1.5 交通电气化是一个范式转变

新的电动出行与新兴的可再生能源系统的结合带来了许多当代驾车者、旅行者、公共交通用户和政策制定者无法识别的未来。但是诸如交通 2.0 所提出的根本性变革并非没有先例。

考虑一下在过去的世纪中发生的电信技术革命。通信技术 1.0 范式始于亚历山大·格雷厄姆·贝尔（Alexander Graham Bell），他帮助开发了直接的家庭到家庭通信线路以及后来的家庭到网络和企业到网络电话系统。尽管向电报和电话的转变使人们摆脱了写信和马力邮政电报的缓慢，但早期的电报和电话在范围上受到很大限制。从电话线路的人工运营商到数字化通信信号已经进入了虚拟网络、数字化通信和全球互连的时代。这场电信革命对人类行为产生了深远的影响。它创造了前几代人都不知道的根深蒂固的文化规范。例如，通过手持移动设备呼叫海外某人并查看该人的实时视频（他们自己可能在例如世界偏远地区的移动设备上）的能力已成为我们许多人的第二天性。我们几乎没有想到这种情况的新颖性。同样，将消息发布到 Twitter.com 等公共消息站点的能力令人难以置信，在该站点上，成千上万甚至数百万人可以立即查看该消息并进行对话或采取行动，但是近来这似乎是标准做法。

对于一个世纪前的格雷厄姆·贝尔和他的同时代人来说，瞬时数字化和动态的通信系统是不可想象的，但是数字电话、无线和移动电话、智能电话以及集成的 Internet 和通信服务是 20 世纪生活的自然组成部分。即使需要新的行为模式，这些系统的维护也似乎没有问题。如今大多数手机用户对于晚上将手机插入插座进行充电都不会三思而后行。因此它们可以在第二天的任何时间任何地方使用。然而仅在 30 年前，偏远地区的人仍然不得不走到当地的乡村商店,以使用单社区电话线与外界进行通信。

数字通信从根本上改变了世界,尽管现在看来一切如此自然。可以说交通2.0范式也是如此。无论是插电式电动汽车进行夜间充电,还是与当地道路基础设施进行通信以优化通勤者的交通路线,还是测量电网系统的动态需求以管理能源需求并自动完成汽车的放电周期作为存储设备,"交通2.0"世界将彻底摆脱目前的做法。然而它也将构成可持续世界中社会生存的自然途径。

交通2.0将改变我们的运输方式,以及我们运输货物的方式,并且将改变我们的个人行为。最终结果将是高效、清洁和电动化交通的互联世界。到它发生的时候,看来由ICE驱动的运输业的污染、低效率、不安全、脱节和繁琐的世界似乎是20世纪过去最好的遗迹。

重要的是要注意,尽管交通电气化是一个明显的范式转变,因此本身就是一种变革力量,但由于交通和能源系统的规模、复杂性和多维性质,它会随着时间而发生。这种范式的转变已经开始并且正在发展,它包括不同的电气技术,从电气化程度较低的电气化汽车和轻度混合动力汽车到电气化程度中等的全混合动力汽车、插电式混合动力汽车和所有电气化程度高的纯电动汽车。

1.6 总结

随着世界向交通2.0的未来转变,我们的交通网络和基础设施连接的性质也将发生变化。本书将教给读者在当今迅速变化、适应21世纪的汽车工业中脱颖而出所需的技能,其中包含并体现了电气化和可持续发展的概念。总之,读者将学习如何设想和具体化交通2.0的实况。

参 考 文 献

1. Emadi, A. 2011. Transportation 2.0. *IEEE Power and Energy Magazine* 9 (4):18–29. doi: 10.1109/MPR.2011.941320.
2. Electric Vehicles. 2008. In *The Gale Encyclopedia of Science*, 4th Edition, edited by K. L. Lerner and B. W. Lerner. Detroit: Gale Cengage Learning, Vol. 2, pp. 1474–1477.
3. Prince Albert of Monaco unveils for the first time the Venturi VBB-3 the world's most powerful electric car. 2013. *Canada News Wire*, September 25.

第 2 章　传统汽车及其动力传动系基础

William Long，Berker Bilgin

2.1　纵向车辆模型

实际上，车辆不仅需要在平坦的道路上行驶，而且需要在斜坡及拐角处行驶。为了对该运动进行建模，可以通过使用具有二维运动的直线道路来简化道路的描述。这个二维模型将着重于车辆性能，例如，加速度、速度和坡度以及制动性能等。

图 2.1 显示了车辆以给定速度沿特定坡度行驶时所受的力。机械系统的基本原理可以表示车辆加速度与作用于车身的力之间的关系为

$$ma = F_t - F_w - F_g - F_r \quad (2.1)$$

式中，m 是车辆质量；a 是车辆的加速度；F_t 是在车身上的驱动力作用；F_w 是气动阻力；F_g 是分级阻力；F_r 是滚动阻力。

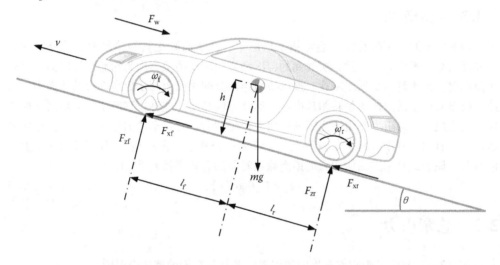

图 2.1　作用于车辆上的力

2.2　纵向阻力

2.2.1　空气动力阻力

空气在车身上流动时，会在车身上产生法向压力和切向应力。外部空气动力阻力

（气动阻力）包括两个部分，形状阻力和车身摩擦力。形状阻力在车辆前方的高压区域和车辆后方的低压区域产生，车身摩擦力在车辆自身通过空气推动时产生。这些高压区和低压区抵抗车辆的运动产生阻力，而车身摩擦力是由于在车辆主体表面上的边界层中的剪切应力引起的。形状阻力比车身摩擦力大得多，占外部气动阻力的90%以上。气动阻力是有效的车辆前部面积A和气动阻力系数C_d的函数，高度依赖于车身的设计：

$$F_w = \frac{1}{2}\rho A C_d (V + V_w)^2 \tag{2.2}$$

式中，ρ是空气密度；V是车辆纵向速度；V_w是风速。

2.2.2 分级阻力

当车辆沿斜面向上或向下行驶时，作用在车辆上的重力产生的力始终向下，如图2.1所示。该力是汽车爬坡时的阻力，下坡时的动力。在典型的车辆性能模型中，仅考虑上坡操作，因为它会抵抗总牵引力。该力的公式是道路角度θ、车辆质量m和重力加速度g的函数：

$$F_g = mg\sin(\theta) \tag{2.3}$$

对于较小的θ角，$\tan(\theta) = \sin(\theta)$。使用该近似值，可以用$mg\tan(\theta)$或$mgG$来近似坡度阻力，其中$G$是坡度的斜率。

2.2.3 滚动阻力

当充气轮胎在理想路面（通常指平坦的干、硬路面）上直线滚动时，其外缘中心对称面与车轮滚动方向一致，所受到的与滚动方向相反的阻力即为轮胎滚动阻力。当轮胎滚动时，由于轮胎变形或滞后，接触垫前半部分的法向力高于后半部分的法向力。与路面接触而产生的法向力使轮胎从中心向运动方向移动。这种位移产生的力矩对车轮产生制动力矩。滚动阻力是由于力矩的作用而产生的力，它与车轮的运动相反，抗车轮的运动，并有助于制动或阻止车辆的运动。该力的公式是法向载荷F_z和滚动阻力系数f_r的函数，该公式是用路面法向力的距离除以轮胎的有效半径r_d得出。

$$F_r = F_z f_r \cos(\theta) \tag{2.4}$$

2.3 总牵引力

式（2.1）显示了影响汽车性能的因素，尤其是车辆的整体牵引力。

$$ma = F_t - F_w - F_g - F_r \Rightarrow ma = (F_{tf} + F_{tr}) - (F_w + F_g + F_{rf} + F_{rr}) \tag{2.5}$$

通过重新整理式（2.1），我们得到了一个公式，其将车辆纵向运动表示为牵引力减去阻力的组合。为了确定总牵引力，需要确定F_{zf}和F_{zr}。前后轮胎接触点应该时刻满足平衡方程：

$$\sum M_r = 0, \sum M_f = 0 \tag{2.6}$$

因此

$$F_{zf}(l_f + l_r) + F_w h_w + (mg\sin(\theta)h) + (mah) - (mg\cos(\theta)l_r) = 0 \quad (2.7)$$

和

$$F_{zr}(l_f + l_r) - F_w h_w - (mg\sin(\theta)h) - (mah) - (mg\cos(\theta)l_f) = 0 \quad (2.8)$$

式中，F_{zf} 和 F_{zr} 是前后轮的法向力；l_f 和 l_r 分别是前后轮轴与车辆重心之间的距离，h_w 是有效气动阻力高度，h 是车辆重心的高度。为简单起见，假设 h_w 等于 h。式 (2.7) 和式 (2.8) 可以求解得到前后轮胎的法向力：

$$F_{zf} = \frac{-F_w h - mg\sin(\theta)h - mah + mg\cos(\theta)l_r}{l_f + l_r} \quad (2.9)$$

$$F_{zr} = \frac{F_w h + mg\sin(\theta)h + mah + mg\cos(\theta)l_f}{l_f + l_r} \quad (2.10)$$

总驱动力可以表示为作用在每个轮胎上的牵引力：

$$F_t = F_{xf} + F_{xr} \quad (2.11)$$

式中，F_{xf} 和 F_{xr} 分别是前后轮的纵向力，轮胎-路面接触片之间产生的摩擦力产生了纵向力。因此，每个轮胎产生的纵向力可以表示为轮胎摩擦系数与法向力的函数：

$$F_{xf} = \mu_f F_{zf}, F_{xr} = \mu_r F_{zr} \quad (2.12)$$

式中，F_{xf} 和 F_{xr} 分别为由式 (2.9) 和式 (2.10) 给出的前后轮胎法向力，μ_f 和 μ_r 分别为前后轮胎的摩擦系数。

2.4 最大牵引力和动力传动系牵引力

车辆轮胎的最大牵引力与滑移率成正比，代表轮胎角速度与车速的差值。在加速过程中，前后轮的滑移率可以表示为

$$\sigma_r = \frac{r_{wr}\omega_r - V}{r_{wr}\omega_r}, \sigma_f = \frac{r_{wf}\omega_f - V}{r_{wf}\omega_f} \quad (2.13)$$

式中，r_{wf} 和 r_{wr} 分别是前后轮胎的半径；ω_f、ω_r 分别是前后轮的角速度。

如图 2.2 所示，轮胎的滑动摩擦系数与路面条件呈非线性关系。佩切卡轮胎模型被广泛用于定义这些特点：

$$\mu_{f/r} = D\sin(C\mathrm{atan}(B\sigma_{f/r} - E(B\sigma_{f/r} - \mathrm{atan}(B\sigma_{f/r})))) \quad (2.14)$$

式中，$\mu_{f/r}$ 和 $\sigma_{f/r}$ 是前后轮的摩擦系数和滑移率，B、C、D、E 的值轮胎系数，取决于路面状况，每个轮子上的力矩之和决定了轮子速度的变化率

$$J_f \frac{d\omega_f}{dt} = T_{ef} - T_{rf}, J_r \frac{d\omega_r}{dt} = T_{er} - T_{rr} \quad (2.15)$$

式中，J_f 和 J_r 是惯性；T_{ef} 和 T_{er} 是动力传动传递的牵引力矩；T_{rf} 和 T_{rr} 分别是前后轮牵引力产生的反作用力矩。前后轮的牵引力和摩擦力矩可以定义为

$$T_{rf} = r_{wf} F_{xf}, T_{rr} = r_{wr} F_{xr} \quad (2.16)$$

ω_f 和 ω_r 是角速度。C_f 和 C_r 是前后轮胎的摩擦系数。

轮胎的牵引力矩（T_{ef} 和 T_{er}）由动力系统提供。如果车辆是后轮或前轮驱动，非驱

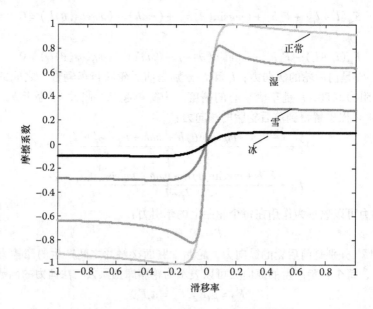

图 2.2 典型的轮胎滑移率-摩擦系数特性

动轮不提供牵引力矩。对非驱动轮子，式（2.15）可以表示为

$$J_r \frac{d\omega_r}{dt} = -r_{\omega r} F_{xr} \tag{2.17}$$

在传统汽车中，牵引力的来源是内燃机，发动机的输出功率通过离合器、变速器和差速器提供给轮胎。适用于前轮或后轮驱动车辆的牵引力矩可以表示为

$$T_p = T_{en} i_t i_0 \eta_p \tag{2.18}$$

式中，T_{en} 是发动机的转矩；i_t 是变速器的齿轮比；i_0 是差速器的齿轮比；η_p 是动力传动系的总效率。

2.5 车辆性能

道路车辆的性能特征是指它既能加速又能减速以及在直线运动中有协调等级的能力。由于车辆的类型和大小的不同，这些特点也是不同的。车辆的质量对车辆的性能起着至关重要的作用。通过研究，不仅电气化、材料，而且汽车性能的所有方面包括燃料经济性都将得到改善。通常情况下，车辆过弯能力也与车辆的整体性能有关，但这主要是悬架几何形状和车辆设计的函数，不在本章讨论范围内。

2.5.1 车辆的最大速度

车辆的最大速度是指车辆在水平路面上全速行驶时所能达到的最高恒定速度。在平直路面上，当牵引力和阻力处于平衡状态时，由于此时车辆加速度和道路坡阻均为零，

车辆可以实现全功率行驶在水平道路上。力的平衡表达式为

$$F_t = F_w + F_r \tag{2.19}$$

考虑到车轮速度也是恒定的，牵引力可以用施加在车轮上的转矩来表示：

$$F_t = \frac{T_p}{r_d} \tag{2.20}$$

式中，T_p 可以表示为式 (2.18)。

气动阻力 F_w 和滚动阻力 F_r 已经导出，方程分别为式 (2.2) 和式 (2.4)。结合式 (2.19)、式 (2.20)、式 (2.2)、式 (2.4) 和式 (2.18)：

$$\frac{T_{en}i_t i_0 \eta_p}{r_d} = mgf_r + \frac{1}{2}\rho AC_d V^2 \tag{2.21}$$

$$V = \sqrt{\frac{2\{[(T_{en}i_t i_0 \eta_p)/r_d] - mgf_r\}}{\rho AC_d}} \tag{2.22}$$

2.5.2 爬坡能力

汽车的爬坡能力用最大爬坡度评价，是指满载时汽车以一档在良好路面上所能通过的最大坡度。

当汽车在小坡度道路上匀速行驶时，牵引力和阻力平衡方程可以写成一个式 (2.19) 和式 (2.21) 的扩展，以包括小角度的爬坡能力，如式 (2.23) 计算。

$$F_t = F_w + F_r + F_g \tag{2.23}$$

$$\frac{T_{en}i_t i_0 \eta_p}{r_r} = mgf_r + \frac{1}{2}\rho AC_d V^2 + mgG \tag{2.24}$$

$$G = \frac{[(T_{en}i_t i_0 \eta_p)/r_r] - mgf_r - (1/2)\rho AC_d V^2}{mg} \tag{2.25}$$

2.5.3 加速性能

当高性能汽车互相比较时，首先比较的是加速性能。加速性能是指汽车迅速提高行驶速度的能力。

参考式 (2.1)，车辆在水平的地面上的加速度可以表示为

$$a = \frac{F_t - F_r - F_w}{m\delta} \tag{2.26}$$

式中，δ 是质量系数，它考虑了在加速度变化过程中所涉及的旋转部件的质量惯性矩。

结合式 (2.26)、式 (2.20)、式 (2.2)、式 (2.4) 和式 (2.18)：

$$a = \frac{[(T_{en}i_t i_0 \eta_p)/r_d] - mgf_r - (1/2)\rho AC_d AV^2}{m\delta} \tag{2.27}$$

通过集成式 (2.28) 和式 (2.29)，可以计算出车辆的预测加速时间和距离：

$$t = m\delta \int_{V_1}^{V_2} \frac{V}{[(T_m i_t i_0 \eta_p)/r_d] - mgf_r - (1/2)\rho AC_d AV^2} dV \tag{2.28}$$

$$S = m\delta \int_{V_1}^{V_2} \frac{1}{[(T_m i_t i_0 \eta_p)/r_d] - mgf_r - (1/2)\rho AC_d AV^2} dV \quad (2.29)$$

加速时发动机的转矩不是恒定的,因此求解这些方程非常困难,通常使用数值方法求解,本章不做详细介绍。

2.6 制动性能和分布

在车辆中,传统刹车盘或刹车鼓是最重要的安全装置。由于旋转表面与固定的刹车片之间的摩擦将动能转换为热能,降低了车辆的速度,在传统的汽车中,通过摩擦产生的热能往往会被浪费。随着汽车电气化的引入,利用电动机的再生制动,可以将动能转化成电能存储起来,实现了循环利用,减少了浪费,极大地提高了汽车的整体效率。在设计具有再生制动能力的动力传动系时,应注意车辆的制动平衡。在高性能车辆,高达80%的制动力可能在前轴上,与后轮相比,前轮更有可能重新获得能量。

在制动过程中,适当的制动平衡是非常重要的,只有所有轮胎同时达到峰值摩擦水平时,车辆才会达到最大制动减速,在现实生活中一般很难实现。适当的制动平衡取决于车轮上的负载,而车轮负载又取决于减速度。制动平衡不当会导致前轮或后轮过早地锁住,使车轮失去转弯牵引力。制动平衡是车轮上负载的函数,车轮的负载反过来是减速的函数。

2.6.1 制动力

制动系统是基于路面和轮胎之间的界面产生的,F_b 是主要的制动力。当制动力低于轮胎-路面附着力极限时,制动力由下式表示:

$$F_b = \frac{T_b - \sum_r I\alpha_{an}}{r} \quad (2.30)$$

式中,T_b 是制动转矩;I 是与减速车轮相连的转动惯量,α_{an} 对应角减速量;r 是轮胎的滚动半径。

一旦轮胎附着力的制动力达到极限,将无法进一步增加阻力。除了制动力外,刹车、轮胎的滚动阻力、气动阻力、阻力和动力传动系阻力也影响制动过程中车辆的运动。出于建立此汽车模型的目的,假设这些损失很小,可以忽略不计。

2.6.2 一个两轴汽车制动的特点

当车辆处于制动或减速时,会产生一种类似于离心力的惯性力。图 2.3 为在平坦道路面上作用于车辆的制动力。

制动力与作用在轮胎上的正常载荷成正比,也与轮胎与路面的附着力成正比。与计算总牵引力相似,前后轮接触点应再次满足力矩平衡方程:

$$F_{zf} = \frac{mg}{(l_f + l_r)}\left(l_r + \frac{ha}{g}\right), F_{zr} = \frac{mg}{(l_f + l_r)}\left(l_f - \frac{ha}{g}\right) \quad (2.31)$$

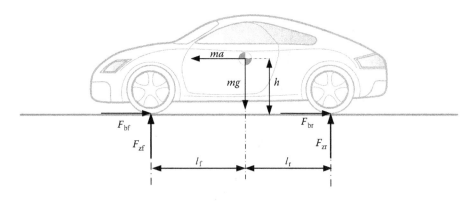

图 2.3 在平坦路面上的车辆制动力

轮胎-道路附着力能支持的最大制动力可以通过将前轮和后轮的法向力乘以道路附着力系数 μ 来确定，如式（2.12）所示。

2.7 车辆动力装置和传动特性

限制传统车辆性能的两个因素是轮胎-地面附着力所能支持的最大牵引力和整个动力传动系所能提供的牵引力。车辆的性能极限是由牵引力较小的部分决定的。在低档变速器和发动机油门最大的情况下，牵引力可能会受到轮胎路面附着力和牵引力损失的限制。当变速器换到高档时，牵引力通常取决于发动机和变速器的特性，在预测公路车辆的整体性能时必须考虑这些因素。

2.7.1 电力特性

对传统汽车而言，发动机的理想性能特征是在整个运行范围内输出不变的功率。气流速度较低时，电动机转矩必须保持一个恒定值，以免超过轮胎与地面接触区域之间的黏附极限。超过恒转矩低速范围后，转矩随速度急剧变化，如图 2.4 所示。

恒功率特性为传统车辆提供了在低速下的高牵引力，提高了加速、爬坡和拖曳能力。一个多世纪以来，内燃机因其相对较高的动力重量比和较低的成本而成为传统汽车的标准动力装置，但它也并非没有缺点。通常，内燃机的转矩-速度特性与牵引力所需的理想性能特性并不直接相关。

与理想的转矩-转速曲线相比，如图 2.4 所示，典型的内燃机具有相对平坦的曲线，这也是为什么通常采用多档变速器来对其进行修正。当内燃机通过其典型的转矩和功率曲线时，在每个速度范围内都会发展出具有代表性的特性，这些特性可以用来预测车辆的性能。发动机在急速时开始平稳运转，当发动机转速接近中速时，达到良好的燃烧质量和最大的发动机转矩。随着转速的进一步增大，进气歧管损失的增大和发动机转矩的不断减小，导致平均有效压力减小。功率输出继续增加，在特定的高发动机转速达

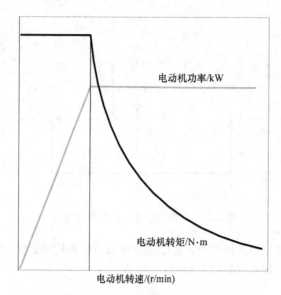

图 2.4 车辆动力装置的理想性能特征

到最大。超过这一峰值功率点后,随着发动机转速的增加,发动机转矩下降更快,导致发动机功率输出下降。

2.7.2 传动特性

术语"变速器"指用于将发动机功率传输至从动轮或链轮的所有系统或子系统。"变速器"的主要要求是使用适当的发动机达到所需的最大速度,能够在陡坡上移动车辆以及在缓坡上保持高速档的速度,并适当匹配发动机特性以达到所需的工作燃油经济性和加速度。

传统车辆最常用的两种变速器是手动档变速器和自动变速器(两者都配有一个变矩器)。其他类型的变速器,如连续可变变速器,由于它们相对较高的整体效率,变得越来越流行。

2.7.2.1 手动变速器

在自动变速器出现之前,手动变速器是第一个在传统车辆上使用的变速器设计。因为其简单、成本低、效率高,手动变速器一直很受欢迎。"手动"指驾驶人需手动换档。手动齿轮传动由离合器、变速器、主减速器和传动轴构成。重型商务车和 3 至 5 座乘用车由齿轮箱提供许多齿轮减速比。

在确定最大和最小齿轮比时,我们回顾一下限制普通汽车的性能的两个因素:①最高齿轮的比例是由最高速度要求来决定的;②最低档的齿轮传动比是由最大牵引力或爬坡能力的要求来决定的,通常假定为 33%。选择高低速齿轮之间的比例时,应使其尽可能接近理想的牵引力-速度特性,但理想状态一般很难实现。在传统汽车中,通常选择能使汽车在短时间内能达到最大车速的齿轮传动比。随着燃油经济性成为汽车设计的重点，为了确保每个齿轮运行时尽可能节省燃油，可以采用几何级数方法（以彼此非常接近的方式传动），让发动机在每个齿轮相同的速度范围内运行。

2.7.2.2 自动变速器

有了自动变速器，驾驶人在驾驶过程中不再需要主动换挡，使车辆更加容易驾驶。自动变速器借用流体的力量来传递转矩和速度，广泛用于传统的乘用车。在传统自动变速器中，为了消除在换挡过程中的接合和分离作用，将离合器换成液力联轴器或变矩器。变矩器的三个主要部件如图2.5所示，分别是泵叶轮、涡轮转子和定子。当发动机带动叶轮转动时，流体在叶轮旋转，并随着速度的增加，离心力使流体流入涡轮。变换器传输转矩的液压油通过传输流体的动能被迫离开涡轮泵叶轮。发动机转速越高，转矩作用于涡轮就越大。定子位于在泵叶轮和涡轮之间。当流体离开涡轮转子时，定子叶片捕捉流体并使其重新定向，从而使其撞击泵叶轮的叶片背面进而增加转矩。自动变速器的主要优

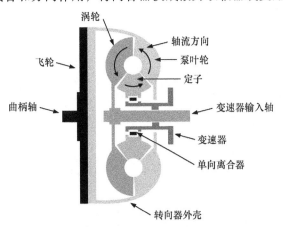

图 2.5　液力变矩器剖面图

势是，它禁止发动机熄火，并且提供了接近前面讨论的理想特性的转矩-转速特征。自动变速器的主要缺点是在停停走走行驶工况中效率低下且其结构非常复杂。

2.7.2.3 无级变速器

随着对提高汽车燃油经济性的需求不断增加，无级变速器（CVT）引起了人们广泛的关注。这种变速类型在一定范围内通过无数的齿轮比提供了连续可变的减速比。这使发动机在不同的车速条件下都能以最节省燃油的方式运行。因为输出到变速器发动机的动力可以实现车轮的变速运动，因此可以实现理想的转矩-速度曲线的运动。

带无级变速系统类似于标准的带轮驱动系统，其中一个带轮连接到发动机轴，另一个带轮连接到输出轴。带轮是可以移动的，两个带轮都有固定的旋转轴，彼此之间保持一定距离。每个带轮都可以从侧面控制，改变带轮的有效直径来控制带轮的移动。每个带轮的整体横向位移彼此相反。

习题

2.1　天气晴朗，气温为20℃，风速为0，空气密度为1.2kg/m³，一辆1500kg的汽车，以100km/h的速度在沥青路面上行驶，滚动阻力系数为0.013。车辆重心与轴距离2.5m，与地面的距离为0.6m，车轮直径0.66m，正面面积为2.05m²，阻力系数为0.32。计算空气动力、坡度和滚动阻力。

2.2 一些发动机和变速器性能升级后，采取相同的车辆进行测试跟踪，找出新的车辆最高时速。升级后的发动机转矩增加到 $450N\cdot m$，发动机功率提高到 $300kW$，动力传动系效率为 88%。升级后，变速器的最小传动比为 0.9，差速器传动比是 3.21。计算车辆的最大速度。

2.3 相同的车辆沿着水平沥青道路行驶，速度为 $100km/h$，道路附着系数为 0.72，前方 $50m$ 遇到很大障碍，需要停止，避免障碍。计算在障碍前停止所需的前轮和后轮制动力。

第3章 内 燃 机

Fengjun Yan

3.1 引言

内燃机是一种将化学能转化为机械能的装置。内燃机种类多，主要为以下两种：火花点火（SI）发动机和压缩点火（CI）发动机。火花点火发动机的主要能源是汽油，压缩点火发动机的主要能源是柴油。这两种发动机是内燃机的主流，但并不代表实际生活中只使用这两种燃料作为能源。其他燃料也能作为内燃机的能源，如天然气、乙醇和氢等。

内燃机通过燃烧将化学能转化为机械能。每燃烧一次，它都提供一次动力。火花点火发动机和压缩点火发动机运转具有周期性，主要是四冲程循环和二冲程循环。

由于四冲程循环发动机效率高，因此大多数汽车使用四冲程循环。二冲程循环发动机也具有良好的特性，一个给定的发动机使用二冲程循环输出功率更高。二冲程通常用于发动机给定的情况下，如摩托车。由于二冲程燃料效率比四冲程低得多，乘用车和其他燃料效率导向的车辆主要使用二冲程。本章主要讨论四冲程，四冲程常用在火花点火和压缩点火发动机中。

如图 3.1 所示，曲轴的旋转角度在底部表示。当气缸体积达到最大值（最小值），曲柄位置称为下止点（上止点）。在四冲程循环发动机中，每个动力冲程将用两个曲轴轴旋转。这意味着每一个周期大约需要一半的曲柄轴旋转角。四冲程，如图 3.2 所示。

1）进气冲程：进气冲程从上止点（TDC）到下止点（BDC）。在这个行程中，进气阀在上止点之前打开和下止点之后关闭，通过进气阀将气体吸入到气缸内，增加混合气体的进气量。

2）压缩冲程：进气阀与排气阀都关闭着，活塞向上运动，燃油和空气的混合气体被压缩，当活塞运动至最顶部时，压缩冲程结束，将机械能转化为内能。

3）做功冲程：火花点燃混合气体，燃烧的气体急剧膨胀，推动活塞下行，将内能转化为

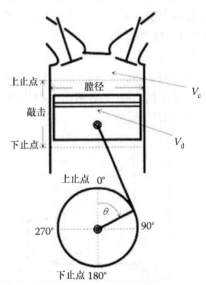

图 3.1 内燃机的基本几何结构

机械能。

4) 排气冲程：排气阀打开，活塞向上运动，将燃烧后的废气排出，当活塞运动至最顶部时，排气阀关闭。

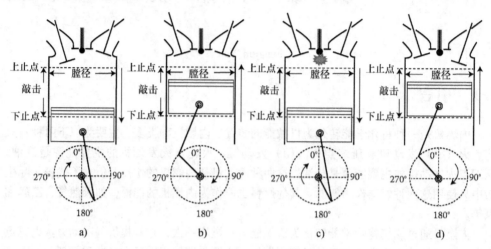

图 3.2 四冲程循环
a) 进气 b) 压缩 c) 做功 d) 排气

3.1.1 运行周期

在这一部分中，我们详细探讨了发动机的工作周期与它们的性能之间的关系。为了便于循环分析，常用到如图 3.3 所示的压力 – 体积图。

3.1.1.1 理想循环

发动机每个周期操作可以分为 4 个行程：进气、压缩、做功和排气。做功过程包括燃烧和膨胀。在这个基础上，这些行程可以通过压力 – 体积（$p-V$）图理想地描述和分析。常用的方法包括图 3.3 中的恒体积循环（奥托循环）和图 3.4 中的恒压循环（狄塞尔循环 cycle）。

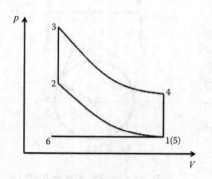

图 3.3 奥托循环[1]

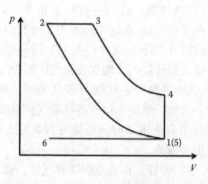

图 3.4 狄塞尔循环

在理想的周期中,假设进气和排气过程绝热阀门打开没有延迟。压缩和膨胀过程是等熵过程。

奥托循环和狄塞尔循环之间的差异是燃烧的过程。在奥托循环中,假定燃烧体积不变。在狄塞尔循环中,假定燃烧体积恒定。

循环效率在发动机整体燃烧效率中起着重要的作用。假定没有一般性损失,我们分析一下混合循环的效率(见图3.5)。

循环燃料转换效率公式如下:

$$\eta = \frac{W_c}{m_f Q_{LHV}} \quad (3.1)$$

式中,W_c是每个周期的工作;m_f是每个循环的喷油量;Q_{LHV}是燃料的较低的热值。

下标1~5表示的值与图3.5相对应。

在有限压力循环产生的压缩功是

$$W_{com} = mc_v(T_1 - T_2) \quad (3.2)$$

式中,c_v是恒定容量的热容量。膨胀功公式如下:

$$W_{exp} = m[c_v(T_4 - T_1) + p_3(V_4 - V_3)] \quad (3.3)$$

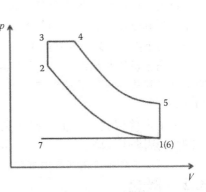

图3.5 有限压力循环

燃烧过程公式如下:

$$m_{f,2-3} Q_{LHV} = mc_v(T_3 - T_2)$$
$$m_{f,3-4} Q_{LHV} = mc_p(T_4 - T_3) \quad (3.4)$$

式中,c_p是恒定的压力热容量。

有如下关系式:

$$W_c = W_{com} + W_{exp} \quad (3.5)$$
$$m_f = m_{f,2-3} + m_{f,3-4} \quad (3.6)$$

有限压力循环中的效率公式如下:

$$\eta = 1 - \frac{T_5 - T_1}{(T_3 - T_2) + \gamma(T_4 - T_3)} \quad (3.7)$$

式中,γ是热容量比。

假设过程1-2和4-5等熵,可以得到

$$\eta = 1 - \frac{\kappa_p \kappa_v^\gamma - 1}{R_c^{\gamma-1}[\kappa_p \gamma(\kappa_v - 1) + \kappa_p - 1]} \quad (3.8)$$

式中,R_c是压缩比;κ_p是压力比,公式如下:

$$\kappa_p = \frac{p_3}{p_2} \quad (3.9)$$

κ_v是体积比,公式如下:

$$\kappa_v = \frac{V_4}{V_3} \quad (3.10)$$

当 $\kappa_p = 1$ 时,是狄塞尔循环;当 $\kappa_v = 1$ 时,是奥托循环。

3.1.1.2 真实周期

在实际操作中,发动机的工作周期与理想的周期不相同:

燃烧时间:在实际发动机运行中,在理想的周期中燃烧需要一定的时间。

传热:燃烧后,缸内气体温度明显升高。燃气温度与气缸壁温度的温差将导致热损失。

排气:在排气冲程之前打开排气阀,缸内压力逐渐下降,直至降到等熵线以下。气缸内压力下降,导致膨胀功减少。

不完全燃烧和泄漏:在实际应用中的不完全燃烧和泄漏导致了理想和真实周期之间的差异。

由于这些因素,真实周期(见图 3.6)与理想的周期不相同。

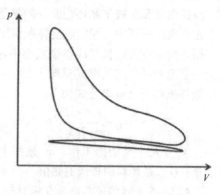

图 3.6 真实周期

3.2 概念

3.2.1 基本几何性质

3.2.1.1 气缸容积

活塞在一个气缸内从上止点到下止点的一次运动所经过的体积称为容积,用 V_d 表示。在所有的气缸中活塞从上止点到下止点运动所经过的体积称为发动机排量,用 V_{ed} 表示,关系式如下:

$$V_{ed} = V_d \eta n_{cyl} \quad (3.11)$$

式中,n_{cyl} 是气缸数。

气缸活塞在上止点时体积称为余隙容积,V_c 是最小的气缸。根据图 3.7,连杆长度为 l,气缸内径为 B,冲程长度为 L,曲柄半径是 a。活塞销轴与曲柄轴之间的距离为 s,可以在任意角度 θ 计算(θ 初始位置的定义如图 3.7 所示)。

$$s(\theta) = a\cos\theta + (l^2 - a^2\sin^2\theta)^{1/2} \quad (3.12)$$

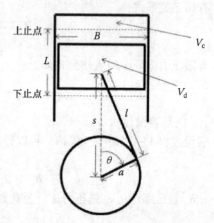

图 3.7 气缸的几何形状

在每一个周期中,气缸的容积随活塞运动而变化,我们可以通过 θ 确定气缸容积。

$$V(\theta) = V_c + \frac{\pi B^2}{4}(l + a - s(\theta)) \tag{3.13}$$

注意,最大气缸容积是在曲柄角度 $\theta = \pi$ 时,$s = -a + l$,$V = V_c + [(\pi B^2 a)/2] = V_c + V_d$。最小气缸容积在曲轴转角 $\theta = 0$ 时,$S = a + L$,$V = V_c$。

3.2.1.2 压缩比

压缩比 r_c 是气缸最大容积 $V_c + V_d$ 和最小气缸容积 V_c 之间的比值,公式如下

$$r_c = \frac{V_c + V_d}{V_c} \tag{3.14}$$

压缩比是一个重要的参数,代表着可被压缩并燃烧的混合气体。通常情况下火花点火发动机的压缩比比压缩点火发动机小。

3.2.1.3 其他参数

由上述信息,可以推得其他基本参数。燃烧室的表面积 A,由下面公式计算

$$A = A_h + A_p + \pi B(l + a - s) \tag{3.15}$$

式中,A_h 和 A_p 分别为气缸盖表面积和活塞顶表面积。

连杆长度与曲柄半径的比值定义为

$$R = \frac{l}{a} \tag{3.16}$$

气缸内径与行程长度的比值定义为

$$R_{bs} = \frac{B}{L} \tag{3.17}$$

由微分方程(3.2)得出活塞瞬时速度 S_p

$$S_p = \frac{ds}{dt} = LN\pi\sin\theta\left[1 + \frac{\cos\theta}{(R^2 - \sin^2\theta)^{1/2}}\right] \tag{3.18}$$

式中,N 是曲柄轴旋转速度(r/s)。

平均活塞速度被定义为

$$\overline{S}_p = 2LN \tag{3.19}$$

3.2.2 性能指标

除了压缩点火发动机的基本参数外,还介绍了一些重要的相关的性能概念。

3.2.2.1 转矩和功率

在引入内燃机的转矩和功率之前,先介绍两种表示方法,即"制动"和"指示"。"制动"通常是指特定术语的可用部分。"指示"是指可以直接通过设备或指示器生成的东西,通常包含"制动"和"摩擦"两部分。

制动转矩 T_b 是指发动机有效输出转矩,通常由测功机测量。制动功率 P_b 可表达如下:

$$P_b = 2\pi N T_b \tag{3.20}$$

式中,N 是曲柄轴旋转速度(r/s)。

每个周期的指示功可以通过气缸压力与气缸体积积分获得

$$W_{e,i} = \oint p dV \tag{3.21}$$

如果只包含压缩和做功行程，称其为每个周期的总指示功，用 $W_{e,ig}$ 表示。如果包含了完整的四冲程，称其为按周期表示的净指示功，用 $W_{e,in}$ 表示。两者之间的区别是进气和排气过程的做功成本不同，将这部分功称为泵送功。

通过每个周期的指示功，我们可以计算出输入功率为

$$p_i = \frac{W_{e,i} N}{2} \tag{3.22}$$

式中，2 表示四冲程发动机每个循环有 2 转。考虑泵在每个指示周期中的功，通过是否考虑泵送损耗，来确定净指示功率或总指示功率。

3.2.2.2 平均有效压力

平均有效压力（MEP）定义为每周期做的功除以气缸的容积，公式如下：

$$\text{MEP} = \frac{W_e}{V_d} \tag{3.23}$$

式中，W_e 指每个周期的功。

平均有效压力是发动机设计和评估的一项非常重要的测量指标。根据发动机的性能来测量每个周期的功或转矩从而评价平均有效压力，与各个气缸排量的差异无关。

根据每次循环是否使用式（3.13）的指示或制动，平均有效压力可分为指示平均有效压力（IMEP）和制动平均有效压力（BMEP）。

3.2.2.3 燃料消耗率

衡量发动机效率的另一个重要术语被称为燃料消耗率（SFC）。它描述了每单位输出功率的燃料流量为

$$\text{SFC} = \frac{\dot{m}_f}{P} \tag{3.24}$$

式中，$\dot{m}_f$ 是燃料流量，SFC 越低，发动机的燃料效率越高。

3.2.2.4 空气/燃料或燃料/空气比

空气和燃料在气缸内燃烧之前混合。空气和燃料的混合比例将在很大程度上决定混合后燃烧程度。空气/燃料比（A/F）和燃料/空气比（F/A）被定义为

$$\frac{A}{F} = \frac{\dot{m}_a}{\dot{m}_f} \tag{3.25}$$

$$\frac{F}{A} = \frac{\dot{m}_f}{\dot{m}_a} \tag{3.26}$$

式中，$\dot{m}_a$ 是空气流量。在传统的火花点火发动机中，空气和燃料通常是均匀混合的。在火花点火发动机中的 A/F 偏小，在空气中基本完全燃烧。我们将空燃比高的燃烧称为"浓"燃烧，这表明混合物中燃料的比例很大。在使用柴油的压缩点火发动机中，空气和燃料混合不均匀，空燃比相对较大。我们称这种混合物为"稀薄"燃烧，表示混合物中的燃料份额很小。

3.2.2.5 容积效率

内燃机的另一个重要术语是容积效率。在进气行程中,混合气通过进气管进入气缸。容积效率是一个度量进气系统效率的平均值,即表示特定气缸体积下每个循环的导入充气量。

容积效率的公式如下:

$$\eta_v = \frac{m_a}{\rho_i V_d} \tag{3.27}$$

式中,m_a 是每个循环吸入气缸的进气量的质量;ρ_i 是进气的密度。当混合气体引入到无密度降低的气缸中时,气缸中的进气密度保持与进气歧管中的密度相同,容积效率为1。当考虑进气流量时,式(3.27)可以写成

$$\eta_v = \frac{2\dot{m}_a}{\rho_i V_d N} \tag{3.28}$$

3.3 气路回路

本节主要讨论混合气体流动路线中发动机的气体和内燃机中的废气问题。这里的混合气体是指在进入气缸之前的气体,包括:①空气;②燃料和空气的混合物;③再循环的废气和新鲜空气的混合物;④再循环废气、空气和燃料的混合物。

气路回路包括进气和排气系统。通过进气系统将混合气体引入发动机气缸,燃烧后的废气通过排气系统排放到环境中。在气缸所需的气体的初始条件和气体交换过程中,正确设计的气路回路系统提供空气/混合气体。在影响气路回路系统的因素中,重要的是整个气路回路部分的结构和流量质量控制。结构/几何设计通常需要考虑发动机的空间限制、流体动力学以及进气气体的特殊用途。在传统的发动机进气系统中,进气气体/混合物通过节流阀进入进气歧管。基于进气条件的要求,常选用更复杂的发动机进气系统、废气再循环(EGR)、涡轮增压器和增压器。从控制应用的角度中,节流阀和沿气路回路的阀使进气质量流量得到控制。

3.3.1 节流阀和阀门

通过节流阀体或阀的流量可以通过孔方程计算[2,3]。当通过节流阀体或阀的流量是未知的,此时气流阀的压力比为 p_d/p_u,满足 $p_d/p_u > (2/(\gamma+1))^{\gamma/\gamma-1}$,则

$$\dot{m}_v = \frac{C_d A_v p_u}{\sqrt{RT_u}} \left(\frac{p_d}{p_u}\right)^{1/\gamma} \left\{\frac{2\gamma}{\gamma-1}\left[1-\left(\frac{p_d}{p_u}\right)^{(\gamma-1)/\gamma}\right]\right\}^{1/2} \tag{3.29}$$

当通过节流阀体或阀的流阻,即压力比满足 $p_d/p_u < (2/(\gamma+1))^{\gamma/\gamma-1}$

$$\dot{m}_v = \frac{C_d A_v p_u}{\sqrt{RT_u}} \gamma^{1/2} \left(\frac{2}{\gamma+1}\right)^{(\gamma+1)/2(\gamma-1)} \tag{3.30}$$

式中,p_d 是阀门上游压力;p_u 是阀门下游的压力;T_u 是阀门上游的温度;γ 是比热比;R 是理想的气体常数;C_d 是放电系数,它可以通过实验校准得出;A_v 是阀门有效打开

面积。临界压力比是$(2/\gamma+1)^{\gamma/\gamma-1} \approx 0.528$。

3.3.2 流形

在进入气缸之前，混合气体将进入进气歧管。在进气歧管中，混合气体被均匀地分配到每个气缸。合理分布有利于发动机的效率和性能的优化设计。

燃烧后，所有气缸的废气将被收集到排气歧管，然后通过排气歧管排出。

3.3.3 功率提升

对于一个给定尺寸的发动机，最大注入燃料量与气缸内的进气量有关。对于一个给定大小的发动机，如果摄入混合气体增加，发动机的最大功率可以增加。因此常常应用功率提升技术，以提高内燃机的功率密度。通过提高功率，在进入气缸之前，进气量将被压缩到一个高密度（高压）。

一般来说，有两种类型的功率提升，即涡轮增压和增压。一个涡轮增压系统[4]由涡轮机和压缩机组成。这两个部件通过一个共同的轴连接。将废气中的能量用来驱动涡轮机，并转移到压缩机。因此压缩机提高了进入的气体的密度。涡轮增压系统的优点是使用排气气体能量，用于增压发动机，并提高能源效率。废气中的可用能量在很大程度上取决于发动机的工作条件。在某些情况下，例如，在发动机低转速和低负荷条件下，涡轮增压系统不能提供足够的推动能量。

针对涡轮增压系统的不足，增压系统提供了一种可行的解决方案。在增压系统中，增压动力与发动机曲轴机械连接。机械动力通常通过带、齿轮、轴或链条从发动机曲轴传递到压缩机中。由于发动机功率应用在进气增压，增压系统与发动机的效率在一定程度上都有减小。

3.4 燃料路径回路

在内燃机中，燃料通过不同的方式输送到燃烧室中。

3.4.1 SI 发动机燃油喷射系统

在传统的火花点火发动机的燃油喷射（PFI）中，燃料注入到各汽缸的进气道的进气阀的上游。燃料的量可以通过测量/估计入口空气的量来进行控制，从而形成一个相同的均匀的化学计量的混合物。这个化学计量的混合物的燃料和其中的氧气可以完全燃烧。化学计量的混合物在 SI 发动机的后处理系统（三元催化剂系统）的排放控制中是有好处的。

在直喷式火花点火发动机中，燃料直接注入缸内。直喷发动机的优点是：①混合液直接在气缸形成，因此，可以实现更精确的空气/燃料比；②注射压力高于燃油喷射发动机，因此，可以实现更完整的混合；③燃料喷油器的设计可以结合气缸和活塞的形状，实现特定的混合形式，使其高效的燃烧。

3.4.2 CI 发动机燃油喷射系统

在大多数的压缩点火发动机中，燃料通过燃料喷射器直接注入到腔室。燃料的质量流量 $\dot{m}_f$，可以被计算出来

$$\dot{m}_f = C_D A_n \sqrt{2\rho_f \Delta p} \tag{3.31}$$

式中，C_D 是流量系数；A_n 是喷嘴的最小面积；Δp 是喷嘴的压力差。

由式（3.21）可见，当其他参数不变时，增加燃油流量的主要来源是喷嘴的压力差 Δp。在常规燃油喷射系统中，燃油泵提供喷油器前的燃油压力。因此共轨燃油喷射系统通常显著提高注射前的燃油压力和增加喷嘴喷油器的 Δp，如图 3.8 所示。在共轨燃油喷射系统中，所有的喷油器共用一个高压共轨，其中燃料压力由一个燃料泵提供，并由压力控制阀调节。高压共轨中的压力可以高达 2000bar（$1\text{bar} = 10^5\text{Pa}$）左右。

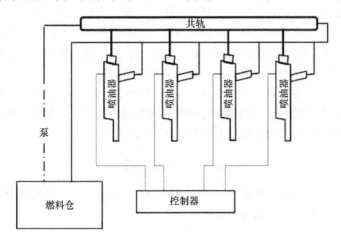

图 3.8 共轨燃油喷射系统

3.5 燃烧

在这一部分中，对火花点火（SI）发动机和压缩点火（CI）发动机的燃烧过程分别进行了描述。

3.5.1 SI 发动机燃烧

在常规的火花点火发动机中，燃料和空气在进入燃烧室之前混合。当混合气体进入发动机气缸时，它与残余气体混合，然后在压缩循环期间由活塞压缩。当压缩周期结束时，火花点火火花塞，使得燃烧开始。这是燃烧的第一步，被称为点火。在引发火花（点火）后，通过快速火焰的发展和传播，混合气体释放其能量。火焰的发展和传播周期不同，这就是为什么气缸内的条件包括压力、温度和物质浓度及空间分布，是显著不同的原因。火焰传播的速度很大程度上取决于未燃混合气体浓度，即较高的未燃混合气

体密度会有更快的火焰传播速度。然而，在 SI 发动机中，火焰前缘近似为一个圆形，因它具有相对均匀的未燃气体。

燃烧通常发生在压缩周期结束时上止点附近。适当的燃烧时间对燃烧效率有重要意义。当燃烧发生在上止点之前时，活塞推动混合气体，因此，活塞的动能减少。另一方面，当燃烧发生在上止点之后时，缸内压力峰值延迟，因此，气体传递给活塞的功将减少。因此，燃烧时间不能太早或太晚，存在最佳的燃烧时间。通过优化使燃烧时所产生的转矩为最大制动转矩（MBT）。

3.5.2 CI 发动机燃烧

在压缩点火发动机中，燃烧发生在燃料喷射后的几个曲柄角，这通常发生在压缩循环结束的附近。在高压下燃油喷射和雾化进入燃烧室。在燃油喷射之后，燃油蒸发和空气在燃烧室内混合。在燃油喷射时的高温高压下，柴油到达它的点火点，并开始自发燃烧。点火开始后，未燃烧的燃料/空气混合物将在膨胀循环的其余部分继续燃烧。由于在压缩点火发动机的燃烧过程拥有多个点的自发性，并与燃料特性、混合均匀性、发动机室的形状相关，其过程比火花点火发动机复杂得多。

因为在压缩点火发动机燃烧是自动点火，其燃烧开始（喷油定时）与点火时机之间的时间是至关重要的。这样的持续时间被称为在内燃机的点火延迟。根据经验，点火延迟可以近似为气缸内压力和温度的函数，如下所示：

$$\tau_d = Ap^{-n}\exp\left(\frac{E_a}{RT}\right) \tag{3.32}$$

式中，τ_d 是点火延迟；E_a 是燃料的自燃过程中表观的活化能；R 是气体常数；A 和 n 是与燃料和其他物质浓度相关的常数参数。

3.6 排放

3.6.1 排放污染物的形成

在火花点火发动机（汽油机）中，废气中含有氮氧化物（NO_x），例如，一氧化氮（NO）、二氧化氮（NO_2）、一氧化碳（CO）和未燃或部分燃烧的碳氢化合物（HC）[5]。在压缩点火发动机（柴油机）中，氮氧化物的排放量与火花点火发动机是相同的水平。柴油机的碳氢化合物排放量比火花点火发动机更为显著。柴油机的一氧化碳排放水平低于火花点火发动机[6]。

3.6.1.1 氮氧化物

大部分的氮氧化物是由大气中的氮和氧的化学反应产生的。有几个因素有助于氮氧化物的形成，最关键的因素是峰值燃烧温度[7]。在一般情况下，峰值燃烧温度越高，就越有可能产生氮氧化物。另一个重要的因素是空气/燃料混合物中的氧浓度。大部分的氮氧化物是由大气中的氮和氧的化学反应产生的。有几个因素有助于氮氧化物的形成，例如，燃料/空气当量比、燃烧气体分数、废气再循环率和点火定时/喷油定时将很大程度上决定上述两个因素，并进而影响氮氧化物的生产。

3.6.1.2 一氧化碳

一氧化碳是由于燃烧富氧而产生的。当局部存在过量燃料时，燃料中的碳会燃烧得不充分。燃料/空气当量比是最影响一氧化碳生产的重要因素。在火花点火发动机中的燃料通常比在压缩点火内燃机中的更丰富。在火花点火发动机中的一氧化碳排放比压缩点火发动机更严重。

3.6.1.3 未燃碳氢化合物

类似于一氧化碳，压缩点火发动机产生未燃烧的碳氢化合物一方面是由于燃烧不完全；另一方面，燃料成分是与未燃烧碳氢化合物生产相关的另一个因素。

3.6.1.4 微粒物质

由于百分比高，CI 发动机的微粒物质排放比 SI 发动机更显著。

3.6.2 排放控制策略

有两种类型的排放控制策略：①通过燃烧控制；②后续处理系统。燃烧控制是控制燃烧过程中的缸内初始条件和燃烧本身。

控制 NO_x 排放的有效途径是排气再循环（EGR）[8]。在一般情况下，与氮氧化物的产生密切相关的是峰值燃烧温度。燃烧温度越高，产生的氮氧化物越多。将废气引入气缸内，可以降低燃烧的峰值温度。

习题

3.1 解释平均有效压力与平均有效制动压力之间的差异。什么样的运行条件下，对于一个给定的发动机可以达到最大平均有效压力？

3.2 讨论影响内燃机燃料效率的设计因素。

3.3 讨论影响内燃机最大功率的设计因素。

3.4 对于一台四缸火花点火发动机，在 2500r/min 的转速时所需的 MBT 是 160N·m。假设：（1）这个运行点的平均有效压力为 950kPa；（2）孔和行程的长度是相等的。什么是理想的发动机排量和孔长度？最大制动功率是多少？

3.5 对于一台四缸柴油机，排量为 6L，内径为 110mm，行程为 120mm，压缩比为 15.2。如果容积效率为 0.9，平均活塞速度为 7m/s，空气流量是多少？

3.6 在汽油和柴油的质量基础上计算化学计量的空气/燃料比。假设汽油中的主要成分是辛烷（C_8H_{18}）和柴油燃料的平均化学式是 $C_{12}H_{23}$。

3.7 在大气 30℃ 的条件下空气通过一个直径 30mm 的阀门时计算气体平均流量。上游压力为 1.5bar，下游压力为 1.2bar。

3.8 传统的发动机，EGR 率从零增加到最大值时，探讨氮氧化物排放的变化过程。

参 考 文 献

1. Heywood, John. *Internal Combustion Engine Fundamentals*. McGraw-Hill, New York, 1988.
2. Bicen, A. F., Vafidis, C., and Whitelaw, J. H. Steady and unsteady airflow through the intake valve of a reciprocating engine. *ASME Transactions, Journal of Fluids Engine* 107, 1985: 413–420.
3. Cook, J. A., Sun, J., Buckland, J. H., Kolmanovsky, I. V., Peng, H., and Grizzle, J. W. Automotive powertrain control—A survey. *Asian Journal of Control* 8, no. 3, 2006: 237–260.
4. Watson, N. and Janota, M. S. *Turbocharging the Internal Combustion Engine*. John Wiley, New York, 1982.
5. Abdel-Rahman, A. A. On the emissions from internal-combustion engines: A review. *International Journal of Energy Research* 22, no. 6, 1998: 483–513.
6. Sher, E. *Handbook of Air Pollution from Internal Combustion Engines Pollutant Formation and Control*. Academic Press, San Diego, USA, 1998.
7. Lavoie, G. A., Heywood, J. B., and Keck, J. C. Experimental and theoretical study of nitric oxide formation in internal combustion engines. *Combustion Science and Technology* 1, no. 4, 1970: 313–326.
8. Abd-Alla, G. H. Using exhaust gas recirculation in internal combustion engines: A review. *Energy Conversion and Management* 43, no. 8, 2002: 1027–1042.

第4章 电力电子基础

Pierre Magne, Xiaodong Shi, Mahesh Krishamurthy

电力电子是结合了电力、磁性和电气化学组件等来控制和转换电能的技术。当使用模拟和数字电路传递和转化数据信息时,电力电子符合能量和功率的转化和传输。1902年,Peter Cooper Hewitt 发明了由水银弧构成的整流器,可将交流电(AC)转换为直流电(DC)的电力电子系统。20世纪40年代,随着第一个晶体管的发明,现代电力电子时代到来。从那时起,由于变换器组件如开关装置、磁性材料和冷却台等的改善,新设计变换器的性能逐渐提升。

电力电子是一种能够控制电能的技术。电动机输出的功率驱动车轮转动,为电动汽车提供牵引力。电动机的功率可以来源于电池或者发动机。为了电动机能正常运转,需要确保车载电源的功率变换为电动机的动能。车载电源提供的功率需要以合理的方式进行控制和转化,在电动机中产生旋转磁场,以匹配负载要求。传输、变换和控制这些阶段都由电力电子系统提供功率。功率变换器(DC-DC,AC-DC和DC-AC)用于变换和管理功率,这些功率可以流向车轮,也可以从电机流向电池或者车轮。

本章首先介绍了开关模式直流-直流变换器的基本原理。第一部分简单介绍了最流行的变换器和半导体的设备电路和稳态运行。第二部分介绍了交流-直流之间的变换,单相和三相逆变器和PWM方法。第三部分介绍了交流-直流整流器的基本原理,不可控和可控的整流器在单相和三相变换器中的应用。最后一部分讨论了能量变换器的设计需求,用例子介绍了功率模型的评估和选择的过程,同时也讨论了栅极驱动电路、阻尼器和母线设计。

本章旨在帮助读者分析理解大多数电力电子电路。介绍了最流行的直流-直流和交流-直流变换器电气参数的设计和选择以及它们的运行原理。在这些例子中,明确提及假设和简化运用到分析执行的过程。介绍这些例子的同时也推荐了更多的参考文献,便于读者进一步理解和思考。

4.1 开关模式的直流-直流变换器

4.1.1 现代电动汽车中的直流-直流变换器

直流-直流变换器可以将任意的输入电压转换为可控的输出电压。换句话说,直流-直流变换器可以将直流(DC)电源变换为不同电压的直流(或近似直流)电源。通过使用变换器(升压变换器、降压变换器、升压-降压变换器),输入电压可以升高或降低。在发电机（风力发电机）和家用电器中，直流-直流变换器可将输入的不稳定的直流电压变换为稳定的直流电压输出。根据应用的需求来确定输出电压（航空领域540V或者28V，混合动力汽车用225～650V电压）。电动汽车的能源通常由高压电池提供，不同类型的汽车使用的电池大小不同。电池的功率越大，电动汽车存储和可用的功率就越多。一些电动汽车（Toyota Hybrid System I，Fiat500e）的电池直接连接牵引逆变器。电池的输出与驱动系统连接，在某些情况下，它限制了电动机的性能（尤其是在最大速度时）。为了避免这一点，其他的配置（Toyota Hybrid System II；Camry 2007，Prius 2010）为在电池和牵引逆变器之间有一个直流-直流变换器。直流-直流变换器通过提高电压值去满足直流车载所需电压。例如，在Prius 2010中，使用升压直流-直流变换器提供了三个不同的直流线性电压[2]。通过调整电压的值，可以改变驱动系统的性能和效率。同时，直流-直流变换器的使用增加了在系统设计中的适应性。不同电压的不同电池组能被用在相同的电动机上。

在电动汽车中，直流-直流变换器的其他应用是辅助功率单元给电网提供12V低电压。直流电网为车上的所有电力部件提供电能（如空调系统、微控制系统和灯光等）。

这一部分主要介绍三种不同的直流-直流变换器的拓扑：升压、降压和升降压变换器。首先介绍它们的稳态运行，然后介绍电力电子结构中的开关装置。包括解释直流-直流变换器、交流-直流变换器、直流-交流变换器运行的基本信息和细节。如果想要获得更多关于开关装置运行的数据，有兴趣的读者可以阅读参考文献[3]。最后介绍动力系统的数学模型和变换器的参数选择。

4.1.2 开关模式直流-直流变换器的稳态运行

在开关模式直流-直流变换器中，术语开关指变换器至少由一个开关装置组成。开关装置是一个可以控制电流循环的半导体。半导体是由电路或者门信号u来控制，它是由一个周期T中的占空比d来决定的，d的值是周期T中u的平均值，如图4.1所示。直流-直流变换器的稳态运行由d的输入/输出电压表示。根据输入

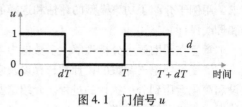

图4.1 门信号u

电压的主平方根和占空比得到的输出电压的主平方根。在这一部分中，假设所有变换器在连续导通模型中运行，电感中的电流始终大于0。

4.1.2.1 降压变换器

带有理想开关的降压变换器的电路如图4.2所示。降压变换器能够降低输入电压。当S_1闭合时，$V_L = V_{in} - V_{out}$，当S_1断开时，$V_L = -V_{out}$。在一个周期里，V_L稳态时平均值为0。如果平均值不是0，表明并未达到稳态。此时式（4.1）表示V_{in}和V_{out}之间的变换比。式（4.2）表示稳态时V_{in}和V_{out}之间的变换比，d是S_1的占空比。

$$V_L = \frac{1}{T}\left(\int_0^{dT} V_{in} - V_{out} dt + \int_{dT}^{T} - V_{out} dt\right) = 0 \quad (4.1)$$

$$\Rightarrow d \cdot V_{in} = V_{out} \quad (4.2)$$

当占空比在 0（S_1 打开）到 1（S_1 闭合）之间时，V_{out} 在 0 到 V_{in} 之间。

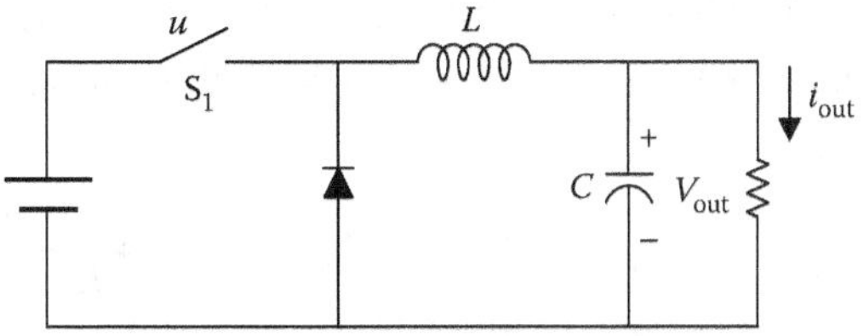

图 4.2 降压变换器

假设所有的器件都完好，变换器中没有损耗，输入值相当于稳态的输出值。通过考虑式（4.2）、式(4.4) 和式 (4.5)，输入电流和输出电流之间的关系用式（4.6）表示。

$$P_{in} = V_{in} \cdot i_{in} \quad (4.3)$$

$$P_{out} = V_{out} \cdot i_{out} \quad (4.4)$$

$$P_{in} = P_{out} \quad (4.5)$$

$$\Rightarrow d \cdot i_{out} = i_{in} \quad (4.6)$$

4.1.2.2 升压变换器

升压变换器可以提高输入电压。假设开关是理想状态，电路如图 4.3 所示。当开关 S_1 闭合时，二极管反向偏置，电感在电压源 V_{in} 作用下导通，此时 $V_L = V_{in}$。当 S_1 断开时，电感中的存储的能量传到 DC-Link 电容，$V_L = V_{in} - V_{out}$。这种能量变换产生的输出电压高于输入电压。在电动汽车中，变换器可以用在电池组和牵引逆变器之间。例如 Toyota Prius 2010。

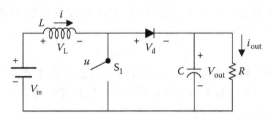

图 4.3 升压变换器

在一个完整周期内，V_L 的平均值在稳态运行时为 0。因此，关系式（4.7）表示用来获得 V_{in} 和 V_{out} 之间的变换比。式（4.8）表示 V_{in} 和 V_{out} 之间的稳态关系，这里的 d 表示 S_1 的占空比。

$$V_L = \frac{1}{T}\left(\int_0^{dT} V_{in} dt + \int_{dT}^{T} V_{in} - V_{out} dt\right) = 0 \quad (4.7)$$

$$\Rightarrow V_{in} = (1-d) \cdot V_{out} \quad (4.8)$$

与降压变压器一样，通过式（4.3）~式(4.5) 及式 (4.8) 可以用于式（4.9），表示稳态时升压变压器的电流水平。

$$i_{out} = (1-d) \cdot i_{in} \quad (4.9)$$

在理想状况下，式（4.8）表示 V_{out} 理论上可以升压到无穷大（此时 $d=1$），但是实际中不可能存在一个无穷大输出的电压值。电路中自带的电阻效应通过变换器限制了输出的最大电压值。例如，如果将电感的电阻 r_L 考虑在内，稳态时的关系式为式（4.10）。

$$V_{in} = \left[1 - d + \frac{r_L}{R \cdot (1-d)}\right] \cdot V_{out} \qquad (4.10)$$

4.1.2.3 降压 – 升压变换器

降压 – 升压变换器能够降低或者升高输出电压。图 4.4 给出了理想开关电路的拓扑结构。开关 S_1 在电感中储能。当 S_1 闭合时，通过电感的电压 $V_L = V_{in}$，电流从输入电压源流到电感。当 S_1 断开时，电感的储能通过二极管转移到 DC – Link 电容中。在这个

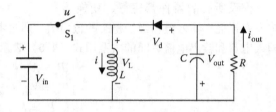

图 4.4　降压 – 升压变换器

过程中，$V_L = -V_{out}$。稳态运行时，如上所述，V_L 的平均值为 0，式（4.11）表示用来获得 V_{in} 和 V_{out} 之间的变换比，式（4.12）中，如果 $d < 0.5$ 时，$V_{out} < V_{in}$，变换器在升压模式中运行。当 $d > 0.5$ 时，$V_{out} > V_{in}$，变换器运行在降压模式中。

$$V_L = \frac{1}{T}\left(\int_0^{dT} V_{in} dt + \int_{dT}^{T} -V_{out} dt\right) = 0 \qquad (4.11)$$

$$\Rightarrow V_{in} * d = (1-d) V_{out} \qquad (4.12)$$

对于降压和升压变换器，变换器为理想状态时没有任何损耗。通过式(4.3) ~ 式(4.5)和式 (4.12) 得到式 (4.13)。

$$i_{out} \cdot d = (1-d) \cdot i_{in} \qquad (4.13)$$

从式（4.12）中，理想的降压 – 升压变换器理想状态时产生无限的输出电压值。与升压变换器一样，由于电路中自带的电阻不可能实现完全理想状态。考虑到电感的电阻 r_L，式（4.12）变为式（4.14）。

$$d \cdot V_{in} = \left[1 - d + \frac{r_L}{R \cdot (1-d)}\right] \cdot V_{out} \qquad (4.14)$$

4.1.2.4 直流 – 直流变换器的稳态特征的总结

每种变换器的稳态特征如图 4.5 所示，式（4.1）表示降压变换器，式（4.8）和式（4.10）表示升压变换器，式（4.12）和式（4.14）表示降压 – 升压变换器。当选择一个拓扑结构的时候，设计者应当考虑占空比越大、效率越低的特点，4.3.2.3 节中详细介绍了这些特点。因此，即使一个升压变换器或者一个降压 – 升压变换器理想上可以提供很高的电容，但是仍会因应用场合的低效而受限。

4.1.3　开关装置概述

前面介绍了三种不同直流 – 直流变换器的稳态运行。如上所述，这些变换器通过半导体运行，由于它们的复杂性，在电路分析中经常假设半导体为理想状态。简化了电路

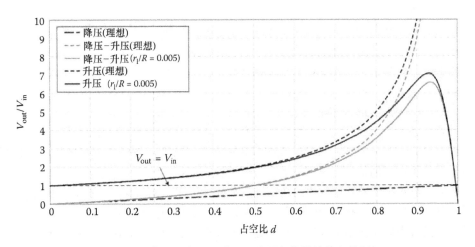

图 4.5 降压、降压 - 升压、升压变换器的稳态特征

分析，让设计者专注于变换器的设计而不是半导体本身。如何为一个应用选择变换器很重要，避免选用一个不合适的装置，从而导致变换器无法良好运行，最终导致失败。本节首先概述了开关的电气特性，然后介绍了电子设计中广泛使用的半导体的理想特征。关于半导体的非理想特征和性能在参考文献 [3]、[4] 中可以找到。

4.1.3.1 开关的电气特征

在功率变换器中，电路的打开和闭合由开关装置控制。因此它们需要充当电导体来闭合电路，还需要充当电绝缘体来断开电路。这两种特征定义了什么是半导体：一种能够有效传导电流并阻止电流的器件。半导体的额定值包括：可充当绝缘体时它们可以承受的最大电压以及可以循环通过半导体而不损坏器件的最大电流。最大电流不仅仅取决于半导体的额定值，也取决于半导体的热性能。因此，根据功率模块的封装以及所使用的散热器，最大的允许电流会对相同的装置也不同。

1. 电流 - 电压特征

如图 4.6 所示，四种可能的象限的电流电压特征，如图 4.7 所示为一种理想开关。对于每种开关，这些象限中至少有一个是对应于电气特征的装置。这些特征是开关中的重要因素，定义了这种开关能够用在哪种场合中。例如，在双向应用中，开关可以处理正电流和负电流。因此，至少两个象限可以对应于这种应用。通过并联使用两种不同的开关获得这种配置。

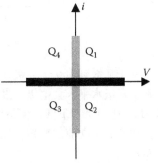

图 4.6 电流 - 电压特征

下一部分将介绍一些汽车领域使用的装置的理想电气特征：二极管、MOSFET、IGBT 和晶闸管。

2. 开关特征

通过半导体的状态的控制方式可以将半导体分为三类：不可控、闭合状态受控、闭合和关断状态受控。这些性能在选择半导体时很重要，因为定义了半导体如何使用和控制，如何在电路中起作用。

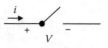

图 4.7 理想开关

4.1.3.2 开关模式功率变换器上最常用的开关

介绍了四种常用的开关：二极管、晶闸管、MOSFET、IGBT 的电气特征。这里并没有介绍晶体管、门极关断晶闸管、双极结型晶体管、结型场效应晶体管等的电气特征。这些半导体更详细的信息可以在参考文献 [3] 中找到。

图 4.8 显示了普通功率装置的功率等级和开关频率。MOSFET 通常用于额定功率小于千瓦的应用中。低功率的 MOSFET 相对于高功率的更加便宜，功率损失较低，开关频率较高。随着半导体技术的发展，越来越多的高功率值 MOSFET 在市场上出现。然而成本远比同功率水平的 IGBT 要高。

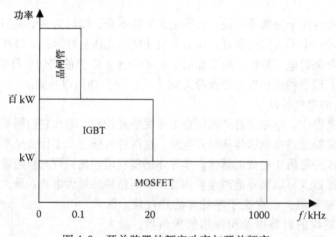

图 4.8 开关装置的额定功率与开关频率

从千瓦级到 100 千瓦级，IGBT 最合适。传统的 IGBT 能够将集电极 - 发射极电压提高到千瓦级水平，集电极 - 发射极电流提高到千安培的水平。IGBT 最大的开关频率是 20kHz，比 MOSFET 低，但是仍可以满足大部分汽车的功率应用，例如，直流 - 直流变换器和直流 - 交流逆变器。IGBT 的主要缺点是与 MOSFET 相比，断开电流会导致开关损耗较高。

晶闸管装置通常用于百万级的功率水平的应用中。不像 MOSFET 和 IGBT，晶闸管有电流控制装置，能够控制电流导通，但是很难断开。晶闸管的开关频率是 100kHz。晶闸管广泛用在百万级功率水平的交流 - 直流整流器中。

4.4.3.2 节中明确介绍了基于应用中的电压、电流和开关频率选择开关装置的类型。

1. 二极管

二极管是不可控的器件。如图 4.9 表示出了二极管的电气特征。当二极管中的电压低于 0 时,二极管反向偏置,没有电流循环,此时二极管断开,相当于打开的开关。当电压高于 0 时,二极管导通,电流循环。实际上,电压降,所谓的正向电压,是导通时的电压。理想二极管的电流 – 电压特征如图 4.10 所示。

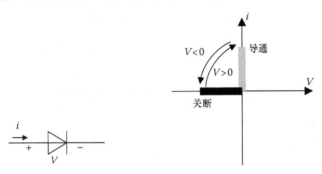

图 4.9　二极管　　　　图 4.10　理想二极管的电流 – 电压特征

2. 晶闸管

晶闸管是导通控制器件。晶闸管的电气特征如图 4.11 所示。它的断开状态类似于二极管:当 $V_{AK}<0$ 时,器件反向偏置,没有电流流过。当 $V_{AK}>0$ 时,装置并不能像二极管一样马上导通,要导通晶闸管需要一个门信号触发。晶闸管从关断到导通,可以表示为:①$V_{AK}>0$;②一个脉冲电流通过门部分接到晶闸管中。在图 4.12 中,显示了一个理想晶闸管的电学信号。一个电压降,在导通的晶闸管中存在,同时也对应于二极管。晶闸管的非理想状态可以从参考文献 [3] 中找到。

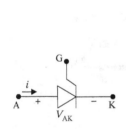
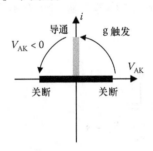

图 4.11　晶闸管　　　　图 4.12　理想晶闸管的电压 – 电流特征

3. MOSFET

MOSFET 是一个完全可以控制的开关。使用者可以通过门信号控制导通和断开。当门信号作用时,MOSFET 导通,电流循环。当门信号不起作用时,装置断开,没有电流循环。实际上,门信号的幅值对 MOSFET 的电流水平有影响:高门极电压,高饱和电流。同时存在一个导通电阻。通过 MOSFET 产生了一个电压降。更多关于 MOSFET 运行和非理想特征的内容在参考文献［3］中可以找到。

图 4.13 给出了一个 MOSFET 的电气特征。图 4.14 给出了 MOSFET 的理想特征。功率 MOSFET 的额定电压可以达到 900V。低压应用（＜50V）时优于 IGBT，因其低导通损耗和在高开关频率时可以工作。这在低电压供电设计中尤其有利，因为使用高开关频率可以减小磁性元件尺寸（电感器、变压器）。

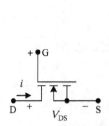

图 4.13 MOSFET（n 沟道型）

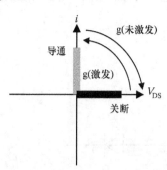

图 4.14 理想 MOSFET 电流 – 电压特征

4. IGBT

与 MOSFET 相比，IGBT 是完全可控的开关。IGBT 的电学符号如图 4.15 所示，相对应的电气特征如图 4.16 所示。IGBT 额定电压值最大达 1600V。与 MOSFET 相比，更适合于高功率应用，因为高压（400～1200V）时有更高的电流传导能力。在汽车牵引系统中，由于它们的额定电压和电流值，它们是普遍用于牵引系统的器件。

非理想状态的 IGBT 的电气特征与图 4.16 中介绍的理想晶体管不同。尤其是，电流取决于门电压。在理想晶体管中并没有提到击穿电压和反向阻塞能力。更多关于非理想状态的 IGBT 的特征在参考文献［3］中有介绍。

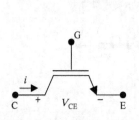

图 4.15 IGBT 的电学符号

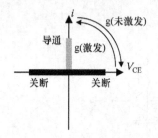

图 4.16 理想 IGBT 电流 – 电压特征

5. 例子：单向降压变换器的开关装置选择

在该示例中，考虑了降压变换器的运行以识别其两个开关所需的开关特性。根据这些特性，可以确定能够使变换器正常工作的半导体。

图 4.17 中给出的由两个未知的理想开关组成的降压变换器。电路运行对 S_1 和 S_2 的电气要求在表 4.1 中表示出来。从开关 S_1 所定义的所有电气特征，均可在图 4.14 和

图 4.16 中找到，MOSFET 和 IGBT 能够使电路运行。晶体管不能用于开关 S_1，因为它不能从导通到关断完成换向。同时，S_2 的电气特征很明显和二极管相似。因此，半导体的使用可以使单向降压变换器正常运行。

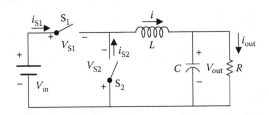

图 4.17 带两个未知理想开关的降压变换器

表 4.1 单向降压变换器开关的电气要求

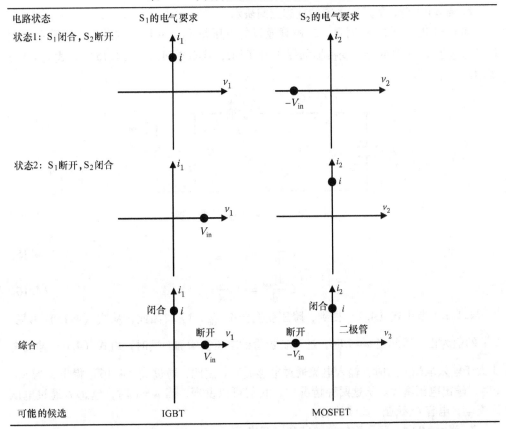

4.1.4 开关模式直流-直流变换器状态空间表示

降压、升压、降压升压变换器的状态空间表示已经介绍。对于设计者在设计变换器的动力时可以考虑这些。可以从这些模型中决定变换器参数选择的动力性能和变换器的控制环的设计,例如电感、电容和开关频率。此外还要设计些控制回路和变换器。

在下面的章节中,假设开关装置是理想状态的,寄生电阻也要考虑在内。将详细介绍获得降压变换器的状态空间表示方法。对于另外的变换器,它们可通过与降压变换器类似的方法获得。

4.1.4.1 降压变换器的状态空间表示

降压变换器的电路如图 4.2 所示。为了获得相应的状态空间表示,很有必要表示状态中变换器参数和门信号 u 的各种作用(通过电感的电流和通过电容的电压)。为了这样做,如图 4.2 中的电路同时考虑两个值:$u=0$ 和 $u=1$。从这两种配置的分析中发现,一个变换器要明确一个独特的状态空间表示。

1. 当 $u=1$ 时,降压变换器的状态空间表示

当 $u=1$ 时,开关 S_1 闭合,二极管通过的电压是 $V_d = -V_{in}$,因此,二极管反向偏置,对应于 $u=1$ 时的降压变换器如图 4.18 所示,状态空间由式(4.15)和式(4.16)表示。

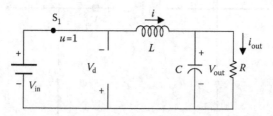

图 4.18 当 $u=1$ 时降压变换器

$$L\frac{\mathrm{d}i}{\mathrm{d}t} = V_{in} - V_{out} \tag{4.15}$$

$$C\frac{\mathrm{d}V_{out}}{\mathrm{d}t} = i - \frac{V_{out}}{R} \tag{4.16}$$

4.1.2.1 节中式(4.2)提到,降压变换器中 $V_{in} > V_{out}$。因此,从式(4.15)可见,$L\frac{\mathrm{d}i}{\mathrm{d}t}$ 的值为正,因此当 $u=1$ 时,通过二极管的电压会增加。同时,由式(4.6)输出电流大于输入电流。这时,输入电流通过电感循环。因此,通过式(4.16)得出,当 $u=1$ 时,输出电压增大。从这两种情况中,我们可以发现,当 $u=1$ 时,电感 L 通过电压源充电,电容 C 不通过负载放电。

2. 当 $u=0$ 时,降压变换器的状态空间表示

当 $u=0$ 时,开关 S_1 断开,存储在电感中的能量通过二极管中的电流 i 转换到电容 C 和负载中,图 4.19 给出了这种情况的电路配置。当 $u=0$ 时,降压变换器的状态空间模型由式（4.17）和式（4.18）表示。在这个状态中，来自电感的电流 i 高于负载电流。因此，电容 C 被充电，输出电压增加。

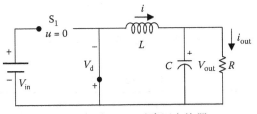

图 4.19　当 $u=0$ 时降压变换器

$$L \frac{\mathrm{d}i}{\mathrm{d}t} = -V_{\text{out}} \tag{4.17}$$

$$C \frac{\mathrm{d}V_{\text{out}}}{\mathrm{d}t} = i - \frac{V_{\text{out}}}{R} \tag{4.18}$$

3. 降压变换器的状态空间表示

为了使电路有唯一状态空间表示，必须将与情况 $u=0$ 和 $u=1$ 对应的两个状态空间模型组合在一起。将 u 的值集成到式（4.15）~式（4.18）中，可以得到表达式（4.19）和式（4.20）。用 1 或 0 替换 u，可以很容易地看到，当 $u=1$ 时，式（4.19）等效于式（4.15），当 $u=0$ 时，等效于式（4.17）。通过考虑 u 的占空比 d，可以得出方程的稳态公式（4.19）产生了式（4.2）。

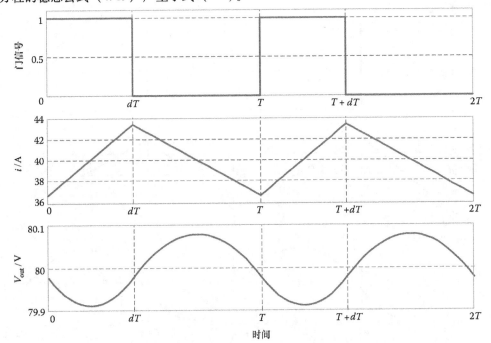

图 4.20　降压变换器的门信号、电流、电压波形

$$L\frac{\mathrm{d}i}{\mathrm{d}t} = u\,V_{\text{in}} - V_{\text{out}} \qquad (4.19)$$

$$C\frac{\mathrm{d}V_{\text{out}}}{\mathrm{d}t} = i - \frac{V_{\text{out}}}{R} \qquad (4.20)$$

在图 4.20 中，考虑了式（4.19）和式（4.20）以及表 4.2 中给出的参数，绘制了 V_{out} 和 i 的波形。

表 4.2 降压变换器参数

V_{in}/V	d	$L/\mu H$	$C/\mu F$	f_{sw}/kHz	R/Ω
200	0.4	700	500	10	2

4.1.4.2 升压变换器的状态空间表示

与降压变换器类似的方法，可以获得图 4.3 所示的升压变换器的状态空间模型。考虑升压变换器的两种可能配置（$u=1$ 和 $u=0$），相应的状态空间模型由式（4.21）表示。

$$\begin{cases} L\dfrac{\mathrm{d}i}{\mathrm{d}t} = V_{\text{in}} - (1-u)V_{\text{out}} \\ C\dfrac{\mathrm{d}V_{\text{out}}}{\mathrm{d}t} = (1-u)i - \dfrac{V_{\text{out}}}{R} \end{cases} \qquad (4.21)$$

在图 4.21 中，针对表 4.3 中给出的参数，在两个周期内绘制了方程式（4.21）给出的 i 和 V_{out}。

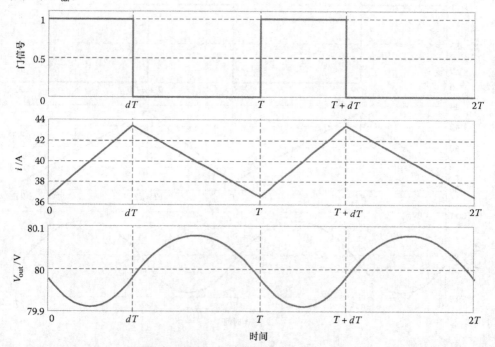

图 4.21 升压变换器的门信号、电流、电压波形

表 4.3 升压变换器参数

V_{in}/V	d	$L/\mu H$	$C/\mu F$	f_{sw}/kHz	R/Ω
200	0.5	150	500	10	5

4.1.4.3 降压-升压变换器的状态空间表示

与降压变换器相比,降压-升压变换器的状态空间表示如图 4.4 所示。考虑这种变换器两种可能的情况($u=0$ 和 $u=1$),类似的状态空间表示在式(4.22)中。如图 4.22 所示为表 4.4 中参数的波形。

$$L \frac{di}{dt} = uV_{in} - (1-u)V_{out}$$
$$C \frac{dV_{out}}{dt} = (1-u)i - \frac{V_{out}}{R} \tag{4.22}$$

表 4.4 降压-升压变换器的参数

V_{in}/V	d	$L/\mu H$	$C/\mu F$	f_{sw}/kHz	R/Ω
200	0.2	700	500	10	2

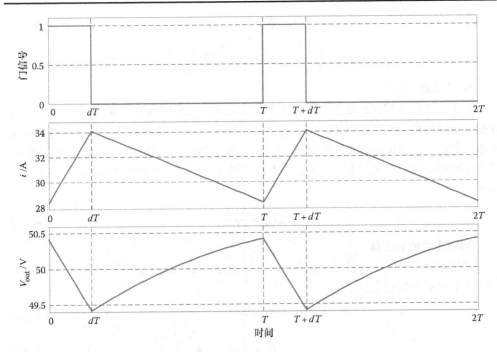

图 4.22 降压-升压变换器的门信号、电流和电压信号波形

4.1.5 电感和电容的选择

在开关模式直流-直流变换器中,选择合适的电感和电容的值很重要,有以下原

因：电感是通过变换器进行电流变换和电压变换的必要条件，因为电感是变换器的中间能量存储器罐。同时，电容值主要影响输出电压纹波水平，电感值直接影响着输入电流纹波的水平。这些要点已经进行了详细介绍。对于输入电流和输出电压，具体的水平要考虑以下原因：功率值和维持电动源的正常运行。为了选择合适的电感和电容值，需要表达电流和电压纹波的公式。正如对变换器的状态空间表达式所述，获得纹波表示的方法在降压变换器的部分已经详述。

4.1.5.1 降压变换器的电压电流纹波

1. 电流纹波的估算

如图 4.20 和 4.1.4.1 节中解释的，降压变换器中开关 S_1 的状态不同，电感电流 i 的值是不同的。对于每一种状态，i 的值由式（4.15）、式（4.16）、式（4.17）和式（4.18）表示。电流纹波 Δi 可以由其中的任何一个公式表示。同时，式（4.17）的表示更加容易，因为不包括 u 和 V_{in}，而 Δi 不能由电流估算。可以假设电容足够大以使电压的变化在电流变之前可以忽略。因此，V_{out} 可以相当于它的运行值：在一个周期内 $V_{out0} = d \cdot V_{in}$。考虑到这一点，当 $u = 0$，电流的表示如式（4.23）所示，Δi 的表示如式（4.24）所示。

$$L \frac{di}{dt} = -V_{out0} \tag{4.23}$$

$$\Delta i = \frac{1}{L} \int_{dT}^{T} V_{out0} dt \Rightarrow \Delta i = \frac{V_{out0}(1-d)T}{L} \tag{4.24}$$

2. 电感的选择

为了一个具体的应用选择电感，所要求的最大的电流纹波 Δi_{max} 被定义。对于 V_{in} 为常数，后者的最大值对应于 $d = 0.5$，由式（4.25）表示。式（4.25）给出了电感的最小值，确保了在给定电压和周期内的 Δi_{max}。值得注意的是，减少 T，增加了开关频率，减少了电感。因此，实际上，开关频率不能增加太多，因为半导体开闭状态产生了开关损耗。

$$\Delta i_{max} = \frac{V_{in} T}{4 L_{min}} \tag{4.25}$$

3. 电压纹波的估算

通过电容 C 的电压纹波 Δv 由式（4.26）表示，ΔQ 由式（4.27）表示，是 DC-Link 电容中的电荷变化。

$$\Delta v = \frac{\Delta Q}{C} \tag{4.26}$$

$$\Delta Q = \int i dt \tag{4.27}$$

当后者高于负载电流 i_{out} 时，电容器以电流 i 充电。然而，在只有电阻负载的降压变换器中，负载电流相当于电感电流的平均值。ΔQ 对应在图 4.23 中的面积，由式（4.28）表示。然后，从式（4.26）和式（4.28）中，降压变换器的 Δv 表达式由式（4.29）给出。

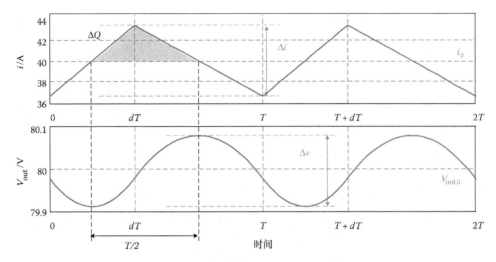

图 4.23 降压变换器的电流电压纹波

$$\Delta Q = \frac{1}{2} \times \frac{T}{2} \times \frac{\Delta i}{2} \tag{4.28}$$

$$\Delta v = \frac{T \Delta i}{8C} \tag{4.29}$$

4. 电容的选择

电容的选择关系到最大电压纹波 Δv_{max} 和 Δi_{max}，这两个值是由系统规定的。式（4.30）表示系统定义的最小电容的关系。与电感的选择类似，所要求的电容随着开关频率的增加而减少。

$$\Delta v = \frac{T \Delta i_{max}}{8 C_{min}} \tag{4.30}$$

4.1.5.2 升压变换器的电流和电压纹波

1. 电感的选择

对于降压变换器，Δi 可以由式（4.31）决定。考虑到输出电压是常值，相对于 $d = 0.5$ 的情况，电感的选择可以通过式（4.32）得到。

$$\Delta i = \frac{(1-d) d V_{out0} T}{L} \tag{4.31}$$

$$\Delta i_{max} = \frac{V_{out0} T}{4 L_{min}} \tag{4.32}$$

2. 电容的选择

假设电容以电流 i 充电，仅以负载电流 i_{out} 放电（$i_0 - \Delta i/2 > i_{out}$），遵循与降压变换器相同的方法。图 4.24 中灰色区域对应的 ΔQ 由式（4.33）决定。从式（4.33）、式（4.9）和式（4.26）、式（4.33）给出了升压变换器的 Δv。

$$\Delta Q = \frac{1}{2}(1-d) T \Delta i + (1-d) T (i_0 - \frac{\Delta i}{2} - i_{out}) \tag{4.33}$$

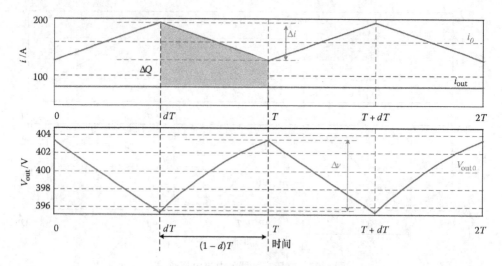

图 4.24 升压变换器的电流和电压纹波

$$\Delta v = \frac{dTV_{out0}}{RC} \tag{4.34}$$

考虑到式（4.34）中 $d=1$ 的情况以及 Δv_{max}，式（4.35）给出了确保要求的最小电容值。注意如果使用不同的负载（纯电阻除外），负载电流并不是定值，式（4.33）~式（4.35）应该重新估计。

$$\Delta v_{max} = \frac{TV_{out0}}{RC_{min}} \tag{4.35}$$

4.1.5.3 降压-升压变换器的电流和电压纹波

1. 电感的选择

类似于降压变换器和升压变换器，Δi 可以通过式（4.36）选择电感。考虑到 $d=0$ 的情况，电感的选择可以通过式（4.37）完成。

$$\Delta i = \frac{V_{out0}(1-d)T}{L} \tag{4.36}$$

$$\Delta i_{max} = \frac{V_{out0}T}{L_{min}} \tag{4.37}$$

2. 电容的选择

假设电容以电流 i 充电，而仅以电流 i_{out} 放电（$i_0 - \Delta i/2 > i_{out}$）。可以依照降压变换器的方法，如图 4.25 所示的区域对应的 ΔQ 由式（4.38）表示。然后，从式（4.38）、式（4.36）和式（4.26），降压-升压变换器 Δv 的表示可以由式（4.39）给出。

$$\Delta Q = \frac{1}{2}(1-d)T\Delta i + (1-d)T(i_0 - \frac{\Delta i}{2} - i_{out}) \tag{4.38}$$

$$\Delta v = \frac{dTV_{out0}}{RC} \tag{4.39}$$

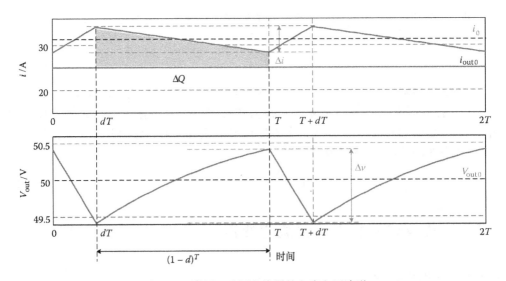

图 4.25 降压 – 升压变换器的电流电压波形

类似于升压变换器，式（4.40）给出可以满足要求的最小电容值。如果选择不同的负载（纯电阻除外），需重新考虑 ΔQ。

$$\Delta v_{max} = \frac{dTV_{out0}}{RC_{min}} \tag{4.40}$$

4.1.6 有限连续导通模式 – 断续导通模式

上面呈现的降压、升压、降压 – 升压变换器的电流、电压波形是假定电感电流大于 0。然而，如式（4.24）、式（4.31）和式（4.36）所示，电流纹波与流过电感的平均值 i_{in0} 无关。如果 i_{in0} 很低，电流在不受电感控制的周期内变为 0。变换器的运行被定义为断续导通模式（DCM）。运行在断续导通模式中的电流波形如图 4.26 所示。

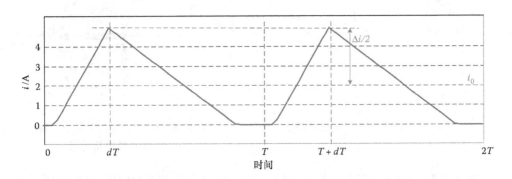

图 4.26 降压变换器在 DCM 中的电流波形

对于所提到的每一种变换器,连续导通模式(CCM)和断续导通模式之间的区别如式(4.41)所示。

$$\frac{\Delta i}{2} = i_0 \tag{4.41}$$

例如,考虑到降压变换器的情况,由式(4.24)给出的相应的 Δi 的值得到了边界电感电流的平均值 i_{0B}。升压和降压-升压变换器的边界电流可以由式(4.31)和式(4.36)表示。当有一个变换器运行在断续导通模式中时,它的升压降压特征就不同,这部分中的分析要重新考虑。

$$i_{0B} = \frac{v_{out0}(1-d)dT}{2L} \tag{4.42}$$

4.2 开关模式的直流-交流逆变器

4.2.1 单相逆变器

逆变器把直流变换为交流。单相逆变器从直流源产生交流输出。因为它们能够将电池组和其他的直流源连接到交流源,也可以用于驱动单相交流电动机。

4.2.1.1 电路

单相逆变器的电路如图4.27所示。每个开关要求的电气特征如图4.28所示。可以使用一个 MOSFET 或者一个带反并联二极管的 IGBT 实现,如图4.29所示。由于电气配置,相同引脚的两个开关不能同时关闭,这是因为这种情况使电压源短路。

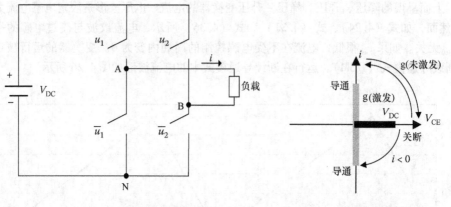

图4.27 单相逆变器 图4.28 驱动整流器理想双向开关电流电压特征

对于引脚1(由 u_1 控制),当 $u_1=1$ 时($\overline{u_1}=0$),在 A 和 N 之间的 V_{AN} 等于 V_{DC}。当 $u_1=0$ 时,底部的开关闭合,$V_{AN}=0$。V_{DC}、V_{AN}、V_{BN} 和 V_{AB} 之间的关系由式(4.43)表示。

$$V_{AN} = u_1 V_{DC}$$
$$V_{BN} = u_2 V_{DC}$$
$$V_{AB} = V_{AN} - V_{BN} = u_1 V_{DC} - u_2 V_{DC} \quad (4.43)$$

在大部分场合中，例如，并网逆变器，要求一个正弦输出电压。如果采用合适的控制方案，单相逆变器可以产生适当的输出电压。产生正弦输出电压的方法是脉宽调制。

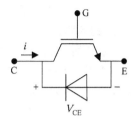

图 4.29 双向开关（IGBT + 二极管）

4.2.1.2 双极脉宽调制

$$u_2 = 1 - u_1 \quad (4.44)$$

$$\begin{cases} u_1 = 1, & \text{如果 } V_{ref} > V_{carrier} \\ u_1 = 0, & \text{如果 } V_{ref} \leq V_{carrier} \end{cases} \quad (4.45)$$

脉宽调制的原则是通过比较参考信号 V_{ref} 和载波 $V_{carrier}$ 产生逆变器开关的门信号，如图 4.30 所示。在双极脉宽调制中，只有参考信号被用于控制两个引脚。引脚 2 的控制信号 u_2 与 u_1 的关系由式（4.44）给出。式（4.45）给出了双极脉宽调制方法的表达式。图 4.31 给出了参考信号、载波信号以及门信号。载波信号的振幅被设计为 V_c。

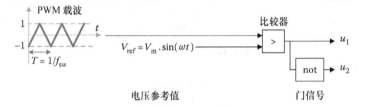

图 4.30 单相逆变器双极 PWM

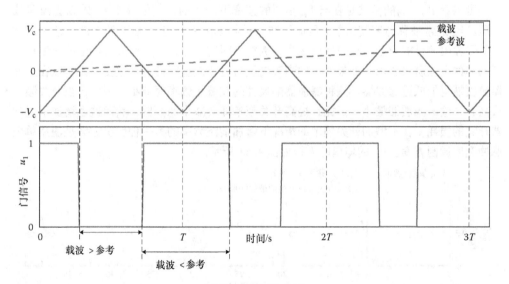

图 4.31 PWM 信号

为了用一个逆变器产生正弦输出，选取式（4.27）中的参考信号为正弦。本章假定 $V_{carrier}$ 的频率大于 V_{ref} 的频率，V_{ref} 的振幅低于 V_c。如果不满足这两个条件，分析结果会出现很多种。关于不同情况的数据可以在参考文献［5］中找到。图 4.32 中显示使用式（4.47）中的正弦参考信号 V_{ref} 的输出电压。在式（4.43）和式（4.44）中，V_{AB} 可以由式（4.46）表示，相当于 $+V_{dc}$ 和 $-V_{dc}$。

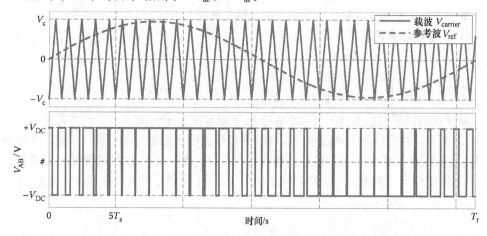

图 4.32　PWM 的输出电压

$$V_{AN} = u_1 V_{DC}$$
$$V_{BN} = (1 - u_1) V_{DC}$$
$$V_{AB} = V_{AN} - V_{BN} = (2u_1 - 1) V_{DC} \tag{4.46}$$

可以看出，V_{AB} 的基波是在与 V_{ref} 相同的频率下产生的，其值等于 V_m 乘以直流母线电压。V_m 通常被称为调制指数。同时，在开关频率 f_{sw} 处产生了显著的谐波。这种谐波降低了输出信号的质量。在一些应用中，例如并网逆变器，相关标准对产生的谐波提出了具体的电能质量要求。如果产生的高频谐波对电能质量标准过于重要，则可以在逆变器输出端附加低通滤波器。这种滤波器的尺寸随其截止频率而减小。因此，当开关频率最高时，输出滤波器最小。因此，提高开关频率即会减小滤波器，然而这也增加了逆变器开关的损耗。在不增加开关频率的情况下增加谐波频率的另一种解决方案是使用单极脉冲宽度调制方案。V_{AB} 的傅里叶变换如图 4.33 所示。

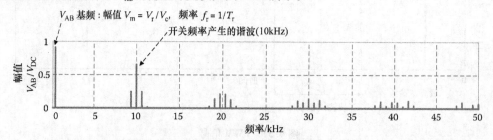

图 4.33　V_{AB} 的傅里叶变换

$$V_{\text{ref}} = V_{\text{r}}\sin(2\pi f_{\text{r}}t) \qquad (4.47)$$

4.2.1.3 单极脉宽调制

在单极脉宽调制中,如图 4.34 所示变换器的两个引脚被分开控制。两个门信号 u_1 和 u_2 在式(4.48)中表示,V_{ref} 由式(4.47)定义。如图 4.35 所示,通过 V_{ref} 和 V_{carrier} 产生的相电压 V_{AB},可以产生 3 个 V_{AB} 的值,之前使用的方法只产生两个。因此 V_{AB} 功率质量被改善了。如图 4.36 所示,给出了 V_{AB} 的傅里叶变换。可以发现第一次谐波在 20kHz 时产生,开关频率是这里的两倍。脉宽调制的使用可以在不增加开关频率的前提下产生更高质量的正弦输出。

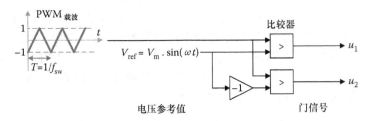

图 4.34 单相逆变器的单极 PWM 方案

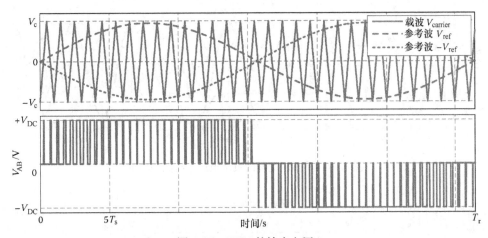

图 4.35 PWM 的输出电压

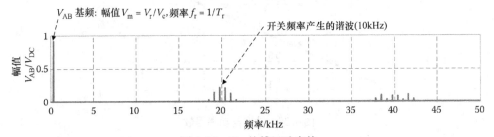

图 4.36 V_{AB} 的傅里叶变换

$$\begin{cases} u_1 = 1 & 如果\ V_{\text{ref}} > V_{\text{carrier}} \\ u_1 = 0 & 如果\ V_{\text{ref}} \leq V_{\text{carrier}} \\ u_2 = 1 & 如果\ -V_{\text{ref}} > V_{\text{carrier}} \\ u_2 = 0 & 如果\ -V_{\text{ref}} \leq V_{\text{carrier}} \end{cases} \tag{4.48}$$

4.2.1.4　单相逆变器的输出功率

为了分析单相逆变器的输出功率，假定负载产生完整的正弦输出电压和电流，见式（4.49）。

$$V_{AB} = V_{\text{RMS}}\sqrt{2}\cos(\omega t) \quad i = I_{\text{RMS}}\sqrt{2}\cos(\omega t + \varphi) \tag{4.49}$$

从式（4.50）中可以找到真正的功率。$\cos\varphi$ 被定义为逆变器的功率因数。如图4.37所示，功率因数代表了负载电压与电流之间的相角。当功率因数等于1时，可以达到最大的传输功率。在这种情况下，电流和电压在象限中。用相同的方法，功率因数等于 -1 时，输出功率为负，意味着能量从负载转换到了变换器的直流侧。如图4.38所示，表示了输出功率与功率因数之间的关系。

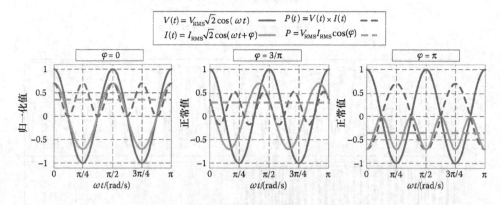

图4.37　单相逆变器的负载电压、电流和功率

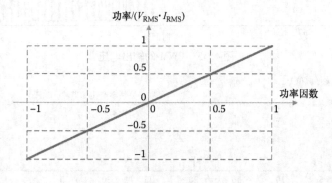

图4.38　功率与功率因数

$$P = V_{\text{rms}} I_{\text{rms}} \cos\varphi \qquad (4.50)$$

如果逆变器中没有反馈控制，则功率因数由负载决定。如果负载是感性的或容性的，相电流滞后于相电压，功率因数小于 1。如果负载为纯阻性的，则电流和电压同相，功率因数等于 1。对于式（4.51）给出的阻抗负载，定义功率因数的相角 φ 由式（4.52）给出。

$$Z = R + jX \qquad (4.51)$$

$$\varphi = \tan^{-1}\left(\frac{X}{R}\right) \qquad (4.52)$$

4.2.2 三相逆变器

三相逆变器将直流电压源逆变为三相交流输出。三相逆变器的两个重要应用是：用于电能传输的高功率并网逆变器和三相交流驱动系统。三相交流驱动系统在任何电能的传输应用中都很重要，因为基本上每个电机都是三相交流驱动牵引的。

4.2.2.1 电路

三相逆变器的电路如图 4.39 所示。三个引脚并联于直流电压源。引脚的中点相当于三个逆变器输出之一。在电力的驱动应用中，电动机三相星形联结，连接到每个引脚的中点，如图 4.39 所示。三相逆变器由 6 个双向开关组成，例如 MOSFET 和带有反并联二极管的 IGBT。开关的电气特征类似于单相的配置。同时类似于单相逆变器，如果一个引脚的两个开关同时闭合，直流电压源被短路。

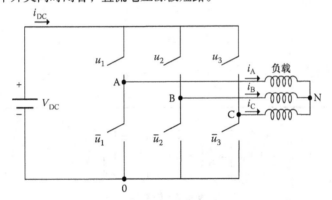

图 4.39 三相逆变器电路

4.2.2.2 线间电压和相电压

考虑到图 4.39 中的电气配置，逆变器负载的线间电压和相电压可以由开关的门信号和直流母线电压表示。在表 4.5 中，给出了不同的线间电压的可能值。

表 4.5 线间电压

u_1	u_2	u_3	V_{AB}	V_{BC}	V_{CA}
1	1	0	0	V_{dc}	$-V_{dc}$
1	0	1	V_{dc}	$-V_{dc}$	0

(续)

u_1	u_2	u_3	V_{AB}	V_{BC}	V_{CA}
0	1	1	$-V_{dc}$	0	V_{dc}
0	0	1	0	$-V_{dc}$	V_{dc}
0	1	0	$-V_{dc}$	V_{dc}	0
1	0	0	V_{dc}	0	$-V_{dc}$
1	1	1	0	0	0
0	0	0	0	0	0

表 4.6 给出了相电压。这些电压可以很容易地从逆变器的电路中获得。负载的相电压不能从电路中分辨出来。通过式（4.53），可以得到电路与相电压的关系。所获得的相电压在表 4.7 中表示。单相负载的最大电压等于 $\left|\frac{2}{3}V_{dc}\right|$。

表 4.6 相电压

u_1	u_2	u_3	V_{A0}	V_{B0}	V_{C0}
1	1	0	V_{dc}	V_{dc}	0
1	0	1	V_{dc}	0	V_{dc}
0	1	1	0	V_{dc}	V_{dc}
0	0	1	0	0	V_{dc}
0	1	0	0	V_{dc}	0
1	0	0	V_{dc}	0	0
1	1	1	0	0	0
0	0	0	V_{dc}	V_{dc}	V_{dc}

$$\begin{bmatrix} V_{AN} \\ V_{BN} \\ V_{CN} \end{bmatrix} = \frac{1}{3} \begin{bmatrix} 2 & -1 & -1 \\ -1 & 2 & -1 \\ -1 & -1 & 2 \end{bmatrix} \begin{bmatrix} V_{A0} \\ V_{B0} \\ V_{C0} \end{bmatrix} \quad (4.53)$$

表 4.7 相电压

u_1	u_2	u_3	V_{AN}	V_{BN}	V_{CN}
1	1	0	$\frac{1}{3}V_{dc}$	$\frac{1}{3}V_{dc}$	$-\frac{2}{3}V_{dc}$
1	0	1	$\frac{1}{3}V_{dc}$	$-\frac{2}{3}V_{dc}$	$\frac{1}{3}V_{dc}$
0	1	1	$-\frac{2}{3}V_{dc}$	$\frac{1}{3}V_{dc}$	$\frac{1}{3}V_{dc}$
0	0	1	$-\frac{1}{3}V_{dc}$	$-\frac{1}{3}V_{dc}$	$\frac{2}{3}V_{dc}$
0	1	0	$-\frac{1}{3}V_{dc}$	$\frac{2}{3}V_{dc}$	$-\frac{1}{3}V_{dc}$

(续)

u_1	u_2	u_3	V_{AN}	V_{BN}	V_{CN}
1	0	0	$\frac{2}{3}V_{dc}$	$-\frac{1}{3}V_{dc}$	$-\frac{1}{3}V_{dc}$
1	1	1	0	0	0
0	0	0	0	0	0

4.2.2.3 直流侧电流

三相逆变器的直流侧电流由式（4.54）表达，考虑到式（4.55），对应负载的 Y 结构和式（4.53），直流测电流对应于逆变器每种状态的结构，如表 4.8 所示。

$$i_{DC} = u_1 \times i_A + u_2 \times i_B + u_3 \times i_C \tag{4.54}$$

$$0 = i_A + i_B + i_C \tag{4.55}$$

4.2.2.4 三相逆变器的脉宽调制

三相逆变器的基本作用是从直流输入产生三相交流输出。在电动机驱动的应用中，输出的频率和振幅被用于控制电动机的速度和转矩。为了产生不同频率和振幅的输出，要使用一个三相脉宽调制方案，如图 4.40 所示。正如之前章节中详细介绍的，当使用一个正弦参考信号时，产生的输出电压对参考信号的频率有作用，它的振幅正比于调制指数（定义为参考信号幅值与载波之比）。考虑到图 4.40 中所定义的信号，负载相电压的有效值由式（4.56）给出。

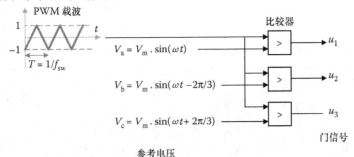

图 4.40 三相逆变器的 PWM 方案

$$V_{\text{phase rms}} = \frac{V_m}{\sqrt{2}} \times \frac{V_{DC}}{2} \tag{4.56}$$

在图 4.41 中，使用图 4.40 中的脉宽调制可以获得线间电压和相电压。可以看出来，线间电压和相电压与表 4.5 和表 4.7 中给出的值分别相同。

相应的直流侧和相电流波形如图 4.42 表示。直流侧电流的值等于相电流或者相反值。表 4.8 给出的关系式明确了通过门信号得到的 i_{DC} 的值。电流的有效值由式（4.57）给出，这里的 P 是逆变器的输入功率。

$$i_{DCrms} = \frac{P}{V_{DC}} \tag{4.57}$$

当门信号是 1 时，流过 1 个开关的电流在相应的象限中循环。周期和类型的状态由占空比决定。占空比不是常数,它会随着脉宽调制持续变化。

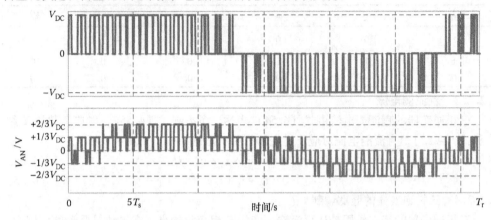

图 4.41 三相逆变器及 PWM 方案的线间电压和相电压

表 4.8 直流侧电流

u_1	u_2	u_3	i_{DC}
1	1	0	$-i_C$
1	0	1	$-i_B$
0	1	1	$-i_A$
0	0	1	i_C
0	1	0	i_B
1	0	0	i_A

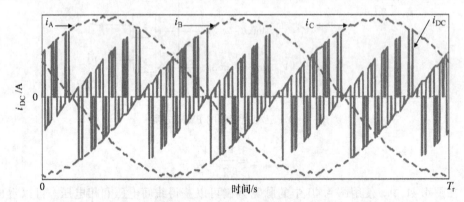

图 4.42 三相逆变器及 PWM 方案相电流和直流侧电流

4.2.2.5 三相逆变器的输出功率

我们假定通过负载的相电压和电流分别由式(4.58)和式(4.59)定义,真正通过逆变器传输到负载的输出功率由式(4.60)给出,简化为式(4.61)。对于单相逆变器的情况,$\cos\varphi$ 被定义为负载的功率因数,可以从式(4.52)中获得。在电动机驱动的应用中,电流反馈被用于控制电动机,通过控制算法改变电动机的功率因数去改善驱动系统的效率和控制能力。传统使用的控制方法,如空间矢量控制能够保持转子和定子在磁性环境中的角度,功率因数保持在较高值,因此确保了电动机的高效运转。这将在第 6 章中讨论。

$$V_{AN} = V_{RMS}\sqrt{2}\cos(\omega t)$$
$$V_{BN} = V_{RMS}\sqrt{2}\cos\left(\omega t - \frac{2}{3}\pi\right)$$
$$V_{CN} = V_{RMS}\sqrt{2}\cos\left(\omega t + \frac{2}{3}\pi\right) \tag{4.58}$$

$$i_A = I_{RMS}\sqrt{2}\cos(\omega t + \varphi)$$
$$i_B = I_{RMS}\sqrt{2}\cos\left(\omega t - \frac{2\pi}{3} + \varphi\right)$$
$$i_C = I_{RMS}\sqrt{2}\cos\left(\omega t + \frac{2\pi}{3} + \varphi\right) \tag{4.59}$$

$$P = V_{AN}i_A + V_{BN}i_B + V_{CN}i_C \tag{4.60}$$
$$P = 3V_{RMS}I_{RMS}\cos\varphi \tag{4.61}$$

4.3 开关模式的交流-直流变换器

单相交流-直流整流器可以分为两个主要类型:半波整流器和全波整流器。本章中为简单起见,假设二极管和开关为理想的。换句话说,当正向偏置且具有瞬时反向恢复时假定它们(0 电压降)短路。

4.3.1 单相半波整流器

半波整流器是最简单的电路之一,当阻塞负半波通过时,允许正半波的部分通过。此电路使用单开关和二极管进行整流,并产生脉动特征和单极输出。这个明显的脉动信号要求滤波器明显减少谐波和提供稳态直流输出。半波整流器的效率由于正弦输入波形只有一半被变换为直流而受限。

4.3.1.1 不可控的半波整流器

不可控的单相整流器由串联的二极管和交流源组成,如图 4.43 所示。将基尔霍夫电压定律应用到电压降中,电路的电压由式(4.62)表示。

$$\begin{cases} V_s = V_d + V_1 \\ V_1 = Zi \end{cases} \tag{4.62}$$

当 $V_s > V_1$ 时,二极管的正向偏置造成电流流过负载。此时 $V_d = 0$,我们可以知道通过负载的电压等于电压源。当 $V_s < V_1$ 时,二极管的阳极电压低于阴极,导致二极管反向偏置,负载与电压源断开。

4.3.1.2 带有阻性负载的不可控半波整流器

在这种情况下,电路的电压源假定为完整正弦,如

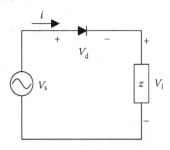

图 4.43 不可控半波整流器

式(4.63)所示,负载就是阻抗:$Z = R$。

$$V_s(\omega t) = V_{max}\sin(\omega t) \quad 0 \leq \omega t \leq 2\pi \tag{4.63}$$

电压电流波形如图 4.44 所示。可以发现,整流电压电流始终为正极性。由于二极管在反向偏置时不能导通,所以在负半周期内断开。没有电流通过负载循环并且 $V_1 = 0$。在正半周期内二极管导通,负载直接并联到电压源。V_1 和 i 由式(4.64)和式(4.65)表示。V_1 的均值和有效值由式(4.66)和式(4.67)确定。可以对电流进行类似的计算。i 的均值和有效值由式(4.68)和式(4.69)表示。

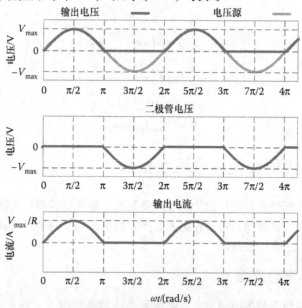

图 4.44 不可控半波整流器 $Z = R$ 时的波形

$$\begin{cases} V_1(\omega t) = V_{max}\sin(\omega t) & 0 \leq \omega t \leq \pi \\ V_1(\omega t) = 0 & \pi \leq \omega t \leq 2\pi \end{cases} \tag{4.64}$$

$$\begin{cases} i(t) = \dfrac{V_1(t)}{z} = \dfrac{V_{max}\sin(\omega t)}{R} & 0 \leq \omega t \leq \pi \\ i(t) = 0 & \pi \leq \omega t \leq 2\pi \end{cases} \tag{4.65}$$

$$V_{1,avg} = \frac{\int_0^T v_1(t)\,dt}{T} = \frac{\int_0^\pi v_1(\omega t)\,d\omega t}{2\pi} = \frac{V_{max}}{\pi} \tag{4.66}$$

$$V_{1,rms} = \sqrt{\frac{\int_0^T v_1^2(t)\,dt}{T}} = \sqrt{\frac{\int_0^\pi v_1^2(\omega t)\,d\omega t}{2\pi}} = \frac{V_{max}}{2} \tag{4.67}$$

$$I_{avg} = \frac{V_{1,avg}}{R} = \frac{V_{max}}{\pi R} \tag{4.68}$$

$$I_{rms} = \frac{V_{1,rms}}{R} = \frac{V_{max}}{2R} \tag{4.69}$$

4.3.1.3 带有电阻电感负载的不可控半波整流器

一个带有电阻电感负载的不可控的半波整流器由式 (4.70) 确定。纯阻性负载和感性负载的区别是当电流通过它循环时,电能存储在电感中。当 V_s 为负时,电感中的电流不为 0。因此,图 4.45 中的二极管持续导通,直到没有电流在串联电路中流动。下面将详细介绍。

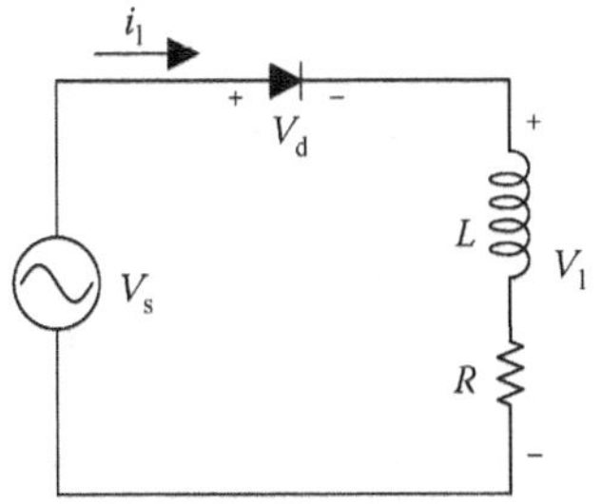

$$Z = R + jwL = |Z|e^{-j\theta}$$

$$|Z| = \sqrt{R^2 + (\omega t)^2}\, \theta = \arctan\left(\frac{\omega L}{R}\right) \quad (4.70)$$

图 4.45 电阻电感负载不可控半波整流器

考虑式 (4.62) 中定义的电压源,假定 $t=0$ 时二极管中没有电流通过,可表示式 (4.71)。相比于纯电阻负载,二极管在 $[0, \beta]$ 区间内导通,这里的 β 需要明确。

$$\begin{cases} v_s(t) = V_{\max}\sin(\omega t) = Ri_1(t) + L\dfrac{\mathrm{d}i_1(t)}{\mathrm{d}t}, 0 \leqslant \omega t < \beta \\ v_s(t) = 0, \beta \leqslant \omega t < 2\pi \end{cases} \quad (4.71)$$

通过式 (4.71),考虑到之前提到的电流的情况,后者可以在区间 $[0, \beta]$ 中用式 (4.72) 表示。

$$i_1(t) = \frac{V_{\max}}{Z}\left[\sin(\omega t - \theta) + \sin(\theta)e^{\frac{-R\omega t}{\omega L}}\right], 0 \leqslant \omega t < \beta$$

$$i_1(t) = 0, \beta \leqslant \omega t < 2\pi \quad (4.72)$$

由于能量存储在电感中,达到相角 β 时二极管导通,这就是所谓的关断角。为了明确 β,我们需要判断二极管什么时候停止导通。这就相当于明确电流什么时候达到 0。可以通过式 (4.73) 计算。由于式 (4.73) 的非线性,可以采用多种方法去估算 β。

$$i_1(\beta) = \frac{V_{\max}}{Z}\left[\sin(\beta - \theta) + \sin(\theta)e^{\frac{-R\beta}{\omega L}} = 0\right] \quad (4.73)$$

输出电压式 (4.71) 中关断角由式 (4.73) 决定,电路的均值和有效值由式 (4.74) 和式 (4.75) 表示。

$$V_{1,\mathrm{avg}} = \frac{\int_0^T v_1(t)\,\mathrm{d}t}{T} = \frac{\int_0^\beta v_1(\omega t)\,\mathrm{d}\omega t}{2\pi} = \frac{V_{\max}}{2\pi}(1 - \cos\beta) \quad (4.74)$$

$$V_{1,\mathrm{rms}} = \sqrt{\frac{\int_0^T v_1^2(t)\,\mathrm{d}t}{T}} = \sqrt{\frac{\int_0^\pi v_1^2(\omega t)\,\mathrm{d}\omega t}{2}} = \frac{V_{\max}}{2\sqrt{\pi}}\sqrt{\beta - \frac{\sin 2\beta}{2}} \quad (4.75)$$

如图 4.46 所示电路的相关波形。在图 4.46 中可清楚看到电感的影响,输出电压在一段时间内为负。此外,由于负载的电感特性,流经串联电路的电流与电压"异相",正弦波形扭转。

4.3.1.4 半波可控整流器

单相可控整流器有一个拓扑,类似于前一部分不可控的整流器。在电路中唯一的区别是使用了控制开关代替了二极管。变换器的电气配置如图 4.47 所示。

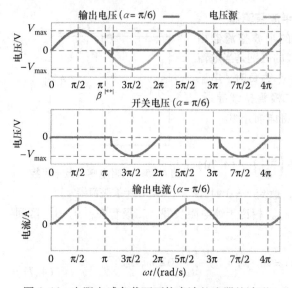

图 4.46 电阻电感负载不可控半波整流器的波形

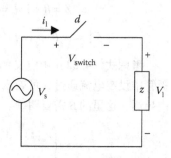

图 4.47 可控半波整流器

使用控制开关可以控制整流器的输出。除非电压连接到门信号，否则开关不能导通。此时开关是一种晶闸管，终端需要一个触发脉冲去闭合。因此，通过控制开关的角度，电路的输出电压也被控制。

4.3.1.5 带电阻负载的半波可控整流器

假定式（4.62）中电路的电压源为完整的正弦，负载完全偏置：$Z = R$，门信号 d 由式（4.76）表示。4.1.3.2 节中的第 2 部分已提到过门信号，如果使用一个晶闸管，只使用一个脉冲信号就可以闭合开关，类似于二极管，由电路控制其断开。因此，式（4.76）并不表示晶闸管使用。

相应的负载电压和电流分别由式（4.77）和式（4.78）表示。可控整流器的波形如图 4.48 表示。

$$\begin{cases} d(\omega t) = 0 & 0 \leq \omega t \leq \alpha \\ d(\omega t) = 1 & \alpha \leq \omega t \leq \pi \\ d(\omega t) = 0 & \pi \leq \omega t \leq 2\pi \end{cases} \quad (4.76)$$

$$\begin{cases} v_1(\omega t) = 0 & 0 \leq \omega t \leq \alpha \\ v_1(\omega t) = V_{max}\sin(\omega t) & \alpha \leq \omega t \leq \pi \\ v_1(\omega t) = 0 & \pi \leq \omega t \leq 2\pi \end{cases} \quad (4.77)$$

$$\begin{cases} i_1(\omega t) = \dfrac{v_1(t)}{Z_1} = 0 & 0 \leq \omega t \leq \alpha \\ i_1(\omega t) = \dfrac{v_1(t)}{Z_1} = \dfrac{V_{max}}{R}\sin(\omega t) & \alpha \leq \omega t \leq \pi \\ i_1(\omega t) = \dfrac{v_1(t)}{Z_1} = 0 & \pi \leq \omega t \leq 2\pi \end{cases} \quad (4.78)$$

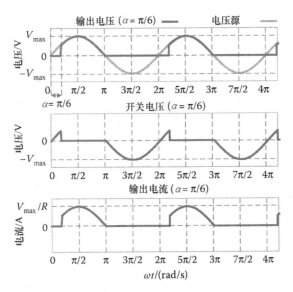

图 4.48 可控整流器的波形

与式（4.77）和式（4.78）表示的半波不可控整流器类似，输出电压的平均值和有效值由式（4.79）和式（4.80）表示。可以发现这些值与角 α 有关。当 α = 0 时，输出电压的平均值和有效值达到最大值，当 α = π 时，输出电压的平均值和有效值为 0。因此整流器的输出电压可以通过改变角 α 获得。

$$V_{1,\text{avg}} = \frac{\int_a^\pi v_1(\omega t)\,d\omega t}{2\pi} = \frac{V_{\max}}{2\pi}(1 + \cos\alpha) \tag{4.79}$$

$$V_{1,\text{rms}} = \sqrt{\frac{\int_a^\pi v_1^2(\omega t)\,dt}{2\pi}} = \frac{V_{\max}}{2}\sqrt{1 - \frac{\alpha}{\pi} + \frac{\sin(2\alpha)}{2\pi}} \tag{4.80}$$

可通过式（4.79）和式（4.80）获得电流的平均值和有效值，它们可以分别用式（4.81）和式（4.82）表示。

$$I_{1,\text{avg}} = \frac{V_{1,\text{avg}}}{R} = \frac{V_{\max}}{\pi R}(1 + \cos\alpha) \tag{4.81}$$

$$I_{1,\text{rms}} = \frac{V_{1,\text{rms}}}{R} = \frac{V_{\max}}{2R}\sqrt{1 - \frac{\alpha}{\pi} + \frac{\sin(2\alpha)}{2\pi}} \tag{4.82}$$

4.3.2 单相全波整流器

一个全波整流器能够将暂态的输入电压转换为单极特征的输出电压。事实上，当要求开关断开时，电路允许正半周期的电路通过。在负半周期内，这种配置可以提供一种方法修正输入波形，即将其倒置以保持与输出电压的相同极性。这种电路比半波更加有效，因为它不是每隔半个周期而是使用输入电压的正负两部分来产生输出直流电压。变换器的运行仅适用于纯电阻情况。然而相对于 RL 负载的情况,可以采用类似于单相半波逆变器相同的分析方法确定。

4.3.2.1 单相全波不可控桥式整流器

单相桥式整流器使用连接在一个桥上的 4 个二极管产生直流输出电压。当负载连接到桥的其他两端时,交流输入电压通过桥的终端。如图 4.49 所示,4个二极管按照每半个周期只有两个二极管导通的方法排列。在正半周期 D_1 和 D_2 导通,D_3 和 D_4 反向偏置。在负半周期,D_3 和 D_4 导通,D_1 和 D_2 反向偏置。在这种情况中,电流从电路中的 A 点流向 B 点,如图 4.50 所示。结果整流输出电压的纹波频率是半波电路的两倍。下面的部分将介绍纯电阻负载电路的运行以及相关公式。

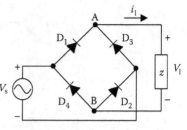

图 4.49 不可控全桥式整流器

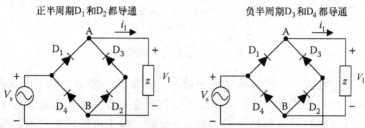

图 4.50 半全桥式整流器的导通

4.3.2.2 带电阻负载的单相不可控桥式整流器

假设电路的电压源是完整正弦波,如式(4.62)所示,负载就是纯阻性的:$Z = R$,输出电压和电流通过式(4.83)和式(4.84)决定。变换器的波形如图 4.51 所示。

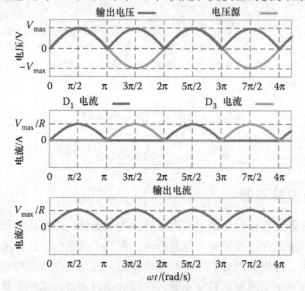

图 4.51 不可控全桥式整流器 $Z = R$ 时的波形

$$v_1(\omega t) = |v_s(\omega t)| = V_{max}|\sin(\omega t)| \quad 0 \leq \omega t \leq 2\pi \tag{4.83}$$

$$i_1(\omega t) = \frac{v_1(t)}{Z} = \frac{V_{max}}{R}|\sin(\omega t)| \quad 0 \leq \omega t \leq 2\pi \tag{4.84}$$

从式 (4.83) 中，输出电压的均值和有效值可以求出。由式 (4.85) 和式 (4.86) 分别给出。

$$V_{1,avg} = \frac{\int_0^{2\pi} v_1(\omega t) d\omega t}{2\pi} = \frac{\int_0^{\pi} v_1(\omega t) d\omega t}{\pi} = \frac{2V_{max}}{\pi} \tag{4.85}$$

$$V_{1,rms} = \sqrt{\frac{\int_0^{2\pi} v_1^2(\omega t) dt}{2\pi}} = \sqrt{\frac{\int_0^{\pi} v_1^2(\omega t) dt}{\pi}} = \frac{V_{max}}{\sqrt{2}} \tag{4.86}$$

用相似的方法，电流的特征式 (4.87) 和式 (4.88) 由式 (4.84) 确定。

$$I_{1,avg} = \frac{V_{1,avg}}{R} = \frac{2V_{max}}{\pi R} = \frac{2I_{max}}{\pi} \tag{4.87}$$

$$I_{1,rms} = \frac{V_{1,rms}}{R} = \frac{V_{max}}{\sqrt{2}R} = \frac{I_{max}}{\sqrt{2}} \tag{4.88}$$

4.3.2.3 带电阻电容负载的单相全波不可控整流器

整流器将交流输入变换成直流输出。在某些场合对输出电压纹波有特殊的要求。然而，在之前章节给出的所有的波形中，当有阻性或者感性负载时，由整流器产生的输出电压中有着明显的谐波。因此为了改善功率的质量，在整流器的输出部分加上一个电容，如图 4.52 所示。电容器扮演电能缓冲区的角色并且使电压平稳。图 4.52 中变换器的电压波形如图 4.53 所示。其他的拓扑（带中心抽头的、半桥式等）也可以考虑相同的方法。

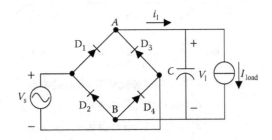

图 4.52 带 DC - Link 电容的全桥式整流器

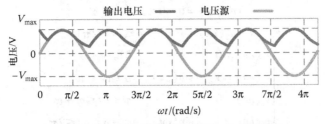

图 4.53 不可控全桥式整流器 $Z = RL$ 时的波形

4.3.2.4 单相全波可控整流器

与前面情况相同,开关代替电路中的二极管来控制输出电压。可控桥式整流器的配置如图 4.54 所示。

4.3.2.5 带电阻负载的单相全波可控整流器

与前面的电路相同,假设电路的电压源的波形是完整正弦波曲线,由式(4.62)给出,具有纯电阻负载:$Z=R$。控制着正对角线的门信号 d_1 在式(4.89)中给出。控制着负对角线的门信号 d_2 由式(4.90)给出。同时,如果开关是晶闸管,只有一个脉冲信号控制接通。相应的负载电压电流分别由式(4.91)和式(4.92)表示。可控整流器的波形如图 4.55 表示。

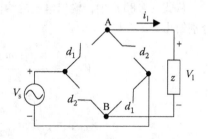

图 4.54 可控全桥式整流器

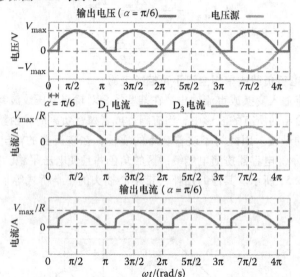

图 4.55 可控全桥式整流器 $Z=R$ 时的波形

$$\begin{cases} d_1(\omega t)=0 & 0\leq \omega t\leq \alpha \\ d_1(\omega t)=1 & \alpha\leq \omega t\leq \pi \\ d_1(\omega t)=0 & \pi\leq \omega t\leq 2\pi \end{cases} \quad (4.89)$$

$$\begin{cases} d_2(\omega t)=0 & 0\leq \omega t\leq \pi+\alpha \\ d_2(\omega t)=1 & \pi+\alpha\leq \omega t\leq 2\pi \end{cases} \quad (4.90)$$

$$\begin{cases} v_1(\omega t)=0 & 0\leq \omega t\leq \alpha \\ v_1(\omega t)=V_{max}|\sin(\omega t)| & \alpha\leq \omega t\leq \pi \\ v_1(\omega t)=0 & \pi\leq \omega t\leq \pi+\alpha \\ v_1(\omega t)=V_{max}|\sin(\omega t)| & \pi+\alpha\leq \omega t\leq 2\pi \end{cases} \quad (4.91)$$

$$\begin{cases} i_1(\omega t) = \dfrac{v_1(t)}{Z_1} = 0 & 0 \leqslant \omega t \leqslant \alpha \\[2mm] i_1(\omega t) = \dfrac{v_1(t)}{Z_1} = \dfrac{V_{\max}}{R} |\sin(\omega t)| & \alpha \leqslant \omega t \leqslant \pi \\[2mm] i_1(\omega t) = \dfrac{v_1(t)}{Z_1} = 0 & \pi \leqslant \omega t \leqslant \pi + \alpha \\[2mm] i_1(\omega t) = \dfrac{v_1(t)}{Z_1} = \dfrac{V_{\max}}{R} |\sin(\omega t)| & \pi + \alpha \leqslant \omega t \leqslant 2\pi \end{cases} \quad (4.92)$$

式（4.93）和式（4.94）表示输出电压均值和有效值。V_1 由式（4.91）表示。对于半波可控整流器，整流器的输出特征取决于角 α。通过调整角 α，可控整流器的输出电压的有效值。

$$V_{1,\text{avg}} = \dfrac{\int_0^{2\pi} v_1(\omega t)\,\mathrm{d}\omega t}{2\pi} = \dfrac{\int_\alpha^\pi v_1(\omega t)\,\mathrm{d}\omega t}{\pi} = \dfrac{V_{\max}}{\pi}(1 + \cos\alpha) \quad (4.93)$$

$$V_{1,\text{rms}} = \sqrt{\dfrac{\int_0^{2\pi} v_1^2(\omega t)\,\mathrm{d}t}{2\pi}} = \sqrt{\dfrac{\int_\alpha^\pi v_1^2(\omega t)\,\mathrm{d}t}{\pi}} = \dfrac{V_{\max}}{\sqrt{2}} \sqrt{1 - \dfrac{\alpha}{\pi} + \dfrac{\sin 2\alpha}{2\pi}} \quad (4.94)$$

输出电流的均值和有效值由式（4.92）、式（4.93）和式（4.94）推导出，由式（4.95）和式（4.96）表示。

$$I_{1,\text{avg}} = \dfrac{1}{Z}\dfrac{\int_0^{2\pi} v_1(\omega t)\,\mathrm{d}\omega t}{2\pi} = \dfrac{1}{ZR}\dfrac{\int_\alpha^\pi v_1(\omega t)\,\mathrm{d}\omega t}{\pi} = \dfrac{V_{\max}}{\pi R}(1 + \cos\alpha) \quad (4.95)$$

$$I_{1,\text{rms}} = \dfrac{1}{Z}\sqrt{\dfrac{\int_0^{2\pi} v_1^2(\omega t)\,\mathrm{d}t}{2\pi}} = \dfrac{1}{R}\sqrt{\dfrac{\int_\alpha^\pi v_1^2(\omega t)\,\mathrm{d}t}{\pi}} = \dfrac{V_{\max}}{\sqrt{2}R} \sqrt{\left(1 - \dfrac{\alpha}{\pi} + \dfrac{\sin 2\alpha}{2\pi}\right)} \quad (4.96)$$

4.3.2.6 桥式和中心抽头变压器配置

如图 4.56 所示是可用于全波整流器的另一种配置，即使用中心抽头变压器。当变压器的 A 点连接到中心节点 C 时为正，二极管 D_1 前向偏置并且导通。在负半周期内，变压器的 B 点连接到中心抽头 C。二极管 D_2 前向偏置。在每种情况中，流经负载 z 电流朝着同一个方向。在每个半波周期中，都产生单极输出。下面将讨论两种配置的优点和缺点。

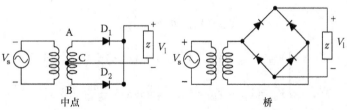

图 4.56 带中心抽头变压器的全波整流器和带变压器的桥式整流器

优点：

变压器二次绕组不需要中心抽头。因此，只有需要升高或降低电压水平或提供隔离时才需要变压器。这通常会导致更紧凑的设计。

峰值反向电压是中心抽头整流器的一半。因此，桥式整流器非常适合高压应用。

在桥式整流器中，变压器利用率因子高于中心抽头整流器。

对于一个给定的输出功率，当桥式整流器由于供电变压器（一次和二次）两个绕组的电流流过整个交流循环时，可选用体积较小的功率变压器。

缺点：

最主要的缺点就是需要 4 个二极管，其中两个二极管在半周期内导通。因此，二极管中全部的电压降是中心抽头整流器的 2 倍。

桥式整流器另外的一个缺点是，负载 R_L 和所提供的电能没有共同点，可以接地。

4.3.3 三相整流器

三相整流器主要为较大的负载提供直流电压和电流。在混合动力汽车中，总是内燃机为电动牵引系统提供能量。发动机通过机械方式连接到三相交流发电机中，为系统产生电能。交流电源由三相整流器整流输出。

4.3.3.1 不可控整流器

如图 4.57 所示为三相不可控桥式整流器的电路配置。在电路中，D_1 和 D_4，D_2 和 D_5，D_3 和 D_6 不能同时导通。当线性电压在某一时刻达到最大值时不能导通，输出电压的频率是线性频率的 6 倍。

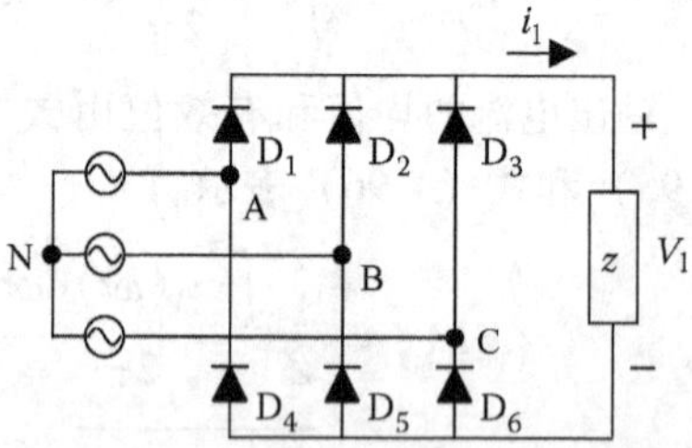

图 4.57 不可控三相整流器

4.3.3.2 带电阻负载的三相不可控整流器

假定负载是纯阻性。系统中的三相交流电压源由式（4.98）确定。线间电压可以由式（4.99）得出。

线间电压和相电压振幅之间的关系是 $V_{max,L-L}=\sqrt{3}V_{max}$。值得注意的是，线间电压的振幅比相电压的振幅要高。

$$
\begin{aligned}
V_{AN} &= V_{max}\sin(\omega t)\\
V_{BN} &= V_{max}\sin\left(\omega t-\frac{2\pi}{3}\right)\\
V_{CN} &= V_{max}\sin\left(\omega t+\frac{2\pi}{3}\right)
\end{aligned}
\tag{4.97}
$$

$$
\begin{cases}
V_{AB}=V_{AN}-V_{BN}=V_{max,L-L}\sin\left(\omega t+\dfrac{\pi}{6}\right)\\
V_{BC}=V_{BN}-V_{CN}=V_{max,L-L}\sin\left(\omega t-\dfrac{2\pi}{3}+\dfrac{\pi}{6}\right)\\
V_{CA}=V_{CN}-V_{AN}=V_{max,L-L}\sin\left(\omega t+\dfrac{2\pi}{3}+\dfrac{\pi}{6}\right)
\end{cases}
\tag{4.98}
$$

第4章 电力电子基础

如图4.57中的交流电压源和整流器配置,输出电压由式(4.99)表示。V_1由式(4.100)给出,$V_{1,\text{avg}}$由式(4.99)表示,V_n由式(4.100)表示。

$$V_1(\omega t) = \begin{cases} -V_{bc} & 0 < \omega t < \dfrac{\pi}{3} \\ V_{ab} & \dfrac{\pi}{3} < \omega t < \dfrac{2\pi}{3} \\ -V_{ca} & \dfrac{2\pi}{3} < \omega t < \pi \\ V_{bc} & \pi < \omega t < \dfrac{4\pi}{3} \\ -V_{ab} & \dfrac{4\pi}{3} < \omega t < \dfrac{5\pi}{3} \\ V_{ca} & \dfrac{5\pi}{3} < \omega t < 2\pi \end{cases} \tag{4.99}$$

$$V_1(t) = V_{1,\text{avg}} + \sum_{n=6,12,18,\cdots}^{m} V_n \cos(n\omega_0 t + \pi) \tag{4.100}$$

$$V_{1,\text{arcs}} = \frac{3V_{\max,\text{L-L}}}{\pi} \tag{4.101}$$

$$V_n = \frac{6V_{\max,\text{L-L}}}{\pi(n^2-1)} \tag{4.102}$$

对于单相整流器电路,输出电压的有效值由式(4.103)表示。

$$V_{1,\text{rms}} = \sqrt{\sum_{n=0,6,12,18,\cdots}^{N} V_{n,\text{rms}}^2} = \sqrt{V_{1,\text{ang}}^2 + \sum_{n=6,12,18,\cdots}^{\infty} \frac{V_n^2}{2}} = V_{\max}\sqrt{\frac{3}{2} + \frac{9\sqrt{3}}{4\pi}} \tag{4.103}$$

电流的表示可以从输出电压和负载中得出,在式(4.104)~式(4.106)中表示。图4.58显示出相应的波形。

$$i_1(t) = \frac{V_1(t)}{R} = \frac{V_{1,\text{avg}}}{R} + \frac{\sum_{n=2,4,6\cdots}^{\infty} V_n}{R}\cos(n\omega_0 t + \pi) \tag{4.104}$$

$$I_{1,\text{avg}} = \frac{3V_{\max,\text{L-L}}}{\pi R} \tag{4.105}$$

$$I_{1,\text{rms}} = \sqrt{\sum_{n=0,6,12,18\cdots}^{N} I_{n,\text{rms}}^2} = \sqrt{\frac{V_{1,\text{avg}}^2}{R^2} + \sum_{n=6,12,18\cdots}^{\infty}\left(\frac{V_{1,\text{avg}}}{\sqrt{2}R}\right)^2} \tag{4.106}$$

4.3.3.3 三相全控整流器

带有控制开关,使用了门信号和装置正向偏置才可以导通。与二极管相似,一个开关的延时角从开始导通算起。延时角定义为开关正向偏置,并使用门信号。

4.3.3.4 带电阻负载的三相可控整流器

由式(4.97)定义的三相交流电压源应用到系统中。为了确保变换器中CCM的运行,延时角应该小于开关正向偏置的间歇角,此时$\alpha \leq \dfrac{\pi}{3}$。考虑到开关的延时角需要满

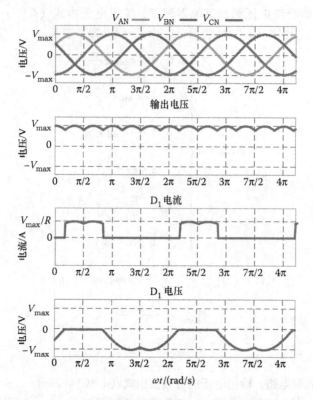

图 4.58 三相不可控全桥式整流器 $Z=R$ 时的波形响应

足这种情况,并且线间电压由式(4.98)给出,输出电压由式(4.107)表示。输出电压的平均值和有效值由式(4.108)和式(4.109)表示。单相整流器,输出电压的特征取决于角 α。通过调整角 α,可以控制输出电压、电流的平均值和有效值,从电压的公式中推导出,分别在式(4.110)和式(4.111)中表示。相应的波形如图 4.59 所示。

$$v_1(\omega t) = \begin{cases} -v_{bc}, & \alpha \leq \omega t \leq \dfrac{\pi}{3} + \alpha \\ v_{ab}, & \alpha + \dfrac{\pi}{3} \leq \omega t \leq \dfrac{2\pi}{3} + \alpha \\ -v_{ca}, & \alpha + \dfrac{2}{3}\pi \leq \omega t \leq \pi + \alpha \\ v_{bc}, & \alpha + \pi \leq \omega t \leq \dfrac{4\pi}{3} + \alpha \\ -v_{ab}, & \alpha + \dfrac{4\pi}{3} \leq \omega t \leq \dfrac{5\pi}{3} + \alpha \\ v_{ca}, & \alpha + \dfrac{5\pi}{3} \leq \omega t \leq 2\pi + \alpha \end{cases} \tag{4.107}$$

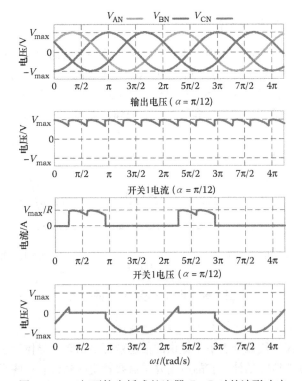

图 4.59 三相可控全桥式整流器 $Z = R$ 时的波形响应

$$V_{1,avg} = \frac{3V_{max,L-L}}{\pi}\cos\alpha \tag{4.108}$$

$$V_{1,rms} = V_{max,L-L}\sqrt{\frac{3}{2} + \frac{9\sqrt{3}}{8\pi}(1+\cos\alpha) - \frac{1}{2\pi}(\alpha+\sin\alpha)} \tag{4.109}$$

$$I_{1,avg} = \frac{3V_{max,L-L}}{\pi R}\cos\alpha \tag{4.110}$$

$$I_{1,rms} = \frac{V_{max,L-L}}{R}\sqrt{\frac{3}{2} + \frac{9\sqrt{3}}{8\pi}(1+\cos\alpha) - \frac{1}{2\pi}(\alpha+\sin\alpha)} \tag{4.111}$$

4.4 功率变换器设计的实际应用

4.4.1 介绍

本节讨论不同功率变换器设计的实际应用帮助设计者实现他们的理论。本节考虑的要点是半导体损耗的评估、特定应用的功率模块的选择、功率模块上的缓冲电路的设计和实现以减少发射的开关损耗以及门驱动器的设计。

4.4.2 半导体损耗的评估

在功率变换器中,大部分损耗由半导体产生。另外主要的损耗来自于磁性器件比如电感和变压器。关于磁性器件损耗的信息可以从参考文献[6]中找到。半导体的损耗分为两种不同的类型:导通损耗和开关损耗。开关运行时候的损耗分布如图 4.60 所示。半导体内全部的损耗等于导通损耗和开关损耗的和,如式 (4.112) 所示。

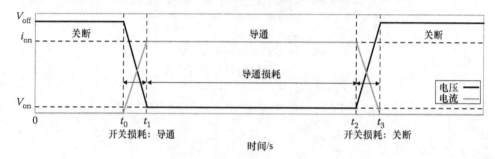

图 4.60 电气波形和产生的损耗

$$P_{\text{loss}} = P_{\text{cond}} + P_{\text{sw}} \tag{4.112}$$

在这部分中,仅使用数据表中所提供的信息就可以估算半导体产生的损耗。这种方法基于半导体特征的线性估计,它的应用并不需要特定的软件。一些半导体制造商提供了评估的方法,去演示这种分析。这些工具提供的电路的拓扑结构有限,提供的输出并不是总满足过程中的分析。因此很有必要使用不同的方法去评估开关产生的损耗,以执行半导体选择和变换器效率的评估。

下面的方法基于传统的由制造商提供的数据。这些应用在特殊场合的数据在数据表中被定义。对于更加准确的损耗评估,需采用实验的方法测量。所评估的测试中的数据就可以用这种方法获得。对于半导体的选择和效率的计算这种方法是有效的。

4.4.2.1 导通损耗的评估

当半导体运行时,导通损耗产生。在这种情况中,电流 i_{on} 在半导体中循环,这是由半导体内集电极-发射极的电压饱和所致。导通期间($T_{\text{on}} = t_2 - t_1$),半导体能量的消耗如式 (4.113) 表示。

$$E_{\text{cond}} = \int_{T_{\text{on}}} V_{\text{on}} i_{\text{on}} \mathrm{d}t \tag{4.113}$$

当导通状态的电流 i_{on} 由使用开关的电路决定,电压 V_{on} 取决于开关特征。后者取决于一些因素,如门电压、结温和电流 i_{on} 等。为了简化损耗的评估,结温对于 $V_{\text{on}} = f(i_{\text{on}})$ 是最重要的因素。若仅仅考虑导通电流的影响,其他因素的影响忽略不计,例如门电压。关系式 $V_{\text{on}} = f(i_{\text{on}})$ 可以通过线性估计,先去估计 V_{on},然后再估计导通损耗。考虑到 T_{on} 期间,导通电流为常值,式 (4.113) 定义的导通损耗在式 (4.114) 中表示。f_{sw} 表示开关的开关频率。

$$P_{\text{cond}} = V_{\text{on}}(i_{\text{on}}) i_{\text{on}} T_{\text{on}} f_{\text{sw}} \tag{4.114}$$

4.4.2.2 开关损耗的评估

图 4.60 所示为半导体导通和关断时候的开关损耗。因此，P_{sw} 由式（4.115）表示。

$$P_{\text{sw}} = P_{\text{sw\_on}} + P_{\text{sw\_off}} \tag{4.115}$$

它们对应于集电极电流和集电极 - 发射极电压的乘积。由于开关状态期间的这些电流和电压波形可能难以估计或获得，半导体数据表中提供了一个或多个给定运行条件下开关阶段消耗的能量。传统上提供的关系是 $E_{\text{on}} = f(i_{\text{on}})$ 和 $E_{\text{off}} = f(i_{\text{on}})$，对应于恒定的 V_{off0} 值，以及恒定的结温和栅极电压。根据这些关系，可通过式（4.116）和式（4.117）估算开关损耗，其中 f_{sw} 是开关的开关频率。如果为不同结温 T_{J} 值提供关系 $E_{\text{on}} = f(i_{\text{on}})$ 和 $E_{\text{off}} = f(i_{\text{on}})$，则最好考虑对应于 T_{J} 的最大值的一个，特别是如果进行分析以验证功率模块的选择（见4.4.3节）。此外，始终可以使用实验装置，并通过实验表征开关损耗。

$$P_{\text{sw\_on}} = E_{\text{on}}(i_{\text{on}}) \frac{V_{\text{off}}}{V_{\text{off0}}} f_{\text{sw}} \tag{4.116}$$

$$P_{\text{sw\_off}} = E_{\text{off}}(i_{\text{on}}) \frac{V_{\text{off}}}{V_{\text{off0}}} f_{\text{sw}} \tag{4.117}$$

在有二极管时，只考虑断开损耗。断开损耗也叫作二极管的恢复损耗。与 IGBT 的开关损耗类似，二极管的恢复损耗特征从数据表中可以查到。

4.4.2.3 案例：升压变换器的损耗评估

我们想去评估升压变换器的 IGBT 产生的损耗，如图 4.61 所示。升压变换器的特征见表 4.9。图 4.62 给出了 IGBT 的 $V_{\text{on}} = f(i_{\text{on}})$，$E_{\text{on}} = f(i_{\text{on}})$ 和 $E_{\text{off}} = f(i_{\text{on}})$。从这些给定的信息中，判断 IGBT 的 $V_{\text{out0}} = 150\text{V}$、200V 和 250V 时候的损耗。二极管假定为理想状态。

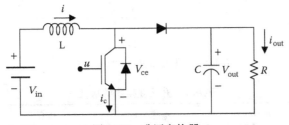

图 4.61 升压变换器

解决方案

首先，IGBT 的电气波形已经确定。通过4.1节中的式（4.21），对应于图4.63中表示的波形，这里的 i_0 和 V_{out0} 由式（4.118）和式（4.119）表示。

$$V_{\text{out0}} = \frac{V_{\text{in}}}{1 - d} \tag{4.118}$$

$$i_0 = \frac{V_{\text{out0}}}{R} \tag{4.119}$$

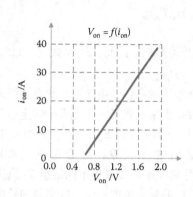
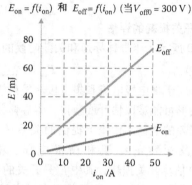

图 4.62 导通和开关特征

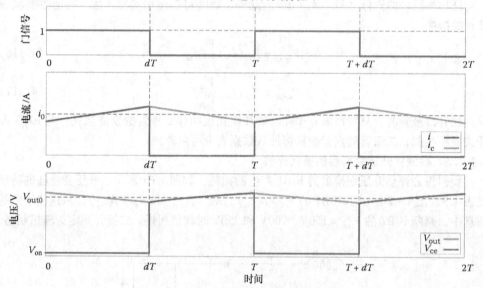

图 4.63 升压和 IGBT 的电气波形

表 4.9 升压变换器的特性

V_{in}/V	电容/μF	电感/mH	R/Ω	开关频率/kHz
100	1000	10	15	10

从式（4.118）和式（4.119）中，考虑三个输出电压的值 V_{out0}、i_0 和导通时间 T_{on} 可以推导出来。如图 4.63 所示，当 IGBT 关断时，$V_{ce} = V_{out}$。由于这种应用中电压纹波一般小于 10%，可以假定通过 IGBT 的电压 V_{ce} 为常值，当开关断开时等于 V_{out0}。如果不是这种情况，或者要求一种更准确的评估时，则必须考虑电压的纹波来评估 IGBT 关断和导通的电压。最后使用图 4.62 的损耗特征，相应的 V_{on}、E_{on} 和 E_{off} 被定义。从这些值与式（4.114）、式（4.116）和式（4.117）中，就可以估计导通和开关的损耗。所有提到的值见表 4.10。从这些获得的结果，全部的损耗会随着占空比增加。在任何直

流-直流变换器中都存在，当设计一个系统时，需要将它考虑在内。

表 4.10 损耗评估定义的值

V_{out0}	工作周期	i_0	V_{on}	E_{off} ($V_{off0}=300V$)	E_{on} ($V_{off0}=300V$)	导通时间 $T_{on}=dT_{sw}$	P_{cond}	P_{sw}	P_{loss}
150V	0.33	10A	0.9V	20mJ	5mJ	0.033ms	2.97W	125W	127.97W
250V	0.6	16.66A	1.1V	30mJ	7.5mJ	0.06ms	11W	312.5W	323.5W
500V	0.8	33.33A	1.7V	50mJ	12mJ	0.08ms	45.33W	1033W	1078.33W

4.4.3 功率模块的选择

有一些制造商如 Powerex、Infineon、Semikron 和 International Rectifier 等，提供不同的功率模块。当你看到它们的目录时，会发现一些相同的器件用于不同的电压和电流，同时封装也不同。所有的这些功率模块对于不同的正向电压、开关损耗和包装的热阻抗都有不同的电气特征。本节的目的是为特定的应用选择良好的功率模块提供输入。

为了选择合适的功率模块，要做的第一件事是去通过 4.1.3.2 节中类似的分析去判断选择开关要求的电气特征。从这里获得的第一个信息（不包括所需的半导体类型）是组件的电压等级。由于在关断期间电感的存在造成了电压的升高，因此建议选择额定电压为电路运行规定电压两倍的功率模块。功率模块的电流值也可以通过电路开关的使用来判断，不能只考虑额定电流值。另外，每一个功率模块都有一个最大的结温。如果结温高于制造商所定义的最大的值，装置就会损坏。一个功率模块的结温取决于装置中的循环电流和系统的热性能。这就意味着对于不同的封装和选择的散热器，控制的开关的最大的电流是不同的。功率模块的截面如图 4.64 所示。

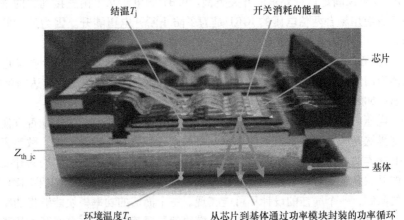

图 4.64 IGBT 的横截面示意图

为了检查模块的使用情况，应当验证，应用中最大的功率损耗以及系统的热性能，并不会产生高于额定温度的结温。为了这样做，结温可以考虑式（4.120）进行估计。这里

$P_{\text{diss max}}$ （W）：装置的最大消耗功率

T_j （℃）：结温

T_a （℃）：环境温度

$R_{\text{th-jc}}$ （K/W）：结热阻抗

$R_{\text{th-ch}}$ （K/W）：散热器的热阻抗

$R_{\text{th-ha}}$ （K/W）：散热器对环境的热阻抗

$$T_j = P_{\text{diss max}}(R_{\text{th-jc}} + R_{\text{th-ch}} + R_{\text{th-ha}}) + T_a \tag{4.120}$$

这种方法可以用于评估最大的结温和验证功率模块的选择是否合适。为了改善系统的设计，需要动态地考虑这个问题。后者可以用在考虑器件的热性能，使用软件进行流体动力学分析。

大多是制造商在它们的网站上列举了仿真软件去选择功率模块。例如，Infineon[7]的 IPOSIM 评估了功率损耗和结温，当功率模块选定时，应用场合就确定了，散热器的性能也就确定了。这就很容易快速地定义潜在变换器设计。

4.4.3.1 案例：功率模块的选择：牵引逆变器的例子

在混合动力汽车中使用的一个 80kW 的交流电动机的逆变器，有 6 个二极管将直流变换为交流。最大的直流侧电压是 300V，一个交流电动机的最大持续相电流是 500A，逆变器要求的最大开关频率是 12kHz。通过应用场合决定开关装置的类型、最大电压和电流。

解决方案

开关装置的类型由功率水平和开关频率决定。基于逆变器的要求，开关装置的功率值在 100kW 以内。同时，开关频率至少为 12kHz。因此，正如 4.2.2.1 节和 4.1.3 节中所述，IGBT 是可以满足这种要求的开关类型。IGBT 的电压水平由连接到它的最大电压决定。使用有应用场合两倍电压的 IGBT 是为了防止断开电压陡升。因为最大的直流侧电压是 300V，IGBT 的电压就是 600V。

另外，电流纹波由应用的最大电流决定。因为最大电流 500A 是一个持续电流，相电流很可能有时超过 500A。因此，IGBT 的电流在不会产生较高结温时会达到 600A。基于这种分析，600V 电压和 600A 电流的 IGBT 是希望采用的 IGBT。

另外，电压、电流、开关频率以及功率装置是否简洁，安装、维护是否方便，热特性和成本都是选择开关装置很重要的因素。目的就是找到一个设计简洁、散热容易、维护方便、低成本的开关装置。实际上，这些条件之间也在相互影响。简洁的开关装置可以比正常的开关装置更容易升温。因此，开关装置有更低的功率值。如果功率值太高，由于散热的限制，一个简洁的设计不可能实现。一个简洁的功率模块能够将功率开关汇聚到一起。如果其中的一个开关损坏，整个模块就需要替换。具有多个开关的紧凑模块比多个单一开关加在一起的成本更低。然而，紧凑模块潜在的维护成本比单开关更高。如图 4.65 所示为 3 个不同的 IGBT 的封装类型和相应的电路符号。表 4.11 为使用不同 IGBT 封装形成同一功率级逆变器的详细比较。值得注意的是，每种封装都有自己的优点和缺点，能够满足不同的应用。

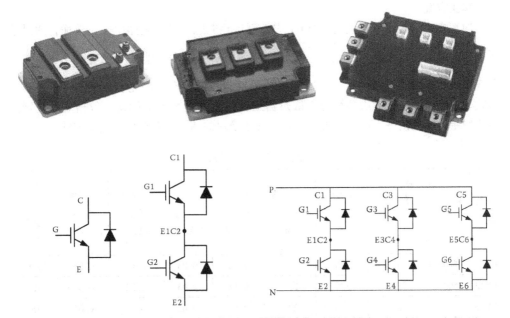

图 4.65 IGBT 不同的封装类型及相应的符号

表 4.11 使用不同 IGBT 封装的直流 – 交流逆变器的比较

直流 – 交流逆变器	单 IGBT 模块	双 IGBT 模块	六 IGBT 模块
单 IGBT 的成本	高	中	低
模块数量	6	3	1
总成本	高	中	低
简洁度	不好	中	好
散热	好	中	不好
安装情况	不好	中	好
替换情况	好	中	不好
维护成本	低	中	高

4.4.3.2 案例：功率模块的选择，直流 – 直流升压变换器的例子

在这个例子中，我们需要为 50kW 升压变换器选择一个 IGBT 的功率模块。变换器的参数在表 4.12 中给出。功率模块的选择在表 4.13 中给出，也给出了每种器件的能量损耗。

表 4.12 升压变换器参数

V_{in}/V	V_{out}/V	电感/mH	功率/kW	开关频率/kHz	散热器温度/℃
200	400	10	50	10	50

解决方案

功率模块的额定电压值选择600V去控制流经电感的最大电感电压。然而,通过这些参数,最大的电流是 $I_{max} = \dfrac{P_{max}}{V_{out}} = 125A$,从表4.13给出的数据中,所有的功率模块的电流值都要比所要求的要高。当温度为25℃时,当前额定值才是有效的。可是,尽管参数表中已经标明,考虑的情况中散热器运行的温度是50℃。因此,数据表中规定的连续额定的电流值并不能过多考虑,每种功率模块的结温都要根据用途来估计。

表4.13 功率模块

功率模块	$V_{ce,max}$ /V	持续电流 I_c/A (T_c = 25℃ T_{vj} = 175℃)	IGBT 损耗功率 /W	二极管损耗功率 /W	IGBT R_{th-jc} /(K/W)	IGBT R_{th-ch} /(K/W)	二极管 R_{th-jc} /(K/W)	二极管 R_{th-ch} /(K/W)	T_{jmax} (二极管和 IGBT) /℃
PM#1	600	260	430	290	0.22	0.03	0.42	0.06	150
PM#2	600	550	320	230	0.12	0.03	0.22	0.06	150
PM#3	600	400	360	270	0.66	0.03	0.32	0.06	150

正如之前所描述的,结温使用式(4.121)来估计:

$$T_j = P_{diss}(Z_{th-jc} + R_{th-ch}) + T_c \tag{4.121}$$

每一种功率模块的结果均在表4.14中列出。其中PM#2用于升压变换器,其他的两种对于半导体来说显示出了太高的结温,因此用在变换器中是不可靠的。

表4.14 结温估值

功率模块	IGBT T_j/℃	二极管 T_j/℃	IGBT	二极管	功率模块
PM#1	157	189	不是	不是	不是
PM#2	98	115	是的	是的	是的
PM#3	119	152	是的	不是	不是

4.4.4 开关装置的驱动电路

4.4.4.1 MOSFET 栅极驱动电路

MOSFET 是一种控制电压的开关装置,它的断开和闭合可以由栅源电压信号来控制。如果栅源电压超过了电压的临界值,MOSFET 闭合。如果栅极电压降到了0,MOSFET 完全断开。MOSFET 中栅源电压取决于功率值和使用者的场合需要。MOSFET 的导通电压水平一般为10~20V。详细的 MOSFET 的栅源电压的信息可以从参数表中查到。

MOSFET 栅极驱动电路能够将从微控制器获得的 PWM 信号放大,匹配 MOSFET 要求的导通和关断电压等级。根据 MOSFET 在应用电路中的位置,一般有两种 MOSFET 栅极驱动电路：MOSFET 的低压侧栅极驱动器和高压侧栅极驱动器。低压侧栅极驱动器是升压变换器所必需的应用，因为 MOSFET 的源端连接到电路地。高压侧 MOSFET 栅极驱动器是降压变换器应用所需的，因为它使用高压侧 MOSFET 的源端连接到一个浮动的电压点。对于某些应用，无论是低和高侧栅极驱动器都需要在直流 - 交流逆变器中使用。图 4.66 显示了一个典型的低压侧 MOSFET 栅极驱动电路。S_1 和 S_2 是逻辑器件。栅极驱动器 COM 部分的端口与功率 MOSFET 的源极端连接到同一电路地上。LO 输出端口连接到 MOSFET 栅极端。当 PWM 信号为逻辑高电平时，S_1 导通 S_2 断开；栅源电压为 V_{GS} 和 MOSFET 开启。当 PWM 信号为逻辑低电平时，S_1 断开 S_2 导通；栅源电压为零，MOSFET 关断。

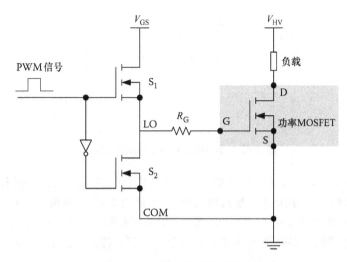

图 4.66　MOSFET 低侧栅极驱动电路

图 4.67 显示了典型的高压侧栅极驱动电路。栅极驱动器的 COM 端口和 MOSFET 的源端都连接到浮点电压点。为了导通 MOSFET，栅极电压必须高于源极端子，且电压水平至少为 V_{GS}。因此，通常使用升压电容对电压进行充电。当 PWM 信号为逻辑低电平时，S_1 断开，S_2 接通。结果，栅极 - 源极电压为零，MOSFET 关断。同时，升压电容器充电至电压电平 V_{GS}。当 PWM 信号为逻辑高电平时，S_1 接通，S_2 断开。结果，栅极 - 源极电压为 V_{GS}，MOSFET 导通。由于 MOSFET 导通，MOSFET 的 S 端子立即变为 V_{HV}。同时，MOSFET 的栅极电压上升到 $V_{HV} + V_{GS}$，因为升压电容将 V_{GS} 保持在其上。因此，MOSFET 仍处于导通状态。

4.4.4.2　IGBT 驱动电路

IGBT 也是一种全电压控制的开关器件。整体工作原理与 MOSFET 非常相似。通常，IGBT 的导通电压水平为 15V。主要区别在于 IGBT 的开关频率低于 MOSFET，这是由于 IGBT 的关断拖尾集电极电流造成的。因此，关断电压通常为 -8V 而不是 0V，以加快集电极 - 发射极的压降，从而减少关断损耗并安全关断 IGBT。

图 4.68 显示了 IGBT 模块的典型栅极驱动电路。该电路适用于高压侧和低压侧 IG-

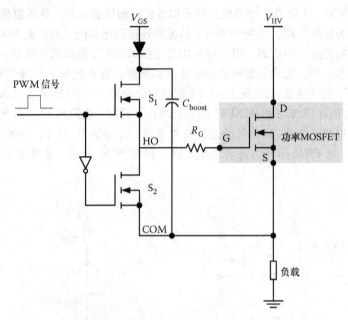

图 4.67 MOSFET 高侧栅极驱动电路

BT 应用。使用两个电压源（15V 和 8V），其公共点连接到 IGBT 的发射极。使用 NPN 和 PNP 晶体管模块，其输出通过栅极电阻器 R_G 连接到 IGBT 的栅极。当 PWM 信号为逻辑高电平时，S_1 晶体管接通，S_2 断开。结果，栅极被拉高至 15V，IGBT 导通。当 PWM 信号为逻辑低电平时，晶体管 S_1 断开，S_2 接通。结果，栅极被拉下至 -8V，IGBT 完全关断。

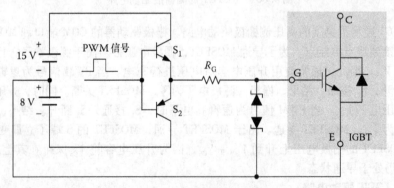

图 4.68 IGBT 栅极驱动电路

4.4.4.3 栅极驱动 IC

在设计栅极驱动电路时，使用来自市场栅极驱动器的集成电路是一种方便且有效的方法。很多半导体公司销售用于开关设备的栅极驱动模块，一些公司将栅极驱动器和开关集成在同一系统中。在这一节中，给出了两个例子显示了一些典型的 MOSFET 和 IGBT 的驱动器 IC。

IR2110 是 MOSFET 和 IGBT 常用的低成本栅极驱动芯片之一。IR2110 通常用于额定功率相对较低的应用中，其支持的最大电压约为 500V。一个 IR2110 芯片可以驱动两个 MOSFET 或 IGBT 开关。图 4.69 显示了一个典型的 IR2110 电路布局，用两个 MOSFET 驱动一个相脚。相脚连接至高压电源，这是高压侧的唯一电源。IR2110 通常需要两个电压电平，可以使用 DC - DC 变换器从高压电源 V_{HV} 转换。15V 用作栅极驱动电压，5V 用作输入逻辑信号处理。HIN 和 LIN 是接收 PWM 信号的输入端口，SD 是接收停机请求信号的端口。这三个信号最初来自微控制器。为了将微控制器板与高压系统隔离，在两者之间使用光电耦合器，以确保控制板与高压侧之间没有电路连接。有关外围组件的详细值，请参阅 IR2110 数据表。

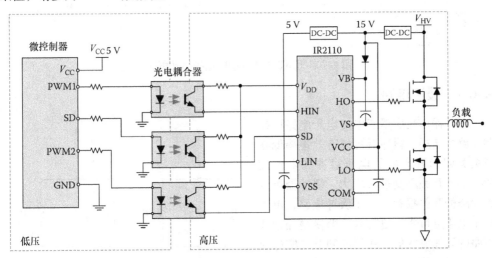

图 4.69 MOSFET IR2110 栅极驱动电路

Powerex 栅极驱动器 VLA504_ 01 是 IGBT 的高压侧栅极驱动器之一。VLA106 - 15242 是隔离 DC - DC 电源，通常与 VLA504_ 01 成对使用，以提供 15V 的导通和 -8V 关断电压。如图 4.70 所示，VLA504_ 01 的引脚 13 和 14 为内置光耦输入，连接至微控制器的 5V 和 PWM 信号。控制板的故障信号通过外部光耦与栅极驱动器相连。因此，控制板与栅极驱动电路完全隔离。VLA106 - 15242 以 15V 为 VLA504_ 01 供电。由于 VLA106 - 15242 是一个隔离的 DC - DC 功率变换器，因此 15V 电源与其输出 V_{01}（15V）和 V_{02} 隔离（-8V）且参考 V_{02} 连接至 IGBT 的发射极。因此，IGBT 发射极处的电位浮动电压不会影响 15V 电源。控制板和栅极驱动电源的隔离使该栅极驱动电路非常稳定。有关外围部件的详细值，请参阅 VLA504_01 和 VLA106 - 15242 数据表。

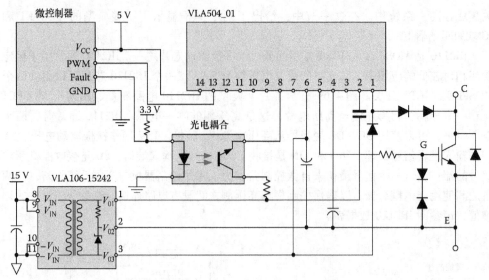

图 4.70 IGBT VLA504_01 栅极驱动电路

4.4.5 缓冲电路

缓冲器广泛应用于电力电子电路以控制电路的谐振。缓冲器可以有效地降低在开关关闭和开启中的电压过冲和电流过冲,保护开关不受过大应力。缓冲器可以大大降低开关损耗。有了缓冲电路,电力电子电路更可靠、更有效。即使增加缓冲电路的附加成本低,获得的利益与实施成本在最终实施之前也要考虑。基于缓冲器的功能,可以分为电流和电压缓冲器。基本电流 RL 缓冲器和电压并联 RC 缓冲器如图 4.71 所示。由于电压缓冲器更常使用在开关电路中,在本节中将详细讨论。

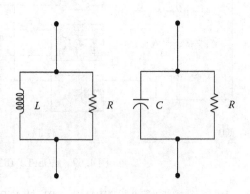

图 4.71 RL 缓冲器和 RC 缓冲器

4.4.5.1 缓冲器设计

电压缓冲器用于降低电压超调,并在关断时阻尼开关上的高频电压振铃。图 4.72a 表示连接到电阻负载的升压变换器。此处执行的分析可适用于几乎所有其他常见的分支配置(逆变器、降压等)。图 4.72b 显示了在开关过程中,在不向电路添加缓冲器的情况下,典型的开关 S_1 电压波形。当开关 D_2 接通时,S_1 上的电压超调和振铃效应可由图 4.73 解释。

假设电流已经形成,并在电感 L 和开关 S_1 中流动。当开关 S_1 断开时,电流被引导流过 D_2 和 S_2。电压 V_1 从 0 增加到 V_C。然而由于开关 S_1 的电容和电路中存在杂散电感,

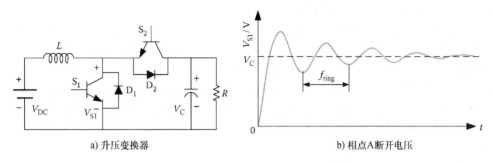

a) 升压变换器　　　　　　　　b) 相点A断开电压

图 4.72　升压变换器和相点 A 断开电压

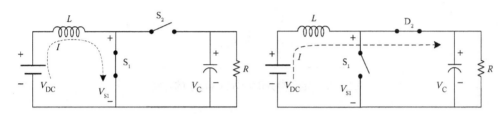

图 4.73　升压变换器的两种开关状态

形成一个谐振电路和通过开关 S_1 的电压纹波。相应的等效电路如图 4.74 所示。当 S_1 断开时，存储在电感 L 中的能量在并联的 RL 电路中产生谐振效应。电压振铃的频率由式 (4.120) 决定。通过增加合适的电压缓冲器，超调明显减小，并抑制电压振铃。当电流流过 L 和 D_2 时，开关 S_1 闭合，开关 D_2 断开，类似的效果也存在。因此电压缓冲器用于开关 S_1 和 D_2 上。

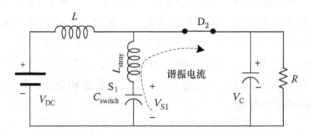

图 4.74　当 S_2 断开时的谐振电路

$$f_{\text{ring}} = \frac{1}{2\pi \sqrt{L_{\text{stray}} C_{\text{switch}}}} \tag{4.122}$$

RC 缓冲电路是一种最简单、应用最广泛的电压缓冲电路。RC 缓冲器可与开关并联。因此，在开关断开时，用于导致电压超调和振铃的过大电流被引导至 RC 缓冲电路，以对电容器充电，并且关断电压的上升时间由电容器的电容确定。通过增加电容，关断电压的上升时间趋于更长，开关损耗更小。但是，如果电容太大，则缓冲器的电阻器的功耗会增加，应避免这种情况。

  RC 缓冲器中的电容器和电阻器的选择由功率电路的谐振特性决定。在图 4.72 中举一个升压变换器的例子，为了给开关 S_2 准确设计一个 RC 缓冲器，开关 S_1 的电容 C_{switch} 和电路中的杂散电感需要估计。根据式（4.122），可测量电压振铃 f_{ring} 的频率，表示为 f_{ring1}。下一步增加一个已知量 C_{known}，如图 4.75 所示，测量出频率 f_{ring2}。f_{ring2} 与 f_{ring1} 不同是因为 C_{known} 改变了谐振特性。f_{ring2} 由式（4.116）表示。由式（4.123）和式（4.124），可计算两个未知的参数。

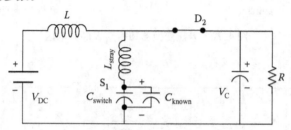

图 4.75 定义参数的额外的 C_{known} 的电路

$$f_{ring1} = \frac{1}{2\pi \sqrt{L_{stray} C_{switch}}} \tag{4.123}$$

$$f_{ring2} = \frac{1}{2\pi \sqrt{L_{stray}(C_{switch} + C_{known})}} \tag{4.124}$$

  缓冲器的电阻 R 可以从 LC 回路的特征阻抗 Z 得出，由式（4.125）表示，R 比 Z 小。范围在 $0.5Z \sim Z$ 之间。电阻可以使用式（4.126）表示，k 在 0.5 和 1 中选择。

  当开关闭合时，我们希望在开关再次断开之前，其电压稳定下来。因此，缓冲器的时间常数 RC 必须小于变换器的最短关闭状态时间 t_{offmin}。对于 DC - DC 变换器或逆变器，此时间可合理假设为 0.5% 开关周期的时间。因此，可以使用方程式（4.127）计算 C，其中 k_1 选择在 5 和 10 之间。此外，建议选择大于 C_{switch} 的 C 值。因此，C 也必须遵守等式（4.128）。由于大的缓冲电容会增加损耗，C 值应为在方程式（4.119）和（4.120）定义的范围低端选择。一旦定义了 RC 缓冲器的初始值，就可以根据实验测量值调整实际值，以获得最佳值。

$$Z = \sqrt{\frac{L_{stray}}{C_{switch}}} \tag{4.125}$$

$$R = k \sqrt{\frac{L_{stray}}{C_{switch}}} \tag{4.126}$$

$$C < \frac{t_{off\_min}}{k_1 R} \tag{4.127}$$

$$C > C_{switch} \tag{4.128}$$

  存在其他的缓冲器电路，用于减少流过开关的电气应力。在这里并没有详述，有兴趣的读者可以从参考文献 [6] 中找到更多信息。

4.4.5.2 案例：RC 缓冲器的设计

我们想去给图 4.72a 中的变换器设计一个 RC 缓冲器的电路。变换器的开关频率是 50kHz。如图 4.76 给出了 50% 占空比内流过开关 S_1 的电压性能。可以看到 V_{S1} 明显增强。为了设计这个缓冲器，进行了两个实验。如图 4.77 所示为这些数据提供的结果。首先，明确振铃的参数，然后设计 RC 缓冲器。

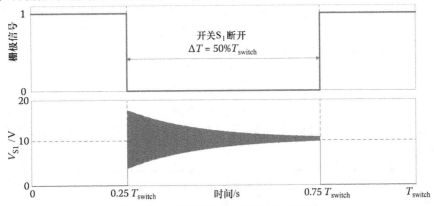

图 4.76 通过开关 S_1 的原始电压波形

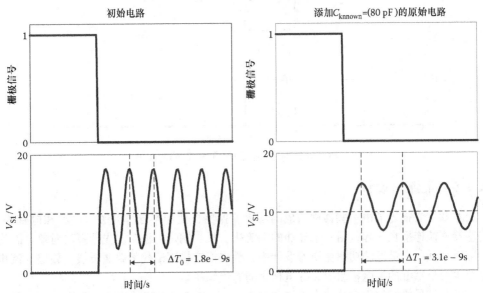

图 4.77 有无 C_{known} 通过开关 S_1 的电压波形

解决方案

定义参数：从图 4.77 以及式（4.123）和式（4.124）中给出的两个振荡周期，开关的电容和杂散电感由关系式（4.129）和式（4.130）表示。产生 $C_{switch} = 40\text{pF}$，$L_{stary} = 2\text{nH}$。

$$C_{switch} = \frac{C_{known}\Delta T_0^2}{(\Delta T_1^2 - \Delta T_0^2)} \tag{4.129}$$

$$L_{\text{stary}} = \frac{\Delta T_0^2}{4\pi^2 C_{\text{switch}}} \tag{4.130}$$

R 的选择：从所定义的 C_{switch} 和 L_{stary} 以及式（4.118），可以确定 R 的值。选择 $k = 0.75$ 时，$R = 5.3\Omega$。

C 的选择：式（4.127）和式（4.128）定义了一个 C 的间歇值。我们选择定义 $t_{\text{off\_min}}$ 为开关周期的 0.5%，将 k_1 定为 10，确保电压在很短的导通周期内有很好的阻尼。因此 C 必须通过式（4.129）和式（4.130）得到。C 的最后值选择式（4.131）和式（4.132）中较小的值，选择 $C = 60\text{pF}$。

$$C < \frac{0.05 T_{\text{switch}}}{10R} = 188\mu\text{F} \tag{4.131}$$

$$C > C_{\text{switch}} = 40\mu\text{F} \tag{4.132}$$

如图 4.78 所示使用设计带缓冲器的开关获得的电压。能够发现缓冲器显著降低了超调量和振荡。

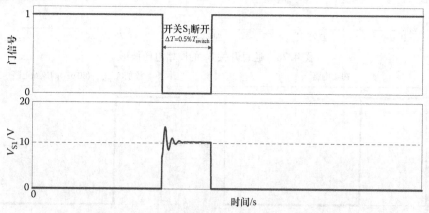

图 4.78　设计的缓冲器通过开关 S_1 的电压波形

4.4.6　汇流排设计

本章主要描述了由一些器件构成的功率变换器，比如半导体开关、电容和电感等。这些器件被连接在一起，由一个导通的汇流排实现。铜是汇流排优先选择的对象，因为其电阻率低。在最近的功率变换器设计中，叠层汇流排逐渐代替普通母线，叠层汇流排由至少两个重叠的导电板组成，导电板之间有绝缘层。

汇流排最关键的用途是功率模块和 DC - Link 电容器之间的连接。事实上，如前一节所述，当开关断开时，半导体的串联杂散电感会产生谐振回路。因此，汇流排的杂散电容必须尽可能低。

对于每个功率变换器设计，汇流排的形状必须与所用部件相适应。例如，在图 4.79 中，显示了一个 DC - Link 电容器和 3 个 IGBT 功率模块。这两个部件必须连接在一起以形成逆变器。可能的汇流排设计如图 4.80 所示。

为了设计汇流排，首要任务是为连接在一起的器件建立一个 3D 模型。基于这些模

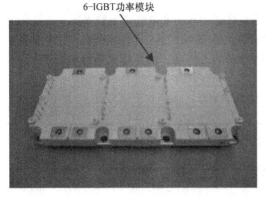
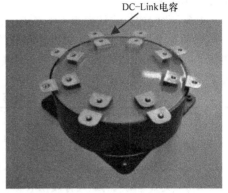

图 4.79 将 IGBT 功率模块和 DC – Link 电容连在一起

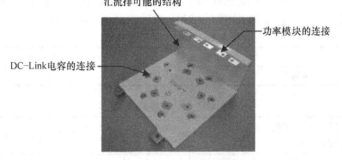

图 4.80 图 4.79 中与汇流排连接器件的结构

型,建立汇流排。汇流排的尺寸可调整以减小杂散电容,变换器的紧凑设计要能增大功率密度。为了评估汇流排的杂散参数,需要使用分析方法和专门的应用软件。

习题

4.1 在 2010 Toyota Prius 中,使用升压变换器来提高电池的输出电压(假定为恒定且等于 200V)。使用了三种直流母线电压电平:$V_{DC} = 250V$,$V_{DC} = 500V$ 和 $V_{DC} = 650V$。假设升压变换器是理想的,满足稳态要求所需的三个占空比是多少?

4.2 假设 4.1 节中的升压变换器的功率为 20kW,定义输入和每种情况下的输出电流。40kW 时回答相同的问题。

4.3 我们希望确定电感器的尺寸,以确保最大输入电流纹波为 10%。如果开关频率为 10kHz(如 20kW)4.1 节中升压变换器允许的纹波水平(峰到峰)以及对电感的要求是什么?

4.4 如果 4.1 中升压变换器的负载是纯电阻,吸收 20kW 时的值应该是多少,如果 $V_{DC} = 650V$?

4.5 假设选择了 4.3 节中的电感和 4.4 节中的负载电阻,确保小于 10% 的电压纹波需要多少电容？

4.6 我们建议评估图4.3中Boost升压变换器的开关和电感产生的损耗。这里仅考虑电感的导通损耗。另外，二极管和开关的饱和电压都应该是恒定的（它们不依赖于电流）。对于表4.15中给出的参数，针对所考虑的工作点，估算其导通和开关损耗以及变换器的效率。

表4.15 变换器参数

输入功率	输入电压	输出电压	电感的电阻	开关损耗	饱和电压	开关频率
$P=20\text{kW}$	$V_{in}=200\text{V}$	$V_{out}=300\text{V}$	0.01Ω	$E_{on}=9\text{mJ}$ $E_{off}=14\text{mJ}$ $E_{rec}=4\text{mJ}$（二极管）	$V_{ce}=1.3\text{V}$ $V_f=1.4\text{V}$（二极管）	$F_{sw}=10\text{kHz}$

4.7 交流电动机的最大有效相电压 $V_{\text{RMS max}}=200\text{V}$。该电动机由PWM方案控制的逆变器驱动，类似于图4.40，为电动机提供 $V_{\text{RMS max}}$ 所需的直流母线电压的最小值是多少？

4.8 考虑一个20kW升压变换器在表4.16所列条件下运行，功率模块参数如表4.17中所列，估算二极管和IGBT的结温。最后为此选择功率模块应用。

表4.16 Boost变换器规格

V_{in}	V_{out}	电感	功率	开关频率	散热片温度
200V	400V	10mH	20kW	10kHz	50℃

表4.17 功率模块选择

功率模块	损耗（IGBT）	损耗（二极管）	R_{th_jc}（IGBT）	R_{th_ch}（IGBT）	R_{th} 二极管	R_{th_ch} Diode	T_{jmax}（二极管和IGBT）
PM#1	272.9W	133.8W	0.22k/W	0.03k/W	0.42k/W	0.06k/W	150℃

参 考 文 献

1. *Wikipedia: The Free Encyclopedia*. Wikimedia Foundation Inc. Updated July 22, 2004, 10:55 UTC. Encyclopedia on-line. Available from http://en.wikipedia.org/wiki/Power_electronics. Internet. Retrieved October 08, 2013.
2. M. Olszewski, Evaluation of the 2010 Toyota Prius hybrid synergy drive system, in Oak Ridge National Laboratory Report, March 2011.
3. Z.J. Shen. Automotive Power Semiconductor Devices, in *Handbook of Automotive Power Electronics and Motor Drives*, A. Emadi, Ed. Boca Raton, FL: CRC Press, 2005, pp. 117–158.
4. N. Mohan, T.M. Undeland, and W.P. Robbins. *Power Electronics: Converters, Applications, and Design*. 3rd ed., New York: Wiley, 2003.
5. B.K. Bose. *Power Electronics and Motor Drives: Advances and Trends*. Burlington, MA: Academic Press, 2006.
6. W.G. Hurley and W.H. Wolfle, *Transformers and Inductors for Power Electronics Theory, Design and Applications*, West Sussex, United Kingdom: John Wiley & Sons, 2013.
7. *Infineon IPOSIM* [Online]. Available from www.infineon.com/cms/iposimonlinetool [August 08, 2013].
8. *Semikron SEMISEL* [Online]. Available from http://semisel.semikron.com/License.asp [August 08, 2013].
9. *International Rectifier IGBT Selection Tool* [Online]. Available from http://igbttool.irf.com [August 08, 2013].
10. M.H. Rashid, *Power Electronics: Circuits, Devices, and Applications*. 3rd ed., Upper Saddle River, NJ: Pearson Education, 2004.

第5章 电机原理

Berker Bilgin，Anand Sathyan

5.1 引言

电机通过能量转换把机械能转换成电能或把电能转换成机械能。在我们的工业中发挥着基础性的作用，用于发电和电力驱动汽车。每天都有数以百万计的电机制造而成，从很小的分马力到百万兆瓦范围，这些电机在我们的日常应用中很常见，如电风扇、水泵、家庭用品、电动工具、计算机、汽车等。工业中超过65%的能量是由电机消耗的。绝大部分电能是由发电机产生的。到2023年，预计将有价值1.477亿美元的电动机用于牵引，包括汽车、军用车辆。[1]

在选择正确的电力牵引机器上，广泛的应用程序、行驶工况、运行环境和成本约束将带来不同的挑战。各种参数包括转矩速度特性、峰值功率条件、温度、体积以及效率的约束对电机设计过程中的影响，对相数、极数、绕组配置和薄板材料的选择，线圈的形状，永磁体的使用及其材料等。

成功的电机集成在电动汽车里需要在体积、重量、高温运行、性能、可靠性，特别是成本，在这些指标上实现许多目标。牵引电机希望被设计成更高的单位质量的功率（比功率，kW/kg），更高的单位体积的功率（功率密度 kW/L），较低的成本（美元/kW）以及更高的效率。除此之外，在恶劣的环境和温度条件下可靠的运行和结构的完整性是必须的。然而在机械设计方面，其中的一些要求彼此相互矛盾。举个例子，一个功率较大体积较小的电动机将产生更高的磁场力和电动负载，这可能降低其效率。一个电机设计师需要了解电机的各个方面并考虑运行要求以及性能指标进行优化设计。重要的是，设计人员应该知道当机器的某些参数被修改时，机器的性能会受到怎样影响。此外设计师应该选择正确的材料和考虑动力传动系集成化，实现可靠性、结构完整性以及终身的目标这些机械设计因素。

本章为牵引电机的运行和设计提供指导。包括电机的基本信息，也涵盖了牵引应用的设计考虑和一些实践方面的情况。对车辆的运行所提供的信息将帮助读者了解牵引电机和驱动系统的多学科属性，在电磁、热、结构和物质条件等方面都有显著的相互影响。

5.2 电磁学基础

在电动机中，运动是由电磁力产生的。由于这个原因，我们需要理解基本的运行原理从而分析电机。电磁理论已经被涵盖在麦克斯韦的方程中,它表达的基本意思是:电和磁不能被视为单独的实体,而应该被看作是一种相互依赖的现象。

5.2.1 磁场的散度和旋度

1826年法国物理学家安德烈·玛丽·安培将其量化,载流导体周围会产生磁场。磁场的方向可由右手定则确定,其中拇指指向表示为电流方向,其余四个手指的方向则表示为磁场方向。如图5.1所示,当电流进入纸面时,它会产生顺时针方向旋转的磁场。磁场由2个矢量即磁通密度$\vec{B}$和磁场强度$\vec{H}$表示。

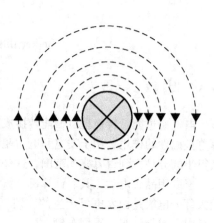

图5.1 载流导体产生的磁场

安培定律给出了磁场旋度的解释。它指出总电流通过总表面积积分是一个常数:

$$\nabla \times \vec{H} = \vec{J} \tag{5.1}$$

式中,$\vec{J}$是电流密度;$\nabla \times \vec{H}$是磁场强度矢量的旋度符号。式(5.1)表示安培定律的微分形式。根据斯托克斯定理也可以定义成积分形式。

$$\int (\nabla \times \vec{H}) \mathrm{d}\vec{S} = \int_l \vec{H} \mathrm{d}\vec{l} = \int_s \vec{J} \mathrm{d}\vec{S} = I_{\mathrm{enc}} \tag{5.2}$$

式中,$\mathrm{d}\vec{l}$是安培环路沿圆周的积分部分;I_{enc}是内部电子的总电流通过安培环路。

距离电流源越远,磁场强度越小。在式(5.2)中给出的形式下,安培定律仅在电流稳定的情况下定义了磁场,此时考虑的是电子通过导体的连续流动,而没有吸收新的电子,麦克斯韦在安培定律中引入了位移电流,认为一个随时间变化的电场也会产生磁场[6]:

$$\int \vec{H} \cdot \mathrm{d}\vec{l} = \int_s \vec{J} \cdot \mathrm{d}\vec{S} + \frac{\mathrm{d}}{\mathrm{d}t} \int_s \vec{D} \cdot \mathrm{d}\vec{S} \tag{5.3}$$

式中,$\vec{D}$是电位移。式(5.3)等号最右边表示电通量的变化率,由于其工作频率不够高,无法接触到它的影响,因此在电机应用中通常被忽视。磁通密度和磁场强度有一个密切的以介质的特性为代表的关系:

$$\vec{B} = \mu \vec{H} \tag{5.4}$$

式中,μ是磁性材料的磁导率,表示为

$$\mu = \mu_r \mu_0 \tag{5.5}$$

式中,μ_r为相对磁导率,在空气的$\mu_r = 1$。根据磁性材料的特性,其μ_r可为空气的上千倍,甚至更高,这表明材料内部的磁场比在空气中的强很多。μ_0是一个常数,表示自由空间的磁导率:

$$\mu_0 = 4\pi \times 10^{-7} \text{H/m} \tag{5.6}$$

如图 5.1 所示，磁场线返回到它们初始的点。表明磁通量没有源，用高斯定律的积分形式表示为

$$\int_S \vec{B} \cdot \mathrm{d}\vec{S} = 0 \tag{5.7}$$

在微分形式中，可以表示为磁场的散度，用其来衡量从该点开始矢量展开（发散）的程度。由于磁场没有源，磁通线最终回到它们初始发出的地方，所以呈零散度：

$$\nabla \cdot \vec{B} = 0 \tag{5.8}$$

与磁场不同，电场是零旋度并且非零散度的。这表明，电场线从一个电荷转移到另一个电荷，然而磁场是没有开始或结束的点：

$$\nabla \cdot \vec{E} = \frac{1}{\varepsilon_0}\rho \tag{5.9}$$

$$\nabla \times \vec{E} = 0 \tag{5.10}$$

式中，$\vec{E}$ 是电场强度矢量；ε_0 是自由空间的介电常数；ρ 是电荷密度。电介质中的电场是由电位移表示的：

$$\vec{D} = \varepsilon_0 \vec{E} \tag{5.11}$$

因此，高斯定律下的电场积分形式可以表示为

$$\int_S \vec{D} \cdot \mathrm{d}\vec{S} = \int_V \rho_v \mathrm{d}V = Q \tag{5.12}$$

式中，Q 是在闭合曲面 $\vec{S}$ 内瞬时的净电荷。

5.2.2 洛伦兹力定律

1892 年，在荷兰物理学家亨德里克·洛伦兹量化的物理现象中，运动电荷在磁场中所受的力：

$$\vec{F}_{\text{mag}} = q[\vec{E} + (\vec{v} \times \vec{B})] \tag{5.13}$$

式中，q 是以速度 $\vec{v}$ 运动的电荷。磁场力的方向可以理解为由两个载流导体电流产生磁场作用，如图 5.2 所示。当电流在相反方向时，它们的磁场也在相反方向卷曲。因此在导体之间有相同的磁极，它们互相排斥。当电流在同一方向时，它们的磁场旋度在同一方向，磁极相互吸引。

式（5.13）表示一个移动的电荷所受的力，由电气和磁性元件组成。由于运动电荷的速度和磁场密度是三维矢量，两个矢量叉积最终为零，这说明磁场对其没有作用，它们不能改变电荷的动能，但可以改变它的方向。它将在下一部分中介绍，随时间变化的磁场会引起电场，从而导致电荷加速。

5.2.3 电磁感应和法拉第定律

1831 年，英国物理学家法拉第发现，随时间变化的磁场会在磁场线穿过的线圈导

体中产生电流。如图 5.3 所示，通过敞开的表面随时间变化的磁通会在闭合回路的表面周围产生一个电场：

$$\oint \vec{E} \cdot d\vec{l} = -\frac{d}{dt}\int_S \vec{B} \cdot d\vec{S} \tag{5.14}$$

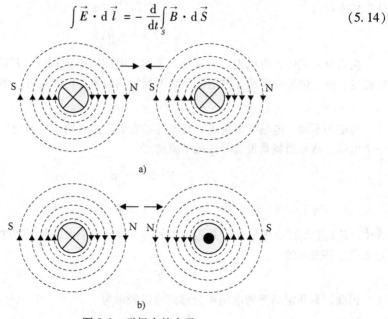

图 5.2 磁场力的表示

a) 电流方向相同的相互吸引　b) 电流方向相反的相互排斥

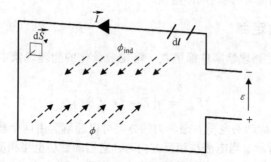

图 5.3 法拉第定律的物理表示

当随时间变化的磁通流经封闭的表面时，产生穿过线圈的电动势（EMF）。当线圈短路或连接到负载时，电流沿一定方向绕线圈流动感应电流产生的磁通与产生它的磁通相反。因此，感应电动势趋向于维持现有的磁通。这被称为楞次定律，如式（5.14）负号部分所示。利用斯托克斯定理，法拉第定律也可以写成微分形式：

$$\nabla \times \vec{E} = -\frac{\partial \vec{B}}{\partial t} \tag{5.15}$$

与高斯定律的电场相同，电荷基于静电场从正电荷出发到负电荷终止；因此它们有非零散度。式(5.15)表明,变化磁场产生的电场具有非零旋度,即电场线形成闭合回路,它们在电气工程中的应用具有零散度[7],式(5.14)通常表示为

$$\varepsilon = -\frac{d\phi}{dt} \tag{5.16}$$

式中,ε 是电位差或感应电压;ϕ 是通过开放表面的磁通量。

电位差以电场的线积分被量化:

$$\vec{E} = \frac{\varepsilon}{\ell} \tag{5.17}$$

式中,ℓ 是线圈长度。1783 年法国物理学家奥古斯丁·查尔斯德的库仑定律表明,电场受到力的作用,自由电子在导体中移动:

$$\vec{F_e} = q\vec{E} \tag{5.18}$$

式中,q 是电子电荷。电子通过导体移动使电场为零,然而随时间变化,磁通不可能一直保持导线回路流过线圈表面。式(5.18)中定义的静电力使自由电子加速:

$$\vec{a_e} = \frac{\vec{F_e}}{m_e} \tag{5.19}$$

这是牛顿的第二运动定律,m_e 表示一个电子的质量。电流是通过导体表面区域 S_e 的自由电子的总数:

$$\vec{I} = \vec{v_d} q n_e S_e \tag{5.20}$$

式中,$\vec{v_d}$ 是内导体的漂移速度,是加速度和自由电子时间(τ)有关的函数:

$$\vec{v_d} = \vec{a_e}\tau \tag{5.21}$$

通过式(5.21)和式(5.17)之间的结合,感应电压和电流之间的关系可以得出:

$$\frac{\varepsilon}{I} = \frac{m_e}{q^2 n_e \tau} \frac{l}{S_e} \tag{5.22}$$

第一项是一个常数项,与当前导电介质的性质有关,它表示电阻率(ρ)。这种线性关系被称为欧姆定律,1827 年被德国物理学家格奥尔·欧姆量化:

$$V = IR \tag{5.23}$$

其中

$$R = \rho \frac{l}{S_e} \tag{5.24}$$

5.2.4 电感和磁场能量

法拉第定律指出当一个时变磁通流过表面封闭的导体时,在导体上产生一个感应电动势。楞次定律指出,当由感应电动势产生的电流流经导体,它会产生一个反向磁通,感应磁通阻止磁场的变化。磁场具有惯性,感应电流不能瞬间改变。

当导体由共享相似表面积的 N 匝线圈组成时,流过导体表面的通量与每匝线圈相连。磁通链被定义为

$$\lambda = N\phi \tag{5.25}$$

在没有饱和的线性磁介质的情况下，磁通链与电流成正比，并且比例常数被称为电感：

$$L = \frac{\lambda}{i} \tag{5.26}$$

电感的单位是亨（H），1H 电感表示电流的变化率是 1A/s。感应电压为 1V。

在电感的作用下，必须阻碍系统惯性来产生电流。能量会被储存在磁路中，计算如下：

$$p_{mag} = ie = i\frac{d\lambda}{dt} \Rightarrow W_{mag} = \int_{t_1}^{t_2} p_{mag} dt = \int_{\lambda_1}^{\lambda_2} i d\lambda = \int_0^i Li di = \frac{1}{2}Li^2 \tag{5.27}$$

5.3 电机损耗

5.3.1 介绍

电动机将输入的电能转换为机械能。在这个能量转换过程中，一些输入功率，在机器内部以热的形式被耗散。图 5.4 显示了在一台电动机上的能量损耗分布情况。当从输入功率中减去总损耗时，可以计算系统的效率如下：

$$\eta = \frac{P_{in} - P_{loss}}{P_{in}} \times 100\%$$

$$\eta = \frac{P_{mech}}{P_{in}} \times 100\% \tag{5.28}$$

式中，P_{in} 是输入功率；P_{loss} 是总的功率损耗；P_{mech} 是机械输出功率。

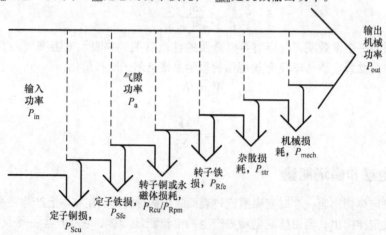

图 5.4 在电机运行模式下的总损耗分布图

在一般情况下，电力设备的损耗主要是：铜损、铁损、机械损耗和杂散损耗。

5.3.2 铜损

在载流导体中,由于导体内的电流分布发生功率损耗。这种功率损耗被称为铜损或焦耳损耗,通过对流在电机中以热能形式消散。如图 5.24 所示,电压和电流之间有一个关系称之为电阻。铜损可以计算为

$$P_{cu} = VI = (IR)I = I^2 R \tag{5.29}$$

电阻的大小与其横截面面积 S 成反比,与导体本身的电阻率 ρ 以及其长度 ℓ 成正比。电流密度是指当前的每一单位导体单元截面面积流过的电流,单位为 A/mm^2;对于一个半径为 r_0 的圆导线,铜损的推导如下:

$$P_{cu} = I^2 R = I^2 \rho \frac{\ell}{S} = (JS)^2 \rho \frac{\ell}{S} = 2\pi\ell\rho \int_0^{r_0} J^2(r) r dr \tag{5.30}$$

电阻率 ρ 的单位是 Ωm,它的倒数定义为电导率,单位是 S/m。J 表示在导体截面面积的电流密度分布。对于一个电流密度分布均匀的导体来说,式 (5.30) 可以写成简化方程式 (5.29):

$$P_{cu} = \frac{2\pi\ell}{\sigma} \int_0^{r_0} J^2 r dr = \frac{2\pi\ell}{\sigma} J^2 \frac{r^2}{2} \Big|_{r=0}^{r=r_0} = \frac{\ell}{\sigma} J^2 S = \frac{\ell}{\sigma S} (JS)^2 = I^2 R_{DC} \tag{5.31}$$

一个导体的电阻率随温度变化而变化,在室温下 (20℃),电阻率 ρ_{20} 以及温度系数 α_{20} 函数的关系是:

$$\rho = \rho_{20}[1 + \alpha_{20}(T - 20℃)] \tag{5.32}$$

在 20℃ 时,铜导线的温度系数 $\alpha = 0.004041℃^{-1}$,对于一个给定的值的长度和横截面面积,导体电阻的铜损随温度升高而增加。

式 (5.30) 表明,铜损是一个电流密度分布的函数。如式 (5.31),对于一个均匀的电流密度分布,它与直流电阻成正比。在交流电情况下,导体内的电流密度不均匀。电流密度的分布是关于频率、磁通密度以及槽和导体的几何形状的函数。在高频操作,趋肤效应和邻近效应的影响会导致电流密度分布不均匀,进而导致额外的交流铜损耗。

趋肤效应是电流在导体表面流动的趋势。将产生一个不均匀分布的电流密度,在导体的表面上更高,并向中心降低,如图 5.5 所示。可以观察到,随着电流的频率的增加,导体的外表面的最高电流密度随深度的增加而减小。这就是所谓的趋肤深度,是一个关于导电介质和电气励磁频率的磁学性质的函数:

$$\delta = \frac{1}{\sqrt{\pi\sigma\mu f}} \tag{5.33}$$

式中,f 是励磁频率;σ 是电导率;μ 是导电介质磁导率。铜的电导率为 $5.8140 \times 10^7 S/m$,由于它不是一个磁性材料 ($\mu_r = 1$),磁导率 $\mu = \mu_r \mu_0 = 4\pi \times 10^{-7} H/m$。因此,在 1kHz 的时候,趋肤深度为 2.0873mm;在 10kHz,趋肤深度为 0.66mm。随着频率的增加趋肤深度明显减小,导体的有效截面面积也将减少。如图 5.6 所示,频率更高时,导体的中心电流密度较小,而靠近其表面的电流密度更大。这将导致导体的有效电阻的增加,因此

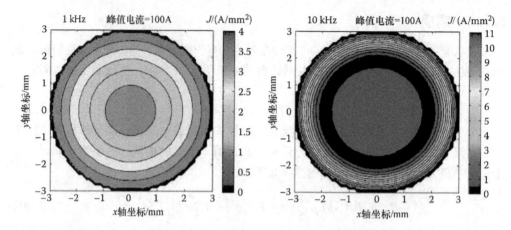

图 5.5 不同励磁频率的圆形导体中的电流分布（彩图见封二）

铜损耗较高[2]。

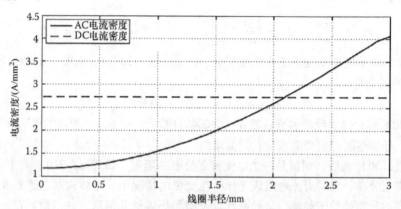

图 5.6 线圈内的电流密度分布（f 为 1kHz）

图 5.7 导电固体块上的涡流

涡流导致趋肤效应的发生，这是法拉第定律的一个直接结果。正如本节后半部分讨论涡流是铁损产生的原因之一，也是铁心损耗的重要部分。根据法拉第定律，交流电流在导体中产生随时间变化的磁场，该磁场也创建了一个随时间变化的电场，与交流电流产生的磁场相反。这种相对的电场在导体的中心处产生的电压更高，因此电子被推送到导体的表面上。图 5.7 显示了使用有限元软件 JMAG 分析由高导电材料制成的转子表面产生涡流的结果。随时间变化的磁场是由转子外的旋转磁铁产生的。为了直观地显示涡流，上磁铁的一小部分被从图中移除。

趋肤效应是由导体本身产生的随时间变化磁场所产生的涡流的结果。另一方面，邻近效应是由外部磁场引起的涡流，通常是由附近的其他导体引起的。因此，邻近效应通常在多层绕组与高频率时发生。图 5.8 显示了一个由四股螺旋线圈组成的绕组的邻近效应。相同的交流电频率为 1kHz、振幅为 100A 被通入到线圈中。为了减轻高频对导体的影响，必须有效地降低铜损，绞合线广泛应用于电动机中，它可以抑制几何形状扭曲而产生的涡流[8]。

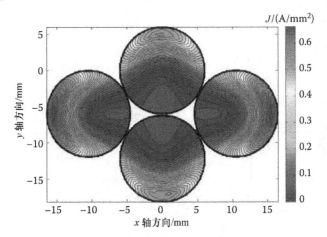

图 5.8　导体上的邻近效应（彩图见封二）

5.3.3　铁心损耗

在电机中磁心通常由铁磁材料组成。当交变磁场被施加到铁心材料时，磁滞和涡流损耗将会发生。

由于已在前一节中描述过，磁场总是出现在偶极子中。同样的原则也适用于原子尺度。电子绕其轴线旋转，产生小电流，从而产生磁偶极矩。磁偶极矩的原子或分子可以被视为南北极的小磁铁。如果这些材料被暴露于外部磁场，磁场将对磁偶极子施加力矩，这些原子尺度的磁偶极子将朝外磁场方向排列。

牵引电机用的电工钢是铁磁材料。铁磁性材料磁化特性的描述，如图 5.9 所示的磁化曲线。其中 B 是以特斯拉为单位的磁通密度，H 表示的是磁场强度。铁磁材料是由磁偶极子 100% 排列的磁畴构成的。但是由于

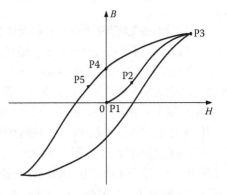

图 5.9　铁磁性材料典型的磁滞回线

磁畴方向随机，净磁场为零，如图5.10a所示。当施加外加磁场时，这些磁畴尝试与所施加磁场的轴线平行，如图5.10b和c所示。工作点如图5.9中所示。将产生一个更强大的磁场。外部磁场越强，磁畴的对齐程度越好。注意外部磁场的增加不会产生一个无限增加的磁通密度。

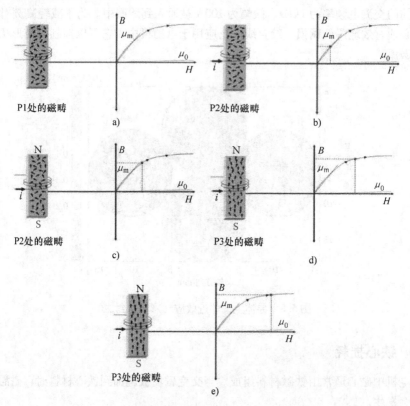

图5.10 根据外部磁场的强度确定磁畴的取向
a）非磁化条件 b）外磁场作用 c）强磁场作用 d）磁化曲线拐点 e）磁性材料饱和

当几乎所有的磁畴都被排成一排将会饱和，因此进一步地增加外磁场，不能使磁畴进一步对齐。饱和限制了铁心可达到的最大磁场强度在2T左右。在这一点上，铁磁材料的磁导率（BH曲线的斜率）与在空气中是相同的。如图5.10d和e所示，当铁心饱和时，外部磁场增加钢的磁通量受到的影响很少或根本没有，因为大多数或所有的磁畴都与外部磁场对齐，这就限制了牵引电机铁心的最小尺寸，这也是大功率电动机和发电机在体积上更大的原因，因为它们必须具有更大的铁心。在饱和区运行电工钢会导致更多损耗。

在交变电场的情况下，图5.9给出了整个回路上，磁性材料将被周期性磁化。在这个过程中，该回路下的面积代表能量，它需要改变域的方向并以热的形式展开。这种能量被称为磁滞损耗，它取决于磁通密度和励磁频率的强度。

另一种类型的磁心损耗，涡流损耗以与趋肤效应类似的方式发生。注意，它们的导电性不如铜，磁性材料的导电性也不高。因此，当磁心材料暴露于交变磁场中时，涡流诱导的磁心将会产生一个与磁场相对的外部磁场。磁心的材料是叠在一起的，用来减少涡流损耗。如图 5.11 所示，这减少了涡流的导电路径，并提高了磁心的电阻率。因此，对于一个给定的感应电动势，由于磁场随时间的变化，等效的磁心电阻较高，叠层磁心内的涡流相对较低。类似于趋肤效应，叠层厚度与趋肤心层的深度有关，涡流损耗是关于频率和磁场强度的函数。

图 5.11 涡流和叠层

5.3.4 永磁体的损耗

永磁体（PM）广泛应用于同步电机，在转子上产生的励磁磁场。与在层压材料和导体中的情况相似，PM 的损耗主要是由涡流而产生的。

在理想的情况下，同步电机以相同的速度与转子一起旋转。对于正弦场分布，转子回路所见的磁通密度不会及时改变。因此不会产生涡流。然而事实上，非理想条件下在电枢磁场上产生谐波，从而在转子电路中产生涡流。这包括由于非正弦电流-导线分布产生的空间谐波，由于脉冲宽度调制（脉宽调制）频率对定子电流的影响[3]，槽谐波是由转子对准定子齿和槽开度时气隙磁导变化引起的。

如果一个磁体被暴露在一个随时间变化的磁场中，将会引起涡流的损耗，损耗的大小与 PM 材料的导电性有关。与定子和转子铁心损耗相比，磁体损耗通常很小。当使用铁素体时，由于铁素体具有很高的电阻率，损耗将大大降低。然而对于高能量密度的稀土磁铁如钕铁硼等，该材料具有较高的电导率，涡流可能最终保持在相对较高的值，将导致磁体温度的增加，磁化的能力削弱，并导致电机性能下降。

对磁体进行轴向分段是减小磁铁涡流的有效方法。因此 PMS 的损耗以这种减少涡流增加有效电阻路径的方式存在，如图 5.12 所示，也可以观察到的涡流集中在磁铁的边缘，这也是一个趋肤效应影响的结果。

5.3.5 机械损耗

电动机的机械损耗主要包括轴承的摩擦损耗和风阻损耗。风阻损耗主要由于空气和机器的旋转部件之间的摩擦产生的。与铁心和铜损耗类似，风阻损耗也导致转子的温度升高。如图 5.13 所示，风阻损耗随着转速增加呈非线性增加，并在转子上施加制动转矩。轴承摩擦损耗主要取决于这些因素，如轴承的尺寸、垂直载荷的大小、摩擦系数以及轴承类型。轴承损耗随速度呈线性增长，如图 5.13 所示。

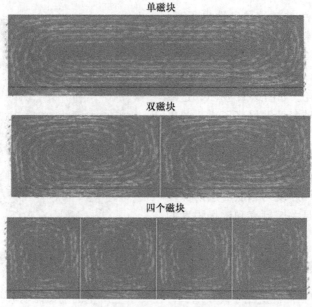

图 5.12 磁体涡流和轴向分段磁铁的电流密度分布

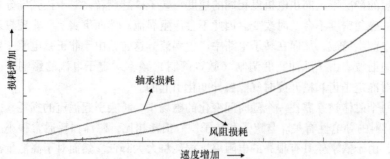

图 5.13 风阻损耗和轴承损耗随速度的变化

5.4 电机绕组

电机是基于由绕组和磁路来产生的旋转磁场的相互作用来运行的,因此,绕组发挥基础性作用是源于在电机中磁动势(MMF)的分布,它将产生转矩和损耗。

在电动机上有许多不同类型的绕组在使用,这里将集中在最常用的电动动力传动系应用的机器。这些包括分布式和集中式绕组,它们广泛被用于交流电机中。凸极式绕组,主要应用于开关磁阻电机(SRM)中。

5.4.1 交流电机绕组

分布式绕组主要用于交流电机的定子中,包括异步电机和同步电机。分布式绕组的主要目的是产生一个正弦旋转磁动势分布，由此产生气隙磁场。这是通过施加正弦电流的线圈实现的，它通过对定子铁心开槽分布在气隙之中。这个过程可以简单地解释为定子有 6 个槽、3 个相位以及 2 个极点，如图 5.14 所示。

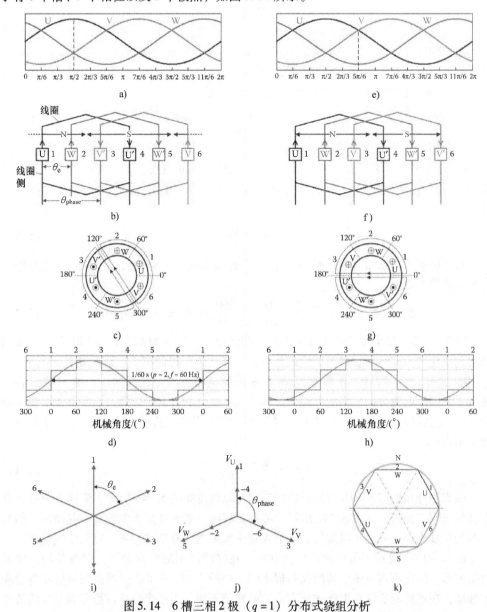

图 5.14　6 槽三相 2 极（$q=1$）分布式绕组分析

a) $\theta=\pi/2$ 时的定子电流瞬时值　b) $\theta=\pi/2$ 时的绕组配置　c) $\theta=\pi/2$ 时线圈电流的磁极和方向
d) $\theta=\pi/2$ 时的电流链分布　e) $\theta=5\pi/6$ 时的定子电流瞬时值　f) $\theta=5\pi/6$ 时的绕组配置
g) $\theta=5\pi/6$ 时线圈电流的磁极与方向　h) $\theta=5\pi/6$ 时的电流链分布　i) 电压相量图
j) 每个线圈中的电压矢量和　k) 单极对下单槽单相的线圈分布

绕组的结构如图 5.14b 所示。对于一个给定的槽数 Q，任意槽之间的机械角度被定义为

$$\theta_m = \frac{360}{Q}(°) \tag{5.34}$$

可以观察到每个相位开有两个槽来创建一个线圈。在每个线圈侧电流方向的变化产生了不同的磁极。每一磁极在绕组结构中都占有 180°，因此每一对磁极将覆盖 360° 电气位置。由于分布在两极气隙的圆周，对于一个给定的极点数 p，360° 的机械角度对应于 $(p/2)360°$ 的电角度。因此电角度的计算可以表示为

$$\theta_e = \left(\frac{p}{2}\right)\theta_m \tag{5.35}$$

每个相位在每个槽下占用的槽数 q 是交流分布式绕组中的一个重要参数。在式 (5.36) 中它被计算显现，其中 m 表示相位的数量。q 值为整数，绕组结构称为整数槽绕组。对于 q 的分数值，分布式绕组的设计是可行的，将在后面作为分数槽绕组进行研究。

$$q = \frac{Q}{mp} \tag{5.36}$$

每个磁极下，每相占电角度 $q\theta_e$。在一个整数槽内，三相绕组每一相在一个单极下的电角度等于 60°：

$$\theta_b = q\theta_e = q\frac{p}{2}\frac{360°}{Q} = \frac{Q}{mp}\frac{p}{2}\frac{360°}{Q} \Rightarrow 当 m = 3 \Rightarrow \theta_b = 60° \tag{5.37}$$

对于 $m = 3$，每个相的线圈在一个极对的情况下，每一相都分布在 120° 外。当绕组被构造成这种方式时，它将被供给三相电流，每一个瞬间的电流，满足条件的 $i_u + i_v + i_w = 0$，如图 5.14a 所示。在数量为 qm 的线圈侧电流方向是相同的。如图 5.14c 所示，槽具有相同的电流方向，围绕气隙的圆周形成电流。其方向可以通过右手螺旋法则来确定。一个磁极覆盖的气隙的距离称为极间距，它可以被定义为一个关于孔直径 D 或槽数的函数：

$$\tau_p = \frac{\pi D}{p} \quad \tau_p = \frac{Q}{p} \tag{5.38}$$

线圈侧分布如图 5.14b 所示，应用三相对称电流如图 5.14a 所示，阶梯电流链式分布在气隙周围出现，如图 5.14d 所示。可以观察到，电流链分布中包含一些谐波，但其基本的外观类似于一个正弦波形。谐波在定子线圈内为非正弦分布，称为空间谐波。

图 5.14f~h 显示了每个槽的电流方向，在气隙周围的极点分布，以及相同绕组的电流波形，但在不同电流的瞬时值表现不同，如图 5.14e 所示。可观察到磁极在气隙周围移动，在不同的机械角度链式分布电流的峰值不同。当这个分析应用于整个电流波形时，可以观察到电流链式波形绕着气隙，产生了旋转磁场。电流波形的旋转速度取决于电流波形的频率，称为同步速度：

$$n = \frac{f}{p/2}(\text{r/s}) = \frac{120f}{p}(\text{r/min}) \tag{5.39}$$

图 5.14i 表示给定绕组结构的电压相量图。每个线圈侧具有相同数量的导体。由于线圈串联，相电压表示为在每个线圈侧电压的矢量和，如图 5.14j 所示。

图 5.14k 显示了在一个单独的极对中每个槽中的线圈怎样分布。由于每个相在每个极点下通过使用一个单一的槽（$q=1$）产生，表示相电压的矢量与每个槽中的电压矢量和是相同的。在下一个例子中，我们分析了 $q=2$ 的绕组结构，通过比较这两个例子中的对应数字，可以观察到绕组分布系数的影响。

图 5.15 显示了一个有 24 个槽、三相、4 个极点结构的绕组设计。图 5.15a～g 表示的是绕组的电路图、电流波形在气隙的极点分布，电流波形、电压相量图、相电压计算以及分布因子的推导。对该绕组的分析和在图 5.14 中已非常相似，所以这里不再重复。

在图 5.14h 中，对于配置 $q=1$ 的电流链分布与正弦波形偏离含有大量谐波。通过增加每极每相槽数，线圈的数量也增加，从而导致电流链式波形接近正弦波，如图 5.15d 所示。这也使槽数量增加，因此对于给定的定子孔直径，槽的宽度将减小。q 值越大意味着是电流链式波形越接近正弦，但它也导致了更多数量的线圈和更高的制造成本。事实上，在中型机械中，通常每极每相有 2～4 个线圈是可取的。

当 $q=2$ 时，每极下的相电压是由两个线圈产生，这两个线圈的电压矢量相差 θ_e，如图 5.15e 所示。因此，相电压等于每槽电压的矢量和，现在其值要比算术和更小，如图 5.15f 所示。这不是 $q=1$ 的情况，在 $q=1$ 时，在每个槽中的电压矢量和算术总和相同。如图 5.14j 所示。这是由于相移之间的电压矢量和相位绕组的分布在多个时隙。相电压的降低由分布因数表达，它可以用图 5.15g 来基本计算：

$$k_\mathrm{d} = \frac{\sin(q(\theta_e/2))}{q\sin(\theta_e/2)} \tag{5.40}$$

对于图 5.15 中 24 槽 4 极绕组而言，使用式（5.38）可以计算出 6 个槽的极点间距。结构图 5.15a 中已给出，每个线圈侧之间的距离也是 6 槽，因此被称为整距线圈。不同的线圈布局可以实现相同的相位电压，如图 5.16 所示。在这种情况下，同极距采用不同的槽间距来保持（$y_1=7$，$y_2=5$）。这种结构称为同心式绕组，从图 5.16a 可以观察到，最后转为相位中的每个线圈不会彼此交叉。这使得线圈的插入过程和最终的转向形式更简单。对于同心式绕组，因为槽间距是低于或高于极间距，这降低了感应电压。在同心式绕组中，当线圈每相的数量增加时，这种效果对内部和最外层的线圈作用更显著。

间距短小，那么其中槽间距比极点间距小，在分布式绕组中有广泛的应用，特别是减少了气隙的磁通密度波形的谐波含量。图 5.17 所示为 24 槽、4 极、三相配置的 5/6 短距绕组。对于全距结构，槽间距对应于 6，如图 5.15a 所示。5/6 短距、槽间距对应 5。这种结构减少了 5 次和 7 次的气隙磁密波形的谐波。然而它也减少了对定子的利用。因此根据设计要求，对于相同的功率输出，短间距绕组比全间距需要更多的铜和钢。

为了消除气隙的磁通密度波形的谐波，分数槽绕组也可以应用，其中极数、相数、槽数以及 q 均不是整数。分数槽绕组可以应用于分布式绕组，但应用在电气化车辆中时，它

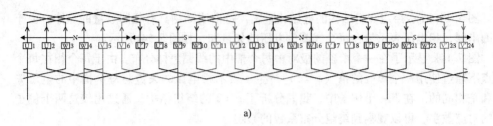

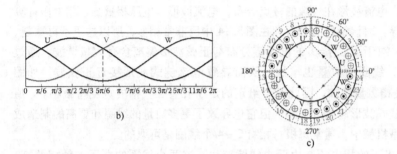

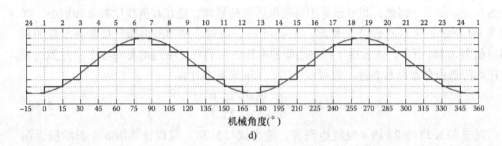

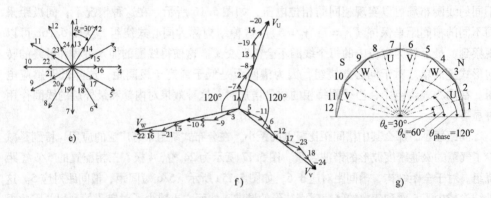

图 5.15 24 个槽、三相、4 极点（$p=2$）分布式叠绕组的分析
a）绕组的原理图 b）定子电流 c）磁极和线圈电流方向 d）电流链式分布
e）电压相量图 f）每个线圈中的电压矢量和 g）单极对下的每相每槽中线圈分布

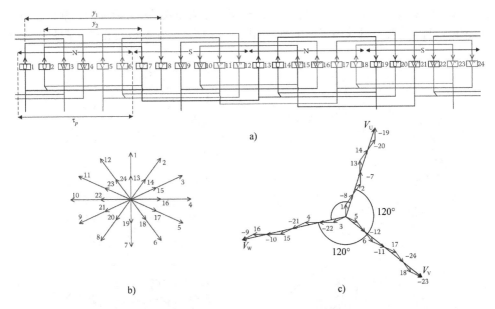

图 5.16 24 槽、三相、4 极的同心式绕组分析
a) 绕组原理图 b) 电压相量图 c) 每个线圈中的电压矢量和

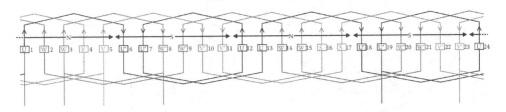

图 5.17 绕组结构为 24 槽、三相、4 极的 5/6 短距

们被广泛应用于集中式绕组，无论是单层或双层[4]。图 5.18 显示的是一个具有 12 槽、10 极、三相、对应 $q = 0.4$，单层分数槽绕组的永磁同步电机的结构。

集中式绕组可以提供一个较高的填充因子，制造更简便，在相之间也有更好的热和电的隔离。尤其是在取决于转子设计的永磁同步电机（PMSM）中，集中式绕组可以提供更好的性能，但是由于凸极率较低，磁阻转矩分量最终可能会降低[9]。

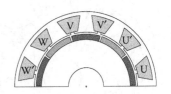

图 5.18 $q = 0.4$ 时集中式分数槽绕组结构

5.4.2 凸极定子绕组

集中式绕组广泛应用于凸极电机中，如开关磁阻电机。在这些结构中，串联或并联

缠绕在每一个磁极的线圈会产生相绕组。由于每个相电和磁是相互隔离的，旋转磁场是由在相位之间电子控制的换向下产生的，如图5.19所示。在凸极或在开关磁阻电机这

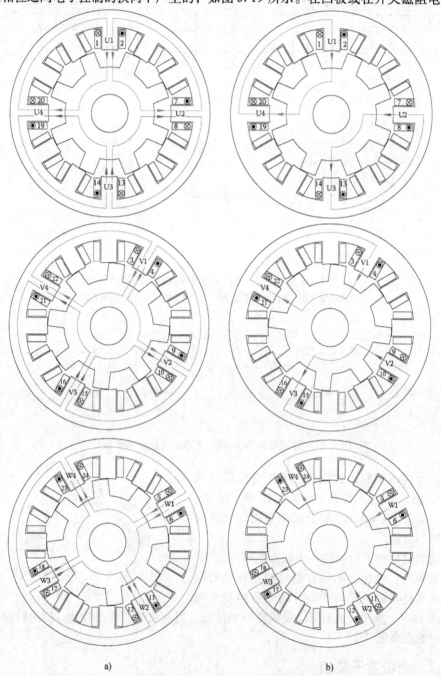

图 5.19 在 12/8 SRM 上显示的具有不同的磁通路径凸极绕组结构
a) 每相相同极性的线圈 b) 每相极性相反的线圈

种情况下，不同的磁通路径可以依靠于线圈的方向来保持。图 5.19a 所示为一个有 12 定子、8 个转子磁极的三相开关磁阻电机的结构。每相由 4 个定子磁极组成，因此被 4 个线圈集中围绕。通过右手定则，可以观察到由线圈对 U1 – U2、U1 – U4、U3 – U2 与 U3 – U4 产生的磁通方向相同；线圈对 U1 – U3 和 U2 – U4 产生方向相反的磁通量。假设一个对称的机器沿给定磁通路径的磁阻是相同的。这将磁通路径划分为 2 个路径，如图 5.19a 所示，图 5.19a 给出的绕组图结构在图 5.20 有所显现。

通过改变线圈的极性，可以修改磁通路径，如图 5.19b 所示，U2 和 U3 线圈的极性是相反的。当应用右手法则时，可以观察到，现在的线圈 U1 – U2 和 U3 – U4 产生的磁通的方向是相反的。从理论上讲，图 5.19a 和 b 给出的磁通路径产生同样的输出转矩。然而对于多相传导，在换向时这两者的结构可能会最终产生不同的磁通路径。根据在换向过程中的磁通路径的长度，可能会影响定子铁心损耗[10]。

不同的磁通路径可以通过改变单一的相位线圈的极性来保持。图 5.19b 所示，可以观察到的所有三相都有相同的磁场极性。在开关磁阻电机中，转矩独立于相电流方向的；因此相对于 W 相而言，逆转其中一相线圈的极性是可能的，如图 5.21a 所示。这种结构对多相激励换向时的磁通路径也有影响[11]。

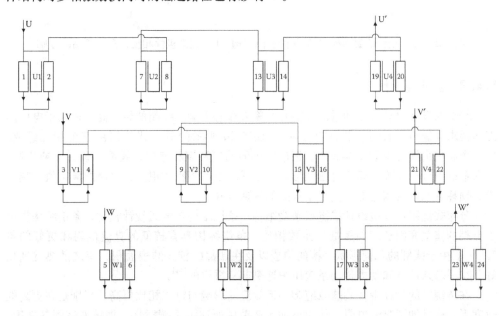

图 5.20　12/8 SRM 绕组结构

图 5.19 所示，可以观察到每个线圈的磁通与相同的相位连接。这意味着来自相线圈的磁通不流经属于其他相的定子磁极。此时电感量和自感相比是非常低的，因此 SRM 的相位被视为相互磁隔离。这提高了机器的容错运行能力。如果对线圈方向进行修改，如图 5.21b 所示，所有线圈的磁通朝向相反的方向。可以再次使用右手定则来验证。此时 U1 和 U2 会阻碍对方的磁通，使用相邻的相的定子磁极完成路径，导致在相

位之间有一个更高的互感系数,使它不能再被忽视。SRM 在线圈的结构下仍旧可以产生转矩,考虑到互感,需要一个更复杂的控制算法[12]。

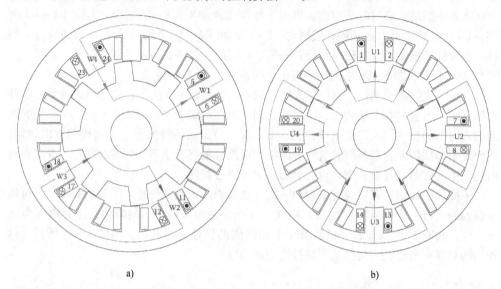

图 5.21 a) 相反的磁通模式 W 相的线圈结构 b) 线圈极性相反,产生更高的互感

5.4.3 线圈设计

绕组的设计对动力传动系的性能和效率有显著影响,线圈的结构高度依赖于电机的工作要求(速度、转矩、散热能力等)。图 5.14 所示的分布式绕组由三个相位组成,每一个相位由线圈匝数 q 构成的。根据电机的输出转矩和速度,线圈可以并联或串联,这两者的组合可以确定感应电压波形。每个线圈由许多匝数组成,电流的额定值、热要求、损耗特性以及制造能力决定了线圈的构造方式。

分布式绕组可以被设计成链或条绕结构。条绕结构与链式设计相比,条绕结构提供了更高的槽填充因子。与短端的匝数相比,条绕结构具有较低的直流电阻和更好的包装[13]。由于线圈的几何形状、槽的构造以及在端部的较大的表面积,使之散热更加良好。在瞬态条件下和动力传动系应用中这是非常重要的[14]。

在条绕式的设计中,趋肤效应和邻近效应的影响与链式相比更高,特别是在更高的速度下。这增加了交流电阻,从而增加 5.2 节中所述定子铜损耗。根据变速器的速度、转矩的要求以及给定的驱动外形的高速运转的占空比、牵引电机的设计,利用条绕式设计的优势。如图 5.22 所示,从低到中等转速范围内,条绕式设计的交流电阻低于链式设计。然而在更高的转速下,由于趋肤效应和邻近效应开始占据主导地位,因此条绕式的交流电阻更高。在今天的道路和交通条件的大多数行驶工况中,牵引电机大部分的时间运行转矩比其额定值少得多。假设电气、机械、热要求等都满足,条绕式设计也可以被考虑到电动牵引电机[15]。

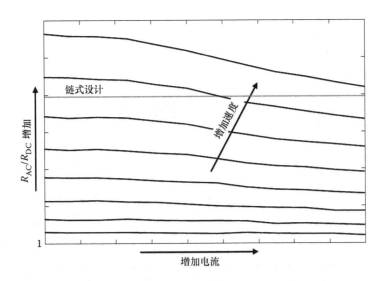

图 5.22 不同转速和电流下的线圈中交流电阻的变化

(来自 K. Rahman et al., Design and performance of electrical propulsion system of extended range electric vehicle (EREV) Chevrolet Voltec, in *Proceedings of the Energy Conversion Congress and Exposition*, Raleigh, NC, September 2012, pp. 4152 – 4159.)

5.5 电机材料

5.5.1 铁心材料

牵引电动机的磁心材料在满足转矩转速和效率指标中起着非常关键的作用。图 5.23 说明了混合动力汽车牵引电动机所需的速度和转矩特性,反过来又反映在电动机铁心用电所需的性能上。快速起动车辆和爬坡需要大的转矩,在城市工况时需要中速,在高速公路驾驶时需要高速。此外,牵引电动机需要在车辆最常见的驱动速度范围内实现高效。除此之外,在混合动力汽车上,由于空间限制,牵引电动机必须满足结构紧凑、质量轻、经济的要求。

图 5.24 总结了牵引电动机用电工钢的要求。为满足牵引电动机的高转矩要求,所需的电工钢应具有高的磁通密度。牵引电动机必须紧凑并能提供高功率才能使电动机高速运行。当牵引电动机高速运转时,转子容易产生较大的离心力。在转子中的电工钢片必须能够处理这种大的力,同时也需要有最低的铁损耗,以获得高速公路工况下的高效率。

5.5.1.1 混合动力牵引电动机对电工钢的要求

无取向电工钢通常被用于牵引电动机中。图 5.25 显示了无取向电工钢的重要特性,能够影响磁化特性,也反映了牵引电动机的效率。牵引电动机所需的磁化特性是通过对

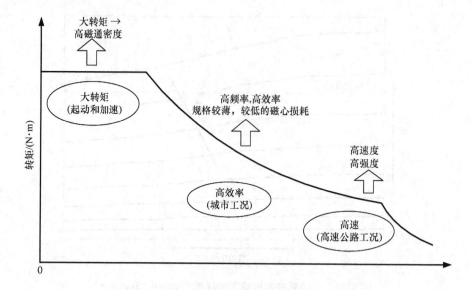

图 5.23 牵引电动机的要求

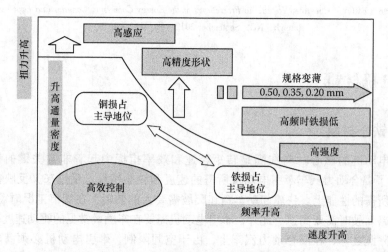

图 5.24 牵引电动机用电工钢的特性

钢的提纯、合金元素的控制、晶粒取向和晶粒尺寸等措施来实现的。由于效率是牵引电动机的一个最重要指标,提高钢结构的电阻率可以使钢中的涡流损耗降低[⊖],因此很有必要提高钢结构的电阻率。可以减少铁损,从而提高效率。硅作为一种合金元素应用在钢中以降低电阻率。从图 5.25 可以看出,增加硅降低了电阻率,也降低了饱和磁通密度。因此当规定硅的含量时,以最佳的方式控制铁损耗和饱和磁通密度是非常重要的。

牵引电动机设计考虑的另一个重要因素是空间。封装约束限制了电动机的大小,但

⊖ 原书为降低钢结构的电阻率可以使钢中的涡流损耗降低,有误。——译者注

仍需要实现电动机的高转矩和功率密度。一个高转矩密度电动机必须使用电工钢片，可以实现高磁通密度与较低的电流。为了获得高输出功率，当前的牵引电动机运行在非常高的转速下。所用的电工钢片应能够提供所需的强度，以便在该高速区域使用。高速运转增加了电工钢的励磁振频率，从而使铁心损耗增大。

为了减少涡流损耗，铁心由多层钢片叠压制成，片与片之间是绝缘的。由于电阻较大，层叠铁心的涡流远远小于实心铁心。在牵引电动机中，典型的层叠片厚度范围是0.2~0.35mm。

虽然层叠有助于减少涡流损耗，但同时减少了叠加系数。叠加系数由层叠厚度和制造工艺决定，如复合钢的冲压。100%的叠加系数降低了电工钢的磁通承载能力，与一个实心电机相比，又需要一个更高的电流才能获得相同的转矩，这可以增加铜损。典型的层叠厚度为0.1mm的叠加系数是89.6%，而层叠厚度为0.2mm时，叠加系数是92.8%；层叠厚度为0.5mm时，叠加系数是95.8%。

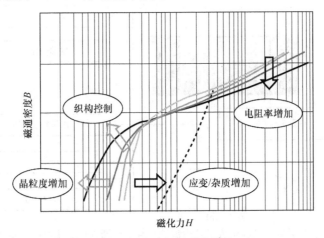

图5.25 电工钢的磁化特性

图5.26总结了减少磁滞损耗、涡流损耗，提高磁感应强度的方法。图5.27显示的是作为电动机转速函数铜损耗和铁心损耗的变量。在恒转矩区域，铜损耗是恒定的，因为在这个区域中达到峰值转矩所需的电流是相同的。铁心损耗是关于速度和电流的函数，因此这个区域的铁心损耗增加。在弱磁区域，由于电压的限制，电流将减小。因此铜损将降低，铁心损耗将增加。高速区域的主要损耗是铁心损耗。

5.5.1.2 制造商铁心损耗数据

电工钢制造商提供的电工钢 $B-H$ 曲线，在不同频率下的铁心损耗以及钢的力学性能不同。如图5.28所示是典型的牵引电动机用的电工钢叠片的 $B-H$ 曲线。作为磁场强度的值（H）或其他形式，如果电流增加，磁通密度（B）也将线性增加到一个确定的值 H。超过这个值，与相同的速率增加电流相比，铁心开始饱和，B 增加的速率（或 H）就会变得更小。如图5.29所示2种不同的钢的比较。从这些数值很容易推断出，来实现相同的电流量密度，钢1比钢2需要的电流少。选择钢1铜损将更低，效率更高。

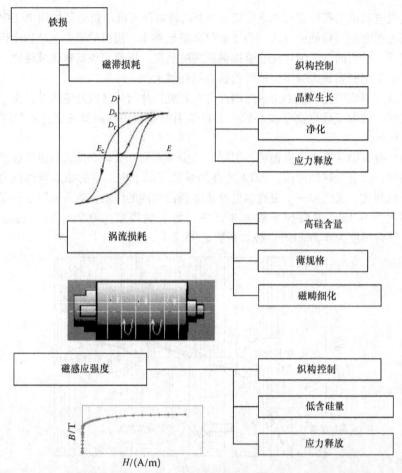

图 5.26 在电工钢生产过程中为了减少涡流损耗、磁滞损耗，提高磁感应强度的方法

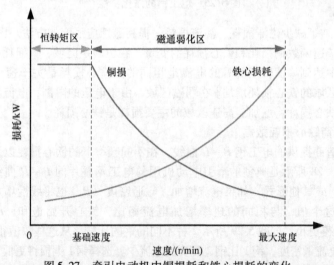

图 5.27 牵引电动机中铜损耗和铁心损耗的变化

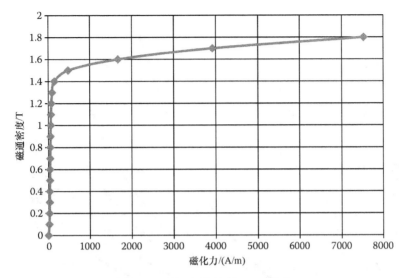

图5.28　电工钢叠片的 B-H 曲线

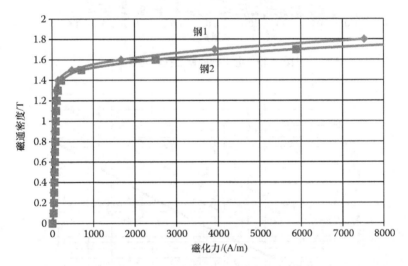

图5.29　比较2种不同电工钢的 B-H 曲线

制造商提供的第二个重要数据是铁心损耗数据。图5.30显示的是铁心损耗随频率的增加而增加。铁心损耗数据范围是50~1000Hz。图5.31显示的是，铁心损耗随着电流或磁通密度的增加而增大。对于相同的频率，与0.3T相比，1.5T的铁心损耗要高得多。

在选择不同材料和不同材料的等级时，电气性能通常比较好，并在应用中考虑其力学行为。从图5.32中所示的应力-应变曲线图可以看出电工钢的力学性能。

在曲线中，不同的应力和应变阶段有突出的点和区域。第一应变阶段是弹性变形。

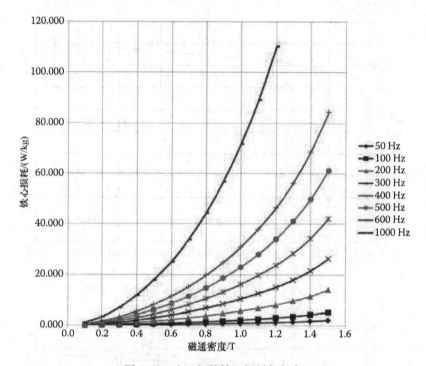

图 5.30 电工钢的铁心损耗与频率

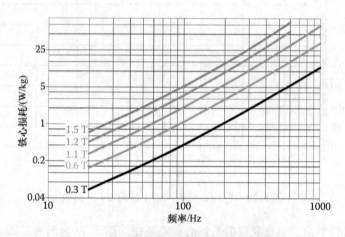

图 5.31 铁心损耗随磁通密度和频率的变化

应变不是永久性的,材料在卸载时会返回到它的原始形状。随着应力的增加,塑性变形开始。对于大多数材料而言,这个弹性极限由线性偏离标定在应力-应变曲线上。

大多数的电工钢逐渐偏离线性弹性区域,不可能发生明显的屈服,直到有一点经过最开始的塑性部分,屈服强度略高于弹性极限。极限(抗拉)强度是曲线上的最高点,通常在塑性区域以内。应力在电工钢的弹性极限以内。

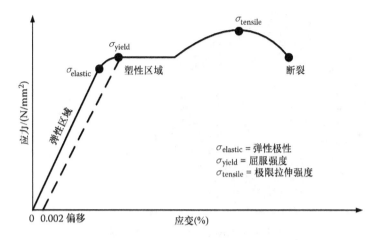

图 5.32 典型电工钢的应力 – 应变曲线

牵引电机使用电工钢的屈服强度和拉伸强度的典型值分别是 450MPa 和 560MPa。这些值的大小可以根据电工钢材料的等级而改变。图 5.33 总结了不同牌号钢的屈服强度。由于硅的含量高,低等级钢具有较高的强度(低的铁损)。

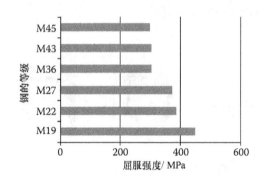

等级	电工钢的力学属性	
	屈服强度/MPa	拉伸强度/MPa
M19	450	565
M22	385	500
M27	374	494
M36	305	450
M43	305	445
M45	300	434

图 5.33 典型电工钢的力学性能

从设计的角度来看,对于内部永磁电机,高强度的电工钢通过减少肋的厚度有助于提高电机效率,如图 5.34 所示,转子肋是磁铁与气隙之间的钢心的一小部分。在电磁运行方面,肋厚应足够小,这样它就会很快饱和,表现得像一个空隙。

从力学的角度看,肋应有足够高的强度,以防止出现危险。在高速运行过程中,肋区容易出现高应力。如果使用低强度钢,肋要做得厚点。将磁铁远离空气间隙,导致效率降低。好的电工钢要求具有良好的加工性能。冲击性能是电工钢不同性能的结合,能最大限度地减少成本并保持工具寿命。

5.5.1.3 制造过程对铁心损耗的影响

为了获得最佳的电动机效率,一个精心挑选的电工钢远远不够。电动机的制造过程

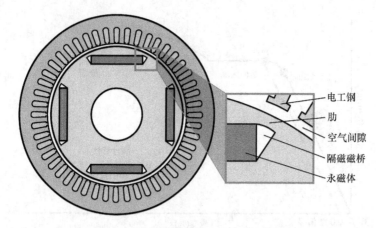

图 5.34 肋厚度对电动机效率的影响

也起着非常重要的作用。图 5.35 显示了在定子生产过程中的各个步骤。定子叠片是第一个被压上去的,联锁是为了确保所有的定子铁心完好无损,在这之后,经历应力消除退火的过程,然后将铜线插入到定子槽中,在该定子上挤压和热收缩。残余应力是由冲压、相邻边的切剪或切割操作产生的。这些都源于切割操作引起的晶体结构的畸变。应力退火是一种热处理过程,可以减少应力并有助于减少损耗。

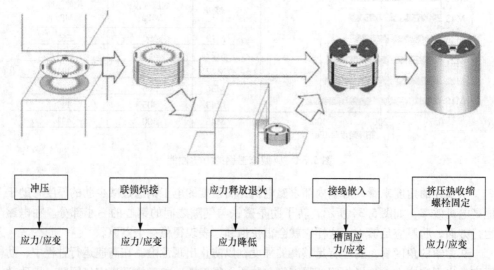

图 5.35 定子制造过程

图 5.36 显示了当一个电工钢平行于轧制方向被切分为两个或四个部分时 $B-H$ 的变化曲线。磁导率降低并增加了一定的磁通密度所需的磁化力。

图 5.37 显示了压缩和拉伸对电工钢结构的铁心损耗的影响。高等级钢与低等级钢

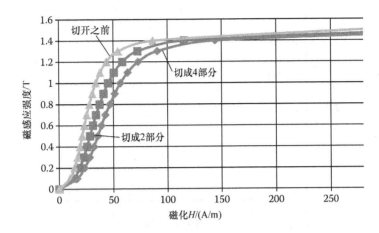

图 5.36 剪切作用对 $B-H$ 曲线的影响

相比，高等级钢含有较高比例的硅和较大的晶粒尺寸。低等级钢的相关应力在铁心损耗上比高等级钢高得多。

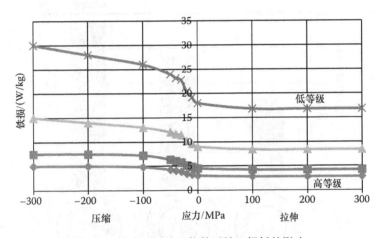

图 5.37 由于压缩和拉伸对铁心损耗的影响

图 5.38 显示了弹性应力对电工钢铁心损耗的影响。在压应力下铁损显著增加。此外，铁的损耗率会随着磁通密度的降低而增加。铁心损耗必须考虑到这一因素，在模拟过程中，低磁通密度区域比高磁通密度区域的损耗率高得多。由于压力配合或热压配合产生的残余压应力，铁损将显著增加。

在制造过程中，联锁/焊接用来保证定子/转子叠在一起。联锁/焊接会引起作用的区域发生局部应变，这会增加铁损。如图 5.39 所示由于联锁/焊接点的数目增加，铁心损耗也增加。

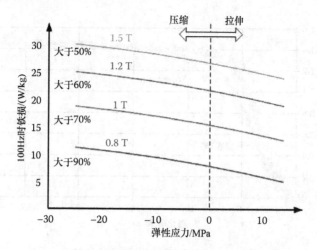

图 5.38　弹性应力对铁心损耗的影响

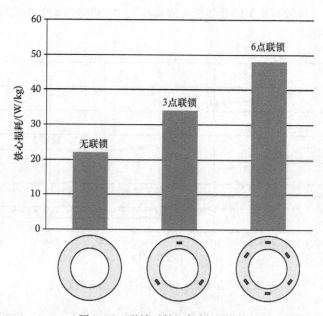

图 5.39　联锁对铁心损耗的影响

5.5.2　永磁体

由于其高效率和高功率密度，永磁电机在动力传动系应用上是非常有吸引力的。在交流同步电机和无刷直流电机中，永磁体被使用在转子上提供励磁磁场。与励磁磁场绕组相比，永磁体提供了一个较低的励磁损耗，因此提高了效率。高能量密度磁体单位体积具有较高的能量。随着矫顽力变大，使得功率密度更高。这些通常是铁和钴基稀土磁体，如钕铁硼和钐钴（SmCo）磁体。

永磁体内部区域是由于材料的磁化强度和外加磁场作用的结果。永磁体所施加的磁场强度和磁通密度之间的关系表示为

$$B_m = \mu_0 H_m + J \tag{5.41}$$

未磁化磁铁的磁化是通过施加强外部磁场以对齐磁偶极子来实现的。这导致偶极子对准，并且材料变得磁极化或"磁化"。一旦材料饱和（所有偶极子都对齐）并且去除了外部磁场，测得的磁场密度就称为剩磁 B_r。可以通过在闭合磁路中应用磁体来测量该值（见图 5.42）。在这种情况下，磁体被称为"保管者"，其磁极短路。假设由于磁性材料的高磁导率缩短了磁体，可以忽略磁路周围的磁场强度，这导致 $H_m = 0$，因此，$B_m = J$，它表示磁体的固有特性。因此，图 5.40 中的 H_m 和 J 之间的关系（本征曲线）表示外部磁场如何影响材料的固有磁化强度。为了使磁体完全消磁，应施加 H_{ci} 的负外磁场，这称为固有矫顽力，它显示磁体对消磁的抵抗力。这就是为什么第二象限特性通常用于分析 PM 行为的原因。

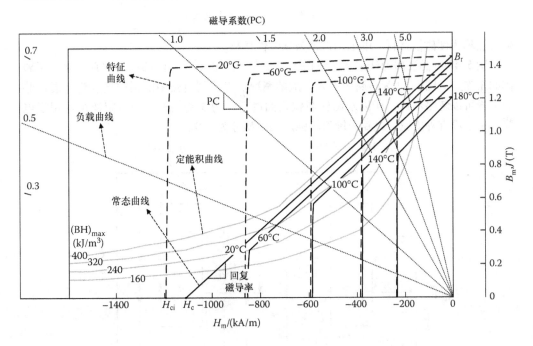

图 5.40 PM（TDI Neorec53B 铁基稀土磁体）退磁特性曲线
（来自 TDK Corporation，NEOREC series neodymium iron boron magnet datasheet,
May, 2011. Online. Available: http://tdk.co.jp/）

如果在四个象限中改变 PM 上的应用场，就得到了材料的磁滞回线。在图 5.41 中，粉末冶金和磁钢的磁化曲线同时显示。可以看出，磁滞回线的面积比磁钢大得多。这说明 PM 需要更高的磁力才能退磁，并且回路下的面积显示了所储存的磁能。对于电炉钢，少量的磁力就能使材料饱和。回路下的面积要小得多，它代表了磁滞损耗。因此，

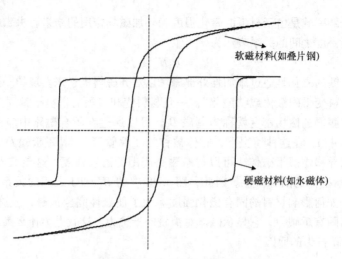

图 5.41 永磁体与磁钢的磁滞回线对比

磁铁被称为硬磁性材料，电工钢被称为软磁性材料。

图 5.40 中的法向曲线表示了矫顽力（H_m）与 PM（B_m）内部场的关系，表示了磁体的工作点。图 5.42 为磁路中引入气隙的情况。考虑到电路中的漏磁通和铁上磁动势的下降可以忽略不计，所以永磁体与铁之间的磁化力是均匀的；安培定律可应用于电路。由于没有外安匝，电路周围磁场强度的线积分为 0:0。

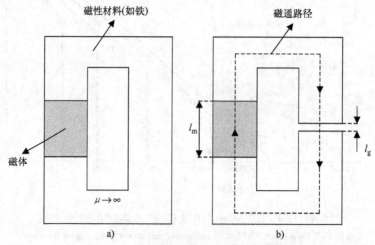

图 5.42 带有 PM 闭合电路和气隙的磁路
a) 带闭合回路 b) 带气隙

$$H_m l_m + H_g l_g = 0 \Rightarrow H_m = -\frac{l_g}{l_m} H_g \tag{5.42}$$

式中，H_m、l_m 和 H_g、l_g 分别是磁体的气隙的磁场强度和长度。由于电路中的磁通相同，可以计算出磁体的磁场密度：

$$B_{\mathrm{m}} = B_{\mathrm{g}} \frac{A_{\mathrm{g}}}{A_{\mathrm{m}}} \quad B_{\mathrm{g}} = \mu_0 H_{\mathrm{g}} \Rightarrow B_{\mathrm{m}} = \mu_0 \frac{A_{\mathrm{g}}}{A_{\mathrm{m}}} H_{\mathrm{g}} \tag{5.43}$$

式中，A_{m} 和 A_{g} 分别是磁体的横截面和气隙。将式（5.42）与式（5.43）结合得到

$$\frac{B_{\mathrm{m}}}{H_{\mathrm{m}}} = -\mu_0 \underbrace{\frac{A_{\mathrm{g}}}{A_{\mathrm{m}}} \frac{l_{\mathrm{m}}}{l_{\mathrm{g}}}}_{\mathrm{PC}} \tag{5.44}$$

当电路中没有外部磁动势源时，式（5.44）表示从原点出发的直线，其斜率称为磁导系数（PC）。其被称为负载线，与法线的交点表示电路的工作点。气隙中的磁场强度可以表示为能积的函数：

$$H_{\mathrm{m}} = -\frac{l_{\mathrm{g}}}{l_{\mathrm{m}}} H_{\mathrm{g}} \quad B_{\mathrm{m}} = \mu_0 \frac{A_{\mathrm{g}}}{A_{\mathrm{m}}} H_{\mathrm{g}} \quad \lambda_{\mathrm{g}} = \frac{\mu_0 A_{\mathrm{g}}}{l_{\mathrm{g}}} = H_{\mathrm{g}} \Rightarrow \frac{1}{l_{\mathrm{g}}} \sqrt{\frac{|-H_{\mathrm{m}} B_{\mathrm{m}}| V_{\mathrm{m}}}{\lambda_{\mathrm{g}}}} \tag{5.45}$$

式中，V_{m} 是磁铁的体积，λ_{g} 是空隙的磁导。

PC 和能积提供了关于磁路设计的重要信息：

1) PC 值越高，磁通密度越大。在这种情况下，退磁的风险降低。

2) PC 高意味着气隙面积更大和磁极面积更小。在正态曲线和负载线上的工作点，导致了气隙磁通密度较低，从而减小了气隙中的力，增加了磁通的泄漏。

3) PC 随着磁铁厚度的增加而增加，退磁的风险降低。

4) 磁化气隙体积所需的能量与磁体的体积成反比。最高能积的设计并不总是有最佳性能。

5) 对于某一 B_{m} 和 H_{m}，单位体积的磁能最高，如图 5.40 所示。对于磁通密度高于最大能量点的设计，需要增加磁体体积。

当外部磁场应用于一个点时，运行部分定义了回复磁导率（μ_{rec}）。它是一个重要的参数，定义了 DM 材料正态和固有退磁特性。对于高矫顽力磁铁，回复磁导率被定义为正态曲线的斜率，如图 5.40 所示。忽视自由空间简化（$\mu_0 = 4\pi \times 10^{-7}$）的影响，式（5.41）可以写成

$$B_{\mathrm{m}} = H_{\mathrm{m}} + J \tag{5.46}$$

这在退磁曲线上的每一点都成立，表明如果有正常值，固有值可以自动计算出来。对于第二象限的运算，式（5.46）可整理为

$$B_{\mathrm{m}} = J - H_{\mathrm{m}} \tag{5.47}$$

因为 μ_{rec} 是常态曲线的斜率，忽略 μ_0 简化对正态曲线斜率的影响，常态曲线的方程可以推导出

$$B_{\mathrm{m}} = \mu_{\mathrm{rec}} H_{\mathrm{m}} + B_{\mathrm{r}} \tag{5.48}$$

将式（5.47）和式（5.48）联系起来，可以进行如下修改，本征曲线方程可以计算如下：

$$B_{\mathrm{m}} = (-H_{\mathrm{m}} + H_{\mathrm{m}}) + \mu_{\mathrm{rec}} H_{\mathrm{m}} + B_{\mathrm{r}} \Rightarrow B_{\mathrm{m}} = H_{\mathrm{m}} + (\mu_{\mathrm{rec}} - 1) H_{\mathrm{m}} + B_{\mathrm{r}} \tag{5.49}$$

式（5.48）和式（5.49）突出了回复磁导率的几个要点：

1) 如果回复磁导率等于1，J 在 H_{m} 的整个范围内都是常数。

2)回复磁导率通常在 1~1.05 之间。这是本征曲线随着矫顽力的增大而减小的原因。也可以在图 5.40 中观察到。对于较高的回复磁导率,其本征曲线的下降幅度也会更大。

3)对铁基稀土磁铁,因为回复磁导率接近 1,磁铁的总磁导率 $\mu_{rec}\mu_0$ 几乎与空气一样。由于这个原因,PM 会对磁路径[17]的磁阻产生影响。

正态曲线与本征曲线的关系也反映在 PC 中,计算公式为式(5.44)。PC 表示从原点开始的负载线的斜率,定义为磁通密度与矫顽力的比值。结合式(5.47),可得正态曲线 PC 与本征曲线 PC_i 之间的关系为

$$\mathrm{PC} = \frac{B_m}{H_m} = \frac{J - H_m}{H_m} = \underbrace{\frac{J}{H_m}}_{PC_i} - 1 \tag{5.50}$$

在永磁电机的设计中,需要考虑磁路的 PC、工作温度以及定子绕组对负磁场的耐受能力,详细分析其退磁曲线。图 5.43 给出了不同运行条件的示例。如果为 PC1 的 PC 设计磁路,20℃时,工作点为 A 点,对应于 B_{mA} 的磁通密度。在这种情况下,如果温度升高到 140℃,由于存在磁体的退磁特性,磁通密度会降低到 B_{mB}。对于 PC1,由于两种温度的正态曲线斜率相同,因此当温度为 20℃时,磁通密度将增加到 B_{mA},这叫作可逆损耗。它是由两个温度系数 α 和 β 表示:

$$\alpha = \left[\frac{1}{B_r} \frac{\Delta B_r}{\Delta T}\right] \times 100(\%)$$

$$\beta = \left[\frac{1}{H_{ct}} \frac{\Delta H_{ci}}{\Delta T}\right] \times 100(\%) \tag{5.51}$$

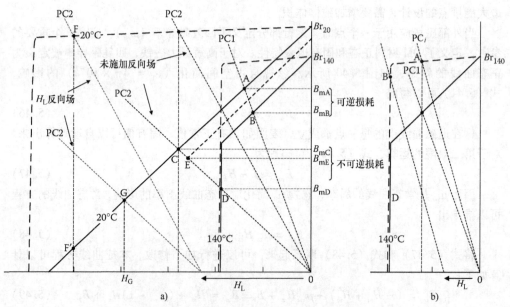

图 5.43 不同工况下的退磁特性曲线和工作点
a)正态和本征曲线 b)高温反向场条件

式中，B_r 为剩磁；H_{ci} 为固有矫顽力；T 为温度。如图 5.51 所示，α 为剩磁的可逆温度系数，β 的可逆的温度系数是内在矫顽力[18]。

PC1 表示 PC 较高价值的部分。根据不同的设计，实现 PC1 可能需要较高的磁铁体积，可能会导致磁能的利用效率变低。如果磁路设计为较低的 PC（PC2），则工作点为 20℃ 的 C 点。当温度升高到 140℃ 时，磁路工作点为 D。此时，如果矫顽力降低，工作点会回复。当温度回到 20℃ 时，工作点不会回到 C 点，而是回到 E 点，E 点的磁通密度和剩磁都较低。意味着磁铁失去了一些磁性。这是一个不可逆的损耗，磁铁应该重新磁化回到它原来的工作点。

除了工作温度外，不可逆损耗还取决于磁体暴露在高温下的时间以及 PC 和施加的反向磁场。如参考文献 [18] 所述，温度引起的不可逆损耗是由沿磁化方向排列的磁畴反转引起的。材料暴露在高温下的时间越长，磁畴反转的机会就越大。

正态曲线确定磁铁的工作点。当施加一个外部反向场时，例如，永磁电机在弱磁模式下工作时，使用本征曲线定义矫顽力，从而定义正态曲线上的工作点。如图 5.43a 所示，在不施加反向场的情况下，PC2 和 PC_i2 的负载线以相同的矫顽力值与本征曲线和正态曲线相交。外部磁力的影响与材料的内在特性有关。如图 5.43a 所示，施加 $-H_L$ 反向场，在 PC_i 负载线与本征曲线相交的 F 点计算矫顽力，正态曲线上的工作点在 F′ 处。

在设计永磁电机时，分析磁路的反向磁场性能对确定电机在给定工作温度下的性能非常重要。图 5.43b 给出了在较高温度下施加某反向场的例子。对于给定的负矫顽力，可以注意到 PC_i 与膝关节点以下的本征曲线相交。如前所述，这将导致 PM 材料的不可逆退磁，从而导致电机性能下降。与温度的情况相似，材料暴露于反向场的时间越长，磁畴的反转变化越大，从而导致更高的不可逆损耗。

在电机中，不可逆损耗导致磁通量损耗从而导致转矩减小。在设计过程中，应充分考虑负载线、反向场等运行条件，仔细研究运行温度。另外，需要对磁铁厂家提供的不可逆损耗数据进行评估。图 5.44 为不同 PC[19] 的不可逆磁化的温度依赖性。可以看出，在相同温度下，PC 值越低，不可逆退磁系数越高。磁通损耗的概率随温度的升高也不是线性的。例如，在稀土磁体中，磁通密度的变化，不可逆损耗在 80~110℃ 范围内最大，在 20~80℃ 范围内次之。

在电机应用中，应规定最高工作温度以保持磁体的稳定运行。如前所述，由于退磁曲线的非线性和不可逆损耗的特性，PM 可能变得不稳定。设计师可以考虑高 PC 的设计，这可能需要更高的磁铁体积和导致材料的低效使用。也可以考虑在期望工作点附近采用线性退磁特性的高矫顽力磁铁。这可能会增加稀土的含量，从而增加电机的成本。

为了验证磁体在牵引应用中的恶劣工作条件下的寿命，需要考虑耐腐蚀性。钕铁硼磁铁耐腐蚀性差，降低了性能和寿命。随着材料化学性能的提高和表面处理技术的进步，铁基稀土磁体的耐蚀性得到了显著提高。此外，不同的表面处理技术提高了粘结材料的耐久性和绝缘质量，这在牵引电动机[20]中是非常重要的。表 5.1 总结了表面处理技术规范、涂层厚度以及处理对磁体性能的影响。

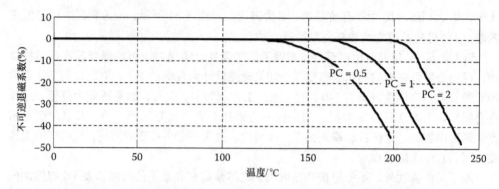

图 5.44 不可逆退磁系数随温度的变化（TDI Neorec 系列钕铁硼磁体）

根据性能要求、转矩、速度和工作温度，可以在电机中使用不同的磁铁材料。表 5.2 比较了电机中最常用的磁铁材料的一些重要特性。不同磁铁材料的性能可以总结如下：

表 5.1 PM 的表面处理技术的标准规范

表面处理	标准涂层厚度/μm	耐湿性	耐盐水性	粘结	绝缘性	表面清洁度	尺寸精度
铝涂层	5~20	√		√			√
镍涂层	10~20	√	√			√	√
氮化钛涂层	5~7					√	√
简单防锈	<2					√	√
电沉积涂层	10~30	√	√	√	√		

（来自：Adapted from Hitachi - Metals, Neodymium - iron - boron magnets Neomax, Retrieved on August, 2013. Online. Available: http://www.hitachi - metals.co.jp/）

表 5.2 典型磁铁材料的典型特性的比较

	单位	AlNiCo	Ceramic	SmCo	NdFeB
剩磁	T	1.35	0.41	1.06	1.2
矫顽力	kA/m	60	325	850	1000
能积 $(BH)_{max}$	kJ/m³	60	30	210	250
回复磁导率 μ_{rec}		1.9	1.1	1.03	1.1
比重		7.3	4.8	8.2	7.4
电阻率	μΩcm	47	>10⁴	86	150

1）钕铁硼（NdFeB）因其高能积和高矫顽力而被广泛应用于电力机械的牵引应用。高能密度使功率密度更高，而高矫顽力使外加场的性能更好。

2）随着温度的升高，钕铁硼的矫顽力迅速下降。

3）SmCo 是一种基于钴的稀土磁铁，它比钕铁硼有更好的耐热性。它可以在高达 250℃ 的高温下工作。

4) SmCo 的耐腐蚀性优于 NdFeB，且不易脆性。

5) 与 NdFeB 相比，SmCo 的价格更高。

6) 陶瓷磁铁通常是铁氧体，它们的能积最低。

7) 与其他磁体材料相似，陶瓷磁体的剩磁率随温度的升高而降低，但其退磁电阻随温度的升高而增大。

8) 陶瓷或铁氧体磁体是所有磁体中最便宜的，他们是使用最广泛的磁体，应用在普通电机上。

9) 与其他类型的磁铁不同，陶瓷磁铁具有正温度系数（β）。因此，陶瓷磁体的固有矫顽力随温度降低而降低。

10) AlNiCo 磁铁是铝镍钴合金。它可以在高温下工作，但是它的矫顽力很低。

11) 如果从转子中取出 AlNiCo 磁铁，它们会被消磁。因此，必须对 AlNiCo 磁铁加以保护。

5.5.3 电机绝缘

在动力传动系应用中，绝缘对电机的尺寸、可靠的运行和寿命都是非常重要的。绝缘的主要目的是在具有不同电势的不同元件之间提供一种不导电的介质。适当的绝缘可以改善绕组的散热，从而有助于提高机器的峰值功率。

图 5.45 所示为 SRM 上的定子槽绝缘样品。可以看出，绝缘材料有很多层，根据机器的运行特性使用不同的绝缘材料。如前所述，定子绕组是由许多匝线圈组成的。槽中每一匝之间的电位差是变化的，此时绝缘在导体之间起到很大的作用。磁铁线广泛应用于电机中，其周围有一层类似于光泽面的热塑性绝缘层。绝缘的厚度取决于导体的尺寸、电压和热要求，可以分为单件、双件、三件或四件热塑性绝缘层。

槽绝缘纸或槽衬垫提供绕组和铁心之间的电流隔离。通常是具有高强度的绝缘箔。由于聚酯薄膜和芳纶纸的热学和力学性能，它们被广泛地用作电机的槽绝缘纸。在高压应用（超过 1kV）中，Mika 是槽绝缘的主要材料。Mika 具有很高的耐热性和良好的耐化学性。Mika 的高介电强度使其非常适合应用于因高压或相位电压变化率高而产生部分放电的场合，例如，变频电机驱动。

将导线放入槽内后，槽绝缘纸两侧相互折叠，如图 5.45 所示。然后用槽楔将槽封闭，槽楔通常由环氧树脂制成。在电机中，不同的相位在电压下通常具有不同的电位。因此，位于同一槽内的不同相位的绕组都覆盖了布状柔性绝缘，以保持电流隔离。在带有单层绕组的交流电机中，这用于末端绕组。

从图 5.45 可以看出，绝缘材料在槽中占据了大量的空间，限制了导体的填充系数。因此，根据所设计电机的运行要求，在设计磁路尺寸和绕组时应考虑绝缘所占空间。

绝缘系统对电机的可靠运行和寿命起着至关重要的作用。绝缘系统的故障是电机故障的主要原因之一。定子结构确定后，绕圈之间、绝缘与铁心之间存在固有的空隙，降低了绝缘强度和散热能力。局部放电现象发生在高压电机和变频驱动电机上（由于高电压的变化率），导致绝缘系统的逐步恶化，其绝缘强度的退化时间和绝缘系统的击穿

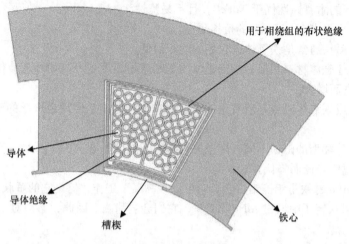

图 5.45　SRM 定子槽绝缘

电压降低，减少了电机的寿命。除了绝缘材料的尺寸外，填补定子结构的空隙也很重要。通常是通过真空压力浸渍（VPI）来实现的，其中定子铁心和绕组都填充了树脂。VPI 具有预热、湿式抽真空、树脂压力填充等工艺，减少了定子内部的物理空洞，形成了坚固的结构，保证了良好的散热性和防漏性。还有助于保护绕组免受外部影响，增加了电机的寿命。

5.6　电机的工作原理

5.6.1　永磁同步电机

永磁同步电机是由永磁体代替励磁电路而产生的。这种改进消除了转子铜损以及现场励磁电路的维护需要。永磁同步电机具有较高的效率，冷却系统的设计相对而言更容易。稀土磁铁材料的使用增加了气隙中的磁通密度，从而增加了电机功率密度和转矩惯量比。在高要求的运动控制应用中，永磁同步电机效率高，可以提供快速响应、紧凑的电机结构。与电励磁的同步电机和感应电机相比，永磁同步电机有以下几个优点：

1）由于没有励磁电流，与感应电机相比，功率因数更高。
2）不需要如传统的绕线转子同步电机常规的电刷维护。
3）转子不需要任何电源，转子损耗非常低。
4）与开关磁阻和感应电机相比，噪声小、振动弱。
5）转子惯性较低，因此响应快。
6）能量密度更大和结构紧凑。

永磁同步电机的主要缺点是成本高，对温度和负载条件敏感。如图 5.46 所示，永磁电机主要由定子和转子两部分组成。定子是机械固定并连接到外部电路的部分。在大多数牵引应用中，定子通常采用三相星形联结绕组。定子可以分解成一个铁部件，这是"磁导"和绕组槽，包含产生定子磁通的电（铜）绕组。

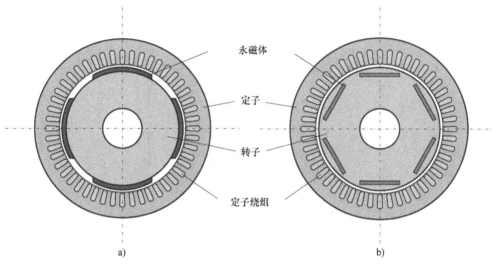

图 5.46 永磁电机剖面图
a) 表贴式永磁电机（SPM） b) 内置式永磁电机（IPM）

另一方面转子是机械上可以自由旋转的部件，它与带有轴承的转子轴相连。转子由传导磁通量的铁心和产生转子磁通量的永磁体两部分组成。转子磁铁作为交替的北极和南极放置。这些磁铁在径向产生磁通，使之穿过空隙。由于定子电流产生的磁动势穿过空隙并连接永磁体磁通。

永磁体磁链与定子磁动势的相互作用使转子旋转。当转子运动时，磁链发生变化，在定子绕组中产生反电动势。定子相电流与相应的反向电磁力矩之间的相互作用，产生了电磁转矩。转子与定子之间没有绕组或电气连接。为了正确地操作机电机，转子的位置必须是已知的，要么来自位置传感器给出的反馈，要么来自位置估计算法。

5.6.1.1 永磁同步电机运行

图 5.47 为永磁同步电机的四象限运行区域。类似的特性也适用于其他电机。转矩随转速成反比下降的区域称为恒功率区域，该区域通过减小转子磁通得到。

5.6.1.2 永磁电机的分类

根据励磁电流和反电动势的波形形状，永磁同步电机可分为梯形电机和正弦型电机。正弦型永磁同步电机可进一步分为 SPM、表面内插式或 IPM 类型，如图 5.48 和图 5.49 所示。

在 SPM 电机中，磁铁黏在转子表面。由于磁铁有足够的机械强度，转子不能高速运转；制造表面磁铁很简单。SPM 电机可以是正弦型，也可以是梯形，但内插式和 IPM 型通常使用正弦型电机。在 SPM 电机中，d 轴和 q 轴电感几乎相同。由于气隙的长度等于磁铁的长度，磁铁的磁导率几乎与空气相同。从图 5.49b 和 c 中可以看出，在内插式

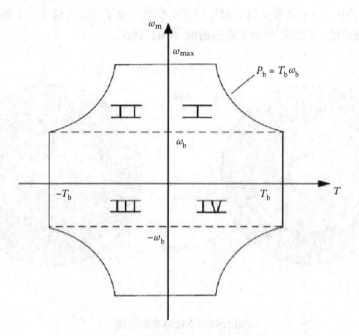

图 5.47　永磁同步电机的四象限运行

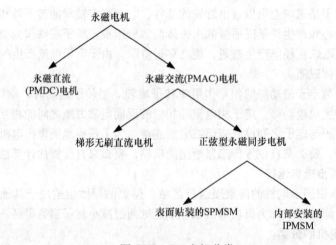

图 5.48　PM 电机分类

中,磁体直接放在转子表面,而在 IPM 型中,磁体放在转子表面,埋在转子铁心内部。在这些类型的机器中,q 轴电感比 d 轴电感大得多。这意味着除了电磁转矩(相互转矩)外,磁阻转矩也存在于插入式永磁电机中。

图 5.50 显示了 IPM 电机的不同磁铁结构。图 5.50c 所示的结构称为辐条式电机,其磁化方向为切向。对于其他电机,磁化通常是径向的。

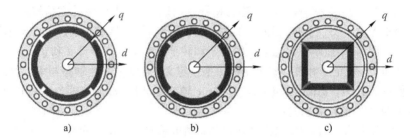

图 5.49 不同类型永磁同步电机
a) 表贴式永磁电机 b) 内插式永磁电机 c) IPM 电机

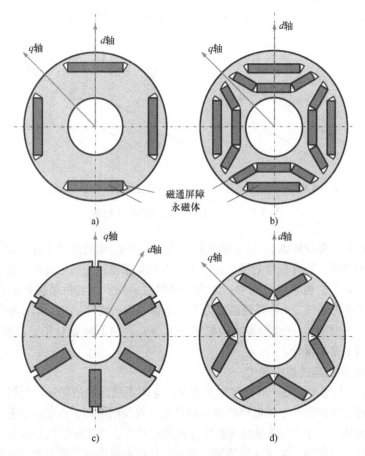

图 5.50 不同类型 IPM 转子结构
a) 单层 b) 双层 c) 辐条式（切向磁化） d) V 字形

5.6.1.3 PM 电机的特点

IPM 电机同时使用 PM 和机械转子来进行电磁能量转换。IPM 电机中的转子结构提供了一种固有的特性（d 轴和 q 轴电感的差异）。该特性产生额外的磁阻转矩，用于改善气隙转矩的产生。特性促进了磁场的减弱，为了理解该特性的影响，有必要理解 d 轴和 q 轴电感。图 5.51 显示了永磁电机的定子和转子参考坐标。字母 d 和 q 代表 d 轴和 q 轴，字母 s 和 r 代表定子和转子参考坐标。根据定义，d 轴或直接轴是与 PM 对齐的轴。在没有磁铁的设计中，d 轴与高电感轴对齐，q 轴或交轴从 πd 轴逆时针电推进 90°，从正 d 轴向逆时针（正）方向前进。

图 5.52a 和 b 为一台 SPM 电机的 d 轴和 q 轴电感路径。由于永磁铁的磁导率较低，可以将磁导率近似与空气相等，即在 SPM 电机中磁通中的有效气隙，L_d 和 L_q 的路径是相同的。因此 SPM 电机的重要性可以忽略不计。在定子三相参考坐标中，无论电机位置如何，在电机端测得的电感都是恒定的。在转子坐标系中，d 轴磁通路径为磁铁→钢→磁铁，而 q 轴路径为空气→钢→空气。由于空气和磁体的磁导率几乎相同，所以 SPM 的 $L_d = L_q$。

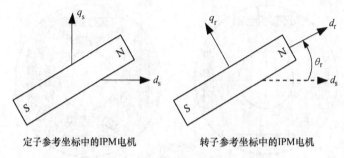

定子参考坐标中的IPM电机　　　转子参考坐标中的IPM电机

图 5.51　不同参考坐标下的 IPM 电机

图 5.52c 和 d 为 IPM 电机 d、q 轴电感路径。L_d 和 L_q 磁通路径中的有效气隙随转子位置的变化而变化。这种磁性的特性导致了在电机端根据转子的位置的电感的变化。与 SPM 相似，在定子三相参考坐标中，无论电机位置如何，在电机端测得的电感都是恒定的。在转子坐标系中，d 轴磁通路径为钢→磁体→钢→磁体→钢，而 q 轴磁通路径均为钢，如图 5.52 所示。在这种类型的机器中 $L_q > L_d$。在 IPM 设计中，情况正好相反，但是本章不讨论这些设计。

5.6.1.4　磁饱和引起的电感变化

d 轴和 q 轴电感因铁心中的磁饱和而变化。电阻不受饱和的影响，受转矩常数的影响。当电流通过绕在铁心上的电感线时，磁通呈线性逐渐增加，由于磁饱和，磁通增长非常缓慢（见图 5.53）。电感是曲线在任意点处的斜率。在曲线的线性部分，电感保持不变，由于铁心的饱和，电感开始下降。此外，任何电机中电感随电流的变化比拥有较慢时间常数与温度相关的参数变化快得多。

在 IPM 电机中，q 轴电感比 d 轴电感受饱和影响更大。由于磁饱和，L_d 和 L_q 的重要区别是：

d 轴路径包括铁和磁铁。即使电机没有被激活，PM 也是饱和的。根据这些电流的

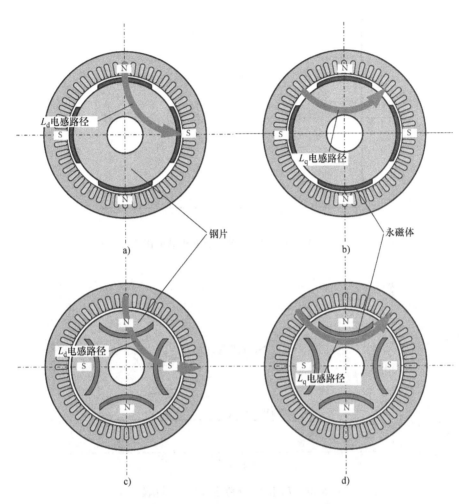

图 5.52 SPM 和 IPM 的 d 轴和 q 轴电感
a) SPM 的 d 轴 b) SPM 的 q 轴 c) IPM 的 d 轴 d) IPM 的 q 轴

强度，d 轴电感可以发生非常小的变化。由于沿这个轴的磁体的存在和气隙厚度的增加，降低了 L_d 对 i_d 的敏感性。

q 轴电感路径是全钢的，不包括任何 PM。当机器处于静止状态时，q 轴不被激活。对于较小 q 轴电流（低转矩），q 轴磁路在电工钢的线性区域（图 5.53 中的 L_1）工作。对于较大 q 轴电流（高转矩）而言，q 轴上的磁路会饱和，q 轴的电感会急剧下降。如图 5.54 所示进行了总结。

凸极率定义为 q 轴与 d 轴电感的比值：

$$\xi = \frac{L_q}{L_d} \tag{5.52}$$

高凸极率使其有可能实现一个宽的场强减弱范围，而不必在高速运行时产生过高的

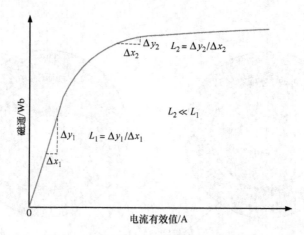

图 5.53 电工钢的饱和及其对电感的影响

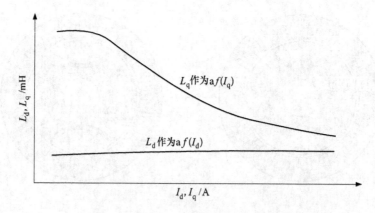

图 5.54 L_d 和 L_q 分别是 I_d 和 I_q 的函数

反电动势。

$$T_e = \frac{3}{2}p(\psi_m i_{sq}) + \frac{3}{2}p(L_d - L_q)i_{sd}i_{sq}$$

$$i_{sd} = \frac{-\psi_m + \sqrt{\psi_m^2 + 8(L_d - L_q)^2 I_{smax}^2}}{4(L_d - L_q)} \tag{5.53}$$

$$i_{sq} = \sqrt{I_{smax}^2 - i_{sd}^2}$$

式中，ψ_m 是 PM 磁链，p 是极数；i_{sd} 和 i_{sq} 是 d 和 q 轴定子电流，L_d 和 L_q 是 d 和 q 轴电感，I_{smax} 是最大的定子电流。将式（5.53）中的 IPM 电机转矩方程绘制在 $d-q$ 平面上，得到如图 5.55 所示的恒转矩轨迹。转矩沿 d 轴（$i_q=0$）为零，沿 q 轴为零，表达式为

$$i_{sd} = \frac{\psi_m}{L_q - L_d} \tag{5.54}$$

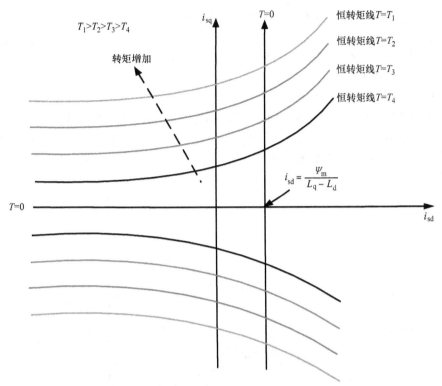

图 5.55 恒转矩轨迹在 d-q 平面上呈双曲线状

5.6.1.5 每安培最大转矩

每安培最大转矩（MTPA）的控制策略应用于恒转矩区域，如图 5.56 所示。MTPA

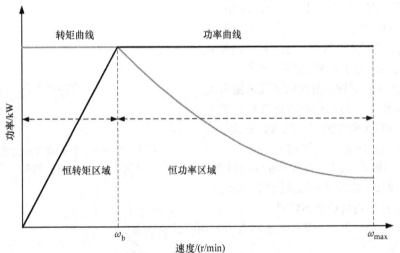

图 5.56 永磁同步电机牵引电动机的转矩—速度特性

确保对所需的转矩施加最小的定子电流、减少了铜耗,提高了电机效率。如图 5.57 所示,有多个定子的电流矢量(i_{s1}、i_{s2}、i_s 等)产生了期望的转矩,考虑到效率,要保证转矩应该使用最小的电流。最小电流矢量与相应转矩水平的交点所给出的点构成如图 5.58 所示的 MTPA 曲线。

通过求解式(5.53)中的 $dT/di_{sd}=0$,得到了内部永磁同步电机(IPMSM)的 MTPA 曲线和参考转矩与定子电流之间的关系。在图 5.58 中,电动机参数 ψ_m、L_d 和 L_q 决定电流曲线的形状。如图 5.54 所示,L_d 和 L_q 随电流变化而变化,这可能影响实际应用中 MTPA 曲线的形状。图 5.59 和图 5.60 分别显示了 L_q 和 L_d 的变化对 MTPA 曲线的影响。

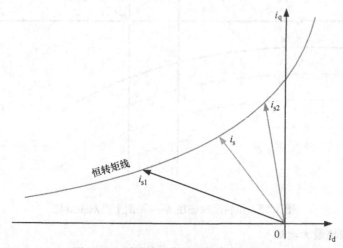

图 5.57 所需转矩水平的最小定子电流

从图 5.59 可以看出,当 L_q 减小时,MTPA 曲线的斜率增大。要获得相同的转矩应提高 i_q,降低 i_d。MTPA 曲线斜率随着 L_q 增大而减小;为了得到相同的转矩,应降低 i_q,增加 i_d。MTPA 曲线的变化是随着 L_q 的减小而增大。从图 5.60 可以看出,当 L_d 增加时,MTPA 曲线的斜率增大。因此,为了获得相同的转矩,须提高 i_q 降低 i_d。另一方面,如果 L_d 减小,MTPA 曲线的斜率也减小。此时为了获得相同的转矩,须提高 i_d 降低 i_q。MTPA 曲线对 L_d 的增加更为敏感。

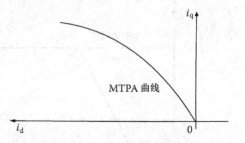

图 5.58 $d-q$ 平面 MTPA 曲线

5.6.1.6 永磁电机的运行特性

在 $d-q$ 坐标系中,IPM 电机的电压方程可以表示为

$$v_{sd} = R_x i_{sd} + L_d \frac{di_{sd}}{dt} - \omega L_q i_{sq}$$

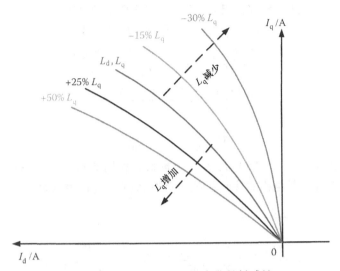

图 5.59　MTPA 曲线对 L_q 变化的敏感性

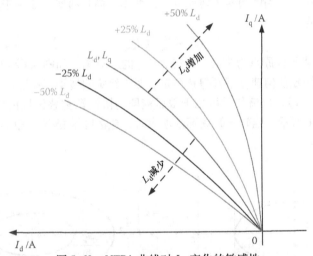

图 5.60　MTPA 曲线对 L_d 变化的敏感性

$$v_{sq} = R_s i_{sq} + L_q \frac{di_{sq}}{dt} + \omega(L_d i_{sd} + \psi_m) \tag{5.55}$$

在稳态下，式（5.55）简化为

$$\begin{aligned} v_{sd} &= R_s i_{sd} - \omega L_q i_{sq} \\ v_{sq} &= R_s i_{sq} + \omega(L_d i_{sd} + \psi_m) \end{aligned} \tag{5.56}$$

从式（5.56）可以看出，为了提高速度，需要施加更高的电压。由逆变器提供给电动机的最大电流和电压决定永磁同步电机输出的最大转矩和功率。最大定子电压与直流母线电压有关，也与所采用的 PWM 方案有关，其表达式为

$$v_{sd}^2 + v_{sq}^2 \leq V_{smax}^2 \tag{5.57}$$

将式 (5.56) 和式 (5.57) 组合, 忽略定子电阻上的电压降:

$$(-\omega L_q I_{sq})^2 + (\omega L_d I_{sd} + \omega \psi_m)^2 \leq V_{smax}^2$$

$$\Rightarrow \left(\frac{I_{sq}}{L_d/L_q}\right)^2 + \left(I_{sd} + \frac{\psi_m}{L_d}\right)^2 \leq \left(\frac{V_{smax}}{\omega L_d}\right)^2$$

$$\Rightarrow \left(\frac{I_{sq}}{a}\right)^2 + \left(\frac{I_{sd} + \psi_m/L_d}{b}\right)^2 \leq 1 \qquad (5.58)$$

$$a = \frac{V_{smax}}{\omega L_q} \quad b = \frac{V_{smax}}{\omega L_d} \qquad (5.59)$$

给定 V_{smax} 和 ω, 式 (5.58) 代表一个椭圆, 如图 5.61 所示。椭圆的中心位于 $[-(\psi_m/L_d), 0]$, 这是电机的特征电流。椭圆的偏心率可以表示为

$$e = \frac{\sqrt{b^2 - a^2}}{b} \qquad (5.60)$$

$$e = \frac{\sqrt{(V_{smax}/\omega L_d)^2 - (V_{smax}/\omega L_q)^2}}{V_{smax}/\omega L_d} = \sqrt{1 - \left(\frac{L_d}{L_q}\right)^2}$$

如图 5.61b 所示, 椭圆随转子转速呈反比缩小, 椭圆的形状取决于凸极率。d 轴和 q 轴电流必须满足:

$$i_{sd}^2 + i_{sq}^2 \leq I_{smax}^2 \qquad (5.61)$$

式 (5.61) 表示以原点为中心, 半径为 I_{smax} 的电流圆, 如图 5.62a 所示。与限压椭圆不同, 限流椭圆在任何速度下都保持恒定。对于给定的转子, 在运行过程中应满足式 (5.57) 和式 (5.61), 电流矢量可位于限压椭圆与限流圆重叠区域内或边界上的任意位置, 如图 5.62b 所示。当转子转速不断增大时, 超覆区域变小, 表明弱磁区电流矢量的变化逐渐变小。

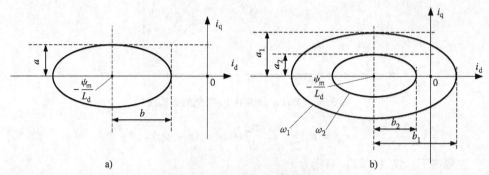

图 5.61 IPM 电机的限压椭圆

a) 限压椭圆 b) 不同速度的限压椭圆

在基本速度下, 当额定电流的相位电压小于 V_{smax} 时, IPM 电机的运行基于对 q 轴电流的控制, 如图 5.63a 所示。在弱磁区施加负 d 轴电流, 如图 5.63b 所示。这就在 d 轴上产生了一个负电压矢量, 与永磁体磁链产生的负电压矢量相反, 这样电机就可以加速。在这种情况下, 定子电流矢量同时具有 d 轴和 q 轴分量, q 轴电流矢量减小, 转矩减小。

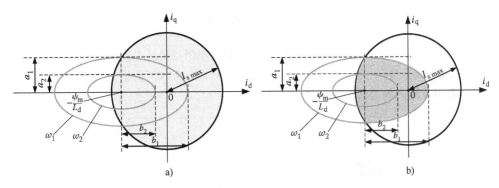

图 5.62 (a) IPM 电机的限压椭圆和限流圆 (b) 限压椭圆和限流圆的重叠区域

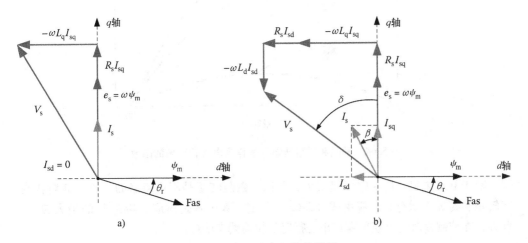

图 5.63 IPM 电机的矢量图
a) 速度低于基本速度 b) 速度高于基本速度

永磁电机的最大转矩和输出功率最终取决于逆变器能提供给电机的允许电流额定值和最大输出电压。在一个以给定速度和转矩运行的永磁电机中，通过施加最小功率损耗的最优电压可以获得最佳效率。在低速时，这种最佳效率与 MTPA 控制的条件相一致。如前所述，这种操作使得定子绕组中的铜损耗最小，逆变器的半导体开关中的功率损耗也最小。

MTPA 控制的参考 i_{sd} 和 i_{sq} 电流分量之间的关系可以推导为

$$i_{sq} = I_s \cos\beta$$
$$i_{sd} = -I_s \sin\beta \tag{5.62}$$

式中，β 是电流相角，如图 5.63b 所示。将式（5.62）和式（5.53）中的转矩方程结合得到

$$T_e = \frac{3}{2} p [\psi_m I_s \cos\beta + (L_d - L_q)(-I_s^2)\cos\beta\sin\beta]$$

$$\underbrace{\frac{3}{2}p\psi_m I_s \cos\beta}_{\text{励磁转矩}} + \underbrace{\frac{3}{4}p(L_q - L_d)I_s^2 \sin 2\beta}_{\text{磁阻转矩}} \tag{5.63}$$

由式（5.63）可知，励磁和磁阻转矩分量随电流相位角的变化如图5.64所示。$\beta = 0$（仅 q 轴电流分量），电磁最大转矩达到最大；然而，$\beta = 45°$ 时磁阻转矩分量将最大。因此，最大范围内的总转矩将达到 $0 < \beta < 45°$。

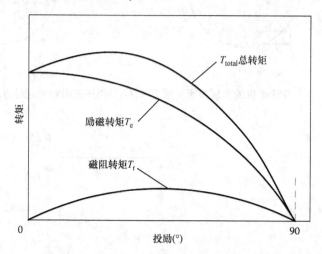

图5.64 励磁和磁阻转矩分量作为电流相位角的函数

对于IPM电机，$L_q - L_d$ 可以很大；所以，磁阻转矩是不可忽略的。使IPM电机在高转矩和高效率运行，i_d 应由式（5-62）确定，其中 β 是对应于给定 I_s 的最大转矩。此外，在控制 β 时，可获得高转矩运行时的快速瞬态响应。

5.6.2 感应电机

由于其结构简单、坚固耐用，感应电机一直是工业电力驱动领域的主力。主要有两种类型的感应电机：在绕线转子感应电机中，转子电路由与定子类似的三相绕组组成。然后通过集电环使转子绕组短路。

笼型感应电机更常用于中低功率场合，包括动力传动系。常用的铸铝转子绕组是通过将熔化的铝压铸到转子铁心槽中，制成，同时铸出端环将槽内导条短路，图5.65笼型感应电机截面图。

感应电机的转矩是由转子电流产生的力产生的，转子电流是由定子电流产生的旋转气隙磁场产生的。异步电机的定子绕组通常由三相分布式绕组组成。分布式绕组的详细信息已在5.4节中讨论，图5.14显示了一个三相分布式绕组配置的示例。当定子绕组被三相电流励磁时，保持一个以同步速度旋转的旋转安培 - 导体分布，如式（5.39）所示。定子的安培 - 导体分布在气隙中产生旋转磁场。由式（5.15）和式（5.16）给出的法拉第定律定义，时变磁场在转子导体上产生电压。根据式（5.13）量化的洛伦兹力定律，当转子导体短路时，感应电流对转子产生力，这是感应电机运动的来源。

当随时间变化的磁通量流过导体的闭合表面时，转子导体将产生电动势，从而产生电压（见图5.3）。如果转子以同步速度旋转，旋转的气隙磁场就不能流过导体表面，也就没有电压、电流、力，也就不会产生转矩。因此，在感应电机中，转子的转速略低于同步转速。

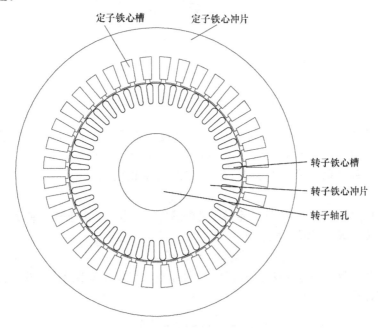

图 5.65 笼型感应电机的截面图

转子（ω_r）和旋转气隙磁场（ω_s）之间的相对速度称为转差率，定义为

$$s = \frac{\omega_s - \omega_r}{\omega_s} \tag{5.64}$$

转子内感应的电磁干扰和电流的频率是定子频率的函数，与转差率有关：

$$f_r = sf_s \tag{5.65}$$

由式（5.64）和式（5.65）可知，当转子转速达到同步转速时，转差率为零，转子频率也为零。当转子处于静止状态时，$s=1$，转子频率值最大。在电机驱动模式下，转差率在 0 和 1 之间变化。转差率越大，转子频率越高，感应电流也越大。这导致更高的转子损耗，限制了感应电机的性能。因此，在实践中，感应电机的设计工作在低转差率，一般小于满载的 5%。

感应电机的工作原理与变压器相似，但转子上感应电磁辐射的频率与定子不同，如式（5.65）所示。此外，与变压器不同的是，在磁路中有一个气隙可以增加磁化电流。如图 5.66 等效电路所示，定子、E_1 的感应电压与转子电路耦合，匝数比为 u，其中，V_1、i_1、r_1、X_1 为定子电压、电流、绕组电阻、定子漏抗。当转子静止时，感应电机就

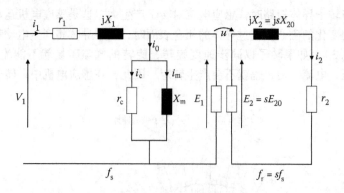

图 5.66 感应电机单相等效电路

像一个带气隙的变压器。当转子加速时,转子转速接近同步转速;因此,转子磁场的频率降低,导致感应电压降低。考虑到转差在 1(转子静止或锁定运行)和 0(转子同步转速旋转)之间变化,转子内感应的电压也与转差成正比:

$$E_2 = sE_{20} \tag{5.66}$$

其中,E_{20} 为 $s=1$、$f_r = f_s$ 时锁定转子处的感应转子电压。由于转子漏感,X_2 也是频率相关的,可由式(5.67)表示。

$$X_2 = 2\pi f_2 L_2 = 2\pi s f_1 L_2 = sX_{20} \tag{5.67}$$

在忽略趋肤效应和邻近效应的情况下,转子电阻与转子频率无关。转子电流可用转子侧总阻抗计算:

$$i_2 = \frac{sE_{20}}{r_2 + jsX_{20}} = \frac{E_{20}}{\frac{r_2}{s} + jX_{20}} \tag{5.68}$$

$$\Rightarrow Z_2 = \frac{r_2}{s} + jX_{20}$$

式(5.68)中与转子电阻有关的项可分为两部分:

$$\frac{r_2}{s} = r_2 + r_2\left(\frac{1-s}{s}\right) \tag{5.69}$$

第一项表示转子铜损耗。第二项为机电功率转换。为了简化电机参数的计算,转子侧的电压、电流、电阻、漏抗等可以参考定子侧的匝数比:

$$E'_2 = u^2 E_{20} \quad i'_2 = \frac{i_2}{u}$$

$$r'_2 = u^2 r_2 \quad X'_2 = u^2 X_2 \tag{5.70}$$

因此,考虑式(5.69)和式(5.70)中的表达式,可以对一台感应电机的等效电路进行更新,如图 5.67 所示。

在等效电路中,X_m 表示磁化电抗,i_m 表示磁化电流。由于气隙的存在,感应电机的磁化电抗明显高于变压器。还可以观察到,即使转子电流为零,图 5.67 中的 i_0 仍然在电机内流动并保持磁化。参数 r_c 表示铁心的损耗,是频率和磁通密度的函数。如前所述,感应电机的设计工作在低转差率,通常小于5%。由于转差率较小,转子的频率比定子的频率要小得多,因此,转子的铁损通常比定子小得多。

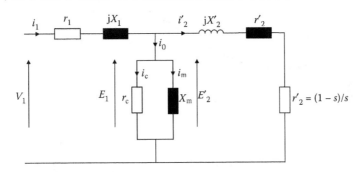

图 5.67 感应电机定子侧单相等效电路

由图 5.67 可知,总的气隙功率可以表示为

$$P_a = mI_2'^2 \frac{R_2'}{s} \tag{5.71}$$

式中,m 是相的数目。气隙功率包括用于电磁能转换的功率和转子铜损耗:

$$P_{conv} = mI_2'^2 R_2' \left(\frac{1-s}{s} \right) \tag{5.72}$$

$$P_{cux\_r} = mI_2'^2 R_2'$$

由式 (5.72) 可以看出,感应电机转子铜损耗随着转差率的增大而增大。这是另一个因素,说明为什么感应电机的设计工作在低转差率。随着转差率的减小,用于机电能量转换的气隙功率部分增大,而转子铜损耗减小。

利用式 (5.72),可以计算出感应转矩为

$$\tau_{ind} = \frac{mp}{\omega} \frac{R_2'}{s} \frac{V_1^2}{\left(R_1 + \frac{R_2'}{s} \right)^2 + (X_1 + X_2')^2} \tag{5.73}$$

图 5.68 所示为感应电机典型的转矩—转速特性。当转差率很小时,转子运行接近同步速度。这相当于空载条件下,转子频率、转子感应电压、转子电流非常低。在满载转矩下,载荷、转差以及转矩和转子转速之间几乎是线性关系。转子电流随转速线性增大,而转速也线性减小。感应电机在这一区域处于稳态运行。由于转差率低,因此转子的频率低,与转子的电阻相比,转子的电抗可以忽略不计。这导致了转子的高功率因数运行。

随着载荷的增加,转差率不断增加。在较大的转差率下,随着输出转矩的增大,转子频率增大,转子电抗更接近转子电阻。如果负载转矩持续增加,转差率超过其最大值 (s_{max}),则感应转矩开始减小。这是因为功率因数下降的速度比转子电流增加的速度快,这是由于转子频率高,导致转子电抗高。因此,如果负载增加超过最大转矩,转子开始

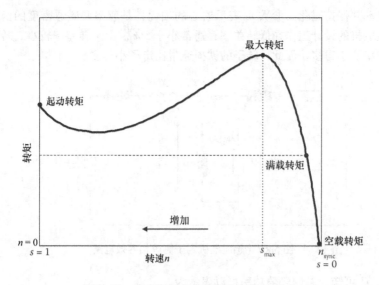

图 5.68 感应电机的典型转矩—转速特性

迅速减速和失速。

当转子旋转超过同步频率时,转差率为负值,如式(5.64)所示。在这种情况下,感应转矩也变为负值,感应电机作为发电机运行,如图 5.69 所示。然而,由于电机本身不能超过同步速度,它必须由原动机来加速,这样,它就能从中获得动力。

当作为发电机工作时,感应电机为电源提供有功功率。但是,由于励磁源单一,因此转子上没有励磁(同步电机就是这样),因此仍然需要从励磁电源处提取图 5.67 中所示的无功磁化电流(i_m)。

5.6.2.1 感应电机的速度控制

感应电机的速度控制可以通过改变定子频率来控制同步转速,也可以通过改变转子电阻或定子电压以改变转子转矩来实现。在绕线转子感应电机中,改变转子电路电阻是可能的。当转子电路增加额外的电阻时,感应电机的转矩—转速曲线会发生变化,但这会造成额外的损耗,考虑到效率约束,这在动力传动系应用中是不太适宜的。如式(5.73)所示,改变定子电压也可以调节转矩。然而,由于励磁源单一,感应电机的磁化电流依赖于定子电压。这可以从图 5.67 的等效电路图中观察到。当定子电压降低时,磁化电流和磁通减小。这导致低的额定和输出转矩。

当感应电动机定子频率改变时,同步转速也随之改变,如式(5.39)所示。根据式(5.65),这导致了转子频率的变化,因此可以调整感应电机的运行速度。同步速度也可以通过改变磁极数来改变。然而,这需要改变绕组的结构,由于机械约束和极点数量的限制,这在电气化传动系统应用中用处不多。

利用电力电子逆变器,可以改变感应电动机的定子频率,如图 5.70 所示,可以将转矩—转速曲线沿速度轴平移。在低于基本速度时,只要降低频率,就会增加磁通,使

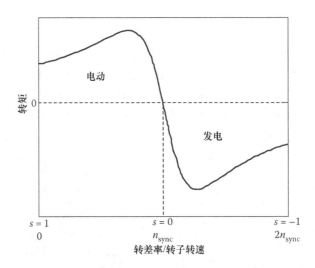

图 5.69 考虑发电方式超同步运行的感应电机典型转矩—转速特性

电机在非线性区域运行,从而导致磁化电流的增加。为了保持磁通恒定,定子电压应随定子频率线性下降。如果保持感应电机的电压频率比(V/f)不变,则最大转矩保持不变,转矩—转速曲线沿速度轴平移。

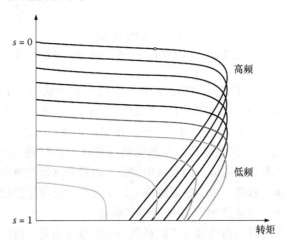

图 5.70 变频电机典型的转矩—转速特性

从图 5.70 可以看出,在较低的速度下,转矩—转速曲线偏离了原来的形状。这主要是由于在低频时,漏抗减小,转子电阻占主导地位。这将导致磁化电流下降,导致磁通减小,从而导致转矩减小。当转速高于基本转速时,由于电机的设计限制,定子电压应保持恒定。在这种情况下,当定子频率增加时,磁链减小,导致转矩减小。这类似于图 5.56 所示的转矩—转速曲线恒功率区域的减磁操作。

5.6.3 开关磁阻电机

开关磁阻电机（SRM）在定子和转子结构上具有双重优势。磁动势是通过励磁集中在突出的定子极周围的线圈而产生的。通过定子凸极的磁通将转子凸极拉向定子凸极，以减小磁路的磁阻，从而产生转矩。SRM 的配置结构由定子和转子的磁极数决定。图 5.71 显示了三相 6/4 和四相 8/6 SRM 在对齐和未对齐位置的截面。

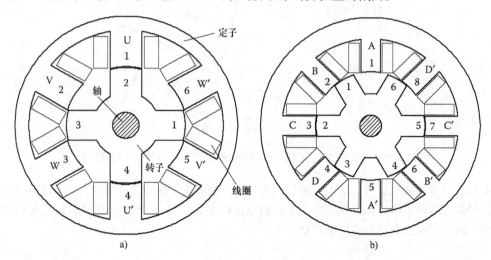

图 5.71 SRM 截面图
a) 对齐位置三相 6/4SRM b) 未对齐位置四相 8/6SRM

SRM 有一个简单和低成本的结构：它有一个叠片定子铁心，在凸极的周围有集中式绕组。叠片转子铁心没有绕组和 PM。这使得转子高速和高温运行。正如 5.4 节所讨论的，凸极结构使相位绕组彼此隔离。因此，互感非常低，这使得 SRM 具有固有的容错能力。SRM 可以在四个象限运行，与其他机器相比，具有更高的恒功率转速范围。另一方面，凸极结构导致气隙周长的利用率较低。磁通密度通常集中在凸极附近，即在凸极附近的磁感应强度较高。由于励磁源单一，增大功率密度需要较小的气隙。这些挑战导致更高的径向力，并导致 SRM 中的噪声和振动。

磁阻开关的工作原理是磁通倾向于以最低的磁阻通过磁路。当围绕凸极的集中式绕组通电时，磁通在凸极上闭合。这对转子极产生转矩，并将其拉向定子极进行对准。磁阻在对齐位置是最小的，因为磁通主要通过定子和转子层。当转子极从未对齐移动到对齐位置时，气隙长度和磁阻减小，则磁路电感增大，如图 5.72 所示。当转子极远离定子极时（从对齐到未对齐位置），由于气隙长度增加，电感减小。

在 SRM 中，对齐的位置是一个稳定的平衡点，在那里磁阻最小。如果施加一个力将转子磁极从对齐的位置移开，定子磁通通过将转子磁极拉回并保持在对齐的位置来减少磁路中的磁阻。因此，在电机运行模式下，当转子极从未对齐的位置移动到对齐的位

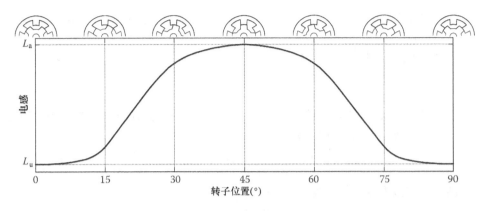

图 5.72 SRM 中电感随转子位置的变化

置时,电流将依次施加到相位上,从而产生转矩。这对应于图 5.72 中电感的增加。如果一个相位在对齐后仍然通电,则产生负转矩来停止运动,保持转子磁极对齐。

当电感曲线为负斜率时,SRM 工作在发电模式下。这与图 5.72 所示的情况相对应,当转子磁极从对齐的位置移动到未对齐的位置时。如果相位通电时转子极处于对齐位置,则从原动机出发试图使转子极远离对齐状态将会产生相反的电磁转矩(定子极倾向于保持转子极对齐),并使储存的磁能增加。当转子的磁极达到未对准的位置时,所有的机械能都转化为磁能并反馈给电源。

由于相位线圈之间是相互隔离的,所以可以认为一个相位线圈产生的磁通与其他相位线圈没有联系。因此,可以忽略互感,单相等效电路如图 5.73 所示。

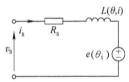

单相电压方程可以表示为

$$v_s = R_s i_s + \frac{d\psi}{dt} = R_s i_s + \frac{d\psi}{d\theta}\frac{d\theta}{dt} = R_s i_s + \frac{d\psi}{d\theta}\omega_m \quad (5.74)$$

图 5.73 SRM 的单相等效电路

式中,v_s 是终端电压;i_s 是相电流;ψ 是磁链,R_s 是相阻抗;θ 是转子位置;ω_m 是角速度。当工作在磁化曲线的线性区域时,电感随转子位置变化,但不随电流变化:

$$v_s = R_s i_s + \frac{d\psi}{d\theta}\omega_m = R_s i_s + \frac{d[L(\theta)i_s]}{d\theta}\omega_m = R_s i_s + L(\theta)\frac{di_s}{dt} + \omega_m i_s \frac{dL(\theta)}{d\theta} \quad (5.75)$$

式中,$L(\theta)$ 是相电感,它随转子位置变化。式 (5.75) 中的表达式表示图 5.73 中的等效电路,最右边的项是反电动势。瞬时输入功率可计算为

$$v_s i_s = R_s i_s^2 + L(\theta) i_s \frac{di}{dt} + \omega_m i_s^2 \frac{dL(\theta)}{d\theta} \quad (5.76)$$

如果电感不随转子位置变化,则中间的项表示场能量的变化率,就像有刷直流电机一样:

$$\frac{d}{dt}\left(\frac{1}{2}Li_s^2\right) = Li_s\frac{di_s}{dt} \quad (5.77)$$

然而，在 SRM 中，由于凸极结构和单一激励源，场能变化率以不同的形式结束：

$$\frac{\mathrm{d}}{\mathrm{d}t}\left[\frac{1}{2}L(\theta)i_s^2\right] = L(\theta)i_s\frac{\mathrm{d}i_s}{\mathrm{d}t} + \frac{1}{2}i_s^2\frac{\mathrm{d}L(\theta)}{\mathrm{d}t} = L(\theta)i_s\frac{\mathrm{d}i_s}{\mathrm{d}t} + \frac{1}{2}i_s^2\frac{\mathrm{d}L(\theta)}{\mathrm{d}\theta}\frac{\mathrm{d}\theta}{\mathrm{d}t}$$

$$= L(\theta)i_s\frac{\mathrm{d}i_s}{\mathrm{d}t} + \frac{1}{2}i_s^2\frac{\mathrm{d}L(\theta)}{\mathrm{d}\theta}\omega_m \tag{5.78}$$

式（5.78）中的第二项表明，开关磁阻电机中应用的磁动势既负责磁场的建立，又负责转矩的产生。结合式（5.76）和式（5.78）得到

$$v_s i_s = R_s i_s^2 + \frac{\mathrm{d}}{\mathrm{d}t}\left[\frac{1}{2}L(\theta)i_s^2\right] + \frac{1}{2}\omega_m i_s^2\frac{\mathrm{d}L(\theta)}{\mathrm{d}\theta} \tag{5.79}$$

最后一项表示气隙功率，瞬时电磁转矩可计算为

$$\tau_e = \frac{\frac{1}{2}\omega_m i_s^2 \frac{\mathrm{d}L(\theta)}{\mathrm{d}\theta}}{\omega_m} = \frac{1}{2}i_s^2\frac{\mathrm{d}L(\theta)}{\mathrm{d}\theta} \tag{5.80}$$

考虑了 SRM 的线性操作，推导出了式（5.80）中的转矩表达式，但存在一定的局限性。在线性工作范围内，相电感不受电流影响；因此，磁链曲线可以表示为电流的线性函数，如图 5.74 所示，其中直线的斜率分别为对齐电感 L_a 和未对齐电感 L_u。

当转子处于未对齐位置时，如果相电流从 0 增加到 i_a，磁链线性增加，并遵循 OA 线。在这种情况下，提供给磁路的能量将是

$$\mathrm{area}(\mathrm{OAD}) = \frac{1}{2}\psi_a i_a = \frac{1}{2}L_u i_a^2 \tag{5.81}$$

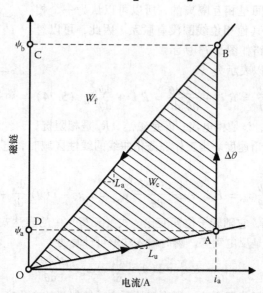

图 5.74 SRM 在线性区域运行时磁链与电流波形关系

当转子磁极从一个未对齐的位置移动到对齐位置时，磁链从 ψ_a 变化到 ψ_b。阴影区域 OAB 所表示的电磁能被表示为共能。将其转化为机械能，验证了式（5.80）所给出

的力矩表达式

$$W_c = \text{area(OAB)} = \frac{1}{2}i_a\psi_b - \frac{1}{2}i_a\psi_a = \frac{1}{2}i_a(\psi_b - \psi_a) = \frac{1}{2}i_a^2(L_a - L_u)$$

$$= \frac{1}{2}i_a^2\Delta L = \tau_e\Delta\theta \Rightarrow \tau_e = \frac{1}{2}i_a^2\frac{\Delta L}{\Delta\theta} \tag{5.82}$$

转子磁极移动 $\Delta\theta$ 时，电流从零变化到 i_a，磁链从 ψ_a 变化到 ψ_b。因此，电路吸收的能量用 ABCD 面积表示。这表示反电动势所储存的能量，如式（5.75）所示：

$$\text{area(ABCD)} = i_a(\psi_b - \psi_a) = i_a^2\Delta L = ei_a\Delta t$$

$$\Rightarrow e = i_a\frac{\Delta L}{\Delta t} = i_a\frac{\Delta L}{\Delta\theta}\frac{\Delta\theta}{\Delta t} = i_a\frac{\Delta L}{\Delta\theta}\omega_m \tag{5.83}$$

提供给磁路的总能量为储存能量和共能之和：

$$W_t = W_f + W_c = \text{area(OAD)} + \text{area(ABCD)} = \frac{1}{2}L_u i_a^2 + i_a^2\Delta L \tag{5.84}$$

由于式（5.82）中给出的共能是转化为电磁转矩的共能，因此，能量转换比可计算为

$$K = \frac{W_c}{W_t} = \frac{\frac{1}{2}i_a^2\Delta L}{\frac{1}{2}i_a^2 L_u + i_a^2\Delta L} = \frac{\frac{1}{2}(L_a - L_u)}{L_a - \frac{1}{2}L_u} \tag{5.85}$$

如果凸极率定义为

$$\lambda = \frac{L_a}{L_u} \tag{5.86}$$

能量转换比可得

$$K = \frac{\frac{1}{2}(L_a - L_u)}{L_a - \frac{1}{2}L_u} = \frac{\frac{1}{2}(\lambda L_u - L_u)}{\lambda L_u - \frac{1}{2}L_u} = \frac{\lambda - 1}{2\lambda - 1} \tag{5.87}$$

式（5.87）对 SRM 在线性区域内的运行有重要的结论：

1) 自 $\lambda > 1$，不到一半的总磁场能量转化为机械功。

2) 剩余的总能量储存在磁路中，在行程结束时，它被反馈回电源或在电机内部耗散。

3) 线性区域的运行导致对变换器的利用很差：变换器的大小与总能量有关，但是电机只能提供不到一半的能量。

在实践中，SRM 被设计成在非线性区域内工作，在该区域内，给定总能量的共能增加。从图 5.75 可以看出，对于相同位移的转子磁极，饱和限制了最大磁链。因此，在饱和区，反电动势峰值随电流的变化是有限的，而峰值转矩由于共能比的增大而增大。这导致更高的能量转换比和更高的功率因数，也可更好地利用功率变换器。

储存和共能可以用数学形式表示：

$$w_f = \int i\mathrm{d}\lambda \tag{5.88}$$

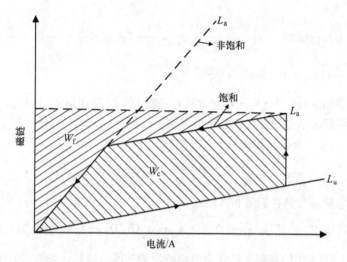

图 5.75　SRM 在非线性区域运行时磁链与电流波形关系

$$W_c = \int \lambda \, di$$

如图 5.76 所示，当 SRM 在线性区域内工作时，存储和共能波形相似。当励磁电流增大时，电机工作在非线性区域。这使得 $W_c > W_f$，因此，能量波形明显偏离，特别是当转子极接近对齐的位置。图 5.77 显示了如何从磁链—电流特性确定电磁转矩。当转子极移动 $\Delta\theta$，必须做的机械功率由 OAB 覆盖的面积和共能组成。对于恒流励磁，转矩定义为

$$T_e = \left.\frac{\partial W_c}{\partial \theta}\right|_{i=\text{const}} \tag{5.89}$$

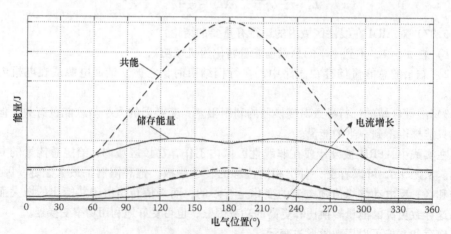

图 5.76　单冲程恒流励磁下的存储波形和共能波形

如图 5.76 所示，电机在线性区域运行时，磁化曲线为直线。在这种情况下，由于存储的和共能的值是相同的，所以式（5.89）中的转矩可以计算为式（5.82）。SRM 的主要挑战之一是噪声和振动。在电机中，电磁力是由气隙中的法向分量和切向分量相互作用产生的。与永磁电机或感应电机不同，径向磁通 SRM 的磁通密度波形在气隙附近不是正弦分布，而是集中在凸极附近，通常具有较高的峰值。这导致强大的径向力，它们在定子上产生反作用力，导致声学噪声和振动。

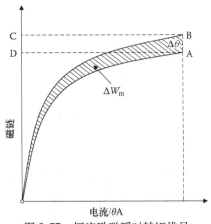

图 5.77 恒流励磁瞬时转矩推导

5.7 牵引电动机说明

5.7.1 高压电池的作用和逆变器的控制方法

如图 5.78 所示，典型的牵引电动机驱动系统由高压电池、三相逆变器、三相电动机、冷却泵、热交换器、电动机控制器组成。高压直流电池对温度依赖性强。在设计电动机时，需要考虑电池电压最佳和最差的情况。如图 5.79 所示，有许多方法可以将高压直流电源通过三相逆变器转换为交流电源。变频器控制方式的选择对电动机输出转矩和效率有很大的影响。逆变器控制策略选择不同会导致相同直流母线电压下输出转矩/功率相差 27%。

5.7.2 磁体的选择、温度的影响和退磁

大多数永磁电机的转子中装有钕铁硼 PM。如 5.5 节所述，这些磁体对温度非常敏感。当磁铁温度从 20℃ 升高到 160℃ 时，输出转矩会下降 46%。

退磁与转子温度和最大定子电流直接相关。如果电动机被过度设计为退磁状态，所使用的磁体厚度较大，极大地增加了电动机的成本。如果电动机过度设计退磁设计不足，磁铁有可能完全退磁，从而导致电动机永久损坏。

定子温度直接影响绕组的电阻和损耗。将导体的电阻率作为温度函数的一般方程如式（5.32）所示。永磁电机的工作温度通常为 100℃，而与电阻变化相关的铜损耗和效率是一个非常重要的因素。

5.7.3 齿槽转矩和转矩脉动

齿槽转矩和转矩脉动是衡量转子转动时噪声和振动的重要性能指标，也是衡量转子

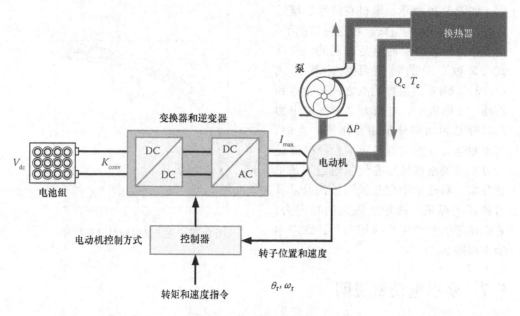

图 5.78 电动机驱动系统

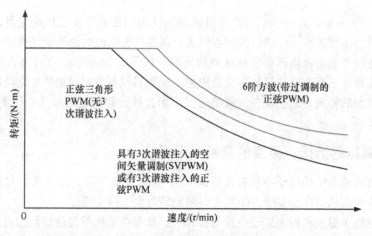

图 5.79 各种逆变器控制策略下的电动机输出转矩

转动平稳性的重要指标。由于在传动系统中存在动态减少或转矩波纹扩大的情况,很大程度上取决于电动机在传动系统中的位置。一个应用中指定的转矩脉动可能会影响另一个应用的结果。在谐振频率以下测量的转矩脉动数据是实际值。在谐振频率下测量的转矩脉动数据经常会被放大到非常大的水平。在谐振频率以上测量的转矩脉动被抑制。在写转矩脉动说明时,应采用相同的校准(放大/缩小)。在设计时需考虑转矩脉动的规格、定子、转子倾斜的倾斜度,以防止转矩脉动降低性能和效率,并增加系统成本。如果转矩脉动值较高,会导致噪声和振动问题。

5.7.4 力学性能与电气性能

牵引电动机的结构性能与电气性能负相关。对于力学性能而言,避免过度设计或设计不足是非常重要的。桥厚度尽可能小,以避免漏磁减少,如图5.34所示。相同的性能需要更少的磁铁,但会导致转子结构过于薄弱(见图5.80),从而导致失败。如果为了更大的结构稳定性而增加桥的厚度,会导致漏磁增加,从而需要使用更多的磁铁来获得相同的电动机性能,这会导致电动机成本的增加和资源的浪费。

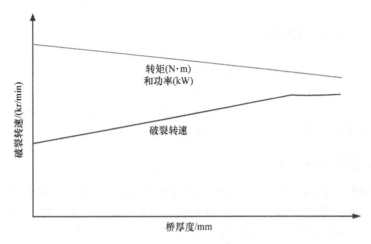

图5.80 力学性能与电气性能

5.7.5 材料和传动公差

材料和传动公差是决定气隙厚度的重要因素。牵引电动机的气隙公称值在0.5~1mm之间。如果公差过大会导致电动机设计中出现较大的气隙,需要增大电流/磁铁比才能达到要求的电动机性能。这不仅导致电动机成本的增加,而且公差不适当会导致电动机设计的气隙非常小,从而导致电动机故障。

电动机设计工程师希望尽可能降低电动机的设计成本。如果合理考虑材料和传动公差,系统成本不会很高。如果要设计出效率更高的电动机,同时增加电动机的成本,可以帮助降低电池和冷却成本,总体上可降低系统的成本,这需要一个系统级的方法来编写适当的电动机说明来实现最低的系统成本。

5.7.6 尺寸细节

电动机通常位于传动装置中,限制了电动机的最大长度和直径。电动机的尺寸以及来自逆变器的电流、电池电压、温度和冷却条件决定了电动机的峰值和连续转矩和功率要求。通常连续功率为峰值功率的50%~60%,这在很大程度上取决于电动机冷却的能力。

5.7.7 效率要求和直流电压

发动机必须在车辆最常使用的工作范围内有效工作。为了满足每加仑英里数（mpg）的要求，牵引电机最高效率的目标是96%左右。如果想要在高速区域达到最高效率，需要更高的电池电压。

在电动机驱动系统中，由电池决定最高直流电压，逆变器的额定功率决定峰值电流的要求。为了防止无控制发电模式故障，根据逆变器开关所能处理的电压来指定峰值反电动势。

5.8 IPM 电机故障情况

混合传动中最常见的电机故障类型有开路故障和短路故障。在典型的牵引电动机驱动系统中，需要有故障检测电路和速度传感器。当检测到相应的故障时，电动机控制器对三相逆变器施加三相短路或开路。当电动机转速低于过渡速度并检测到故障时，应用短路故障。当永磁电机的速度大于过渡速度并检测到故障时，应用开路故障。

5.8.1 非受控发电模式

典型的IPM电机驱动配置有6个带有反并联二极管的开关。三相逆变器用于控制IPM电机，以提供所需的转矩。对于IPM电机，随着电动机转速的增加，电机反电动势也随之增加。开路反电动势转速的函数如图5.81所示。

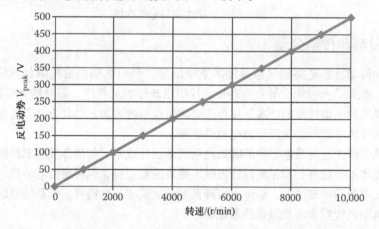

图 5.81 IPM 电机开路反电动势与转速关系

电动机产生的反电动势幅值在高速运行时很容易超过电池电压。只要逆变器开关处于受控状态，高速运行就没有问题，电机的反电动势仅限于直流链路电压。如果在高速运行中发生故障，逆变器将被关闭。栅极信号完全从这些控制开关中移除。电机产生的反电动势可能远远高于直流链路电压。由于反并联二极管的存在，电动机相位可以通过二极管和直流链路传导电流,称为非受控发电模式(UCG)故障状态,如图5.82所示。

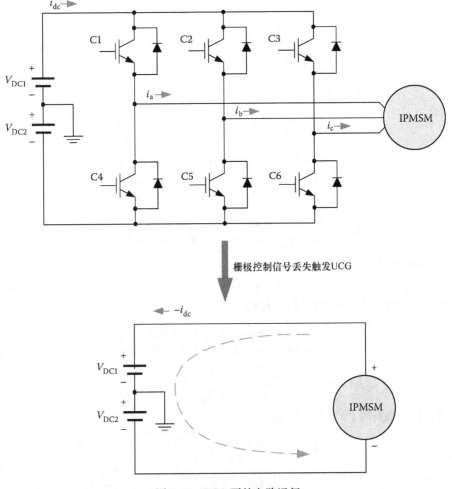

图 5.82 UCG 下的电路运行

5.8.2 短路故障

在电动机可能发生的各种故障中,最危险的故障是三相短路故障。在这种情况下,由于永磁磁链的作用,IPM 电机作为制动器,限制了转向运动。

在同步 $d-q$ 参考坐标中,电压由式(5.55)给出,其中 d 轴和 q 轴磁链定义为

$$\psi_d = \psi_m + L_d i_{sd} \tag{5.90}$$
$$\psi_q = L_q i_{sq}$$

在三相短路的情况下

$$v_{sd} = v_{zq} = 0 \tag{5.91}$$

在稳态短路条件下，电流从初始值（I_{d_0}，I_{q_0}）向稳态短路值移动，由式（5.55）和式（5.91）计算得到。当时间导数为零时式（5.55）变为

$$0 = R_s I_{d,sc} - \omega \psi_q$$
$$0 = R_s I_{q,sc} - \omega \psi_d$$
(5.92)

将式（5.90）代入式（5.92），得到

$$0 = R_s I_{d,sc} - \omega L_q I_{q,sc} \Rightarrow I_{d,sc} = \frac{\omega L_q I_{q,sc}}{R_s}$$
$$0 = R_s I_{q,sc} - \omega(\psi_m + L_d I_{d,sc}) \Rightarrow I_{q,sc} = \frac{\omega(\psi_m + L_d I_{d,sc})}{R_s}$$
(5.93)

将式（5.93）中的方程代入，可得 d 轴和 q 轴的短路电流：

$$I_{q,sc} = \frac{\omega[\psi_m + L_d(\omega L_q I_{q,sc}/R_s)]}{R_r} = \frac{\omega R_s \psi_m}{R_s^2 - \omega^2 L_d L_q}$$

$$I_{d,sc} = \frac{\omega L_q}{R_s}\left(\frac{\omega R_s \psi_m}{R_s^2 - \omega^2 L_d L_q}\right) = \frac{\omega^2 \psi_m L_q}{(R_s^2 - \omega^2 L_d L_q)}$$
(5.94)

定子短路电流可计算为

$$I_{sc} = \sqrt{I_{d,sc}^2 + I_{q,sc}^2}$$
(5.95)

将式（5.94）代入式（5.95），得到

$$I_{sc} = \sqrt{\left(\frac{\omega^2 \psi_m L_q}{R_s^2 - \omega^2 L_d L_q}\right)^2 + \left(\frac{\omega R_s \psi_m}{R_s^2 - \omega^2 L_d L_q}\right)^2}$$
(5.96)

$$\Rightarrow I_{sc} = \sqrt{\left(\frac{\omega^2 \psi_m L_q + \omega R_s \psi_m}{R_s^2 - \omega^2 L_d L_q}\right)^2}$$

当 ω 的值很高时，$\omega^2 L_d L_q \gg R_s^2$：

$$I_{sc} = \sqrt{\frac{(\omega^2 \psi_m L_q)^2 + (\omega R_s \psi_m)^2}{(-\omega^2 L_d L_q)^2}}$$
(5.97)

$$\Rightarrow I_{sc} = \sqrt{\frac{\psi_m^2}{L_d^2} + \frac{(R_s \psi_m)^2}{(\omega L_d L_q)^2}}$$

当 $\omega \xrightarrow{\text{yield}} \infty$ 时，得到

$$\frac{(R_s \psi_m)^2}{(\omega L_d L_q)^2} = 0$$
(5.98)

因此，高速时的短路电流可以计算为

$$I_{sc,\omega \xrightarrow{\text{yield}} \alpha} = \frac{\psi_m}{L_d}$$
(5.99)

如图 5.83 所示为电动机短路和 UCG 故障时的转矩响应。
如图 5.84 所示为短路和 UCG 故障时的电动机电流响应。

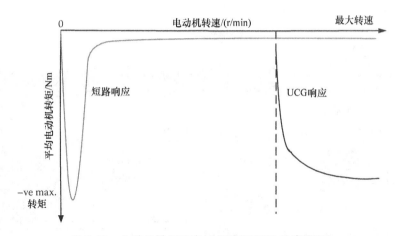

图 5.83　电动机转矩响应（短路和 UCG 故障情况）

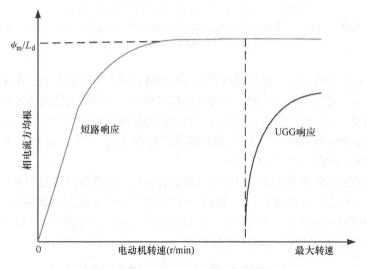

图 5.84　电动机相电流响应（短路和 UCG 故障情况）

5.9　电机测试

为牵引应用而设计的电动机需在恶劣的工作条件下运行，并且能延长使用寿命。当在车辆中组装时，牵引电动机与许多其他机械部件相互作用，包括变速器、传动轴和变速驱动器，如混合动力汽车和内燃机汽车。在整个车辆测试过程中，电机特性和性能的验证可能比较困难，因此需要使用测功机。如图 5.85 所示为一个典型的测功机示意图，其中被测牵引电动机与测功机耦合。通过控制牵引电动机逆变器和驱动电机以及测量电流、电压、温度等多种参数，可测试牵引电动机的各种特性，如转矩、速度、功率、温升等。

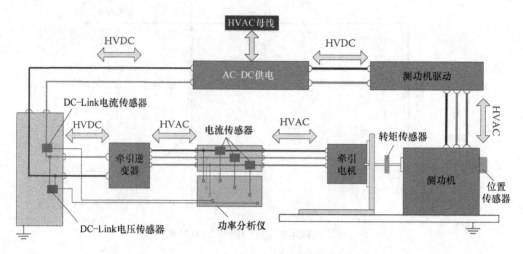

图 5.85 用于牵引电动机测试的典型测功机设置
（来自 P. Savagian, S. E. Schulz, and S. Hiti, Method and System for testing electric motors,
U. S. Patent 2011/0025447, February 3, 2011）

测试的目的是验证客户在不同的行驶工况和运行条件下驾驶车辆时体验的性能。牵引电动机是按照这些规格设计的。在测试设置中应该充分模拟电机的输入电压、环境温度和冷却条件。牵引电动机的实验测试为电动机的某些特性提供了验证，这些特性表明了指定热等级的运行极限。B 级绝缘体的最高温度限制在 130℃，而 F 级和 H 级绝缘体的最高温度分别限制在 155℃ 和 180℃。

测试结果应无限期地验证牵引电动机的运行情况，当最高温度低于图 5.86a 所示的绝缘等级限制时。在过载情况下，最高温度仍应低于绝缘等级的最高温度，如图 5.86b 所示。这个时间间隔被定义为传递峰值转矩的过载时间。动态测试还验证了其他一些特性如最大功率、最高速度、功率和转矩密度。

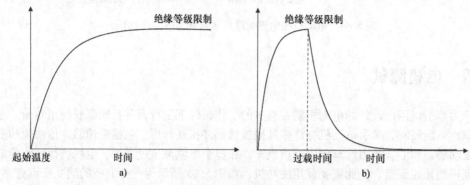

图 5.86 连续运行和过载情况下的温升
a) 连续运行　b) 过载

在试验过程中，还对牵引电动机的参数进行了测量，验证了设计的正确性。在PMSM中，静态测试用于测量$d-q$轴电感、反电动势和转矩分布[22]。对于感应电机，使用空载和堵转测试[23]确定等效电路参数。对于SRM，通常根据磁链的静态特性或转矩[24]来验证电感曲线。

5.10 其他电机配置

电机是根据5.2节所讨论的电磁学原理工作的。可以设计各种电机配置来产生转矩。PMSM、感应电机和SRM是牵引应用中最常用的配置，它们的工作原理已在5.6节中详细讨论。本节将简要讨论其他一些电机拓扑并强调它们的优点和挑战。

5.10.1 同步磁阻电机

与SRM相似，同步磁阻电机（SyncRM）也是基于气隙中不同的磁阻分布来产生转矩的。同步磁阻电机的转子上没有磁铁或绕组。如图5.87所示，空气磁障使q轴和d轴电感产生了差异。

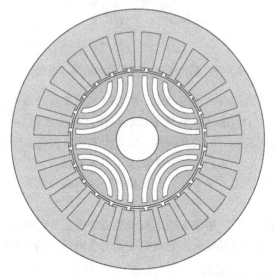

图5.87 同步磁阻电机

与SRM不同的是，SyncRM没有明显的极点。磁动势是由分布在定子上的绕组产生的，这是SyncRM的一个优点。因为类似的定子结构和逆变器可以用于感应电机和永磁电机，电机是由正弦电流励磁[25]驱动的。这在气隙中形成了正弦磁通密度分布。SRM以脉冲电流波形驱动，通量密度集中在磁极附近。

与SRM类似，SyncRM也有一个单一的激励源，因此，转矩产生的性能仍然依赖于铁心材料的非线性磁性能、转子的几何形状以及机器[26]的设计。为了提高效率，实现更高的功率因数并保持更大的恒功率转速范围，可以在SyncRM的转子片之间插入PM

以辅助转矩的产生。这些类型的机器被命名为 PM 辅助的 SyncRM，使用的 PM 数量通常少于 IPM 电机[27]。

5.10.2 横向磁通永磁电机

与径向磁通电机相比，横向磁通电机的磁通路径更短，导致气隙中的磁通密度更高，从而电磁力更高[28]。如图 5.88 所示，横向磁通电机由不同的定子铁心构成，实现了三维磁通图。每个相绕组由一个螺线管线圈组成，它们之间是电绝缘的。

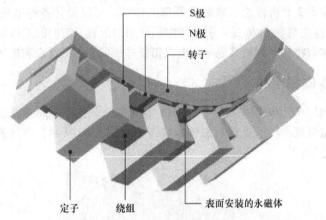

图 5.88 横向磁通永磁电机的结构（单相）

横向磁通电机通常设计有大量的磁极。结合在气隙的高磁通密度，这使得其在低速下的高转矩密度成为一个可能选择直接驱动的应用，如轮毂驱动[30]。横向磁通电机存在高漏磁，降低了高比转矩下的功率因数。由于伏安要求较高，低功率因数通常会使逆变器的功率密度降低。除非逆变器的开关频率可以显著提高，否则大量的极点会限制电机的高速运行。如果不能增加逆变器的开关频率，横向磁通电机在高速运行时的转矩脉动可能会增大。

由于其复杂的三维结构，横向磁通电机可能需要大量的时间将三维有限元方法进行设计和优化。实现成本高也是横向磁通电机在动力传动系应用中的一个主要缺点。

5.10.3 轴向磁通永磁电机

由式（5.13）中的洛伦兹力定律可知，电机中的电磁力是在磁场和导体分布方向不同的情况下产生的。径向磁通电机是目前最常用的一种牵引电机，其磁场方向为径向，电流方向为轴向。在轴向磁通电机中，磁场是轴向的，导体是径向的。这可以使空间利用更好，比功率更高，效率更高。

图 5.89 所示为具有两个转子和一个定子的轴向磁通永磁电机的结构。轴向磁通电机提供短的轴向长度，这使得它们可以用于高转矩的直接驱动应用，如轮毂电机驱动[32]。轴向磁通电机可以配置多层定子—转子组合，以获得更大的转矩输出。

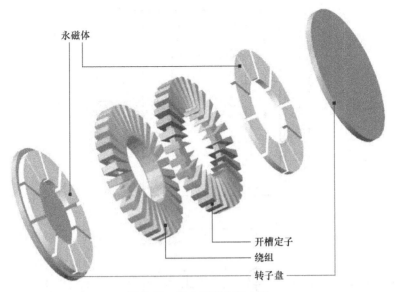

图 5.89 轴向磁通永磁电机

由于轴向力的性质,导致轴向磁通电机的装配比较复杂。此外,由于轴向磁通的定向,导致轴向磁通电机的磁心与径向磁通电机的制造不同。特别是对于定子铁心,采用螺旋绕制电枢铁心所花时间长、费用昂贵。

习题

5.1 图 5.90a 所示是由一种相对磁导率为 2500 的线性磁性材料构成的磁路。铁心尺寸参数如下:$g = 0.6mm$,$w = 18mm$,$d = 10mm$,磁通路径长度 $l_c = 110mm$。线圈有 10 匝。如果对线圈施加 20A 的电流,请计算磁通密度。

5.2 在气隙中存在正弦磁场时,芯材磁化后的磁滞回线如图 5.91 所示。回路内部的面积称为磁滞损耗,它取决于磁通密度的峰值和频率。如 5.3 节所述,由于电机中的非理想条件,如槽谐波、空间谐波等,通常无法实现正弦气隙磁通密度。谐波会使气隙磁通密度波形产生畸变,如图 5.91 所示。这种效果通常称为局部磁滞回线。你认为局部磁滞回线如何影响磁滞曲线?这个局部磁滞回线的频率和峰值磁通密度是多少?如第 5.3 节所述,涡流损耗是由于感应电压引起的。如果气隙磁通密度波形有谐波,且谐波的旋转速度比基波的旋转速度快,你认为这会如何影响涡流损耗?你认为怎样才能降低电机的谐波?如图 5.11 所示,采用叠层钢心降低了涡流磁路中的总阻力,从而降低了磁心损耗。你认为采用更小的叠层厚度的电机设计会有效吗?考虑到图 5.35 所示的电工钢的制造过程,减少叠层厚度的挑战是什么?

5.3 图 5.92 所示为两种不同分布的绕组,五相 80 槽,一种为 4 极 4 槽每相一极,

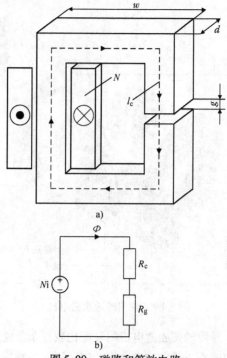

图 5.90 磁路和等效电路
a) 磁路 b) 等效电路

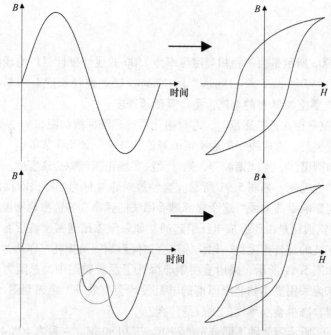

图 5.91 理想和非理想条件磁通密度和磁滞回线

第5章 电机原理 163

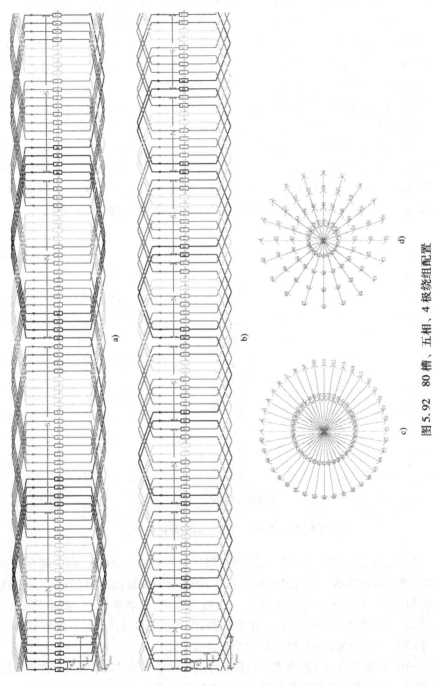

图5.92 80槽、五相、4极绕组配置
a) 绕组图 b) 绕组图 c) 电压相量图 d) 电压相量图、80槽、五相、8极绕组配置

另一种为8极两槽每相一极。正如前面在图5.15中所讨论的,随着每相每极槽数的增加,安培导体分布将更接近于正弦波形。在图5.92中可以看出,相数越高,在同一电流方向下,同一极下的槽数越多。较高的相数也有助于形成更正弦的安培导体分布。当比较图5.15和图5.92中的绕组结构时,在设计和实现具有较高相数的绕组时面临哪些挑战?你认为当相数增加时,绕组的电流额定值如何变化?对于相数更多的电机和电机驱动器,还有什么挑战?图5.92中的绕组每相每极有不同的极数和槽数。4极电机和8极电机在转矩、速度和损耗方面有什么不同?在每相每极绕组设计中增加槽数的优点和挑战是什么?对于相同数目的相数和槽数,哪一个更容易制造?

5.4 图5.93为不同温度下永磁体的磁化曲线。在T_1时刻,磁体的剩磁为1.2T。当温度升高到T_2时,剩磁下降到1.12T。当温度升高时,工作点变为B,此时的磁通密度和磁场强度是多少?在B点工作时,如果磁路PC变为PC_2,那么C点的磁通密度和磁场强度是多少?新磁化线的剩余磁通密度是多少?剩磁率下降的原因是什么?

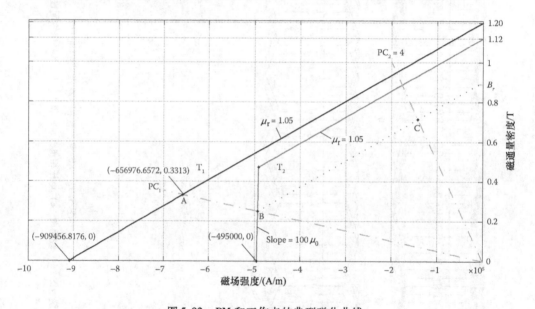

图5.93 PM和工作点的典型磁化曲线

5.5 如果逆变器驱动电动机在直流200V时的基本转速为2000r/min,那么在直流400V时的基本转速是多少?如果电动机在直流200V时的峰值功率为50kW,那么在直流400V时的峰值功率是多少?假设有一个指定电流I_1和电压V_1的电动机设计(MD1)。如果电压增加到$V_2 = 1.5V_1$,有什么设计上的改变可以使设计达到与MD1相同的性能?如果电流增加到$I_2 = 1.5I_1$,设计会有什么变化?

如果一个电动机是为一定的电流和电压设计的,如果通过增加堆栈长度使电机的体积增加1倍,会发生什么?如何影响峰值转矩和峰值功率?

对于特定的电机和槽尺寸，如果电动机的匝数增加了1倍，为了保持相同的槽填充系数，需要在设计上做哪些改变？

在永磁电机中，对于给定的电动机功率，磁体剩磁如何影响反电动势和电流？对匝数进行相同的评估。

在高速区域，什么是重要的损耗要最小化？对于某一设计，高速区域的反电动势减小，对高速（恒功率）区域的峰值转矩和效率有何影响？假设电动机设计能够在150℃下提供50N·m的连续转矩和20 kW的连续功率。如果电动机温度下降到75℃，对连续功率和转矩有什么影响？

什么是齿槽转矩？降低齿槽转矩的方法有哪些？开槽对齿槽转矩有什么影响？偏置对峰值转矩、平均转矩和转矩脉动有什么影响？

参 考 文 献

1. P. Harrop, Electric motors for electric vehicles 2013–2023: Forecasts, Technologies, Players, IDTechEx, 2013.
2. C. Cartensen, *Eddy Currents in Windings of Switched Reluctance Machines*, 1st ed. Aachen, Germany: Shaker Verlag, 2008.
3. K. Yamazaki and A. Abe, Loss investigation of interior permanent-magnet motors considering carrier harmonics and magnet eddy currents, *IEEE Transactions on Industry Applications*, 45, (2), 659–665, March/April 2009.
4. K. Yamazaki, Y. Fukushima, and M. Sato, Loss analysis of permanent magnet motors with concentrated windings—Variation of magnet eddy-current loss due to stator and rotor shapes, *IEEE Transactions on Industry Applications*, 45, (4), 1334–1342, July/August 2009.
5. D. J. Griffiths, *Introduction to Electrodynamics*, Upper Saddle Drive, NJ: Prentice-Hall, Inc., 1999.
6. J. Pyrhonen, T. Jokinen, and V. Hrabovcova, *Design of Rotating Electrical Machines*, West Sussex, United Kingdom: John Wiley & Sons, Ltd., 2008.
7. D. Fleisch, *A Student's Guide to Maxwell's Equations*, Cambridge, UK: Cambridge University Press, 2008.
8. W. G. Hurley and W. H. Wolfle, *Transformers and Inductors for Power Electronics Theory, Design and Applications*, West Sussex, United Kingdom: John Wiley & Sons, 2013.
9. T. A. Lipo, *Introduction to AC Machine Design*, Madison, WI: Wisconsin Power Electronics Center University of Wisconsin, 2011.
10. C. S. Edrington, M. Krishnamurthy, and B. Fahimi, Bipolar switched reluctance machines: A novel solution for automotive applications, *IEEE Transactions on Vehicular Technology*, 54, (3) 795–808, May 2005.
11. M. Krishnamurthy, C. S. Edrington, A. Emadi, P. Asadi, M. Ehsani, and B. Fahimi, Making the case for applications of switched reluctance motor technology in automotive products, *IEEE Transactions on Power Electronics*, 21, (3), 659–675, May 2006.
12. G. J. Li, J. Ojeda, E. Hoang, M. Lecrivain, and M. Gabsi, Comparative studies between classical and mutually coupled switched reluctance motors using thermal-electrodynamic analysis for driving cycles, *IEEE Transactions on Magnetics*, 47, (4), 839–847, April 2011.
13. D. Berry, S. Hawkins, and P. Savagian, Motors for automotive electrification, February 2010. (Online). Available: http://www.sae.org/.
14. K. Rahman, M. Anwar, S. Schulz, E. Kaiser, P. Turnbull, S. Gleason, B. Given, and M. Grimmer, The Voltec 4ET50 Electric Drive System, December 2011. (Online). Available://www.sae.org/.
15. K. Rahman, S. Jurkovic, C. Stancu, J. Morgante, and P. Savagian, Design and performance of electrical propulsion system of extended range electric vehicle (EREV) Chevrolet Voltec, in *Proceedings of Energy Conversion Congress and Exposition*, Raleigh, NC, September 2012, pp. 4152–4159.
16. TDK Corporation, NEOREC series neodymium iron boron magnet datasheet, May, 2011. (Online). Available: http://tdk.co.jp/.

17. S. Constantinides, The demand for rare earth materials in permanent magnets, Arnold Magnetic Technologies. (Online). Retrieved on June 20 2013, http://arnoldmagnetics.com/.
18. S. R. Trout, Material selection of permanent magnets, considering the thermal properties correctly, in *Proceedings of the Electric Manufacturing and Coil Winding Conference*, Cincinnati, OH, October 2001.
19. Hitachi-Metals, Neodymium–iron-boron magnets Neomax, Retrieved on August, 2013. (Online). Available: http://www.hitachi-metals.co.jp/.
20. U.S. Department of Energy, Critical materials strategy, December, 2011. (Online). Available: http://www.energy.gov/.
21. P. Savagian, S. E. Schulz, and S. Hiti, Method and system for testing electric motors, U.S. Patent 2011/0025447, February 3, 2011.
22. J. G. Cintron-Rivera, A. S. Babel, E. E. Montalvo-Ortiz, S. N. Foster, and E. G. Strangas, A simplified characterization method including saturation effects for permanent magnet machines, in *Proceedings of the International Conference on Electric Machines*, Marseille, France, September 2012, pp. 837–843.
23. S. D. Sudhoff, D. C. Aliprantis, B. T. Kuhn, and P. L. Chapman, Experimental characterization procedure for use with an advanced induction machine model, *IEEE Transactions on Energy Conversion*, 18, (1), 48–56, March 2003.
24. J. Zhang and V. Radun, A new method to measure the switched reluctance motor's flux, *IEEE Transactions on Industry Applications*, 42, (5), 1171–1176, September 2006.
25. T. J. E. Miller, A. Hutton, and A. Staton, Design of a synchronous reluctance motor drive, *IEEE Transactions on Industry Applications*, 27, (4), 741–749, July/August 1991.
26. T. A. Lipo, Synchronous reluctance machines—A viable alternative for AC drives, May 1991. (Online). Available: http://lipo.ece.wisc.edu/.
27. A. Vagati, The synchronous reluctance solution: A new alternative in AC drives, in *Proceedings of the IEEE International Conference on Industrial Electronics*, Bologna, Italy, September 1994, pp. 1–13.
28. N. Chaker, I. B. Salah, S. Tounsi, and R. Neji, Design of axial-flux motor for traction application, *Journal of Electromagnetic Analysis and Applications*, 2, 73–83, June 2009.
29. S. C. Oh and A. Emadi, Test and simulation of axial flux—Motor characteristics for hybrid electric vehicles, *IEEE Transactions on Vehicular Technology*, 53, (3), pp. 912–919, May 2004.
30. S. M. Husband and C. G. Hodge, The Rolls-Royce transverse flux motor development, in *Proceedings of the IEEE International Electric Machines and Drives Conference*, Madison, WI, June 2003, pp. 1435–1440.
31. K. Lu, P. O. Rasmussen, and E. Ritchie, Design considerations of permanent magnet transverse flux machines, *IEEE Transactions on Magnetics*, 47, (10), 2804–2807, October 2011.
32. B. E. Hasubek and E. P. Nowicki, Design limitations of reduced magnet material passive rotor transverse flux motors investigated using 3D finite element analysis, in *Proceedings of the IEEE Canadian Conference on Electrical and Computer Engineering*, Halifax, Nova Scotia, May 2000, pp. 365–369.
33. M. Gaertner, P. Seibold, and N. Parspour, Laminated circumferential transverse flux machines—Lamination concept and applicability to electrical vehicles, in *Proceedings of the IEEE International Electric Machines and Drives Conference*, Niagara Falls, ON, May 2011, pp. 831–837.

第6章 电动机控制原理

Nicholas J. Nagel

6.1 引言

电动汽车中的电动机控制范围涵盖了系统资源广泛的复杂性和集成性。可以直接产生与命令输入（即踏板位置）成比例的电动机转矩（牵引力），或者像混合动力汽车中的发动机与牵引力控制计算机完全集成一样复杂。无论与其他车辆系统控制器的集成程度如何，牵引电动机控制都是控制电机的转矩和（或）速度。

此外，还有一些一直由内燃机提供动力的辅助系统，而这些系统在纯电动汽车中不是可选的，包括动力转向单元和空调压缩机。这些系统现在由需要转矩和（或）速度控制的电动机驱动。

虽然许多系统需要简单的电动机控制（即由继电器控制的有刷直流电动机），但其他系统仍需要严格地调节转矩。因此我们首先就要关注转矩的产生和控制。合乎逻辑的出发点是一个有刷直流电动机，因为这是在转矩产生方面最不复杂的机器。有刷直流电动机中许多有关转矩控制的概念可以很容易地推广到其他类型的电机。然后我们将探讨开关磁阻电动机的控制，因为转矩的产生和控制不一定是有刷直流电动机概念的延伸。我们将通过回顾电动机的速度控制技术来完成本章的介绍。

本章假设读者已熟悉电动机控制的基本要点，这些基本原则包括
1) 物理学基础；
2) 基本控制原理；
3) 电力机械与电力电子基础。

如果读者不熟悉这些主题，本章末尾的参考资料将有助于提供必要的背景知识。

6.1.1 有刷直流电动机转矩的产生

有刷直流电动机依靠电枢电流和磁场磁通的相互作用产生转矩。机器使用换向器杆来保持电流和磁通的正确方向。图6.1是绕线磁极式直流电动机基本结构的概念图。

图6.2表现了直流电动机中简化转矩产生的机制。需要注意的是，每个导体产生的转矩和导体与场磁动势（MMF）夹角的正弦值成正比。如果场磁动势与电枢磁动势的夹角保持在90°，机器每安培将产生最大转矩。换向器的作用是仅当绕组接近90°方向时，才将其与电路相连。这种与场磁动势正交的电枢定向概念很重要，也很容易推广到交流电机。交流电机中的"场定向"这一主题将在本章后面讨论。

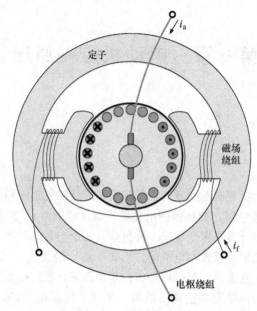

图 6.1 绕线磁极式直流电动机基本结构概念图

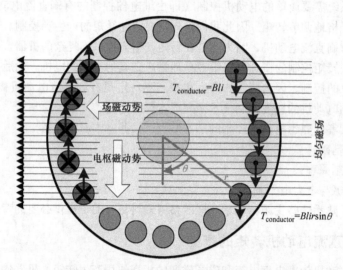

图 6.2 直流电动机中简化转矩产生的机制

6.1.2 直流电动机转矩控制

为了更好地理解直流电动机的转矩控制，首先从描述它的微分方程开始。这些方程将被转换成拉普拉斯域，最后将形成物理系统的框图。从这个框图中，我们将探讨直接控制直流电动机转矩的方法。在本章中，描述直流电机转矩控制的基本方法将进一步扩展到交流电机。所以,重要的是要奠定适当的基础水平来进行。

6.1.2.1 直流电机微分方程

直流电机的微分方程可以从基本物理原理推导出来。根据法拉第定律,励磁绕组中的外加电压为是

$$v_f = R_f i_f + L_f \frac{di_f}{dt} \tag{6.1}$$

式中,v_f是励磁电压;i_f是励磁电流;R_f是励磁绕组电阻;L_f是励磁绕组电感。

电枢电路有一个类似的方程式,但电枢(转子)导体通过磁通的运动有一个附加项。

$$v_a = R_a i_a + L_a \frac{di_a}{dt} + e_a \tag{6.2}$$

式中,v_a是电枢电压;i_a是电枢电流;R_a是电枢绕组电阻;L_a是电枢绕组电感;e_a是反电动势(EMF)。

反电动势与转子的速度(电枢导体通过磁通的速度)和磁通的强度成正比。这可以表示为

$$e_a = K_f i_f \omega = K_e \omega \tag{6.3}$$

式中,e_a是反电动势;K_f是场常数(几何依赖性);i_f是励磁电流;ω是转子转速;K_e是反电动势常数(在固定磁场电流下)。

最后,电机产生的转矩可以表示为

$$T_{em} = K_f i_f i_a = K_t i_a \tag{6.4}$$

式中,T_{em}是电动机产生的电磁转矩;K_f是场常数(几何依赖性);i_f是励磁电流;i_a是电枢电流;K_t是转矩常数(在固定磁场电流下)。

必须注意的是,反电动势常数和转矩常数在物理上是相同的参数,是磁场电流(磁场通量)和电机几何结构(匝数、导线长度、转子半径等)的函数。如图6.3所示,给出了绕线磁极式直流电机的等效电路图。

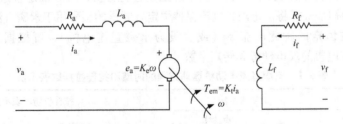

图6.3 绕线磁极式直流电机的等效电路图

式(6.4)表明,直流电机的转矩与磁场电流和电枢电流成正比。但是,在正常情况下,电机以恒定的励磁电流运行,并主动调节电枢电流以控制转矩。这个原因很简单。根据设计,励磁绕组有很高的电感。这在磁场中产生额定磁通,励磁电流相对较低(因此励磁电路中的损耗较低)。由于电机的几何形状,电枢电路通常具有明显较低的

电感，因此可以使电枢电流快速变化。永磁（PM）直流电机不直接控制励磁电路，在恒定励磁电流（恒定磁通）下，其运行方式与绕线磁极式直流电机相同。

在所有直流电机中，高性能（高带宽）转矩控制是通过直接调节电枢电流来实现的。在绕线磁极式直流电机中调节励磁电流有两个优点。它允许弱磁［式（6.3）中的反电动势常数减小］高于基本速度运行，并允许电机在轻负载下以较低的磁通水平（相当于较低的磁损耗）运行。

电机的机械运动方程如下所示。它可简单地从牛顿第二定律导出，并指出加速度与施加在轴上的转矩之和成比例。

$$J\frac{d\omega}{dt} = T_{em} - b\omega - T_L \tag{6.5}$$

式中，J 是转动惯量；b 是黏滞阻尼；T_{em} 是电动机产生的电磁转矩；T_L 是负荷转矩。

6.1.2.2 直流电机的拉普拉斯表示

采用拉普拉斯变换[1,2]将上述章节中的直流电机微分方程转换为拉普拉斯域。假设初始条件为零，方程定义如下。式（6.1）的励磁电路变为

$$V_f(s) = R_f I_f(s) + L_f s I_f(s) \tag{6.6}$$

式中，V_f 是励磁电压；I_f 是励磁电流；R_f 是励磁绕组电阻；L_f 是励磁绕组电感。

式（6.2）的电枢电路变为

$$V_a(s) = R_a I_a(s) + L_a s I_a(s) + E_a(s) \tag{6.7}$$

式中，V_a 是电枢电压；I_a 是电枢电流；R_a 是电枢绕组电阻；L_a 是电枢绕组电感；E_a 是反电动势。

最后，式（6.4）中的电机产生的转矩变为

$$Js\omega(s) = T_{em}(s) - b\omega(s) - T_L(s) \tag{6.8}$$

式中，J 是转动惯量；b 是黏滞阻尼；T_{em} 是电动机产生的电磁转矩；T_L 是负荷转矩。

表（6.1）总结了有刷直流电机的时域和拉普拉斯域方程。利用拉普拉斯域中的直流电机方程，我们可以使用常用的控制系统工具进行分析，最终确定合适的控制方式。对直流电机的初步分析将假定磁场电流保持恒定。同样的型号用于永磁直流电机。将直流电机保持在恒定的励磁电流下（或假设为永磁直流电机），可根据式（6.3）和式（6.4）确定电机的反电动势和转矩常数。

表6.1　有刷直流电动机运动方程的时域和拉普拉斯域表示法

方程式	时域表示法	拉普拉斯域表示法
电枢	$v_a(t) = R_a i_a(t) + L_a \frac{di_a(t)}{dt} + e_a(t)$	$V_a(s) = R_a I_a(s) + L_a s I_a(s) + E_a(s)$
励磁场	$v_f(t) = R_f i_f(t) + L_f \frac{di_f(t)}{dt}$	$V_f(s) = R_f I_f(s) + L_f s I_f(s)$
机械	$J\frac{d\omega(t)}{dt} + b\omega(t) + T_L(t) = T_{em}(t)$	$Js\omega(s) + b\omega(s) + T_L(s) = T_{em}(s)$

根据式（6.7），电枢电流由施加的电枢电压和反电动势之差得出，计算如下：

$$I_a(s) = \frac{V_a(s) - E_a(s)}{L_a s + R_a} \tag{6.9}$$

根据式（6.8），电机速度由电磁转矩和负荷转矩之差得出，计算如下：

$$\omega(s) = \frac{T_{em}(s) - T_L(s)}{Js + b} \tag{6.10}$$

直流电机的框图如图 6.4 所示。注意，假设每个变量都是拉普拉斯变量"s"的函数，因此为了简单起见，图中省略了它。框图左侧显示了式（6.9）中电枢电流的计算。这是电气电路的表示。右侧显示了根据式（6.10）计算的电机速度。这是机械电路的表示。电气和机械电路与式（6.3）和式（6.4）中的机电转换常数（反电动势和转矩）相结合。

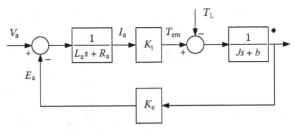

图 6.4　直流电机框图

6.1.3　有刷直流电动机的转矩控制

从有刷直流电机的框图（见图 6.5）或式（6.4）中，我们可以看出电磁转矩与电枢电流成线性比例。当然，这种情况假设电机中没有磁饱和。给定转矩和电流之间的线性关系，通过直接调节电枢电流，可以调节转矩。

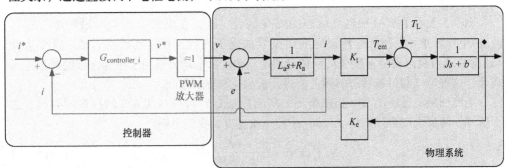

图 6.5　带电流调节器的直流电机框图

调节电机电流的能力直接影响控制转矩的能力。快速、稳定和高带宽电流调节意味着转矩控制也是如此。电流（转矩）的高性能控制在电机控制中具有显著的优势，这将在本章后面进行介绍。此外，直流电机中电流（转矩）调节的大多数概念也可扩展到交流电机。高带宽伺服运动控制回路［调节电机速度和（或）位置］依赖于高性能转矩调节。

然而，直接控制电动机中的转矩（电流）并不总是一个要求。车辆中有许多应用只需要适度的速度调节。这些应用，如辅助泵、风扇或实用程序驱动，都是成本敏感问题。由于伺服级性能不是一个要求，它不需要额外传感器的复杂性和（或）信号处理算法的计算复杂性。这将在后面的章节中讨论。目前，我们将探讨高性能转矩（电流）控制。下一节将讨论电流控制，然后将其扩展到转矩控制。

6.1.3.1 有刷直流电动机的电流控制

图6.5是从控制角度看有刷直流电动机的经典框图。如果感应到电枢电流并反馈给控制器，则如图6.6所示修改框图。$G_{controller\_i}$表示控制器传递函数。现在，假设有一个理想的电压放大器（即如果控制器命令100V，放大器立即提供100V）。实际上，这种假设并不完全正确。逆变器的非线性，如器件中的电压降、逆变器死区效应和饱和，会导致逆变器偏离理想放大器。但是这些影响可以得到补偿（饱和除外），作为一种假设，在第一种情况下，忽略这些影响是合理的。

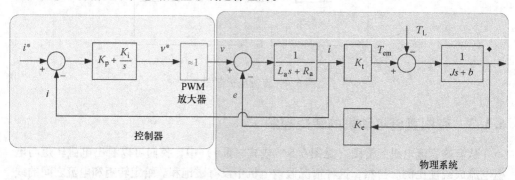

图6.6 带有PI电流调节器的直流电机框图

图6.5显示了机械和电气状态的固有耦合。电流在电机中产生电磁转矩（通过K_t）。电磁转矩和任何负荷转矩之间的差异加速了惯性，并导致电机运动。这个运动（速度）通过反电动势常数（K_e）耦合回电气侧。反电动势与用于控制电流的外加电压相反。这种电气和机械状态的耦合使得分析和控制更加复杂。

电流回路的传递函数（当前循环如何响应指令）可以从图6.5的框图中导出，如下所示。将反电动势代入式（6.9）中的电机速度，我们得到

$$I_a(s) = \frac{V_a(s) - K_e \omega(s)}{L_a s + R_a} \quad (6.11)$$

接下来，将机械状态代入式（6.11），我们得到

$$I_a(s) = \frac{1}{L_a s + R_a}\left[V_a(s) - K_e \frac{T_{em}(s) T_L(s)}{Js + b}\right] \quad (6.12)$$

假设一个理想的电压调节器（施加的电压正好等于指令电压），用电流乘以电机转矩常数来代替电磁转矩项，我们得到

$$I_{\mathrm{a}}(s) = \frac{1}{L_{\mathrm{a}}s + R_{\mathrm{a}}} \left[G_{\mathrm{controller\_i}}(I_{\mathrm{a}}^*(s) - I_{\mathrm{a}}(s)) - K_{\mathrm{e}} \frac{K_{\mathrm{t}}I_{\mathrm{a}}(s) - T_{\mathrm{L}}(s)}{Js + b} \right] \quad (6.13)$$

式 (6.13) 在方程两侧都有电流。如果我们解决当前问题，我们得到

$$I_{\mathrm{a}}(s) = \frac{(Js + b)G_{\mathrm{controller\_i}}}{JL_{\mathrm{a}}s^2 + [(G_{\mathrm{controller\_i}} + R_{\mathrm{a}})J + L_{\mathrm{a}}b]s + K_{\mathrm{e}}K_{\mathrm{t}} + (G_{\mathrm{controller\_i}} + R_{\mathrm{a}})b} I_{\mathrm{a}}^*(s)$$

$$+ \frac{K_{\mathrm{e}}}{JL_{\mathrm{a}}s^2 + [(G_{\mathrm{controller\_i}} + R_{\mathrm{a}})J + L_{\mathrm{a}}b]s + K_{\mathrm{e}}K_{\mathrm{t}} + (G_{\mathrm{controller\_i}} + R_{\mathrm{a}})b} T_{\mathrm{L}}(s) \quad (6.14)$$

式 (6.14) 表明，电流响应是指令电流和电机负荷转矩的函数。负荷转矩影响速度，反过来影响反电动势，反电动势又耦合成电气状态。这突出了这样一个事实，即我们希望解耦的电气和机械状态，以便负荷转矩扰动不影响电流调节。这将在下面讨论。但是，还有一个非常重要的原因，我们是为了简单才解耦当前控制器中的电气和机械状态。这也将在下面讨论。

6.1.3.2 有刷直流电动机的标准比例积分电流控制

电机中最普遍的电流调节方法之一是标准的比例积分（PI）控制。如图 6.6 所示。PI 控制器具有以下结构

$$G_{\mathrm{controller\_i}} = K_{\mathrm{p}} + \frac{K_{\mathrm{i}}}{s} \quad (6.15)$$

式中，K_{p} 是比例增益；K_{i} 是积分增益。

用 PI 控制器代替 $G_{\mathrm{controller\_i}}$ 后，式 (6.14) 变为

$$I_{\mathrm{a}}(s) = \frac{JK_{\mathrm{p}}s^2 + (JK_{\mathrm{i}} + K_{\mathrm{p}}b)s + K_{\mathrm{i}}b}{JL_{\mathrm{a}}s^3 + [(K_{\mathrm{p}} + R_{\mathrm{a}})J + L_{\mathrm{a}}b]s^2 + [JK_{\mathrm{i}} + K_{\mathrm{e}}K_{\mathrm{t}} + (K_{\mathrm{p}} + R_{\mathrm{a}})b]s + K_{\mathrm{i}}b} I_{\mathrm{a}}^*(s)$$

$$+ \frac{K_{\mathrm{e}}s}{JL_{\mathrm{a}}s^3 + [(K_{\mathrm{p}} + R_{\mathrm{a}})J + L_{\mathrm{a}}b]s^2 + [JK_{\mathrm{i}} + K_{\mathrm{e}}K_{\mathrm{t}} + (K_{\mathrm{p}} + R_{\mathrm{a}})b]s + K_{\mathrm{i}}b} T_{\mathrm{L}}(s) \quad (6.16)$$

即使使用简单的 PI 控制器，传递函数也变得相当复杂，选择增益也很重要。回想一下，式 (6.16) 也忽略了电压调节器的动态特性。

为了简化问题，我们首先将分析局限于在转子不允许移动的情况下调整控制器（称为锁定转子调谐）。这似乎不切实际，但我们将在以后的章节中讨论这个限制。在这种情况下，选择收益是微不足道的。当转子锁定时，没有反电动势耦合到电气状态。因此，锁定转子状态将电气和机械状态解耦。简化的电气框图如图 6.7 所示。

电枢电流的响应仅取决于指令电流（即不再取决于负荷转矩）。使用相同的 PI 控制器，式 (6.16) 简化为

$$I_{\mathrm{a}}(s) = \frac{K_{\mathrm{p}}s + K_{\mathrm{i}}}{L_{\mathrm{a}}s^2 + (K_{\mathrm{p}} + R_{\mathrm{a}})s + K_{\mathrm{i}}} I_{\mathrm{a}}^*(s) \quad (6.17)$$

式 (6.7) 比式 (6.8) 复杂得多。对于这种情况，也有大量关于经典调谐策略的文献[1]。然而，通过适当地形成传递函数，我们可以消除任何繁琐的技术，并使这成为一个基本的问题。图 6.8 在顶部显示了图 6.7 的简化框图，在底部显示了以时间常数表示的框图。

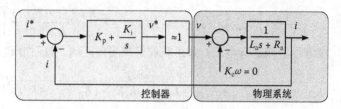

图6.7 带有PI电流调节器的直流电机框图

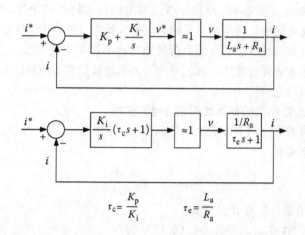

图6.8 使用电气和控制器时间常数（下图）重写带PI电流调节器（上图）的直流电机框图

利用电气时间常数（电枢电感除以电阻）的定义，我们可以得到一个简单的解。该电气设备在电气时间常数τ_e上有一个极点。注意，如图6.8下图所示重新设置PI控制器，在τ_c处有一个控制器零点。控制器零点只是比例增益与积分增益的比值，可以任意设置。通过将控制器的零点设置为与电极极点相等，可以消除零极点，框图进一步简化为图6.9。这将框图简化为具有无开环积分器和增益。电流回路的闭环传递函数为

$$\frac{I_a(s)}{I_a^*(s)} = \frac{K_i}{R_a s + K_i} \tag{6.18}$$

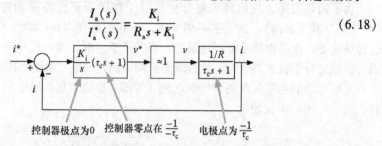

图6.9 带有控制器零点取消电厂电气极点的直流电机框图

6.1.3.3 有刷直流电动机中的标准比例PI电流环路调谐和响应

从式（6.18）中，可以看出存在单位稳态增益（如$s \to 0$）。随着指令频率的增加，增益不断衰减（与$1/s$成比例）。

系统带宽通常定义为 -3dB 的频率响应。解决产生 -3dB 的响应，所需的带宽是微不足道的。式（6.19）显示了锁定转子电流环传递函数的大小。

$$\left| \frac{I_a(s)}{I_a^*(s)} \right| = \frac{K_i}{\sqrt{(2\pi f R_a)^2 + (K_i)^2}} \tag{6.19}$$

当实部和虚部的幅值相等时，出现 -3dB 点（幅值比为 0.707）。积分增益的求解如式（6.20）所示。注意控制器时间常数被设置为等于极（零）点消除的电气时间常数，比例增益的求解如式（6.21）所示。

$$K_i = 2\pi f_{bw} R_a \tag{6.20}$$

$$K_p = 2\pi f_{bw} L_a \tag{6.21}$$

式中，f_{bw} 是所需电流环带宽。

系统的响应如图 6.10 所示，调谐频率为 1000Hz。在完全零极点对消的情况下，系统具有一阶响应。在期望的 1000Hz 时，幅值跨越 -3dB，相位跨越 -45°。

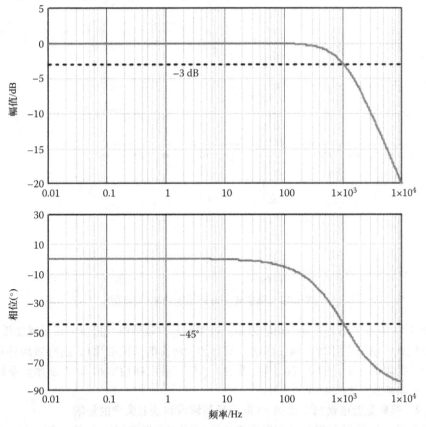

图 6.10 为 1000Hz 调谐的锁定转子电流回路响应 $I_a(s)/I_a(s)$

图 6.11 突出显示了简化框图中的开环系统极点和零点。图 6.12 显示了复平面上的极点和零点图。我们可以看到控制器零点被放置在电气极点的顶部，有效地抵消了与之

相关的动力学。

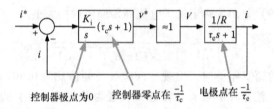

控制器极点为0　　控制器零点在 $\frac{-1}{\tau_c}$　　电极点在 $\frac{-1}{\tau_e}$

图6.11　带有PI电流调节器的直流电机的方框图，突出显示了开环系统极点和零点

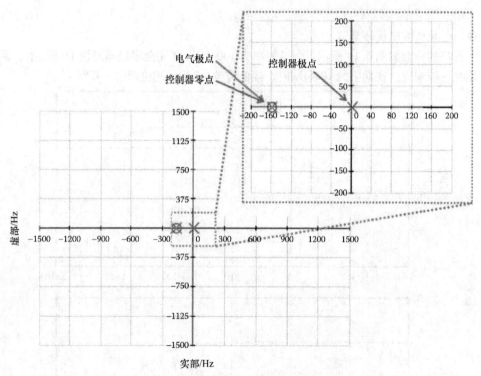

图6.12　锁定转子开环系统的极/零点图

图6.13显示了闭环系统的根轨迹图。控制器零点取消电气极点，通过增加增益 K_i，控制器极点（从原点开始）向左移动（直到达到所需的系统带宽）。这有效地将系统降低到一个简单的一阶，如式（6.18）所述。系统的阶跃响应如图6.14所示。系统具有良好的一阶响应，上升时间为1ms。

6.1.3.4　有刷直流电动机中比例PI电流环路调谐和响应失谐的影响

虽然目标是将PI环路的控制器零点置于（并有效地取消）电气极点之上，但这在实践中无法完全实现。然而，对于大多数电动机控制应用而言，使控制器零点接近电极点通常是足够的。本节将探讨当控制器零点大于或小于电气极点时，系统响应会发生什么变化。

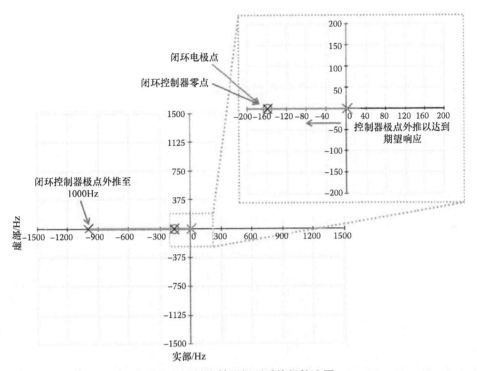

图 6.13 锁定转子闭环系统根轨迹图

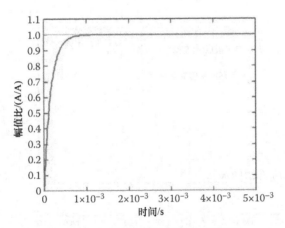

图 6.14 锁定转子闭环系统阶跃响应

图 6.15 给出了当控制器零点设为电厂电气极点的 150% 时的开环系统的极点和零点。这会使控制器零点更靠近原点。图 6.16 显示了增益 K_i 增加时系统的根轨迹图。由于控制器零点向右偏移，控制器极点向控制器零点偏移并在控制器零点附近结束。电厂电气极点向左移动超出期望带宽 1000Hz。闭环系统的极点在 −102Hz 和 −1557Hz，如图 6.16 所示。

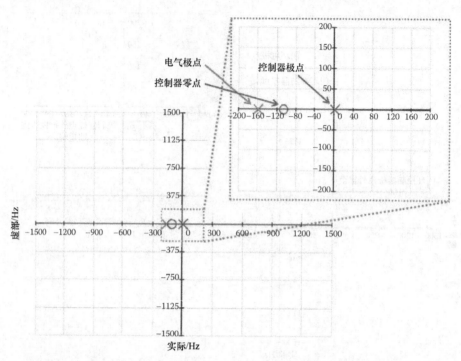

图 6.15 锁定转子开环系统的极点/零点图，控制器零点位于电厂电气极点右侧（$\tau_c = 1.5\tau_e$）

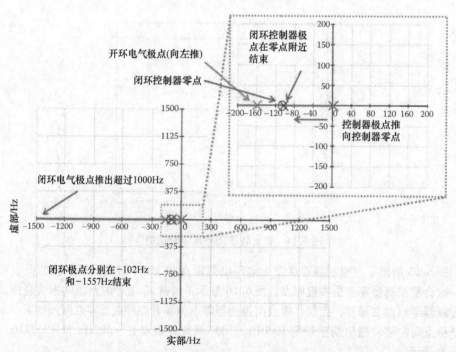

图 6.16 控制器零点位于电厂电气极点右侧的系统根轨迹图（$\tau_c = 1.5\tau_e$）

由于不再存在精确的极点/零点对消,系统在两个频率处均具有闭环极点。这两个极点为系统响应提供了两个不同的时间常数,如图 6.17 中的阶跃响应图所示。102Hz 的极点导致最终系统收敛大约需要 10ms 才能达到稳态指令值。1557Hz 的极点迫使系统最初比原来的 1ms(1000Hz)更快地收敛。重要的是要注意,响应在小于 1ms 内达到指令值的 95% 以上,这就是对电动机控制应用通常没有影响的原因。典型的系统具有外部速率或位置环路,这些环路不断修改指令转矩值。除了最严格的应用外,达到 95% 或更多的指令值不会对所有的外环产生影响。

图 6.18 显示了当控制器零点设置为电厂电气极点的 50% 时的开环系统的极点和零点。这将使控制器远离原点。图 6.19 显示了增益 K_i 增加时系统的根轨迹图。由于控制器零点向左偏移,控制器极点和电气极点相互移动,并随着 K_i 的增加而断开轴[1]。这些极点向控制器零点向左移动。闭环系统的极点在 $-329 \pm j225$Hz,如图 6.19 所示。该系统的阶跃响应如图 6.20 所示。

图 6.21 显示了锁定转子电流环路系统的频率响应。我们看到带宽(-3dB 幅值比)从期望的 1000Hz

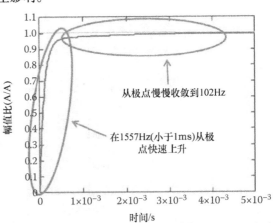

图 6.17 控制器零点位于电厂电极右侧 ($\tau_c = 1.5\tau_e$) 的闭环系统阶跃响应

要求降低。我们还观察到图 6.21 的频率响应函数中有轻微的超调(~0.5dB)。这里再次说明,除了在最严格的运动控制应用中,这种响应不会影响系统性能。

综上所述,本节表明,即使在电厂电气极点估计存在重大误差(电枢电阻和电感估计误差为 ±50%)的情况下,PI 控制器仍具有稳定性。本节对系统响应进行了大量的关注,因为它将直接应用于交流电机(感应电机、永磁同步电机、同步磁阻电机等)的控制。下一节将介绍转子自由转动时电流调节的一般方法。这是产生有用机械能转换的一个明显而重要的特征。

6.1.3.5 有刷直流电机比例 PI 电流环路的反电动势解耦

上一节研究了反电动势为零时的电流环路响应。如果转子轴可以自由旋转,反电动势会耦合电机的电气和机械状态。解决这个问题的一个方法是通过在控制器中消除反电动势来解耦反电动势的影响[3]。这种方法如图 6.22 所示。我们看到反电动势项是从物理系统的外加电压中减去的。通过测量转子转速,可以估计出转子的转速电动势。这只是测量速度和反电动势常数估计值的乘积(注意估计参数用常数上的^表示)。此估计的反电动势被添加到电压指令中,以尝试补偿物理反电动势。

假设一个理想的电压调节器,电流响应的推导是简单的。对式(6.16)进行修改,

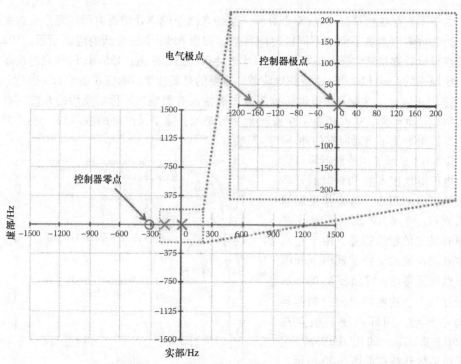

图6.18 锁定转子开环系统的极点/零点图,控制器零点位于电厂电气极点左侧($\tau_c = 1.5\tau_e$)

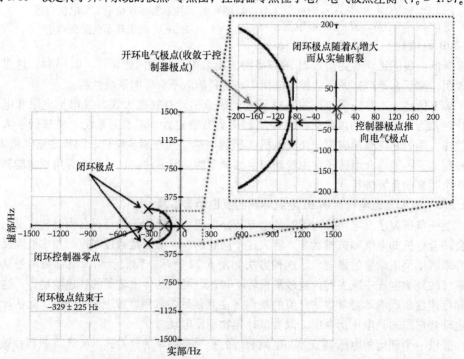

图6.19 控制器零点位于电厂电气极点左侧的系统根轨迹图($\tau_c = 1.5\tau_e$)

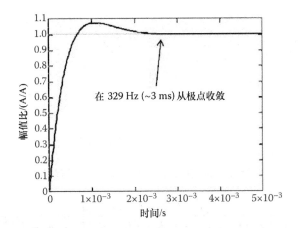

图 6.20 控制器零点位于电厂电气极点左侧（$\tau_c = 1.5\tau_e$）的闭环系统阶跃响应

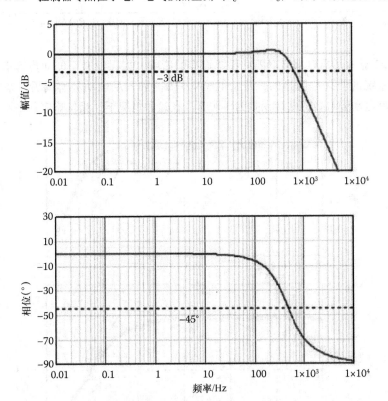

图 6.21 将控制器零点置于电厂电气极点左侧（$\tau_c = 1.5\tau_e$）的系统堵转电流环路响应（$[I_a(s)/I_a^*(s)]$）

以包括估计的反电动势项，变为

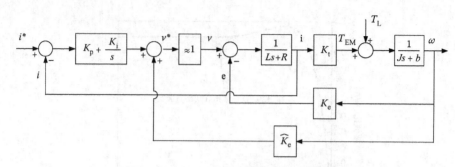

图 6.22 采用 PI 电流环路的反电动势解耦

$$I_a(s) = \frac{JK_p s^2 + (JK_i + K_p b)s + K_i b}{JL_a s^3 + [(K_p + R_a)J + L_a b]s^2 + [JK_i + (K_e - \hat{K}_e)K_t + (K_p + R_a)b]s + K_i b} I_a^*(s) +$$

$$\frac{(K_e - \hat{K}_e)s}{JL_a s^3 + [(K_p + R_a)J + L_a b]s^2 + [JK_i + (K_e - \hat{K}_e)K_t + (K_p + R_a)b]s + K_i b} T_L(s)$$

(6.22)

图 6.23 显示了反电动势解耦对系统响应的影响。如果没有反电动势解耦，机械系统对电气系统的干扰是明显的，开始低于 0.1Hz。加入反电动势解耦后，系统响应良好，即使反电动势常数的估计误差为 ±10%。在这种情况下，相位响应几乎不受影响。

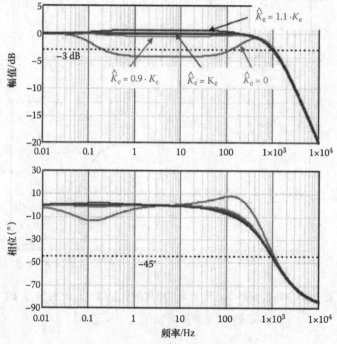

图 6.23 反电动势解耦对系统响应的影响

此分析仅在假定电压调节器为理想时有效。电压放大器增益的微小误差与反向估计误差相同,影响系统反电动势常数。主要问题是电压放大器何时饱和,电动机转速越快,反电动势越高,因此指令电压越大。当电动机接近空载转速时,电压指令超过逆变器的能力并饱和。重要的是要考虑到无论独立于什么类型的控制实现,都不能超过物理的限制。因此,虽然读者可能会认为这种技术在高速下会崩溃,但没有一种控制方案不会因为物理限制而在高速下崩溃。

6.2 交流电动机控制基本原理

前几节主要介绍直流电动机控制。本节将探讨交流电动机的控制。本节将从无刷直流(BLDC)电机(梯形反电动势)控制开始,并扩展到永磁同步电机(PMSM)。永磁同步电机通常被称为无刷交流(BLAC)(正弦反电动势)电机,包括表面永磁(SPM)和内部永磁(IPM)电机。无刷交流电机的控制将扩展到同步磁阻电机控制,最后是异步电机控制。与直流电机一样,下面将首先探讨通过电流调节实现这些电机的转矩控制。电流调节器将是直流电机概念的扩展。

无刷直流电机是有刷直流电机的直接延伸。主要的区别是电枢电路是用逆变器电桥进行电子换向,而不是用换向器条和电刷进行机械换向。我们将看到无刷交流电机的控制方式与无刷直流电机有很大的不同。无刷交流电机控制技术很容易推广到同步磁阻电机和感应电机。

6.2.1 无刷直流电机转矩控制基本原理

一个典型的无刷直流电机是由一个典型的永磁有刷电机内部构造而成。典型的无刷直流电机没有机械换向的转子绕组和定子上的 PM(磁场),而是转子上有 PM(仍产生磁场),定子上有电枢绕组通过逆变器电桥进行电子换向的定子。图 6.24 显示了无刷直流电机和逆变器电桥的等效电路。与有刷直流电机不同,无刷直流电机不能简单地连接到电压源进行操作。操作时与无刷直流电机控制器整体连接。

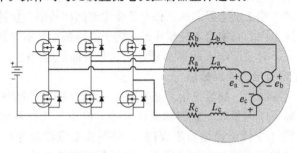

图 6.24 无刷直流逆变器电桥等效电路图

无刷直流电机通过在任意时刻在三相中的两相中施加电压和调节电流来运行。在此期间,第三相开路。如图 6.25 所示。这台机器每 60°电角度就换一次相。

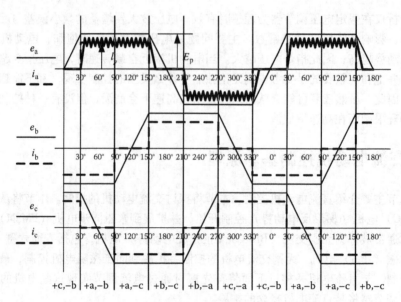

图 6.25 无刷直流电机中的电压和电流波形

每相通电 120°电角度。在每 60°电角度分段中，电机具有与有刷直流电机相同的等效电路，即等效电阻、电感和反电动势（与速度成正比）。除了实现相位间换相的状态机逻辑之外，还可以实现前面章节中所述的电流调节（尽管通常情况下，使用的是稳定性较差但更简单的周期电流控制）。换相状态机逻辑简单地决定了在任何给定转子位置对哪一组电力电子开关进行脉宽调制（PWM）。

6.2.2 无刷交流电机转矩控制基本原理

与无刷直流电机不同，无刷交流电机同时励磁所有三相。随着低成本、高性能数字信号处理器的普及，无刷交流电机转矩（电流）控制最常见的方法就是磁场定向控制（FOC）。FOC 将矢量（电压、磁通量和电流）从三相坐标（即 A 相电流）转换为随转子旋转的坐标系中的两相正交坐标。从三相定子变量到两相转子变量的转换是控制系统的一个重要步骤，这是因为它使稳态交流变量在转子坐标系中显示为直流量。因此，即使终端量呈正弦变化，对直流电机 PI 调节器的所有分析都是适用的。

6.2.2.1 无刷交流电机电流控制概述

在无刷交流电机控制中，测量三相交流电流并将其转换为两相交流电流。当它们在定子或静止参考坐标系中测量时，它们都被认为是"静止"坐标系电流。利用测量的转子磁通（rf）位置（与转子磁体同步旋转），将两相电流转换为"同步"参考坐标系。这些稳态量似乎是直流项。将这些同步坐标系反馈电流与同步坐标系指令进行比较，并将误差反馈到 PI 电流调节器中，每相一个。稳态输出是一个直流电压指令，通过对静止参考坐标系的逆变换将其转换回交流。

6.2.2.2 交流电机电流控制中复空间矢量的定义

场定向需要数学变换来定义各种参考系中的量。首先,必须定义空间矢量的概念。顾名思义,空间矢量定义了空间中的振幅和方向。必须注意,振幅不一定是常数,而是时变量。式(6.23)和式(6.24)中列出的欧拉恒等式是具有恒定大小1的空间矢量的示例。

$$e^{j\theta} = \cos(\theta) + j\sin(\theta) \quad (6.23)$$

$$e^{-j\theta} = \cos(\theta) - j\sin(\theta) \quad (6.24)$$

空间矢量提供了一种方便的方法来描述诸如电机绕组之类的量的空间位置。用空间矢量 $e^{+j0°}$、$e^{+j120°}$ 和 $e^{-j120°}$ 可以很容易地描述相隔120°的三相绕组的空间位置。机器变量(电压、电流和磁链)的复空间矢量在式(6.25)中定义。

$$\bar{f}_s = \frac{2}{3}(f_{ax}e^{+j0°} + f_{bs}e^{+j120°} + f_{cs}e^{-j120°}) \quad (6.25)$$

例如,电流空间矢量将时变电流幅值与绕组的空间位置相结合。假设电流在式(6.26)~式(6.28)中给出的三相中的每一相均呈正弦变化,则复空间矢量的定义如式(6.29)中给出的。

$$i_{as}(t) = I_m\cos(\omega t) \quad (6.26)$$

$$i_{bs}(t) = I_m\cos(\omega t - 120°) \quad (6.27)$$

$$i_{cs}(i) = I_m\cos(\omega t + 120°) \quad (6.28)$$

$$\bar{I}(t) = \frac{2}{3}\left[I_m\cos(\omega t)e^{+j0°} + I_m\cos(\omega t - 120°)e^{j120°} + I_m\cos(\omega t + 120°)e^{-j120°}\right]$$

$$= I_m\cos(\omega t) + jI_m\sin(\omega t) = I_m e^{+j\omega t} \quad (6.29)$$

式(6.29)描述了以激励频率 ω 的角速率旋转的恒定振幅矢量,如图6.26所示。该图表示与 ωt_0 的空间位置相对应的给定时间 t_0 处每个相电流振幅的矢量和。还要注意的是,空间矢量是用常数2/3定义的。这是这样选择的,当加在一起时,旋转矢量的大小等于任何一个相位中正弦量的大小。比例因子的另一个常见选择是 $\sqrt{2/3}$,保持恒定的幂关系[4]。

如式(6.25)所示,空间矢量由三个单位矢量定义,每个矢量相隔120°。这三个单位矢量可以相加,形成平面上任意一个空间矢量。

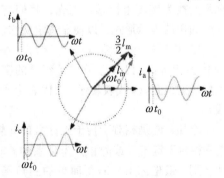

图6.26 时间 t_0 的空间矢量(位置 ωt_0)

然而,任何两个非平行矢量都可以用来定义平面上的空间矢量。定义正交(相隔90°)单位矢量最为方便。利用复平面,正交单位矢量位于实轴和虚轴上。式(6.30)给出了复空间矢量的第二个定义,式中,包含这些单位矢量。

$$\bar{f}_{qds} = f_{qs} - jf_{ds} \quad (6.30)$$

这是常见的"dq"坐标系。这是一个定义,读者应注意,文献中使用了多个定义

(式中，d 轴与正虚轴对齐，而不是负虚轴，或者 d 轴与实轴对齐，q 轴与虚轴对齐)。如何定义轴并不重要，只需与正向和反向变换的定义保持一致即可。

在使用 dq 坐标系时，需要第三个变量来定义唯一的变换（因为 abc 坐标系中有 3 个变量）是

$$f_{0x} = \frac{1}{3}[f_{as} + f_{bs} + f_{cs}] \tag{6.31}$$

定义的第一个变换是将三相变量（相隔 120°）变换为两相 dq 变量。这就是克拉克变换。abc 变量和 dq0 变量之间的关系在式（6.32）中给出。这是从 abc 变量到 dq0 变量的正向变换。从 dq0 变量到 abc 变量的逆变换在式（6.33）中给出。

$$\begin{bmatrix} f_{qs} \\ f_{ds} \\ f_{0s} \end{bmatrix} = \frac{2}{3} \begin{bmatrix} 1 & \frac{-1}{2} & \frac{-1}{2} \\ 0 & \frac{-\sqrt{3}}{2} & \frac{\sqrt{3}}{2} \\ \frac{1}{2} & \frac{1}{2} & \frac{1}{2} \end{bmatrix} \begin{bmatrix} f_{as} \\ f_{bs} \\ f_{cs} \end{bmatrix} \tag{6.32}$$

$$\begin{bmatrix} f_{as} \\ f_{bs} \\ f_{cs} \end{bmatrix} = \frac{2}{3} \begin{bmatrix} 1 & 0 & 1 \\ \frac{-1}{2} & \frac{-\sqrt{3}}{2} & 1 \\ \frac{-1}{2} & \frac{\sqrt{3}}{2} & 1 \end{bmatrix} \begin{bmatrix} f_{qs} \\ f_{ds} \\ f_{0s} \end{bmatrix} \tag{6.33}$$

第二个变换是 Park 变换。这会将变量从静止坐标系变换为旋转坐标系。首先，我们将为变量定义一个通用的表示形式，以便显式定义它们[4]：

$\bar{f}_{qdx}^y$ 中 f 是一个变量（v, i, λ），x 是变量的来源（r 代表转子，s 代表定子）（变量的实际位置），y 是变量的位置（r 代表转子，s 代表定子和 g 代表一般）。

例如，v_{qs}^r 是相对于转子坐标系的 q 轴定子电压。i_{ds}^s 是相对于定子（或静止）坐标系的 d 轴定子电流。旋转到一般坐标系只需要简单的三角函数变换，但这是交流电机电流调节过程中的关键步骤。简单三角函数如图 6.27 所示。

静止到旋转

$$\bar{f}_{qdx}^g = e^{-j\theta} \bar{f}_{qdx}^s$$

$$\begin{bmatrix} f_{qx}^g \\ f_{dx}^g \end{bmatrix} = \begin{bmatrix} \cos\theta & -\sin\theta \\ \sin\theta & \cos\theta \end{bmatrix} \begin{bmatrix} f_{qx}^s \\ f_{dx}^s \end{bmatrix}$$

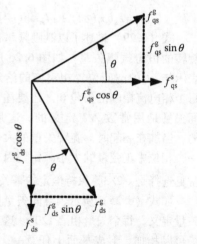

图 6.27 从静止参考坐标系到一般旋转参考坐标系的变换

旋转到静止
$$\bar{f}_{qdx}^{s} = e^{j\theta}\bar{f}_{qdx}^{g}$$

$$\begin{bmatrix} f_{qx}^{s} \\ f_{dx}^{s} \end{bmatrix} = \begin{bmatrix} \cos\theta & \sin\theta \\ -\sin\theta & \cos\theta \end{bmatrix} \begin{bmatrix} f_{qx}^{g} \\ f_{dx}^{g} \end{bmatrix}$$

在交流电机控制中，一个方便选择的参考坐标系是 rf 参考坐标系。在表面 PM 电机中，这只是由 PM 的位置决定的。对于感应电机，必须通过推断的测量或估计来确定 rf。选择参考坐标系时，应确保 d 轴与 rf（转子 PM）对齐，q 轴与 rf 正交。d 轴中的"d"表示"直"轴，因为它与转子磁场直接对齐。q 轴中的"q"表示"正交"，与转子磁场正交（90°电角度）。图 6.28 显示了 PM 同步电机控制器中使用的转换。注意，当如上所述选择 q 轴和 d 轴时，d 轴与 rf 对齐，并尝试将总通量加上（使用正 d 轴电流）或减去（使用负 d 轴电流）。q 轴与 rf 相互作用以产生转矩。因此，d 轴电流类似于磁场电流，q 轴电流类似于直流电机中的电枢电流。

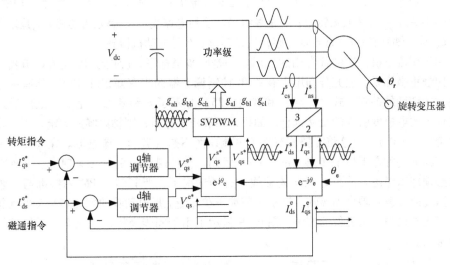

图 6.28 带变换的永磁交流电机控制器框图

变量被转换成同步参考坐标系（用"e"上标表示激励）。在这种情况下，同步坐标系和 rf 参考系是相同的（这在感应电机控制中是不一样的）。正弦电流在同步参考系中，变为易于控制的直流量，如前面的章节所述。事实上，交流电机控制的概念就是变换量在同步坐标系中，调节电流，就好像它们是直流量一样，然后将指令电压变换回静止参考坐标系向电机绕组施加电压。这就是所谓的同步坐标系电流调节（SFCR）。

在表面永磁无刷交流电机中，d 轴电流指令通常设置为零。这是因为 PM 产生了电机转矩产生所需的所有磁链。此外，由于大多数表面永磁电机的磁化电感值较低，因此很难削弱磁场。

内部永磁电机是不同的，它们是故意为磁场弱化设计的，以允许一个大的恒定功率运行制度。在这种情况下，d 轴（磁通产生轴）不设置为零，而是根据工作点需求进行调节。这将在接下来的小节中讨论。

6.2.2.3 无刷交流电机微分方程

在前面的章节描述到,在一般的参考系中,无刷交流电机的微分方程(永磁电机的磁通与 d 轴对齐)是

$$v_{qs}^g = r_s i_{qs}^g + \frac{d\lambda_{qs}^g}{dt} + \omega\lambda_{ds}^g \tag{6.34}$$

$$v_{qs}^g = r_s i_{ds}^g + \frac{d\lambda_{ds}^g}{dt} + \omega\lambda_{qs}^g \tag{6.35}$$

$$\lambda_{qs}^g = L_{ls} i_{qs}^g + L_{mq} i_{qs}^g \tag{6.36}$$

$$\lambda_{ds}^g = L_{ls} i_{ds}^g + L_{md} i_{ds}^g + \Lambda_{mf} \tag{6.37}$$

$$T_e = \frac{3}{2}\frac{P}{2}\left[\underbrace{\Lambda_{mf} i_{qs}^g}_{\text{PM 转矩}} + \underbrace{(L_{md} - L_{mq}) i_{ds}^g i_{qs}^g}_{\text{磁阻转矩}}\right] \tag{6.38}$$

式中,v_{qs}^g 是 q 轴电压;v_{ds}^g 是 d 轴电压;i_{qs}^g 是 q 轴电流;i_{ds}^g 是 d 轴电流;λ_{qs}^g 是 q 轴磁链;λ_{ds}^g 是 d 轴磁链;T_e 是电磁转矩;ω 是参考坐标系的电速度;Λ_{mf} 是永磁磁链;r_s 是定子电阻;L_{mq} 是 q 轴互感;L_{md} 是 d 轴互感;L_{ls} 是漏感;P 是电动机极数。

用于交流电机控制的最常用的技术之一是同步坐标系,应用于 PI 电流调节器,再变换回静止坐标系。它充分利用了有关 PI 控制调节器的丰富知识和文献。但有一个必须注意的细微的差别,式(6.34)和式(6.35)显示了 q 和 d 参考坐标系之间通过参考坐标系的电速度引入的交叉耦合。如果采用静止坐标系,则轴以零速固定,不存在交叉耦合($\omega = 0$)。但这将需要调节交流电流,而不是所需的直流电流。在同步坐标系中,该帧的速度等于转子转速($\omega = \omega_r$)。因此,在控制器中引入交叉耦合。这种交叉耦合必须加以考虑。此外,在所述轴线对齐的情况下,所有转子 PM 磁链都与 d 轴对齐,因此通过速度耦合到 q 轴。这是目前唯一在 q 轴上反电动势的术语。在反电动势解耦的直流电机中使用类似的方法。图 6.29 显示了用于同步坐标系电流调节系统的解耦控制策略。

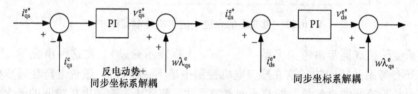

图 6.29 交流同步坐标系控制器中的参考坐标系和反电动势解耦

6.2.2.3.1 表面永磁和内部永磁结构

顾名思义,表面永磁(SPM)电机在转子表面有磁铁,而内部永磁(IPM)电机的磁铁埋在转子磁体中。这种物理结构的差异导致了磁性结构的变化。图 6.30 显示了一个表面永磁电机的转子结构和一个八极电机的内部永磁电机。但是这些典型的配置只是众多转子设计中的两种。从根本上讲无论配置如何,电磁结构都与此类似。图 6.30 显

示了八极电机的 d（直）轴和 q（交）轴以及每个轴的磁通路径轴线。d 轴磁通的路径直接穿过磁铁。

图 6.30 显示了表面永磁电机的案例，对 d、q 轴磁阻路径是一样的。两轴有磁通路径，从定子磁钢通过一个小的气隙，再通过永磁电机，最后遵循类似的路径通过转子磁钢回到定子磁钢。这两个磁通路径的磁阻是占主导地位的表面的磁阻磁铁，通常数量级大于气隙，具有与空气相同的相对磁导率。永磁电机就像一个大的气隙的磁路。这种大的有效气隙使得 SPM 电机的磁阻相对较大。大磁阻意味着定子电感（与磁阻成反比）相对较低。

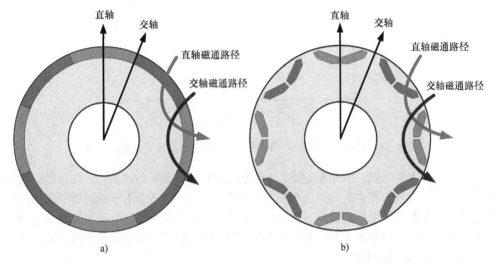

图 6.30　表面永磁电机（a）和内部永磁电机（b）的转子结构

表面永磁电机的低电感使电流控制比较困难。如果不使用高开关频率电机绕组的电流纹波可能会大，导致电流反馈电路的开关高损耗以及过大的噪声。电流控制采样率必须足够快，才能确保在控制器做出反应之前，电流不超过逆变器的额定值。

因为两路径的磁阻是相同的（几乎相同的设计为基础），所以 d 轴和 q 轴电感相等（或相近）。即使当电感不相等时（无论是由于轻微的几何差异，或是在 d 轴路径的磁饱和），d 轴和 q 轴电感的差异也可以忽略不计。在式（6.38）中转矩磁阻部分变得可以忽略不计。由于磁阻转矩部分几乎为零，适用于所有的电流 q 轴（转矩产生轴）。除了磁阻转矩是可以忽略的，d 轴电流通常设置为零。如上所述，由于这些电机中的磁化电感值很低，所以很难削弱大多数表面永磁电机（这有例外[5]）的磁场。式（6.38）中零 d 轴电流、转矩方程简化为式（6.39）。

$$T_e = \frac{3}{2}\frac{P}{2}\left[\Lambda_{mf} i_{qs}^r\right] \tag{6.39}$$

图 6.30 显示了内部永磁电机，d 轴和 q 轴的磁阻路径不一样。d 轴磁通路径穿过转子中的两组磁铁，其磁阻显著高于 q 轴磁通路径，q 轴磁通路径仅穿过转子中的磁钢。

因此，d 轴电感明显低于 q 轴电感。图 6.31 显示了所得到永磁转矩的总和 [式 (6.38) 的第一项] 和磁阻转矩 [式 (6.38) 的第二项]。

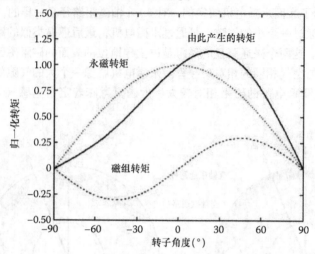

图 6.31 转矩作为固定定子电流时内部永磁电机转子角度的函数

对于内部永磁电机，d 轴电流指令（磁通指令）可以是正的或负的。在 d 轴磁通的减少也降低了有效转矩常数 [式 (6.38) 中的第一项]，但这是由于磁阻转矩的增加而抵消了由于磁阻项而增加的转矩 [式 (6.38) 第二项]。这种磁阻项是用来增加总的定子电流的总转矩。内部永磁电机通常由 MTPA 控制限制到变频器的额定电流上限。最大电流受式 (6.40) 的约束。

$$i_{qs}^2 + i_{ds}^2 = I_{max}^2 \tag{6.40}$$

该逆变器也有一个电压约束式 (6.41)。

$$v_{qs}^2 + v_{ds}^2 = V_{max}^2 \tag{6.41}$$

考虑到内部永磁电机的稳态运行，式 (6.34) 和式 (6.35) 分别简化式 (6.42) 和式 (6.43) 的电压方程。

$$v_{qs} = r_s i_{qs} + \omega \lambda_{ds} \tag{6.42}$$

$$v_{ds} = r_s i_{qs} - \omega \lambda_{qs} \tag{6.43}$$

如果 IR [电流×电阻（电阻电压降）] 被忽视，磁链的电流表示由式 (6.42) 和式 (6.43) 进一步减少到式 (6.44) 和式 (6.45) 表示。

$$v_{qs} = \omega (L_{ds} i_{ds} + \Lambda_{mf}) \tag{6.44}$$

$$v_{qs} = \omega L_{qs} i_{qs} \tag{6.45}$$

式中，L_{qs} 是 q 轴电感（ $= L_{mq} + L_{ls}$）；L_{ds} 是 d 轴电感（ $= L_{md} + L_{ls}$）。式 (6.41) 中所示的逆变器的电压限制现在可以用式 (6.46) 中的 d 轴和 q 轴电流表示。

$$(L_{ds} i_{ds} + \Lambda_{mf})^2 + (L_{qs} i_{qs})^2 = \left(\frac{V_{max}}{\omega}\right)^2 = \lambda_{max}(\omega) \tag{6.46}$$

最大电流方程 [见式 (6.40)] 描述了在 dq 电流平面圆。最大电压方程 [见式

(6.46)] 描述了在 dq 电流平面椭圆。图 6.32 显示了与最大电流和最大电压的椭圆的 dq 电流平面图。最大电压是速度的函数，如式（6.46）所示。图 6.32 绘制了三恒定速度的约束。图 6.32 还强调了 3 个不同幅值的转矩（包括正和负）的恒转矩线。如图 6.32 所示为 MTPA 线。这条线的方程由式（6.47）给出[6]。

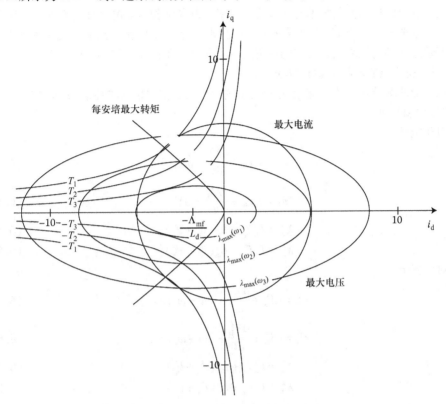

图 6.32　dq 轴电流的平面图显示最大电流、最大电压、恒转矩值及每安培最大转矩

$$i_d(i_q) = \frac{-\Lambda_{mf}}{2(L_q - L_d)} - \sqrt{\frac{\Lambda_{mf}^2}{4(L_q - L_d)^2} + i_{qs}^2} \quad (6.47)$$

利用 MTPA 的内部永磁电机控制，采用查找表或逆函数从转矩指令得到 d 轴和 q 轴电流。上面的分析显然是理想化的。通过有限元分析或测量数据可以测定查找表或所使用的逆函数的参数。

同步磁阻电机类似于内部永磁电机。没有永磁产生转矩；式（6.48）中给出了转矩方程。

$$T_e = \frac{3}{2} \frac{P}{2} (L_{md} - L_{mq}) i_{ds}^r i_{qs}^r \quad (6.48)$$

对于理想情况下的同步磁阻电机，在 d 轴和 q 轴电流相等时产生 MTPA。还可以使用查找表或反函数进行 MTPA，包括饱和和其他非线性的影响。

6.2.2.4 交流感应电机的电流控制概述

与所有形式的电机控制一样,交流感应电机(ACIM)的控制技术有几种,每种技术都有多个变种。本部分将介绍两种适合电动汽车牵引控制的FOC形式。这两种形式(间接和直接FOC)都有大量的文献发表,本节仅做简要概述。

交流感应电机的控制技术与无刷交流电机控制非常相似。电流被变换成一个参考坐标系,指令电压由一个PI控制器确定,这些指令电压被变换回到固定的参考坐标系,由逆变器施加到电机绕组。主要的区别是rf必须确定不同步的终端激励频率。

6.2.2.5 交流感应电机的微分方程

在前面的章节中,在一般参考坐标系中的交流感应电机的控制技术的微分方程(忽略零序项)如下:

对于定子

$$v_{qs}^g = r_s i_{qs}^g + \frac{d\lambda_{qs}^g}{dt} + \omega \lambda_{ds}^g \tag{6.49}$$

$$v_{ds}^g = r_s i_{ds}^g + \frac{d\lambda_{ds}^g}{dt} - \omega \lambda_{qs}^s \tag{6.50}$$

$$\lambda_{qs}^g = L_{ls} i_{qs}^g + L_m (i_{qs}^g + i_{qr}^g) \tag{6.51}$$

$$\lambda_{ds}^g = L_{ls} i_{ds}^g + L_m (i_{ds}^g + i_{dr}^g) \tag{6.52}$$

对于转子

$$v_{qr}^g = r_r i_{qr}^g + \frac{d\lambda_{qr}^g}{dt} + (\omega - \omega_r) \lambda_{dr}^g \tag{6.53}$$

$$v_{dr}^g = r_r i_{dr}^g + \frac{d\lambda_{dr}^g}{dt} - (\omega - \omega_r) \lambda_{qr}^g \tag{6.54}$$

$$\lambda_{qr}^g = L_{lr} i_{qr}^g + L_m (i_{qs}^g + i_{qr}^g) \tag{6.55}$$

$$\lambda_{dr}^g = L_{lr} i_{dr}^g + L_m (i_{ds}^g + i_{dr}^g) \tag{6.56}$$

$$T_e = \frac{3}{2} \frac{P}{2} L_m (i_{qs}^g i_{dr}^g - i_{qr}^g i_{ds}^g) \tag{6.57}$$

式中,v_{qs}^g是q轴定子电压;v_{ds}^g是d轴定子电压;i_{qs}^g是q轴定子电流;i_{ds}^g是d轴定子电流;λ_{qs}^g是q轴定子磁链;λ_{ds}^g是d轴定子磁链;v_{qr}^g是q轴转子电压;v_{dr}^g是d轴转子电压;i_{qr}^g是q轴转子电流;i_{dr}^g是d轴转子电流;λ_{qr}^g是q轴rf磁链;λ_{dr}^g是d轴rf磁链;T_e是电磁转矩;ω_r是转子频率(电动机转子转速);r_s是定子电阻;L_m是互感;L_{ls}是定子漏感;L_{lr}是转子漏感;P是电动机极数。

使用式(6.30)中定义的复数符号,与上述标量方程相比,将电机描述成一组复矢量方程往往更为方便。相比之下,用紧凑符号的方法更简单。值得注意的是,标量方程可以很容易地从复矢量方程中导出,反之亦然。用式(6.58)和式(6.59)取代式(6.49)~式(6.56)。"p"算子取代了普通的拉普拉斯算子"s",使"s"与在感应电机中的转差不混淆。"p"算子表示它正在运行的变量的变化的时间率。

$$\bar{v}_{qds}^g = r_s \bar{i}_{qds}^g + L_s (p + j\omega) \bar{i}_{qds}^g + L_m (p + j\omega) \bar{i}_{qds}^g \tag{6.58}$$

$$\bar{v}_{qdr}^g = r_r \bar{i}_{qdr}^g + L_r[p + j(\omega - \omega_r)]\bar{i}_{qdr}^g + L_m[p + j(\omega - \omega_r)]\bar{i}_{qds}^g \quad (6.59)$$

$$T_e = \frac{3}{2}\frac{P}{2}L_m \text{Imag}\{\bar{i}_{qds}^g, \bar{i}_{qdr}^{g*}\} \quad (6.60)$$

式中，$\bar{v}_{qds}^g$ 是复矢量定子电压；$\bar{v}_{qdr}^g$ 是复矢量转子电压；$\bar{i}_{qds}^g$ 是复矢量定子电流；$\bar{i}_{qdr}^g$ 是复矢量转子电流；T_e 是电磁转矩；ω 是参考系电频率；ω_r 是转子频率（转子速度）；r_s 是定子电阻；r_r 是转子电阻；L_m 是互感；L_s（$=L_m + L_{ls}$）是定子电感；L_r（$=L_m + L_{lr}$）是转子电感；p 是微分算子；j 是虚数；P 是电动机极数；$*$ 是复共轭。

6.2.2.6 交流感应电机的间接磁场定向

交流感应电机控制常采用上述相同的 FOC 技术，但相对于同步参考坐标系，将变换成 rf 参考坐标。间接磁场定向控制（IFOC）间接决定基于转差关系的 rf 定位（激励速度减去转子速度）。这是在式（6.61）中给出的。

$$\omega_e - \omega_r = s\omega_e = \frac{r_r}{L_r}\frac{i_{qs}^g}{i_{ds}^g} \quad (6.61)$$

式中，ω_e 是激励频率；ω_r 是转子频率（转子转速）；s 是转差；$s\omega_e$ 是转差频率；r_r 是转子电阻；L_r 是转子电感；i_{qs}^g 是 q 轴定子电流、i_{ds}^g 是 d 轴定子电流。

转差频率根据电机参数（转子电阻、转子电感和互感）以及 q 轴、d 轴电流计算。指令值的转差频率根据指令值 q 轴、d 轴定子电流计算。此指令的转差频率被集成，以获得转差位置的指令值。为了确定 rf 参考坐标系，所指定的转差位置被添加到转子位置，如图 6.33 所示。一旦确定 rf 参考坐标系，同步坐标系的 PI 电流调节器被用作上述相同的讨论。

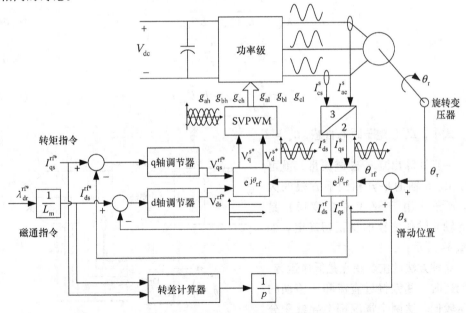

图 6.33 在有转子磁通的参考坐标系中的变换的 ACIM 控制器

6.2.2.7 交流感应电机的直接磁场定向

在直接磁场定向控制（DFOC）中，rf 的角度是"直接"测量（或估计）而不是采用转差关系来计算的。最初，磁通传感器被嵌入在定子绕组中去测量互气隙磁通。互气隙磁通是互感乘于定子和转子电流的总和，如式（6.62）所示。这些变量是在静止坐标系中测量得到的。由此可以导出式（6.63）中列出的复转子电流矢量。然后计算 rf 作为气隙的互磁通加上转子电流乘以转子漏感，如式（6.64）所示。

$$\bar{\lambda}_{qdm}^{s} = L_m(\bar{i}_{qds}^{s} + \bar{i}_{qdr}^{s}) \tag{6.62}$$

$$\bar{i'}_{qdr}^{s} = \frac{\bar{\lambda}_{qdm}^{s}}{L_m} - \bar{i}_{qds}^{s} \tag{6.63}$$

$$\bar{\lambda}_{qdr}^{s} = \bar{\lambda}_{qdm}^{s} + L_{lr}\bar{i}_{qdr}^{s} = \bar{\lambda}_{qdm}^{s} + \frac{L_{lr}}{L_m}\bar{\lambda}_{qdm}^{s} - L_{lr}\bar{i}_{qds}^{s} = \frac{L_r}{L_m}\bar{\lambda}_{qdm}^{s} - L_{lr}\bar{i}_{qds}^{s} \tag{6.64}$$

这种方法有两个主要的缺点：①气隙传感器有可靠性的问题。②rf 磁链的计算是基于随负载变化的漏感。

大多数现代的方法是从测得的终端变量中估测 rf 磁链。终端电压减去 IR 压降后进行积分（1/p 运算符用于积分）如式（6.65）所示。变量参照的是静止坐标系，在静止坐标系中测量终端量。rf 磁链是定子电流乘以互感加上转子乘以自感。如式（6.66）所示。转子电流从式（6.66）中求解，并在式（6.67）给出。根据式（6.68）中给出的定子磁通和定子电流求解 rf 磁链。因此 rf 只由终端电压和电流导出。

$$\bar{\lambda}_{qds}^{s} = \frac{1}{p}(v\bar{\lambda}_{qds}^{s} - r_s\bar{i}_{qds}^{s}) \tag{6.65}$$

$$\bar{\lambda}_{qdr}^{s} = L_m\bar{i}_{qds}^{s} + L_r\bar{i}_{qdr}^{s} \tag{6.66}$$

$$\bar{i}_{qdr}^{s} = \frac{\bar{\lambda}_{qds}^{s}}{L_m} - \frac{L_s}{L_m}\bar{i}_{qds} \tag{6.67}$$

$$\bar{\lambda}_{qfr}^{s} = \frac{L_r}{L_m}(\lambda_{qds}^{s} - L'_s\bar{i}_{qds}^{s}) \tag{6.68}$$

式中，L'_s 为定子瞬态自感，$L'_s = L_s - \frac{L_m^2}{L_r}$。

一旦计算出复 rf 磁链矢量，就可确定 d、q 轴的平方和的平方根的大小。rf 角（用于 SFCR 中的变换）是由 q 轴 d 轴值之比的反正切确定。如图 6.34 所示：

这种方法的主要缺点是低速运行。在低速时，基频接近直流和所施加的电压较低。这两个情况都会导致积分错误。随着频率趋近于零，一个常数

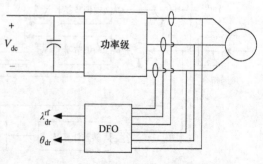

图 6.34 直接磁场定向测量和计算

的积分将继续无限增长。因此,测量中的任何偏移量都会产生越来越多的误差。第2个问题是定子电压低,在低定子电压和高负载(高定子电流)时,IR下降成为积分项的一个增加的部分。在这些条件下,电阻估计或随温度变化的轻微误差被放大。为了解决这两个问题,DFOC 做了大量工作[7]。

6.3 开关磁阻电机控制

近几十年来,开关磁阻电机(SRM)有了显著的发展。SRM 相对于 PM 和感应电机有着明显的优势,因为转子上没有磁体或绕组。SRM 的结构非常健壮。它由定子和转子的叠层叠片构成,工作原理是在定子通电时,试图将转子磁极对准定子的磁阻力。典型的 6/4 SRM 结构如图 6.35 所示。

6.3.1 SRM 转矩的产生

在电机中转矩由于试图与定子磁极对齐的转子上的磁阻力产生的。虽然有大量关于 SRM 转矩产和控制的参考文献,但本节主要介绍一些基础知识。

6.3.1.1 SRM 磁特性

大多数电动机都在制造它们的磁钢中被推到饱和水平。在达到饱和以上时,通常增加的损失比转矩(或机械输出功率)增加要快。SRM 是非常不同的,因为在磁钢过饱和时它往往运行良好。但事实上我们要运行的电机严重饱和是有利的,这样做有助于机电能量转换过程。

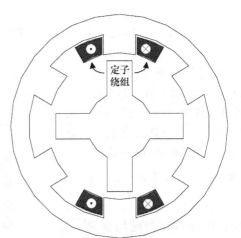

图 6.35 显示一相的绕组结构的一个典型 6/4 开关磁阻电机

由于该机在磁饱和下运行良好,因此该特点是高度非线性的。这是控制这些电机的主要挑战之一。对于一个给定的 SRM,我们首先必须确定磁链与转子位置与电流曲线,可以通过有限元建模(FEM)或通过测量完成。测量这些曲线的一种方法是将电机锁定在不同的转子角度,并计算在这些位置的磁链与电流的关系。这通常是通过将母线电压施加到某一相来实现的,直到达到所需的电流。测量相电压和电流随时间的变化并记录。磁链与时间的关系通过积分相电压减去 IR 压降来计算,然后绘制与电流的关系图。图 6.36 显示了测量的电流随时间变化的关系和在不同的转子位置中相应的磁链与电流的关系。

6.3.1.2 SRM 中的能量/共能量

SRM 产生的转矩来自能量或共能量相对于转子位置的变化。在基本物理磁场中储能是一个熟悉的概念。本节将讨论在 SRM 中的能源和新术语共能量。SRM 某一相的储

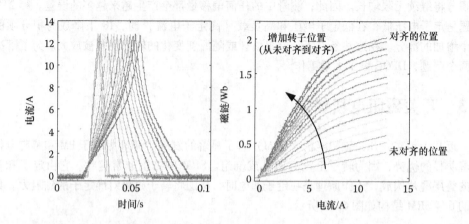

图 6.36 测量电流随时间变化的关系以及电气革命的 SRM 某一相的磁链与电流关系（彩图见封二）

能和共能量如图 6.37 所示。式 (6.69) 中给出了储能的方程。在一个给定的位置上的磁链与电流的曲线下的部分是共能量，共能量的数学表达如式 (6.70)。

$$W_f(\lambda_o, \theta_o) = \int_0^\lambda i(\lambda, \theta_o) d\lambda \quad (6.69)$$

式中，W_f 是存储的磁场能量；λ 是磁链；θ 是转子位置。

$$W_{co}(i, \theta) = i\lambda(i, \theta) - W_f(i, \theta) \quad (6.70)$$

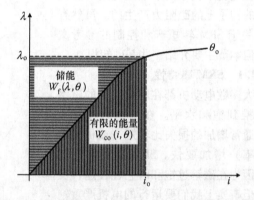

图 6.37 磁链与电流的关系图，显示出了在给定位置的给定磁链水平时的磁场中的储能和共能量

式中，W_{co} 是共能量；i 是定子电流；θ 是转子位置。

储能用磁链和转子位置表示，而共能量用电流和转子位置表示。这些术语中的任何一个都可以用来定义由一个 SRM 某一相产生的转矩。

6.3.1.3 SRM 的转矩方程

利用磁链和转子位置作为状态变量的 SRM 产生的转矩方程如式 (6.71)。利用电流和转子位置作为状态变量的 SRM 产生的转矩方程见式 (6.72)。转矩分别被表示为在一个磁链或电流的固定值下的随着转子位置变化的量（储能或共能量）。

$$T(\lambda, \theta_r) = \left. \frac{-\partial W_f(\lambda, \theta_r)}{\partial \theta_r} \right|_{\lambda = \text{const}} \quad (6.71)$$

$$T(i, \theta_r) = \left. \frac{\partial W_{co}(i, \theta)}{\partial \theta_r} \right|_{i = \text{const.}} \quad (6.72)$$

在 λ_0 点，i_0 代表输入到系统中的总电能。式（6.71）的一个图形化的例子如图 6.38 所示。这突出了转子位置变化时存储的场能量的变化。瞬时转矩指在转子位置的一个无穷小的变化引起储能的变化。

6.3.1.4 非饱和型 SRM 的转矩方程

如前所述，SRM 通常会严重饱和。但在轻负载时不会饱和。另外，在电机不饱和情况下，更方便研究电机控制基本原理。这简化了分析，且可以扩展概念到饱和的情况。图 6.39 显示了磁链与电流的关系，显示了有和没有磁饱和的储能量和共能。

图 6.39 还强调了 SRM 通常是严重饱和的原因。在不饱和的情况下，输入电能有一半进入储能（如三角形区域表示）。相当于功率因数等于 0.5，因此对一个给定的输出功率而言，增加了伏安额定值，电机进一步推向饱和状态，存储的磁场能占输入电能的百分比就越低，因此提高了有效功率因数。

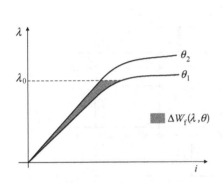

图 6.38 磁链与电流的关系图，显示出转矩作为固定磁链的位置函数的微分储

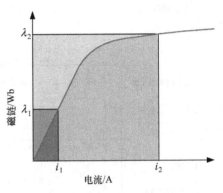

图 6.39 磁链与电流的关系图，显示未饱和（λ_1，i_1）和饱和（λ_2，i_2）的储能和共能

$$W_{co}(i,\theta_r) = \frac{1}{2}L(\theta_r)i^2 \quad (6.73)$$

$$T(i,\theta_r) = \frac{1}{2}i^2\frac{dL(\theta_r)}{d\theta_r} \quad (6.74)$$

式（6.74）强调了 SRM 中控制转矩的困难之一。即使简化过，电机仍是不饱和运行，转矩与电流仍然是一个非线性关系。式（6.74）还表明，电流的方向与转矩产生无关，因为它与电流二次方成正比。转矩（正或负）的符号依赖于电感随转子位置的变化。

SRM 控制的进一步简化是电感随位置线性变化。图 6.40 显示了 6/4 SRM 的理想相电感与转子位置的关系图。图 6.41 显示了理想 SRM 在电动机情况（正转矩）和发电情况（负转矩）下的转矩产生。再次注意，转矩的符号仅取决于电感随转子位置的变化。

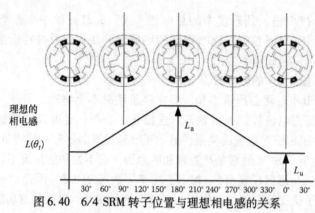

图 6.40 6/4 SRM 转子位置与理想相电感的关系

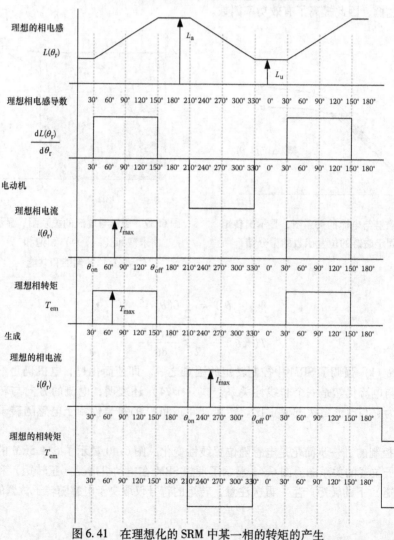

图 6.41 在理想化的 SRM 中某一相的转矩的产生

如图 6.42 所示为三相 6/4 SRM 的标准逆变桥。图 6.43 显示了逆变器的一相的情况。当相位上两个开关都接通时，母线电压被施加在绕组上。相绕组位于两个开关之间，因此在交流逆变桥中出现的击穿条件在 SMR 中不会出现。当两个开关都断开时，在绕组中的电流继续流过反向阻断二极管，直到它达到零时停止。在此期间，负母线电压被施加到绕组，驱动电流尽可能快地降为零。有许多不同 SRM 逆变器的拓扑结构已经被实现，但他们的目标都相同，都是通过调节电机中的电流来调节转矩。本章只关注标准的双开关，每相有 2 个二极管。

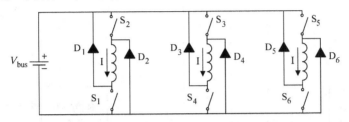

图 6.42　标准的三相 SRM 的驱动拓扑结构

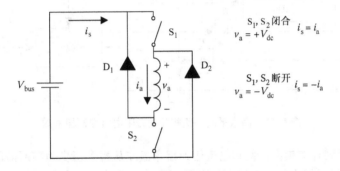

图 6.43　SRM 单相运行

通常情况下，我们用一个简单的滞环电流控制器来调节电流。滞环电流控制器如图 6.44 所示。滞环控制器的输出是逆变器级的一个门指令。如果指令是 1，两开关闭合，$+V_{dc}$ 施加在相绕组上。如果命令是 0，两开关断开，施加 $-V_{dc}$ 在绕组上（直到电流为零）。在方程（6.75）中总结了输出。

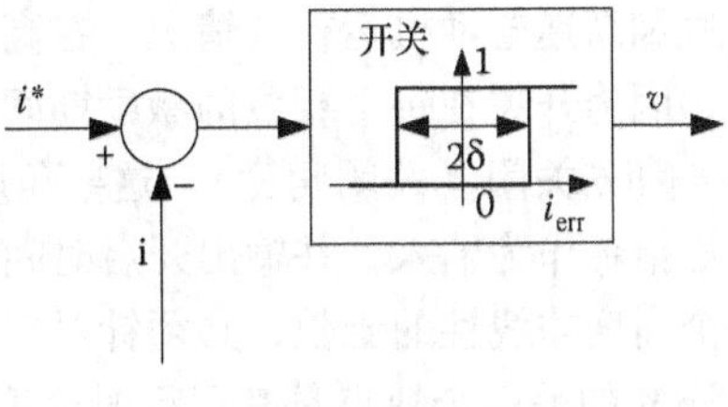

图 6.44　滞环电流控制器

$$S = 1, 若 i_{err} > \delta$$
$$S = 0, 若 i_{err} < \delta$$
$$S 保持不变, 若 -\delta < i_{err} < \delta \quad (6.75)$$

式中，S 为开关状态（如图 6.43 中的 S_1 和 S_2）。

滞环电流控制器被用于控制指令的电流值。由于转矩与电流是一个非线性的关系，通常用查找表将转矩指令映射到当前指令，因为没有封闭形式的解决方案存在。SRM 控制器高级框图如图 6.45 所示。

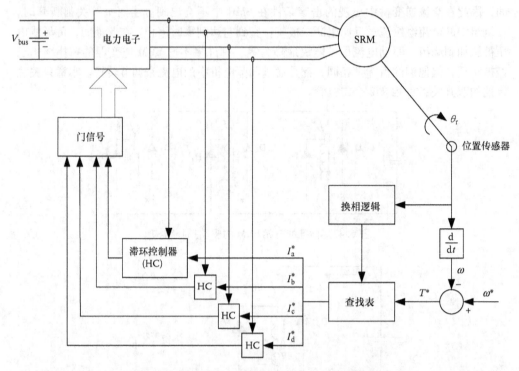

图 6.45　高水平的一四相开关磁阻电机控制器框图

随着 SRM 转速的提高，使相电流达到指令值或从指令值变为零所需的时间不能忽略。相电感限制了进入相绕组的电流上升速率。转速越高，当电感变化为正时（对于电动机运行），需要的超前角越大，以使电流达到指令水平。图 6.46 显示了典型 SRM 的低速和高速电动机运行的情况。在高速时，电流不再是脉宽调制的。这被称为单脉冲操作，因为开关在每个相位的激励期间打开一次。注意当速度增加时调整 θ 开启（开启角度）和 θ 关闭（关闭角度）。这些角度经常被优化并存储在查找表中。因此，查找表将转矩指令作为输入，并输出开启时间、关闭时间和作为速度函数的电流指令。这可能是一个高度非线性的函数，必须针对每个新 SRM 进行优化。

SRM 的另一个缺点是其运行时会产生明显的转矩脉动。已经有相当多的研究旨在通过设计（修改电极几何形状）或通过整形相电流来实现更高的转矩脉动转子旋转过程中的恒定扭矩。每个特定的应用都决定了转矩脉动要求的需要。现代内燃机具有与气缸点火相关的明显的转矩脉动。自从内燃机问世以来，这种转矩脉动一直由简单的飞轮控制。

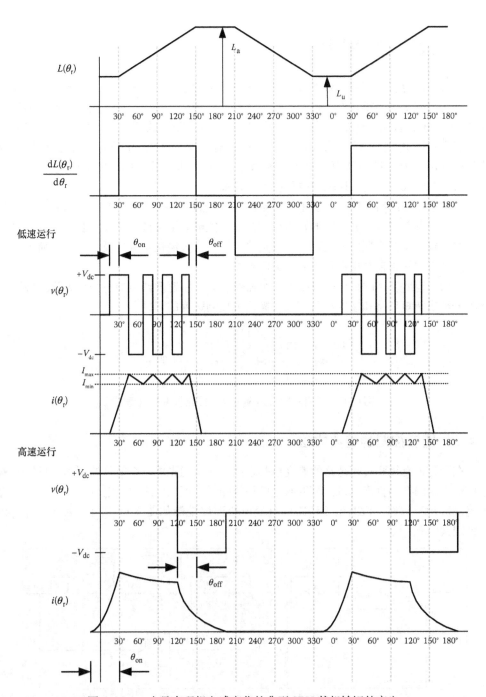

图 6.46 一个具有理想电感变化的典型 SRM 某相转矩的产生

6.4 电机的速度控制

电机中的速度控制对于要求规格适中的应用来说是不困难的,而对于要求严格控制速度的场合则更为困难。对于带宽要求适中的简单情况,采用简单的比例或比例加积分加微分(PID)控制。例如,散热器风扇可能需要在通/关的配置下以恒定的速度运行(需要额外冷却时通,不需要时关闭),或在风扇速度与系统的冷却需要成正比的变速应用中使用。无论哪种情况,对带宽和精度的要求都是适中的。风扇转速可调节至 $\pm 5\%$,在低 $(0.1 \sim 2)$ Hz 范围内具有带宽要求。

带宽速度环的高精度和高要求需要更严格的控制条件。本章中前面大部分内容主要讲了电机的调节转矩。高带宽的转矩调节使我们能够紧紧地调节速度控制。假设转矩调节器的带宽比试图实现的速度环路的带宽快,则可大大简化系统的模型。一个简单直流电机的高带宽转矩控制模型可以简化为图 6.47。

然后,速度环路的目标变成导出一个命令转矩,将速度调节到一个指令值。将控制环路分解成转矩环路和速度环路,大大简化了控制速度的问题。

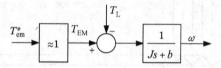

图 6.47 具有理想转矩调节器的简化直流电机框图

6.4.1 速度控制的经典方法

在研究带有级联转矩环路的速度控制之前,让我们先看一个简单的例子,只有电枢电压受控制的有刷直流电机。可以通过增加或降低电枢电压来控制电机的速度,不需要电流(转矩)环路。没有电流环路的直流电机速度控制如图 6.48 所示,在 $G_{controller\_\omega}$ 必须被定义。

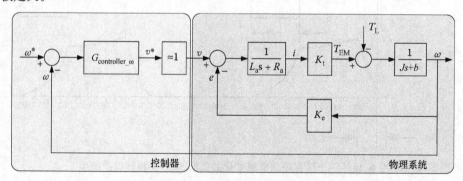

图 6.48 无电流(转矩)环路的有刷直流电机的速度控制

通过确定速度输出到给定电压输入的传递函数，简化了框图（忽略负载转矩）。在代数运算中发现这种关系，给出式（6.76）。框图然后简化到图 6.49。

$$\frac{\omega(s)}{V_a(s)} = \frac{K_t}{JL_as^2 + (JR_a + L_ab)s + R_ab + K_eK_t} \quad (6.76)$$

虽然图 6.49 有一个简化的直流电机模型（忽略负载转矩），但它并没有提供一个直观的方法来确定控制器的结构应该是什么。如果使用了一个控制器，每个项（比例、积分和微分）的值必须在应用程序中被确定或调整。

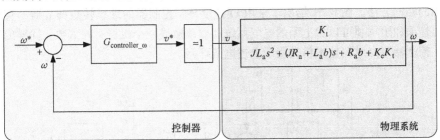

图 6.49　无电流（转矩）环路有简化的直流电机模型的有刷直流电机的速度控制

6.4.1.1　比例速度环路

由于电流反馈装置被用于几乎所有的现代电动机控制器的设备和电机保护上，这种反馈由可用的电流（转矩）环路控制。闭合电流（转矩）环路允许转矩和速度环路的分离。返回到图 6.47，围绕这个简单的模型，我们可以闭合一个简单的比例速度环路，如图 6.50 所示。

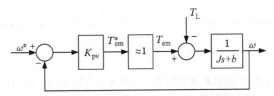

图 6.50　具有一个理想的转矩调节器的比例速度环路的直流电机简化框图

速度传递函数（输入速度指令和负载转矩的函数）如式（6.77）所示。式（6.78）给出了忽略负载转矩、速度环路的传递函数（速度指令的速度响应）。即使忽略负载转矩，也有稳态速度误差。在稳定状态下（$s=0$），速度指令与速度响应的比例是不统一的（这意味着实际的速度等于指令的速度）。在式（6.79）中给出了稳态误差。

$$\omega(s) = \frac{K_{pv}\omega^*}{Js + (K_{pv} + b)} - \frac{T_L}{Js + (K_{pv} + b)} \quad (6.77)$$

$$\frac{\omega(s)}{\omega^*(s)} = \frac{K_{pv}}{Js + (K_{pv} + b)} \quad (6.78)$$

$$\omega_{err\_ss} = 1 - \left.\frac{\omega(s)}{\omega^*(s)}\right|_{s=0} = 1 - \frac{K_{pv}}{K_{pv} + b} - \frac{b}{K_{pv} + b} \quad (6.79)$$

通过增大 K_{pv} 的比例增益,可以使误差任意减小。然而比例增益如何增加有实际的限制。将增益设置得太大会使系统对噪声做出响应。另外,系统不是一阶方程。在转矩环路中理想化的假设最终打破了更高频率下系统的非线性的增益,最终导致太多的控制器不稳定。

6.4.1.2 经典控制是比例 PI 速度环路

在纯比例控制器的情况下,阻尼项导致稳态误差的产生,如式(6.79)所示。我们可以探索使用一个速度控制的比例 - 积分(PI)控制器。在这里可以使用当前规则中使用的相同方法。图 6.51 给出了采用 PI 速度环路控制器的理想转矩调节器的直流电机。惯性项和阻尼项可以像上面的电气系统那样改造成一个机械时间常数。同样的装置极点、控制器零点对消技术将被用于上述电流环路。

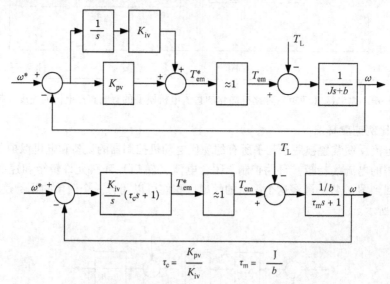

图 6.51 用机械时间常数和控制器时间常数(下面的图)改写的具有理想转矩调节器的直流电机 PI 速度环路(上面的图)框图

随着理想的零极点对消,框图被简化,如图 6.52 所示。系统的传递函数在式(6.80)中给出,这个系统的稳态误差为零。

$$\frac{\omega(s)}{\omega'(s)} = \frac{K_{iv}}{bs + K_{iv}} \quad (6.80)$$

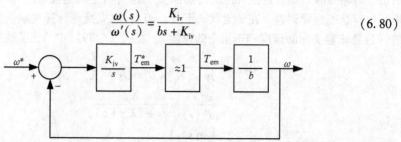

图 6.52 假设理想的零极点对消具有一个理想的转矩调节器和一个 PI 速度环路的直流电机框图

6.4.1.3 状态反馈控制

返回到式 (6.76) 的简化模型中,环路使用一个电流 (转矩) 可以应用物理感知确定控制器的结构应该是什么。首先需要注意的是,黏滞阻尼项可以从图 6.47 中的机械块 ($Js+b$) 中分离出来。这一点如图 6.53 所示。这种简单的变化显示了黏滞阻尼的物理状态反馈性质,形成了一种控制方法的开始[3],例如,如果将黏滞阻尼的一个估计反馈到转矩指令中,就可以解耦黏滞阻尼项。这如图 6.54a 所示,图中 "^" 表示估计变量。

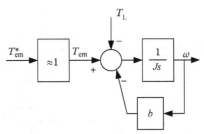

图 6.53 黏滞阻尼项显示为带有物理状态反馈理想转矩调节器的简化直流电机框图

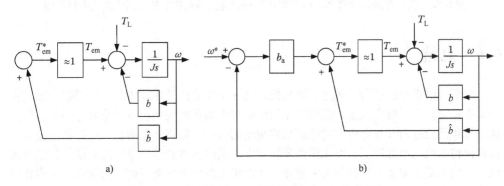

图 6.54 具有黏滞阻尼的反馈状态解耦 (a) 和增加速度环路的理想转矩调节器 (b) 的简化直流机框图

图 6.54b 显示了黏滞阻尼与比例速度环路解耦的系统。由于比例增益带来了速度误差并产生了转矩指令,因此它有单位转速的转矩在国际单位中为 [Nm/(rad/s)]。这与物理阻尼系数有相同的单位,记 b_a 为 "主动阻尼"。速度环路传递函数如式 (6.81) 所示。由式 (6.81) 可知,若黏滞阻尼的估计值与实际值相等,则系统的稳态误差为零。这种零稳态误差发生在控制器中没有一个简化系统和消除超调的积分器。此外,如果物理阻尼解耦,很容易调整系统所需的主动阻尼值。一个非常吸引人的特点是这个值可以在实验室用合适的设备 (一个转矩和转速传感器) 测量。

$$\frac{\omega(s)}{\omega^*(s)} = \frac{b_a}{Js + b_a + (b - \hat{b})} \tag{6.81}$$

典型地,黏滞阻尼是由轴承中的润滑脂作为转速的函数而产生拖动转矩引起的。现实中,这种阻尼系数对载荷的依赖性较小,对温度的依赖性较强(特别是在冷温下)。总摩擦力也可以是速度的非线性函数。不管这个函数如何变化(作为负载、温度、速度的函数或它的任何组合),如果可以量化,它均可以解耦。图 6.55 显示了摩擦力矩随转速的非线性函数。每个系数都可以根据任何其他依赖关系(即温度)来映射。通过精确估计每一个系数,非线性关系解耦的方式与简单的线性关系相同。

利用状态反馈的方法,可以很容易、直观地解耦影响系统响应的物理系统参数,并增加所需的参数。这种技术也扩展到必须控制位置的应用。

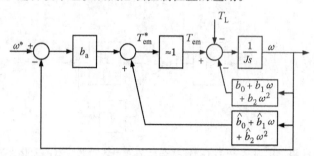

图 6.55 具有非线性摩擦和非线性摩擦解耦的理想转矩调节器的简化直流电机框图

6.5 总结

本章对电机控制进行了概述。电机控制是一个非常广泛和非常深入的课题,很难在一章中量化。为了缩小范围,我们首先关注电机中的转矩控制。本章重点介绍了一种方法,具体是通过调节在电机上的电流来控制电磁转矩。需要注意的是,还有其他技术可以直接控制电机中的转矩,而无需调节转矩[8]。虽然这本身是一个广泛的议题,但有人认为,我们提出太多的议题会失去重点。在电机控制中关注电流调节的优点是许多相同的技术可以扩展到速度控制。此外,通过对转矩控制的关注,我们试图使电机表现为理想的转矩调节器(即,在指定的性能频带宽度内,转矩的实际值等于转矩的指令值)。这使我们能够解耦电机的机械和电气相互作用。它还允许我们保持相同的控制策略,无论机器是感应电机还是永磁电机。转矩环路中的这种抽象也简化了速度环路分析。

强烈建议读者也要注意这里没有讨论的其他话题。电动汽车应用中电机控制的附加主题包括无位置传感器控制和其他估计技术。这些技术在电动汽车中变得尤为重要,在电动汽车中,成本的降低和可靠性使得这些技术极具吸引力。

习题

6.1 图 P6.1 显示了一个不做任何控制的直流电机物理系统。从这个图
1)导出作为电压输入函数的速度输出传递函数 $\omega(s)/V(s)$。
提示:忽略负载转矩输入 $T_L(s)$。

2) 导出作为负载转矩函数的速度输出传递函数 $\omega(s)/T_L(s)$。

提示：忽略电压输入 $V(s)$。

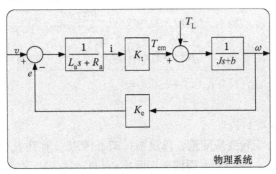

图 P6.1 直流电机物理系统框图

6.2 图 P6.2 显示了有电流调节器的锁定转子直流电机。在这种情况下，电压放大器不是统一的，而是有一个 K_V 的增益。对于这个问题。

1) 导出电流输出的传递函数作为电流指令输入 $I(s)/I^*(s)$ 的一个函数。

2) 确定控制器增益 K_p 和 K_i 的值，包括电枢电感 L_a、电枢电阻 R_a、电压放大器增益 K_a 和所需的带宽 f_d。

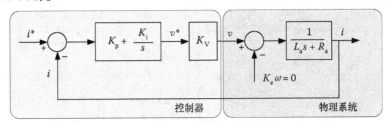

图 P6.2 有电流调节器的锁定转子直流电机框图

6.3 永磁直流电机具有以下参数

$V_a = 500\text{V}$　　电枢电压
$R_a = 60\text{m}\Omega$　　电枢电阻
$L_a = 60\mu\text{H}$　　电枢电感
$P_r = 150\text{Hp}$　　额定功率
$\omega_{nl} = 1800\text{r/min}$　　空载转速
$\omega_r = 1750\text{r/min}$　　额定转速（额定功率）

求解以下问题

1) 确定反电动势常数 K_e。

2) 确定额定转矩和额定电流。

3) 给定一个用于调节电流的比例-积分（PI）控制器，找到必要的实现一个 1000Hz 的带宽的比例积分增益。

6.4 已知交流电机中的下列电流是

$$i_{as}(t) = I_m\cos(\omega t)$$

$$i_{bs}(t) = I_m\cos\left(\omega t - \frac{2\pi}{3}\right)$$

$$i_{cs}(t) = I_m\cos\left(\omega t + \frac{2\pi}{3}\right)$$

在没有零序项时，$i_{as}(t) + i_{bs}(t) + i_{cs}(t) = 0$。

求解以下问题

1) 找到 $i_{qs}^s(t)$ 和 $i_{ds}^s(t)$。

2) 用 $\theta = \omega t$ 作为旋转变换变量，以及图 6.27 的变换，找到 $i_{qs}^e(t)$ 和 $i_{ds}^e(t)$。

3) 在同一张图上，用两个电周期分别画出 $i_{qs}^s(t)$、$i_{ds}^s(t)$、$i_{qs}^e(t)$ 和 $i_{ds}^e(t)$。

6.5 对永磁同步电动机

1) 描述表面永磁电机和内部永磁电机之间的主要区别。

2) 描述 q 轴和 d 轴电流的转矩控制。

3) 描述表面永磁电机和内部永磁电机典型速度与转矩曲线。

6.6 下图给出了一台单独激励的直流电机的等效电路。转矩与电枢电流和场电流的乘积成正比。解释为什么转矩是通过调节电枢电流而不是场电流来控制的；同时解释场电流何时调整。

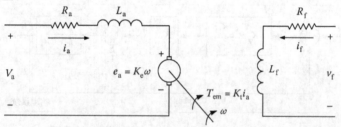

6.7 图 P6.3 显示了零/极点形式的理想转矩控制驱动器（动态特性足够快，可以忽略）。电动机的黏滞阻尼和惯性是

$$b = 1.5 \times 10^{-5} \text{Nm/(rad/s)} \quad \text{电枢电压}$$
$$J = 5 \times 10^{-5} \text{kg} \cdot \text{m}^2 \quad \text{电枢电压}$$

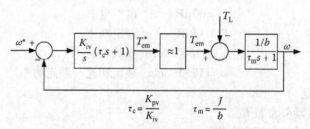

图 P6.3 一个理想的转矩调节器的调速环路图

对于这个问题,确定 K_{pv} 和 K_{iv} 的值,以实现 50Hz 的速度环路带宽。
6.8 描述感应电机的间接和直接的 rf 方向之间的区别。
6.9 与传统汽车相比,两个效益标准是什么?这两个缺点是什么?

参 考 文 献

1. Kuo, B. C., *Automatic Control Systems*, 5th edition, Prentice-Hall, Inc., Englewood Cliffs, NJ, 1987.
2. Anand, D. K., *Introduction to Control Systems*, 2nd edition, Pregamon Press, Oxford, England, 1984.
3. Lorenz, R. D., ME 746, Dynamics of controlled systems: A physical systems-based methodology for nonlinear, multivariable, control systems design, Course notes, University of Wisconsin-Madison, 1993.
4. Novotny, D. W., Lipo, T. A., *Vector Control and Dynamics of AC Drives*, Clarendon Press, Oxford, England, 1996.
5. Jahns, T. M., Kliman, G. B., Neumann, T. W., Interior permanent-magnet synchronous motors for adjustable-speed drives, *IEEE Transactions on Industry Applications*, 1986, 738–747.
6. Peng, H., Chang-yun, M., Hong-qiang, L., Cheng, Z., Maximum-torque-per-ampere control of interior permanent magnet synchronous machine applied for hybrid electric vehicles, *2011 International Conference on Control, Automation and Systems Engineering (CASE)*, Singapore, 2011, pp. 1–3.
7. Jansen, P. L., Lorenz, R. D., Novotny, D. W., Observer-based direct field orientation: Analysis and comparison of alternative methods, *IEEE Transactions on Industry Applications*, 1994, 30, 945–953.
8. Takahashi, I., Noguchi, T., A new quick-response and high-efficiency control strategy of an induction motor, *IEEE Transactions on Industry Applications*, 1986, IA-22, 820–827.

进一步阅读

1. Slemon, G. R., *Electric Machines and Drives*, Addison-Wesley Publishing Company, Inc., Reading, MA, 1992.
2. Schmitz, N. L., Novotny, D. W., *Introductory Electromechanics*, The Ronald Press Company, New York, NY, 1965.
3. Miller, T. J. E., *Switched Reluctance Motors and Their Control*, Clarendon Press, New York, NY, 1993.
4. Liwschitz-Garik, M., Weil, R. T., *D-C and A-C Machines Based on Fundamental Laws*, D. Van Nostrand Company, Inc., New York, NY, 1952.
5. Elis, G., *Control System Design Guide*, 3rd edition, Elsevier Academic Press, San Diego, CA, 2004.
6. De Donker, R., Pulle, D. W. J., Veltman, A., *Advanced Electrical Drives Analysis, Modeling, and Control*, Springer, Dordrecht, Netherlands, 2011.
7. Bolognani, S., Sgarbossa, L., Zordan, M., Self-tuning of MTPA current vector generation scheme in IPM synchronous motor drives, *2007 European Conference on Power Electronics*, Aalborg, Denmark, 2007, pp. 1–10.
8. Meyer, M., Bocker, J., Optimum control for interior permanent magnet synchronous motors (IPMSM) in constant torque and flux weakening range, *Twelfth International Power Electronics and Motion Control Conference*, Portoroz, Slovenia, 2006, pp. 282–286.
9. Bilewski, M., Fratta, A., Giordano, L., Vagati, L., Control of high-performance interior permanent magnet synchronous drives, *IEEE Transactions on Industry Applications*, 1993, 29, 328–337.
10. Shi, Y., Sun, K., Huang, L., Li, Y., Control strategy of high performance IPMSM drive in wide speed range, *Thirty-Seventh Annual Conference on IEEE Industrial Electronics Society*, Melbourne, Australia, 2011, pp. 1783–1788.
11. Limsuwan, N., Shibukawa, Y., Reigosa, D., Lorenz, R. D., Novel design of flux-intensifying interior permanent magnet synchronous machine suitable for power conversion and self-sensing control at very low speed, *2010 IEEE Energy Conversion Congress and Exposition*, 2010, 555–562.

12. De Donker, R. W., Novotny, D. W., The universal field oriented controller, *IEEE Transactions on Industry Applications*, 30, 1994, 92–100.
13. De Donker, R. W., Profumo, F., Pastorelli, M., Ferraris, P., Comparison of universal field oriented (UFO) controllers in different reference frames, *IEEE Transactions on Power Electronics*, 1995, 10, 205–213.
14. Briz, F., Degner, M. W., Lorenz, R. D., Dynamic analysis of current regulators for AC motors using complex vectors, *Thirty-Third Industry Applications Annual Meeting*, St. Louis, MO, 1998, pp. 1253–1260.
15. Zhang, Y., Shao, K., Li, L., Li, X., Theory and simulation of vector control based on rotor position orientation of rare-earth permanent magnet motor, *Sixth International Conference on Electric Machines and Systems*, Beijing, China, 2003, pp. 530–533.
16. Finch, J. W., Atkinson, D. J., Acarnley, P. P., Scalar to vector: General principles of modern induction motor control, *Fourth International Conference on Power Electronics and Variables-Speed Drives*, 1991, pp. 364–369.
17. Zhong, H. Y., Messinger, H. P., Rashad, M. H., A new microcomputer-based direct torque control system for three-phase induction motor, *IEEE Transactions on Industry Applications*, 1991, 27, 294–298.
18. Ayaz, M., Yildiz, A. B., Control of a switched reluctance motor containing a linear model, *Fourteenth Mediterranean Conference on Control and Automation*, Ancona, Italy, 2006, pp. 1–6.
19. Herrera, E. B., Guerrero, G., Dur'an, M. A., Astorga, C., Medina, M. A., Oiberio, G., Switched reluctance motor control in two-quadrants with electric vehicle applications, *World Automation Congress*, 2012, pp. 1–6.

第7章 电能存储系统基础

Pawel P. Malysz, Lucia Gauchia, Hong H. Yang

7.1 引言

电能存储系统（ESS）的历史至少可以追溯到1745年，当时Musschenbroek和Cunaeus将电荷存储在一个装满水的玻璃杯中，从而产生了电击，称为莱顿瓶。典型的莱顿瓶是一个玻璃容器内外包覆着导电金属箔作为极板，本质上是一种静电储能的电容器。1748年，本杰明·富兰克林创造了"电池"一词来描述一排带电的玻璃板。几十年后，在1786年，Galvani做了一个著名的实验：用不同的金属进行青蛙抽搐实验，他相信生物电是产生表观电的原因。Volta不满足于Galvani的解释，并于1799年证明，把被盐酸溶液分离的不同金属结合起来可以发电。这些一系列基本的电化学电池被称为伏特堆（Volta pile），也是第一批商用电池之一。

在汽车工业的早期，利用电池以电能存储为动力的汽车与基于内燃机的设计竞争，后者成为主导，在20世纪的大部分时间里，汽车电池的使用基本上局限于提供启动能量，以及为电灯提供能量。如今，在21世纪，汽车电气化程度的提高是由提高汽车效率、确保汽车行业的长期可持续性和尽量减少对环境的负面影响等目标驱动的。许多电动汽车已经被研制出来并投入市场。表7.1列出了大量使用电能存储的车辆。由于电化学技术的成熟，表7.1主要是基于电化学储能电池。

表7.1 在选定的电动汽车中使用的电池类型

公司	国家	车型	电池类型
GM	美国	Chevy – Volt, Spark	Li – ion
		Saturn Vue Hybrid	NiMH
Ford	美国	Escape, Fusion, MKZ HEV	NiMH
		Escape PHEV, and Focus EV	Li – ion
Toyota	日本	Prius, Lexus	NiMH
		Scion iQ EV, RAV4 EV	Li – ion
Honda	日本	Civic, Insight	NiMH
		Fit EV	Li – ion
Hyundai	韩国	Sonata	Li polymer
Chrysler/Fiat	美国	Fiat 500e	Li – ion
BMW	德国	X6	NiMH
		Mini E, ActiveE	Li – ion

(续)

公司	国家	车型	电池类型
BYD	中国	E6	Li – ion
Daimler Benz	德国	ML450, S400	NiMH
		Smart EV	Li – ion
Mitsubishi	日本	iMiEV	Li – ion
Nissan	日本	Altima	NiMH
		Leaf EV	Li – ion
Tesla	美国	Roadster, Model S	Li – ion
Think	挪威	Think EV	Li – ion/sodium – Ni – Cl
Iveco	意大利	Electric Daily	Sodium – Ni – Cl

（来自：Young, K., C. Wang, and K. Strunz. Electric vehicle battery technologies. *Electric Vehicle Integration into Modern Power Networks*. Springer, New York, 2013: 15 – 56.）

目前有大量的研究和开发工作致力于提高电能存储系统，使它们替代内燃机动力汽车发挥实际作用。一种方法是集中探索了各种化学方法，通过改进化学反应、新材料或改进封装/电池设计来改进电化学存储。另一种方法考虑加入静电存储器来补充电化学电池。目前正在研究封装和电池这两个方面，例如，采用单独的电池和超级电容器电池的混合包或者同时具有电池和超级电容器特性的混合电池。

本章首先讨论了电动汽车的储能要求。接下来是电化学存储的介绍，其中描述了四种不同的类型：铅酸、镍金属混合、锂离子和氯化镍钠。在7.4节讨论了超级电容器，其中描述了两种类型：电双层电容器（EDLC）和具有赝电容的超级电容器。特性术语和性能参数在7.5节中介绍。接下来是7.6节中的建模。7.7节介绍了用于表征ESS的时频域测试和测量方法。封装、管理系统和电池平衡的相关内容和方法在7.8节中进行了强调。7.9节涉及电池状态和参数估计。

7.2 电动汽车的储能要求

随着混合动力汽车（HEV）、插电式混合动力汽车（PHEV）和纯电动汽车（EV）即将进入量产市场，对先进储能技术的探索也在不断加强，这些技术为电动汽车提供了更高的能量密度、功率密度、耐用性和安全性，以及可负担能力。

尽管近年来锂基电池在电动汽车上的应用取得了进展，但这种电池技术仍然很昂贵，与传统的内燃机驱动的汽车相比，充满电的纯电动汽车续驶里程仍然非常有限。对一系列替代能源存储技术的研究仍在继续，这些技术在性能和能力方面似乎有不同程度的潜力，可以满足电动汽车的市场需求。

ESS性能的关键度量指标有如下几点。

1) 安全：确保系统安全运行，没有热失控的危险，或在发生碰撞或短路时的放热行为。

2) 循环寿命：在ESS达到寿命结束（EOL）状态之前的全部充放电循环次数；

EOL 条件的定义随着 ESS 的使用而变化。一个常用的 EOL 条件是电池的剩余容量为其开始使用寿命（BOL）容量的 80%。

3）日历寿命：在存储时电能存储系统的寿命（月或年）。
4）能量密度：每 kg 或 L 能源中所含的能量（Wh/kg 和 Wh/L）。
5）功率密度：每 kg 或 L 每秒 ESS 输出的功率（W/kg 和 W/L）。
6）充电接受能力：每秒 ESS 吸收的能量（W/kg 和 W/L）。
7）成本：每 kWh 的费用。

ESS 性能的最终目标是提供与使用的石油燃料的传统汽车中相似的能量和功率密度，与内燃机的成本相当。然而，以目前的技术，这是不可行的，必须做出妥协。许多公司已经为未来的 ESS 设定了目标要求。截至 2013 年，美国先进电池联盟（USABC）为 ESS 设定了 15 年的寿命目标，对混合动力汽车和插电式混合动力汽车的应用提出了不同的要求。对于混合动力汽车，目标为 300W/L 的功率密度，在 10s 内大于 25kW 电力输送，且成本小于 20 美元/kWh。插电式混合动力汽车的应用，目标是 3.4kWh 的可用能量或 16km 的全电动范围，10s 内放电 45kW，成本小于 500 美元/kWh。这些目标是为了使电能存储系统成本与传统内燃机持平。虽然行业预期在不久的将来，电能存储系统技术可以提高至少 5%，但美国先进电池联盟的目标在 2020 年以前很难达到。

图 7.1 中的蜘蛛网表明了主要电能存储系统的性能指标，其中比较先进的锂离子技术的性能指标达到了美国先进电池联盟关于车辆的电能存储系统要求。

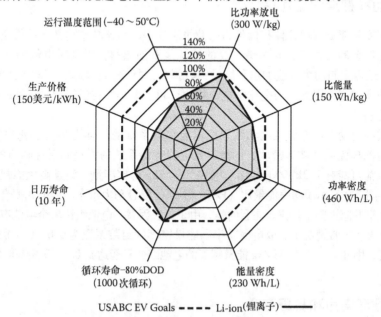

图 7.1 目前锂离子电池的性能

锂离子技术受到功率和能量密度、循环寿命、安全性、温度和一些其他因素的影响。随着工程能力的提高与锂离子电池成本的降低，结合超级电容器和锂离子电池可以达到很高的功率密度、能量密度及较长的循环寿命和较好的低温性能。

7.2.1 能量密度和比能量

能量密度是能量存储设备的每单位体积的能量存储量。比能量是单位质量所存储的能量。混合动力汽车的电能需求与纯电动汽车和插电式混合动力汽车不同，这些要求会影响电能存储系统的设计。对于纯电动汽车，必须存储大量的能量来在一定里程内驱使车辆前进，因此，高能量密度是必需的。然而，电能存储系统的能量存储量受重量、尺寸和成本的限制。因此，电动汽车在发展中的一个关键目标是最大限度地提高能量密度和比能量。

随着时间的推移，先进电池的能量密度已得到相当大的改善。在过去，电动汽车用的铅酸蓄电池比能量小于 50Wh/kg，能量密度小于 90Wh/L。现在可以制造的锂离子电池能量密度高达 175Wh/L 和 144Wh/kg，目标值为 200Wh/kg。基础材料的基本储能能力决定了理论的能量密度，这将限制未来技术的发展程度。例如，锂离子电池的理论最大比能量超过 300Wh/kg，但这些最大值是难以实现的，因为由于各种原因，电池的效率不是 100%。700Wh/kg 的能量密度需要电能存储系统中的燃料更接近液体。这将需要新的电池材料或新型能源存储解决方案。因此，降低成本和提高能源密度是电池化学中技术突破的长期目标。

7.2.2 功率密度和比功率

功率密度是能量在单位体积内传递的数量和速率，而比功率是基于单位质量的。对于轻度和全混合动力汽车，其中最主要的能源是石油燃料，而其对电能的需求是有限的。ESS 通过再生制动为快速加速和能量回收提供助推动力；因此，ESS 在短时间内需要更高的功率密度。因此，与电化学电池相比，超级电容器在低能量、频繁的启停循环中表现得特别好。

插电式混合动力汽车和纯电动汽车中电能存储系统的最佳选择（能量密度）和用于混合动力汽车优化（功率密度）的差异是电能存储系统的大小和活性物质的相对量。大功率锂电池可能有 1.3kW/kg 的比功率和 70Wh/kg 的比能量，约是高性能锂电池比能量的一半。图 7.2 显示了功率能量比（P/E）不同的混合动力汽车、插电式混合动力汽车和纯电动汽车的应用要求。应该注意的是，由于封装因素，电池组比单个电池有较低的能量和功率密度。通常情况下，取电池功率和能量密度的封装系数为 0.6~0.8 来计算这些封装的密度，因此，对于 1kWh/kg 能量密度的电池组，只能达到 0.6~0.8kWh/kg 的能量密度。

7.2.3 循环寿命和日历寿命

循环寿命是根据 ESS 所能达到的充放电循环次数来衡量 ESS 寿命的指标。循环（周期）数说明在报废条件达成时电能存储系统设备可以反复充电和放电的时间，例如，容量的下限，或电池阻抗最大限度。报废容量设置往往是 80% 的寿命标称容量。

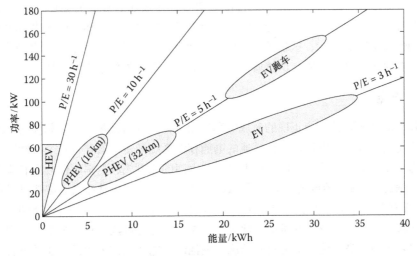

图 7.2 汽车电池系统的要求

根据不同的应用，电能存储系统将一系列的充电和放电循环具体花费周期称为放电深度（DOD）。对于电动汽车来说，为最大限度地扩大电动汽车的使用范围，高放电深度是必须的。对于混合动力汽车的应用，放电深度较低，但由于更高的能量循环，需要更高的循环次数。

日历寿命是基于 ESS 单独测量的。ESS 会因化学副反应而降低，这些化学副反应不仅发生在充放电过程中，也发生在存储过程中。ESS 的设计、存储温度和电荷状态都会影响 ESS 的存储寿命和电荷保持。

铅酸电池的寿命可能被限制在 500 次深度放电循环，限制了它们对电动汽车的适用性。对于传统车辆，12V 电池的循环寿命将根据车辆启动的次数来衡量。通常，在需要更换之前，这可能需要超过 30000 次循环。对于具有发动机起停能力的微混合动力应用程序，其循环寿命将大大提高，约为 15 万次起动。在这些应用中，电池只用于起动车辆，因此，DOD 相对较低，通常小于 10%。但是对于微混合动力应用，功率要求很高，电池在再生制动过程中需要大量的充放电来获取能量。先进的铅酸电池，如阀控式铅酸电池，为深度循环和深度放电应用提供了更好的性能。在较大的车辆上，这些可以与超级电容器相结合，或者被更昂贵的锂离子技术所取代。对于插电式混合动力汽车，DOD 将会高达 80%，对于纯电动汽车，它将大于 90%。对于插电式混合动力汽车来说，微循环（功率/加速度）和深度循环（能量/续驶里程）之间的平衡给基于锂离子的电池带来了挑战。根据 USABC，锂离子可以达到令人满意的 30 万 Wh 以上的脉冲周期。然而，这是否能在深度循环中实现还有待观察。USABC 的 15 年目标是每年 330 天完成 5000 次深度循环，10 年仍然是 3300 个循环。这仍然是许多电化学电池的挑战。

7.2.4 运行工作温度

通常，用于汽车系统的运行工作温度范围是 -40~60℃，而实际应用对性能的具体影响不同。大多数 ESS 技术，特别是标准锂离子，在极端高温下的循环寿命可能会降低，在极端低温下的功率能力可能会降低。由于极端的温度，锂离子电池比铅酸电池更容易受到性能下降的影响，这就要求锂离子电池系统在寒冷天气运行时采用加热机制，在极端高温时采用冷却机制，这就增加了成本、重量和额外的系统复杂性。

7.2.5 安全

选择正确的 ESS 并结合正确的充放电和存储条件，以保证最佳、可靠和安全的操作是至关重要的。锂离子电池，不像其他的电能存储系统设备，通常有一个易燃的电解液保持压力。放电电压太低，充电电压太高，或太高的充电或放电率不仅会影响其日历寿命还会影响循环寿命。但它也可能会导致设备的滥用，导致电池排气、破裂或爆炸。当在低于 0℃ 的温度下充电时，电池的阳极会被镀上纯锂，这会危及整个电池组的安全。电池短路将导致电池过热，并可能引起火灾。相邻的电池可能过热而失效，可能导致整个电池组着火或破裂。为了避免这种情况，电池组或电池应该采用保护装置来避免

1）应用过高的充放电率。
2）充电或放电电压或电压反转不当。
3）短路。
4）在太高或太低的温度下进行充电或放电。

为了确保正确的操作条件，使用电池管理系统（BMS）来监测电池电压、电流和温度条件，确保电池系统适当的操作条件。

7.2.6 展望

Ragone 图通常用于比较各种储能装置的性能。在这样的图中，能量密度（以 Wh/kg 表示）与功率密度（以 W/kg 表示）的值被绘制出来。这两个轴都是对数的，可以比较不同设备的性能。图 7.3 中的 Ragone 图显示了当前的技术状态和不同 ESS 技术的

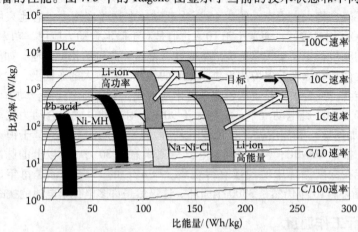

图 7.3　通过 Ragone 图比较不同的电能存储系统

比较。锂离子电池,这是目前电动汽车应用的主要电能存储系统的解决方案,但满足性能要求还有很大距离。表 7.2 是详细的电池长期目标。在可预见的未来,对高潜力新 ESS 技术的不断探索不会停止。表 7.3 给出了当前电能存储技术的比较。

表 7.2　美国先进电池联盟对于电动汽车的先进电池目标

参数系统	最小的长期目标	期望的长期目标
功率密度/(W/L)	460	600
比功率放电 80% DOD/30s/(W/kg)	300	400
比功率—再生 20% DOD/10s/(W/kg)	150	200
能量密度 – C/3 放电速率/(Wh/L)	230	300
比能量 – C/3 放电速率/(Wh/kg)	150	200
比功率/比能量	2	2
总电池组规模/kWh	40	40
寿命/年	10	10
循环寿命—80% DOD/次循环	1000	1000
功率和容量下降(%)	20	20
销售价格/(美元/kWh)	150	100
工作温度/℃	–40 ~ 50	–40 ~ 85
正常再充电时间/h	6	3
高速充电/min	30(20% ~ 70% SOC)	15(40% ~ 80% SOC)
连续放电 1 小时(% 容量)	75	75

表 7.3　电能存储技术比较

	铅酸	NiMH	锂离子	Na – Ni – Cl	EDLC	混合 UC
比能量/(Wh/kg)	30 ~ 50	60 ~ 120	100 ~ 265	100 ~ 120	2.5 ~ 15	2.84 ~ 120
能量密度/(Wh/L)	50 ~ 80	140 ~ 300	250 ~ 730	150 ~ 180	10 ~ 30	5.6 ~ 140
比功率/(W/kg)	75 ~ 300	250 ~ 1000	250 ~ 340	150 ~ 200	500 ~ 5000	2300 ~ 14000
功率密度/(W/L)	10 ~ 400	80 ~ 300	100 ~ 210	220 ~ 300	100000	2500 ~ 27000
循环效率(%)	70 ~ 80	60 ~ 70	85 ~ 98	85 ~ 90	90 ~ 98	95 ~ 99
自放电(%/天)	0.033 ~ 0.3	25 ~ 30	0.1 ~ 0.3	15	20 ~ 40	0.1 ~ 12.5
循环寿命/次	100 ~ 2000	500 ~ 1000	400 ~ 1200	2500	10000 ~ 100000	5000 ~ 200000
功率容量成本/(美元/kW)	175 ~ 600	150 ~ 1500	175 ~ 4000	150 ~ 300	100 ~ 360	50 ~ 320
能量容量成本/(美元/kWh)	150 ~ 400	150 ~ 1500	500 ~ 2500	100 ~ 200	300 ~ 94000	600 ~ 50000

资料来源:Augmented from Bradbury, K. *Energy Storage Technology Review*. Duke University, Durham, NC, 2010:1 – 34。

7.3 电化学电池

7.3.1 基本物理和电化学

电化学电池通过一对还原-氧化（氧化还原）反应，将电能转化为化学能。在氧化还原反应中，电子被转移。在电化学电池中的氧化还原反应中，由发生在一个电极上的还原反应和在另一个电极上的氧化反应。组成从电极的氧化-还原过程中传递电子是可能的。电池的特殊性是，这些反应发生在电池的特殊位置上，迫使电子从一个电极到另一个电极。如果要供电的负载位于电子通过的电路上，那么电力可以用来产生功。以下术语用于定义氧化还原反应：

还原	电子的增加或氧化状态的减少
	一个还原反应的例子：$A^{n+} + ne^- \rightarrow A$
氧化	电子的减少或氧化状态的增加
	一个氧化反应的例子：$A^{n-} \rightarrow A + ne^-$
还原剂	是一种把电子给另一种物质的物质，因此，也就是说已被氧化
氧化剂	是一种接受来自另一种物质的电子的物质，因此也就是说已被还原

在典型的化学氧化还原反应中，电子在分子间被转移。电化学反应是通过外部施加的电压（例如，电解）或者产生电压的反应。电化学表明了氧化还原反应被空间或时间分隔开、通过外部电路连接的情况。电子不是在一个共同的位置同时发生氧化还原反应，而是向外部流动，使氧化还原发生在不同的地方和不同的时间。

电化学电池可分为原电池和电解电池。原电池是指发生自发氧化还原反应并产生正的电池电压的电池。不可充电电池可称为原电池。电解电池涉及由外加电压驱动的非自发氧化还原反应。可充电（二次）电池放电时起原电池的作用，充电时起电解电池的作用。

电化学电池包含以下3个基本部分：正极、负极和电解质。电极通常被称为阳极和阴极，而确切的定义取决于电池是充电还是放电。下列定义用于在不同的操作条件下对电极进行分类：

阴极—电流流出或电子流入。

阳极—电流流入或电子流出。

根据上述定义，放电时正极为阴极，负极为阳极；在电池充电过程中，则采用相反的定义。正极和负极被电解质包围。它使电绝缘和离子导电。液体电解质通常是溶解在水溶液中的化合物。为了增加功率和能量密度，电极通常被尽可能彼此接近放置，为防止短路，分离器也是电池的一部分。分离器的设计是根据特定的电池类型，它的一个关键属性是它允许离子流过它。正负电极之间的电流通过外部的电子和内部的离子流动。两种类型的离子在电解质中发现：

阴（负）离子——带负电荷的离子，也就是说，电子比质子更多。

阳（正）离子——带正电荷的离子，也就是说，质子比电子更多。

放电过程中电池的过程描述如下。电子通过负载从负极流向正极。这将导致正极的正电荷略有减少，而负极的正电荷略有增加，从而导致电池内的电荷不平衡。为了弥补这种电荷不平衡，离子在电池内流动，有效地完成了电流的流动。在氧化反应中，电解液中的任何负离子通过电解液向负极漂移，从而贡献电子。同时，在还原反应中，任何正离子都向正极漂移以接受电子。这个过程如图 7.4 所示。在电池充电过程中，电子被迫进入负极，电解液中的任何负离子都向正极漂移，而任何正离子都向负极漂移。

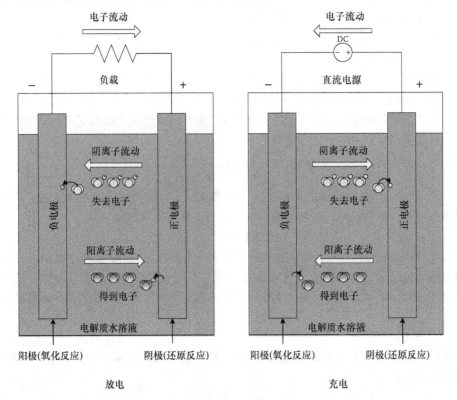

图 7.4 电化学电池的放电和充电（来自 Linden, D., and T. B. Reddy. *Handbook of Batteries*. New York, 2002.）

由于离子的物质传输不会在电池内瞬间发生，当电极从外部电路断开时，离子将继续向各自的电极漂移，以平衡电池内的电荷。这是产生可测量电压的主要过程之一。电解质中的离子也总是受到空间扩散的影响。这是对阶跃电流输入产生动态电压响应的另一个主要机制。电解质中离子的最大漂移速度是有限的，因此，电池具有非零的内部电阻。

电化学电池中可存储的能量受电池中可存储的电解液中活性化学物质数量的限制。

电池的功率容量取决于电极/电解质界面的表面积。因此，一个给定的有限大小的电池具有有限的存储容量，功率速率取决于电池的内部封装设计。

电池两端的电压取决于在每个电极或半电池中发生的两个反应的化学势电压。它近似等于

$$E^\circ = E^\circ_{pos} - E^\circ_{neg} \tag{7.1}$$

式中，上标"o"指的是1个标准大气压，25℃的温度和1mol/L浓度。电压值 E°_{pos} 和 E°_{neg} 被定义为参考标准氢电极（SHE）的化学势电压。该参考反应为 $2H^+_{(aq)} + 2e^- \rightarrow H_{2(g)}$，这里"(aq)"表示在水/水溶液的离子溶解，"(g)"表示气体的状态；该反应参考电位电压为0V。对于许多标准条件下的还原反应，E°_{pos} 和 E°_{neg} 是通过经验测量的，并且整理到标准还原表[1]。要得到氧化反应的电压，可以把化学方程式颠倒过来，把表列参考电压乘以 -1。

电池环境很少能够符合标准条件。例如，电极/电解质中活性物质的浓度，如电解质中溶解的阳离子/阴离子或电极中吸收的离子，随着电池的充放电而变化。因此，电池端电压被预期为两个半电池反应的反应物和产物在每个电极上的浓度的函数。电压与标准条件的偏差可由Nernst方程给出

$$E = E^\circ - \frac{RT}{nF}\ln\left(\frac{[C]^c[D]^d}{[A]^a[B]^b}\right) \tag{7.2}$$

式中，R 为气体常数（$8.314J/(kmol)$）；T 为温度；n 为转移的电子的摩尔数；F 为法拉第常数（$96.485C/mol$），方括号表示整个化学反应的物质浓度

$$aA + bB \rightarrow cC + dD \tag{7.3}$$

电池的荷电状态（SOC）与上述描述的浓度是直接相关的。因此在平衡时，开路测量的电池电位通常是SOC的单调递增函数。除了Nernst方程所描述的偏差外，迟滞等其他效应也会影响所测开路电位。本章后面将描述一个集合所有这些效应的经验模型。

7.3.2 铅酸电池

铅酸电池是一种非常常见和成熟的电池类型，用于汽车起动、照明和点火（SLI）。电池反应如下：

正电极 $\quad PbO_2 + SO_4^{2-} + 4H^+ + 2e^- \underset{充电}{\overset{放电}{\rightleftharpoons}} PbSO_4 + 2H_2O$

负电极 $\quad Pb + SO_4^{2-} \underset{充电}{\overset{放电}{\rightleftharpoons}} PbSO_4 + 2e^-$

净电池反应 $\quad Pb + PbO_2 + 2H_2SO_4 \underset{充电}{\overset{放电}{\rightleftharpoons}} 2PbSO_4 + 2H_2O$

$\qquad E^\circ = 2.04V$（放电）

正极为氧化铅，负极为铅。当电池放电时，在两个电极上都形成硫酸铅。浸没式铅酸电池是用溶解了硫酸的液态水作为电解液。电池放电时，酸的浓度降低。电池理论上完全充电和放电状态如图7.5所示。在电池内部有两个阴离子（SO_4^{2-}）和阳离子

（H^+）来促进电流和离子流。由于水和硫酸的密度不同，这些离子也会受到对流、扩散和电场漂移的影响。

图 7.5 铅酸电化学电池的充放电状态

电池的结构通常采用图 7.6 中所示的多片板的形式，以增加电池的功率输出。多孔分离器允许电解质和离子流，并防止电极短路。电极板通常包含海绵，以进一步增加表面积和功率容量。电池的能量容量可以通过增加板厚来提高。

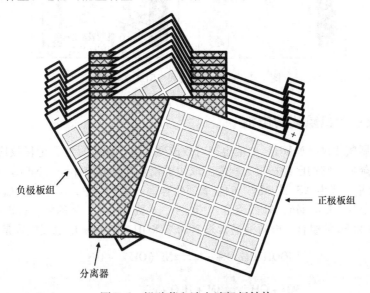

图 7.6 铅酸蓄电池电池极板结构

铅酸蓄电池通过电解产生的氧气和氢气会导致水损失，这可以通过定期更换水来维修补偿。电池的通风孔也需要特别设计，以防止气体积聚。铅酸蓄电池通常更耐用，当它们存放在高 SOC 水平时，不太容易冻结。蓄电池/电池的常见故障包括电池端子和板开裂的腐蚀。一个主要的老化机制是硫酸化，即硫酸铅的结晶，它可以防止离子溶解在电解液中，并参与电池内的电流流动。在电池寿命结束时，铅酸蓄电池通常会被回收利用。

其他变体包括密封铅酸（SLA）和阀控式铅酸（VRLA）。使用最低量的电解质。吸收气体垫（AGM）通过将电解质吸收到多孔玻璃微纤维中来固定电解质。另外，还可以使用凝胶电解质。这两种设计都使电池可以任意定向。一个关键的设计特点，如图7.7所示，是它们将氧气和氢气重组成电池内的水，这减少了水的损失，减少了充电过程中氢气和氧气的排出量。由于减少了失水和密封封装设计，这些电池通常被称为免维护铅酸蓄电池。与富液式铅酸相比，SLA/VRLA 在电池击穿的情况下几乎没有泄漏，体积更小，循环寿命更长，浮压2.25V 略高于2.17～2.22V。然而，SLA/VRLA 技术还不够成熟，存在热失控的可能性。

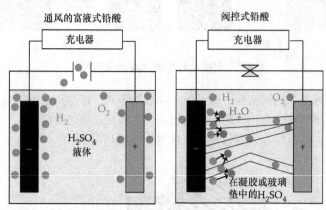

图7.7 富液式铅酸和 VRLA 的比较

7.3.3 镍-金属氢化物电池

镍-金属氢化物（NiMH）电池也相对较成熟。由于镉的毒性、记忆效应以及镍氢电池成本的降低，它们已经在很大程度上取代了较老但类似的镍镉（NiCd）电池技术。金属 M 通常是形式为 AB_5 或 AB_2[2] 的金属间化合物。在 AB_5 中，A 是 La、Ca、Pr 和 Nd 的组合、B 为 Ni、Co、Mn、Al 的组合。AB_2 中，A 为 Ti、V、Zr 的组合；B 是 Ni、Co、Cr、Mn、Al 和 Sn 的组合。电解液通常是30wt% KOH 水溶液。电池反应式是

正极　　　　　　$NiOOH + H_2O + e^- \underset{充电}{\overset{放电}{\rightleftarrows}} Ni(OH)_2 + OH^-$

负极　　　　　　$MH + OH^- \underset{充电}{\overset{放电}{\rightleftarrows}} M + H_2O + e^-$

净电池反应　　　$MH + NiOOH \underset{充电}{\overset{放电}{\rightleftarrows}} M + Ni(OH)_2$

　　　　　　　　$E° = 1.35V$（放电）

从电化学的角度，负极是氢；然而，它被金属合金吸收，例如 $LaNi_5H_6$。在电解质内离子流只有阴离子 OH^-。电池工作原理如图7.8所示。质子运动（H^+）发生在负电极。镍被连接到每个电极作为电子流的集电器。

当过度放电永久破坏电池时，镍氢电池会发生磁极反转。当其他电池驱动极性反转时，这种情况发生在多电池排列中。现代电池中含有催化剂，可以在低电流（涓流）过充时将氢气和氧气重新结合形成水，并在此过程中产生热量。然而，这在较大的电流

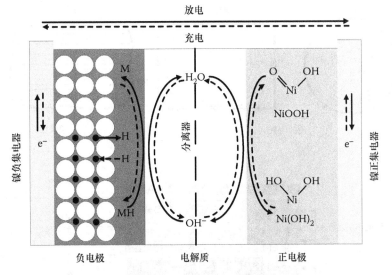

图 7.8 NiMH 电池工作原理

下效果较差；因此，为了安全起见，排气口仍然是电池设计的一部分，以防止气体积聚；也可以使用内部压力开关来断开电池。与其他类型的电池相比，NiMH 具有较高的自放电率，每天从 5% 到 20% 不等。主要的老化发生在 MH 电极上，原因如下：循环使用过程中由于膨胀/收缩而产生的重复机械应力导致颗粒破碎，MH 腐蚀导致电阻层生长，过放和过充产生气体，以及活性电极材料和电解液中的水自放电消耗。

电池的常见形状是圆柱形和棱柱形，有硬壳。如图 7.9 所示的螺旋缠绕分层方法通常用于提高功率容量。类似铅酸的堆叠方法也可以使棱柱形设计更好地利用空间。复合层通常为海绵状结构，如嵌入/填充电解质的电极，这也最大化了表面积以增加功率输出。还需要分离器层，对于 NiMH，这是由一种常见的材料接枝聚乙烯/聚丙烯无纺布制成的。

7.3.4 锂离子电池

锂离子在电池内流动的电池称为锂离子电池。该技术仍在深入研究和设计优化中。目前有许多不同的电极材料组成的变化。正极材料包括锂钴氧化物（$LiCoO_2$）、锂锰氧化物（$LiMnO_4$）、磷酸铁锂（$LiFePO_4$）、锂镍锰钴氧化物（$LiNi_\alpha Mn_y Co_y O_2$）、锂镍钴铝氧化物（$LiNi_\alpha Co_y Al_y O_2$），后两者分别为 NMC 和 NCA 的混合变体。最常见的负极材料是嵌锂石墨（LiC_6），不过也有钛酸锂（$Li_4Ti_5O_{12}$）。标称电池电压取决于所选材料[3]。

由于锂与水的反应性高，所以采用非水电解质和质子。液体电解质包括锂盐（$LiPF_6$、$LiBF_4$ 和 $LiCoO_4$）溶解在有机溶剂（如碳酸二甲酯、碳酸二乙酯、碳酸乙烯酯）。固体电解质也可能如聚氧乙烯，所谓的干电池，是可以使用锂的聚合物固体电解质的聚合物制成的。分离器的材料也可以是多孔聚丙烯、聚乙烯，或复合聚丙烯/聚乙

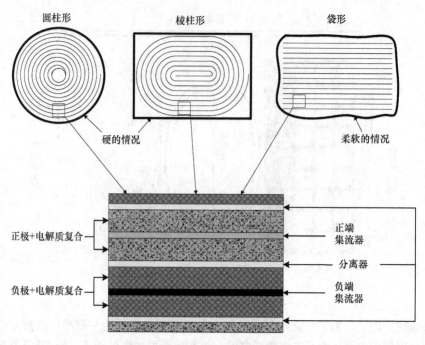

图7.9 示例电池封装样式的横截面

烯薄膜。与其他类型的电池相比，锂离子电池具有高电压、低自放电和高效率的优点。

不同的化学电池的工作原理是相似的，以 $LiCoO_2$ 描述为例。控制这种电池的化学反应如下：

正极 $\quad CoO_2 + Li^+ + e^- \underset{充电}{\overset{放电}{\rightleftharpoons}} LiCoO_2$

负极 $\quad LiC_6 \underset{充电}{\overset{放电}{\rightleftharpoons}} Li^+ + C_6 + e^-$

净电池反应 $\quad LiC_6 + CoO_2 \underset{充电}{\overset{放电}{\rightleftharpoons}} LiCoO_2 + C_6$

$E° = 3.7V$（放电）

锂离子流动如图7.10所示，其中展示了插入过程的充放电模式。下标 x、y 为 $0\sim1$ 之间的分数值，表示每个电极中插入锂离子的比例。对于实际电池，y 在正电极上的值通常在 $0.5\sim1$ 之间。由于锂与空气的反应性，铜和铝的电极被用作电池的端子。

锂离子电池的一个关键特性是，在初始充电时，电极和电解液之间形成一层表面膜或表面电解质界面（SEI）。它有效地防止了锂与电解液的永久性反应。这一层的生长是电池老化时容量损失和阻抗增长的一种机制。电池循环过程中负极膨胀/收缩引起的机械应力是另一种老化和失效机制。

当电池过充电或过放电时，都可能会发生潜在的灾难性故障。过度充电会导致电池膨胀和电池内的压力积聚；此外，电池终端电压大于 5.2V 会引起对电池有害的副反

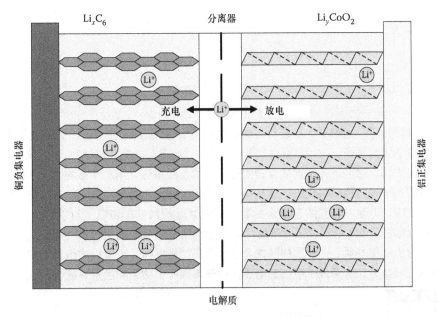

图 7.10 锂离子电池工作原理

应。过度放电可能导致电池内部短路，并导致过热，可能导致火灾。通风口、热中断和外部短路中断是常见的内置电池安全保护功能。不管这些安全特性如何，终端电池电压和热管理是锂离子技术在电池组中应用的关键问题。

热失控是一种典型的锂离子电池的灾难性故障模式。当有一个内部的短路或电池内分离器击穿时，通常会出现。正和负电极材料之间的一个放热反应，会导致电池过热和过多的气体释放。电解质倾向于易燃，会加剧火灾危险。电池化学中，$LiCoO_2$ 对热失控最敏感，特别是在机械失效模式涉及电池意外穿刺破裂。

锂离子电池有多种形式，包括圆柱形、棱柱形和袋形，如图 7.6 所示。电池封装可以类似于 NiMH。袋形采用柔性外壳，由于电解液泄漏较少而引起关注，因此在固体电解质锂聚合物电池中很常见。与硬壳电池相比，袋形电池更能充分利用空间，能量/功率密度也相对较高。利用叠层的袋形电池和螺旋缠绕的硬壳电池之间的终端连接机制也不同。

7.3.5 氯化镍钠电池

另一种电池化学类型是氯化镍钠电池，商业上称之为斑马电池，目前正逐渐应用于汽车和交通领域。它们是 25 年前在南非库切研究小组的沸石电池非洲研究项目中发明的。它被认为是对钠硫电池的老的衍生物的改进，因为硫的替代消除了它的许多安全问题。这两种类型的电池都被称为熔盐电池，因为它们的高工作温度导致电极的熔化。斑马电池的典型工作温度在 270~350℃ 之间。该电池的电化学反应如下：

正极　　　　　　$NiCl_2 + 2Na^+ + 2e^- \underset{充电}{\overset{放电}{\rightleftharpoons}} Ni + 2NaCl$

负极　　　　　　$2Na \underset{充电}{\overset{放电}{\rightleftharpoons}} 2Na^+ + 2e^-$

净电池反应　　　$NiCl_2 + 2Na \underset{充电}{\overset{放电}{\rightleftharpoons}} Ni + 2NaCl$

$E° = 2.58V$（放电）

在工作温度下，熔融钠为负极。与钠硫电池使用熔融钠硫正极不同，斑马电池使用固体多孔状氯化镍为正极。采用两种电解质，一种是 $NaAlCl_4$，熔点为 157℃；因此，它在工作温度下是液体。这种液体电解质通过固体多孔状正极渗透。第二个被称为 β - 氧化铝的固态电解质是一种同构的氧化铝，这是一个坚硬的陶瓷，作为分离器，也可以防止熔融钠与电解液反应。电池以竖直的矩形盒封装，高度为最长尺寸，如图 7.11 所示。一个方形的水平截面如图 7.11c 所示，三叶草的几何设计增加了电池的表面积和功率容量。钢外壳的电池作为负端集电器。一种固体铜镍合金作为正端集电器。正电极的组合物中，部分铁取代镍也是可行的。这降低了电池的电压，但整体提高了功率和能量容量[4]。

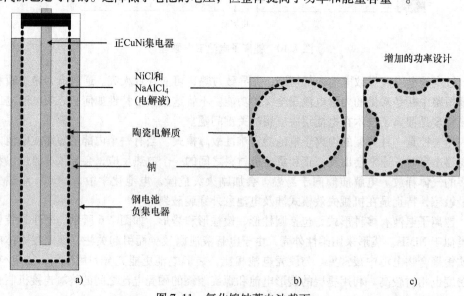

图 7.11　氯化镍钠蓄电池截面
a）垂直截面（侧视图）　b）横截面（自顶向下俯视图）　c）交替设计

即使电池处于备用状态，保持高温也会产生热损失，这种热损失有效地起到自放电损失的作用。当电池工作时，由于电池的自加热，自放电损失是最小的。采用特殊的封装设计和绝缘处理该电池的热因素，因此，它们对环境工作温度相当不敏感。该电池的一个关键的安全性和容错性特点是，在固体电解质开裂的情况下，负极钠和液体电解质之间的温和放热反应生成固体铝，与完整电池相比，它有效地降低了电池的电阻。因此，电池在 5%～10% 电池单元失效的情况下，仍然可以运行。

7.4 超级电容器电池

7.4.1 基本物理知识

电容器在静电电场中存储能量。传统的电容器（见图7.12）是用绝缘材料隔开两个带相反电荷的板。传统的介电材料是陶瓷、聚合物薄膜或氧化铝。电荷运动是通过介电材料中分子偶极子的排列来实现的。这种传统结构的电容与分离距离成反比，与极板的表面积和介电常数成正比，例如 $C = \varepsilon A/d$。

超级电容器是采用静电存储和电化学机制的 ESS。然而，它们的材料和配置赋予它们比传统设计更高的电容。这种更高的电容允许它们呈现出比传统电容器更高的能量密度（6Wh/kg）和非常高的功率密度（14000W/kg）。超级电容器可以分为不同的组，这取决于每个电极的储能机制是非法拉第的还是法拉第的。

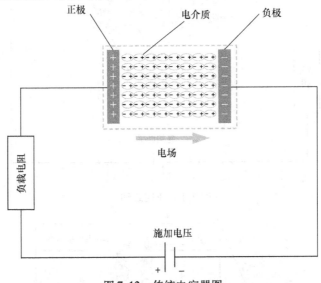

图7.12 传统电容器图

非法拉第电极。能量机制完全是静电的，相反的带电离子相互吸引并向对方移动；然而，这些离子之间不传递电荷或电子。

法拉第电极。在电极上的电荷转移可以通过电子进行。能量存储机制部分是电化学。

赝电容器。由法拉第电极上的电荷转移引起的可观察的电容。电荷转移可以通过氧化还原反应、电吸附或插入过程发生。

EDLC 是常见的两个电极都是非法拉第的超级电容器。另一种商用超级电容器是混合电容器（HC），它们包含一个法拉第电极和一个非法拉第电极。具有法拉第电极的超级电容器被称为赝电容器。

7.4.2 电双层电容器

与传统电容器相比，电双层电容器（EDLC）具有更高的电极表面积（$2000m^2/g$），较薄的多孔电极（小于$150\mu m$），Å级的电极微孔。与使用传统的固体介质材料的电容器不同，EDLC中两个电极之间的材料是一种电解质，它可以是水性的，也可以是有机的。电解质溶剂和任何溶解的离子都能被微孔结构吸收。分离器也被用来分离电极。EDLC如图7.13所示，其微孔结构如图7.14所示。

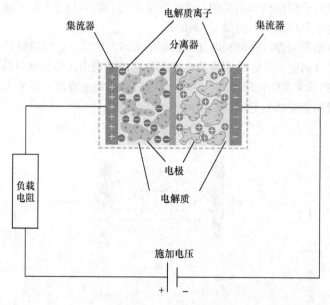

图7.13　EDLC图

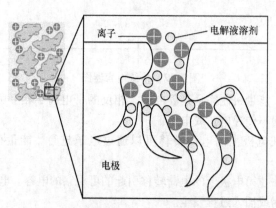

图7.14　EDLC中的微孔结构

能量以电荷分离的形式存储在EDLC中，电解质离子向电极扩散。这种离子在电解质中的扩散过程类似于7.3节中描述的基于电化学的存储过程。离子运动使电荷内部分离，产生内部电场。大部分能量存储在电极和电解质之间的界面，即所谓的 Helmholtz 层。它被夹在两层中间，一层是积累的电解质离子，另一层是在电极中被吸引的电荷。Helmholtz 层通常只有一个原子的厚度，在电解质/电极界面上产生很大的电容。在一个 EDLC 中有两个 Helmholtz 层，每个正/负电极上有一个 Helmholtz 层。离子的迁移得到了有效地利用，以尽可能地减少增加电容所需的电荷分离距离。由于电极表面积大，微孔直径小，储电量进一步增加。EDLC 的储能机制是完全非法拉第的。这些超级电容器通常具有由活性炭制成的碳基电极或由碳纳米管/纳米结构制成的碳基电极。电解液成分可以从水溶液（H_2SO_4 或 KOH）到有机物（如乙腈）变化。工作方面的主要区别在于所需的等效串联电阻（ESR）和孔径。通常，水基电解质需要较小的孔径和呈现较低的 ESR。有机电解质具有较高的击穿电压。当施加电压时，电解液离子被分离，每个离子被带相反电荷的电极所吸引。这种非法拉第能量存储是高度可逆的，允许 EDLC 达到百万次循环寿命。封装样式可以类似于图 7.9 所示，以进一步提高功率和能量密度。EDLC 和电化学存储之间的概念差异如图 7.15 所示。

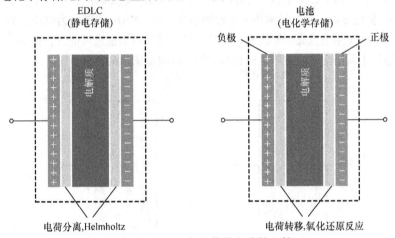

图 7.15　EDLC 与电化学电池的比较

7.4.3　带有赝电容的超级电容器

赝电容可以出现在电极上，表现出电荷转移。电荷转移的一种机制是通过类似于在电解质中的离子的电化学电池的氧化还原反应。在电化学电池中由于在氧化还原反应过程中的相变，这些氧化还原反应往往表现出缓慢的响应。带有赝电容的超级电容器通常采用无相变的快速可逆氧化还原反应。可以方便电荷转移的其他过程是电吸附和嵌入，在这两种情况下，原子一旦被吸附在电极上的离子或原子附着在原子结构上，电子转移后，不会产生或打破化学键。

这两种机制都与电极的晶格结构相互作用，通过在表面晶格位置沉积氢或金属原子来区分电吸附。一个电极既可以表现为静电储能，也可以表现为电化学储能，例如，Helmholtz 层中含有漏出的法拉第电流。在这种情况下，电极/电解质界面的总电容由传统的静电电容和赝电容组成。电极材料可以是聚合物，也可以是金属氧化物。聚合物电极具有较低的 ESR 和较高的电容，但稳定性较差。金属氧化物的 ESR 较低，但成本较高。赝电容可以提供更高的能量密度，但会在电池中造成额外的压力，并可能限制循环寿命。

表现出赝电容的超级电容器常被称为赝电容器。不同的变化可能取决于赝电容在电池中的位置和大小。对称赝电容器包含两个法拉第电极，原则上与图 7.4 所示的电化学电池过程相同。利用快速电子转移机制的对称赝电容器尚未获得商业上的成功；传统的电化学电池以含有两个法拉第电极的储能电池为主。

如图 7.16 所示为一个不对称的赝电容器，例如混合电容器或混合超级电容器（HUC），图中介绍感应和非感应电极相结合的优势。一个电极可以类似采用静电存储的电双层电容器电极，其他的可以用赝电容和电荷转移电极。蓄电池型混合电容器的设计也是可能的，其中一个电极采用传统的电化学氧化还原反应；另一个电极是一种非法拉第电极。电解质含锂离子的混合电容器也被称作锂离子电容器。各种混合电容器的设计都是可能的；第一种使用法拉第电极，如图 7.16 所示，其中金属氧化物可以使离子嵌入，例如，Nesscap 赝电容器。第二种采用负法拉第电极，JSR Micro 用碳作为电极材料。上述两种方法用一个法拉第电极完全取代非法拉第电极。部分更换也是可能的，例如，所谓的铅酸超级电池技术采用由铅法拉第电极和非法拉第碳电极组成的复合负极。

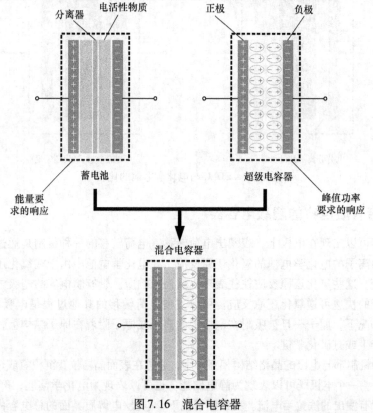

图 7.16　混合电容器

7.5 特性术语和性能参数

比能量	单位质量的能量，Wh/kg
能量密度	单位体积的能量，Wh/L
比功率	单位质量的功率，W/kg
功率密度	单位体积的功率，W/L
循环效率	表示为放电时的输出能量与在充电过程中的输入能量的百分比
自放电	单位时间内的能量损失，%/天
循环寿命	预期有用循环（周期）数，依赖于循环（周期）的定义
电力容量成本	单位功率的货币成本，例如，美元/kW
能量容量成本	单位能量的货币成本，例如，美元/kWh
SOC	表示为 0~100% 的百分比或介于 0 和 1 之间的数。表明电池状态的推荐极值，例如，在电化学电池中的活性物质/离子浓度，它代表一个完全充电或完全放电的电池状态。SOC 的典型定义包括积分电流和除以额定容量
DOD	表示已释放的容量与总容量的比例或百分比，如 DOD = 1 − SOC 或 DOD% = 100% − SOC%
安培小时（Ah）	一些概率的条件下，一个通用的单位制造商用来描述一个电池的总容量，例如 20℃ 在 1/20C 的放电倍率。一个相关的度量是瓦时（Wh）
放电容量	一个完全充满电的电池从 SOC = 1 到 SOC = 0 所能提取的总容量，记为 Ah_d 或 Wh_d
充电容量	从 SOC = 1 到 SOC = 0，电池可充电的总容量，表示为 Ah_c 或 Wh_c
库仑效率	它也被称为电化学电池的法拉第效率，它描述了电荷（如电子）在系统中转移以促进主电化学反应的效率。参与产生热量的副反应是法拉第损失的一个例子，充电和放电的单独效率是可能的，这种计量通常是通过比较转移电荷与活性物质的量来进行化学计量测量的
充放电率	充电或放电速率等于电池在 1 小时内完全充电或放电的速率
最小/最大截止电压	电池由制造商指定的电压限制，需要电流限制来避免超过这些限制
日历寿命	在存储条件下电池的预期寿命，对环境温度和 SOC 等因素敏感
电池电压反转	在负电压下强行操作的弱电池可能导致电池端子上永久性的极性逆转，可能缩短电池寿命或导致完全失效
剩余使用寿命（RUL）	通常，表示电池剩余寿命的时间单位不再满足功率输出和可用容量的应用要求，它在很大程度上取决于环境因素和使用历史等操作条件
健康状态（SOH）	一种无量纲的度量标准，用于定义电池的一般健康状况或可用性，通常用于估计循环寿命，例如，基于阻抗的度量，SOH_r，通常基于老化电池阻抗和新电池阻抗的比值来定义；以容量为基础的 SOH，例如 SOH_c，是基于老化电池退化容量和新电池容量的比率；有许多 SOH 方程的变种

(续)

BMS	BMS 是电池组硬件和软件的组合,具有测量、控制和通信功能,可以报告多个电池单元的状态,并执行低级别保护功能,如估计 SOC、SOH、RUL、容量和最大可用输出功率
电池状态估计(BSE)	驻留在 BMS 中的一组算法和软件,用于执行关键功能,如估计 SOC、SOH、RUL、容量和最大可用输出功率
开路电压(OCV)	在零电流/断开的静止平衡状态下,通过电池端子测量的电池内部电压,其值取决于电池 SOC 和迟滞效应
电化学阻抗谱(EIS)	一种频率域测试方法,在通用的电池工作点使用小的信号扰动
恒电位	描述 EIS 测试条件的术语,其中平均输入信号为恒压(CV),输出为电流响应
恒电流	描述 EIS 测试条件的术语,其中平均输入信号为恒流(CC),输出为电压响应
ESR	通常与电感器/电容器中表示损耗的串联电阻有关
ECM	等效电路模型

7.6 建模

7.6.1 电化学电池的等效电路模型

有各种各样的等效电路模型(ECM)和电化学电池的拓扑结构。它们通常包含常见的电路元件,以模仿从电池特性数据观察到的实验反应。在本节中,图 7.17 所示的具有 n 个 RC 元件的特定 ECM 模拟了瞬态响应、滞后、非线性 OCV、非对称内阻和热依赖性等效应。它可以在电路仿真软件中使用标准软件包(如 PLECS 或 Matlab Simscape/SimPowerSystems)轻松建模。

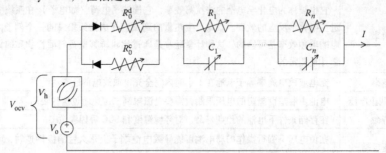

图 7.17 电池的等效电路模型

SOC 被建模为具有以下动态的积分器

$$\frac{\mathrm{d}SOC(t)}{\mathrm{d}t} = \frac{-1}{CAP}[\eta_c I^-(t) + \eta_d^{-1} I^+(t)] - \rho_{sd} \quad (7.4)$$

$$I^-(t) = \min(I(t),0), \quad I^+(t) = \max(I(t),0) \quad (7.5)$$

式中,正电流 I 表明放电,η_c、η_d 是充电和放电效率,CAP 是电池的容量,ρ_{sd} 是自放电率。SOC 影响等效电路模型中的其他元素的值,因为它们被建模为 SOC 和温度的函数。

$$V_o = g_{V_o}(SOC, T)$$
$$R_i = g_{R_i}(SOC, T) \quad i = 0 \cdots n \tag{7.6}$$
$$C_j = g_{C_j}(SOC, T) \quad j = 1 \cdots n$$

电池的开路电压被分解成两个分量,$V_{OCV} = V_o + V_h$,如图 7.18 所示。一个是依赖于 SOC,另一个是依赖于迟滞。所谓的组合模型可以用来表示前一个组件,它是基于方程

$$V_o = k_0 - k_1/SOC + k_2 SOC + k_3 \log SOC - k_4 \log(1 - SOC) \tag{7.7}$$

式中,系数 k_i 为实验 OCV 测量数据的经验值。以上是来自 Shepherd、Unnewehrl 和 Nernst 模型的 OCV 形式的组合,每一个都包含 OCV SOC 单调相关项[5]。

建立迟滞模型的一种简单方法是零状态迟滞法

$$V_h = -V_h^{max} sgn(I) \tag{7.8}$$

式中,V_h^{max} 代表最大迟滞电压,它也可以被建模为一个 SOC 和温度的函数,例如,$V_h^{max} = gV_h^{max}(SOC, T)$。然而,由于忽略了诸如图 7.18 所示的内部迟滞回线等特定迟滞的瞬态行为,被证明不能很好地模拟电池电压响应[6]。可以通过在电池内引入迟滞状态来改进,这种方法称为一阶动态的动态迟滞模型[6]。

$$V_h = V_h^{max} \cdot v_h$$
$$\frac{dv_h}{dt} = -\gamma I \cdot [sgn(I)v_h + 1] \tag{7.9}$$

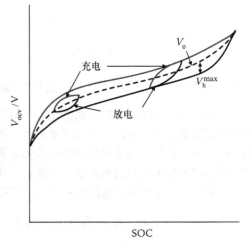

图 7.18 开路电压和迟滞回线

式中,v_h 是 -1 和 1 之间的值的迟滞状态,γ 是回转型速率。

RC 遵循一阶动力

$$\frac{dV_j}{dt} = \frac{-V_j}{R_j C_j} + \frac{I}{C_j} \tag{7.10}$$

式中,V_j 是通过第 j 个 RC 对的电压。ECM 的电压可以概括为

$$V = V_h + V_o - I^+ R_0^d - I^- R_0^c - \sum_{j=1}^n V_j \tag{7.11}$$

这里需要注意的是,模型阶数 n 取决于应用程序和电池。常见的选择是在 3 和 1 之间。对于建模的目的,高阶可能是可取的,而在线估计滤波器的设计中,低阶滤波器是可以接受的。电池的现象,如扩散最好近似于一个或两个 RC 时间常数。

离散化 ECM 动态可以使用许多离线参数化和在线估计算法。采用零阶保持器(ZOH)方法,选择足够小的采样时间,使该区间内的参数变化为常数;因此,在不失一般性的情况下,将降低对 SOC 和温度的函数依赖,以保证呈现的整洁性。方程(7.1)的离散时间动力学变成

$$\mathrm{SOC}_k = \mathrm{SOC}_{k-1} - \frac{\Delta t}{\mathrm{CAP}}\left[\eta_\mathrm{c} I_{k-1}^{-} + \eta_\mathrm{d}^{-1} I_{k-1}^{+}\right] - \rho_{\mathrm{sd}} \Delta t \tag{7.12}$$

式中，下标 k 表示一个样本，Δt 为采样时间，方程（7.2）仍然适用。一种对 V_{o_k} 表达的是加下标 k 的离散方程（7.7）。滞后离散时间动力学推导为

$$V_{h_k} = \begin{cases} -V_h^{\max}\mathrm{sgn}(I_k) & \text{零状态模型} \\ V_h^{\max} \cdot v_{h_k} & \text{单状态模型} \end{cases} \tag{7.13}$$

$$v_{h_k} = -\mathrm{sgn}(I_{k-1}) + [v_{h_{k-1}} + \mathrm{sgn}(I_{k-1})]\mathrm{e}^{-\gamma|I_{k-1}|\Delta t} \tag{7.14}$$

式（7.14）首先对充放电情况分别离散化，然后得到上述通式。对于 RC 单元，它们的离散时间动力学变为

$$V_{j_k} = \mathrm{e}^{-\frac{\Delta t}{R_j C_j}} V_{j_{k-1}} + R_j(1 - \mathrm{e}^{-\frac{\Delta t}{R_j C_j}}) I_{k-1} \tag{7.15}$$

$$V_k = V_{h_k} + V_{o_k} - I_k^{+} R_0^{\mathrm{d}} - I_k^{-} R_0^{\mathrm{c}} - \sum_{j=1}^{n} V_{jk} \tag{7.16}$$

7.6.2 电化学电池的增强自校正模型

离散时间电压输出是简单的电化学电池增强自校正（ESC）模型，另一种所谓的增强自校正模型通过一些选定的内部滤波器，直接描述离散电压动态状态[6]。该模型是在离散时域内进行的。由于该模型的参数完全基于经验测量数据，因此可以认为它是一种建立瞬态动力学模型的黑箱方法。不是 n 个 RC 电压状态，而是 n 个 ESC 电压滤波器状态，它们构成了电池终端电压的一部分。ESC 模型在离散时域的电压响应如下：

$$V_k = V_{h_k} + V_{o_k} - I_k^{+} R^{\mathrm{d}} - I_k^{-} R^{\mathrm{c}} + \underbrace{\sum_{j=1}^{n} \beta_j V_{\mathrm{ESC},j_k}}_{V_{\mathrm{ESC}}} \tag{7.17}$$

式中，V_{h_k}，V_{o_k}，I_k^{+} 和 I_k^{-} 在式（7.13），式（7.7）和式（7.5）中建模。这里还使用了离散时间 SOC 积分器［见方程（7.12）］。电阻 R^{c} 和 R^{d} 代表整体稳定状态的充电和放电电阻。$V_{\mathrm{ESC},j}$ 代表第 j 个内部 ESC 状态，β_j 为经验系数。后者的条件等于 V_{ESK,j_k}，内部状态的线性组合。ESC 状态满足两个特性：①各内部状态是稳定的，②稳态电流下 V_{ESK,j_k} 值为零。这些条件提供理想的瞬态电压和弛豫效应。内部状态被建模为

$$V_{\mathrm{ESC},j_k} = \alpha_j V_{\mathrm{ESC},j_{k-1}} + I_{k-1} \tag{7.18}$$

在 α_j 指定滤波器的极点，并选择其值为 $-1 < \alpha_j < 1$ 保证 V_{ESC,j_k} 状态稳定。ESC 电压可概括为如下的离散时间滤波器的状态空间动力学

$$\begin{bmatrix} V_{\mathrm{ESC},1_k} \\ \vdots \\ V_{\mathrm{ESC},n_k} \end{bmatrix} = \overbrace{\begin{bmatrix} \alpha_1 & 0 & \cdots & 0 \\ 0 & \alpha_2 & \cdots & 0 \\ \vdots & \vdots & \ddots & \vdots \\ 0 & 0 & \cdots & \alpha_n \end{bmatrix}}^{A_{\mathrm{ESC}}} \begin{bmatrix} V_{\mathrm{ESC},1_{k-1}} \\ \vdots \\ V_{\mathrm{ESC},n_{k-1}} \end{bmatrix} + \overbrace{\begin{bmatrix} 1 \\ \vdots \\ 1 \end{bmatrix}}^{B_{\mathrm{ESC}}} I_{k-1}$$

$$V_{\mathrm{ESC}_k} = \underbrace{[\beta_1 \cdots \beta_n]}_{C_{\mathrm{ESC}}} \begin{bmatrix} V_{\mathrm{ESC},1_k} \\ \vdots \\ V_{\mathrm{ESC},n_k} \end{bmatrix} \tag{7.19}$$

上述相应的离散传递函数

$$G(z) = \boldsymbol{C}_{ESC}(\boldsymbol{IZ} - \boldsymbol{A}_{ESC})^{-1}\boldsymbol{B}_{ESC} \tag{7.20}$$

为了满足第二零增益稳态，必须满足 $V_{ESC}, G(z) = 0 (z = 1)$。这导致了对 ESC 模型参数的以下约束

$$\sum_{j=1}^{n} \frac{\beta_j}{1 - \alpha_j} = 0 \tag{7.21}$$

在进行 ESC 模型拟合时，可以将上述约束嵌入到基于优化的拟合例程中。这里还注意到，ESC 模型的典型滤波器阶数是 $n = 2$ 和 $n = 4$[6]。

7.6.3 超级电容器电池

相比于电化学电池，超级电容器电池表现出较少的非线性行为，可以用等效电路模型较好地模拟。最简单的方法是用一个理想的电容元件和一个 ESR 来表示损耗的电池模型；此方法如图 7.19 所示。

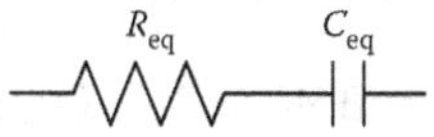

图 7.19 串联电阻超级电容器的等效电路模型

对于 EDLC，可以对模型进行分解，考虑图 7.15 中超级电容器模型的不同优势部分，得到图 7.20 中的等效电路模型。理想的电容器 C_{HL1}、C_{HL2} 可以模拟两个电容 Helmhdtz 双层在每个电极/电解质界面。在这些层之间，电阻 R_{se} 可以模拟由于隔膜和通过电解质的运动而产生的离子电阻。另外两个电阻 R_{e1}、R_{e2} 可以表示电极和电池端子上的电阻。

瞬态和高频响应可以通过添加电感和 RC 元件来建模，如图 7.21 所示。由于 RC 动力学可用于模拟法拉第电极的瞬态行为，因此该方法可适用于 HC。如果需要，可以添加额外的 RC 对。

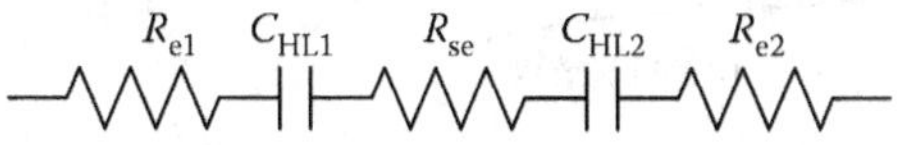

图 7.20 EDLC 的等效电路模型

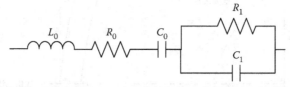

图 7.21 带电感和 RC 动力学的超级电容器等效电路模型

图 7.22 中描述的多级模型是另一种常见的方法。它很好地模拟了超级电容器的分布式物理特性，例如，在 EDLC 中，大的表面位于多孔电极/电解质界面。该模型在较大的频率范围内与实验数据吻合良好。根据从实验数据中观察到的主导时间常数的数量，可以选择级数或模型阶数。在 EDLC 中，电解质中的离子扩散和离子通过宏/微孔的运动等影响可以在不同的时间尺度上发生。三阶或更高阶选择是司空见惯的。

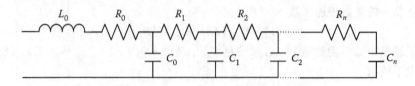

图7.22 超级电容器的多级阶梯模型

7.7 测试程序

7.7.1 时域

在本节中,描述了用于表征电池的常用时域测试。所示的示例响应是典型的电化学电池响应;然而,同样的过程也可以应用于超级电容器电池。通过使用热环境室在受控环境条件下进行测试如恒定的大气压力和温度。

对于最小的放电截止电压,完全充电的电池的测试经常涉及恒流,或者称为倍率(C率)放电容量测试。典型的电压响应如图7.23所示。从图中可以看出,电池的内阻有两种作用,第一种是初始电压降随着放电电流的增加而增加,第二种是电池总容量的未充分利用,从而降低了在更高电流下的可用容量。电池阻抗通常与温度有关,因此,放电速率试验的电压响应和可用容量也与温度有关。

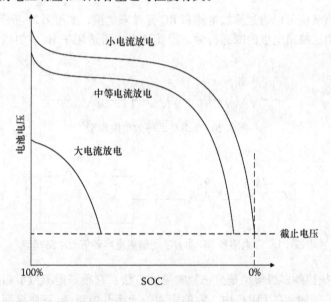

图7.23 在不同放电电流情况下的电池电压响应(C率)

总容量可以独立于温度和电流速率。对于电化学电池,可用的活性化学物质的量决定容量;对于超级电容器电池,电荷存储的表面积决定容量。两者在大范围的正常工作条件下几乎是恒定的,任何电池容量的降低都是在长时间或高数量的使用周期内发生的。总容量测试可以使用 CC 和 CV 充放电进行。电压和电流响应的示例如图 7.24 所示。在达到最大截止电压之前,进行一次 CC 充电。接着是 CV 充电,直到充电电流减小到某个小阈值,通常为 C/100。这一点被定义为 100% SOC。然后进行 CC 放电,直到达到较低的电压阈值。随后 CV 放电达到相同的(C/100)阈值点,即 0% SOC。电流积分定义了一个总容量估算,图 7.24 中的阴影区域表示总放电容量,即 Ah_d。重复 CC - CV 充电阶段,类似的总电荷量估计(Ah_c)可以通过 SOC 的电流从 0% 到 100% 积分。通常情况下,要进行多次 CC - CV 充放电循环,然后取平均值。电池中的任何低效都会导致总放电容量小于总充电容量。这两个总容量估计值可用于确定 7.6 节中描述的充放电效率。这些效率值取决于电池容量是定义为总充电容量还是总放电容量。

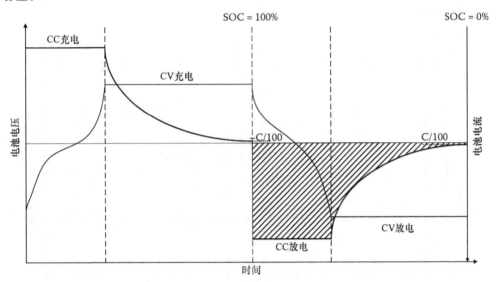

图 7.24 总容量试验测量的 CC 和 CV 放电曲线
(阴影区域是一个总的放电容量测量)

上述定义了 CC - CV 充电/放电过程,极端 OCV - SOC 点即在 SOC = 0% 和 SOC = 100%。这个测试的 CC 部分可以修改,找到中间点和构建的 OCV - SOC 曲线。如图 7.18 所示,一个用于充电,另一个用于放电,这两个曲线都是必要的。OCV - SOC 测试程序如下:

1) CV 充电阶段结束时,电池充电使 SOC 达到 100%。在 1~2h 的静止时间里,然后进行如下步骤。

2) 重复低速率,例如,设 C/10,为放电脉冲和静止时间。每个放电脉冲是恒定的时间间隔,使 SOC 降低了 5%~10%。随后的静止时间通常是 1~2h,以允许电池达到一个平衡状态。在静止时间结束后,测得的电压为开路电压的测量值。

3) 在低 SOC, 最后一次放电脉冲期间, 将达到较低的截止电压, 一旦发生这种情况, 一个 CV 放电阶段进行以达到 0% SOC。在 1~2h 的静止时间后, 放电 OCV-SOC 测试结束, 接下来开始充电 OCV-SOC 测试。

4) 静止时间之后是重复低速率充电脉冲。这部分遵循与放电脉冲相同的准则。

5) 在高 OCV, 在最后二次充电脉冲期间将达到电压上限, 并进行 CV 充电阶段以达到 100% SOC。一个 1~2h 的静止时间后, 充电 OCV-SOC 测试结束。

典型的电压和电流分布图如图 7.25 所示。容量测试是预先做的, 因此, 通过对充放电脉冲的电流积分可以找到中间 SOC 点。OCV-SOC 测试是在一个较宽的工作范围内进行的, 由于它们使校准和电池状态/参数估计更容易, 通常要求电池的 OCV-SOC 曲线对温度变化和老化效应不敏感。

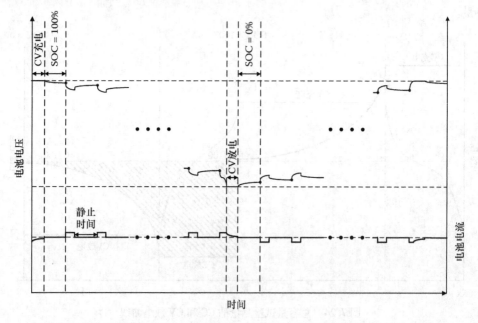

图 7.25 放电和充电的 OCV-SOC 测试。圆点电压点是开路电压 (OCV) 测量点

测试电池阻抗和功率容量的类似程序是所谓的高 (或混合) 脉冲功率特性 (HPPC) 测试。它在 OCV-SOC 测试的电流波形中加入额外的高电流脉冲, 例如 10C, 持续时间很短, 例如 10s。通常, 在每个不同的 SOC 工作点上都会添加一对等幅的充放电脉冲, 如图 7.26 所示。HPPC 充放电脉冲后的静止时间可以利用, 也可以不利用。在极限 SOC 工作点, 只有两个 HPPC 脉冲中的一个可用于避免过充/放电和遵守电池电压限制; 或者, 可采用 CV 充/放电的脉冲。HPPC 脉冲时间、电流幅值、序列和时间间隔的变化是可能发生的。例如, 具有多个不同大小的 HPPC 电流脉冲可以表征电流相关的 ECM 参数, 也可以更好地表征任何迟滞动力学。

HPPC 测试的主要目的之一是实现 ECM 参数的拟合, 这些参数用于建模和峰值功

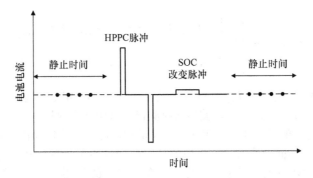

图 7.26 典型的 HPPC 测试中的电流脉冲

率估计。HPPC 脉冲的典型电压响应如图 7.27a 所示。在给定瞬时电压和电流变化的情况下,根据该曲线可以很容易地计算出欧姆电阻响应。动态效应也存在,包括 OCV 的变化(SOC 的变化)、迟滞和动态电阻,如图 7.17 所示电池 ECM 中的 RC 对。对电压响应曲线进行曲线拟合,得到模型参数。

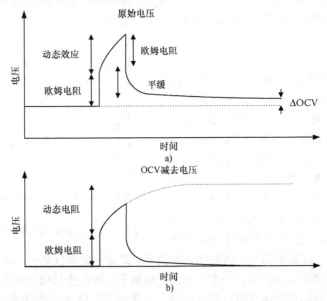

图 7.27 (a)原始和(b)处理后的电池特性的电压响应

假设图 7.17 的等效电路模型,对线性等效电路模型元件的电压响应进行聚焦参数化处理是可取的。开路电压(OCV)响应减去测得的电压产生图 7.27b 所示的响应。可以通过应用静止电压点(开路电压端点)和电流积分得到开路电压响应;可能需要应用特殊的测试/处理注意事项来正确处理任意电池的迟滞和缺乏足够的静止和弛豫的时间。理想的开路电压减去 n 个 RC 对的响应,可以得到

$$V_{OS}(t) = \begin{cases} -\left[R + \sum_{j=1}^{n} R_j(1 - e^{\frac{-t}{\tau_j}})\right]i_{pulse} & t < t_{pulse} \\ -\sum_{j=1}^{n} R_j(1 - e^{\frac{-t_{pulse}}{\tau_j}})i_{pulse} e^{\frac{-(t-t_{pulse})}{\tau_j}} & t \geq t_{pulse} \end{cases} \quad (7.22)$$

式中，t_{pulse} 是脉冲持续时间和 i_{pulse} 是脉冲电流。上述方程假定零状态的初始条件，即足够的前静止时间。方程（7.22）或其离散时间模拟可用于参数拟合。

最后，值得注意的是，还有许多其他的时域测试可用于建模和描述。所谓动态应力测试（DST）[7]是在不同速率时由一系列的 CC 充电/放电的步骤组成。它的目的是在广泛的 SOC 范围内操作电池。对于汽车应用，在更现实的条件下，来自预期的行驶工况响应的电流分布用于激发电池。这些行驶工况测试可用于模型参数化和验证。在应用程序的生命周期中，电气储能装置特别是电化学电池需要广泛的测试，以检查和建模其响应。在不同 SOC 水平下有较长时间静止的电池的日常老化测试涉及周围环境条件的影响。只能进行定期容量/特性测试。行驶工况老化测试是一种加速测试的形式，它通过行驶工况的使用情况来重复循环电池。重复行驶工况电流曲线可以与 CV 的充电/放电阶段分离，以保持所需的 SOC 的工作范围。周期性的 HPPC 容量测试也可以应用。电池的能量吞吐量通常被记录并用作电池使用年限的量度。

7.7.2 频域

EIS 是一种频域测试程序，在不同的工作点采用小振幅信号的扰动，如图 7.28 所示。每个工作点通过 SOC、工作电流、温度以及是否是充电或放电过程定义。如果信号施加的是电压，测试的是电位，而如果是电流控制，则它被称为恒流。这个信号必须是小振幅的且与最初的每个测试工作点的假设线性度相对应。这在实践中意味着 SOC、温度和振幅必须保持在一个紧凑的时间间隔内，以保证特定工作点的结果。这是在频域测试中最重要的条件之一，作为电气存储设备通常呈现大量的非线性行为，一个工作点的结果不应该重叠其他工作点。

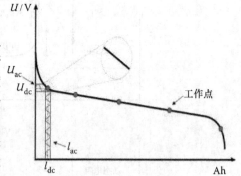

图 7.28 电池在 EIS 测试中的工作点

用来进行频域测试的信号可以是正弦波、三角函数、白噪声或伪随机二进制信号。在电池测试中，选择最多的是使用正弦波信号。这对于等效电路模型的拟合、容量衰减、SOC 的估算是很方便的。它的主要优点是使用的波形的简单性，但它也存在一些缺点，需要进行大量的测量，以保证一个合理的精度。当工作在低频率（1mHz 或更低）时，由于每个测试都可能在几小时以上，这是一个相当大的缺点。这个问题会严重影响电池的工作条件状态，特别是电池的温度和 SOC。

施加的信号，一个小的交流纹波是直流电流的一小部分，可以有一个固定的或可变的频率。最常见的方法是在低频率（几 mHz）和高频率（几 kHz）之间进行频率扫描。

这种频率扫描允许在很宽的范围内获得电池阻抗谱,能够观察到不同的行为。锂离子电池的频率响应结果如图 7.29 所示;奈奎斯特图中的特殊区域与它们的主要等效电路建模元件相匹配。如图 7.29 所示,反转垂直虚轴是一种常见的惯例。

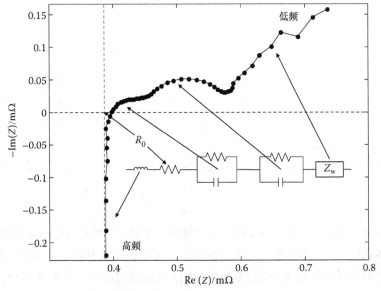

图 7.29 锂离子电池的奈奎斯特图的示例

在中频范围内,响应表现出的行为可以用 RC 元件描述。这些元件产生的半圆形的表现,如图 7.30 所示。不同的时间常数之间的比率会改变多个 RC 对之间的相对混合。在较高的频率下,电感行为通常是显而易见的,这有时会成为连接电池的布线的副产品。在低频中,电容行为通常是显而易见的。

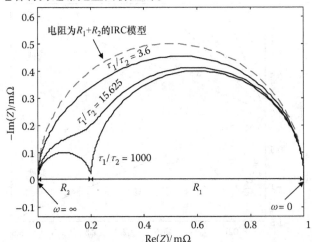

图 7.30 不同时间常数（$\tau_1 = R_1 C_1$、$\tau_2 = R_2 C_2$）1RC/2RC
模型的奈奎斯特图（$R_1 = 0.8\text{m}\Omega$，$R_2 = 0.2\text{m}\Omega$）

频率响应可以表现出简单电路元件无法表现的倾斜行为。这些倾斜的响应可以用所谓的恒定相位元件（CPE）来描述；它们由公式表示为

$$\text{CPE}(\omega) = A(j\omega)^a = \begin{cases} L_a(j\omega)^a & a > 0 \\ R & a = 0 \\ \dfrac{1}{C_a(j\omega)^a} & a < 0 \end{cases} \quad (7.23)$$

式中，a 为一个 -1 和 1 之间的数字；A 一个电路元件响应的缩放系数。电感/电容元件具有恒定超前/滞后 90°的相位，CPE 是这些标准元件的推广。不同 CPE 的奈奎斯特图如图 7.31 所示。在频域中应用 CPE 可以模拟非标准电感，在低频率下观察到的腐蚀和所谓的 Warburg 阻抗效应。

在低频率时，倾斜行为是常见的，这部分通常被称为 Warburg 阻抗，其最简单的形式为

$$Z_w(\omega) = \frac{R_w}{\sqrt{\omega}}(1 - j) \quad (7.24)$$

式中，R_w 为类电阻参数。Warburg 阻抗通常描述传输效应，例如电化学电池的半无限扩散或具有多孔电极的电容充电；后者的情况下，可以涉及没有扩散。在非常低的频率，频率响应的形状可以收敛到实轴或趋向负虚轴；在这些情况下，修正 Warburg 阻抗表示为式（7.25）或式（7.26）。Warburg 阻抗的不同表现形式如图 7.32 所示。

$$Z_w(\omega) = \frac{R_w \tanh\sqrt{j\omega/D}}{\sqrt{j\omega D}} \quad (7.25)$$

$$Z_w(\omega) = \frac{R_w \coth\sqrt{j\omega/D}}{\sqrt{j\omega D}} \quad (7.26)$$

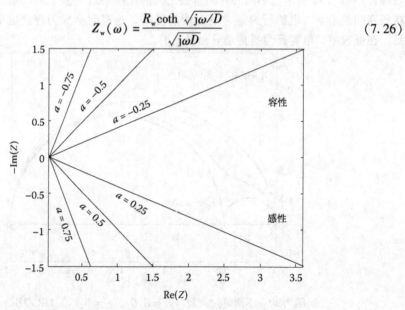

图 7.31　对应不同 a 值的每个 CPE $A(j\omega)^a$ 的奈奎斯特图

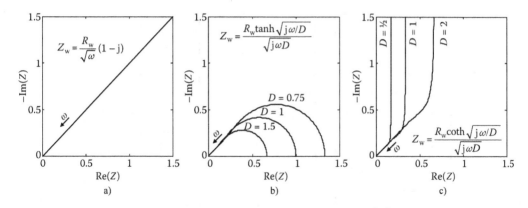

图 7.32 Warburg 元件不同表现的奈奎斯特图[17]
a) CPE 模型 b) tanh 模型 c) coth 模型（在图中使用单位电阻）

7.8 封装和管理系统

7.8.1 功能和设计方面的考虑

汽车储能电池的功率和能量需求超过了单个电化学电池或超级电容器电池所能提供的。因此，电能存储系统封装设计集合了许多电池。通常，大约有十几个电池被分组在一个模块中，然后多个模块被分组以形成一个包。这种方法允许模块化设计。许多电池的排列和拓扑结构的能量模块/包的设计是可能的。常见的布线类型如图 7.33 所示，增加输出电压，电池串联连接，并增加电流输出，采用并行化。串联的电池组很容易被电池组中最弱的电池破坏。对于仅串联的配置如图 7.33a，开路故障将导致整个包的故障；如果最弱的电池出于安全原因需要关闭，也会发生完全关闭电池组的情况。串并联配置（见图 7.33b）在某种程度上不太容易出现这种情况，因为其他并联的电池串至少在一段时间内可能满足功率/能量需求。最复杂的排列是矩阵拓扑结构，如图 7.33c 所示，其中并行电池组按顺序排列。原则上，这种拓扑可以绕过单个开路电池故障，并利用剩余的电池。由于涉及额外的布线，这种拓扑的制造可能是禁止的。此外，当采用平行电池排列时，可能会出现电流循环不均匀的情况。

最后，可能需要对单个电池进行管理，以确保封装的最佳工作和安全；因此，需要更复杂的拓扑。这可以通过将在下一节中描述的电池平衡拓扑实现。这些拓扑结构不仅可以实现电池均衡，还可以防止过充/放电、短路和机械电池缺陷/故障。

能量管理系统（EMS）是能量包的关键组成部分。对于只使用电化学电池的系统，EMS 是 BMS。EMS 是执行关键报告、传感、通信和控制功能的能量包。主要报告和传感功能是

1）电池测量，例如，电压、电流、温度和应力/应变。

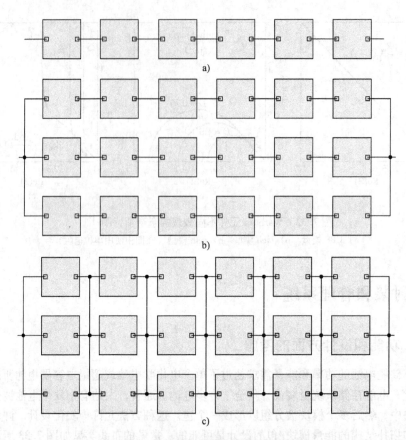

图 7.33 蓄电池组/模块的可能电池排列
a) 串联配置 b) 串并联配置 c) 矩阵配置

2) 封装测量,例如,DC‐Link 电压和电流及环境温度。
3) 故障检测,例如,开路/短路故障,传感故障和冷却系统故障。
4) SOC、SOH、阻抗和容量估算。
5) 最大功率输出容量。
6) 可用的电池组能量。
7) 数据记录,例如,使用历史。

EMS/BMS 的主要通信和控制功能是
1) 电池平衡。
2) 控制主接触器开关。
3) 热管理,例如,加热/冷却系统。
4) 控制任何电池保护电路。
5) 与动力传动控制器的通信握手。
6) 与电力电子器件通信,例如 DC‐DC 变换器、充电器和辅助电力单元。

7.8.2 电池平衡

在电池的能量包中,由于制造工艺的变化和电池老化/使用的不平衡,偏差是不可避免的。电池之间需要平衡 SOC,以避免过度充电/放电,并最大限度地利用能量包。各种各样的拓扑结构已被开发用于平衡电池。在本节将介绍选定的方法以突出用于串联电池的不同方法。

描述平衡方法的常用术语包括主动和被动术语。后者已被用来描述两种情况之一,在充电期间对这两种耗散能量情况进行均衡。首先是一个不可控的拓扑结构,电池串联,可以容忍轻微过充。过充的电池通常是通过产生热量自然消散能量。在此期间,允许其他电池充电。电阻可以并行放置在每个电池上以利用任何电池之间的电压/SOC 差异;电压的差异将决定出电率和电池电荷,导致不同的电池会自然聚到平衡状态。铅酸、镍氢电池也可以使用这种方式。此方法使用的被动术语反映了拓扑中的控制缺失和能量耗散。第二个场景,采用被动平衡是指可控的拓扑结构,能避免过充电。这通常是通过分流电阻和可控开关,使能量流失。如图 7.34 所示的一个例子,为 3 个电池串联的情况。混淆的产生是因为这样的例子在控制意义上是主动的,但在能量流的意义上是被动的。在本章中,术语主动平衡是指包含由 BMS 主动控制的可控元件的拓扑。由于这几乎定义了所有的拓扑都是活动的,所以这里描述了 3 个主要的类别:分流法、穿梭法和能量变换法[8,9]。

主动分流法采用可控旁路元件来控制电池的电荷流。如图 7.34 所示是一个常见的简单的低成本的方法:耗散分流。电阻器的大小控制平衡的速度。它的功能是防止转移过充电,因为电荷从高 SOC 电池到低 SOC 电池。在这种拓扑结构中产生热量是效率低下的主要来源。这可能会需要复杂电池组的热管理,并可能导致电池组内不均匀的温度分布,进一步恶化电池之间的失衡。

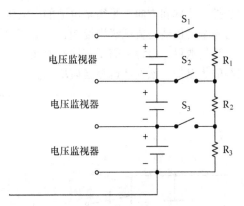

图 7.34 耗散分流拓扑

图 7.35 所示为一个完整的分流拓扑[8],可以通过允许处于 SOC 或电压极值的单个电池旁路来平衡充放电模式下的电池。效率的提高源于消除长时间的能量消耗。例如,在正常充电状态下,开关 $S_1 \sim S_6$ 处于开启状态;如果第一个电池处于最大值,则关闭 S_4 以绕过该电池充电。在正常放电模式下,开关 $S_1 \sim S_3$ 闭合,$S_4 \sim S_6$ 全开;如果第一个电池处于最小值,则打开 S_1 以防止第一个电池的进一步放电。一个可变的和潜在的广泛电池组电压范围可以导致多个电池的断开,这可能需要额外的电力电子变换器在电池组输出来调节这个电压。额外的元件和控制复杂性增加了这种拓扑的成本。

第二类主动平衡是穿梭法[8,9];它们使用外部的能量存储元件,例如电容器,在电池组内的电池之间移动电荷。它们可用于充电和放电模式。图 7.36 中对于 $n = 3$ 个电池的例子，采用 $n - 1$ 个电容器和 n 个三端开关。在这个例子中，根据开关的配置和电池电压条件，电荷是在附近的电池之间穿梭。例如，考虑，当第一个电池比第二个电池在一个更高的 SOC/电压状态时，C_1 会并联连接到电池对其放电，以对电容器充电。然后 C_2 将并联连接到第二个低 SOC/电压电池，以向其转移电荷。同样的策略可以用于电池组的充放电。电容的大小对速度的影响包括电压变化的时间常数和转移穿梭电荷最大量。在需要从远处电池转移电荷的情况下，均衡速度可以很低。改变穿梭的拓扑（如电容器的数量和排列）也可以改善平衡控制和速度[9]。

第三类平衡方法包括能量变换器法。它们可以具有多个并且可能是隔离的变换器，如降压或升压、CuK、反激式，或准谐振[9]。它们的特点是增加的平衡控制容量和相对高的复杂性。如图 7.37 所示采用

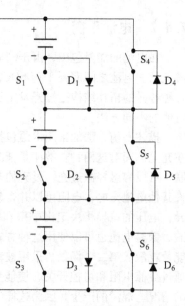

图 7.35 完整的分流拓扑

带有隔离地的隔离双向升压（boost）变换器。这里可以通过控制流过变换器的电流的方法控制速率和方向来平衡单电池的电池组变换器。这种拓扑结构需要更复杂的控制，因为每个变换器需要低级别控制，而更高级别的控制用于平衡。该变换器的设计也依赖于电池的数目，因为它需要容纳电池和电池组电压之间潜在的巨大差异。除了增强平衡控制的优点外，该设计也相当模块化。

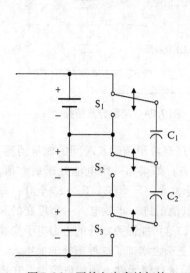

图 7.36 开关电容穿梭拓扑

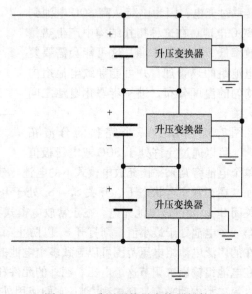

图 7.37 升压型能量变换器拓扑

7.9 状态与参数估计

7.9.1 估计算法

在本节中,我们将简要介绍用于在线储能状态/参数估计的常用离散时间估计算法。具体介绍了递归最小二乘(RLS)、卡尔曼滤波(KF)和扩展卡尔曼滤波(EKF)。简要介绍了各种算法及其原理。重点是算法的实现,而不是其理论的推导。

RLS 是一种使用加权最小二乘拟合[10]的递归实现来估计参数的算法。它采用以下递归形式:

$$y_k = c_k^T x_k + v_k \tag{7.27}$$

式中,y_k 是一个量度;c_k 是一个由已知/可衡量的递归列矢量;v_k 是噪声矢量;x_k 是一个矢量估计。RLS 的目标是在时间上递归地找到一个 x_k 的估计值,从而最小化下面的平方和误差:

$$E(k) = \sum_{i=1}^{k} \lambda^{k-i} (y_i - c_i^T x_k)^2 \tag{7.28}$$

式中,$0 < \lambda \leq 1$,是遗忘因子,用于减少对旧数据的影响;它通常选择接近 1。该算法还递归地更新协方差矩阵的估计数;它表示为 P_k。该算法需要的初始估计 x_0 和 P_0。算法的原理如图 7.38 和表 7.4 所示。

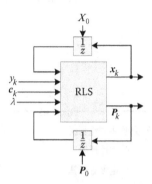

图 7.38 RLS 算法框图

表 7.4 RLS 算法

1) 卡尔曼增益计算	$k_k = P_{k-1} c_k (\lambda + c_k^T P_{k-1} c_k)^{-1}$
2) 协方差矩阵更新	$P_k = \frac{1}{\lambda} (I - k_k c_k^T) P_{k-1}$
3) 估计更新	$x_k = x_{k-1} + k_k (y_k - c_k^T x_{k-1})$

介绍的第二个算法是 KF。它与 RLS 的根本区别在于,它将模型嵌入到滤波器中,并使用它来预测中间估计。KF 还可以泛化为考虑多维输出矢量。因此,我们假设了如下形式的离散时间状态空间模型:

$$x_k = A_{k-1} x_{k-1} + B_{k-1} u_{k-1} + w_{k-1} \tag{7.29}$$

$$y_k = C_k x_k + D_k u_k + v_k \tag{7.30}$$

式中,x_k 来估计在时间 k 的系统状态矢量;u_k 为一个已知的输入矢量;y_k 为测量矢量,w_k 和 v_k 分别为过程噪声和测量噪声。KF 是假设正态分布下的最优估计,均值为零,独立的过程和测量噪声,即概率分布

$$P(w) \sim N(0, Q), P(v) \sim N(0, R) \tag{7.31}$$

式中，Q 为过程噪声协方差矩阵；R 为测量噪声协方差矩阵。KF 的机理如图 7.39 和表 7.5 所示。

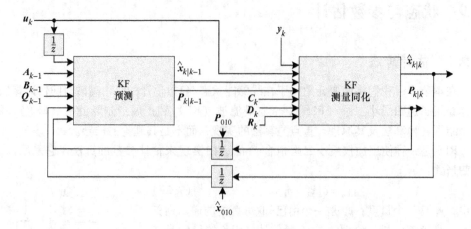

图 7.39 KF 框图

表 7.5 KF 算法

1）先验协方差更新	$P_{k\|k-1} = A_{k-1} P_{k-1\|k-1} A_{k-1}^T + Q_{k-1}$
2）先验估计预测	$x_k = A_{k-1} x_{k-1} + B_{k-1} u_{k-1}$
3）卡尔曼增益计算	$K_k = P_{k\|k-1} C_k^T (C_k P_{k\|k-1} C_k^T R_k)^{-1}$
4）后验协方差更新	$P_{k\|k} = (I - K_k C_k) P_{k\|k-1}$
5）后验估计校正	$x_{k\|k} = x_{k\|k-1} + K_k (y_k - C_k x_{k\|k-1} - D_k u_k)$

时间更新步骤 1 和 2，从时间步骤 $k-1$ 到 k 预测先验状态和先验协方差。在测量更新步骤 3~5，卡尔曼增益矩阵 K_k 是用来获得后验协方差矩阵和状态估计。请注意，在最后一步中，在预测的状态估计的基础上预测输出。对子一维度测量估计，KF 的后半部分几乎等同于遗忘因子等于 1 的 RLS。矩阵 Q_k 和 R_k 使用调谐滤波器，$x_{0|0}$ 和 $P_{0|0}$ 用于初始化它。

第三种估计算法处理这种形式的非线性系统

$$x_k = f(x_{k-1}, u_{k-1}) + w_{k-1} \tag{7.32}$$

$$y_k = g(x_k, u_k) + v_k \tag{7.33}$$

式中，$f()$ 和 $g()$ 是非线性函数，w_k 和 v_k 是过程和测量噪声矢量。对于这种非线性系统，可以使用一种围绕状态估计线性化的修正 KF。它被称为 EKF[12]，对于非线性系统，它成为次优滤波器。

对于 EKF，采用 $f()$ 和 $g()$ 的非线性函数进行预测；然而，协方差矩阵更新和卡尔曼增益计算采用 $f()$ 和 $g()$ 的线性化雅可比矩阵如下：

$$A_k = \frac{\partial f(x, u_k)}{\partial x}\bigg|_{x=x_{k|k}}, \quad C_k = \frac{\partial g(x, u_k)}{\partial x}\bigg|_{x=x_{k|k-1}} \tag{7.34}$$

实际上,在最近的估计中,非线性函数近似为一阶泰勒级数展开。这些点周围假定有正态噪声分布。这个假设可能是不正确的,例如,由于过程噪声的非线性映射,可能导致状态估计中的偏差。尽管如此,EKF 仍被广泛应用,可以作为非线性系统的有效估计。EKF 的机制总结在图 7.40 和表 7.6 中。

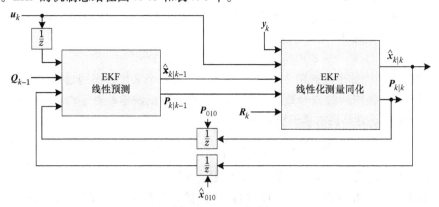

图 7.40 EKF 框图

表 7.6 EKF 算法

1)	先验线性化	$A_{k-1} = \dfrac{\partial f(x, u_{k-1})}{\partial x}\bigg|_{x=x_{k-1|k-1}}$
2)	先验协方差更新	$P_{k|k-1} = A_{k-1} P_{k-1|k-1} A_{k-1}^T + Q_{k-1}$
3)	先验估计预测	$x_k = f(x_{k-1}, u_{k-1})$
4)	后验概率线性化	$\left\| C_k = \dfrac{\partial g(x, u_k)}{\partial x}\right\|_{x=x_{k|k-1}}$
5)	卡尔曼增益矩阵计算	$K_k = P_{k|k-1} C_k^T (C_k P_{k|k-1} C_k^T + R_k)^{-1}$
6)	后验协方差更新	$P_{k|k} = (I - K_k C_k) P_{k|k-1}$
7)	后验估计校正	$x_{k|k} = x_{k|k-1} + K_k [y_k - g(x_{k|k-1}, u_k)]$

还有其他的估计算法也已被用于研究 BSE。Plett 采用 Sigma 点的 Kalman 滤波 (SP-KF)[13];该算法用一个所谓的 Sigma 点的集合来近似状态矢量的均值和协方差。SPKF 的处理优于 EKF。多尺度双 EKF 估计已被 Xiong 等人应用于在不同的时间尺度中的处理预测状态/参数的演变[14]。另一种利用光滑变结构滤波器 (SVSF) 的方法已由 Farag 等人使用来估计 SOC[5];SVSF 不采用更新的协方差矩阵,而使用不同的增益校正矩阵代替卡尔曼增益矩阵。

7.9.2 在线 SOC 和阻抗估计

在本节中,我们将介绍如何使用上一节中的算法在线估计电池荷电状态和阻抗。以

7.6.1 节 1RC 等效电路模型为一个例子；为简单起见，忽略使用的一个对称的欧姆电阻、迟滞效应和自放电；因此，$R_0 = R_0^c = R_0^d$，$V_{OCV} = V_o$，和 $\rho_{sd} = 0$。在本节中的方法假定一些电池模型参数是已知的或被建模为足够的精度，例如，低效、容量和已知的 OCV – SOC 曲线。

如果使用理想的电流传感器，式（7.12）用在线 SOC 测量提供已知的初始 SOC 是足够的；后者从静止电压测量时的 $v \approx v_o$ 得到。由于传感器噪声和不可避免的传感器偏差，纯电流 SOC 估计会导致估计漂移。使用电流和电压测量的滤波方法可以用来防止漂移。根据 Verbrugge 和 koch 方法[15]更新 SOC

$$\mathrm{SOC}_k = w_{\mathrm{SOC}}\mathrm{SOC}_k^C + (1 - w_{\mathrm{SOC}})\mathrm{SOC}_k^V \tag{7.35}$$

式中，SOC_k^C 为一个基于电流积分的估计量；SOC_k^V 为一个采用电压测量的估计量，w_{SOC} 为调整得到期望性能的加权参数。例如，$w_{\mathrm{SOC}} = 0$ 可以反映电池处于静止状态；否则，使用接近 1 的值，计算当前基于积分估计

$$\mathrm{SOC}_k^C = \mathrm{SOC}_{k-1} - \frac{\Delta t}{\mathrm{CAP}}[\eta_c I_{k-1}^- + \eta_d^{-1} I_{k-1}^+] \tag{7.36}$$

在式（7.18）定义充电和放电电流，注意 $I_k = I_k^+ + I_k^-$。

电压估计是利用 OCV – SOC 曲线的逆求出的估计值为 V_o，即，$\mathrm{SOC}_k^V = f_{V_o}^{-1}(V_o, T)$。也可采用查表法。由于电池的欧姆电阻和 RC 电阻，电池电压测量不能直接测量使用；因此，必须估算 V_o。

RLS 可以用来估计 V_o 和阻抗。为了推导递归方程，首先提出离散时间状态空间模型，简化式（7.15）和式（7.16）得到

$$V_{1_k} = e^{-\frac{\Delta t}{R_1 C_1}} V_{1_{k-1}} + R_1(1 - e^{-\frac{\Delta t}{R_1 C_1}}) I_{k-1} \tag{7.37}$$

$$v_k = v_{o_k} - R_0 I_k - V_{1_k} \tag{7.38}$$

对上述两个公式进行处理，消去 RC 电压 V_1，得到回归式 $y_k = V_k = \boldsymbol{c}_k^T \boldsymbol{x}_k$，

$$\boldsymbol{c}_k^T = [v_k - I_k I_{k-1} 1] \tag{7.39}$$

$$\boldsymbol{x}_k^T = [e^{-\frac{\Delta t}{R_1 C_1}}, R_0 R_a(e^{-\frac{\Delta t}{R_1 C_1}} - 1) + R_0 e^{-\frac{\Delta t}{R_1 C_1}}, (1 - e^{-\frac{\Delta t}{R_1 C_1}}) V_{o_k}] \tag{7.40}$$

最后的公式可以用来得出阻抗和电压估计值

$$V_{o_k} = \frac{\boldsymbol{x}_k(4)}{1 - \boldsymbol{x}_k(1)}$$

$$R_{0_k} = \boldsymbol{x}_k(2)$$

$$R_{1_k} = \frac{\boldsymbol{x}_k(3) - \boldsymbol{x}_k(2)\boldsymbol{x}_k(1)}{\boldsymbol{x}_k(1) - 1} \tag{7.41}$$

另外，KF 可以用来估计 V_o、电阻，甚至 RC 电压 V_{1k}；估计矢量为 $\boldsymbol{x}_k^T = [V_1 \ V_o \ R_0 \ R_1]$。假设时间常数相关参数 $\theta = e^{-\Delta t/(R_1 C_1)}$ 是已知的并输入滤波器。考虑动力学方程（7.37）和方程（7.38），并使用

$$V_{o_{k+1}} = V_{o_k}, R_{0_{k+1}} = R_{0_k}, R_{1_{k+1}} = R_{1_k} \tag{7.42}$$

得到 KF 状态空间矩阵

$$A_k = \begin{bmatrix} \theta & 0 & 0 & (1-\theta)I_k \\ 0 & 1 & 0 & 0 \\ 0 & 0 & 1 & 0 \\ 0 & 0 & 0 & 1 \end{bmatrix}, \quad B_k = \varnothing \tag{7.43}$$

$$C_k = \begin{bmatrix} -1 & 1 & -I_k & 0 \end{bmatrix}, \quad D_k = \varnothing \tag{7.44}$$

这里需要注意的是，这里提出的 KF 和 RLS 滤波器本质上都假设了一个 OCV 恒定的模型；因此，即使有适当的滤波器调谐，与典型的行驶工况激励动力学相比，V_o 的估计响应也是缓慢的。它们不能单独用于 SOC 估计；因此，应结合现有的积分方法，如式（7.35）所示。由于同样的原因，估计的电阻代表更多的平均值，而不是瞬时电阻。由于采用了遗忘因子，因此 RLS 滤波器对这一点的敏感度稍低；然而，减少 λ 通常来自于估计噪声成本的增加。

第三个方法采用 EKF 可以用来估计所有状态和参数，同时采用电流集成 SOC 模型 [见式（7.12）]。非线性 OCV – SOC 映射也嵌入滤波器。这种滤波器的许多变化存在于文献中。可以在参考文献 [6，14] 中找到两个例子。这些类型的滤波器不需要使用式（7.35），因为它们以一种可论证的最佳方式自动对电流积分和基于电压的估计进行加权估计矢量定义为 $x_k^T = \begin{bmatrix} V_1 & SOC & R_0 & R_1 & \theta \end{bmatrix}$，$\theta = e^{-\Delta t/R_1 C_1}$。离散时间非线性模型方程变为

$$V_{1_k} = \theta_k V_{1_{k-1}} + R_1(1-\theta_k)I_{k-1} \tag{7.45}$$

$$SOC_k = SOC_{k-1} - \frac{\Delta t}{CAP}\eta I_{k-1} \tag{7.46}$$

$$V_k = g_{V_o}(SOC) - R_0 I_k - V_{I_k} \tag{7.47}$$

式中，$\eta = \eta_c$ 对应充电，$\eta = \eta_d^{-1}$ 对应放电。由于式（7.44）是双线性方程的非线性项 $R_1\theta_k$，并且因为它包含 OCV – SOC 映射，因此输出式（7.46）是非线性的。运用离散时间模型 $\theta_{k+1} = \theta_k$，$R_{0_{k+1}} = R_{0_k}$，$R_{1_{k+1}} = R_{1_k}$。利用式（7.45）~式（7.47），线性化的 EKF 矩阵（7.34）为

$$A_k = \begin{bmatrix} \theta_k & 0 & 0 & (1-\theta_k)I_k & V_{1_k}-R_1 I_k \\ 0 & 1 & 0 & 0 & 0 \\ 0 & 0 & 1 & 0 & 0 \\ 0 & 0 & 0 & 1 & 0 \\ 0 & 0 & 0 & 0 & 1 \end{bmatrix} \tag{7.48}$$

$$C_k = \begin{bmatrix} -1 & \left.\frac{\partial g_{V_o}(SOC)}{\partial SOC}\right|_{SOC=SOC_{k|k-1}} & -I_k & 0 & 0 \end{bmatrix} \tag{7.49}$$

注意到 $SOC_{k|k-1}$ 是预测的 SOC，即式（7.46）的右侧。值得注意的是，EKF 方法在初始估计值接近实际值时表现最好；这提高了滤波器的稳定性，增强了一阶线性化的有效性。一些特殊的方法，比如将评估限制在一个特定的范围内，可以提高这个过滤器的性能。此外，简化这个过滤器以获取参数 θ 作为输入由于非线性 SOC 映射仍然存在仍然需要使用 EKF。

可观测性是必要的,观察到的一些状态空间矩阵元素包含当前测量值;在 CC 的静态条件下,可以证明整个估计矢量是不可观测的。例如,可以证明时不变可观测性矩阵[16]是秩亏的。特别需要足够的激励来估计动态 RC 相关参数。在车辆应用中,当行驶工况条件在相对较大的频谱上跨越电流和电压的广泛范围时,可以很容易地满足该条件。

习题

7.1 计算以下电池的理论 Wh/kg （a）铅酸,（b）Ni-MH（c）LiCoO2（d）Na-Ni-Cl。

7.2 使用 1RC 离散时间 ECM 动力学推导出给定电压限制 V_{max} 和 V_{min} 的最大电流方程。（a）假设模型参数不变,（b）评论模型参数变化时遇到的困难。

7.3 利用该组合模型对样本数据进行 OCV-SOC 曲线拟合。考虑使用优化方法并扩展模型。

7.4 在电路仿真软件中建立一个电池 ECM,并从 HPPC 型脉冲生成样本输出信号,以观察弛豫和迟滞效应。

7.5 将 ECM 模型,扩展到考虑 RC 单元中的非对称充放电行为,考虑不同的方法,并对它们进行评述。

7.6 研究本章中描述的主动均衡拓扑,并将其与现有的拓扑进行比较。

7.7 研究磷酸铁锂和锰酸锂基锂离子电池,然后将它们互相比较,并与本章描述的钴酸锂基电池相比较。

7.8 研究另一种等效电路模型,并推导其连续时间动力学和离散时间动力学。

7.9 使用线性插值取代一个零阶保持输入电流,重新获得 ECM 的离散时间动力学。

7.10 导出可用于 RLS 的 2RC ECM 的回归方程。

7.11 在一个固定的参数 1RC ECM 中,比较 RLS 和 KF/EKF 的估计性能。

7.12 研究本章没有描述的 3 种其他储能技术,并评论其是否适合汽车应用。

参考文献

1. Linden, D., and T.B. Reddy. *Handbook of Batteries*. McGraw-Hill professional, New York, NY. 2002.
2. Chandra, D., W.-M. Chien, and A. Talekar. Metal hydrides for NiMH battery applications. *Materials Material* 6, 2011: 48–53.
3. Tao, H., Z. Feng, H. Liu, X. Kan, and P. Chen. Reality and future of rechargeable lithium batteries. *Open Material Science Journal* 5, 2011: 204–214.
4. Soloveichik, G.L. Battery technologies for large-scale stationary energy storage. *Annual Review of Chemical and Biomolecular Engineering* 2, 2011: 503–527.
5. Farag, M.S., Ahmed, R., Gadsden, S. A., Habibi, S. R., and Tjong, J. A comparative study of Li-ion battery models and nonlinear dual estimation strategies. *Transportation Electrification Conference and Expo (ITEC), 2012 IEEE*, Dearborn, MI. IEEE, 2012.

6. Plett, G.L. Extended Kalman filtering for battery management systems of LiPB-based HEV battery packs: Part 2. Modeling and identification. *Journal of Power Sources* 134(2), 2004: 262–276.
7. *Electric Vehicle Battery Test Procedures Manual, Rev 2*, 1996. http://avt.inel.gov/battery/pdf/usabc_manual_rev2.pdf
8. Cao, J., N. Schofield, and A. Emadi. Battery balancing methods: A comprehensive review. *Vehicle Power and Propulsion Conference, 2008. VPPC'08. IEEE*, Harbin, Hei Longjiang, China. IEEE, 2008.
9. Daowd, M., Omar, N., Van Den Bossche, P., and Van Mierlo, J. Passive and active battery balancing comparison based on MATLAB simulation. *Vehicle Power and Propulsion Conference (VPPC), 2011 IEEE*, Chicago, IL. IEEE, 2011.
10. Haykin, S. *Adaptive Filter Theory,* Chapter 9, 4th ed., Prentice-Hall, Upper Saddle River, NJ, 2002.
11. Kalman, R.E., A new approach to linear filtering and prediction problems. *Journal of Basic Engineering* 82(1), 1960: 35–45.
12. Bishop, G., and G. Welch. An introduction to the Kalman filter. *Proceedings of SIGGRAPH, Course* 8, Los Angeles, CA. 2001: 27599–3175.
13. Plett, G.L. Sigma-point Kalman filtering for battery management systems of LiPB-based HEV battery packs: Part 2: Simultaneous state and parameter estimation. *Journal of Power Sources* 161(2), 2006: 1369–1384.
14. Xiong, R., Sun, F., Chen, Z., and He, H. A data-driven multi-scale extended Kalman filtering based parameter and state estimation approach of lithium-ion polymer battery in electric vehicles. *Applied Energy* 113, 2014: 463–476.
15. Verbrugge, M., and B. Koch. Generalized recursive algorithm for adaptive multiparameter regression application to lead acid, nickel metal hydride, and lithium-ion batteries. *Journal of the Electrochemical Society* 153.1, 2006: A187–A201.
16. Chen, C.-T. *Linear System Theory and Design*. Oxford University Press, Inc., New York, NY. 1998.
17. Buller, S., M. Thele, R.W.A.A. De Doncker, and E. Karden. Impedance-based simulation models of supercapacitors and Li-ion batteries for power electronic applications. *IEEE Transactions on Industry Applications* 41(3), 2005: 742–747.
18. Bradbury, K. *Energy Storage Technology Review*. Duke University, Durham, NC, 2010: 1–34.
19. Young, K., C. Wang, and K. Strunz. Electric vehicle battery technologies. *Electric Vehicle Integration into Modern Power Networks*. Springer, New York, 2013: 15–56.

第8章 混合储能系统

Omer C. Onar, Alireza khaligh

在这一章中，我们将介绍一种混合储能系统（ESS），它是针对插电式电动汽车（PEV[⊖]）的功率和能量分离部件而设计的。在全电动模式下，单次充电时，一个独立的电池系统的能量容量足以使车辆以中等速度行驶一定距离，这可能不足以满足峰值需求周期和 PEV 中的瞬态负载变化。在这种情况下，电池需要足够大以提供克服这些限制所需的额外功率，从而增加重量、体积和成本以及充放电循环的次数和深度。所有这些因素都会导致对电池寿命的担忧，这是目前阻碍 PEV 快速商业化的最严重障碍之一。或者，超级电容器（UC）组可以以高 C-rate 供应电源或重新获得大功率脉冲。

电池/UC 混合工作在改进的电源管理和控制灵活性方面提供了独立电池设计的改进的解决方案。此外，电池组的电压可以选择为低于 UC 组，这将导致电池的成本和尺寸减小。此外，由于电池不容易产生峰值和尖锐的功率变化，因此电池上的应力降低，并且可以提高电池寿命。利用 UC 可以更有效地捕获制动能量，特别是在紧急/硬制动条件下，这将进一步提高燃油经济性，因为更大的能量瞬变能够流动或更容易被捕获。

8.1 混合电池和超级电容器拓扑学

为了在不牺牲性能或增加燃料消耗的情况下提供更有效的推进力，可以在 PEV 中使用多个具有不同功率/能量特性的储能装置。这样的系统中，根据能源的具体特性进行适当的功率预算，可以提高能源的使用效率，延长能源的使用寿命，减少能源的损耗，从整体上减少能源的体积和成本。能源的组合应该能够在典型或最差情况下的行驶工况中存储、供应和重新捕获高功率脉冲，并稳定提供汽车需求。由诸如 UC 的高功率密度分量和可充电电池的高能量密度分量组成的混合拓扑提供了两者的折中[1,2]。

电动汽车（EV）中的储能装置应能够满足车辆在任何情况下可能遇到的需求。充电式化学电池是电动汽车最传统的储能源。然而，由于能源需要在瞬时和快速加速期间提供牵引电动机的峰值功率需求，并且由于目前的技术不能提供具有足够高功率密度的电池，所以如果需要提供所有负载需求，那电池组的尺寸和成本会显著增加。

PEV 动力电池的尺寸可以成功满足给定的单次充电行驶距离的能量容量需求，但是由于目前的高能量密度锂离子电池技术具有相对较低的功率密度，因此单个电源可能无法产生较高的加速度或再生制动能量。此外，电池寿命与放电深度和或宏充/放电循

⊖ PEV 包括纯电动汽车（也称为电池电动汽车）和插电式混合动力汽车（PHEV）。

环数量直接相关，即与急加速度和硬再生制动相关的短暂的强充电/放电循环。电池 C-rate（倍率）被定义为表示电池放电强度的参数[3]，并且在设计电池供电系统时，低倍率将倾向于增加电池寿命，因此，瞬时充电/放电脉冲或快速充电，应避免波动的电流。与高倍率循环电池相关的问题包括容量下降、过热（需要额外的冷却）和增加的直流电阻（DCR）；容量和DCR是用于定义电池性能以及寿命终止的指标。

没有次级ESS，电池组必须提供所有车辆的功率需求，这可能导致能量密度较大的系统体积较大，以补偿功率密度的不足。这将导致电池组的成本和尺寸的增加，或者如果使用较小的组件，则会缩短电池寿命，导致潜在的热失控问题[4]。由于这个原因，提出了UC（超级电容器），因为它们具有更高的比功率和循环效率[5]，以缓解电池组的峰值功率传递应力。结合这两种能源，由电池和UC组成的混合动力系统不仅可以更好地满足传动系的能量和功率要求，而且还可以提供使用较少的峰值输出功率的较小电池的灵活性[6,7]。由于其非常低的内阻，UC具有非常小的时间常数，并且可以在相对短的持续时间内提供高功率充电和放电脉冲[8]。某些UC的制造商性能等级表明，初始电容减少20%，内部电阻在1000000次循环内翻倍[9]。暂无曲线显示这种磨损是否是线性或指数随时间变化的，但是在1000000次循环额定值内，系统很可能在相当长的时间或能量吞吐量方面不会出现严重的退化。

通过适当、高效和成本有效的方式使用电池，可以提高整体拓扑的峰值电流容量。因此，混合拓扑结构可以从设计用于传送或接收最高峰值电流的缓冲级中的高功率中间存储中受益，从而减少电池的放电循环次数和深度[7-11]。

参考文献 [7-15] 研究了混合能源的不同拓扑结构。电池和UC组合[3-13]之间的双向DC-DC变换器和共享相同输出的两个DC-DC变换器[12]的直接并联是常规选项。

8.1.1 拓扑1：无源并联配置

无源并联两个电源是最简单的方法，因为两个电源的输出电压都通过直接连接到同一母线自动相等。无源并联连接拓扑如图8.1所示，双向变换器将公共ESS母线连接到DC-Link和电动机驱动上。由于变换器的运行是为DC-Link/电动机驱动提供恒定的输入电压，当电机机械负载增加时，电动机电流将趋于增加，降低DC-Link电压。这将通过双向变换器从ESS产生更多的功率，来将DC-Link恢复到其标称电压。另一方

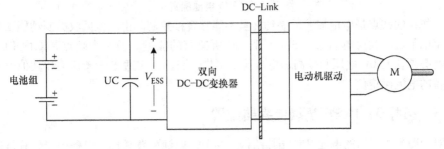

图8.1 无源并联连接拓扑

面，每当发生制动时，电动机驱动作为发电机运转，并将制动能量返回到 DC-Link。因此，DC-Link 电压在制动期间增加或减少机械负载，并且双向变换器反向工作（从 DC-Link 到 ESS 母线）来调节 DC-Link 电压。

该拓扑结构为混合 ESS 提供了简单性和成本效益。在这种连接拓扑中，由于其较低的时间常数，UC 将比电池更快地起作用。因此，预计 UC 将提供瞬态和快速功率变化，而电池由于其较慢的动态而提供相对缓慢变化的电流[12]。

然而，在这种拓扑结构中直接从 UC 中抽出电流，由于它们直接连接，所以由于没有有源电池电流波形整形器、限幅器或控制器，因此电池将提供类似的电流分布以进行电压均衡。由于电池电流无法有效控制[16]，这是无源并联连接拓扑的一个缺点。除了这个缺点之外，标称电池和 UC 电压的大小必须匹配，这对系统配置造成了额外的限制。

8.1.2　拓扑2：超级电容器/电池配置

最常见的 UC/电池配置通过双向 DC-DC 变换器将 UC 终端连接到 DC-Link[17]。在这种拓扑结构中，电池直接连接到 DC-Link，双向接口用于 UC 连接，如图 8.2 所示。图 8.3 显示了相同连接拓扑的另一个常见形式。在这种情况下，可以有效地控制来自 UC 的功率[18]，双向 DC/DC 接口也有助于有效并且更完全地捕获制动能量。此外，可以选择不同于标称 DC-Link 电压的 UC 电压，从而 UC 能量容量随着系统 DC 电压而增加或减小，因为 UC 能量容量随其电压的二次方变化。由于电池直接连接到 DC-Link，电动机驱动的输入电压相对恒定，因此不需要进一步的 DC-Link 电压调节。这实现了控制的简单性，并且可以消除电压控制回路。

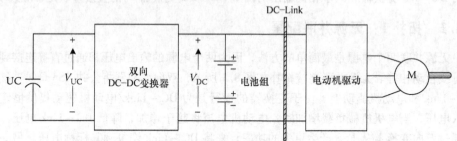

图 8.2　UC/电池配置

该拓扑的缺点是电池捕获的制动能量不能被直接控制。由电池回收的制动能量取决于功率电平、电池荷电状态（SOC）和 UC 所捕获的能量。另一个缺点是双向 DC/DC 变换器必须在低 UC 电压和较高的电流值下工作，因此，应适当选择开关和其他电力电子设备的电流额定值。

8.1.3　拓扑3：电池/超级电容器配置

对于图 8.4 所示的电池/UC 拓扑结构，与 UC/电池配置相比，设备的位置只是进行了简单的变换[19,20]。

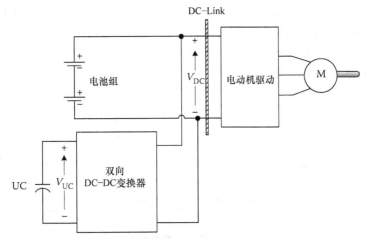

图 8.3 相同 UC/电池配置的另一个形式

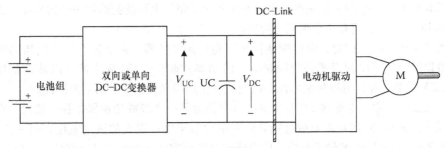

图 8.4 电池/UC 拓扑

该拓扑结构的主要优点是可以将电池电压维持在较低的水平。在制动期间，UC 直接从 DC-Link 充电，并且适当限流一部分制动能量并传输到电池。由于 UC 直接连接到 DC-Link，因此它可以充当低通滤波器，并处理瞬变负载。但是，电池组的控制方式应该使其在 UC 和 DC-Link 上持续保持适当的电压。可以将电池组的控制策略设计成使其提供平均和缓慢的负载变化，而 UC 提供其余的，作为一个更快的动态缓冲。如果 UC 的尺寸不够大或连续充电，则 DC-Link 电压将在较大范围内波动，在这种情况下，电动机驱动逆变器应该能够在较大的输入电压范围内工作。

在这种拓扑中，为了简单和成本效益，电池组变换器可以是单向的。由于整个系统是插电式混合动力系统，所以电池组可以被配置为仅从车载发电机或外部电源接收电荷，而 UC 是负责捕获制动能量的唯一设备。该方案将大量减少制动期间的功率预算。

8.1.4 拓扑 4：级联变换器配置

或者，一个能量存储设备可以通过 DC-DC 变换器级联到电动机驱动上，另一个通过第一个和第二个 DC-DC 变换器级联连接[21,22]。级联变换器配置如图 8.5 所示。

在该配置中，电池和 UC 电压都可以与系统电压彼此分离。优选的是，电池的变换器控制电池的输出电流,并因此控制电池的应力。如果 UC 不正确或电池变换器未被正确控制,UC 电压可能会发生显著变化。在低 UC 电压下,到 UC 变换器的输入电流可能非常高,这将导致更高的导通损耗和对高电流额定开关的需要。此外,UC DC – DC 变换器必须在宽电压输入范围内稳定工作。

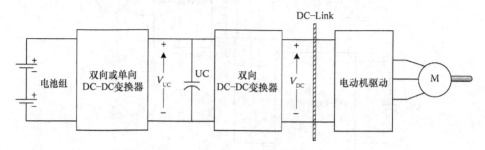

图 8.5 级联变换器配置

级联变换器拓扑的主要缺点是在电池功率流动路径上可能会遇到额外的损耗,因为电池和 DC – Link 之间有两个级联的变换器。

为了便于控制和配置,电池变换器可以是单向变换器。在电池升压变换器的情况下,可以通过电流控制模式轻松控制电池的功率贡献[16]。UC 变换器可以被控制用于 DC – Link 调节,并且可以控制电池,以便在操作期间提供更平滑的电流曲线。

如在拓扑 3 中,电池和 UC 的位置可以变换为另一个级联变换器拓扑。然而,在这种情况下,来自 UC 的功率贡献可能导致对电池端子施加更大的波动电压。另一方面,由于电池是 DC – Link 侧储能装置,所以通过几乎恒定的电池电压可以容易地实现 DC – Link 电压的调节。

8.1.5 拓扑 5:多并联连接的变换器配置

在这种拓扑结构中,每个能量存储设备都有自己的双向 DC/DC 变换器,用于与 DC – Link 进行连接[11,22-24],每个变换器的输出都是并联的。多并联连接的变换器拓扑的框图如图 8.6 所示。

虽然这种拓扑被称为多输入变换器,但是这不是一个"真正的"多输入变换器,因为每个能量存储设备都有一个独立的变换器,并且它对 DC – Link 来说是并联的。该拓扑结构提供了最高的灵活性,并提供比级联变换器拓扑更好的功能。电池和 UC 的电压以及 DC – Link 电压彼此分离。由于来自能量存储设备的功率控制和功率流路径完全解耦,因此该拓扑具有很好的稳定性、效率和控制简单性。可靠性也得到提高,因为一个源可以在另一个源发生故障时继续运行。

如参考文献 [24] 所述,电池可以在电流控制模式下工作,提供在一段时间内平均和平滑的负载变化。同时,UC 可以在电压控制模式下工作,在 DC – Link 上保持几乎恒定的电压。因此,UC 将在快速加速和突然制动条件下提供瞬变负载。这是由于这些负载直接影响 DC – Link 电压,只要 DC – Link 电压调节得足够快,就能满足所有的负载要求。

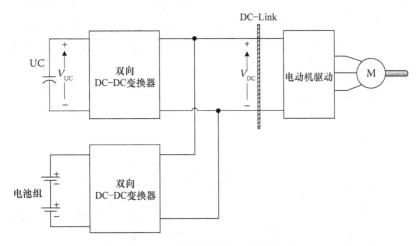

图 8.6 多并联连接的变换器拓扑

对于拓扑 2 到拓扑 4 讨论的双向 DC-DC 变换器可以是典型的双象限变换器，能够在一个方向的升压模式和另一个方向的降压模式下工作，如图 8.7 所示。该拓扑也称为半桥双向 DC-DC 变换器。

如图 8.7 所示，对于从能量存储设备到 DC-Link 的功率流，电感器 L、开关 T_1 和二极管 D_2 形成升压变换器。为了适应从 DC-Link 到能量存储设备的功率流，开关 T_2、二极管 D_1 和电感器 L 形成降压变换器。当然，也可以使用其他类型的双向变换器，其中一些将在以下部分中给出。

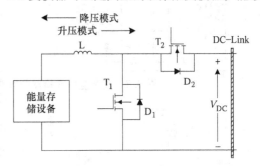

图 8.7 双向 DC-DC 变换器

8.1.6 拓扑 6：多个双有源电桥变换器配置

众所周知，传统的降压-升压变换器可以以负电压输出为代价来升高或降低电源电压。因此，通常采用反相变压器来获得正输出电压。虽然变压器为系统增加了成本和体积，但是当存在用于隔离和耦合的两个输入源时，这可能是有利的。用于 UC 和电池的两个降压-升压 DC-DC 变换器可以通过变压器电抗器的磁耦合组合[25]。然而，传统的降压-升压和带变压器降压-升压的拓扑结构都不适用于车辆推进系统，因为它们不能双向运行。另一方面，双有源电桥 DC-DC 变换器[26]可用于电池和 UC 的组合。虽然变压器通常将成本和体积增加到系统，但是双有源电桥变换器中的变压器以非常高的频率工作，因此可能非常小且便宜。当存在两个或更多个输入源时，在变换器拓扑中具有变压器可能是有利的，因为它们可以通过变压器反应器的磁耦合组合。具有两个输入源的双有源电桥变换器如图 8.8 所示。尽管这种拓扑结构将输入源与 DC-Link 完全隔离，但它需要更多数量的交换机，从而增加成本。如果仅需要隔离，可以通过采用半桥逆变器/整流器而不是全桥版本来减少开关数量。这种具有半桥变换器的双有源电桥拓扑将开关数量减半，并在图 8.9 中给出。

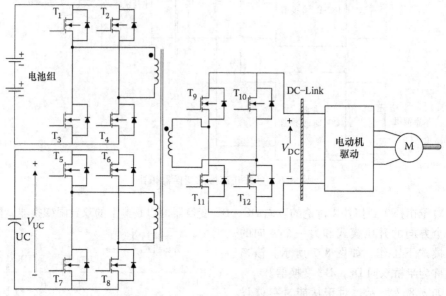

图 8.8　具有全桥变换器的双有源电桥变换器拓扑结构

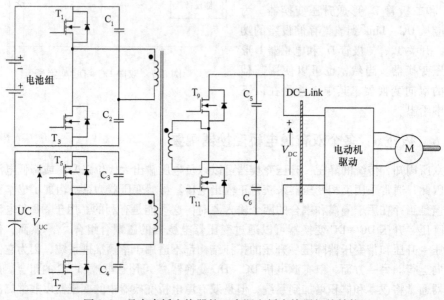

图 8.9　具有半桥变换器的双有源电桥变换器拓扑结构

8.1.7 拓扑7：双源双向变换器配置

在多变换器配置中，如前所述，每个变换器共享相同的输出；因此，变换器的组合发生在输出端。不用在 DC-Link 上并联变换器的输出，组合可以在输入端应用，如双源双向变换器[27,28]。双源双向变换器拓扑如图 8.10 所示。

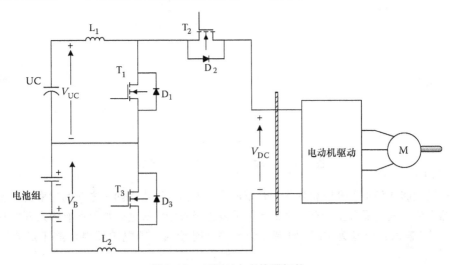

图 8.10　双源双向变换器拓扑

尽管这种拓扑结构非常类似于拓扑5，但是在这种双源输入情况下，这种拓扑就有较少的开关。对于 UC，电感器 L_1、开关 T_1 和二极管 D_2 在将电力从电池传输到 DC-Link 时形成升压变换器，并且对于电池，电感器 L_2、开关 T_3 和 $D_1 \sim D_2$ 路径在传送电力时从 UC 到 DC-Link 形成升压变换器。在再生制动期间，接口应以降压模式运行。开关 T_2、二极管 D_1 和电感器 L_1 形成从 DC-Link 到 UC 的降压变换器。另一方面，一些再生制动能量可以传送到 UC，将脉宽调制（PWM）信号施加到 T_1。在这种情况下，开关 T_2 和 T_1、二极管 D_3 和电感器 L_2 将形成从 DC-Link 到 UC 的降压变换器。通过对 T_1 和 T_2 施加适当的占空比，可以正确地共享制动能量。

尽管与多变换器配置相比，减少了一个开关，但是复杂的控制系统是该配置的主要缺点。

8.1.8 拓扑8：多输入变换器配置

在先前讨论的拓扑中，通过其各自的 DC-DC 变换器采用电池和 UC 储能装置。与这些配置不同，多输入 DC-DC 变换器具有以一个开关和一个二极管（双向工作的情况下两个开关和两个二极管）的额外成本添加多个输入的灵活性。具有电池和 UC 输入源的多输入 DC-DC 变换器拓扑如图 8.11 所示。

在这种变换器拓扑中，输入共享相同的变换器电感器，并通过双向开关[28-31]连接。

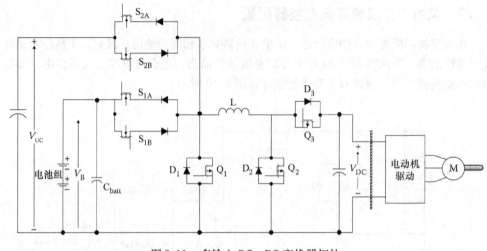

图 8.11 多输入 DC-DC 变换器拓扑

该变换器能够在降压、升压和降压-升压模式下工作,以实现两个方向的功率流。连续电感器电流的假设要求至少有一个输入开关或二极管始终导通。如果所有输入开关都为 OFF,则各输入二极管为 ON。如果多个开关同时接通,则电感器电压等于最高输入电压[32]。

在加速条件下,两个电源为 DC-Link 供电。由于 UC 电压在比电池更宽的范围内变化,所以电池电压可以选择为高于 UC,以便更简单的工作。由于电池电压高于 UC,因此 S_{2A} 在升压模式下变为 ON。开关 Q_2 可以切换以控制电感器电流,从电池到 UC 的功率流可以通过开关 S_{1A} 来控制。当 Q_2 断开时,二极管 D_3 导通。在减速期间,制动能量从 DC-Link 传递到储能装置,变换器以降压模式运行。由于 UC 电压小于电池电压,所以 S_{1B} 始终为 ON。开关 Q_3 可用于控制电感器电流。通过控制 S_{2B} 实现输入之间的功率共享。开关 Q_3 断开之前,二极管 D_2 不能导通。

这种拓扑结构的主要优点是整个变换器只需要一个电感器,即使连接更多的输入,与多电感器或变压器拓扑结构相比,可以显著降低变换器的体积和重量。相反,升压和降压模式下的功耗预算是非常具有挑战性的,需要高级控制设计。

8.1.9 拓扑9:多模式单变换器配置

在这种设计中,只需要一个双向变换器,UC 电压选择为高于电池电压。UC 直接连接到 DC-Link 以提供峰值功率需求,电池通过二极管连接到 DC-Link。双向 DC-DC 变换器连接在电池和 UC 之间,如图 8.12 所示,以便在它们之间传输电力[18]。该变换器被控制以在整个 UC 上保持比电池更高的电压,因此对于大多数操作,二极管被反向偏置。

该变换器具有 4 种不同的工作模式:低功率模式,高功率模式,再生制动模式和加速模式。

在低功率模式下,假设总功率需求小于双向变换器的功率容量。在该模式下,由于

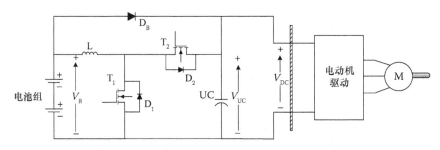

图 8.12 单个双向变换器拓扑

UC-DC-Link 电压高于电池电压，所以二极管 D_B 被反向偏置。由于功率需求低于双向变换器的容量，因此没有能量从电池流向 DC-Link。电池仅为 UC 提供电源，以将其电压保持在某一预定的较高水平。

每当车辆的功率需求大于变换器功率容量时，系统将以高功率模式运行。在该模式下，由于从电池到 UC 的功率小于从 UC 到 DC-Link 的功率，所以 UC 电压不能维持在该高电平。在这种情况下，二极管 D_B 是正向偏置的，并且电池也直接与 UC 一起向 DC-Link 供电。

在再生制动模式下，由于 UC 直接连接到 DC-Link，所以由于其在电路中的位置而被充电，而二极管 D_B 阻断了 DC-Link 的电源，以防止电池的充电。重新捕获的制动能量的一部分可以通过双向变换器传递到电池。因此，该模式可为电池提供受控的充电；也就是说，只要 UC 完全充电，但仍有可再生能源可用，只要再生电流不超过最大电池充电电流，剩余的能量就可以传输到电池。在后一种情况下，可以利用机械制动器将电池电流保持在最大限度以下。

当车辆开始加速时，UC 两端的电压高于电池电压，与 DC-Link 相同。车辆的功率需求很高，因此 UC 电压下降。在加速模式下，UC 通过 DC-Link 放电，电池通过双向变换器向 DC-Link 供电。每当 DC-Link 电压降低到电池电压的电平时，D_B 变为正向偏置，并且系统切换到高功率模式。

该拓扑的优点是它只需要一个变换器。然而，尽管在不同模式下，电池和 UC 之间共享电力，但电池电流没有被有效地控制，特别是在具有潜在尖锐瞬变的再生模式下。

8.1.10 拓扑 10：交错变换器配置

电池和 UC 的组合也可以通过使用交错变换器的方式来实现。交错变换器配置由并联连接的多个开关变换器组成，如图 8.13 所示。

当需要较小的电流纹波或非常严格的容差时，交错变换器往往是优选的。交错变换器提供比传统双向变换器更低的电感电流纹波，并且给定功率需求的总体效率更大，因为每个交错架构都具有较小的额定功率和较小的总体损耗。交错变换器对负载变化也具有更快的瞬态响应[33-35]。

如图 8.13 所示，电池通过直接连接到 DC-Link 的 UC 的交错变换器连接到 UC 终

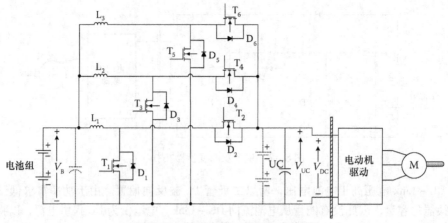

图 8.13 并联交错三级双向变换器

端。或者，UC 和电池位置可以颠倒，如图 8.13 中的虚线所示。除了这两种配置之外，交错变换器也可以在前面的拓扑 2 到拓扑 5 中使用。

8.1.11 拓扑 11：开关电容变换器配置

在 PEV 中组合电池和 UC 工作的另一个双向接口也是采用开关电容变换器（SCC）的[33]。SCC 基本上是开关和电容器的组合，并且通过开关和电容器的不同组合，这些变换器可以产生高于或低于输入电压的输出电压。此外，如果需要，可以提供输出端的反向极性。电容器可以通过由受控开关形成的各种路径进行充电或放电。4 个开关、3 个二极管和一个开关电容器可用于典型的 SCC。SCC 可以具有非常高的效率的大电压变换比，因此它们似乎非常适合于汽车应用[36-39]。

图 8.14 提供了通过 SCC 的电池/UC 组合的示例。在图 8.14 所示的电路结构的基础上，通过降压模式运行，电池能量可以传输到负载侧，电池可以通过升压模式进行充电。在降压模式下，开关 S_1 和 S_4 导通，直到电容器 C 被充电至小于电池的某一所需电压水平为止，此时 C 通过将开关 S_1 和 S_4 断开来与电池断开，并通过将开关 S_2 接通来将其存储的能量通过 S_2 和二极管 D_4 连接到负载。在升压模式下，C 可以从负载侧通过 D_2 和 S_4 充电。在这个阶段之后，S_3 和 D_1 成为工作开关，C 中的能量被放到电池侧。这种控制策略提供了控制简单性，两种工作模式下的连续输入电流波形，以及较低的电源电流纹波[33]。

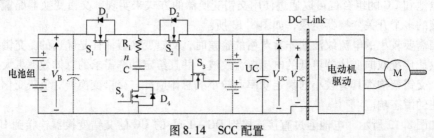

图 8.14 SCC 配置

如图 8.14 所示，电池通过 SCC 连接到 UC 终端，UC 直接连接到 DC – Link。或者，UC 和电池位置可以颠倒，如图 8.14 中的虚线所示。除了这两种配置之外，SCC 也可以作为前面部分中提出的双向变换器在拓扑 2 到拓扑 5 中使用。

8.1.12 拓扑 12：基于耦合电感器的混合架构

该混合电池/UC 架构的系统布局如图 8.15 所示[40]。该变换器由 4 个开关 $T_1 \sim T_4$ 及其内部二极管 $D_1 \sim D_4$，电池和 UC，DC – Link 电容器 C_1，与电池并联的电容器（C_2），以及具有自感 L_1、L_2 和互感 M 的集成磁性结构组成。使用用于电池/UC 组合的耦合电感器可以进一步减少双向变换器最庞大和昂贵的部件。

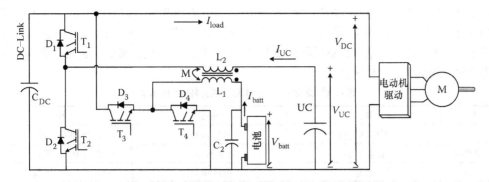

图 8.15 基于耦合电感器的电池/UC 混合架构

该变换器有 5 种主要工作模式：模式 1 储能装置为插电式 AC – DC 充电，从 DC – Link 电压到电池和 UC 为降压工作模式。模式 2 储能装置为插电式 DC – AC 放电，从电池和 UC 到 DC – Link 为升压运行方式。模式 3 电池和 UC 到 DC – Link 为升压工作模式，以便在行驶过程中加速、急速或巡航。模式 4 DC – Link 到电池和 UC 为降压工作模式，用于在行驶过程中的再生驱动。模式 5 需要时的升压模式和降压模式，即 UC 的 SOC 下降到最小允许的 UC SOC。在插电式充电方式中，功率流方向与再生制动模式相同。因此，模式 1 和模式 4 是相似的，并且 DC – Link 在这些模式下充当公共 DC 母线。相对而言，当以插电方式放电时，在加速模式下，功率从相同的功率流方向从 ESS 传送到 DC – Link。因此，模式 2 和 3 是相同的。因此，可以推广工作模式，并且可以将模式数量减少到 3 个。

在电池和 UC 的降压工作模式下，车辆可以并网连接充电或再生制动。开关 T_3、二极管 D_4 和电感器 L_1 形成从 DC – Link 到电池的降压变换器。当 T_3 导通时，来自 DC – Link 的电流通过 T_3 和 L_1，同时给电感器供电。当 T_3 断开时，D_4 为导通，输出电流通过 D_4 和电感器续流，降低传输到电池的平均电流。类似地，降低 DC – Link 电压通过由开关 T_1、电感器 L_2 和二极管 D_2 组成的降压变换器对 UC 再充电。当 T_1 接通时，电流通过 T_1 和 L_2。当断开时，存储在电感器中的能量通过 D_2 自由旋转。在电池和 UC 放电的升压工作模式下，电源从存储设备传送到 DC – Link，即在并网时的插电放电或加速、巡航和驾驶时的空转状态。可以通过形成升压变换器的电感器 L_1、开关 T_4 和二极管 D_3 将电池电压升压到 DC-Link。当 T_4 导通时，通过 T_4 和 L_1 短路电池端子，同时给电感器通电。当 T_4 断开时，D_3 导通，电能存储在电感器中，电池通过 D_4 传输到 DC-Link。类似于电池放电，电感器 L_2、开关 T_2 和二极管 D_1 构成从 UC 到 DC-Link 的升压变换器。当 T_2 导通时，电感器 L_2 通电，UC 放电。当 T_2 断开时，D_1 导通，存储在电感器中的能量和 UC 功率流经 D_1 到 DC-Link。

当电池处于升压模式并且 UC 处于降压模式时，最终工作模式被启动。UC SOC 不太可能下降到最小允许值以下，因为当负载水平下降或再生制动发生时，UC 会瞬间获得能量。因此，这种工作模式被包括在一个故障安全措施中。如果碰巧，UC SOC 降至最低限度，电池为 DC-Link 供电，而 UC 从 DC-Link 恢复电源。以这种方式，满足负载需求并且 UC 被电池充电。每当发生再生制动时，UC 捕获可用的制动能量，并且该模式终止。当 UC 的 SOC 增加到最低限度以上时，这种模式自然就会结束。表 8.1 总结了所提出的系统的所有工作模式。

表 8.1 建议的电池/UC 变换器的工作模式

模式	资源	负载	工作
1 和 4	电网和再生制动	电池和 UC	电池和 UC 降压
2 和 3	电池和 UC	电网和推进	电池和 UC 升压
5	电池	推进和 UC	电池升压和 UC 降压

8.2 其他储能装置和系统：飞轮、压缩空气存储系统和超导磁储能系统

作为电池/UC 混合 ESS 的替代品，飞轮、压缩空气存储系统和超导磁储能系统可并入插电式混合动力汽车中。尽管这些 ESS 仍在研究中，目前只有研究水平的应用，但由于以下章节中讨论的特性，当插电式混合动力汽车商业化时，它们可能适用于插电式混合动力汽车。

8.2.1 飞轮 ESS

与电池和 UC 不同，飞轮是在动能装置中存储能量，而不是在电化学或静电装置中。飞轮是为能量存储应用而设计的，它基本上是一个大的转动盘，具有很高的转动惯量，可以以 20000~50000r/min 的速度高速旋转。存储的动能可以转化为电能，电能也可以转化为动能。电动发电机通常与飞轮耦合，或飞轮转子本身用作电动发电机转子，将动能转化为电能或电能转化为动能。在电动机模式下，电机通过简单的提高速度来增加飞轮内部的动能，在发电模式下，电机的轴由飞轮机械驱动，消耗能量[41]。当汽车的电力系统通过发电机供电时，它通过降低转速从飞轮中提取能量，当需要将多余的能量倒入存储介质时，它的速度就会提高。为了增加飞轮系统的储能能力，可以增加惯性

矩（与质量和几何形状有关的物理特性）或最大额定转速。由于高速飞轮体积较小，且随着转速的二次方增加，其储能也随之增加，因此高速飞轮比低速飞轮更适合于汽车应用。但是，高速飞轮必须隔离在真空中，以减少风阻和通风损失，而机械轴承在飞轮系统中的另一种能量损失模式应该用非接触式磁性轴承代替，这样就使系统悬浮在一个电磁力的"缓冲"上。这些轴承仍在研究作为实际替代机械轴承的一种手段，以减少摩擦损失[42]。

与其他储能装置一样，安全是使用飞轮时必须解决的问题。由于飞轮是高速装置，所以在机械转子故障的情况下应使用安全壳，而飞轮的固有设计为以某种方式失效，而不是飞散。另一个缺点是它们相对较大，重型系统和旋转能量损失限制了长期存储能力。尽管随着速度的增加（最大约为100000r/min）可以减小尺寸，但此选项也会增加旋转损耗和自放电（减速）。

飞轮存储装置的优点是它们具有较长的额定寿命（通常为20年[43]），可以在很短的时间内提供大量的能量，并且没有深度放电和高循环次数问题，飞轮所能提供的功率仅受机械连接的电机的限制。飞轮被考虑用于大型车辆，例如公共汽车、卡车和高铁机车，其中电池成本本来就很高[41]。飞轮ESS的实现示意图如图8.16所示。

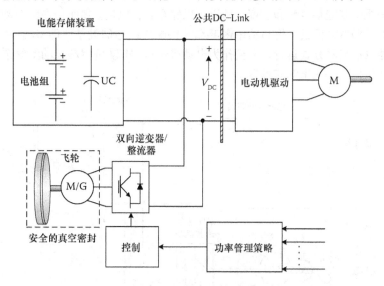

图 8.16 混合飞轮ESS

在图8.16中，电能存储装置以广义形式示出，其可以是先前讨论的任何混合拓扑的表示，并且除了飞轮之外，可以仅包括这些电气中的一种存储系统进入设计。由于车辆提供公共的DC-Link，飞轮可以通过双向DC-AC变换器和高速电机连接到该DC-Link。每当有过剩的制动或缓冲能量时，可以通过在电动机模式下和逆变器模式下运送给飞轮，当需要存储在飞轮中的能量进行推进时，电机在发电机模式和整流器模式运行[43-46]。永磁同步电机由于其高速运行能力及控制和驱动的简单性，通常优于驱动飞轮[47]。功率管理策略的输入可以是飞轮速度、车辆的转矩需求、发动机功率和来自电能存储装置的功率。从这些变量可以相应地控制来自/去往飞轮的功率。

作为通过电力电子变换器和电机进行电气连接的替代方案，飞轮还可以机械地耦合到牵引驱动装置上。然而，在这种机械情况下，不能通过主动控制它们以提供或获取一定的功率；相反，它们只能作为被动飞轮帮助消除转矩脉动[48]。

8.2.2 基于压缩空气泵浦的液压存储系统

压缩空气或泵浦储能装置也可能成为未来 PEV 储能解决方案的有前途的候选者。与电池相比，这些存储替代品的使用寿命要长得多，一般来说，抽水蓄能型电池使用寿命为 75 年，压缩空气型电池使用寿命为 40 年，其效率评级为 75% ~ 80%。除了效率高、寿命长之外，它们更环保，因为它们不会产生有问题的废料。压缩空气和泵浦储能设备的尺寸差异很大，可以在超大型设备[50]和使用液体活塞技术[49]的机械/液压转换的小型应用中实现。图 8.17 给出了一种用于 PEV 的压缩空气存储系统的简单实现。

压缩空气储能装置可通过电动发电机和双向 DC – AC – AC – DC 变换器与公共 DC – Link 相连。在电力系统中仍然可以使用电池和 UC 等电化学存储设备，但是由于压缩空气存储系统具有高能量容量和密度，所以可以完全替代电池。然而，在硬制动和快速加速的情况下，仍然需要具有更高功率密度和更快响应的存储设备，即 UC。在储能过程中，变换器以逆变器方式运行，电机作为电动机运行。电动机驱动气动空气泵作为压缩机运行，并用加压空气来填充容器。

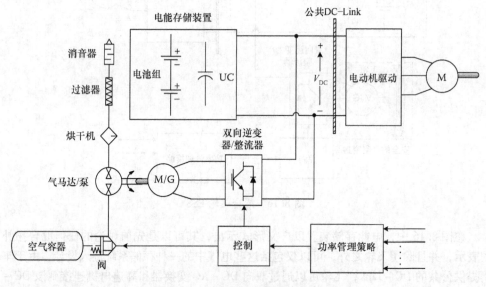

图 8.17 压缩空气存储系统的实现

每当需要压缩空气存储系统供电时，变换器以整流器模式运行，电机作为发电机运行。在这种模式下，气动机器直接由压缩空气驱动，压缩空气膨胀并从空气容器中释放出来。然后，气动机器驱动发电机，并通过电力电子变换器向 DC – Link 供电。电力电子变换器和空气容器的阀根据工作模式和自压缩空气储存系统的功率大小进行控制。

与基于液压的存储系统相比，气动存储系统的主要缺点是其效率低。这主要是由于压缩机电动机/泵的效率低下。因此，可以实施基于油压/气动的 ESS 来实现更高的效率和能量密度水平[49,51,52]。液压马达具有非常高的能量变换效率，并且由于其高压额定值，可以在存储应用中实现更高的能量密度。这些系统使用活塞式容器或高压气囊，其中通过使用活塞或膜作为气/液分离介质在阀体内或壳中注入高压流体（油）来压缩氮气。组合气体加压（气动）和流体压缩（液压），生产一个油气存储系统[49]。PEV 液压气动存储系统的工作原理如图 8.18 所示。

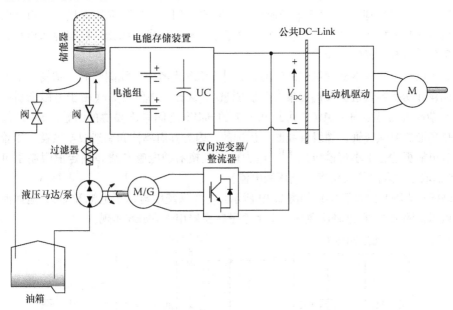

图 8.18 液压气动 ESS 实现

液压气动系统的工作原理与压缩空气存储系统非常相似。主要区别在于液压泵/马达压缩氮气，而不是直接对空气加压。压缩液体/空气系统的最大挑战是尺寸相对较大，涉及的部件数量较多。这增加了成本并降低了车辆应用的整体效率。

8.2.3 超导磁 ESS

超导磁能量存储系统（SMES）可以以磁能的形式存储电能。SMES 能够在充放电方向快速传递大量电力，其效率非常高，充放电效率高达 95% 以上[53]。此外，可以使用相对小的磁体。虽然功率密度高但能量密度不是很高，但是在大多数情况下，电池储能装置还不能完全消除。然而，SMES 可以为 UC 提供合适的替代品。

如在电池/UC 组合中，电池/SMES 组合还提供高功率和高能量密度，无任何旋转部件[54-56]。由于电池仍然是主要的储能装置，SMES 的尺寸和成本可以保持相对较低，并且该混合 ESS 可以适用于插电式车辆。混合电池/SMES 系统的其他优点是寿命更长、效率更高。如参考文献[57]所述,当经受快速瞬变和重复充电-放电脉冲时,电池存在诸如效率降低、降解和过热等技术问题。虽然 UC 可以通过在快速、高需求瞬变期间提供能量来缓解这些问题,但它们的能量密度非常低,并且它们不是作为 PEV 的唯一能量存储装置的实际选择。通过适当的设计,SMES 可以替代电池和 UC[57]。然而,SMES 存在需要在非常低的温度下工作以使其线圈用作超导材料并降低欧姆损耗的主要缺点。对于制冷和装置封闭,必须建造低温系统,其复杂性和制冷功率降低了整个系统的效率和易于实施性,并且是车辆 SMES 的商业可行性的严重缺点。这种反射能量可以通过封闭循环系统获得,也就是低温冷却,或者可以通过蒸发合适的低温液体(如氦、氮或氖)来提供冷却[57],对于车辆应用这是阻碍使用 SMES 严重的挑战。使用高温超导体将使 SMES 的成本效益和效率更高,这是由于制冷需求的降低,但高温超导材料的发展仍处于研究和开发阶段[58,59]。

为了以最小的成本实现最佳的性能,设计 SMES 应考虑到线圈配置、结构、工作温度及能量和功率容量这些关键因素[58,60]。能量/质量比、洛伦兹力(由于电磁场引起的力)和杂散磁场是必须在稳定、可靠和经济的 SMES 之间做出妥协的参数。SMES 线圈可以是环形的或螺线管;螺线管线圈是优选的,因为其简单性和制造成本效益,尽管环形线圈可能更适合于小规模应用[53]。电力电子变换器的电感布线和额定值限制了可从 SMES 抽取或注入的最大功率(电压和电流)。

SMES 到 PEV 的典型实现如图 8.19 所示。尽管系统中显示了电池和 UC,但如前所述,可以消除 UC。在这种配置中,电力电子变换器用于 SMES 实现。

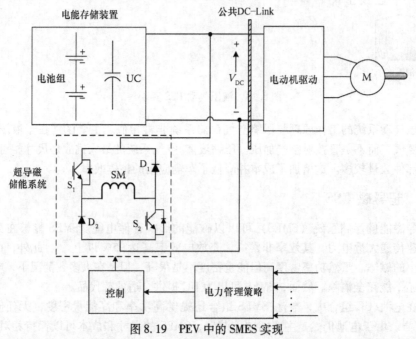

图 8.19 PEV 中的 SMES 实现

在充电过程中，开关 S_1 和 S_2 闭合，允许正电流流动，并增加超导磁体的电压，从而存储能量。通过保持 S_1 闭合和 S_2 断开，磁体中存储的能量将在 $S_1 - SM - D_1$ 中循环，从而使 SM 短路。因为它是由超导材料组成的，所以能量可以通过在这条通路中循环电流来存储，只有电路损耗是由开关和二极管的内阻引起的。在放电模式下，两个开关 S_1 和 S_2 断开，二极管成为正向偏压，使存储的能量转移到 DC－Link。在放电过程中，可以通过断开 S_1 和闭合 S_2 来停止能量流动并切换回储能模式。在这种情况下，超导磁体的电流将在 $SM - S_2 - D_2$ 路径中循环，并且不会发生能量转移，因为 SM 通过其自身的端子短路。

实际实现 SMES 的另一个缺点是尽管线圈是超导的，但是开关不理想；因此，由于能量存储模式的半导体损耗，充/放电电流将逐渐降低。通过使用具有低内阻的开关和应用软开关或开关损耗恢复技术，可以实现更高的效率，但是永远不能完全消除寄生损耗。

8.3 总结

在本章中，已经对不同拓扑结构的组合进行了介绍。总共描述了 12 种可能的混合拓扑，用于电池和 UC 的组合。说明了无源并联连接、UC/电池、电池/UC、级联变换器、并联变换器、多输入变换器、双有源电桥变换器、双源变换器、交错变换器和 SCC 的优缺点。此外，还描述了动力学、磁性 ESS，例如飞轮，压缩空气/泵浦液压和 SMES 装置，以及可能的实现情况，包括插电式混合动力汽车的优点和缺点。虽然目前市面上没有由电池和 UC 一起供电的商业化制造的插电式混合动力汽车，但这些储能装置的混合在电池寿命、车辆性能和燃油经济性方面在学术和分析上表现得非常有益。然而，能量存储设备的组合是一个具有挑战性的多变量问题，需要适当地调整和控制电力分配策略。此外，非传统形式的 ESS 可能是插电式混合动力汽车有前途的候选者，因为它们的寿命更长，效率更高，功率和能量密度更高，这些技术的进一步研究和开发可能会在未来产生一些意想不到的能量密度、功率可用性和效率的理想组合。

8.4 PEV 混合 ESS 拓扑的模拟和分析

在本节中，将模拟仿真用于电池和 UC 的组合的混合拓扑的 3 个示例。首先，对无源并联配置拓扑进行了仿真；第二，电池/UC 级联和连接变换器拓扑结构；第三，并联连接的多变换器配置，通过下面的讨论说明每种拓扑结构的有效性和可行性。

在模拟中，城市测功机行驶计划（UDDS）的一部分用于时间间隔 $t = [690, 760]$。80s 的行驶周期包括车辆的加速、制动和空转状态。为了分析，使用了丰田 Prius 的插电式版本，丰田 Prius 插电式的电池参数见表 8.2[61,62]。

表 8.2 丰田 Prius PEV 电池参数

参数	值
电池类型	锂离子
额定电压	345.6V
额定能量容量	5.2kWh
额定库仑容量	15.04Ah
内阻	0.56104Ω

对于 UC，选择了由 Maxwell 公司制造的 BMOD0165 UC 模块，其参数见表 8.3[63]。

由于其中一个测试拓扑需要一个无源并联连接，因此应选择 UC 电压为使其接近电池的电压。因此，7 个 BMOD0165 模块串联连接，导致 23.57F 的电容、340.2V 额定端子电压和 44.1mΩ 内部串联电阻。

表 8.3 Maxwell BMOD0165 UC 参数

参数	值
标称电容	165F
额定电压	48.6V
等效串联电阻	6.3mΩ
峰值电流	1970A

8.4.1 无源并联配置的模拟与分析

在这种配置中，电池和 UC 直接并联连接，两者之间没有任何接口变换器，公共电池/UC 端子通过双向变换器连接到 DC-Link。考虑到配置为 PEV 的典型中型轿车，通过动力系统分析工具包（PSAT）模拟获得了车辆的动力需求。由于电动机驱动电压几乎是恒定的，所以车辆的功率需求可以除以 DC-Link 电压来获得电动机驱动电流，因此电动机驱动和负载需求变化被建模并实现为受控电流源。

在模拟过程中，参考 DC-Link 电压选择为 400V，双向变换器通过双回路电压和电流控制器进行控制。在电压回路中使用比例积分（PI）控制器，而在电流回路中使用峰值电流模式控制器，如图 8.20 所示。

$t = [690, 760]$ 时间间隔的负载电流变化，如图 8.21 所示。该负载电流包括正和负电流变化，模拟加速度和制动条件。在这种负载电流变化的基础上，双向变换器被控制，使得它在加速期间从电源提供电力时保持恒定的 DC-Link 电压，并且在制动期间对它们进行充电。电池和 UC 电流变化分别在图 8.22 和图 8.23 中给出。

如图 8.22 和图 8.23 所示，与 UC 相比，由于其较慢的动态特性，电池提供了更平滑的电流分布。然而，由于没有控制电池电流的接口，其电流有一些可能被其他连接拓扑结构消除。由于电池与 UC 之间的电压平衡，电池电流会自动变化，以保持与 UC 始终相同的端电压。如果 UC 电压高于电池电压，由于一些较大的制动能量回收，电池电流会反向，但在这里，只有 UC 从再生制动的应用中获得能量。

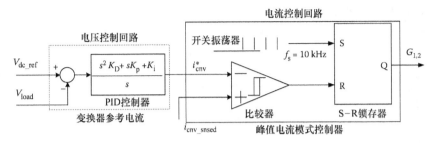

图 8.20 无源并联连接拓扑的控制系统

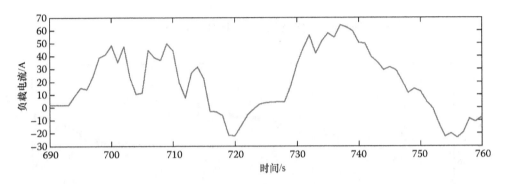

图 8.21 负载电流变化

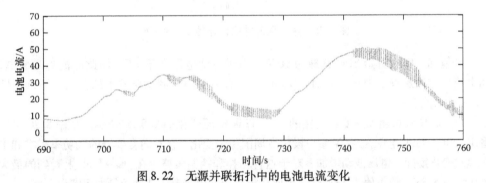

图 8.22 无源并联拓扑中的电池电流变化

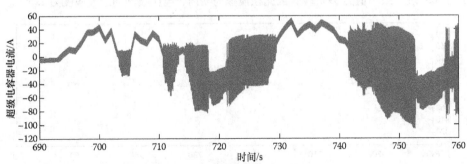

图 8.23 无源并联拓扑中的 UC 电流变化

电池和 UC 的 SOC 变化分别在图 8.24 和图 8.25 中给出。

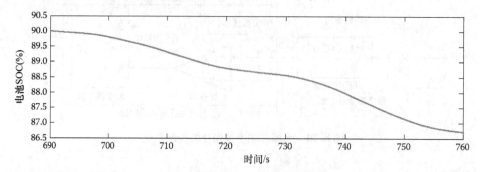

图 8.24 用于无源并联拓扑的电池的 SOC

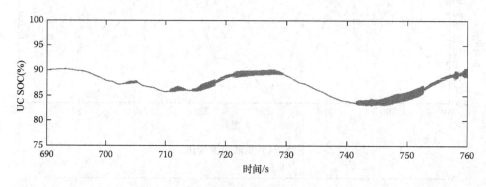

图 8.25 用于无源并联拓扑的 UC 的 SOC

电池和 UC 的初始 SOC 选择为 90%。由于电池电压高于 UC，因此电池总是放电，如电流变化所解释的那样。然而，UC 的 SOC 有时会随着制动条件下的充电而增加，即 UC 的负电流变化。

最后，电动机驱动逆变器连接的 DC-Link 电压变化如图 8.26 所示。从图 8.26 可以看出，DC-Link 电压在 400V 参考设定点周围稳定变化。在双向变换器的大功率需求和工作模式变化期间，电压波动增加。对于这种拓扑和控制策略，在 DC-Link 上看到的最大电压为 405.3V，最小值为 395.2V，因此在模拟周期内，电压波动的最大幅度为 2.5%。

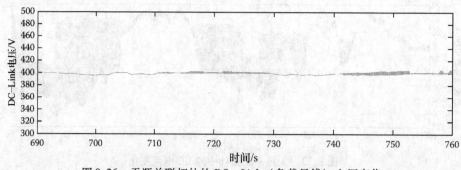

图 8.26 无源并联拓扑的 DC-Link（负载母线）电压变化

8.4.2 级联变换器拓扑的模拟与分析

在这种配置中,电池通过双向变换器连接到 UC,UC 通过另一个双向变换器连接到 DC-Link;因此,电池、变换器 1、UC 和变换器 2 都是级联连接。在同一时间间隔内的相同行驶工况用于该拓扑中的负载建模,如在之前的模拟中,DC-Link 电压基准保持在 400V。对于 UC 控制,采用双回路控制器用于 DC-Link 电压并且对于电池控制,仅使用峰值电流模式控制器。可以获得电池的参考电流,

$$I_{\text{batt}}^* = \frac{V_{\text{load}} \times I_{\text{load}}}{V_{\text{batt}}} G_{\text{LP}}(s) \tag{8.1}$$

式中,I_{batt}^* 是电池参考电流;V_{load} 和 I_{load} 是瞬时测量的 DC-Link 电压和电流;V_{batt} 是整个行驶工况中几乎恒定的电池端子电压。由 $G_{\text{LP}}(s)$ 表示的传递函数是一个低通贝塞尔滤波器,用于消除电池参考电流的任何尖峰和快速瞬变。这些快速瞬变本质上来自瞬时测量的负载电流的变化,并且通过使用该滤波器,由于存在调节电池电流的附加变换器,电池电流可以更平滑并且减小了电池上的应力。电池电流控制器如图 8.27 所示。

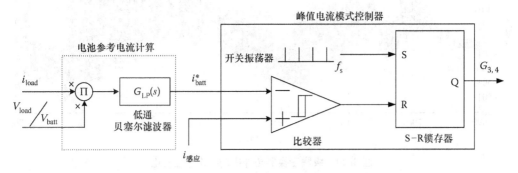

图 8.27 电池电流控制器

从 DC-Link 汲取的负载电流的变化与图 8.21 所示的相同,车辆规格、电池和 UC 参数与前面的例子相同。在这种负载电流变化的基础上,UC 的双向变换器被控制,使得它保持恒定的 DC-Link 电压。连接到电池的双向变换器被控制,使得电池将平均负载需求提供给变换器的输出。每当 DC-Link 看到参考电压 >400V 时,两个变换器都被控制,以将其工作模式从升压转换为降压,从而将制动能量回收回存储器件。电池和 UC 电流变化分别在图 8.28 和图 8.29 中给出。

由图 8.28 和图 8.29 可以看出,由于所采用的控制策略,电池电流波动减小。此外,与先前的拓扑相比,功率贡献更大,因为电池电流为有源控制,允许其缓慢地提供实际的负载需求。这种配置的好处是,在任何时候,可以对最大允许电池电流进行限制,以减少电池的贡献,并允许 UC 为 DC-Link 提供更多的电力以维持 400V 的调节。在这种拓扑结构中,UC 的电流纹波要大于简单的无源并联连接,但是由于它可以成功地提供这些电流变化,而不会有更短的寿命,所以这对 UC 来说不是问题。

电池和 UC 的 SOC 变化分别在图 8.30 和图 8.31 中给出。

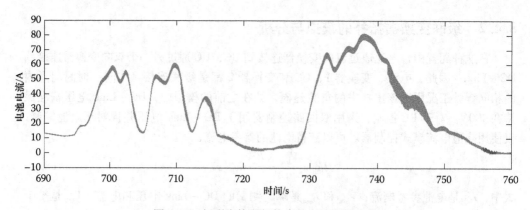

图 8.28　级联变换器拓扑中的电池电流变化

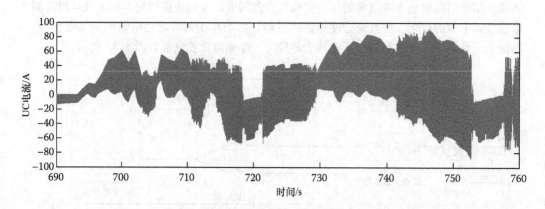

图 8.29　级联变换器拓扑中的 UC 电流变化

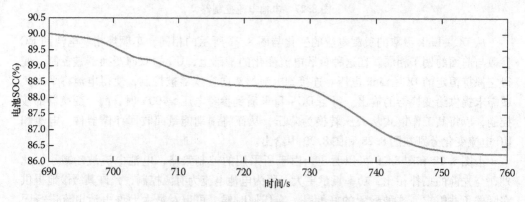

图 8.30　级联变换器拓扑的电池 SOC

在该结构中,以与无源并联情况相似的方式使用电池。因此,UC 的 SOC 使用窗口较小,因为它不断从电池接收电荷。然而,由于电池的贡献更大,与无源并联情况相比,其 SOC 的降低速度更快。

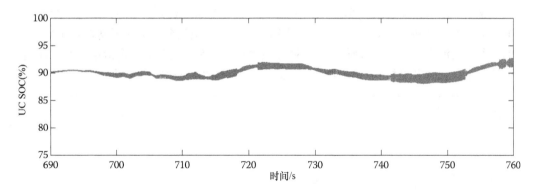

图 8.31　UC 级联变换器拓扑结构的 SOC

级联变换器拓扑的 DC-Link 电压变化如图 8.32 所示。从图中可以看出，DC-Link 电压在 400V 参考设定点附近变化，在双向变换器的大功率需求和工作模式变化期间，电压波动变得更加明显。对于这种拓扑结构和控制策略，DC-Link 电压达到最大值为 405.0V，最小值为 395.3V。因此，在模拟周期内，电压波动的最大幅度为 2.4%。

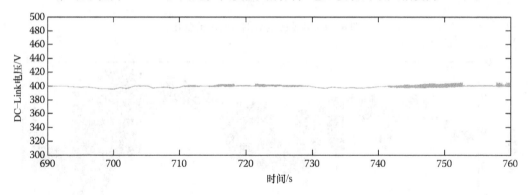

图 8.32　级联变换器拓扑的 DC-Link（负载母线）电压变化

由于这种配置使用一个单独的 DC-DC 变换器的电池，它具有内置的灵活性，以调整和操纵电池电流控制。因此，可以在电池电流控制回路内实现速率限制器和饱和限幅器：速率限制器将限制电池参考电流的斜率，而饱和限幅器将限制电池电流幅度。电池控制器的速率限制器和饱和限幅器的实现如图 8.33 所示。

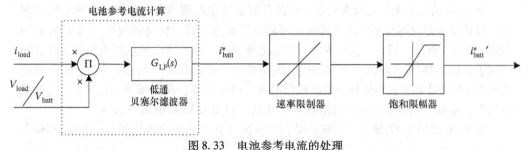

图 8.33　电池参考电流的处理

这里应用的速率限制器具有+0.1的上升转换速率和-0.1的下降转换速率放置在电池电流的上升和下降速率上。同时,饱和方式将最大电池参考电流限制在+50A,负电池参考电流为-50A,以确保进一步降低电池应力与最大电池充电和放电电流。在这种情况下,记录电池和UC的电流变化,如图8.34和图8.35所示。

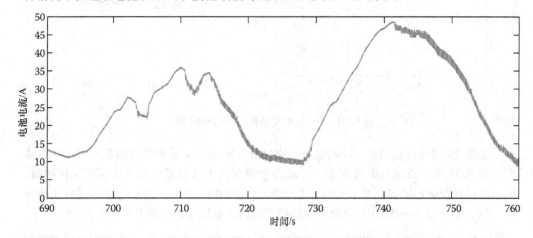

图8.34 调整控制后的电池电流变化

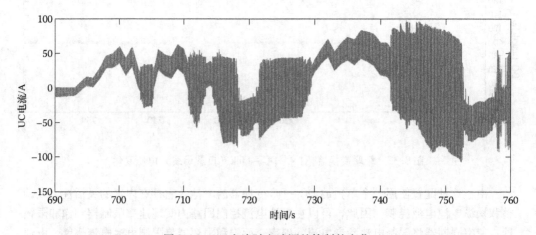

图8.35 UC电流随电池调整控制的变化

图8.34给出的电池电流是由电池电流控制回路中的速率和饱和限幅器的实现引起的。该调整通过消除负载电流的固有的高转换速率来改善电池电流波形(参见图8.28与图8.34)。此外,可以定义最大的充放电电流速率,并且可以实现电池保护。在这种情况下,UC趋向于在时间上变化更快,幅度更大(参见图8.29与图8.35),但是再次选择的UC应该能够提供这种类型的电流需求。由于电池使用量降低并且从UC提供更多功率,所以调整电流控制器会影响SOC变化,如图8.36和图8.37所示。

图8.36和图8.37显示,电池SOC保持较高(参见并比较图8.30),而UC SOC下

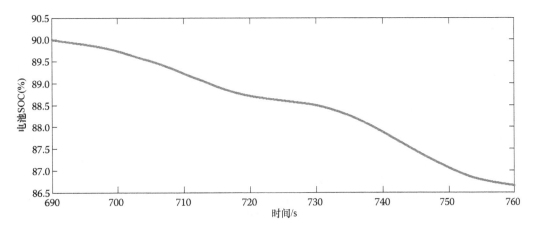

图 8.36 调整控制后的级联变换器拓扑的电池 SOC

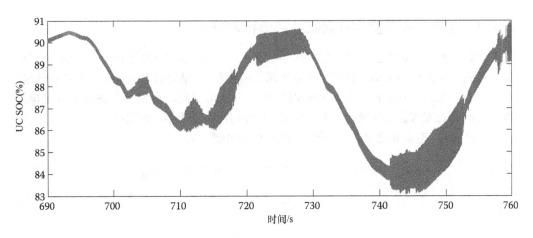

图 8.37 带有电流调整控制 UC 的 SOC

降更多（参见并比较图 8.31），因为电池对电源需求的响应减少了，UC 必须提供更多功率给 DC-Link 以在瞬变期间调节其电压。

在使用所讨论的任何拓扑结构时，每当 UC SOC 低于某一点，电池控制器均应该在提供负载需求的同时将其提高到某一点。UC 的典型下限可以选择为 20%。虽然深度放电对于 UC 来说并不是一个问题，但这种限制将阻止相关的 DC-DC 变换器在极端电压转换率下工作。此外，如果充电电流被不正确地控制，则完全放电的 UC 将在初始充电时产生过大的电流。

具有允许电池限流的调整的该拓扑的 DC-Link 电压如图 8.38 所示。由于 UC 提供更多的电力来保持恒定的 DC-Link 电压，所以与以前的配置相比，所产生的 DC-Link 电压会看到略高的电压纹波。该模拟的最大 DC-Link 电压为 405.2V，最小为 395.2V，因此最大/最小纹波百分比为 2.5%。

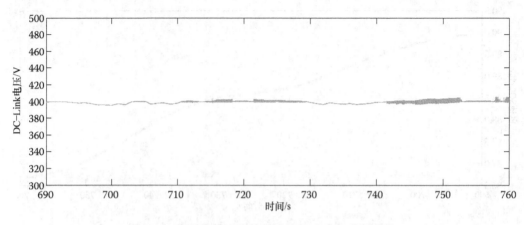

图 8.38 调整电池电流控制后的 DC-Link 电压变化

8.4.3 并联连接多重变换器拓扑的模拟与分析

在该配置中,电池通过双向变换器连接到 DC-Link,并且 UC 通过另一个双向变换器连接到相同的 DC-Link。因此,如前所示,电池和 UC 通过其各自的变换器并联连接到公共 DC-Link。在先前模拟的相同时间间隔内使用相同的行驶工况进行负载建模,DC-Link 电压基准保持不变,并对电池和 UC 控制回路采用相同的策略。

电池和 UC 电流变化分别在图 8.39 和图 8.40 中给出。

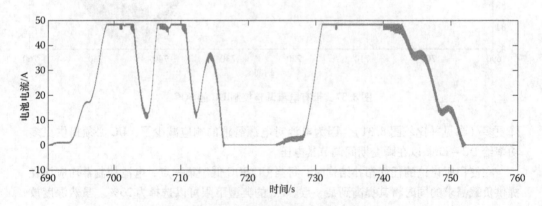

图 8.39 具有并联变换器拓扑的电池电流

由于这里使用的电池电流控制策略和并联连接的单独电池 DC-DC 变换器,电池电流进一步平滑,电流波动减小。虽然电池电流限制在 [-50,+50] A 内,由于贝塞尔参考电流滤波器和上升-下降转换速率限制器控制器,电池电流保持小于最大极限。与电池电流相比,具有较小失真的唯一折中是随着 UC 电流的巨大波动。然而,UC 能够提供这些类型的电流曲线,而不会牺牲生命周期和性能。

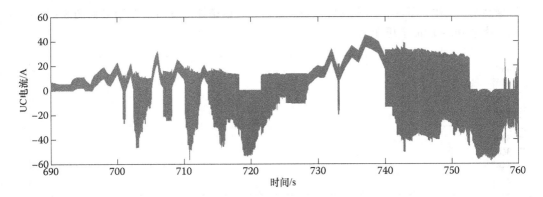

图 8.40 具有并联变换器拓扑的 UC 电流

记录电池和 UC 的 SOC 变化,如图 8.41 和 8.42 所示。

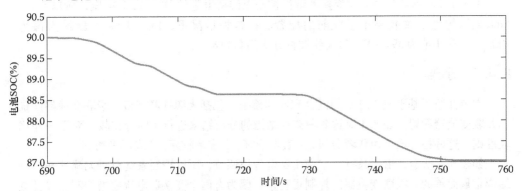

图 8.41 具有并联变换器拓扑电池的 SOC

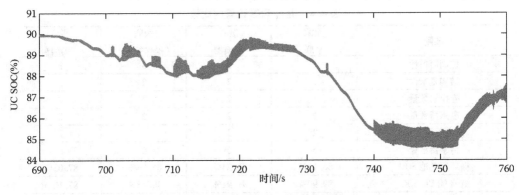

图 8.42 具有并联变换器拓扑 UC 的 SOC

从图 8.41 和图 8.42 可以看出,在行驶工况结束时,电池使用较少,并保持较高的 SOC。由于 UC 做出了更大的贡献,所以可以采用另一种工作模式,以便每当 UC SOC

下降到某一下限以下时,电池就可以对 UC 充电。该拓扑的最后一个结果如图 8.43 所示,这是 DC – Link 电压变化。

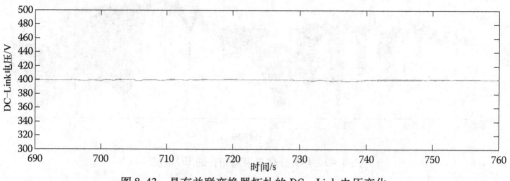

图 8.43 具有并联变换器拓扑的 DC – Link 电压变化

由于 UC 和其各自的并联变换器都被控制以维持恒定的 DC – Link 电压,所以 DC – Link 电压的电压纹波要小于以前的配置。在这种情况下,DC – Link 电压最大值为 400.7V,最小值为 397.6V,最大纹波百分比为 0.8%。

8.4.4 小结

本节介绍了基于电池/UC 的混合 ESS 的模拟,包括无源并联连接、级联变换器配置和并联变换器配置。表 8.4 对这 3 种拓扑结构的分析结果进行了综合比较。对于一些比较准则,这些拓扑已经由作者分级,1 表示最好,2 表示较好,3 表示平均。

如表 8.4 所示,由于只有一个变换器电流被调节,所以控制系统对于无源并联拓扑结构是最简单的。级联变换器的控制更复杂,因为有两个变换器电流要被控制,并且电流和转换速率限制器添加到级联变换器控制器中显然还比较复杂。并联变换器也具有类似的高度复杂性,但是在控制电流幅度和方向上具有更多的自由度。

表 8.4 混合 ESS 配置的比较

准则	无源平联	级联变换器	级联(操作控制)	平联变换器
控制简单性	1	2	3	3
结构复杂性	1	2	2	2
变换器数量	1	2	2	2
电感器数量	1	2	2	2
总电感器质量	2	3	3	2
传感器数量	5	6	6	6
循环端电池 SOC	86.72%	86.24%	86.66%	87.03%
循环端 UC SOC	89.90%	91.91%	90.45%	87.10%
最大电池电流纹波	~7 A	~9 A	~1.7 A	~1.8 A
基于循环的拓扑效率	95.24%	90.34%	90.72%	95.25%
最大 DC – Link 电压变化百分比	2.52%	2.42%	2.51%	0.77%

无源并联配置也具有最基本的结构。其他变换器具有类似的结构复杂性，因为它们显然具有更大数量的变换器、开关、电感器、母线等。无源并联拓扑和级联变换器拓扑的总电感器质量高于并联变换器拓扑结构的总电感器质量。在无源并联情况下，UC 和电池电流的 100% 必须通过单个电感器，需要电感器的大额定电流布线，而在级联变换器中，电池变换器仅承载电池电流，但是 UC 变换器承载电池和 UC 电流的总和。然而，在并联变换器的情况下，尽管需要两个电感器，但是与其他拓扑的电感器相比，它们的尺寸相对较小，因为每个变换器承载一个电源的电流而不是两个电源的电流。

在循环端电池 SOC 方面比较拓扑结构时，由于电池电流分布的不同并联变换器最好。然而，在这种情况下，UC 被更多地利用，导致循环结束 SOC 较少。在级联变换器的情况下，电池可持续地为 UC 再充电；即电池电量不断传输到 UC；因此，UC 的循环端 SOC 更多。当使用级联变换器或无源并联变换器拓扑结构时，电池电流波动最大，因为电池电流在这些拓扑结构中没有有效的控制和限制。具有操纵控制和并联变换器的级联变换器固有地提供较少的电池电流波动，从而延长了电池寿命。

基于循环的能量效率是通过对电池功率、UC 功率和负载功率在行驶工况内的数值积分来计算的，以获得从每个电源到负载的总能量流。一旦获得能量级别，输出和输入能量关系就定义了基于循环的效率。在这种情况下，级联变换器拓扑是最低效的，因为有两个级联变换器，其中一个应该携带所有的电流（同样，电池电流必须通过两个变换器）。在无源并联的情况下，只有一个变换器可以提高效率，但是最有效的拓扑结构是并联变换器，因为每个储能设备都有自己的变换器，并且单个设备的电力永远不能通过多个变换器。并联变换器拓扑也是 DC – Link 电压变化的最佳拓扑，因为其中一个变换器总是被用来独立调节 DC – Link 电压。

习题

UC 模块具有以下规格：

参数	值	单位
额定电容	63	F
最大 ESR_{DC}	18	$m\Omega$
额定电压	125	V
最大电压绝对值	136	V
最大连续电流（45℃）	240	A
1s 的最大峰值电流，不重复的	1800	A
质量	60.5	kg

1. 计算 UC 模块的存储能量。
2. 计算 UC 模块的比能量。
3. 计算 UC 模块的最大连续功率和比功率（W/kg）。
4. 验证数据表中给出的 1s 的最大峰值电流为 1800A。

5. 计算 UC 从 125V 放电到 100V 时释放的能量。

6. 假设这个 UC 模块正在以 100A 从初始充电条件放电。在放电开始后 10s 和 50s 分别计算模块电压。

7. 当该模块在恒流放电模式下以 100A 放电时，将 UC 从 125V 放电至 45V 需要多长时间？

8. 如果 UC 电压在 300s 内从 125V 降低到 75V，计算放电电流。

9. 如果模块以 10A 的恒定电流放电，计算功率损耗。

10. 计算在 1000W 的恒定功率放电速率下将 UC 从 125V 放电至 5V 需要多长时间？电池组有以下规格：

参数	值	单位
标称电压	360	V
总储能	24（21，总可用量）	kWh
最大连续输出功率	100	kW
重量	293.93	kg

11. 如果这个电池组与早先表示参数的 UC 模块混合，计算混合 ESS 的功率密度，并根据 IEC 定义说明与单独电池相比增加了多少功率密度。

12. 计算相同混合配置的能量密度。

参 考 文 献

1. S. Williamson, A. Khaligh, and A. Emadi, Impact of energy storage devices on drive train efficiency and performance of heavy-duty HEVs, *IEEE Vehicle Power and Propulsion Conference (VPPC)*, Chicago, September 2005.
2. A. Khaligh, A. M. Rahimi, Y. J. Lee, J. Cao, A. Emadi, S. D. Andrews, C. Robinson, and C. Finnerty, Digital control of an isolated active hybrid fuel cell/Li-ion battery power supply, *IEEE Transactions on Vehicular Technology*, 56, 3709–3721, November 2007.
3. P. Tiehua, J. Zang, and E. Darcy, Cycling test of commercial nickel–metal hydride (Ni–MH) cells, *Battery Conference on Applications and Advances*, Long Beach, CA, pp. 393–397, January 1998.
4. S. Lukic, S. Wirasingha, F. Rodriguez, J. Cao, and A. Emadi, Power management of an ultra-capacitor/battery hybrid storage system in HEV, *IEEE Vehicle Power and Propulsion Conference* (VPPC), Windsor, United Kingdom, pp. 1–6, September 2006.
5. A. Emadi, M. Ehsani, and J. M. Miller, *Vehicular Electric Power Systems: Land, Sea, Air, and Space Vehicles*, New York: Marcel Dekker, 2003.
6. J. P. Zheng, T. R. Jow, and M. S. Ding, Hybrid power sources for pulsed current applications, *IEEE Transactions of Aerospace Electronic Systems*, 1(1), 288–292, January 2001.
7. A. Emadi, S. S. Williamson, and A. Khaligh, Power electronics intensive solutions for advanced electric, hybrid electric, and fuel cell vehicular power systems, *IEEE Transactions on Power Electronics*, 21(3), 567–577, May 2006.
8. P. A. Flatherty, Multi-stage hybrid drives for traction applications, in *Proceedings of the Joint Rail Conference*, pp. 171–175, March 2005, Pueblo, Colorado.
9. Maxwell® Technologies, BMOD0063 P125 B33 Ultra-capacitor datasheet, HTM Heavy Transportation Series, available online at: http://www.maxwell.com/ultracapacitors/datasheets/DATASHEET_BMOD0063_1014696.pdf
10. R. A. Dougal, S. Liu, and R. E. White, Power and life extension of battery-ultra-capacitor hybrids, *IEEE*

Transactions on Components and Packaging Technologies, 25(1), 120–131, March 2002.
11. L. Solero, A. Lidozzi, and J. A. Pomilio, Design of multiple-input power converter for hybrid vehicles, *IEEE Transactions on Power Electronics*, 20(5), 1007–1016, September 2005.
12. S. Kim and S. H. Choi, Development of fuel cell hybrid vehicle by using ultra-capacitors as a secondary power source, *2005 SAE World Congress*, Detroit, Michigan, April 2005.
13. J. M. Miller and M. Everett, An assessment of ultra-capacitors as power cache in Toyota THS-11, GM-Allision AHS-2 and Ford FHS hybrid propulsion systems, *IEEE 20th Applied Power Electronics Conference and Exposition*, Austin, TX, 1, pp. 481–490, March 2005.
14. A. Napoli, F. Crescimbini, F. Capponi, and L. Solero, Control strategy for multiple input DC–DC converters for hybrid vehicles propulsion systems, *IEEE Power Electronics Specialists Conference*, L'Aquila, Italy, pp. 1685–1690, June 2002.
15. S. Liu and R. A. Dougal, Design and analysis of a current-mode controlled battery/ultracapacitor hybrid, in *Proceedings of the IEEE Industry Applications Society Annual Meeting*, pp. 1140–1145, Seattle, WA, October 2004.
16. O. Onar and A. Khaligh, Dynamic modeling and control of a cascaded active battery/ultra-capacitor based vehicular power system, in *Proceedings of the IEEE Vehicle Power and Propulsion Conference (VPPC)*, Harbin, China, pp. 1–4, September 2008.
17. M. Ortuzar, J. Moreno, and J. Dixon, Ultracapacitor-based auxiliary energy system for an electric vehicle: Implementation and evaluation, *IEEE Transactions on Industrial Electronics*, 54(4), 2147–2156, August 2007.
18. J. Cao and A. Emadi, A new battery/ultra-capacitor hybrid energy storage system for electric, hybrid, and plug-in hybrid electric vehicles, in *Proceedings of the IEEE Vehicle Power and Propulsion Conference (VPPC)*, Dearborn, MI, pp. 941–946, 2009.
19. L. Gao, R. A. Dougal, and S. Liu, Power enhancement of an actively controlled battery/ultracapacitor hybrid, *IEEE Transactions on Power Electronics*, 20(1), 236–243, January 2005.
20. W. Lhomme, P. Delarue, P. Barrade, A. Buoscayrol, and A. Rufer, Design and control of a supercapacitor storage system for traction applications, in *Proceedings of the IEEE Industry Application Conference*, Kowloon, Hong Kong, 3, pp. 2013–2020, October 2005.
21. Z. Jiang and R. A. Dougal, A compact digitally controlled fuel cell/battery hybrid power source, *IEEE Transactions on Industrial Electronics*, 53(4), 1094–1104, June 2006.
22. S. M. Lukic, S. G. Wirashanga, F. Rodriguez, C. Jian, and A. Emadi, Power management of an ultracapacitor/battery hybrid energy storage system in an HEV, in *Proceedings of the IEEE Vehicle Power and Propulsion Conference*, Windsor, United Kingdom, pp. 1–6, 2006.
23. S. M. Lukic, J. Cao, R. C. Bansal, F. Rodriguez, and A. Emadi, Energy storage systems for automotive applications, *IEEE Transactions on Industrial Electronics*, 55(6), 2258–2267, June 2008.
24. Z. Li, O. Onar, A. Khaligh, and E. Schaltz, Power management, design, and simulations of a battery/ultracapacitor hybrid system for small electric vehicles, in *Proceedings of the SAE (Society of Automotive Engineers) World Congress*, Detroit, MI, USA, April 2009.
25. H. Matsuo, L. Wenzhong, F. Kurokawa, T. Shigemizu, and N. Watanabe, Characterization of the multiple-input DC–DC converter, *IEEE Transactions on Industrial Electronics*, 51(3), 625–631, June 2004.
26. M. H. Kheraluwala, R. W. Gascoine, D. M. Divan, and B. Bauman, Performance characterization of a high power dual active bridge DC/DC converter, in *Proceedings of the IEEE Industry Applications Society Annual Meeting*, 2, Seattle, WA, pp. 1267–1273, 1990.
27. M. Marchesoni and C. Vacca, New DC–DC converter for energy storage system interfacing in fuel cell hybrid electric vehicles, *IEEE Transactions on Power Electronics*, 22(1), 301–308, January 2007.
28. M. C. Kisacikoglu, M. Uzunoglu, and M. S. Alam, Fuzzy logic control of a fuel cell/battery/ultra-capacitor hybrid vehicular power system, in *Proceedings of the Vehicle Power and Propulsion Conference (VPPC)*, Arlington, TX, pp. 591–596, 2007.
29. B. G. Dobbs and P. L. Chapman, A multiple-input DC–DC converter topology, *IEEE Power Electronics Letters*, 1(1), 6–9, March 2003.
30. H.-J. Chiu, H.-M. Huang, L.-W. Lin, and M.-H. Tseng, A multiple-input DC/DC converter for renewable energy systems, in *Proceedings of the IEEE Industrial Conference on Industrial Technology*, Hong Kong, pp. 1304–1308, 2005.

31. Y.-M. Chen, Y.-C. Liu, and F.-Y. Wu, Multi-input DC/DC converter with ripple-free input currents, in *Proceedings of the IEEE Power Electronics Specialists Conference*, Cairns. Qld, Australia, 2, pp. 796–802, 2002.
32. Z. Li, O. Onar, A. Khaligh, and E. Schaltz, Design and control of a multiple input DC/DC converter for battery/ultra-capacitor based electric vehicle power system, in *Proceedings of the IEEE 24th Annual Conference on Applied Power Electronics and Exposition (APEC)*, Washington DC, pp. 591–596, February 2009.
33. Z. Amjadi and S. S. Williamson, A novel control technique for a switched-capacitor–converter-based hybrid electric vehicle energy storage system, *IEEE Transactions on Industrial Electronics*, 57(3), 926–934, March 2010.
34. S. Dwari and L. Parsa, A novel high efficiency high power interleaved coupled-inductor boost DC–DC converter for hybrid and fuel cell electric vehicle, in *Proceedings of the IEEE Vehicle Power and Propulsion Conference*, Arlington, TX, pp. 399–404, September 2007.
35. M. B. Camara, F. Gustin, H. Gualous, and A. Berthon, Supercapacitors and battery power management for hybrid vehicle applications using multi boost and full bridge converters, in *Proceedings of the IEEE Europe Conference of Power Electronics Applications*, Aalborg, Denmark, pp. 1–9, September 2007.
36. A. Ioinovici, H. S. H. Chung, M. S. Makowski, and C. K. Tse, Comments on unified analysis of switched-capacitor resonant converters', *IEEE Transactions on Industrial Electronics*, 54(1), 684–685, February 2007.
37. Y. Berkovich, B. Axelrod, S. Tapuchi, and A. Ioinovici, A family of four-quadrant, PWM DC–DC converters, in *Proceedings of the IEEE Power Electronics Specialists Conference*, Orlando, FL, pp. 1878–1883, June 2007.
38. H. S. Chung and A. Ioinovici, Development of a general switched-capacitor DC/DC converter with bi-directional power flow, in *Proceedings of the IEEE International Symposium on Circuits and Systems*, Geneva, Italy, 3, pp. 499–502, May 2003.
39. O. C. Mak, Y. C. Wong, and A. Ioinovici, Step-up DC power supply based on a switched-capacitor circuit, *IEEE Transactions on Industrial Electronics*, 42(1), 90–97, February 1995.
40. O. C. Onar and A. Khaligh, A novel integrated magnetic structure based DC/DC converter for hybrid battery/ultracapacitor energy storage systems, *IEEE Transactions on Smart Grid*, 3(1), 296–307, March 2012.
41. R. Hebner, J. Beno, and A. Walls, Flywheel batteries come around again, *IEEE Spectrum*, 39(4), 46–51, April 2002.
42. T. M. Mulcahy, J. R. Hull, K. L. Uherka, R. C. Niemann, R. G. Abboud, J. P. Juna, and J. A. Lockwood, Flywheel energy storage advances using HTS bearings, *IEEE Transactions on Applied Superconducting*, 9(2), 297–300, June 1999.
43. A. Jaafar, C. R. Akli, B. Sareni, X. Roboam, and A. Jeunesse, Sizing and energy management of a hybrid locomotive based on flywheel and accumulators, *IEEE Transactions on Vehicular Technology*, 58(8), 3947–3958, October 2009.
44. O. Briat, J. M. Vinassa, W. Lajnef, S. Azzopardi, and E. Woirgard, Principle, design, and experimental validation of a flywheel-battery hybrid source for heavy-duty electric vehicles, *IET Electric Power Applications*, 1(5), 665–674, 2007.
45. S. Talebi, B. Nikbakhtian, and H. Toliyat, A novel algorithm for designing the PID controllers of high-speed flywheels for traction applications, in *Proceedings of the Vehicle Power and Propulsion Conference (VPPC)*, Arlington, TX, pp. 574–579, 2007.
46. S. Shen and F. E. Veldpaus, Analysis and control of a flywheel hybrid vehicular powertrain, *IEEE Transactions on Control Systems*, 12(5), 645–660, September 2004.
47. J. G. Oliviera, A. Larsson, and H. Bernhoff, Controlling a permanent-magnet motor using PWM converter in flywheel energy storage systems, in *Proceedings of the IEEE Industrial Electronics Conference (IECON)*, Orlando, FL, pp. 3364–3369, 2008.
48. R. I. Davis and R. D. Lorenz, Engine torque ripple cancellation with an integrated starter alternator in a hybrid electric vehicle: Implementation and control, *IEEE Transactions on Industry Applications*, 39(6), 1765–1773, November/December 2003.
49. S. Lemofouet and A. Rufer, A hybrid energy storage system based on compressed air and supercapacitors with maximum efficiency point tracking (MEPT), *IEEE Transactions on Industrial Electronics*, 53(4), 1105–1115, August 2006.
50. J. Lehmann, Air storage gas turbine power plants, a major distribution for energy storage, in *Proceedings of the International Conference on Energy Storage*, United Kingdom, pp. 327–336, April 1981.

51. A. Rufer and S. Lemofouet, Energetic performance of a hybrid energy storage system based on compressed air and super capacitors, in *Proceedings of the International Symposium on Power Electronics, Electrical Drives, Automation, and Motion (SPEEDAM)*, Taormina, Italy, pp. 469–474, 2006.
52. A. Rufer and S. Lemofouet, Efficiency consideration and measurements of a hybrid energy storage system based on compressed air and super capacitors, in *Proceedings of the International Power Electronics and Motion Control Conference (EPE-PEMC)*, Portoroz, Slovenia, pp. 2077–2081, 2006.
53. P. F. Ribeiro, B. K. Johnson, M. L. Crow, A. Arsoy, and Y. Liu, Energy storage systems for advanced power applications, *Proceedings of the IEEE*, 89(12), 1744–1756, 2001.
54. M. H. Ali, B. Wu, and R. A. Dougal, An overview of SMES applications in power and energy systems, *IEEE Transactions on Sustainable Energy*, 1(1), 38–47, April 2010.
55. T. Ise, M. Kita, and A. Taguchi, A hybrid energy storage with a SMES and secondary battery, *IEEE Transactions on Applied Superconductivity*, 15(2), 1915–1918, June 2005.
56. H. Zhang, J. Ren, Y. Zhong, and J. Chen, Design and test of controller in power conditioning system for superconducting magnetic energy storage, in *Proceedings of the International Conference on Power Electronics (ICPE)*, Daegu, South Korea, pp. 966–972, 2001.
57. L. Trevisani, A. Morandi, F. Negrini, P. L. Ribani, and M. Fabbri, Cryogenic fuel-cooled SMES for hybrid vehicle application, *IEEE Transactions on Applied Superconductivity*, 19(3), 2008–2011, June 2009.
58. R. F. Giese, Progress toward high temperature superconducting magnetic energy storage (SMES) systems—A second look, *Technical Report by Argonne National Laboratory*, 1998.
59. A. P. Malozemoff, J. Maguire, B. Gamble, and S. Kalsi, Power applications of high-temperature superconductors: Status and perspective, *IEEE Transactions on Applied Superconductivity*, 12(1), 778–781, March 2002.
60. C. A. Luongo, Superconducting storage systems, *IEEE Transactions on Magnetics*, 32(4), 2214–2223, 1996.
61. Toyota officially launches plug-in Prius program, retail sales in 2011, Autobloggreen, Available online: http://green.autoblog.com/2009/12/14/toyota-officially-launches-plug-in-prius-program-retail-sales-i/
62. Y. Tanaka, Prius plug-in hybrid vehicle overview, *Technical Report by Toyota Passenger Vehicle Development Center*, Available online: http://www.toyota.co.jp/en/tech/environment/conference09/pdf/phv_overview_en.pdf, December 2009.
63. Maxwell Technologies BMODO165-48.6 V ultra-capacitors' data sheet, Available online: http://www.maxwell.com/ultracapacitors/datasheets/DATASHEET_48V_series_1009365.pdf

第9章 非动力负载的低压电气系统

Ruoyu Hou、Pierre Magne 和 Berker Bilgin

9.1 引言

在传统车辆中,牵引力由内燃机提供。为了向车辆电气负载提供电力,采用了低压系统,包括带驱动的交流发电机、低压电池和各种电力负荷。当发动机运行时,它为交流发电机提供转矩,交流发电机为12V电池提供电能。传统车辆采用爪极同步发电机,结构简单,运行可靠。然而,爪极交流发电机由于漏磁量大,导致效率低。根据低压蓄电池的充电电流和车辆电气系统的负载要求,采用调节器控制爪极导致发电机的励磁电流,使系统电压恒定。在轻型车辆中,电池电压通常为12V,当车辆运行时,系统电压夏季约为13.5V,冬季约为14.5V。随着发动机的停止,只有低压电池为电力负荷提供电力。电池在电力系统中也起缓冲和存储能量的作用。

随着汽车技术的提高,安全要求和客户需求不断增加,车载电气系统中增加了许多电力和电子设备负载。在传统车辆中,电气系统必须为整个车辆网络提供足够的电力,前提是电压的品质足够高以确保电子负载的功能安全,控制单元的安全尤其重要。

在电动汽车中,仍然存在类似的低压电气和电子负载。然而,牵引系统电压通常远高于车辆电气系统电压。例如,2010年丰田普锐斯(Toyota Prius),电池电压为201.6V(168镍氢电池,1.2V),并通过一个27kW的升压变换器提供在225V和650V之间变化的逆变器电压。车辆系统电压为12V。在纯电动汽车中,电压水平相似。在带驱动起动发电机应用中,牵引电力通常由铅酸电池供电,电压设置在48V左右。这主要是由于高压系统所需的预防措施不需要应用在48V系统中,因为高压标准应用要超过DC60V。上述电压水平设计应用于电气化动力总成应用中的牵引电动机、发电机或起动交流发电机,并且它们不能用于直接向车辆负载供电。因此,需要电力变换器,其将牵引电池的高压变换为较低的电压,以便向车载电气和电子负载供电,并且还对低压电池进行充电。该功率变换器通常称为辅助功率模块(APM)。

根据道路和天气情况,当车辆行驶或停车时,许多电力负载分别被开启和关闭。因此,APM可以在整个行驶工况内随时从高压电池中获取电力,并可能影响高压电池的充电状态(SOC)。在混合动力汽车中,如果高压电池的SOC低,则发动机接通,并通过发电机对电池充电。这增加了车辆的排放和燃料消耗。在纯电动汽车中,较低的SOC减小了车辆行驶范围。因此,APM的效率对于保持更高的车辆性能是非常重要的。

9.2 低压电气负载

车辆中的低压系统组成许多不同的负载。这些可以分为照明、空调、刮水器和窗户系统及电子和附件负载。如图 9.1 所示,空调负载从电气系统中抽取大部分电力,这些包括散热器风扇、鼓风机和座椅加热器。在传统车辆中,车舱加热通常由发动机的废热保持。在混合动力汽车中,发动机余热仍然可以利用。然而,在纯电动汽车中,整个车舱加热均应由电加热系统提供。

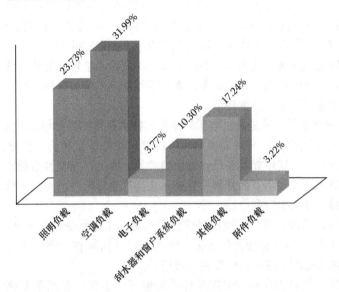

图 9.1 车辆电气系统中典型的低压负载

照明负载约消耗车辆电气系统总功率的 24%。它们由许多不同的负载组成,包括前大灯、雾灯、制动灯、闪光灯、转向灯等。其中,后部照明、前大灯和雾灯吸收大部分电力。在典型的车辆中,刮水器和窗户系统相关的负载大约占总功率的 10.30%。电子负载包括控制单元和显示器。电源插座、CD 播放器和蓝牙属于附件负载。电动助力转向和电动机驻车制动是低压电力系统的其他一些负载。

低压电气系统中的大部分负载都是电阻负载。从供给侧看到的电阻随着负载引起的电流变化而变化。风扇、泵、刮水器和电动摇窗都有电动机,通常由相应的控制系统控制。风扇消耗的功率取决于风扇的转速。驾驶人设定的环境温度和驾驶室温度决定了冷却液流量,从而决定了冷却液泵的电力功率。在某些情况下,这其中的许多负载可以一起工作。然而,车辆的状态和驾驶条件通常决定了这些负载的使用情况。

在典型的车辆中,低压电气系统的功率大小应在 3kW 左右,这是 APM 应所提供的最大功率。在需要额外配置的车辆中,如电动天窗、主动悬挂系统或娱乐系统等,APM

的功率水平可能会更高。

9.3 辅助功率模块的要求

APM从高压电池中获取电力,并为低压系统中的负载供电。在电动动力总成中,高压电池的尺寸决定了车辆的行驶范围和排放量。APM吸收的电流越多,高压电池的SOC越低。这可能对车辆性能有重大影响。因此,APM最重要的要求是它的效率。具有更高的效率的APM,会从高压电池中获取更少的电力,可以更多地利用电池充电来为动力传动系统供电。实际上,在中、重负荷条件下,APM的效率预计会高于95%。APM的可靠性也非常重要,因为它为车辆中的所有微处理器供电,从而保持车辆正常行驶。

由于APM在高压/电力系统与车辆的低压/电力系统之间产生电转换,因此出于安全考虑,必须使用电隔离。这确保了高压系统内的故障不会影响低压系统并使车辆停止运转。反之亦然;电隔离也可以保护高压系统不受低压系统故障的影响,而低压系统是驾驶人和车内乘客可以直接接触到的。

APM的另一个重要要求是输出电压的品质。特别是诸如控制单元、无线电和CD播放器之类的电子负载对于由APM提供的电压的纹波特性非常敏感。因此,APM的输出电压纹波应该相当低,这可能需要设计输出滤波器。因此,与变换器相比,通常滤波器体积大,它在确定开关频率方面带来了挑战,这会严重影响滤波条件和带来损耗,同样还会影响变换器的输出电容和电感。

高压电池的SOC根据高压电池所要求的牵引功率变化而变化。于是在这种情况下,端子电压以及APM的输入也会发生变化。因此,APM需要在一定的输入电压范围内工作,并为整个输入电压范围提供输出电压规格。

最后,APM应设计为在各种温度条件下均能正常工作。在汽车系统中,工作温度通常在 -40℃和85℃之间变化,因此车辆可以在世界各地的不同气候区域正常行驶。对于具有高效率要求的功率变换器,当定义冷却系统的规格时,环境温度非常重要。例如,变压器和电感器绕组的电阻和功率半导体开关的导通损耗取决于温度条件。因此,工程师应设计给定规格的热管理系统,确保在各种环境条件下均能保持所需的效率。

9.4 辅助功率模块的变换器拓扑

在图9.2所示的典型电气化动力总成架构中,APM需要将电力从高压(HV)直流母线传递到12V负载。变换器必须采用电隔离,以保护低压(LV)系统免受潜在的高压故障危险[1,2]。这个要求限制了可用的拓扑架构到包含变压器的拓扑架构[3]。在下文中,介绍并讨论了APM可能的备选方案。

9.4.1 反激变换器

如图9.3所示,反激变换器具有单个开关,采用变压器的磁化电感进行储能。然

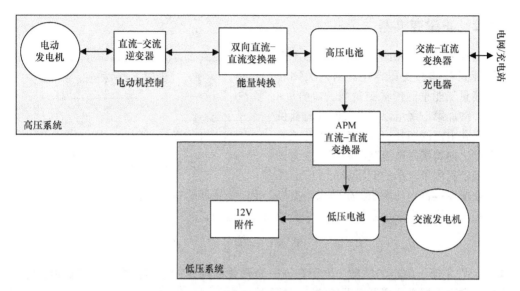

图 9.2 带低压网络的典型电气化动力系统

而,回扫变压器中的磁通量具有直流分量,因此,随着功率需求的增加,变压器磁心的尺寸增加[4]。特别是在需要高转换比的高输入电压应用中,反激变换器开关上的电压应力可能是设计中的限制因素。反激变换器中的开关电压应力可表示为

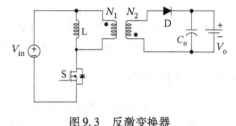

图 9.3 反激变换器

$$V_{in} + V_o \times \left(\frac{N_1}{N_2}\right)$$

式中,V_{in} 是输入电压;V_o 是输出电压;N_1 和 N_2 分别代表一次绕组和二次绕组的匝数,反激变换器的输出电压可以表示为

$$V_o = V_{in} \left(\frac{D}{1-D}\right)\left(\frac{N_2}{N_1}\right)$$

式中,D 是占空比。对于 300V 输入电压,如果变换器工作的空占比是 50%,变压器匝数比 (N_1/N_2) 将为 25:1,输出端电压达到 12V。在这种情况下,开关电压应力最终为 600V。考虑到由于电路中杂散电感引起的电压过冲,开关的额定值应该高于此值。这增加了成本并降低了功率密度。实际上,要实现高开关频率(几 kHz)需要保持变压器尺寸合理。因此,场效应晶体管(MOSFET)通常是首选。然而,对于 600V 电压应力,市场上可用的大多数电流场效应晶体管可能无法处理该高电压,而对于这些值来说,额定值的那些场效应晶体管通常比同一绝缘栅双极型晶体管(IGBT)更昂贵。额定功率 IGBT 可以处理更高的电压,但它们通常可能无法在高开关的频率下工作。在任一情况下,实现高功率密度并使变换器的成本合理都是有困难的。

9.4.2 正激变换器

与反激变换器相比,正激变换器不需要将能量存储在变压器中。当开关闭合时,能量从能量源传输到负载。如图9.4所示,施加第三绕组以在开关断开时提供用于磁化电流的路径,以便在每个开关周期开始之前将励磁电流减小到零。这为正激变换器提供了较小的变压器尺寸[4]。然而,正激变换器中的变压器仍然采用类似于反激变换器的直流磁通。

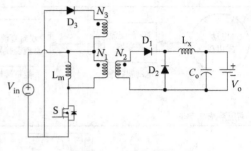

图9.4 正激变换器

正激变换器中的半导体开关仍然要受到高压应力,这可以表示为

$$V_{in} \times \left(1 + \frac{N_1}{N_3}\right)$$

式中,N_3 是第三绕组的匝数。由于在下一个开关周期开始之前,励磁电流必须为零,因此正激变换器必须遵循以下条件:

$$D\left(+\frac{N_3}{N_1}\right) < 1$$

因此,N_3 必须小于 N_1。对于与反激变换器($V_{in} = 300V$,$D = 50\%$)相同的工作条件,正激变换器中的开关电压应力将大于600V。

9.4.3 推挽变换器

图9.5显示了推挽变换器的典型电路图。在稳定状态下,输入和输出电压关系可以表示为

$$V_o = 2V_{in}\left(\frac{N_s}{N_p}\right)D$$

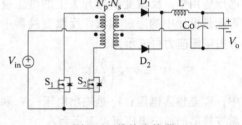

图9.5 推挽变换器

式中,D 是每个开关的占空比。

与反激和正激变换器相比,推挽变换器的半导体开关数量更多。开关上的电压应力也是输入电压的两倍。然而,与反激和正激变换器不同,推挽变换器的变压器具有交流磁通。因此,变压器不需要存储能量,可以使用相对较小的变压器铁心,其可以设计成较小的尺寸。这导致其比反激和正激变换器有更好的潜在功率密度。

反激变换器,正激变换器和推挽变换器都使用变压器提供电隔离。还可以通过为变压器的一次侧和二次侧选择不同的拓扑来设计变换器。根据APM的运行要求,可以在两侧使用各种拓扑结构,这也将影响变压器的设计。

9.4.4 一次侧拓扑

通常,全桥和半桥拓扑可以用于一次侧。图9.6显示了这两种拓扑结构的电路图。

对于大功率应用，通常采用全桥变换器，因为它比较简单和鲁棒，它提供了良好的功率密度和效率。开关电压应力等于输入电压，这为 APM 提供了灵活的开关选择。此外，通过采用相移控制可以在全桥上实现零电压开关（ZVS）技术，以减少开关损耗[5]，如图 9.7 所示，其中 D 是每个开关的占空比，α 是 S_1 和 S_4 之间的相移角。在 2004 年的丰田普锐斯型号中，独立的 APM 拓扑结构已被用于一次侧的全桥变换器[6]。

与全桥变换器相比，半桥变换器只需要两个开关，而不是 4 个开关。然而，与全桥变换器相比这两个开关要携带 2 倍的电流，同时这两个开关的电压应力仍然等于输入电压。因此，半桥拓扑的开关要求高于全桥拓扑，限制了其在大电流应用中的可行性。此外，半桥需要两个输入电容而全桥是一个。

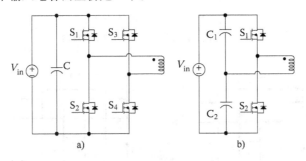

图 9.6　一次侧拓扑备选方案
a) 全桥　b) 半桥

9.4.5　二次侧拓扑

由于低输出电压和高电流要求，传导损耗主要在二次侧。对于 3kW 的应用，12V 的输出电压产生大约 250A 的输出电流。这会导致较大的导通损耗，并且会严重影响二次侧变换器的效率[8]。因此，为高电流操作选择最合适的拓扑结构以使得变换器效率最大化至关重要。这一点尤其重要，因为现代车辆所需的电力不断增加，这导致二次侧的额定电流会更高。因此，提出了适用于 APM 变换器中的二次侧，能够更好地处理更高电流的拓扑结构。

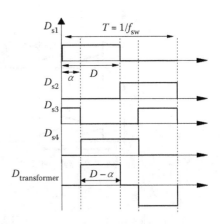

图 9.7　相移全桥控制方案

图 9.8 显示了中心抽头整流器和电流倍增整流器拓扑，可用作单向 APM 中的二次侧拓扑。这些拓扑的主要波形如图 9.9 所示。

从电感器的角度来看，由于电流倍增器具有两个开关和两个电感器，所以每个电感器以与半导体器件相同的开关频率工作。中心抽头整流器配备两个带有一个电感器的开关；因此，电感电流纹波以开关频率的两倍振荡。

从变压器的角度看，电流倍增器可能比中心抽头整流器更具优势。中心抽头整流器的一个缺点是其变压器绕组是双绕组。电流倍增整流器中的二次侧是单个绕组。这降低了中心抽头整流器中变压器的利用率。由于单个二次绕组，可以在同一窗口区域中将更多的线圈并联在电流倍增整流器中，从而使用较小电阻实现高电流操作。

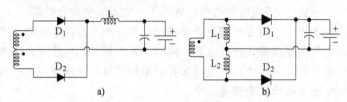

图 9.8　二次侧拓扑备选方案
a) 中心抽头整流器　b) 电流倍增整流器

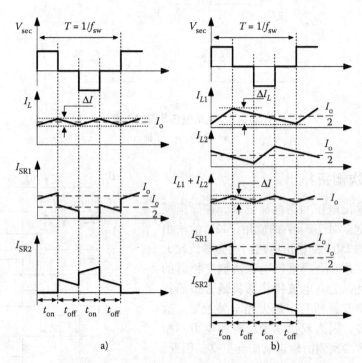

图 9.9　主要波形
a) 中心抽头整流器　b) 电流倍增整流器（来自 P. Alou et al.
In Proceedings of Applied Power Electronics Conference and Exposition, Dallas, TX, Mar. 2006.）

9.4.6　同步整流

二次侧的高电流要求通常导致高导通损耗。由于高压降，二极管整流器的导通损耗是整体功率损耗的主要部分。典型的 PN 结功率二极管压降为 1.2V，甚至肖特基势垒二

极管 (SBD) 仍具有 0.6V 的电压降[9]。对于 12V 的输出 APM 应用，这成为电压降 (10%) 的重要部分，并且会对效率造成损耗。MOSFET 比二极管具有更低的导通损耗。因此，同步整流 (SR) 的概念降低了传导损耗，并使二次侧的转换效率最大化[3]。在 SR 中，整流二极管被同步 MOSFET 替代。电流倍增电路的相应拓扑如图 9.10 所示。

同步 MOSFET 在第三象限中工作。在开关导通之前，MOSFET 的体二极管导通。换句话说，在同步 MOSFET 导通之前，会产生体二极管的导通损耗。然而，它可以在 ZVS 中导通，这导致开启时开关损耗可忽略不计。在关断时，MOSFET 在体二极管之前停止导通，这意味着同步整流器仍然具有来自其体二极管的反向恢复损耗[10]。

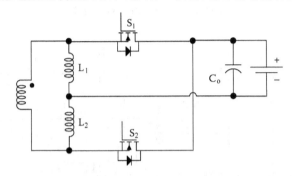

图 9.10 同步整流电流倍增器

如果通过半导体上的电压应力相对较高，则需要使用具有高额定电压的 MOSFET。高压 MOSFET 具有较大的导通电阻 R_{ds}，这可能会降低系统效率。在这种情况下，与基于 SR MOSFET 的配置相比，基于肖特基二极管的配置可以以较低的成本在二次侧提供合适的效率。

通常，有两种不同的技术来控制 SR：外部驱动 SR (EDSR) 和自驱动 SR (SDSR)[11]。如图 9.11a 所示，在 EDSR 技术中，控制信号由外部控制器产生，保证了适当的时序。通过这样，可以在整个整流期间导通开关，实现效率最大化[12]。然而，需要产生栅极脉冲和驱动器来为 MOSFET 的栅极电容充电的电路[11]。

与 EDSR 不同，控制信号以及驱动 SDSR 开关的能量从变压器的一次侧获得，无需驱动器[11]，如图 9.11b 所示。因此，可以实现简单、低成本的整流控制。然而，SDSR 主要有两个缺点：第一个是 MOSFET 驱动的电压是可变的，这取决于输入电压；第二，没有太多的拓扑结构适用于 SDSR。使用 SDSR 的最合适的拓扑结构是不间断地驱动变压器，无死区时间：反激式和半桥式互补控制等[9]。具有 SDSR 控制的半桥变换器及其主要波形的概念分别如图 9.12 和图 9.13a 所示[9]。对于具有对称驱动变压器的拓扑结构，作为全桥和推挽变换器，同步整流器在变压器的死区时间内不会被激活，主要波形如图 9.13b 所示。很明显，在变压器的死区期间，通常在电路中产生非常大的正向压降的 MOSFET 的体二极管必须导通。这个特性导致效率明显下降。

因此，重要的是在变压器两侧的电压为零时，延长 SDSR MOSFET 的导通周期。在对称变压器的波形下，使用 SDSR 提高系统效率的基本思想如图 9.14 所示。

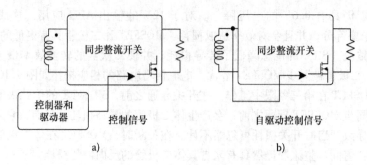

图 9.11 a) EDSR b) SDSR

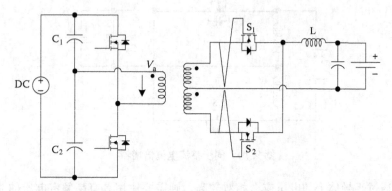

图 9.12 带 SDSR 的半桥变换器（来自 A. Fernandez et al. *IEEE Transactions on Industry Applications*, vol. 41, no. 5, pp. 1307–1315, 2005.9）

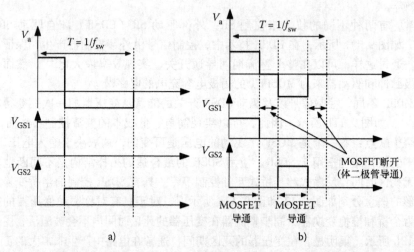

图 9.13 a) 非对称驱动波形和 b) 对称驱动波形的变压器电压和 SDSR 栅极驱动信号波形

产生这些扩展栅极驱动器信号的一种可能的实现方法是施加额外的绕组和附加电压

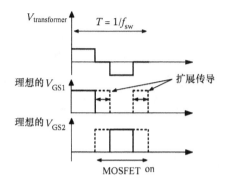

图 9.14 对称变压器电压波形的理想 SDSR 栅极驱动信号电压

源 V_A,以迫使同步整流器在死区时间期间导通,如图 9.15 所示[9,11]。在这种情况下,应仔细选择变换器。该方法需要调节良好的附加电压源。

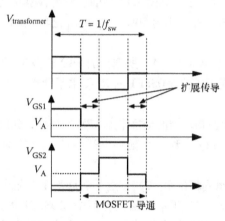

图 9.15 对称变压器电压波形的 SDSR 栅极驱动信号电压的实现方法(来自 A. Fernandez et al. *IEEE Transactions on Industry Applications*, vol. 41, no. 5, pp. 1307–1315, 2005.9)

习题

9.1 图 9.3 中的反激变换器 $V_o = 12\text{V}$,匝数比 N_1/N_2 为 15:2,如果占空比为 0.2,请确定开关上的输入电压和电压应力。

9.2 图 9.4 中的正激变换器 $V_{in} = 200\text{V}$ 和 $V_o = 12\text{V}$,(1) 如果选定的 MOSFET 只能处理 300V 的电压应力,请确定可行的占空比范围。(2) 如果所需的占空比范围达到 0.5,则开关的最小额定电压是多少?

9.3 推挽变换器拓扑如图 9.16 所示。分析变换器的稳态运行条件,如果输入电压为 400V,输出电压为 12V,每个开关工作的占空比为 50%。请确定变压器比和开关 Sw_1

和 Sw_2 的电压应力。

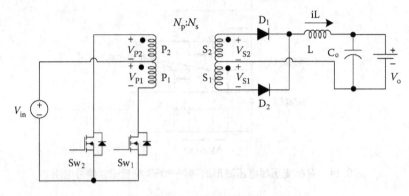

图 9.16 推挽变换器

9.4 选择具有当前倍增器（见图 9.8b）的全桥变换器（见图 9.6a）作为 APM 的拓扑，如果每个开关工作的占空比为 50%，S_1 和 S_4 之间的相移角为 60°，请绘制两个电感器的波形和输出电流。

9.5 通过半导体的电流为 100 A，所选择的 SBD 获得 0.6V 的电压降，如果优选使用同步整流，则所需的同步整流 MOSFET 的 R_{ds} 要求是什么，才能有更高的效率（只考虑导通损耗）？

9.6 选择具有 SR 电流倍增器的全桥作为 APM 的拓扑，如图 9.17 所示。如果输入电压为 400V，输出电压为 12V，则一次侧 4 个开关的占空比为 50%，变压器比 N_p/N_s 为 10∶1。

1）进行稳态分析并得到相位角。2）创建 6 个 MOSFET 控制方案以达到最高的效率。

9.7 如果 APM 如图 9.17 所示，现在有两个 MOSFET 可用，是否可以将这两个 MOSFET 添加到 APM 中以实现更高的效率，而无需改变控制方案（假设这两个 MOSFET 的额定值适合任何地方）？如果是，画出电路图；如果没有，说明原因。

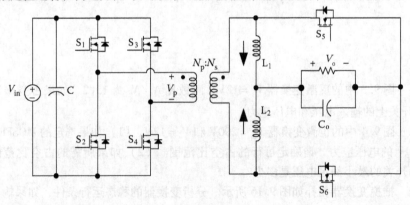

图 9.17 带 SR 电流倍增器的全桥

参 考 文 献

1. A. Emadi, S. S. Williamson, and A. Khaligh, Power electronics intensive solutions for advanced electric, hybrid electric, and fuel cell vehicular power systems, *IEEE Transactions on Power Electronics*, vol. 21, no. 3, pp. 567–577, May 2006.
2. Texas Instruments, Hybrid and Electric Vehicle Solutions Guide, 2013. [Online]. Available: http://www.ti.com/lit/ml/szza058c/szza058c.pdf.
3. A. Gorgerino, A. Guerra, D. Kinzer, and J. Marcinkowski, Comparison of high voltage switches in automotive DC-DC converter, in *Proceedings of Power Conversion Conference*, Nagoya, Japan, Apr. 2007, pp. 360–367.
4. D. Hart. *Power Electronics*. New York: McGraw-Hill, 2011.
5. U. Badstuebner, J. Biela, D. Christen, and J. Kolar, Optimization of a 5-kW telecom phase-shift DC–DC converter with magnetically integrated current doubler, *IEEE Transactions on Industrial Electronics*, vol. 58, no. 10, pp. 4736–4745, Oct. 2011.
6. A. Kawahashi, A new-generation hybrid electric vehicle and its supporting power semiconductor devices, in *Proceedings of 16th International Symposium Power Semiconductor Devices and ICs*, Kitakyushu, Japan, May 2004, pp. 23–29.
7. P. Alou, J. Oliver, O, Garcia, R. Prieto, and J. Cobos, Comparison of current doubler rectifier and center tapped rectifier for low voltage applications, in *Proceedings of Applied Power Electronics Conference and Exposition*, Dallas, TX, Mar. 2006.
8. Y. Panov and M. Jovanovic, Design and performance evaluation of low-voltage/high-current dc/dc on-board modules, *IEEE Transactions on Power Electronics*, vol. 16, no. 1, pp. 26–33, Jan. 2001.
9. A. Fernandez, J. Sebastian, M. Hernando, P. Villegas, and J. Garcia, New self-driven synchronous rectification system for converters with a symmetrically driven transformer, *IEEE Transactions on Industry Applications*, vol. 41, no. 5, pp. 1307–1315, Sep. 2005.
10. P. Xu, Y. Ren, M. Ye, and F. Lee, A family of novel interleaved DC/DC converters for low-voltage high-current voltage regulator module applications, in *Proceedings of IEEE Power Electronics Specialists Conference*, Vancouver, BC, Jun. 2001, pp. 1507–1511.
11. A. Fernandez, D. Lamar, M. Rodriguez, M. Hernando, and J. Arias, Self-driven synchronous rectification system with input voltage tracking for converters with a symmetrically driven transformer, *IEEE Transactions on Industrial Electronics*, vol. 56, no. 5, pp. 1440–1445, May 2009.
12. M. Rodriguez, D. Lamar, M. Azpeitia, R. Prieto, and J. Sebastian, A novel adaptive synchronous rectification system for low output voltage isolated converters, *IEEE Transactions on Industrial Electronics*, vol. 58, no. 8, pp. 3511–3520, Aug. 2011.

第10章 48V带传动起动发电机电气系统

Sanjaka G. Wirasingha, Mariam Khan, Oliver Gross

10.1 引言

在美国和全世界每天分别有超过2.5亿和9亿辆车被驱动[1]。这些车辆在高运营成本和高排放的情况下持续低效率地燃烧化石燃料。然而，环境问题（如臭氧层消耗和全球变暖）却迫使国际社会减少碳氢化合物排放和生产更节能的车辆。按目前的消费速度，越来越多的人担心在运输方式不需要石油之前石油就会耗尽，低效车辆有更高的能源消耗和能源花费。这些原因导致了汽车行业革新激增。但是，需要大规模的、适当调整的政策在可接受的时间内大幅度减少这些车辆的碳足迹并提高能源效率。

由于旅行方式难以改变，许多分析人士认为在汽车使用占主导地位的地区改进车辆技术是弥补车辆行驶里程（VMT）持续增加对环境影响的最佳手段。目前正在开发许多车辆技术来解决这些问题，提出的解决方案都是通过制造商的系统来改进传统车辆，这包括采用更高效的发动机、排放过滤器等，并开发新的技术，这些技术要么是市场上的新技术，要么仍处于原型阶段。在替代燃料汽车（AFV）、天然气汽车的商业化和传动系统的电气化方面已经进行了广泛的研究和开发，根据电气化程度，内燃机（ICE）与电动机的结合对于减少燃料消耗和排放提供了许多各种不同的好处，以提高性能和供应能源缺乏的负荷。自动停机系统、低压（LV）和高压（HV）混合动力汽车（HEV）、插电式混合动力汽车（PHEV）和电动汽车（EV）是传动系电气化的直接产物[2-4]。研究还侧重于利用新能源和不同能源的组合来提高车辆的整体效率，由于驾驶人具有不同的驾驶需求、风格和方式，所以很难开发能为所有人提供最佳性能的理想技术。

本章重点是48V电气化系统，可以将它归类为微型或迷你型HEV。本质上是一种大功率起动机和有着起动发动机能力的低功率并联混合动力的组合，它在本质上是提供电辅助，保持再生制动并用作发电机。在一些罕见的情况下，它也在EV模式下驱动。本章将详细介绍车辆电气化的重要性以及48V带传动起动发电机（BSG）系统在许多电气拓扑/传动系统中的作用，详细审查了BSG系统的关键组件之后提供了包括功能目标、拓扑、条件和其他主题之间的集成BSG系统的概述，还提供了目前可用的BSG系统的总结。

10.2 低压电气化

10.2.1 电气化需要

《2025燃油经济性要求》规定，到2025年，美国的客车和卡车的燃油经济性当量将相当于每加仑54.5英里（54.5mpg）。新的燃油经济性标准影响到2017年制造的汽车，要求汽车制造商在未来5年燃油效率的增量变化达到34.1mpg的综合平均目标。2025年的最终目标是大大提高今天道路上行驶车辆的效率。这些效率标准得到了13家主要汽车制造商的支持，这些汽车制造商生产的车辆占美国销售车辆的90%。

据估计，根据这些新规定生产的车辆将在使用寿命中节省拥有者超过8000美元的汽油。白宫称，2025年购买一辆汽车所省下的钱相当于每加仑汽油降低约1美元[5]。根据这一预测，到2025年，美国驾驶人可以共同节省超过1.7万亿美元的汽油费用。

除了消费者成本之外，预计到2025年美国的石油消费将减少120亿桶或每天减少200万桶，约占美国从石油输出国组织（OPEC）进口的一半。此外，这一新的燃油经济性标准的执行将在2025年之前实现减排60亿t，这将带动国内汽车行业就业岗位增长。

为了实现这一目标，汽车制造商正在探索多种解决方案，包括减轻重量，采用较小的发动机，优化辅助负载以及动力传动系的电气化。动力传动系采用电力推进，以通过用电动机驱动器完全或部分地替代ICE来抵消传统动力系统中燃料的消耗。电力牵引的高能效使其成为节能型车辆设计的具有高度吸引力的解决方案。电气化的好处是通过再生制动节约能源的能力，以提高燃油经济性。这是通过操作电动机作为发电机来实现的，在制动期间将车辆的惯性能量转换为电能并将其存储在电池中，以被重新用于同一机器或集成到系统中的另一个牵引电动机的推进。BSG系统也将允许车辆在怠速等非推进状态期间关闭发动机，并用低效率的发动机运行进一步提高燃料经济性并减少排放。

10.2.2 混合度

在电气化程度的基础上，也称为混合度，动力传动系分为几类。停止/起动系统提供最基本的电气功能，车辆仅由ICE推动。然而，当车辆停止时，它利用传统的基于12V的电力网来关闭热发动机，同时保持一定程度的附件负载功能。一旦驾驶人准备开车，发动机将重新起动。根据动力传动系设计，与传统车辆相比，这可以将二氧化碳排放量减少2%~5%。更大的电池与12V停止/起动系统集成，以达到更高的存储再生能量的能力，从而可以进一步提高3%~5%的燃油经济性。微混合动力汽车还可以在没有任何电力推进的情况下保持停机/起动功能，但在制动和滑坡时会增加有限能量回收的数量。

下一类电气化车辆是轻度混合动力汽车，除了停机/起步特性和再生制动能力之外，还采用了有限的电力来用于推进辅助。轻度混合动力汽车的电动发电机的额定功率在5~20kW之间，需要集成更高电压的驱动系统，通常与12V电源线并联。这使得能量回收和动力传动系中的推进功率的利用率大大提高。在LV轻度混合动力汽车中，电压低于DC 60V，根据联合国电池电动汽车（BEV）（UN LR100）第100号规定，定义为DC HV的分界点。本文件还规定，系统电压必须保持在30V以下，作为低压系统分类。然而，在"欧洲经济委员会"内陆运输委员会第五十三届会议期间，修订了这一项要求，即如果交流电压不可用，系统仍然可归类为低压系统。这是集成电动机和电力电子元件的关键驱动器。

HV 轻度混合动力汽车利用高于 DC 60V 的电压来支持更高程度的再生能量回收和推进力。由于电力牵引系统的低功率额定值，它不能自行驾驶车辆。它主要与发动机并联运行，以协助在大功率需求下的推进。

在全混合动力系统中，电动机和 ICE 能够根据驾驶要求一起工作或独立地推动车辆，进行电动驱动模式可以使用高达 80kW 的牵引电动机。为了满足这样的高功率要求，与轻度混合动力汽车相比，全混合动力汽车配备了更大的电池组。然而，全混合动力的电力推进会受到发动机在正常运行期间可以有效地重新制动或产生的能量的限制。

PHEV 和增程电动车（EREV）在全混合功能上有所改善，具有插入外部电能的功能。这大大增加了电力驱动利用率，超过使用热推进动力的比例。在 BEV 的架构中，ICE 完全被全电力传动系统所取代，从而消除了对内燃机的依赖，输送零排放的尾气。图 10.1 说明了使用电荷维持（CS）功能和插电式电荷消耗（CD）功能的动力传动系电气化渐近阶段的额定功率乃电功率和热功率消耗的比例。

表 10.1 显示了每一级混合燃料消耗量的相对减少。各类燃油经济性的改善程度也取决于车辆的一些特性，如质量、滚动摩擦副的负荷，以及动力传动系的结构和控制策略。由于影响燃油经济性的各种因素，必须在标准基线上制定混合动力汽车的分类方法。一种将 HEV 分类的方法称为混合因子（HF），并联混合拓扑的 HF 分别表示在方程式（10.1）中，其中 P_{EM} 和 P_{ICE} 分别是电动机和发动机提供的最大牵引功率[6]。

$$HF = \frac{P_{EM}}{P_{EM} + P_{ICE}} \tag{10.1}$$

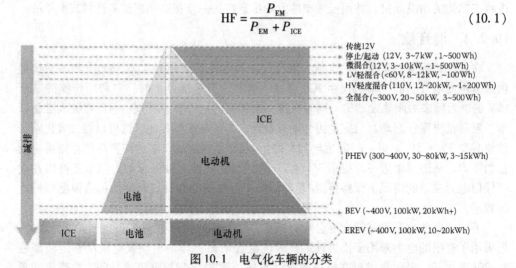

图 10.1　电气化车辆的分类

表 10.1　燃油经济性提高车辆电气化水平

电动汽车技术	燃料消耗减少量（%）
12V 停止/起动	2~5
12V 微混合	3~10
LV 轻度混合/BSG	8~15

(续)

电动汽车技术	燃料消耗减少量（%）
HV 轻度混合	10~16
全混合	20~50
插电式混合	40~80
BEV	100

HF 从传统车辆的值 0 变为纯电动汽车的值 1。在具有插电功能的混合电路中，与电网连接成为确定其分类时要考虑的一个重要因素。这就是为什么在方程（10.2）中表示的插电式混合动力因子（Pihef）被提出来分类 PHEV 和 EREV[7]的原因。

$$Pihef = \frac{E_{grid}}{E_{grid} + E_{fuel}} \quad (10.2)$$

式中，E_{grid}是电网提供的平均能量；E_{fuel}是从燃料燃烧中提取的能量。等于 0 的 Pihef 意味着从电网提供的能量不能用于推进，任何高于零的值都表明至少部分推进力由电网供电。

在一定质量的车辆中，可以通过以较高的 Pihef HF 为标志的相称程度的混合来降低燃料消耗。然而，混合有效地将第二动力传动系添加到现有的基于 ICE 的动力传动系上，从而转化为额外的部件成本。因此，随着混合程度的提高，随着燃料经济性的提高，混合动力传动系的成本也相应提高。汽车制造商设计了方法来确定增量成本，通过这种方法可以经济地实现降低燃料消耗的目标。这通常被称为最佳值曲线。图 10.2 说明了给定车辆的最佳值曲线和相关联的电气化程度。

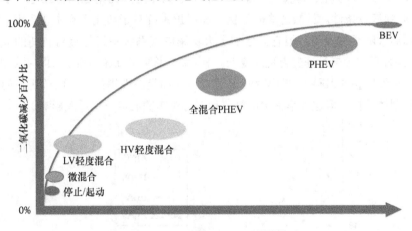

图 10.2 增加混合程度的最佳值曲线

10.2.3 低压与高压电气化

通过在车辆行驶工况中最大限度地利用电力牵引，提高混合程度可以提高燃油经济性。这是通过增加电力牵引系统的功率来实现的，这样它可以帮助甚至完全接管车辆的推进。因此，一个更高的电压系统需要纳入车辆，可以满足更大的电力需求。由于其更高的电力推进功率和更广泛的电力驱动功能，HV（高压）混合动力汽车显著降低了燃料消耗。系统电压的增加允许更有效地支持电力需求，而不需要按比例增加工作电流。图10.3说明了电压对停止/起动系统所需电流的影响。提供了启动-停止系统在不同特定功率水平下的曲线。这些曲线显示了使用100多母线电压的启动-停止系统的一个关键优势。

根据车辆应用，实现电气化的拓扑结构如 HEV、PHEV 和 EV 所需的电力功率范围从50kW到近200kW。该电力支持车辆功能，例如电动驱动、电动助力和再生能力，以提高车辆的燃油经济性。这些车辆动力传动系中的电压水平保持在200~400多 V 范围，以便能够满足大功率需求，同时保持可控电流。高电压下的连续电流要求仍然高于 LV（低压）系统。对这些高电压和电流额定的子部件以及接口连接的选择增加了车辆成本的巨大负担。此外，由于制造商被要求遵守联邦和区域安全标准，安全性成为 HV 系统的主要关注点。HV 定义为大于60V 的直流电压，需要具有特定绝缘和视觉要求的特殊接线。例如，橙色接线。多个串联的 HV 电池模块需要一个具有良好隔离和维电特性的外壳，以确保发生故障时断开连接。需要连接所有 HV 设备的高压互锁回路（HVIL）系统，监控 HV 母线，并向电池控制器报告状态。在发生车辆碰撞或系统故障的情况下，控制器将使用该信息通过切断开关和继电器强制立即断开系统。在这种情况下，系统需要在5s 内将系统电压降低到60V 以下。电隔离是必要的绝缘高低压电气子系统和车辆接地层/底盘条件。虽然这些故障检测和保护系统对于防止无意中接入 HV 能量或子系统隔离故障至关重要，但它们增加了大功率电气系统中组件相对较高的成本。此外，HV 混合系统的热管理变得更加复杂。表10.2 说明了高压对混合动力系统的影响。很明显，虽然完整的 HEV、PHEV 和 EV 可以对燃油经济性提供最大的改进，使车队能够实现强制性目标，但这些车辆中的每一种都将对车辆成本产生重大影响。

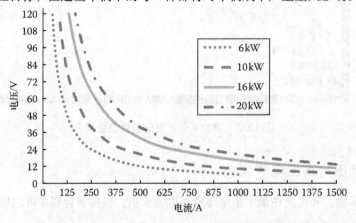

图10.3　电压升高对停止/起动系统所需电流的影响

表10.2 LV和HV混合动力系统的要求比较

		LV 轻度混合	HV 轻度混合	全混合
电压/V		<60	~110	200~450
功率/W		8~12	12~20	20~100
HV 互锁回路系统		无	必需	必需
HV 线束		无	必需	必需
电力电子冷却		空气或液体	液体	液体
电隔离		无	必需	必需
电池	电池模块	单个	多个	多个
	电池管理系统	中央	中央或分布式	中央或分布式
	热管理	无源通风	无源或强制	强制通风或液体冷却
	FMVSS305[①] 符合性	无	必需	必需

① 电动汽车、电解液溢出和电击保护标准，适用于重量为10klb或更小，额定电压高于48V的车辆。

虽然低于更多电动汽车，LV 混合动力系统显著降低了 15% 的燃油经济性。它们也易于集成到紧凑型车辆部分中，提供了一种成本效益高的方法并应用于大部分的车辆中。这将为消费者提供更多的节能汽车。因此，LV 轻度混合汽车在降低燃料消耗和系统复杂性或成本之间提供了极好的平衡。本章的主要重点将是 LV 轻汽车混合动力汽车的设计方面。

10.2.4 12V 与 48V 低压电气化

LV 轻度混合动力汽车的设计通常由作为起动机/发电机的电机组成。将起动机/发电机结合到动力传动系中有几种方法。该机器可用于更换飞轮并直接集成到发动机和离合器之间或附件侧的曲轴上。该拓扑称为一体式起动发电机（ISG），并提供良好的转矩平滑。一种替代方法是通过诸如附件皮带、链条或齿轮之类的机械连接将起动机/发电机组合到动力传动系中。在电机通过皮带连接到发动机的 BSG 中，起动机/发电机占用与其替代的交流发电机大致相同的空间。因此，BSG 可以集成为紧凑型封装，而不会对基于发动机的动力传动系进行任何实质的改变。BSG 的电机产生起动发动机所需的转矩，作为在制动和正常发动机运转期间对电池充电的发电机，并在高加速需求期间提供有限量的电辅助。

当 BSG 可以连接到 12V 电源网络上时，有许多驱动器需要更高的电压系统。越来越严格的排放标准以及税收和奖金激励措施推动了更高的燃油经济性，12V 车辆的再生能量和停机/起动功能有限，因此无法实现。为了达到这些燃油经济性标准，需要更高程度的电气功能和更高的功率。因此，实施 LV 电气化的另一种方法是设计一个 48V 的 BSG 系统。虽然 12V 系统的额定功率受限于几 kW，但 48V 的 BSG 可提供高达 10kW 的连续功率和 15kW 的峰值功率，甚至更高。更高功率的可用性增加了存储再生能量的能力，并增强了转矩辅助的能力，从而提高了性能和燃油经济性。转矩辅助能力允许内燃机的小型化，48V 系统优异的停止/起动功能需要较短的时间来启动 ICE。48V 系统还提供减小辅助负载［如座椅加热器、电动助力转向（EPS）和风扇鼓风机］的潜力，并能够使用不能在12V下运行的电动空气压缩机。它们允许在12V系统无法提供的低速范围内进行有限的全电力驱动。另一方面，12V BSG系统的优点是可以在与传统架构变化非常小的车辆中实现，除了电池和较大的电缆之外，传统架构仍然保持大体相同。对于48V BSG系统，需要额外的电气部件，包括变频器、更大的电缆和更高容量的电池。表10.3中提供了12V和48V BSG系统的特点及其相应的燃油经济性提升。

48V系统在燃油经济性方面提供了明显的优势；然而，它们伴随着由元器件数量和功率要求导致的较高的成本和包装要求。另一方面，较高的电压降低了电流要求，并允许选择低电流额定值的较便宜组件。48V BSG、逆变器、DC-DC变换器和48V电动A/C压缩机是系统成本的主要贡献者。然而，将48V组件设计和集成到车辆中仍然在合理的制造成本的范围内和电池包装的美元/kWh和美元/L比例也保持在承受范围内，特别是与HEV、PHEV和EV传动系统相比。

从这个比较评估可以得出结论，48V BSG系统是特别有利的，没有额外的复杂性和高成本的高压系统。尽管将系统电压从12V提高到48V的成本影响很大，但与之相匹配的是燃料消耗的显著降低。图10.4说明了一个典型的传统的12V起停和48V BSG系统的架构。后者是由一个48V电池通过DC-AC逆变器供电。需要另一个DC-DC变换器来降低连接在12V电力网上的辅助负载的48V电源。

因此，48V系统为大部分车型提供了一个低成本电气化明智的选择。考虑到这些优势，大多数汽车公司都希望在他们即将推出的产品中采用48V BSG系统。汽车供应商也认识到这一趋势和起停系统对车辆的潜在影响，预计这种系统将在2017年之前安装在西欧70%新车中[8]。为了跟上这些市场预测，供应商已经开始开发组件技术和解决方案。有关这些技术的详细信息和48V BSG的市场趋势将在本章后面讨论。

表10.3　12V和48V BSG系统的特点和燃油经济性

	12V 停止/起动	48V 停止/起动
功率	~3kW	~10kW
停止/起动	是	是，比较快，更平缓
正反馈	是，受元件峰值功率限制12V电池的最大充电电流限制	是，更高的再生能量捕获，使燃油经济性提高
辅助装置	是，受元件峰值功率限制和12V电池的最大放电电流限制	是，峰值功率更高，峰值持续时间更长，提高了燃油经济性
发电	传统的交流发电机	使用BSG组件可能更有效率
组件	架构基本没变；需要更大的电池和电缆	更大的电动机和电缆，额外的变频器、DC-DC变换器、48V电池和控制单元
重量和包装	有限的影响	对车重等级和包装复杂度影响很大
花费	组件和集成成本	预计是12V BSG系统的成本2~3倍
燃油经济性	高达-10%，14g二氧化碳	高达-19%，27g二氧化碳

第10章 48V带传动起动发电机电气系统

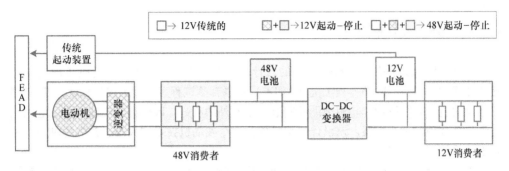

图 10.4 典型的 12V 起停机典型 48V BSG 系统的拓扑

LV 混合动力系统设计的初步指导方针已经开发。德国汽车制造商联盟（VDA）已经为低于 60V 的低压系统制定了一套性能指标，针对 48V 左右的操作进行了优化。该指南已经在 LV148 的规范中得到记录，如图 10.5 所示。LV148 可以作为 LV124 文件的补充，例如轿车中的电气和电子元器件最多可达 3.5；一般要求，测试条件和测试。该指南的目的是生成一个系统，可以从提高的工作电压中获得最大的机会，同时安全地防止违反 60V 限制。

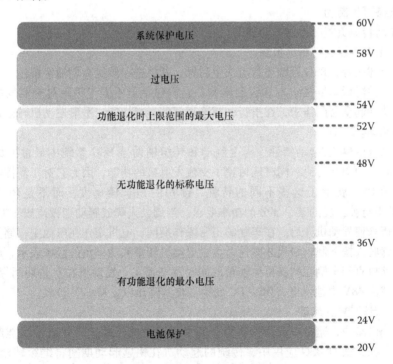

图 10.5 车辆 LV 电气化指南

10.3 BSG 系统概述

有许多性能要求决定了 BSG 系统的设计。该系统将显著改善城市行驶工况的车辆燃油经济性，如新的欧洲行驶工况（NEDC）和联邦测试程序行驶工况（FTP），具有停止起动功能，并在滑行和转矩辅助期间进行了额外的改进。BSG 集成应该为高压电气化提供一个合理的替代方案。该设计应可扩展到多个发动机技术和大小，并应提供一个独立于传输的解决方案。

BSG 的设计还应改善客户驾驶体验和加速瞬变。BSG 系统还可以通过支持峰值转矩和功率需求来实现发动机的小型化。此外，该系统必须最大限度地降低噪声，以舒适起动和停止，提高换档和起动质量、转矩辅助、失速保护，并引入诸如 EPS、HVAC（供热通风与空气调节）、主动车身控制等 48V 辅助负载。

10.3.1 BSG 系统的功能概述

BSG 系统有 4 个主要功能目标：
- 支持自动停止和起动。
- 支持再生制动。
- 在高转矩负载时提供电动辅助。
- 产生电力以支持辅助负载。

除了上述之外，BSG 系统还具有次要目标，其将进一步提高燃油经济性、性能、客户舒适度，并降低车辆的成本和包装限制。它们包括但不限于消除对交流发电机的需求，可能消除起动器的需求，在滑行和减速期间的燃料切断，平滑发动机转矩以及最后实现电动驱动。

BSG 系统的停止/起动特性、再生制动和转矩辅助是 BSG 系统中最重要的功能目标，并在本节中单独讨论。同时还讨论了交流发电机的功能，因为它对车辆性能也有重大影响。图 10.6 展示了这些不同的特性，使用的是车辆速度，而不是环境保护署（EPA）城市行驶工况的某个部分的功率要求。当驾驶人释放制动踏板或按压加速器时，需要高转矩来使发动机开启。在车辆的正常操作期间，电机用作在电池中存储能量的发电机。当驾驶人按下制动踏板并减速时，由电动机转矩和功率负的区域表示，BSG 控制器关闭发动机直到车辆在捕获再生能量的同时逐渐停止。发动机在空转期间保持关闭，而辅助负载由 48V 电池供电，DC-DC 变换器将其降压以支持 12V 负载。

10.3.1.1 自动停止/起动

在传统汽车中，通常安装在发动机上的专用起动机再通过"开启"功能起动时转动发动机。在典型的 BSG 应用中，传统的起动机在钥匙起动期间将继续转动发动机，而 BSG 系统在所有自动起动期间都会使发动机起动。

所有车辆都需要在 -40~125℃ 的环境温度下工作。但是，48V 电池系统通常不适合在 -40℃ 的温度下工作。因此，BSG 系统无法在整个温度范围内使用，从而导致传统

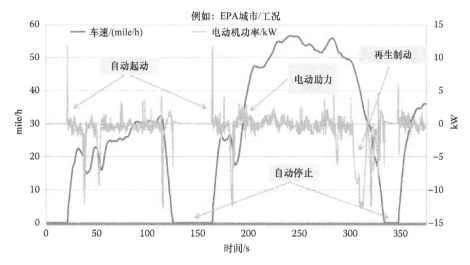

图 10.6 车辆在行驶工况期间 BSG 电动发电机的功率和转矩曲线

起动机只能在 48V BSG 系统中使用。电池供应商正在开发新的电池和封装技术，这将在以后的设计中允许去除传统的起动机。

当发动机不需要提供诸如空转、惯性滑行和有些情况下减速的推进转矩时，发生停止/起动事件。典型的 BSG 系统将主要侧重于在空闲期间关闭发动机，因为在其他事件期间关闭的控制和校准要求是更复杂的。图 10.7 说明了在怠速自动起动期间发动机盘车曲线的示例。只要曲轴转速增加，BSG 电动机就能提供最大的转矩。最大转矩持续时间随发动机技术变化而变化，是电动机和电力逆变器模块的关键设计标准。

在这种情况下，关闭发动机以节省燃料，并在驾驶人或车辆系统启动时重新起动。发动机重起是由驱动程序或系统启动的。驾驶人启动的自动起动由制动踏板的释放或加速器的位置决定。系统启动的自动起动是基于车辆运行条件，如发动机冷却液温度、变速箱油温、48V 电池 SOC、制动真空压力、客舱舒适度要求和乘员检测。

为了最大限度地提高客户的满意度和驾驶人体验感，将自动停机和起动功能进行校准，以最大限度地减少重起起动延迟的变化，通过发动机断开和转矩管理减少停机时的发动机振动，提高重起时间和质量，并可选择直接起动。

由速度和转矩随时间表示的起动曲线，根据驾驶人要求的转矩而变化，并且可以被表征为平稳或加速的曲线。平稳自动起动对于驾驶人来说是简单并且连续的，并且在发动机转矩电位减小之后起动。平稳自动起动的发动机转速与时间曲线如图 10.8 所示。

主动自动起动会尽可能快地点燃发动机，以提供推进转矩，如图 10.8 所示。曲轴旋转圈后，主动自动起动燃烧开始。

根据驾驶人的自动起动要求，BSG 控制器在两种不同的起动类型之间进行插值，并确保最为明晰的自动起动，同时保持快速起动选项。电动机施加转矩以起动发动机并补偿压缩转矩，直到燃烧开始。

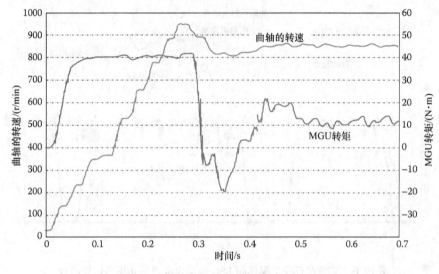

图 10.7　典型曲轴曲线

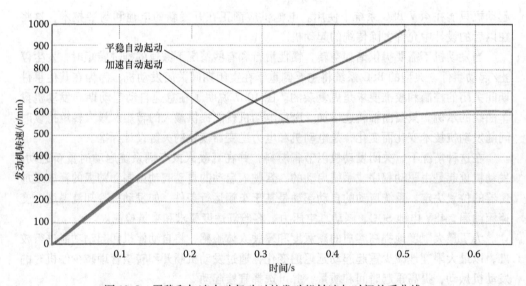

图 10.8　平稳和加速自动起动时的发动机转速与时间关系曲线

10.3.1.2　辅助/升压

BSG 系统可以在高加速和爬坡行驶期间为动力传动系提供额外的动力。这是通过 BSG 系统实现的，ICE 的转矩除了提供起动力、加速和高档驾驶中的车辆性能之外，还提供支撑转矩。电力辅助系统的功率和持续时间受电池容量、部件额定功率、电动机转矩与转速关系和系统热限制的限制。

当驾驶人对踏板提出高加速要求时，升压特性通过在发动机最大转矩的基础上增加电动机转矩以增加动力传动系转矩来补充基于 ICE 的车辆推进。辅助特性迫使电动机提供转矩时，发动机需要丰富的空气/燃料混合物。由于电动机可以通过提供支持性转矩来促进车辆的推进，所以它可以满足驾驶人的要求，而不需要减速。因此，BSG 系统的电力辅助功能允许额外的燃油经济性，通过优化变速方案使发动机更有效地运行。此外，它还可以潜在地提高在加速期间的驱动性能。

在较小的车辆中，只要提供 BSG 系统相应地大小，BSG 系统就能够提供足够的推进力矩来在电动模式下驱动车辆。这允许车辆进一步提高燃油经济性并减少排放。然而，随着车辆越来越大，这逐渐变得不可能，因为对于 48V 系统而言，目前要求的电流将太高，而没有显著的燃油经济性损失、成本和封装影响。

10.3.1.3 再生制动

当传统车辆在制动时，摩擦盘将大部分动能转化为释放到空气中的热量。电动汽车在减速期间捕获该动能并将其存储在电池组中，以在加速期间用于推进。根据模拟数据，车辆整体经济在 NEDC 中提高了 5% ~ 8%，在 FTP-75 行驶工况中提高了 8% ~ 12%。然而，增加诸如减速和起停滑行的功能也将增加这一改进。两种捕获再生制动能量的方法是完全混合和叠加再生制动系统。完全混合的方法，同时更具挑战性的开发，提高燃油经济性和范围，并有助于保持更自然的制动感觉。叠加方法是最具成本效益的解决方案。

每一个制动事件都包括再生制动和摩擦制动。在初始踏板行程中，制动完全是再生的，也就是几乎整个制动能量都被捕获为电能。摩擦制动，其中制动能量作为热量消散，这在一段踏板行程之后开始。为了确保安全性和顺畅的驾驶性能，再生受到减速要求的限制。此外，再生能量的存储受电力逆变器模块及电动机的电池容量和峰值功率限制的限制。

再生制动对电动汽车的燃料节省有相当大的影响。此外，在滑行期间的燃料切断也是燃油经济性的有利特点。可以考虑上述特征的各种组合来优化成本与燃料经济性和碳排放。

10.3.1.4 发电

48V 系统正在设计和明确，以支持车辆的所有 12V 负载。然后可以移除传统的交流发电机，从而对集成、成本和封装工作产生积极影响。在发电模式下的电动机将需要在整个运行速度范围内提供估计为 2kW 的连续发电功率。请注意，功率需求将根据车辆和该车辆的可用辅助负载而变化。

图 10.9 给出了 BSG 电动机的典型转矩与转速关系图及功率与转速关系图，已经确定了上述不同的操作范围。必须指定 BSG 要求，以便最大限度地发挥每项功能的优势。

10.3.2 48V 电气拓扑

48V 电气系统可以与传统的传动系统集成，使用不同的拓扑结构，如图 10.10 所示。电动机的包装和安装以及它如何连接到发动机将是每个拓扑结构的关键区别。本节将讨论四个关键拓扑结构以及独特的要求和功能，解决对燃油经济性，实施成本和易于整合的影响。

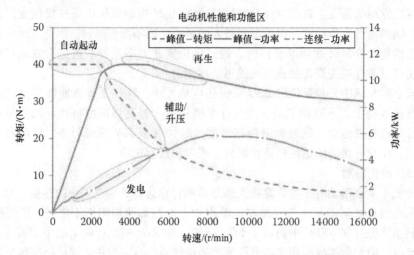

图 10.9 典型 BSG 电动机的转矩与转速关系图（T-S）和功率与转速关系图（P-S）

10.3.2.1 P1 拓扑

该拓扑中的电动机直接与发动机集成。因此，除非在需要传统起动机的低温条件下，否则发动机将始终以电动机为起点。该拓扑结构可提供辅助/升压、急速充电、惯性滑行和再生制动功能。然而，再生制动由于发动机的拖曳而受到限制，滑行只限于电子离合器系统。此配置无法使用电动驱动功能。虽然这种拓扑结构的集成复杂度很低，但燃油经济性的改进很小，系统成本较高。

10.3.2.2 P2 拓扑

该拓扑具有几个优点。它提供改进的再生容量能、急速充电、电动驱动、惯性滑行和转矩辅助/升压功能。停止/起动功能由电动机起动，电动驱动由电动机的电池容量和功率决定。在典型的 P2 拓扑结构中，电动机通过前端附件驱动（FEAD）系统与发动机集成，在大多数情况下可以将其安装到发动机上，而不是传统的交流发电机。因此，集成复杂度很低。它还提供了相对较大的燃料经济性的改进。

10.3.2.3 P3 拓扑

在 P3 拓扑结构中，电动机在差速器后与驱动轴耦合。这可以通过机械直接耦合或通过皮带实现。该配置允许电动驱动、再生制动和电动辅助/升压功能。离合器总是电动的，在手动变速器中可以惯性滑行。在自动手动变速器（AMT）的情况下，如果控制逻辑适用于选择离合器的电动执行，则可以进行滑行。将 P3 拓扑结合现有的传动系将变得更加复杂。

10.3.2.4 P4 拓扑

P4 拓扑结构通常被称为道路拓扑结构，其中电动机与第二组车轮相连，即前轮驱动车辆中的后轮。尽管该架构不允许急速充电或停止/起动功能由电动机起动，它具有在滑行过程中燃油切断、高再生容量、转矩辅助/升压和电动驱动的特点。由于电动机与后轮的集成，车辆在电动辅助模式下成为全轮驱动，这是一个额外的优点。

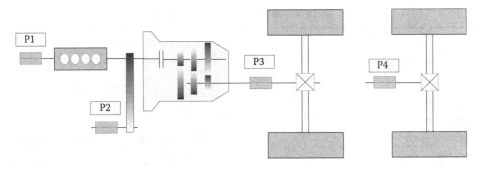

图 10.10　BSG 集成的可能拓扑

10.4　BSG 要求和实施

10.4.1　BSG 性能要求

BSG 系统的设计必须满足多种车辆性能、成本和时间要求。表 10.4 列出了最重要的性能要求。BSG 系统最主要的功能是在冷热起动时提供快速的自动起动功能。所选的固定在 FEAD 上的电动/发电机将取代交流发电机和潜在的起动机，其额定功率需要在 8~15kW 之间，以满足自动起动、再生制动、电动辅助以及一小部分纯电动驱动的功率要求。

停止/起动系统的主要优点是通过减少车辆怠速期间的燃油消耗来提高燃油经济性。该功能将通过在 EPA FTP 行驶工况的每个车辆怠速时段实现停止/起动，（钥匙起动后不久的怠速期除外），为汽车制造商提供燃油经济性积分。本节将讨论组件和系统要求、控制策略和实施概述，以最大限度地发挥这一优势。还将讨论进一步提高车辆燃油经济性，减少排放和缓解车辆集成复杂性的其他方法。在车辆中有多个使能条件可以定义停止/起动功能。这些条件是车辆和汽车供应商独有的。一些高级别的有利条件包括：

用于自动停止
- 制动器和档位有效；
- 环境和冷却液（液体或空气）温度均在所有部件的温度范围内；
- 电池 SOC 高于阈值；
- 发动机和车辆速度低于阈值；
- 无限制；
- 满足车载诊断（OBD）条件。

用于自动起动
- 制动器和档位有效；
- 钥匙起动后；
- 满足 OBD 条件。

停止/起动操作的方法将根据多个车辆功能而不同来选择，最初是传动系统。

表 10.4　48V BSG 系统的性能要求

要求	值
工作电压	48V
峰值功率	8～15kW
自动起动次数	350k－450k 取决于位置和行驶工况
发动机起动时间	300～500ms
钥匙起动次数	30000
发动机起动时间－冷起动（－25℃）	1s－因为只有钥匙起动，更长的时间也可被接受
使用寿命	15 年/10 万 mile

10.4.1.1　自动档

当制动踏板被踩下并且所有车辆使能器已经满足时，系统通常自动停止且车速降为 0。这些推动因素对汽车制造商和车辆的都是独一无二的，释放制动踏板将重新起动发动机。如果 48V 电池 SOC 太低，又如果辅助负载需要，或组件启动要求达到其阈值，发动机也可能在制动条件下重新起动。

10.4.1.2　手动档

与自动档不同，系统将以低车速使发动机停止，前提是变速箱处于"中立"状态，离合器未接合。如果车辆挂档且离合器接合，则在发动机停止之前必须踩下制动踏板，以防止车辆侧倾。发动机的起动将基于空档和档位条件下离合器和制动器的位置要求。与上述情况类似，其他车辆条件也会起动发动机，前提是满足车辆安全要求。

起停系统的车辆级目标将由相应的车辆组生成。它们一般包括要求：

- 关机时的车速；
- 发动机重起时间（踏板驱动）；
- 发动机重起时间（改变主意）；
- 起动/停止振动；
- 车内噪声。

动力传动系将为每个独特的应用程序生成起停系统的系统级目标。他们一般会包括要求：

- 发动机重起时间；
- 起动时间；
- 发动机起动转速（r/min）；
- 电动机爬坡率；
- 动力传动系抖动；
- 动力传动系振动；
- 动力传动系辐射噪声。

组件要求：

- 最大转矩能力；
- 连续转矩能力；

- 发电能力；
- 压摆率。

10.4.2 BSG 系统的设计更改

BSG 系统将向基本车辆（如逆变器、电动机和 48V 电池组）添加组件。然而，必须注意的是，实现 48V BSG 系统也将要修改和重新规定一些基本组件的要求。在某些情况下，由于 BSG 的功能，可以优化这些组件，以进一步提高车辆的燃油经济性或减少系统的增量成本。

这些关键组成部分中的一些将受 BSG 系统加入的影响
- 交流发电机：传统的交流发电机可能会被拆除。
- 附件驱动：滑轮（交流发电机 – 分离滑轮）、张紧器，惰轮，带和其他推进系统部件。
- 控制器硬件：控制器的处理能力和输入/输出能力。
- 发动机舱盖下的环境：修改发动机舱盖下的包装，为电动机和逆变器创造空间。
- 修改接线：增加的 48V 和 12V 接线和重新布置现有的线束。
- 重新设计发动机舱盖下的冷却液系统：根据增加的电动机和逆变器的冷却液策略，现有的发动机冷却液回路必须被修改，或者必须添加新的冷却液系统。
- 增加 48V 电动空气压缩机（EAC）。
- 增加 48V EPS：目前的 12V 动力转向系统是辅助系统中最大的负载之一。设计满足边缘到边缘的转向（约 50A）的要求，使 DC – DC 比正常运行要大得多。通过切换到 48V，可以减少所需的电流，并且不需要 DC – DC 变换器来支持它。
- 发动机支架：由于电动机和逆变器最有可能直接安装在发动机上，因此必须对安装点位置和安装本身的结构和噪声，振动和谐波（NVH）要求进行重新评估。
- 发动机壳体：可能需要对发动机外壳进行修改，作为附加的安装点。
- 排气系统：根据部件和冷却液策略的包装可行性，排气可能需要重新设计。

BSG 系统的带传动应能够根据车辆需求传递高转矩。与传统车辆相反，BSG 需要双向驱动张紧系统来满足再生制动期间的负转矩。皮带也必须更宽，并由能够承受高负载和张力的材料制成。

典型的电气化车辆中的部件在恶劣的环境下并未集成和实现。然而，对于 BSG 系统，电气化部件更容易受极端的环境的影响。因此，BSG 设计需要承受这些恶劣的环境因素。根据部件安装的位置，这些环境要求往往会有所不同。车辆部件包装的两个位置是发动机舱盖下或行李舱/客舱。无论其位置，如何车辆的所有部件都必须符合 NVH 要求，特别是那些直接影响推进力的部件。在集成部件的情况下，电动机和电力电子装置直接安装在发动机上。这些部件的振动和每次起动时的冲击将是极端的。任何符合规格要求的设备都不会在整个车辆设计寿命期间在正常车辆运行期间发出任何不必要的、不希望的、令人讨厌的、令人不安的噪声，这点很重要。符合 BSG 部件，特别是电动机的 NVH 要求是非常重要的。电动发电机在起动期间与发动机直接耦合，驾驶人将体验到 NVH 效应。需要确保的是，电动机引起的振动在任何运行条件下都不应比纯内燃机运行更加令人不安。这些工况包括整个车速范围和整个环境温度范围，包括但不限于：驾驶模式、再生模式、加/减速、慢起动或油门全开、快踩或慢踩加速踏板等。请注意，推入和推出是指通过踏下（或释放）踏板来接合（或分离）发动机。

需要考虑的另一个环境因素是发动机舱盖下的高温。部件与发动机和排气系统的接近导致高于常见 105℃ 的高环境温度，并且需要在 125℃ 或 150℃ 条件下进行测试。这种高温环境和 BSG 部件的相当大的功率额定值保证了合适的冷却系统。根据设计规格，部件可以是强制风冷还是液体冷却。通常，风冷被认为适用于额定功率在 10kW 以下的部件，液体冷却用于更高功率额定值的部件。

10.4.3 设计挑战与实施

在成本合理而不增加流程的复杂性的条件下来设计 BSG 系统存在诸多挑战。为了确保可接受的功率密度，部件的封装需要紧凑。电动发电机和功率逆变器模块必须安装在发动机舱盖下，而功率包单元必须安装在客舱/行李舱，并且必须进行相应的设计。BSG 系统有时会增加车重，导致车辆按重量分类上升。部件和接口重量必须考虑在这种系统的评估中。关键的重量因素包括电池组、电动机、逆变器、安装支架和电线。由于附加部件或部件重新设计而产生的额外重量的细目见表 10.5。最小化增加的重量是 BSG 设计的关键问题之一。此外，开发一个可以跨不同平台和不同类型的车辆进行重用和集成的全球系统，以使更广泛的消费者群体能够使用这项技术，是非常可取的。

与任何新技术一样，重要的是在实施之前对设计进行验证。这是通过仿真、功能性、性能和可靠性测试以及其他研究来进行的。使用周期是验证设计的最重要的要求之一。使用周期必须包括系统（按部件）在车辆的预期寿命内的负载。在适用的情况下，还应考虑环境特征和特定功能的性能下降。平均而言，汽车寿命定义为总年数和里程。然而，对于起停系统，在此期间的起动次数，起动的持续时间，起动之间的时间以及每个事件的环境条件是最重要的。假设在欧洲有一辆车具 10 年，200km 的续驶里程，可以计算总起动次数，如表 10.6 所示。

OBD 要求适用于在北美销售的所有车辆，并且是实现 48V BSG 系统时必须考虑监管的要求。停止/起动是一种动力传动装置，它会影响车辆的整体排放，因此必须兼容。

表 10.5 BSG 系统驱动重量分析

部件/集成	重量/kg
电动机、支架、冷却系统	~ +8
逆变器、支架和冷却系统	~ +2
ESS、支架和冷却系统	~ +10
DC – DC 变换器，支架和冷却系统	~ +5
发动机适配系统	~ +5
接口（接线，冷却液管路等）	~ +8
拆除交流发电机	~ -8
总计	~30

表10.6　10年生命周期中BSG系统的自动起动次数

周期/说明	里程/(km/年)	每km起动次数/(起动/km)	生命周期内总的起动次数/千次
钥匙起动	—	—	36
城市	7916	4	316
郊区	6951	0.2	14
高速公路	2896	0.05	1.5
山路	1545	0.2	3
总自动起动			335

尾气排放认证将在起动-停止激活和禁用的情况下进行，以获取最坏情况下的值。如果案例之间的排放增量在规定的范围内，则OBD合规要求可能被放弃。但是，正确设计的BSG不会（不应该）落在此范围内。因此，BSG将需要指示板上的一个指示器来指示停止/起动功能由于任何原因被禁用。典型的系统会利用故障指示灯（MIL）来达到这个目的。如果BSG系统无法按照功能执行且功能变得不适当，无意或意外无功能，则MIL将作为消费者的指标。这种行为的原因包括BSG子部件故障，BSG子部件故障代码，BSG启动码，禁止代码等。

10.5　关键BSG子系统部件

BSG子系统的关键部件如图10.11所示，由48V储能系统，电动机，功率逆变器模块/控制器，48V/12V DC-DC变换器和FEAD模块组成。有关部件的详细技术信息将在本书的其他章节中提供。本节将重点介绍这些部件与48V系统有关的任何特性要求、设计和功能。

10.5.1　能量存储系统

虽然一些储能技术如超级电容器和飞轮正在研究中，但电池最常用于汽车应用的储能系统（ESS）。用于BSG系统的电池的选择和尺寸是至关重要的，因为其参数直接影响车辆性能及其电气功能。电池选择的关键因素是额定功率。电池需要满足再生制动、冷起动和辅助功能的峰值功率要求。它应该提供高功率和高能量密度。电池的SOC特性决定了控制可用电力使用的电池管理策略。根据技术的选择，如果在低SOC时运行，电池的可靠性和寿命可能会受到影响。在这种情况下，SOC需要维持在较高的水平，这限制了电气功能的使用，从而影响到车辆的整体燃油经济性。表10.7概述了48V BSG系统的ESS特征。这些规格符合LV148系统指南，考虑了运行期间电缆上的典型电压损耗以及标称的附件负载功能。

表10.7 适用于48V BSG系统的48V ESS的特征

参数	定义	单位	最低限值
正常运行期间的最大电压	在正常工作温度下,10s峰值充电期间的最大工作电压	V	52
正常运行期间的最小电压	在正常工作温度下,1s峰值放电期间的最小工作电压	V	38
延长运行期间的最大电压	在更宽的工作温度范围,10s峰值充电期间的最大工作电压	V	54
延长运行期间的最小电压	在更宽的工作温度范围,1s峰值放电期间的最小工作电压	V	24
放电功率(1s)	目标工作温度下需要10s的放电功率	kW	10
放电功率(10s)	目标工作温度下需要1s的放电功率	kW	8
充电功率(10s)	目标工作温度下需要10s的充电功率	kW	9
充电功率(1s)	目标工作温度下需要1s的充电功率	kW	10
最大电流(1s脉冲)	在正常电压范围内,系统将有1s的最大电流	A	350
RMS电流(>10min)	混合运行下的最大持续电流	A	80
可用能量(峰值放电)	满足1s放电和10s充电要求所需的最低能量,以及附件功能和正常工作范围内的电压保持	Wh	150
电池工作温度范围	系统最大电池温度数据 -30~50℃	℃	-30/55
生存温度范围	ESS不会遭受任何永久性损坏(不工作)的温度范围	℃	-40/66

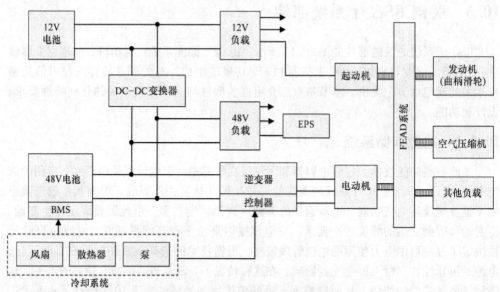

图10.11 BSG子系统部件的设计概述

ESS通常包括以下系统部件:
- 电化学电池。这些可以组装成一个或多个离散模块。
- 48V电源连接。它们为车辆提供电源接口。电池必须使用48V正极端子,而负极端子可以集成到ESS机箱中并与车辆底盘接地线连接。

- LV（信号）连接器。它提供了一个与车辆中央控制器通信的接口。
- 电池温度、电压和电流以及传感器。对电流、电池电压和温度进行实时监控。
- 客舱空气温度传感器输入/输出。如果 ESS 是空气冷却（风冷），并且冷却系统的设计需要监测空气温度，则需要这些传感器。
- 热管理系统。
- 电池平衡电路。可能需要这些电路，这取决于所选择的电池化学性质，并且可以集成到电池控制模块中。
- 预充电接触器和电阻器。在某些情况下，该电路是动力传动系的电子部件的集成部分，因此在 ESS 中不需要。
- 熔丝。这些通常可以在服务和维护期间断开 48V 电源网的连接。
- 电池组控制模块（BPCM）。控制模块包含硬件控制器，包括接触器的驱动器。它执行电流、电池电压和温度的测量，评估电池 SOC、功能状态（SOF）和健康状态（SOH），生成相应的控制逻辑，并监督诊断、错误管理和通信。
- 机壳。

如本章前面所讨论的，在 48V 系统中可以避免 HV 连接器、安全继电器和 HVIL。48V 电池不需要液体冷却，外壳也不需要 HV 电隔离。

三种主要的电池技术已经成功地应用到汽车混合动力系统中：铅酸（PbA）、镍氢（NiMH）和锂离子（Li ion）。无论是 PbA 还是 Liion，在技术上都出现了大量的变体，包括一些面向更高功率应用的变体。图 10.12 是一个 Ragone 图，说明了这些电池类型在特定功率和能量方面的性能。

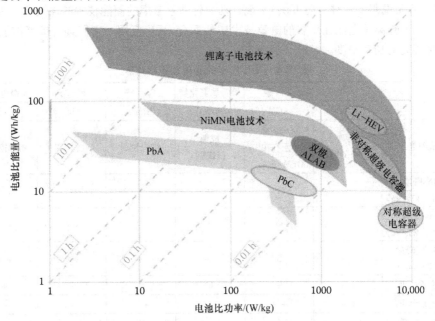

图 10.12 展示电池在比功率和比能量方面性能的 Ragone 图

与高能锂离子电池相比，HEV 的锂离子电池的存储容量在 10 Ah 以下。然而，它们提供高达 2000W/kg 的高功率放电，使其成为快速、浅循环的理想选择。此外，它们能够以低 SOC 提供电力，而不会使其可靠性和寿命显著降低。另一方面，PbA 电池需要将 SOC 保持在高水平。在长时间的低 SOC 工作期间，它们会遭受硫酸化，并且提供相对较差的充电接受性。铅-碳（PbC）电池技术旨在解决与 PbA 电池相关的问题。这是在与活性炭结合的 PbC 电池中实现的，从而将超电容充电特性与 PbA 电池特性相结合。然而，与 PbA 相比，PbC 电池提供了低能量和功率密度。另一种技术是双极先进铅酸（ALAB）。这种先进的双极电池架构已经应用于 PbA 结构，使电池电阻显著降低，并且还允许接近蓄电池能量密度两倍。这种架构，结合部分 SOC 工作电极设计的改进可能为先进电池提供性价比高的替代方案。与 ALAB 电池相关的技术挑战显而易见，尤其是在电池密封方面，这推迟了它的大规模商业应用。

另一种储能技术是超级电容器。目前可用的电解双层电容器功率密度大，能量密度低。考虑到大多数低压混合应用需要非常小的能量水平的情况，超级电容器是一个潜在的良好的选择。逐步降低的成本和宽广的工作温度范围使得诸如对称超级电容器（symUcap）这样的超级电容器对汽车应用越来越有吸引力。然而，低能量密度对持续的辅助驱动支持提出了挑战。非对称超级电容器（AsymUCap）技术将 symUcap 的静电储能机制与电池的电化学储能机制相结合。与 symUcap 相比，这种系统的能量密度增加了一倍，同时保留了超级电容器的大部分优点。这是一项新技术，应用于许多电池化学反应，最显著的是 PbA（如铅-碳）和锂离子。该技术可为 LV 混合动力传动系结构提供长期理想的动力和储能解决方案。

表 10.8 说明了几种目前可供 LV 混合动力传动系考虑的储能技术的优缺点。从表中可以看出，锂离子电池在现有的电池技术中最适合 HEV 应用。它们具有极高的能量密度和足够高的功率密度。

表 10.8 用于汽车的各电池技术比较

名称	铅酸 Ucap	铅-碳 AGM	镍金属氢化物 Pb-C	镍-锌 NiMH	锂离子 NiZn	超级电容器 Li-ion
成熟度	成熟（多个 OEM）	优先发展（正在由 OEM 研究）	成熟（HEV）	优先发展	成熟（HEV +）	优先发展
功率密度（kW/L, kW/kg）	+	+	0	+	+	+ +
能量密度（Wh/L, Wh/kg）	- -	-	0	+	+ +	-
耐久性/寿命（MWh, 年）	- -	0	+	+	+ +	+ +
温度敏感度	+ +	+	0	0	-	+
成本（美元/kW）	+ +	+ +	+	+ +	+	-
成本（美元/Wh）	+ +	+	-	0	-	- -

图 10.13 ~ 图 10.15 显示了典型行驶工况下 48V 动力传动系中锂离子电池系统的功率、电流和电压曲线。采用碳质阳极技术对磷酸铁锂（LFP）进行了仿真。从图中可以看出，ESS 的峰值功率仅在起动期间使用，而间歇性发生的事件平均功率小于一峰值的一半。因此，选择具有高功率密度的电池技术是重要的。

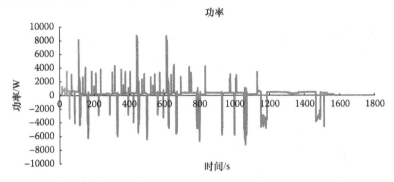

图 10.13　典型行驶工况下 48V 动力传动系中锂离子电池系统的功率曲线

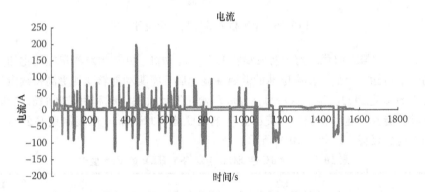

图 10.14　典型行驶工况下 48V 动力传动系中锂离子电池系统的电流曲线

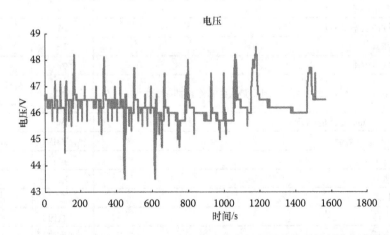

图 10.15　典型行驶工况下 48V 动力传动系中锂离子电池系统的电压曲线

图 10.16 显示了 SOC 保持在 75% 以上时由电池供电的能量。这证明 48V BSG 系统的 ESS 不需要在平均行驶工况内提供大量能量。有限的 SOC 放电和平均功率需求增强了对功率密度、能量和尺寸优化系统的需求。

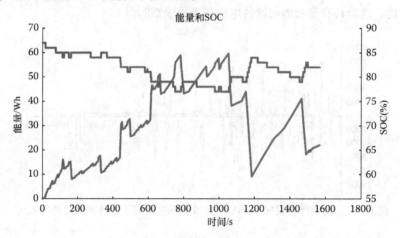

图 10.16 电池供电的能量变化及其 SOC

ESS 将长期努力取代目前现有发动机的 12V 起动机,并扩大对汽车电气化的支持力度。前一个目标需要显著提高电池的低温性能,后者将驱动能够获得更高持续电流和更宽的可用 SOC 范围的电池。这一目标允许车辆在发动机关闭时利用扩展的加热和空调、自动驾驶功能及高速滑行能力。美国先进电池联盟(USABC)已经制定并公布了一套这样的电池的目标[9],如表 10.9 所示。

表 10.9 USABC 在 EOL 中对 48V HEV 的 ESS 要求

特点	单位	目标数值
峰值脉冲放电功率(10s)	kW	9
峰值脉冲放电功率(1s)	kW	11
峰值区域脉冲功率(5s)	kW	11
可用循环能量①	Wh	105
最小往返能量效率	%	95
冷起动功率(-30℃)(3 个 4.5s 脉冲,最短的 SOC 脉冲间隔为 10s)	kW	6kW(0.5s),4kW(4s)
附件负载(2.5min 持续时间)①	kW	5
CS 48V HEV 循环寿命②	循环/MWh	75000/21
日历寿命(30℃)	年	15
最大系统重量	kg	≤8
最大系统体积	L	≤8
最大工作电压	V(直流)	52
最小工作电压	V(直流)	38

(续)

特点	单位	目标数值
冷启动时的最小电压	V（直流）	26
最大自放电	Wh/天	1
在最小和最大工作 SOC 和电压下，无须辅助的工作温度范围（可用功率允许的 5s 充电和 1s 放电脉冲）	℃	-30~52
30~52℃	kW	11
0℃	kW	5.5
-10℃	kW	3.3
-20℃	kW	1.7
-30℃	kW	1.1
有效温度范围	℃	-46~66
最高系统生产价格 250k 单位/年	美元	275

① 总可用能量将包括循环能量和附件负载能量。可用能量将为 313Wh。
② 每个单独的循环包括 6 个起停事件，在测试期间总共 45 万个事件。

10.5.2 电动机

BSG 系统电动机的主要功能是能够提供平稳、无缝的自动起动和快速响应。最大转矩和最大转矩下电动机转速的要求取决于曲轴起动发动机所需的转矩和 FEAD 系统的滑轮传动比。

对于起动函数，电动机的转矩和转速分别定义在式（10.3）和式（10.4）中

$$\text{Torque}_{\text{Motor}} = \frac{\text{Torque}_{\text{Crank that}}}{\text{Pulley ratio}} \tag{10.3}$$

$$\text{Speed}_{\text{Motor}} = \text{Speed}_{\text{Engine}} \times \text{Pulley ratio} \tag{10.4}$$

电动机的转矩转换速率是根据车辆指定的起动响应时间来确定的。需要注意的是，虽然电动机从零转矩到最大转矩的速度相对较快，但转换速率将受到 FEAD 系统的支撑部件的限制。

大多数起停/BSG 系统只能在 0℃ 环境温度下自动起动。其主要原因是 ESS 在低温下的功率放电能力有限。供应商和 OEM 正在寻找有成本效益的方法来将起动能力扩展到车辆的全温度范围，即 -40~125℃ 环境温度范围。这将提高燃油经济性。它还可以通过消除传统起动机的需要来实现封装和成本优化。冷起动所需的转矩在标称温度下自动起动所需的转矩的 1.5~1.8 倍之间变化[10]。电动机以及起动特征也预期通过产生辅助负载所需的功率，支持再生制动，并提供足够的峰值功率在诸如加速度的高转矩需求期间辅助车辆推进来执行交流发电机的功能。低转矩波动、高效率、降低噪声和宽速度范围是 BSG 电机的理想特性。

除了满足功率和转矩要求外，体积效率也是 BSG 电动机的设计要求。包括电动机、逆变器和电池在内的电气系统的总效率在停机/起动模式下应高于 75%，辅助/升压功

能为85%，发电时应高于90%。在大多数情况下，电动机需要安装在交流发电机内。该机器还需要轻便，因为它要直接安装在发动机缸体上。

如BSG系统的工作原理所述，电动机的转速通过系统的滑轮传动比直接与发动机转速相联系。因此，电机必须能够在燃料切断时达到相应的发动机转速。大多数发动机的燃料供应应在6000～7000r/min，滑轮的传动比建议在2～3之间。这意味着典型的BSG电动机必须能够达到16000r/min。20%的余量用于超调，即BSG应用程序需要大约20000r/min的电动机转速。在电气化应用中，大多数电动机的转速反馈都是基于旋转变压器技术的。然而，对于BSG系统、低成本编码器、霍尔效应传感器以及在某些情况下先进的无传感器策略正在进行评估。

适合汽车电气化的汽车技术，每一种都有自己的优势和挑战。在上一章中已经详细介绍了在不同行驶条件下这些电动机及其性能分析的设计考虑因素。在本节中，电动机的评估集中在确定BSG应用的最佳电动机技术。

使电动机符合BSG设计要求的因素有多个。电动机选择需要在成本、性能、效率、包装、成熟度和设计简单性之间进行折中。基于这些标准的各种电动机技术的比较评估如表10.10所示。

表10.10 BSG应用的电动机技术比较

	永磁铁	绕线转子	爪极	开关磁阻	感应铜笼
尺寸和重量	+	0	0	-	-
效率	+	0	0	-	-
无负载损失	-	+	+	+	+
起动电流	+	+	+	0	-
反电动势					
热	+	0	+	+	0
制造成熟度	-	+	+	-	0
成本	-	+	+	-	0
转矩波动	+ +	+	+	-	+
噪声	+ +	+	+	-	+
永磁材料	Yes	No	Yes/No	No	No
转矩密度	+	0	0	-	0
容错	0	0	0	+	0

可以看出，爪极电机代表BSG应用的最佳权衡。它具有紧凑的尺寸和良好的效率，并具有经过验证的大批量制造记录。大多数领先的汽车交流发电机供应商，如法雷奥（Valeo）、三菱电机、电装（Denso）等众多厂商，每年开发数百万爪极电机，使之成为成熟、经济高效、可靠的解决方案。功率因数可以通过其他电动机无法实现的转子励磁调节接近1。对于较小负载的永磁电机，功率因数特别低。爪极电机在低负载下在电机内部和逆变器中都会减少损耗。如果使用高励磁电流，起动电流曲线是可以接受的，电机显示出良好的转矩与电流曲线。

因为改进的传统起动机具有更低的投资风险,正考虑将其用于 BSG。这些电机是通过加强电刷和集电环系统,可选添加永磁铁(PM),电磁和热设计的修改,以及根据 48V 电网要求的电隔离质量的概念来改进的。然而,一个重要的问题是集电环的寿命,因为一个起停系统将会有更激进的占空比。

10.5.3 功率逆变器模块

功率逆变器模块的主要功能是控制电动机。它负责从车辆和发动机控制单元(ECU)接收命令,评估系统组件的状态,并提供所需的相电流以在轴处提供所需的转矩。逆变器还负责确保 BSG 系统符合联邦政府关于转矩安全的要求。

功率逆变器模块的另一个关键功能要求是确保任何可访问接口的电压低于 60V。在永磁电机的情况下,反电动势(EMF)可以在更高的速度下大于 60V。软件和硬件特征都被指定用于保护负载。

图 10.17 ~ 图 10.20 说明了起动、停止、思想变化和发动机怠速情况下 BSG 系统的发动机转速和逆变器相电流曲线。相电流分布特性是逆变器功率分布的直接反映。这些数字说明了电动机起动和辅助时电机的电动机模式中的逆变器电流过大,以及在再生制动时,逆变器将产生的功率从电机传输到电池。在这些事件中,电动机的转速将是发动机转速和滑轮传动比的乘积。

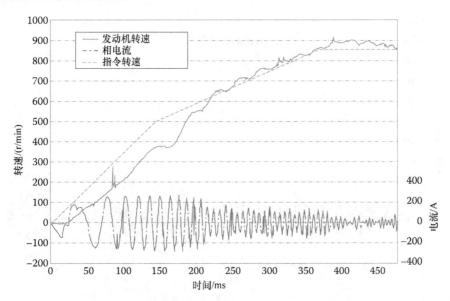

图 10.17 起动期间的发动机转速和逆变器相电流曲线

48V 电动机的功率逆变器模块中的部件以及 BSG 系统中电动机控制器的结构如图 10.21所示。功率逆变器模块包括(1)功率模块和驱动电路,(2)DC - Link 电容器,(3)滤波器,(4)控制器和低压部件,(5)传感器,(6)相间和(7)热部件。

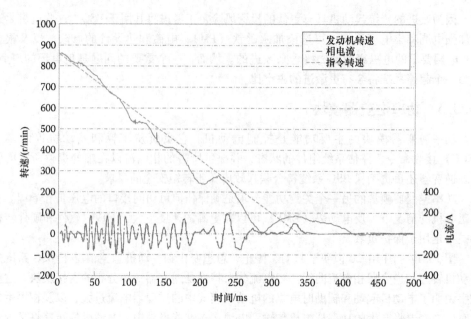

图 10.18 停机期间中发动机转速和逆变器相电流曲线

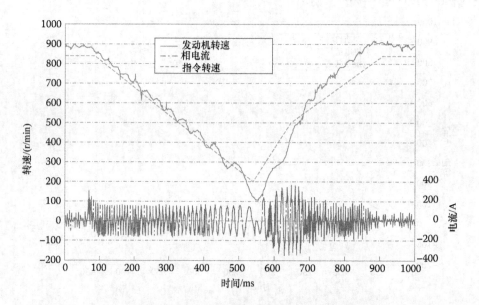

图 10.19 策略变更期间的发动机转速和逆变器相电流曲线

图 10.21 提供了部件的原理框图,包括关键子部件以及内部和外部接口。

在电气化系统中使用两种领先的开关技术,例如绝缘栅双极型晶体管(IGBT)和金属-氧化物-半导体场效应晶体管(MOSFET)。IGBT 通常用于电气化车辆中的功率

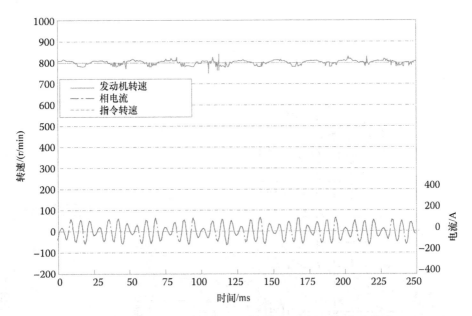

图 10.20 发动机怠速期间的发动机转速和逆变器相电流曲线

逆变器模块。一个关键的原因是 PHEV、HEV 和 EV 的工作电压通常在 300~400V 之间。IGBT 最适合于该电压范围,并且还提供了一种经济有效的可行的热解决方案。

IGBT 用于大功率（>5kW）应用,需要低占空比,20kHz 以下的低频,并且可以使预期负载变化小。IGBT 可在高于 100℃ 的高温下工作。

另一方面,MOSFET 最适合 250V 以下的低功耗设计,在高开关频率下,具有长工作周期,并且可以在预期负载变化很大的情况下工作。在低电压下,为了满足 BSG 电动机的功率需求,开关器件需要具有高额定电流。然而,MOSFET 的电流处理能力相对于 IGTB 要低,为了解决该问题有多种方案。MOSFET 是一种电压控制装置,具有正的温度系数,可阻止热失控。导通电阻没有理论上的限制；MOSFET 还具有体二极管,这在处理有限的续流电流方面特别有用。与电动机类似,体积效率是逆变器设计的重要因素。

DC-Link 电容器是功率逆变器模块的关键部件。它用于解耦 48V ESS 和连接功率级线路间电感的影响。它为纹波电流提供了低阻抗路径。它也起到减小漏感的作用。目前在电气化系统,电解电容器和薄膜电容器是当前使用的两种关键的电容器技术。

电解电容器通常用于汽车领域,所有的主要供应商都有大量的汽车额定元件可供选择。它们具有成本效益和稳定性,但也具有高等效串联电阻（ESR）,低纹波电流能力,低环境温度限制和有限的寿命。

BSG 系统需要在 -40℃ 环境温度下进行,并且部件安装在发动机机舱盖下的情况下也需要在 125℃ 进行。因此,低 ESR 和低温以及高散热和热稳定的薄膜电容器是这种系统的理想选择。

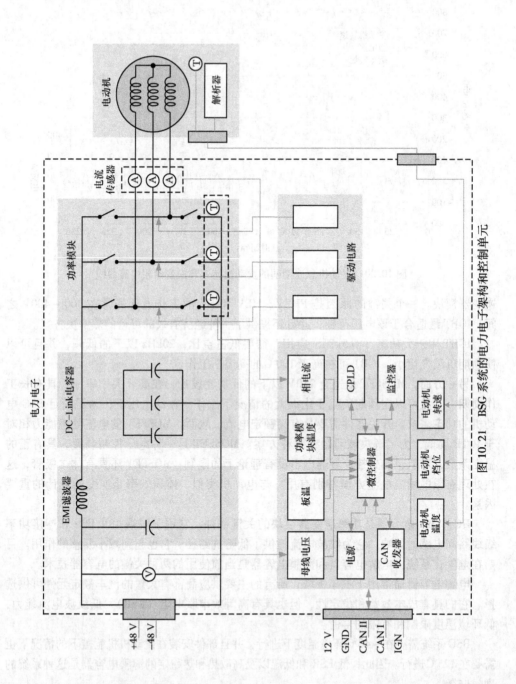

图 10.21 BSG 系统的电力电子架构和控制单元

功率逆变器模块和 DC-DC 变换器的高压开关在直流母线上产生电压纹波，从而降低电池寿命和性能。为了使这些电压纹波最小，直流连接电容器被连接在直流母线上。电容值选择得足够高，以确保电压纹波限制在允许的范围内。然而，电容器尺寸也必须保持较小以满足功率密度要求，并允许紧凑的封装。

此外，逆变器连接中的杂散电感与开关器件中的高频电流耦合，在输入侧产生高频传导噪声。为了使车辆子系统通过强制性电磁兼容性（EMC）测试，需要使用电磁干扰（EMI）滤波器，以确保 EMC 噪声保持在允许的排放限值以下。

48V 应用中的功率逆变器模块通常安装在发动机机舱盖下。靠近电动机可以最大限度地提高效率，并降低集成成本，因为短三相电缆，其允许更快的控制。然而，该部件现在将需要承受包括振动在内的环境条件，多重重力加速度取决于安装位置和环境温度，其比通常暴露于电力电子部件的侵蚀性要大得多。由于发动机作为热源，环境温度平均高于100℃，在诸如死亡谷（Death Valley）或拉斯维加斯（Vegas）等高温条件下运行的，发动机机舱盖下的环境温度峰值可以接近125℃。

可以采取的一些关键步骤，以尽量降低温度包括添加隔热罩，优化子部件的位置，以及如果可能的话，将逆变器安装在排气口的输入侧。虽然这些步骤将降低部件周围的温度，但有效的冷却剂系统对于确保车辆性能和部件稳定性至关重要。

冷却逆变器有两个关键方法，空气冷却和液体冷却。目前电动汽车的常见方法是使用独特的冷却液回路进行液体冷却。这允许系统在 60°~75℃ 范围内的较低温度下运行。这使设计人员能够使用较低等级的子部件，最大限度地减少损耗，并允许较大的占空比。然而，在 BSG 系统中，这将导致有额外的部件。因此，BSG 系统架构被迫认为是更好、更具成本效益的冷却方式。两种替代选择是使用发动机冷却液的空气冷却（风冷）和液体冷却。在风冷系统中，变频器的安装位置非常重要。它需要安装在可用气流的区域，更重要的是，空气温度相对较低。这在排气的输入侧通常是正确的。工程师还必须设计逆变器，以使子部件对离热源更远的温度更敏感，更靠近用作冷却板的外壳。还可以通过集成风扇实现改进的空气冷却。逆变器的关键热源是功率半导体器件、驱动器、电容器和绕组。设计冷却系统（无论是空气还是液体）以优化从这些部件到冷却剂的传热是重要的。

逆变器安装在电动机上的集成设计有几个优点。集成的电动机/逆变器单元具有紧凑的设计，可以在最小的集成复杂性的情况下轻松地在所有平台上使用，并有助于避免包装和处理过程中的冲突。它减少了发动机机舱盖下的体积，从而提高了系统的整体功率密度。集成设计的成本低于单个部件成本的总和，从而提供了一种经济高效的解决方案。它消除了机械集成和 HV 接线所需的支架费用，这些配件形成了系统成本的相当大的一部分，通常每个阶段为 100 美元。在 BSG 的集成电动机/逆变器中，可以消除这些接线成本，并且可以通过避免由于布线中的寄生现象引起的损耗来提高效率。此外，控制器、功率模块和电动机彼此靠近，从而减少了布线杂散电感，降低了 EMI 噪声。集成解决方案还允许将系统分类为 LV 系统作为三相连接，其中可以看到上述 AC 30V 是机械隔离的。逆变器可以径向或轴向连接到电动机。集成结构的挑战在于由于逆变器对振动和高温暴露的敏感性较高，使印制电路板（PCB）设计和安装变得复杂。

10.5.4 DC-DC 变换器

DC-DC 变换器的功能是将 48V 电平转换为 12V，为辅助负载供电，并为传统的 12V 电池充电。在某些应用中，需要执行双向操作，并且必须始终提供高效率，因为它直接影响车辆的燃油经济性。变换器设计需要用于 DC-Link 电容器的预充电电路，并且期望开发可扩展到不同输出功率电平的变换器设计。该变换器的主要元件包括带功率模块的 PCB 和带控制电路的 PCB。该变换器还具有车辆通信接口。变换器的热管理是基于空气或液体冷却，取决于要求、设计规范和安装位置。

在 DC-DC 变换器中实现的主要功能包括过电压和过电流保护，12V 和 48V 电平的电压和电流测量，温度管理（多个传感器），12V 电平反向电池保护，预充电功能的 48V DC-Link 电容器，控制器局域网通信，通常称为 CAN，以及诊断和错误管理。表 10.11 列出了用于 BSG 集成车辆系统的典型 DC-DC 变换器的高水平规范。

因此，48V 系统中的 DC-DC 变换器的操作与 HV 带电系统的操作相似。从设计的角度来看，差异仅限于使用 LV 子部件和 MOSFET 的功率级。

表 10.11　DC-DC 变换器的高水平规范

要求	值
输入电压范围	36~54V
可控输出范围	11~15V
输出功率（12.5~14V）	1.4~2.2kW（并联功率输出）
输出电流	120~175A
效率	取决于电流
尺寸	特定方案
重量/体积	<3.0kg/<3L
诊断	是

10.5.5 前端附件驱动

FEAD，如图 10.22 所示，是实现 BSG 系统的重要组成部分。其主要功能是将电能从电动机传递到发动机曲轴；然而，它还支持与诸如 AC 压缩机和动力转向器之类的与 BSG 系统的功能不直接相关的负载。FEAD 通过张力和惰轮的传送带构成发动机和起动机/发电机之间的机械连接。为了确保传送带上必要的张力来传递所需的转矩，传送带通过一个张紧装置，也称为张紧器。本节将讨论与 BSG 功能直接相关的部件，即滑轮、张紧器和皮带。

10.5.5.1 滑轮

计算滑轮传动比，并找到优化值是多个要求的平衡。滑轮传动比越大，电动机所需的输出转矩越小。然而，较大的滑轮传动比导致电机的基本速度要求的提高。电动机滑轮直接耦合到电动机的轴上，滑轮尺寸由系统的滑轮传动比、可用的表面积和轴承载荷决定。本章前面章节中讨论的曲轴滑轮，曲轴所需的转矩根据发动机技术和动力而变化。由于包装要求，滑轮的最大尺寸会有所不同。在 FEAD 系统中，惰轮通过最大限度地传递能量来调节皮带在其他滑轮之间的运行方式。

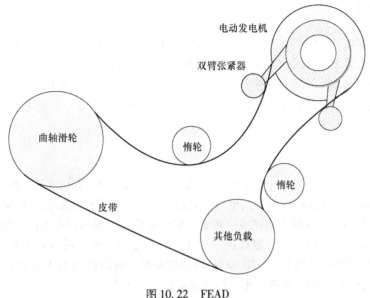

图 10.22　FEAD

10.5.5.2　张紧器

张紧器的主要目的是当需要从电动机获得转矩时，在 FEAD 系统的传动带上提供足够的张力，防止滑轮松动。电动机轴周围的张紧器的振动减小了电动机的速度不均匀性，并且其旋转运动使松弛侧和紧绷侧交替。有多种张紧器解决方案，包括单臂、双臂张紧器和 e 型张紧器。

10.5.5.3　皮带

皮带是最常用的动力传动部件，通常效率约为 97%。在 BSG 驱动系统中，皮带必须承受比传统车辆更高的负载。多楔带适用于带驱动的起动和停止功能，适用于增压和回收功能。皮带设计需要满足能够处理发动机停止/起动的高转矩和传输到大功率负载的要求。用于传统车辆的先进设计的带传动系统可以承受高达 250000 次发动机起动和 100Nm 的转矩[11]。BSG 系统中的带传动器需要相当长的寿命。皮带表面需要坚韧耐磨，使用寿命长。此外，它应能在 -40~140℃ 的温度范围内不会失效。

用 BSG 系统替代传统的交流发电机，需要重新设计皮带和滑轮的宽度以提高机械负载处理能力。与仅提供正转矩的起动机/交流发电机系统相反，BSG 集成 FEAD 中的张紧器也必须重新设计，以确保双向流动的电力有足够的张力，从而满足再生转矩。

10.5.6　发动机控制单元

用于发动机的控制单元需要进行若干修改以适应 BSG 系统。它需要与混合监控控制器集成，需要制动控制软件进行再生制动。它还与客舱 HVAC 软件及客户显示和仪表相关联。ECU 还与车辆配线、功率分配和 CAN 通信有额外的连接。

10.6 标杆

近二十年来，人们一直在研究 LV 轻度混合化。在 21 世纪初，一个由汽车制造商和零部件供应商组成的财团研究了 42V 轻型车辆的额定电压结构。虽然许多汽车制造商都开发了一些汽车，但其中只有少数进入生产。第一代 LV 混合动力汽车最成功的一次尝试是由通用汽车公司和他们的皮带交流发电机起动机（BAS）系统完成的。在 2006 年至 2009 年期间，这种技术被应用于数辆汽车。

10.6.1 通用汽车

通用汽车公司开发了几种 36V BAS 系统，包括土星光环，Saturn Vue 和 Chevy Malibu。该系统采用电动发电机组，其也用作发动机起动机。标称系统电压为 36V，因此低于原来的 42V 目标。这些车辆在城市和公路燃油经济性方面估计有 5mpg 的提高，EPA - 联合工况改善了 20%。BSG 系统由一个 36V 镍氢电池组成，后排乘客座椅后面安装了具有 10kW 的充放电功率，一个 60Nm 峰值转矩的永磁电机和 3kW 的连续发电机舱。液冷电力电子元件也安装在接近电动机的发动机舱盖下。

10.6.2 PSA 标致雪铁龙

PSA Peugeot Citroën（标致雪铁龙）目前正在开发一款适用于汽油和柴油发动机的 48V 轻度混合动力解决方案，将在 2017 年前推出车型。与 Valeo、Bosch 和 Continental 等供应商合作开发的混合动力设计预计将减少 CO_2 排放 15g/km，燃油经济性比传统车辆提高 10%~15%。动力传动系集成了一个 10kW 电动机和一个 48V 锂离子电池组。这允许在 20mile/h 以下的促进/辅助功能和电力驱动能力。动力传动系架构与 B、C 和 D 段车辆的手动和自动变速箱兼容，从而为广泛的客户群提供了一种低成本、省油的替代方案[12]。

风冷的 48V 电池安装在行李舱，电动机和功率逆变器模块组装在发动机舱盖下。DC-DC 变换器与电池一起封装在行李舱中。因此，现在拥有一条贯穿整个车辆的 48V 和 12V 电缆。尽管这可能会导致一些额外的损失，但它可以减轻部件的包装问题。

10.6.3 48V LC 超级混合

先进的铅酸蓄电池联盟（ALABC）和控制电源技术（CPT）公司已经推出了 48V LC 超级混合动力汽车[13]。混合动力传动系安装在 1.4L 大众帕萨特上，目标为 120g/km 二氧化碳排放量，同时在 9s 内实现 0~100km/h 的加速。

由 AVL 设计的动力传动系有 1kWh 铅-碳电池，是由英国的 Provector 公司开发的电池管理系统。BSG 具有 Mubea 的驱动皮带张紧器系统和由 CPT 开发的开关磁阻电动发电机。法雷奥（Valeo）已经获得了用于批量生产的电动发电机技术。

这种温和的混合动力技术在自动起动和加速期间提供了辅助/增压，捕获了大量的再生能量，借助电动辅助优化了怠速和巡航模式期间的燃油消耗。48V 系统的目标是在 12V LC 超级混合动力汽车的基础上提高 4%～8% 的燃油经济性，后者已经达到了 42mile/gal 和 130g/km 的碳排放。12V 超级混合动力汽车已经过全面测试，48V 系统的性能数据正在评估中。这些车辆预计到 2015 年才能上路。

10.6.4 绿色混合

比亚迪汽车有限公司推出了绿色混合动力计划，目标是在 2014 年之前将车辆燃油经济性提升 20%[14]。作为这一企业的一部分，比亚迪已经成为第一家实施高效率 48V 动力传动系的 OEM，其具有再生制动特征，自动停止/起动系统，低滚动阻力和改进的空气动力学，这些都有助于实现提高燃油经济性高达 20%。

车辆设计将 LV、高转矩和双绕组电机集成到动力传动系中，在加速期间提供电池供电的辅助/增压。从再生制动转换的能量被存储在比亚迪开发的磷酸铁电池中。这项新的电池技术是由比亚迪开发的，它保证电池的寿命与汽车的预期寿命相当。这种动力传动系设计在燃油经济性方面表现出了 7mpg 的提高。

10.6.5 48V 生态驱动

大陆公司已经开发出新的 48V 生态驱动系统，其燃油经济性提升了 13%，并将在 2016 年前上市[15]。系统结构包括皮带系统，集成到单个外壳中的电动机和逆变器，双向 DC - DC 变换器和锂离子电池，所有这些都可以方便地并入任何车辆，而无需重新设计发动机或传输配置。电动发电机是一种感应电机，提供 14kW 的峰值和 4.2kW 的连续功率，可直接安装在变速箱上，并可根据空间和功率要求灵活设计电动机。3kW 的 DC - DC 变换器是被动风冷，具有 6～16V 降压和 24～54V 升压输出范围。460Wh 锂离子电池的尺寸与传统的 12V PbA 电池相当。48V 车型的电动发电机即使在冷启动过程中也能快速自动起动。在恒速巡航和惯性停车期间，再生制动、电动助力能力和自动停止/起动功能可以以低成本节省了大量燃料，并能在宽范围的车辆部件中灵活地安装。

10.6.6 全混合

法雷奥已经推出了用于批量生产的低成本混合动力系统。它由紧凑的 48V BSG 组成，采用 15kW 电动发电机。该系统可以以低成本集成到任何传统的汽油或柴油发动机。这种 LV 混合动力设计具有再生制动、怠速停止/起动和升压/辅助功能。当安装在标致 207 1.6 L THP 时，BSG 系统的电气功能可以将二氧化碳排放量减少 15%。与该技术相结合的车辆预计将在 2017 年批量生产。

10.6.7 博世

像其他主要的电力驱动部件供应商一样，博世在其电气化路线图中也有停止/起动系统，无论是在 12 还是在 48V 架构中。被称为升压回收系统（BRS）的 48V 系统除了停止/起动功能外还提供再生制动和电动辅助功能，在 FTP75 行驶工况中提高了 9% 的燃油经济性[16]。这是通过 10kW 电动发电机的支持实现的[17]。然而，锂离子电池的尺寸较小，并可在 5 个制动事件中完全充电。

10.6.8 48V 乡镇混合动力传动系

由纽卡斯尔大学和英飞凌科技与 Libralato 有限公司、塔塔钢铁公司和英国先进制造供应链计划（AMSCI）验证工厂合作开展的一项先进的 48V 动力传动系正在开发用于批量生产和组装。48V 乡镇混合动力传动系（TC48）项目旨在通过集成 5kWh 的锂离子电池组和新型 33kW 的 SRM 技术来设计低成本的 48V 系统，不需要稀土金属与 50kW 的汽油发动机。这种旋转式发动机的燃油效率与柴油发动机相当，但功率重量比是后者的两倍。整个动力传动系和车辆由两个 ECU 控制，混合动力部件符合标准的发动机方式，因此设计紧凑。与其他 BSG 系统相比，该设计具有更大的电池容量和更高的额定功率的电动机，为纯电动驱动提供了更大的范围和更高的电力辅助。

这一举措旨在解决市场接受混合动力汽车的成本、里程、充电基础设施和性能方面的挑战。该项目的目标是使一辆小型车实现电气化，使其能够在纯电动行驶 15mile 的范围内排放 52g/km 的二氧化碳，而其边际成本仅为 2769 美元，可以在两年内通过节约燃料达到收支平衡[18]。

随着对碳排放量减少的需求不断增长，以及制造成本和客户承受能力的市场限制，BSG 系统提供了非常适合的解决方案。系统设计和 LV 工作范围的简单性使其性价比更高效，易于与许多汽车制造商制造的大多数汽车集成，使其对广泛的消费者群体有高度吸引力和可用性。同时，在 BSG 系统中增加了再生制动、动力辅助功能和有限的电动驱动的停止/起动功能提高了燃油经济性。这就是为什么大多数著名的汽车制造商和供应商正在开发 BSG 系统，这些车辆在不久的将来将在市场上销售。

习题

10.1 确定 2025 年的燃油经济性要求以及这种改进对美国日常石油消费量的影响。
10.2 根据 UN/ECE 100，LV 系统的定义是什么？
10.3 如果将小型车的燃油经济性提高约 5%，请确定电气化拓扑结构。
10.4 列出选择 LV 与 HV 电气化系统的三个原因。
10.5 列出 BSG 系统的四个最重要的功能目标，并确定它们如何驱动 BSG 要求。
10.6 列出自动停止的四个车辆起动机。
10.7 描述 48V EPS 系统的优点。
10.8 列出 48V 电气化系统的关键子部件。
10.9 仅在高 SOC 运行电池的具体缺点是什么？48V 混合系统如何利用较低的 SOC 电池？

10.10 使用表 10.9 中列出的要求,在室温下确定电池所需的 1.5s 直流电阻以满足放电性能要求。

10.11 根据峰值功率要求,确定 USABC 48V HEV 电池在室温下的比能量 (Wh/kg) 和比功率 (kW/kg),并假定电池可用能量为总电池能量的 50%。

10.12 发动机在曲柄轴处在转速为 750r/min 时所需的转矩为 150Nm。如果 FEAD 系统的滑轮传动比为 2.5,电动机的转矩和转速要求是多少?

参 考 文 献

1. Automobiles and trucks overview: Automobile trends, Plunkett Research, Ltd, 2009. [Online]. Available: from http://www.plunkettresearch.com.
2. A. Emadi, M. Ehsani, and J. M. Miller, *Vehicular Electric Power Systems: Land, Sea, Air, and Space Vehicles*. New York: Marcel Dekker, 2003.
3. S. S. Williamson, S. M. Lukic, and A. Emadi, Comprehensive drive train efficiency analysis of hybrid electric and fuel cell vehicles based on motor-controller efficiency modeling, *IEEE Transaction on Power Electronics*, 21, 730–740, May 2006.
4. P. Moon, A. Burnham, and M. Wang, Vehicle-cycle energy and emission effects of conventional and advanced vehicles, in *Proceedings of the SAE World Congress*, Detroit, MI, April 2006.
5. A. George, (August 28, 2012), *Obama: 54.5 Miles per Gallon by 2025, By Alexander George*. [Online]. Available: http://www.wired.com/autopia/2012/08/2025-mpg-regulation/.
6. C. Holder and J. Gover, Optimizing the hybridization factor for a parallel hybrid electric small car, in *Proceedings of the IEEE Vehicle Power and Propulsion Conference (VPPC)*, Windsor, UK, September 2006, pp.1–5.
7. S. G. Wirasingha and A. Emadi, Pihef: Plug-in hybrid electric factor, *IEEE Transaction on Vehicular Technology*, 60, 1279–1284, March 2011.
8. Bosch sees future requiring multiple powertrain technologies; the larger the vehicle, the more the electrification. [Online]. Available: http://www.greencarcongress.com/2013/06/bosch-20130618.html.
9. USCAR. (January, 3 2014). *Press Release* [Online]. Available: http://www.uscar.org/guest/news/735/Press-Release-USABC-ISSUES-RFPI-FOR-DEVELOPMENT-OF-ADVANCED-HIGH-PERFORMANCE-BATTERIES-FOR-48 V-HEV-APPLICATIONS.
10. S. Baldizzone, Performance and fuel economy analysis of a mild hybrid vehicle equipped with belt starter generator, MASc. thesis, Department of Mechanical Engineering, University of Windsor, Windsor, ON, 2012.
11. M. Arnold and M. El-Mahmoud, Belt-driven starter–generator concept for a 4-cylinder gasoline engine, *AutoTechnology*, 3, 64–67, May 2003.
12. *PSA Peugeot Citroën developing 48 V mild hybrid solution for 2017* [Online]. Available: http://www.greencarcongress.com/2013/01/psa-20130123.html.
13. *ALABC and CPT to introduce 48 V LC Super Hybrid Demonstrator at Vienna Motor Symposium* [Online]. Available: http://www.greencarcongress.com/2013/04/lcsh-20130424.html.
14. *BYD Launches Green Hybrid Initiative across 2014 Vehicle Line-Up*. [Online]. Available: http://evworld.com/news.cfm?newsid=30135.
15. J.-L. Mate, 48 V Eco-Hybrid Systems, in *Proceedings of the European Conference on Nanoelectronics and Embedded Systems for Electric Mobility*, Toulouse, France, September 2013.
16. H. Yilmaz. (September 28, 2012). Bosch Powertrain Technologies. [Online]. Available: http://www1.eere.energy.gov/vehiclesandfuels/pdfs/deer_2012/wednesday/presentations/deer12_yilmaz.pdf.
17. B. Chabot. (August 19, 2013). *Electric Drive—Bosch sees a future trending toward electrified drivetrains*. [Online]. Available: http://www.motor.com/newsletters/20130819/WebFiles/ID2_ElectricDrive.html.
18. D. Aris. (July 1, 2013). *48 V Town and Country Hybrid Powertrain (TC48)*. [Online]. Available: http://contest.techbriefs.com/2013/entries/transportation-and-automotive/3940.

第 11 章 混合动力传动系原理

Mengyang Zhang, Piranavan Suntharalingam, Yinye Yang, Weisheng Jiang

11.1 引言

本章对混合动力传动系及其特点进行了全面综述。本章从混合动力传动系的历史开始，并介绍了这一领域的最新技术。本章的第二部分将讨论基本部件、子系统及其局限性。再生制动概念、混合再生制动及其基本要求在第三部分进行了说明。最后，本章结尾非常详细地讨论了混合动力传动系控制概念。

11.2 混合动力汽车和混合动力传动系的介绍

普锐斯是第一批批量生产的混合动力汽车（HEV），自从 1997 年 12 月在日本销售以来，许多汽车制造商正在大力发展 HEV，以提高燃油效率、减排和增加全球市场的业绩。虽然 HEV 仍处于早期试用阶段，而且大部分集中在美国和日本，但丰田已经明显领先于竞争对手，并在 HEV 销售中取得了令人印象深刻的成绩。2012 年，丰田在全球销售了 120 万辆混合动力汽车。截至 2013 年 3 月 31 日，其混合动力汽车的全球销售累计达到 500 万辆（东京，4 月 17 日电 [路透社]）。在混合动力技术和车辆部分两个方面，HEV 发展的趋势都很强烈。2013 年，13 家汽车制造商在美国市场上提供了 43 款混合动力汽车车型（2013MY）。这些型号包括插电式混合动力汽车，全混合动力汽车，以及具有前轮驱动（FWD）、后轮驱动（RWD）和四轮驱动（4WD）配置的轻度混合动力汽车，如表 11.1 所示。

然而，HEV 的概念可以追溯到一个多世纪前。1900 年，费迪南德·保时捷开发了第一款汽油电动混合动力汽车，称为 Mixte，混合动力四轮驱动汽车（维基百科，免费的百科全书）。20 世纪 90 年代后期，HEV 的出现是由于追求更清洁和更高效的车辆，并且通过 NiMH 电池和紧凑型高效电机等部件技术的进步，以及提供良好驱动质量的系统控制的进步，可靠性和燃油效率的需要。目前，大多数 HEV 采用两种独特的混合动力传动系配置，即功率分流式混合动力和并联混合动力。混合动力传动系配置的细节将在后面的章节中讨论；可以知道，功率分流式混合动力汽车具有独特的电动变速器（EVT），其通过行星齿轮组连接内燃机（ICE）发动机和两台电机，就好像来自内燃机的机械功率分为两条路径：一条直达机械路径，另一条路径在达到输出之前通过两台电机进行机械 – 电 – 机械能量的转换。因此，功率分流式混合动力也称为串并联混合动力。普锐斯是一种具有均衡城市和高速公路燃油效率的功率分流式混合动力汽车。并联混合动力概念上更简单，只涉及一台传统变速箱中安装的电机，使发动机转矩和电动机转矩相加（或并联）。如果需要发动机关闭，则需要断开离合器来将发动机与变速器断开连接。大众捷达 HEV 和现代索纳塔 HEV 是并联混合的例子；它们通常具有良好的高速公路燃油效率。

乘用车的燃油经济性（以 mile/gal 或 L/100km 为单位）是根据底盘测功机在特定测试条件下的标准行驶工况中标准燃油总消耗量计算出来的，即燃油经济性认证测试。在美国，图 11.1a 所示的城市测功机行驶计划（UDDS 或 FTP74）。

表 11.1　2013 年美国混合动力汽车型列表

年份	原始设备制造（OEM）	部门	车型
2013	奥迪	奥迪	Q5 混合动力汽车
2013	宝马	宝马	3 系混合动力汽车
2013	宝马	宝马	5 系混合动力汽车
2013	宝马	宝马	7 系混合动力汽车
2013	福特汽车公司	福特	Fusion（蒙迪欧）前驱混合动力汽车
2013	福特汽车公司	福特	C-MAX 前驱混合动力汽车
2013	福特汽车公司	福特	C-MAX 前驱插电式混合动力汽车
2013	福特汽车公司	林肯	MKZ 前驱混合动力汽车
2013	福特汽车公司	福特	蒙迪欧前驱插电式混合动力汽车
2013	通用汽车	别克	君越
2013	通用汽车	别克	君威
2013	通用汽车	雪佛兰	C15 索罗德 2 轮驱动混合动力汽车
2013	通用汽车	雪佛兰	塔赫后驱混合动力汽车
2013	通用汽车	雪佛兰	迈锐宝
2013	通用汽车	吉姆西	K1500 育空四驱混合动力汽车
2013	通用汽车	凯迪拉克	凯雷德四驱混合动力汽车
2013	通用汽车	雪佛兰	沃蓝达
2013	本田	ACURA	讴歌混合动力汽车
2013	本田	本田	CR-Z
2013	本田	本田	思域混合动力汽车
2013	本田	本田	音赛特
2013	现代	现代汽车公司	索纳塔混合动力汽车
2013	起亚	起亚汽车股份有限公司	远舰混合动力汽车
2013	梅赛德斯奔驰	梅赛德斯奔驰	E 400 混合动力汽车
2013	梅赛德斯奔驰	梅赛德斯奔驰	S400 混合动力汽车
2013	尼桑	英菲尼迪	英菲尼迪 M35H
2013	保时捷	保时捷	帕纳美拉 S 混合动力汽车
2013	保时捷	保时捷	卡宴 S 混合动力汽车
2013	丰田	雷克萨斯	ES 300h
2013	丰田	雷克萨斯	GS 450h
2013	丰田	雷克萨斯	LS 600h L
2013	丰田	雷克萨斯	Rx 450h
2013	丰田	雷克萨斯	CT 200h

(续)

年份	原始设备制造（OEM）	部门	车型
2013	丰田	丰田	普锐斯
2013	丰田	丰田	普锐斯插电式混合动力汽车
2013	丰田	丰田	汉兰达四驱混合动力汽车
2013	丰田	丰田	普锐斯 c
2013	丰田	丰田	亚洲龙混合动力汽车
2013	丰田	丰田	凯美纳混合动力汽车
2013	丰田	丰田	普锐斯 v
2013	大众汽车	大众汽车	途锐混合动力车
2013	大众汽车	大众汽车	捷达混合动力车
2013	菲斯克	菲斯克汽车公司	菲斯克 Karma

用于城市燃油经济性测试，图 11.1b 所示的 EPA 高速公路工况用于高速公路燃油经济性测试。对于欧洲燃油经济性认证测试，图 11.1c 所示的新欧洲行驶工况（NEDC）用于测试城市和高速公路燃油经济性。图 11.1d 显示了日本行驶工况 JC08，将成为新标准从 2015 年在日本开始生效。典型中型轿车的燃油经济性标签为城市约 20mpg，高速公路为 30mpg。车辆性能的典型度量是将车辆从静止加速至 60mile/h 或 100km/h 所需的时间。而在美国市场上的许多车辆，10~60s 的时间是非常普遍的，一辆典型的运动型轿车可以达到 5~8s，许多高性能车辆可以达到 5s 以下。燃油经济性与性能之间存在很强的相关性；平均而言，性能越高，燃油经济性越差。

与同样性能的内燃机驱动的传统车辆相比，HEV 的燃油经济性显著提高；改进的大小取决于混合电力动力传动系的能力和效率以及行驶工况。例如，一方面，像普锐斯这样的强大混合动力汽车，几乎可以使城市燃油经济性（51mile/h）翻倍，并实现高速公路燃油经济性（48mpg）的适度改善。另一方面，轻度 HEV 由于通过再生制动的能量回收能力有限，并且由于电力驱动能力有限（参见 13 章的案例研究），燃油经济性得到了轻微改善。对于一些豪华的 HEV 车型，如雷克萨斯 600h 和英菲尼迪 35H，性能和燃油经济性都有显著改善。混合动力传动系是一种改进游戏规则的技术，能够实现新的水平的性能-燃油经济性权衡，超越了传统的动力传动系能力。在传统车辆中，发动机功率越大，低功率发动机的发动机效率越低，急速时的燃料消耗越高，因此燃油经济性越低。混合动力传动系没有相同的权衡，因为 HEV 动力传动系设计中的电动能力有助于通过电动助力实现性能和通过再生制动、发动机关闭和更有效的发动机实现燃油经济性。如表 11.2 所示，少数优秀 C/D 段 HEV 的 EPA 燃油经济性确实令人印象深刻；这些车辆不仅节油，而且舒适性和驾驶性能也优异。对于 HEV 来说，再生制动和混合以及发动机起停转换对驾驶人来说是平稳和透明的，这一点非常重要。

市场上的 HEV 在 NMHC、NO_x、CO 和颗粒物等污染物排放方面通常更为环保。一些 HEV 模型通过更好的冷相排放控制和更稳定、优化的发动机运行，实现了超低排放标准（SULEV 或 Bin3）。具体来说，混合动力传动系可以帮助催化熄火过程和发动机燃

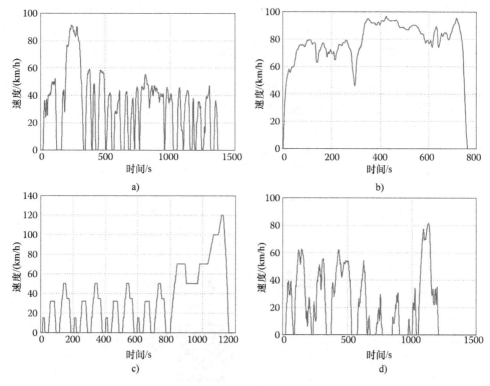

图 11.1 各种行驶工况
a) UDDC b) HWFET c) NEDC d) JC08

油控制，并且能够提供更稳定的发动机运行。

表 11.2　EPA 选定 HEV 车型的燃油效率

HEV 车型	EPA 城市燃油经济性/(mile/gal)	EPA 高速公路燃油经济性/(mile/gal)
2013 年款普锐斯 C	53	46
2013 年款普锐斯 C	51	48
2013 年款普锐斯 V	44	40
2013 雷克萨斯 CT 200h	43	40
2013 福特蒙迪欧混合动力汽车	47	47
2013 本田思域混合动力汽车	44	44
2013 年大众捷达混合动力汽车	42	48

一般而言，HEV 比相当的传统车辆更昂贵。高压电池组和电池管理系统、电机和电力电子设备、辅助电源模块（替代交流发电机功能）、电动压缩机、高压（HV）电缆、再生制动系统和电动真空增压为 HEV 增加了成本和重量。然而，在车辆寿命上取得的节油效果确实显著；福特蒙迪欧近期声称 2 年的回报期对消费者来说非常有吸引力。随着关键部件的成本的提高，预计会有更多的 HEV 上市。

混合动力传动系和储能系统是混合动力汽车的核心。在对该主题进行更详细的讨论之前，在汽车背景下定义混合动力传动系的范围是适当的。传统的动力传动系包括汽油或柴油发动机（配件和控制系统）、变速箱（离合器、液压系统和控制器）和传动系（主减速器，2轮驱动，4轮驱动）。动力传动系的主要功能是通过调节发动机曲轴转矩和变速齿轮选择，在驱动轮产生推进转矩，以满足驾驶人的需求和车辆系统需求。显然，内燃机是通过转换燃料化学能来产生机械能的能量变换器，燃料箱是储能设备。混合动力传动系可以以相同的方式定义，从能源到驱动轮的机械作业，如图11.2所示。然而，混合动力传动系在以下方面与传统动力传动系不同：

1) 混合动力传动系接口两个能量储存器，机电能量转换是双向的。

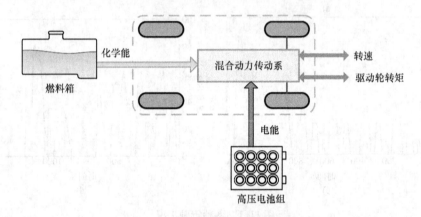

图11.2 混合动力传动系的界限

2) 高压电池是主要电源。

3) 电机（发电机）可以通过驱动轮产生显著的负转矩，使车辆减速；能量回收依赖于再生制动期间的机电转换。

4) 内燃机可以处于关闭状态，开关转换是自动的。

无论具体的动力传动系配置如何，这四个特性都适用于所有混合动力传动系。在车辆层面，HEV燃油经济有四个主要促成因素如下：

1) 当驾驶人希望通过制动来使车辆减速时，机械能到电能的转换。这是通过再生制动实现的；混合动力传动系和制动系统的协同操作，试图尽可能较少地使用摩擦制动。混合动力传动系能量回收，制动系统仅在需要时地加摩擦制动。

2) 自动关闭发动机以减少发动机的能量损失。与发动机怠速燃油消耗相反，与发动机转速和泵送的能量损失最大，关闭发动机以消除这种能量损失。由于相同的原因，发动机在非常轻的负载下效率较低；如果混合动力传动系可以使用其电气路径来提供推进，则整个系统的效率可得到提高。

3) 更有效地运行发动机。这是混合动力传动系控制的功能，因为它可以通过控制发动机转速或发动机负载或两者同时来替代发动机工作点。如许多混合动力汽车所示，阿特金森循环技术也是 HEV 发动机效率改进的重要因素，因为它可以达到 220g/kWh 的制动比燃油消耗（BSFC）。

4）减少车辆附件负载和道路负荷。大多数市场上的混合动力汽车通过使用主动式进气格栅，更多的空气动力学设计和低滚动摩擦轮胎以及使用轻质材料来减少道路负载。主动附件负载管理也起到减少整体车辆功耗的作用。

如上所述，2）和 3）是混合动力传动系功能，而 1）主要是动力传动系功能，但由再生制动系统协调。4）主要是在车辆层面进行管理。在讨论特定配置的混合动力传动系如何实现前 3 个功能之前，先来介绍 3 种典型的混合动力传动系配置；它们是串联混动，并联混动和功率分流式混动。

11.2.1 串联混合动力系统

在串联混合动力系统中，推进力由牵引电动机或电动机提供；内燃机和发电机与传动系解耦，如图 11.3 所示。

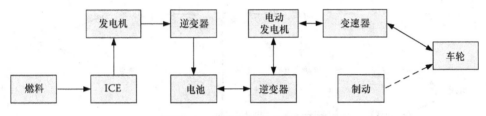

图 11.3 串联混合动力系统配置

11.2.2 并联混合动力系统

在并联混合动力系统中，电动机和内燃机都可以直接进行推进。如果离合器啮合，则发动机转矩和电动机转矩是相加的；换句话说，它们是并联的，如图 11.4 所示。

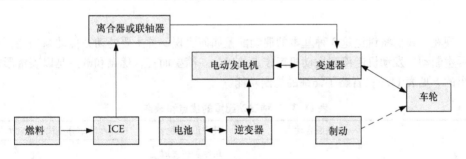

图 11.4 并联混合动力系统配置

11.2.3 功率分流式混合动力系统

功率分流式混合动力系统中，发动机和两台电机通过托架、太阳齿轮和环形齿轮与行星齿轮组（PGS）相连。在普锐斯和福特蒙迪欧混合动力汽车中，内燃机作为变速驱动器的输入端连接到托架，牵引电动机（也称为电动机 B）连接到作为变速驱动桥的输出环形齿轮上，发电机（称为电动机 A）连接到太阳齿轮。功率分流装置有以下基本属性：

1）它是一种电气连续可变传动（EVT），允许发动机转速与车速成比例的输出速度互不影响。

2）变速驱动器输出转矩由电动机 B 转矩和发动机转矩的一部分产生。

回想一下，在串联混合动力汽车中，发动机转矩不影响输出转矩，而在并联混合动力汽车中，所有发动机转矩都传递到输出。现在，应该清楚的是，功率分流式混合动力是介于串联混合动力和并联混合动力之间。如图 11.5 所示的是由传动比决定的"比例"控制。它可以被设计成比串联或并联混合动力汽车更好的兼顾城市和高速公路的行驶工况。

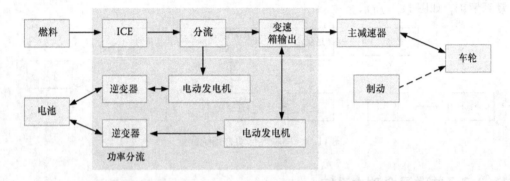

图 11.5 功率分流式混合动力系统（串联-并联配置）

（来自 J. Miller, *Propulsion Systems for Hybrid Vehicles*. IEE Power and Energy Series 45, The Institute of Electrical Engineers, United Kingdom, 2003.）

现在，我们将讨论这 3 种基本的混动配置如何实现 3 种主要的动力传动系功能，包括再生制动、发动机起停和发动机工作点的优化。简要而言，优点和缺点是以表格形式给出的，见表 11.3；省略了详细的控制功能。

表 11.3 3 种混动配置的优点和缺点

	串联混合动力	并联混合动力	功率分流式混合动力
再生制动能量回收	由牵引电动机完成 足够的再生能力	由电动机完成 有限的再生能力（由于电动机和电池的容量） 电动机转速受传动比的影响	由电动机完成 有限的再生能力（由于电池的容量）

(续)

发动机的起动和停止	可以在任何车速和负载下关闭 ICE 由发电机控制 高品质的起停控制分离	通常需要断开离合器 可以在任何车速和负载下关闭 ICE 没有起动机电动机，发动机起动有困难，可能会影响驾驶性能	由于变速驱动器运动限制，可以在某一车速以下将 ICE 关闭 由两台电机控制 良好的起停质量
发动机工作点优化	可以在速度和转矩两方面优化 可以用 ICE 技术和发电机技术进行优化	可以优化转矩（负载调平） 复杂的齿轮选择和换档控制	可以在速度和转矩两方面优化，可能会受到电力损失的影响 无离合器 CVT 的平稳运行
总体优势和弱点	适用于非常短暂的行驶工况 由于双重能量转换（机电机），高速公路巡航或稳态效率降低 对牵引电动机的要求较高 电池功率要求较高	有利于高速公路和稳定状态 瞬态行驶工况中燃油经济性受损 对牵引电动机的要求较低 电池功率要求较低 更具成本效益 效率与驾驶性能之间的权衡	平衡城市和高速公路燃油经济性设计 紧凑，对车辆结构没有重大破坏 对发动机和电池组的合理要求 卓越的驱动品质 野蛮的行驶工况使燃油经济性退化

11.2.3.1 案例研究

通过使用 Autonomie 仿真软件对串联混合动力、并联混合动力和功率分流式混合动力进行了比较，见附录。所有的动力传动系都具有相同的车辆质量、气动参数、轮胎参数和相同的道路等级，如表 11.4 所示。所有车辆运行在一个 UDDS 行驶工况和一个 HWFET 行驶工况中，分别模拟城市驾驶和高速公路驾驶。

表 11.4 仿真输入参数比较

部件	参数	串联混合动力	并联混合动力	功率分流式混合动力
底盘	质量/kg	1850	1850	1850
	前重量比	0.64	0.64	0.64
	重心高度/m	0.5	0.5	0.5

(续)

部件	参数	串联混合动力	并联混合动力	功率分流式混合动力	
车轮	半径/m	0.30	0.30	0.30	
	滚动阻力系数	0.008	0.008	0.008	
发动机	基本型号	1.5L 57kW 04 普锐斯	1.5L 57kW 04 普锐斯	1.5L 57kW 04 普锐斯	
	最大功率/kW	80	80	80	
电机	基本型号	25/50 04 普锐斯	25/50 04 普锐斯	15/30 04 普锐斯	25/50 04 普锐斯
	最大功率/kW	120	25	51	36
变速器	类型	固定齿轮	自动齿轮	行星齿轮	
	传动比	1	3.45, 1.94, 1.29, 0.97, 0.75	2.6	
主减速器	主减速比	4.438	3.63	3.93	
机械零件	功率/W	10	10	10	
电子配件	功率/W	217	217	217	

不同的控制策略适用于3种类型的混合动力系统。在该系列混合动力汽车中,由于电动机提供了道路所需的全部功率和转矩,因此采用了负载跟随控制策略。发动机提供电力并驱动发电机,以将电池的充电状态(SOC)调整到恒定水平。在并联混合动力系统中,采用基于规则的控制策略来调节电动机动力辅助和再生制动的开启和关闭时间。在功率分流式混合动力系统中,将较低的燃油消耗控制策略与性能推进控制结合,实现了最佳发动机工作区域。对于所有3种类型的配置,再生制动只允许低于$2m/s^2$的底盘减速速度,以上仅使用传统的摩擦制动。

表 11.5 总结了基于上述控制策略和两个行驶工况下的燃油经济性和发动机效率比较结果。应该指出,不同的控制策略和不同的行驶工况下将导致不同的燃料消耗结果。对于给定的车辆和发动机,燃料消耗结果取决于部件特性,例如传动比和电机损失图以及控制策略。因此,这些比较模拟旨在阐述3种基本混合电气配置的电力损耗和发动机效率之间权衡。传动比、子系统损失图、发动机效率图和控制策略可能与实际生产中的 HEV 有很大不同。

表 11.5 仿真结果比较

性能	UDDS			HWFET		
	串联混合动力	并联混合动力	功率分流式混合动力	串联混合动力	并联混合动力	功率分流式混合动力
距离/mile	7.42	7.44	7.44	10.25	10.25	10.25
燃油消耗率/(g/s)	0.37	0.40	0.31	0.98	0.92	0.80
电动机/逆变器损耗/Wh	810.4	103.5	381.5	837.15	34.5	438.6
发动机平均效率(%)	33.56	26.25	32.79	35.27	27.46	34.48

图 11.6 显示了时间从 0 到 500s 的 UDDS 行驶工况内每个混合配置中所需功率的比

较结果。在串联混合动力系统中,电动机提供动力系统所需的所有牵引力,同时发动机为电池充电也为电动机供电。发动机被调节在更高的效率点运行,以提高燃油经济性。在并联混合动力系统中,发动机和电动机均提供牵引力;但是,如图 11.7b 所示,发动机不能在燃料最佳区域中工作,因为它不能与主减速器分离。在功率分流式混合动力系统中,牵引力来自发动机和所有电动机。这电动机都可以用作电动机或发电机,并且在其燃料最佳工作区域调节发动机,从而提高了燃料效率。此外,所有这 3 种类型的混合动力汽车的发动机都可以在怠速或制动期间关闭。

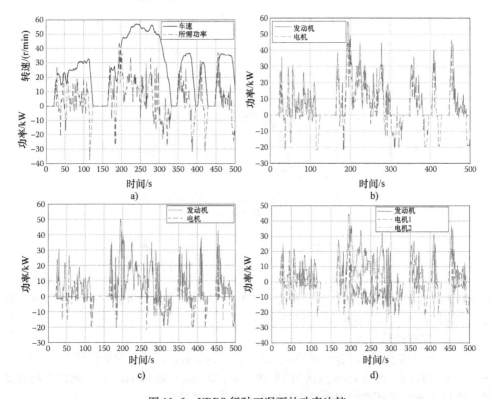

图 11.6　UDDS 行驶工况下的功率比较
a) 所需功率　b) 串联混合动力　c) 并联混合动力　d) 功率分流式混合动力

图 11.7 比较了 UDDS 行驶工况下的串联、并联和功率分流式的发动机工作点。可以看出,发动机对于串联和功率分流式混合动力都在高效率区域运行,而并联混合动力汽车不能提供这种益处,原因是发动机始终与输出轴联动。

图 11.8 为 HWFET 行驶工况下各混合配置的功率需求与功率组成对比结果。串联混合动力汽车的发动机仍然提供驱动轮所需的所有牵引动力,并回收再生制动能量。在并联混合动力汽车中,发动机提供了大部分的牵引力,而电动机偶尔辅助动力性能,回收再生制动能量。在功率分流式混合动力汽车中,发动机仍然由两个电动机控制,一个主要用作发动机,另一个用作发电机。功率分流式混合动力汽车在高速公路上的燃油效

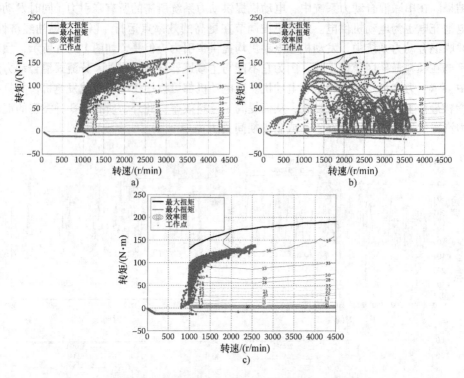

图 11.7 UDDS 行驶工况比较下的发动机工作点
a) 串联混合动力　b) 并联混合动力　c) 功率分流式混合动力

率略低,因为它在电能路径上的损耗更高。如图 11.8 所示,当车辆在 280s 和 730s 减速时,发动机关闭,再生制动开始发挥作用。

11.2.3.2　定速巡航仿真

表 11.6 总结了 3 种混合配置的定速巡航仿真的燃油经济性和发动机效率比较结果。车速从 0～20m/s,在前 150s 内达到 28.89m/s（45mile/h 和 65mile/h),然后保持其速度。图 11.9 显示了所需功率和每个部件功率的比较结果。

可以看出,在串联混合动力汽车中,发动机为电池充电时,电动机提供了道路负载所需的全部动力。在并联混合动力汽车中,发动机以恒定的巡航速度提供所有的动力。在功率分流式混合动力汽车中,两台电机分别作为发电机和电动机,在燃料最佳区域内调节发动机转速和功率。在动力分离混合动力配置中,发动机效率高,车辆燃油经济性高。

与发动机功率相比,串联混合动力汽车的功率要求最高（22.5kW),主要是由于两种功率转换所造成的功率损失;并联混合动力汽车由于功率损失低,需要的发动机功率最低（17.1kW);功率分流式混合动力汽车所需的发动机功率在二者之间（20.2kW)。第二,比较发动机效率,这取决于给定功率输出和发动机技术的发动机工作点。与并联

HEV 相比，串联 HEV 和功率分流式 HEV 具有相对较高的发动机效率，因为在并联 HEV 中，发动机总是与变速器输出轴相连，因此在燃料最佳区域中不调节工作点。

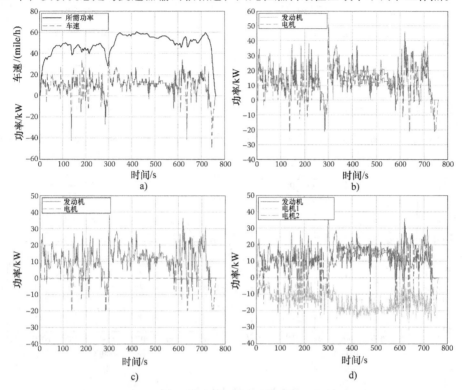

图 11.8 HWFET 行驶工况下的功率比较
a) 所需功率 b) 串联混合动力 c) 并联混合动力 d) 功率分流式混合动力

表 11.6 稳态仿真结果比较

参数	串联式混动		并联式混动		功率分流式混动	
车速/(mile/h)	45	65	45	65	45	65
发动机转速/(r/min)	1092	1750	2233	2493	1000	1683
发动机转矩/(N·m)	96	123	33.5	65.4	94	114
发动机功率/kW	11.0	22.5	7.8	17.1	9.9	20.2
发动机平均效率（%）	34.26	35.9	24.04	31.37	33.4	35.5
燃油消耗率/(g/s)	0.71	1.39	0.74	1.20	0.62	1.21
电机转速/(r/min)	4502	6503	2233	2493	2492 −2880	3600 −3298
电机转矩/(N·m)	16	25	−1	−0.9	−39 −26.2	−38 −32
电机功率/kW	7.5	17.0	−0.2	−0.2	−10.3 7.9	−14.3 11.0
电机功率损耗/kW	2.89	4.65	0.04	0.04	0.94 1.24	1.35 1.74

总之，所有 3 种类型的 HEV 配置在某些应用中均具有独特的优势。由于发动机与

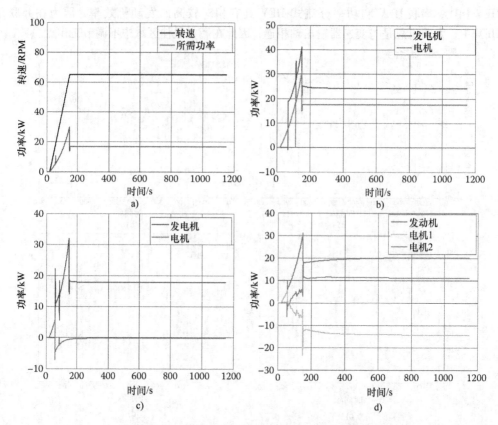

图 11.9 稳定状态下的功率比较（65mile/h）
a）所需功率和转速 b）串联混动 c）并联混动 d）功率分流式混动

变速器输出驱动轴的独特解耦，串联混合动力汽车具有最高的发动机效率。由于更频繁地实施再生制动，它们在城市道路上的燃油经济性也高于高速公路。然而，串联 HEV 在从机械功率到电力和再次回到机械功率的功率转换方面都有显著的损失。并联混合动力汽车具有与传统 ICE 相当的较小的电气系统。高速公路燃油经济性较高，因为发动机高效工作，电机辅助动力性能更好。电机还具有一定程度的再生制动功能，以将动能回收到电池。然而，由于发动机的效率低，并联混合动力系统在城市工况中的燃油经济性和发动机效率得到了补偿。功率分流式（混联式）混合动力汽车将串联和并联混合动力汽车的优点结合在一起，提供平衡的解决方案。无论是在城市还是在高速公路上，发动机的工作效率和车辆的燃油经济性都达到了令人满意的水平。发动机转速和转矩都可以与变速器输出轴分离。由于功率分流装置中机械功率和电力的集成，功率转换中的功率损失较少。然而，由于电机和逆变器在较高速度下的再生制动机会较少，损耗较大，所以功率分流式混合动力汽车在高速公路上的燃油经济性略低于城市。

11.3 混合动力传动系部件的介绍

11.3.1 HEV 的内燃机

对于典型的 HEV，HV 电池组的能量容量非常有限，为 1 - 2kWh。仅有 30% 用作能量缓冲器，相当于在电动模式下行驶 2mile 的距离。因此，在实际行驶距离内，内燃机（ICE）提供了车辆所消耗的全部机械功；发动机平均效率对混合动力汽车燃油经济性起着重要作用。

对于给定的 ICE，效率不是一个常数。这取决于发动机工作点在发动机转速和发动机转矩方面，也取决于可能影响发动机的摩擦、点火正时、气门正时和燃料空气比的发动机运行状况。图 11.10 显示了转速 - 转矩域之间的发动机运行的一般特性。在标称工况下，发动机制动功率输出的最小油耗随发动机输出功率的变化而变化，发动机效率在中等功率范围内达到峰值；通常，这种功率水平高于燃油经济性所要求的。当发动机输出功率（制动功率）太低或过高时，效率就会降低。当发动机息速且零机械功率输出时，效率为零，HEV 将关闭发动机并使用电动模式的原因如图 11.11 所示。

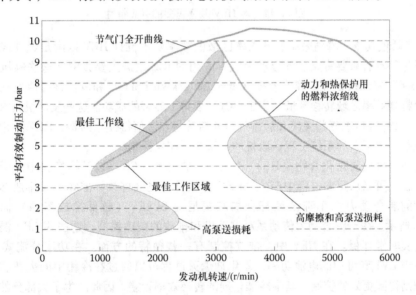

图 11.10 最佳发动机工作区域

0 ~ 60s 的时间内车辆加速性能受到动力传动系峰值功率的影响很大。对于大多数并联混合动力和功率分流式混合动力，发动机峰值功率仍然是性能的第一设计因素。在中型混合动力汽车中，峰值电池放电功率可能在 20 ~ 35kW 的范围内，而功率峰值可能在 80 ~ 120kW。对于串联混合动力，峰值动力传动系功率可以高达电池功率峰值和内燃机产生的功率的总和。

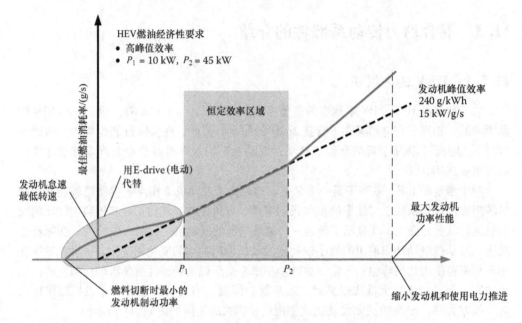

图 11.11 对 HEV 效率重要的 ICE 特性

ICE 峰值功率、峰值效率和低功率区域的效率对于设计 HEV 以满足燃油经济性和性能目标都具有重要意义。混合动力汽车应用的 ICE 改进主要集中在这些领域。"Atkinsonized" 发动机在提高峰值效率（低于 220g/kWh BSFC）和以牺牲峰值发动机功率为代价将高效率区域转移到低功率工作方面取得了显著的成功。这些发动机具有高压缩比（12～13）、后进气门关闭和后排气口开启等特点。值得注意的是，HEV 应用的发动机优化是一个复杂的系统工程，取得的成果令人印象深刻。

内燃机排放碳氢化合物（HC）、NO_x、一氧化碳（CO）以及排气管中的微粒、碳氢化合物也可以从蒸发过程中产生。HEV 必须符合尾气排放标准和蒸发排放标准。许多近期的混合动力汽车都已经符合加利福尼亚 SULEV（超低排放车辆）标准，如表 11.7 所示。由于混合动力传动系对发动机和排放的精确控制，这些 SULEV 混合动力汽车确实非常环保。在 HEV 中，排放控制有一些独特的方面。在功率分流式的 HEV 中，由于 EVT 和可用的电池功率，催化剂熄灭过程可以通过在冷相中的火花、空气和燃料控制得到更好的控制，其中冷催化剂的转换效率较差，因此产生了大部分的尾气排放。其次，HEV 发动机的运行时间远低于传统车辆；燃烧更好地控制，发动机废气中便存在较少的污染物。由于 HEV 起动和停止发动机相当频繁，这些瞬态排放控制中存在一定的困难；然而，通过适当的燃料浓缩和闭环燃料控制以及火花控制，已经取得了非常令人满意的结果。保持催化剂基板温度和精确的氧气含量也至关重要；它们是通过基于实时催化剂状态估计的良好设计和控制来实现的。

表 11.7 加利福尼亚 LEVII、FTP、PC 和 LDV <8500lb,g/mile,50K（120K）

	NMOG 非甲烷有机气体	CO 一氧化碳	NO_x 氮氧化物	PM 颗粒物	HCHO 甲醛
低排放汽车	0.075 (0.090)	3.4 (4.2)	0.05 (0.07)	(0.01)	0.015 (0.018)
超低排放汽车	0.04 (0.055)	1.7 (2.1)	0.05 (0.07)	(0.01)	0.008 (0.011)
超超低排放汽车	(0.01)	(1.0)	(0.02)	(0.01)	(0.004)

对于混合动力传动系控制来说，发动机转矩控制性能是非常重要的，因为它是基于转矩的控制。一般来说，HEV 控制需要比典型的传统车辆更严格的发动机转矩控制。发动机转矩精度会影响电池的功率控制精度，这在极端条件下是至关重要的。它也可以在某些条件下影响驾驶性能。发动机控制本身就是一个非常富有挑战性的领域，因为需要许多设备控制的协调。现代发动机控制的框架如图 11.12 所示。

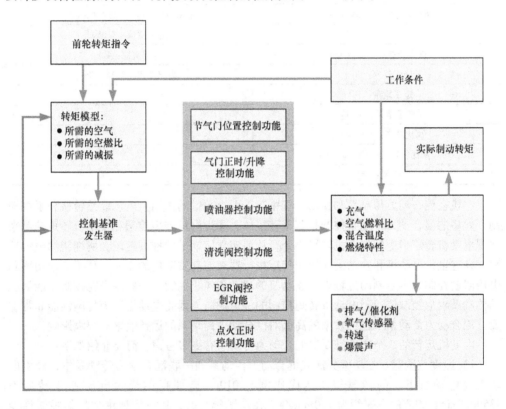

图 11.12 基本汽油发动机转矩控制框架

总而言之，发动机的尺寸、设计、发动机技术和发动机控制必须与混合动力传动系功能和控制一起考虑，以实现车辆在燃油经济性、排放、性能和驾驶性能方面的目标。正是动力传动系级和子系统级之间的相互作用，使得混合动力传动系非常有趣，但也具有挑战性，特别是在现实世界中，客户的偏好和车辆的工作条件非常宽泛。

11.3.2 混合动力传动系的电机

由于其高功率密度和转矩密度，高效率和卓越的转矩控制性能，内置永磁同步电机（IPMSM 或 IPM）在现代混合动力传动系中占据主导地位。2010 普锐斯变速箱有两台 IPM（前面部分提及的是电动机 A 和 B）；许多研究人员对设计和基准性能进行了调查。表 11.8 显示了一些已发布的规格和性能。

表 11.8　2010 年普锐斯电动机规格

电动机（B）	电动机（A）
内部 PMSM（永磁同步电机）	内部 PMSM（永磁同步电机）
分布式绕组	集中式绕组
在 650V 时达到 60kW 的峰值	在 650V 时达到 42kW 的峰值
207N·m 峰值	定子重量：8.6kg
最大转速：13500r/min	转子重量：4kg
峰值效率：96%	高比功率：3.3kW/kg
定子重量：16kg	
转子重量：6.7kg	
高比功率：2.6kW/kg	
高比转矩：9.1N·m/kg	
容量：15L	

电机在混合动力传动系和控制系统中起着两个关键的作用：电机能量转换和系统控制。典型的混合动力传动系控制是基于转矩的；通过电机转矩控制和发动机转矩控制来实现电动机转矩指令和发动机转矩指令，从而实现所期望的推进转矩和所期望的电池功率。在这里，电动机和发动机被用作转矩执行器来控制发动机的速度、高压电池功率和电压限制控制、再生制动过程以及发动机的起动和停止控制。一些高带宽控制功能如主动传动系阻尼控制依赖于电动机转矩控制的快速响应，因此电动机转矩控制性能非常重要。混合动力传动系中电机效率的高低对混合动力传动系的运行效率有很大影响。

电动机运行的 5 个方面需要对混合动力传动系有更多考虑。简要介绍如下：

1）速度范围宽。在功率分流式混合动力传动系和串联混合动力传动系中，牵引电动机（电动机 B）的转速与车速成比例。2010 年普锐斯的最大电动机 B 转速为 13500r/min，相应的车速约为 110mile/h。在车辆爬行时，接近零速度的转矩控制性能很大程度上决定了车辆的坡度保持性能和驱动质量。电动机的转矩平滑度和适当的热降性能尤为重要。另一方面，电动机转矩控制性能和接近最大转速时的电动机效率影响着车辆的高速行驶质量和加速性能，因此比典型的工业应用更值得关注，因为在工业应用中，电动机的转速范围可能要小得多。

2) 转矩范围宽。混合动力传动系的电动机转矩要求是动态的,发动机和再生性能(和效率)对动力传动系控制和 HEV 传动质量和效率都很重要。在诸如 0~60mile/h 的加速下,牵引电动机可能在最大转矩范围的运行为 10s 左右;必须保持稳定的电动机控制和高电动机效率。在主动减速过程中,牵引电动机在最小转矩包络线附近运行,因此再生性能(和效率)直接影响 HEV 再生制动性能和效率。在大多数高性能电动汽车中,发动机的起停转换对驾驶人来说是非常透明和无缝的,而且是通过精确的控制来实现的。电动机 A(或发电机)提供初始正转矩与位置相关,使发动机平稳旋转,当发动机达到稳定运行时提供负转矩。这种转换通常在 500ms 内完成,而电动机的转矩控制在这一过程中起着主要的作用。

3) 动态直流母线电压。由于 HV 电池功率随车辆运行而动态变化,电池电压动态变化,这主要是由于电池内部电阻可能取决于电池温度和电池 SOC。当内阻在低温和极低或极高的 SOC 时显著增大时,可以预期较大的母线电压变化。这在电动机控制和动力传动系控制有一定的挑战,因为电动机最大功率、效率,甚至电动机控制方法可能取决于直流母线电压。在普锐斯(Prius)和福特蒙迪欧(Ford Fusion)等一些流行的 HEV 中,直流母线电压在升压变换器的输出端被主动控制,以提高动力传动系的性能和效率。2010 年的普锐斯汽车,在重加速和减速时,直流母线电压从 200V(HV 电池电压)提升到高达 650V,并起动发动机,如图 11.13 所示。福特 Fusion HEV 在加速期间将直流电压提升到 400V。

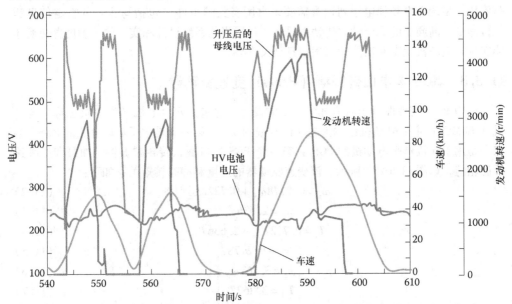

图 11.13 2010 年 Prius 的动态母线电压提升

4) 精确的电动机转矩控制。混合动力传动系的性能和效率取决于电动机转矩控制的精度和带宽。我们先来看一下电动机转矩精度如何影响电池功率控制。在功率分流式

混合动力传动系中,电动机功率和发电机功率都是必须控制的 HV 电池功率,如式(11.1)所述:

$$P_{batt} = \omega_A T_A + \omega_B T_B + P_{lossA}(\omega_A, T_A, V) + P_{lossB}(\omega_B, T_B, V) \tag{11.1}$$

如果我们希望在 500ms 的瞬变时间内控制 P_{batt} 在 5kW 内,当 ω_A 和 ω_B 都在 5000r/min 左右时,电动机 A 和电动机 B 的瞬态转矩误差应在 5N·m 以内。

根据一个经验法则是电动机转矩误差应小于 5% 或 5N·m。在关于上升时间、稳定时间和超调的动态响应同样重要,因为电动机转矩是对许多系统级功能的控制,如发动机起停控制、发动机转速控制、传动系统阻尼控制以及电池功率和电压控制。由于两台电动机的工作条件各不相同,因此要实现满意的电动机转矩控制,需要越来越复杂的控制和校准,这本身就具有很大的挑战性。

在实际应用中,通常在某些工作条件下噪声、振动和粗糙度(NVH)问题需要在电动机控制中进行特定处理,以解决相电流波形、转矩波动,甚至是脉冲宽度调制(PWM)技术。平稳无声的动力传动系工作是非常需要的。混合动力传动系的安全要求也对电动机的转矩监测和诊断提出了要求,通常被称为电动机转矩安全性和功能安全措施。

5) 混合控制的实时电动机信息。混合动力传动系控制需要实时的电动机信息,如速度、转矩、直流电压、最大和最小转矩包络及温度和模式指标;各项指标的正确信息对于动力系统控制器来说是必要的,因为安全的原因需要对操作做出正确的决定,甚至是停机。系统上电和掉电序列通常需要来自所有关键组件(包括马达)的特定信息和执行命令。高质量的混合动力传动系只有通过适当的系统设计和实时的精确信息交换才能实现;电动机状态和功能的正确信息至关重要。

11.3.3 2010 年丰田普锐斯(Prius)变速驱动器

2010 Prius 变速驱动器具有非常紧凑的设计。它包括两台电机(发电机也称为电动机 A 和 MG1;牵引电动机也称为电动机 B 或 MG2):第一个是用于功率分流的 PGS,第二个是用于连接牵引电动机的 PGS 到第一个 PGS 的齿圈、转转减振器、油泵和主减速器齿轮组,如图 11.14a[5] 所示。该变速驱动器的速度和静态转矩关系如下:

$$\omega_e = 0.2778\omega_A + 0.7222\omega_r \tag{11.2}$$

$$\omega_B = 2.636\omega_r \tag{11.3}$$

$$T_r = 0.7222T_e + 2.636T_B \tag{11.4}$$

$$T_A = -0.2778T_e \tag{11.5}$$

$$\omega_r = 3.267\omega_{fd} \tag{11.6}$$

$$T_{fd} = 3.267T_r \tag{11.7}$$

显然,72% 的发动机转矩有助于环上的输出转矩。确定电动机 A 和 B 的机械功率如下:

$$P_A = -P_e + 0.7222\omega_r T_e \tag{11.8}$$

$$P_B = P_r - 0.7222\omega_r T_e \tag{11.9}$$

或者它们可以被重新排列以揭示这种特定混合变速器所涉及的功率分流、机械路径和电气路径。

$$P_e = -P_A + 0.7222\omega_r T_e \quad (11.10)$$

$$P_r = P_B + 0.7222\omega_r T_e \quad (11.11)$$

很明显，发动机功率分为两部分，即电动机 A 功率和功率项 $0.7222\omega_r T_e$，它是从发动机传递到输出（机械路径）的直接机械功率。在输出（齿圈）上，将机械功率和电动机 B 功率组合起来形成输出机械功率。电气路径包括发电机 – 电池 – 电动机，当车辆电力需求高（正或负）时，它起主导作用。一方面，对于高速公路速度的稳态行驶，机械路径占主导地位；因此，对于高速公路燃油经济性来说，它是相当有效的。另一方面，在城市驾驶等低速行驶时，电气路径占主导地位，其效率也很重要。普锐斯的跨轴设计在城市工况燃油经济性和高速公路工况燃油经济性之间取得了良好的平衡。

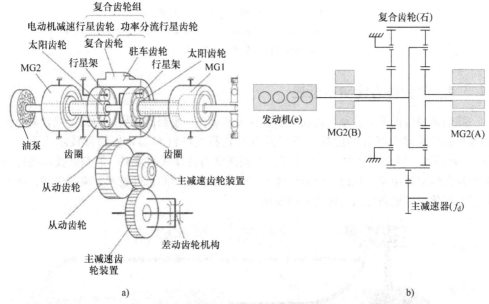

图 11.14　2010 丰田普锐斯变速驱动器
a）综合单元　b）简化图
[来自 https：//techinfo.toyota.com/t3Portal/document/ncf/
NM14C0U/xhtml/RM0000042WY003（访问日期：2010 年 2 月 17 日）]

冷却和润滑对于这种紧凑的变速驱动器是非常重要的；它们经过设计，可最大限度地减少搅动损失，并为所有部件（包括电动机、齿轮和轴承）提供足够的冷却和润滑。通过各种节流孔和通道促进冷却液和润滑油的供给和回流。在混合模式下，由发动机驱动的机械泵为润滑和冷却提供润滑油。在 EV 模式下，主减速器装置将油从油底壳移至油槽中；如图 11.15[5]所示，通过一组不同的节流孔和通道来促进冷却和润滑。值得一提的是，发动机冷却剂可以用来快速加热冷的变速器油，以减少油的黏性损失，从而提高燃油经济性。

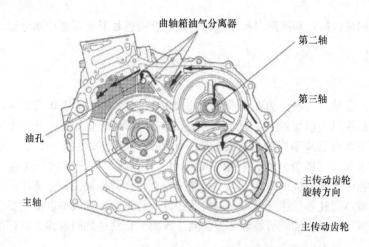

图 11.15　在 EV 模式下冷却和润滑

[来自 https://techinfo.toyota.com/t3Portal/document/ncf/NM14C0U/xhtml/RM0000042WY003
（访问日期：2010 年 2 月 17 日）]

11.3.4　混合动力传动系概述

我们简要讨论了混合动力传动系配置和关键部件。重要的是要认识到，混合动力传动系只是跨越多个能源和能量载体以及电气化程度的汽车动力传动系技术之一，如图 11.16 所示。尽管混合动力传动系专注于提高动力传动系的效率，但基础技术与许多其他动力传动系相关，在混合动力传动系中，在系统控制和部件技术方面的进步，将有利于电气化程度更高的动力传动系的发展。

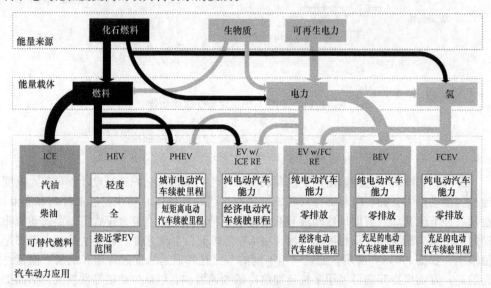

图 11.16　未来的汽车动力传动系

由于燃油经济效益仍然是 HEV 的主要驱动因素,在不需要借助于行驶工况模拟的情况下,有必要在系统层面上对混合动力汽车燃油效率的物理特性进行探讨。图 11.17 提供了分析动力传动系效率的框架。功率关系由式(11.12)给出:

$$P_{\text{supply}} - P_{\text{loss}} - P_{\text{acc}} = v(A + Bv + Cv^2) + mv\dot{v} \tag{11.12}$$

式中,A、B 和 C 是描述静态和滚动摩擦和空气动力拖动的车辆道路负载系数;P_{supply} 是动力传动系提供的总功率;P_{acc} 是车辆运行所需的附件功率,通常由 12V 系统提供;P_{loss} 是动力传动系和车辆系统损耗,包括动力传动系机械损失、电机转换损耗、HV 电池损耗以及摩擦制动器产生的制动功率损耗;v,$\dot{v}$ 是车辆的速度和加速度/减速度。通过将功率守恒方程与行驶工况(零初始和末车速)相结合,得到能量守恒方程(11.13):

$$E_{\text{supply}} - E_{\text{loss}} - E_{\text{acc}} = \int_0^{t_f} v(A + Bv + Cv^2)\,\mathrm{d}t \tag{11.13}$$

式中,E 是由发动机产生的总机械能,它可以通过平均发动机效率与燃料消耗联系在一起。

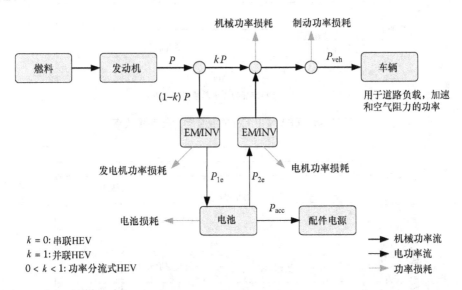

图 11.17 简化 HEV 功率流模型

现在定义动力传动系效率

$$\text{Powertrain efficiency} = \frac{\left(E_{\text{acc}} + \int_0^{t_f} v(A + Bv + Cv^2)\,\mathrm{d}t\right)}{E_{\text{supply}}} = \frac{E_{\text{used}}}{E_{\text{apprely}}} \tag{11.14}$$

式中,E_{used} 是在行驶工况中道路负载和附件荷载消耗的能量总量。图 11.18 和图 11.19 分别显示了城市工况和高速公路工况中几种最新的 EV 模型的动力传动系效率。功率分流式 HEV 动力传动系在 EPA 城市工况中实现了近 20% 的动力传动系效率。通过同样的措施,并联混合动力传动系实现了约 15% 的效率,而传统汽油车辆的效率约为 10%。

高速公路工况效率很有趣；平均来说，混合动力传动系的效率比汽油动力传动系高出15%，但它们显然是重叠的。福特 Escape（锐际）HEV 以 31% 的动力传动系效率脱颖而出。

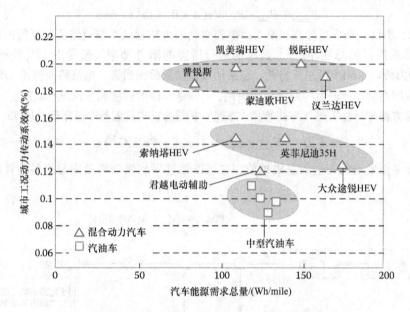

图 11.18　EPA 城市工况的混合动力传动系效率

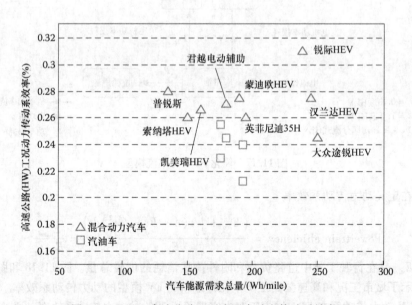

图 11.19　EPA 高速公路工况中混合动力传动系效率

如图 11.20 所示，混合动力传动系的效率会降低，从而实现更多的瞬态和积极的行驶工况。普锐斯和福特蒙迪欧 HEV 都显示出类似的效率退化，这是由于车辆动能与车辆道路负载能量需求之比的推动而引起的。消费者报告城市工况（CR 城市）是最具激进的测试工况；CR 城市的动力传动系效率最低（约 10%），几乎是 EPA 城市效率的一半。效率退化主要是由于再生能力有限，更多的损失与加速时的高功率有关。可以预期，在混合动力传动系中，一种更强大、更有效的电力路径可以提高动力传动系的效率。

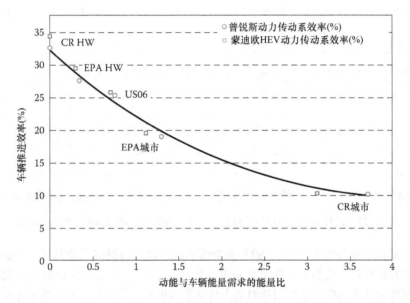

图 11.20 混合动力传动系效率退化

通过测量的凯美瑞 HEV 燃油经济性测试来估计总动力传动系能量损耗和平均发动机效率是一项有趣的工作。假设总损耗与总能量吞吐量有关：

$$L = [E_p + abs(E_n)][1 - \eta_{tm} + K(1 - \eta_e)] \tag{11.15}$$

当车辆处于加速或恒速驾驶模式时，E_p 是为克服车辆的道路负载 $\left[\int_{t_s}^{t_f} v(A + Bv + Cv^2)dt\right]$，即 $\dot{v} \geq 0$ 车辆提供的能量。当车辆处于减速模式时，即为 $\dot{v} < 0$ 时，E_n 是以克服车辆的道路负荷 $\left[\int_{t_s}^{t_f} v(A + Bv + Cv^2)dt\right]$ 提供的能量。η_{tm} 是分配给机械路径的效率，η_e 是分配给电气路径的效率。K 说明了电气路径能量吞吐量小于总能量吞吐量这一事实。此时，发动机提供的总机械能为

$$E_{ice-mech} = E_{acc} + \int_{t_s}^{t_f} v(A + Bv + Cv^2)dt + L \tag{11.16}$$

而工况中的总燃料消耗量由 $E_{ICE}\text{mech}/\eta_{ICE}/33700$（$E_{ICE}\text{mech}$ 单位为 Wh，33700 为以 Wh/gallon 为单位的汽油能量密度，η_{ICE} 为平均发动机效率）给出。图 11.21 显示了

2012年凯美瑞HEV城市和高速公路燃油经济性测试结果，作为衡量调整 mpg（mile/gal）的标准。"bag3" 和 "bag4" 是UDDS的第一部分，即 hot 505，UDDS的第二部分，即持续867s的热瞬变。bag3观察到10%的SOC差异（最终SOC-初始SOC），bag4观察到-10%的SOC差异；它们对发动机机械能输出的影响得到纠正。应该记住，这个例子只是为了显示如何从测量的燃料消耗和已知的车辆道路负载系数估计损失和发动机的效率。在整个工况中，发动机的平均效率估计低至30%，涉及机械到电气和电气到机械转换的电气路径有很大的损耗。再次，这个例子只是为了说明一个合理的方法来估计发动机效率和动力传动系的损失；应该使用详细的模型和仿真来获得更多的信息。

2012凯美瑞HEV				1.6	kWh					
	总需求/(Wh/mile)	正能量/(Wh/mile)	负能量/(Wh/mile)	SOC 增量	推进能量(Pos+Neg)/(Wh/mile)	机械效率	电气效率	k	ICE输出的能量/(Wh/mile)	ICK效率	估计未调整数/(mile/gal)	测量未调整数/(mile/gal)(EPA)
City	111.6	198	98	0	296	0.95	0.8	0.76	171	0.3	59	58.9
HW	161.7	176.7	22	0	198.7	0.95	0.8	0.76	202	0.34	56.8	56
bag 3	132.8	211	90	10	301	0.95	0.8	0.76	238	0.32	45.3	45.4
bag 4	91.8	186	105	-10	291	0.95	0.8	0.76	106	0.3	95.4	96.1

↑道路阻尼附件 ↑车辆质量循环侵略性 ↑电气损失 ↑大致估计平均ICE效率

图 11.21　2012年凯美瑞HEV城市（City）和高速公路（HW）燃油经济性

通过提高平均内燃机（ICE）效率并降低系统损耗可以提高混合效率。如该示例所示，平均发动机效率仍然显著低于发动机峰值效率38%，典型的是近期用于混合动力汽车的阿特金森发动机。电气损耗对动力传动系效率有显著影响。更高效的电路不仅提高了 EV 模式的效率，而且可以推动发动机工作点更接近峰值效率区域。因此，电气改进的好处被放大了。当然，系统层面有一定的机会，即动力传动系架构和系统优化，以及动力传动系运行策略优化。一般来说，混合动力传动系架构、部件效率和控制策略高度耦合，目标和权衡相冲突；优化是计算密集型和校准密集型的。

11.4　再生制动系统

再生制动是电气化动力传动系的主要特征之一，使得车辆能够在减少碳足迹的同时提高燃油经济性和行驶里程[1,3,4]。在制动期间回收车辆存储的动能是再生制动的基本概念。在车辆的制动阶段，电机用作发电机以将车辆的动能转换成电能并将其存储在机载存储装置中（通常是诸如 NiMH 和锂离子电池的高级电池、超级电容器和飞轮系统），并且该能量可以用于随后车辆的加速或驱动。电气化动力传动系的再生制动效率随电力系统的存储可用性和功率/转矩处理能力的不同而有所不同。此外，一些制动功率要求（在重型制动时）可能不能仅由车载电动推进系统来处理。因此，摩擦制动系统还需要辅助电动制动系统来实现这样的制动目标。当 HEV 静止或低速行驶（每小时几英里）

时，摩擦制动器更倾向于保持车辆和混合动力传动系的输出接近零转矩。当制动踏板被释放时，动力传动系转矩将增加，以实现一致的车辆爬行行为。使用双制动系统进行制动的过程称为制动混合，精确的制动混合对制动性能和燃油经济性都很重要。

许多混合动力汽车和电动汽车都采用全混合式再生制动系统。它是一个相当复杂的系统，驾驶人的制动踏板输入，并通过适当的摩擦制动系统（基础制动）和混合动力传动系再生制动功能，实现车辆减速，使安全与效率相一致。基本工作原理如图11.22和图11.23所示。混合系数定义为摩擦制动转矩与驾驶人所需总制动力之比；它是制动踏板输入、车速、安全事件和机械化细节的复杂函数。如图所示，期望的摩擦制动力由驾驶人要求的总制动力和经受可动态变化的动力系再生制动能力的混合系数确定，并且对动力传动系的再生制动转矩指令是不同的，区别在于总制动转矩和摩擦制动转矩。典型的再生制动系统可以允许 $0.25 \sim 0.3g$ 的减速度；对于线控制动系统，期望的摩擦制动力可以与制动踏板分离，并且可以被更精确地控制，因此可以期望更有效的能量回收。

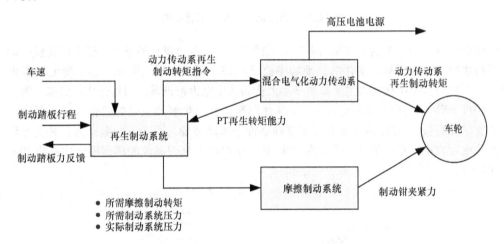

图 11.22 再生制动系统的工作原理

制动踏板力的反馈很重要，通常在踏板行程到达极限时，与一种特殊的力模拟器相结合。现有的再生制动系统，无论是全混合还是更经济的叠加再生制动，仍然面临着严格的制动性能，同时仍然提供高效率的动能回收。现已提出了一些用于再生制动的新型机械化装置，以提供更高的减速度（$0.4g$）和更有利的混合线控技术。

11.4.1 电动汽车双制动系统的主要原因

在理论上，存储在车辆中的所有动能都可以通过再生制动系统来获得。但是，实际上由于以下原因可能不可行。

电力推进系统的制动功率需求和转矩/功率限制的波动：一般来说，制动事件可以分为3种类型：轻型、中等和重型制动，其典型的速度-时间关系如图11.24所示。在

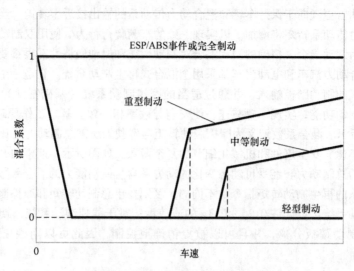

图 11.23 再生制动系统的混合策略

轻型制动事件中,车辆的制动功率要求低得多,这可以由单独的电动推进系统提供,即纯再生制动。中等制动事件的制动功率要求远高于轻型制动。因此,在中等制动条件下,车辆的再生制动能力主要取决于动力传动系中电力推进系统的百分比。例如,为了在轻度 HEV 中实现中等制动事件,必须使用摩擦和再生制动系统的组合(由于制动功率要求较高)。典型的乘用车在重型制动事件中可能需要几百千瓦的制动力,并且可能无法由电力推进系统单独处理(乘用车 HEV 中的电力推进系统的典型额定功率为 50 ~ 60kW)。

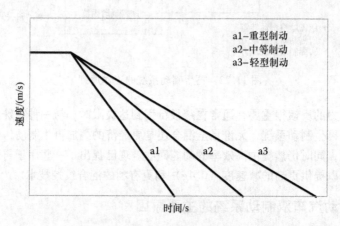

图 11.24 可能的制动要求

因此,为了处理车辆的各种制动要求,双制动系统的参与至关重要。

电机的运行特性及其影响:电机在发电模式下的转矩能力与电机的转速有很大的关

系，当电机在低速运行时，转矩能力会下降。此外，电机和逆变器在低速制动条件下效率较低（由于功率模块的热应力）。因此，摩擦制动系统必须采用低速制动事件。

储能系统的局限性：车辆回收的动能将被转移到储能装置。在某些制动场合，能量储存系统将达到其最大容量，可能不再接受电机的进一步充电。在这种情况下，摩擦制动系统的参与对于实现制动目标至关重要。储能装置不仅限制了再生制动系统的参与，而且电机和电力电子系统的功率/转矩处理能力也是主要限制因素。虽然理论上可以设计一个电气化动力传动系来处理各种制动要求，但是如果没有车辆的重量、体积，这个设计就不能实现，以及最重要的是使整车总体成本会增加。因此，为了在现实的限制条件下实现充分的再生制动性能，双制动系统至关重要。

重量分布和制动动力学：车辆的重心及其与前后车轮的位置关系在制动性能上非常重要。要了解这一点，让我们来看一下车辆制动动力学背后的基本原理。图 11.25 描述了车辆的双轴制动动力学，其中

h 是重心（CG）与地面之间的高度；
l 是 CG 和后桥之间的距离；
L 是前后桥之间的距离；
a 是车辆的减速度（m/s²）；
V 是车辆的速度；
θ 是道路倾角；
N_R 是作用在后轮上的法向力；
N_F 是作用在前轮上的法向力；
F_R 是由于地面摩擦而作用在后轮上的制动力；
F_F 是由于地面摩擦而作用在前轮上的制动力。

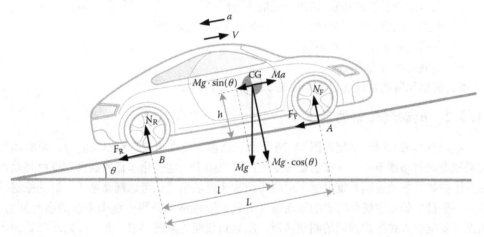

图 11.25 车辆的双轴制动动力学

在给定的地形上，在给定的车轮上适用的制动力与作用在车轮上的法向力成正比。因此，通过知道法向力，可以获得制动力分布。通过取 A 点和 B 点的转矩，可以得到

后轮和前轮 N_R、N_F 上的法向力的作用

$$N_R = \frac{Mg\sin(\theta)h + Mg\cos(\theta)(L-l) - Mah}{L} \quad (11.17)$$

$$N_F = \frac{Mg\cos(\theta)l + Mah - Mg\sin(\theta)h}{L} \quad (11.18)$$

从式 (11.17) 和式 (11.18) 可以得出前轮和后轮中的最大制动力

$$F_R = \mu N_R \quad (11.19)$$

$$F_F = \mu N_F \quad (11.20)$$

式中,μ 是道路的摩擦系数。

从式 (11.17)~式 (11.20),可以清楚地看出车辆重心坐标和减速度对前后轮制动力分布的影响。法向力分布相对于减速度的变化称为动力传递(有兴趣的读者建议阅读参考文献 [2] 了解有关地面车辆制动动力学的更多信息)。现在,很容易理解单轴驱动车辆的再生性能如何受到动力传递的影响。此外,这些信息可以有效地应用于汽车电气化动力传动系的设计,以最大限度地回收动能。研究结果还表明,将所有轴的电力驱动系统集成在一起可以显著提高能量回收效率。然而,这增加了车辆的总成本。

除了再生制动能力外,本节得出的理论提供了对地面车辆制动动力学的更多见解,以及双制动系统对电气化车辆至关重要的理由。此外,它还建议车辆的重心必须放在哪里,以提高再生制动性能。

防抱死制动系统:防抱死制动系统将在滑坡地形制动条件下起作用。在这种情况下,摩擦制动系统只有在防抱死制动系统的帮助下才能启动。当防抱死制动系统作用时,由于制动控制的复杂性,再生制动系统将被停用。

因此,HEV 采用双制动系统的主要原因可以概括为
1) 电力推进系统的功率/转矩处理能力有限;
2) 低速电机的转矩产生能力不足(由于低的反电动势);
3) 车辆储能系统的存储限制;
4) 车辆的动力传递;
5) 防抱死制动系统在滑坡地形制动条件下的参与。

11.4.2 电动汽车制动系统

电动汽车的双制动系统如图 11.26 所示。这里,驱动轮具有双制动能力,而驱动轮与机械摩擦制动器集成。摩擦制动器由液压系统操作。电气化车辆的制动系统由制动控制系统控制,制动控制系统根据车辆的预期减速要求来优先考虑制动系统。制动控制系统的主要目标是:在任何给定的制动条件下最大限度地发挥再生制动系统的参与能力;确保以安全的方式提供预期的制动转矩,以达到预期的减速要求。此外,制动感觉的实现是制动控制系统设计关键挑战之一。

前轮驱动车辆的制动功率流图如图 11.27 所示。这里,在前轮和后轮之间共享制动功率。由于前轴与再生制动系统集成,前轴制动的一部分通过再生制动系统以及摩擦制

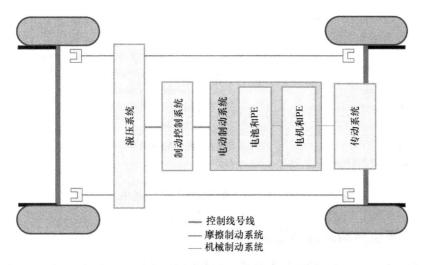

图 11.26 典型单轴驱动混合动力/电动汽车制动系统

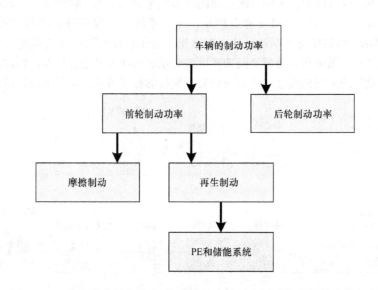

图 11.27 前轮驱动混合动力/电动汽车中的再生制动和摩擦制动功率流

动系统一起实现。后轴制动采用摩擦制动系统。

图 11.28 为简化后的车轮制动力示意图。根据牛顿第二运动规律,恒定的制动力 F_{BW} 应作用在车轮上(相当于车轮在地面上施加的力 F_{BG}),以使车辆达到恒定的减速度 a。为了产生恒定的制动力,制动系统 T_{BW} 产生的转矩应该是恒定的,等于 rF_{BG}。无论如何,电力推进系统产生的转矩是非线性的,随着电机的运行速度而变化。因此,为了实现恒定的减速度,必须优化混合双制动系统,使电动制动的利用率最大化,同时摩擦制动系统提供多余的制动功率。

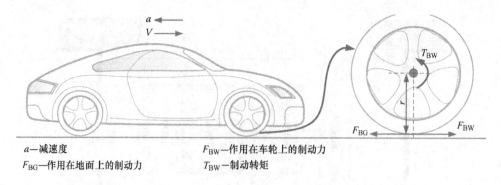

a—减速度
F_{BG}—作用在地面上的制动力
F_{BW}—作用在车轮上的制动力
T_{BW}—制动转矩

图 11.28 作用在制动轮上的力/转矩

11.4.3 再生制动系统的能量存储

　　飞轮系统和超级电容器组是再生制动系统中常用的储能装置[3,4]。由于电力处理能力差,电池不适合该应用。飞轮系统以动能的形式存储车辆的回收能量,而超级电容器以电能的形式存储。如图 11.29a 和 b 所示,飞轮系统可以以两种不同的方式来储能。图 11.29a 显示了纯机械再生制动系统。在这里,与驱动轴连接的传动系统与机械飞轮直接耦合。因此,飞轮和驱动桥之间的速度差必须由传动系统进行控制。因此,传动系统设计是本设计的主要挑战之一,目前仍处于发展的初期阶段。由于本设计的能量转换

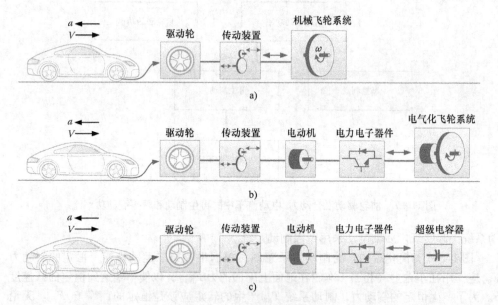

图 11.29 再生制动系统
a) 作为再生能量存储的纯机械飞轮系统　b) 作为再生能量存储的电气化飞轮系统
c) 基于超级电容器的再生能量存储

次数较少，因此实现了更高的能量回收效率，被认为是本设计的主要优势之一。

图 11.29b 展示了另一个包括飞轮系统作为再生制动能量存储的设计。与纯机械布置相反，该设计使用电机为飞轮系统充电/再充电。从电力推进系统回收的电力将在车辆制动阶段通过适当的功率调节转移到电机上。这种设计的主要优点是，它可以很容易地纳入任何现有的电动汽车。然而，这种设计中较高的能量转换次数降低了它的整体效率。

基于超级电容器的再生能量存储设计如图 11.29c 所示。在这里，电动飞轮系统已被超级电容器组替代，这种设计也可以方便地集成到任何电动汽车中。但它也受到更多次能量转换的影响。

在功率和功率密度方面，电池系统不如超级电容器和飞轮系统，因此电池不是这个应用的好选择。然而，电池系统也用于适当的功率和能量管理系统设计。

11.4.4 总结

再生制动是电气化动力传动系的基本特征之一，使得车辆能够实现更高的燃油经济性并减少排放。电力推进系统的功率/转矩处理能力和车辆的制动条件是确定能量回收效率的主要因素。由于这几个原因，必须在电气化车辆中并入双制动系统（再生制动和摩擦制动系统）。一些研究报告称，电力推进系统的动能回收能增加 25%～30% 的驱动范围。在动能回收的帮助下，丰田普锐斯 HEV 在行驶里程上增加了 20%。除了能源利用外，电动制动系统还为减少摩擦制动系统的使用提供了一个机会，从而延长了使用寿命。

11.5 混合动力传动系控制介绍

混合动力传动系控制通常是基于转矩的控制；控制目标是通过协调三个转矩执行器和离合器控制来尽可能有效地满足驾驶人的需求，同时考虑到安全、可驾驶性、排放和部件保护等方面的所有系统约束和部件约束。

图 11.30 描述了一般的 HEV 控制架构，主要功能包括：

1) 驾驶人需求发生器。它可以根据驾驶人的踏板输入、模式选择以及其他车辆系统（如巡航系统和车辆稳定性控制系统）的需要，产生所需的动力传动系的推进转矩和响应类型。

2) 策略基准生成器。基于效率和其他考虑，产生策略控制基准，例如发动机开关指令，期望的发动机速度和运行模式，期望的电池功率和推进转矩目标。

3) 控制基准发生器。产生满足策略控制目标的电动机转矩指令、发动机转矩指令、离合器控制指令（压力或转矩）等控制基准，实现发动机起停控制等策略控制。控制基准是通过电动机控制器的电动机转矩控制等子系统控制来实现的控制目标。

4) 再生制动系统的控制。它根据制动踏板的输入和车辆条件产生总的制动转矩，并确定由动力系统控制执行的再生制动转矩指令和由制动系统执行的摩擦制动转矩指令。

车辆速度、车辆运行条件和系统运行条件（如电动机温度）是上述功能的必要输入，我们将对此进行更详细的讨论。一般来说，车辆和混合动力传动系控制之间的划分

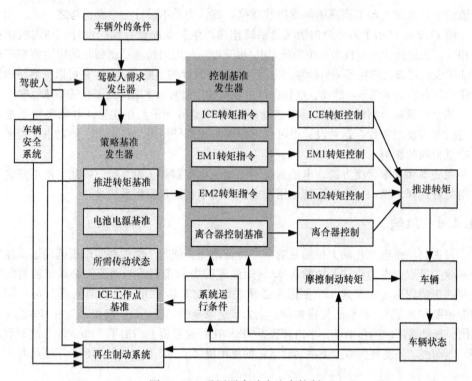

图 11.30 通用混合动力汽车控制

并不是唯一的;例如,一些混合动力传动系控制可能包括上述功能 1 中提到的驾驶人需求解释功能,而其他可能不包括。然而,功能 2 和 3 显然在混合动力传动系控制中,因此它们是以下讨论的重点。

对于给定的动力传动系推进转矩指令(可以是正或负),混合动力传动系策略控制(策略基准发电机)只有两组问题需要实时回答:

1) 需要哪种模式,发动机关闭模式或发动机开启模式?还有什么标准?

2) 在发动机开启模式下需要哪种发动机工作模式(速度 – 转矩)需要哪些发动机工作点?

对于所需的策略解决方案,混合动力传动系策略控制(控制基准发生器)将确定转矩指令以实现所需的策略解决方案。通常,转矩指令可以具有三个部件:

1) 实现动力传动系推进转矩需求所需的部件;

2) 各种控制功能所需的部件,例如调节发动机转速用的;

3) 一种用于补偿电动机转矩控制和发动机转矩控制或工厂模型中的转矩误差的部件。

在这个阶段,控制中涉及特定的混合配置和工厂特性。在 P2 并联配置(这里 P2 代表的是现代索纳塔混合动力汽车中采用的平行双离合器动力传动系技术),发动机通过一个断开的离合器耦合到 P2 电动机,因此发动机起动控制可能涉及发动机起动期间的离合器填充、滑动和锁定。当离合器分离时,发动机与动传动系的其余部分分离。相比之下,功率分流式动力传动系中,发动机转速始终由系统控制,即使在发动机关闭模式下,发动机转速控制仍然有效。到目前为止,你应该很熟悉功率分流式混合动力传动系。我们将继续使用普锐斯动力传动系来探索混合动力控制的基本概念。同样的概念仍然适用于其他混合构型。

11.5.1 发动机开/关的决定

起始点是 EV 模式在标称条件下的预期加速度 - 车速包络线,如图 11.31 所示。用于 EV 模式的等效车轮转矩 - 车轮速度包络线可能对控制有用,如图 11.32 所示。如果车轮转矩需求在包络线内,则需要发动机关闭模式。图 11.31 中的包络线的特征是最大 EV 模式加速度(例如 0.15g),最大功率需求(例如 10kW),最小加速度(或最大减速度,例如 -0.25g)和最小功率需求(假设为 -25kW)。标称条件意味着电池功率能力、SOC 考虑因素和电动机能力不是限制因素。图 11.32 基于图 11.31 和 2010 年普锐斯车辆质量(1530kg),道路负质系数($A = 18.5$lb,$B = 0.02235$lb/(mile/h),$C = 0.01811$lb/(mile/h),轮胎滚动半径为 0.3m。读者可以很容易地验证包络线是否完全符合电动机 B 能力(207N·m,60kW,电动机 B 对地比为 8.61)和高压电池放电和充电功率能力。对于许多中型混合动力汽车,EV 功率阈值可能在 5~15kW 之间,这取决于发动机效率细节、电动机和逆变器效率以及行驶工况考虑。

现在,我们有更多的方法来修改标称 EV 包络线。首先,这个包络线可以收缩或扩张,这取决于偏离正常水平的因素。当电池放电功率降低,或 SOC 接近低 SOC 极限时,可能需要将 EV 功率阈值降低,以使发动机模式更佳。其次,必须在包络线上引入一定

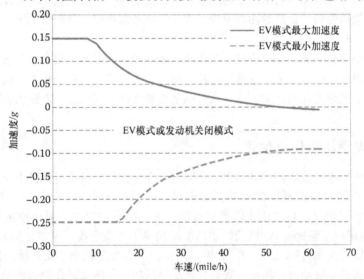

图 11.31 标称 EV 模式包络线

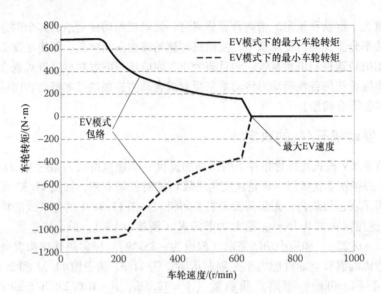

图 11.32 标称 EV 模式车轮转矩 - 车轮速度包络线

的迟滞,以防止发动机开关模式的频繁变化。稳定性也可以在时域中引入,例如,通过引入一个谴责特性。第三,某些注意事项可以覆盖以效率为中心的模式选择。如果发动机或催化剂是冷的,则可能需要在起动发动机关闭模式之前完成发动机催化剂预热过程。如果机舱加热需要发动机加热,当然,发动机开启模式应该是解决方案。第四,可驾驶性的考虑可以推动发动机在低于标称功率水平的情况下选择开启方案。其中一个例子是加速踏板快速运动的需求,这时应立即选择发动机。一般来说,起动发动机比关闭发动机更具挑战性和有更高的功率要求;因此,在考虑重启质量的情况下,关闭发动机是很重要的。

现在,很明显的是,发动机关闭和发动机开启模式选择不仅仅是出于效率考虑,而是涉及许多因素。然而,基于定量评估和逻辑的算法可以在大量的模拟、校准和测试后得到一致的、接近最优的结果,这一点可以从市场上许多高效且功能强大的混合模型中得到证明。

11.5.2 发动机工作点优化

这是策略管理人员应该回答的第二个问题。在标称发动机运行条件下,燃油消耗率与发动机转速和发动机转矩的函数是已知的,并被指定为 $\dot{m}(N_e, T_e)$,我们以前在 11.2.1 节简要讨论过。现在让我们尝试构建一个解决它的过程。对于给定的车轮转矩需求 T_w 和给定的车轮速度 N_w 以及期望的电池功率 P(假定我们现在已知),会有一对或多对发动机转速和转矩 (N_e, T_e),可以用最少的燃油消耗率来实现所需的动力传动系输出和所需的电池动力传动系。我们将再次使用功率分流式混合动力传动系来阐述优化过程。

二维优化问题可以定义为

$$\min_{N_e, T_e} \dot{m}(N_e, T_e) \tag{11.21}$$

受制于

$$P = N_a T_a + \text{LossA}(N_a, T_a) + N_b T_b + \text{LossB}(N_a, T_a)$$
$$T_w = T_w(T_e, T_b)$$
$$N_a = N_a(N_e, N_w)$$
$$T_a = -0.2778 T_e$$
$$N_b = 8.61 N_w$$
$$T_b = T_b(T_e, T_w)$$

其中 LossA (N_a, T_a) 是与工作点 (N_a, T_a) 相关的电动机 A 损耗和逆变器 A 的总损耗，LossB (N_b, T_b) 是与工作点 (N_b, T_b) 相关的电动机 B 损耗和逆变器 B 的总损耗。所有的速度和转矩都在已知的最大和最小限度内。

由于电动机 A 和 B 以及发动机的最大和最小转矩都是各自速度的函数，因此电动机 A 和 B 的工作点以复杂的方式与电动机的功率相关联，因此这个优化问题尤其具有挑战性。虽然在线实现是可行的，但必须非常详细地研究最优解的鲁棒性。通常，离线仿真可以充分揭示关于最优解的见解，并产生合理的近似值，用于简化在线优化问题，从而提高鲁棒性和计算效率。

消除电池功率限制的一种方法是最小化一个新的目标函数，如

$$f(N_e, T_e) = \dot{m}(N_e, T_e) + \lambda P \tag{11.22}$$

式中，λ 是通过离线仿真和分析校准的常数。在离线研究的基础上，根据已知的发动机油耗图和发动机损耗图的特点，可以构造一种算法来选取几个相对集中的工作点来评价 $f(N_e, T_e)$，然后构造一个模型来预测 $f(N_e, T_e)$ 到达最小值的位置。

仅仅找到燃料最小化的最佳解决方案就已经具有挑战性了。在实际应用中，还需要考虑其他因素，并进行更多的权衡。在确定所需的发动机工作点和可能的发动机运行模式时，必须考虑一些发动机工作的细节。具体细节可能包括排放控制需求、净化控制需求、发动机快速和缓慢转矩响应类型。下面举几个例子：

- 冷起动后的排放控制优先考虑发动机转速/转矩/空燃比，延迟火花，主要是 1200~1400r/min；
- 净化控制优先选择较高的真空度（较低的转矩）和较高的速度；
- NVH 注意事项；
- 通过火花和燃油切断实现发动机快速转矩路径管理；
- 基于发动机控制特性的发动机转矩/速度变化率。

混合工作策略是指最好地利用关键部件来实现系统在效率、排放、驾驶性、车载诊断（OBD）、安全性和部件保护方面的目标。大多数工作策略都是在策略控制器（策略基准生成器）中实现的。以下是在实际应用中经常讨论的主题和权衡的摘要，目的是获得更多的阅读和探索：

1) 何时使用 EV 模式（或发动机关闭模式）；
2) 发动机工作模式和发动机开启模式下的工作点；

3）权衡再生制动效率和安全性以及制动质量；
4）性能模式；
5）效率与反应性之间的权衡；
6）排放控制和 OBD 操作的策略；
7）效率与 NVH 之间的权衡；
8）部件保护策略；
9）系统退化的性能和停机策略；
10）与电子稳定程序（ESP）等车辆系统的相互作用；
11）极端条件（如环境温度和坡度）的运行策略；
12）与诸如人机界面（HMI）和反馈系统等驱动程序的交互。

策略控制器（控制基准发生器）的目标是产生电动机转矩指令和发动机转矩指令，通过一些特定的控制功能，可以一起实现所需的策略解决方案和系统控制目标。功能可能包括：

1）发动机起/停控制；
2）发动机转速控制；
3）离合器控制和换档执行；
4）电池电源控制；
5）再生制动控制；
6）传动系阻尼控制；
7）电池 SOC 控制；
8）高压触点控制；
9）热系统控制；
10）变速器油泵控制；
11）附件功率控制。

本章并没有很详细地讨论这些控制功能。强烈鼓励读者更多地了解这些功能。相反，由于其显著的重要性和技术挑战，选择发动机起动控制和再生制动控制以进行更多的详细说明。

11.5.3 发动机起动控制

发动机起动控制的目标是在不给驾驶人和传动系统造成明显干扰的情况下尽快完成转换。这种转换通常包括四个阶段，即发动机断开、发动机旋转、发动机点火和发动机转速和转矩稳定。转换控制由电动机 A、电动机 B 和发动机的协调作用完成。从发动机关闭到发动机开启的转变很可能是由驾驶人不断增长的需求触发的。缓慢的转换不能提供驾驶人的预期响应。转换期间有 6 个动态事件迅速发生，必须得到适当的控制：

1）发动机断开转矩大，变化快；
2）发动机压缩脉冲很重要，必须进行补偿；
3）快速旋转发动机以减少转转阻尼器共振；

4) 即使有火花延迟，发动机第一次点火脉冲也可能很高；
5) 发动机转矩随着火花的推进和歧管的泵送而快速变化；
6) 电池电压和功率变化很大。

前 5 个动力学必须精确建模和校准，并包含在前馈项中。随着转换阶段的推进，速度控制回路具有不同的增益。发动机减压技术、小型歧管、适当的双质量扭振减振阻尼器设计和发动机曲轴位置估计都有助于控制。普锐斯和福特 Fusion HEV 等类似车型都展示了发动机的无缝起动。品质卓越，每一次起动都始终如一。

11.5.4 再生制动控制

再生制动是一个主要的效率促进器，它应该尽可能使用。同时，混合动力汽车驾驶人对线性制动感觉的期望值仍然很高，就好像传统的制动系统一样。再生制动在提供无缝制动感觉方面仍面临挑战；两个截然不同的制动系统的协调驱动并非微不足道，需要精确的信息交换和摩擦制动和动力传动系再生制动的精确执行。在动力传动系控制系统中，再生制动功能完成三项任务：
1) 估算所有模式，EV 模式、发动机开启模式和转换的再生制动能力；
2) 动态成形去除振荡分量；
3) 执行再生制动系统所要求的再生制动转矩。

混合仍然是一个很大的挑战，因为它容易出现多个错误源。两个制动力控制不仅有误差，而且时序也可能不同步。因此，所产生的总制动力误差可能比单独的摩擦制动器高出多倍。可以预期，使用两个制动器制动过程的建模响应的控制将改善混合过程。

混合动力传动系控制的复杂性部分是由更多的子系统和系统工作条件的增加引起的，这些系统的工作条件必须包括在控制中。在所有外部条件和系统条件下，动力传动系控制必须是稳健和有效的，如以下列表所示：
1) 蓄电池温度和电池温度；
2) 电池 SOC；
3) 蓄电池电压和电池电压；
4) 客舱空气温度；
5) 发动机冷却液温度；
6) 发动机机油温度；
7) 排气温度；
8) 催化剂温度；
9) 电动机温度；
10) 逆变器温度；
11) 变换器温度；
12) 变速器油温度。

动力传动系控制的设计、开发、校准和测试必须涵盖所有条件，以确保安全、可靠、高效和有趣的驾驶 HEV。

在许多混合动力汽车中,混合动力传动系控制器通过车辆控制器域网(CAN)与诸如发动机控制模块、电动机控制模块、电池控制模块和变速器控制的许多控制模块联网。控制架构必须仔细设计,以确保相关信息能够实时更新。混合动力传动系控制系统是一个具有数百万行代码的软件密集型嵌入式系统。

总之,混合电气化动力传动系包括混合动力传动系架构设计、控制工程、嵌入式系统工程和嵌入式软件工程。它涉及建模和仿真、硬件开发、控制开发、软件开发、车辆集成、校准、验证和验证测试。随着混合动力汽车的不断发展,混合动力汽车在关键部件和系统方面提供了研发机会。HEV将更高效、更实惠、驾驶更有趣。对于汽车工程师来说,混合动力传动系在技术上具有挑战性和趣味性。

附录 自动模拟配置和输入参数

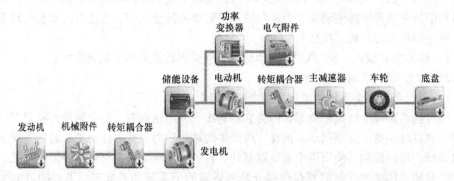

图 11.A1 串联 HEV 模拟框图

表 11.A1 串联 HEV 型号:串联发动机中型固定齿轮 HEV 两轮驱动默认值

系统	初始化	缩放范围	值
驱动器	drv_ctrl_normal_1000_05. m		
环境	env_plant_common. m		
底盘	chas_plant_990_225_03_midsize. m		
电气附件	accelec_plant_200. m		
储能设备	ess_plant_li_6_75_saft. m		
发动机	eng_plant_si_1497_57_US_04Prius. m	eng_plant_s_pwr_lin. m	80kW
主减速器	fd_plant_444_accord. m		
发电机	gen_plant_pm_45_75_UQM_PowerPhase75_SR218N. m	gen_plant_pwr_s. m	75kW
机械附件	accmech_plant_0. m		
电动机	mot_plant_pm_25_50_prius. m	mot_plant_pwr_scale. m	120kW
功率变换器	pc_plant_095_150. m		
变矩器 1	tc_plant_1. m		
变矩器 2	tc_plant_16. m		
车轮	whl_plant_0317_P195_65_R15. m		
制动控制器	vpc_brake_ser_eng_p234_init. m		
驱动控制器	pc_prop_ser_eng_load_following_no_tx_init. mv		

图 11.A2 并联 HEV 仿真框图

表 11.A2 并联 HEV 型号：并联发动机中型 AMT HEV 两轮驱动默认值

系统	初始化	缩放范围	值
驱动器	drv_ctrl_normal_1000_05.m		
环境	env_plant_common.m		
底盘	chas_plant_990_225_03_midsize.m		
电气附件	accelec_plant_200.m		
储能设备	ess_plant_li_6_75_saft.m		
发动机	eng_plant_si_1497_57_US_04Prius.m	eng_plant_s_pwr_lin.m	80kW
主减速器	fd_plant_363_cavalier.m		
变速箱	gb_plant_5_dm_345_19_129_09_075.m		
起动机	str_plant_10_10.m		
机械附件	accmech_plant_0.m		
电动机	mot_plant_pm_25_50_prius.m	mot_plant_pwr_scale.m	25kW
功率变换器	pc_plant_095_12.m		
车轮	whl_plant_0317_P195_65_R15.m		
制动控制器	vpc_brake_par_pretx_1mot_init.m		
驱动控制器	vpc_prop_par_direct_pwr_1mot_pretx_init.m		

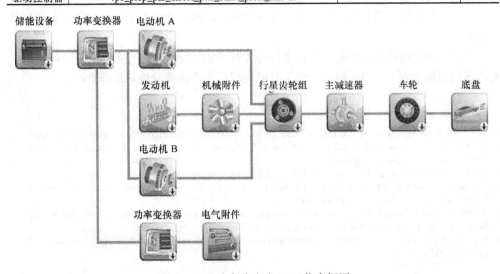

图 11.A3 功率分流式 HEV 仿真框图

表 11. A3　功率分流式 HEV 型号：功率分流式中型单模式 HEV 两轮驱动默认值

系统	初始化	缩放范围	值
驱动器	drv_ctrl_normal_1000_05. m		
环境	env_plant_common. m		
底盘	chas_plant_990_225_03_midsize. m		
电气附件	accelec_plant_200. m		
储能设备	ess_plant_li_6_75_saft. m		
发动机	eng_plant_si_1497_57_US_04Prius. m	eng_plant_s_pwr_lin. m	80kW
主减速器	fd_plant_393_prius. m		
变速箱	gb_plant_planetary_30_78. m		
机械附件	accmech_plant_0. m		
电动机	mot_plant_pm_25_50. m	mot_plant_pwr_scale. m	63kW
电动机 2	mot_plant_pm_15_30. m	mot_plant_pwr_scale. m	51kW
功率变换器	pc_plant_095_12. m		
功率变换器 2	pc_plant_boost_095. m		
车轮	whl_plant_0317_P195_65_R15. m		
制动控制器	vpc_brake_split_best_eng_init. m		
驱动控制器	Split Prius MY04		

习题

11.1　基于轻度混合动力汽车，全混合和插电式混合对表 11.1 所列车辆进行分类。比较其动力传动系配置、行驶里程和电气系统。

11.2　比较轻度混合与全混合动力汽车。根据本章的内容和第 13 章的案例研究，指定配置、部件尺寸和功率要求的差异。

11.3　哪些机械混合动力传动系概念在节油、成本和控制复杂性之间取得竞争性的权衡？

11.4　确定混合动力传动系拓扑选择的关键参数是什么？进行案例研究，研究哪些动力传动系拓扑对于 UDDS 城市行驶工况中的燃油经济性提升是非常需要的。

参 考 文 献

1. K. Henry, J. A. Anderson, M. Duoba, and R. Larsen, Engine start characteristics of two hybrid electric vehicles HEVs, Honda Insight and Toyota Prius, in *SAE Future Transportation Technology Conference and Exposition*, no. 2492, Aug 2001.
2. J. Wong, *Theory of Ground Vehicles*. John Wiley and Sons, Canada, 1993.
3. J. Miller, *Propulsion Systems for Hybrid Vehicles*. IEE Power and Energy Series 45, The Institute of Electrical Engineers, United Kingdom, 2003.
4. S. McCluer and J. Christin, Comparing data centre batteries, flywheels, and ultracapacitors, Transportation Research Part D: Transport and Environment, Technical Report, 2008.
5. https://techinfo.toyota.com/t3Portal/document/ncf/NM14C0U/xhtml/RM0000042WY003 (accessed: 17 February 2010).

第12章 混合动力汽车

Piranavan Suntharalingam，Yinye Yang，Weisheng Jiang

12.1 引言

本章概述混合动力汽车及其特点。最初，混合动力和传统车辆的区别是显著的。这包括混合动力汽车如何实现与传统车辆相比改善的燃油经济性。在12.2节中，分析了行驶工况对燃油经济性改善的影响。还提供了一个有用的实例，用于强调行驶工况和燃油经济性之间的相关性。在12.3节中，地面信息也在行驶工况中考虑，突出了推进要求的变化。12.4节讨论了主要的混合动力汽车技术。12.5节根据动力传动系对道路车辆进行分类。混合动力汽车的成功实现的主要挑战在12.6节中突出强调，最后提供了该技术的研究和开发的关键领域。

12.2 混合动力汽车

混合动力汽车（HEV）包含多个推进动力源，为车辆提供动力。它们有能力通过有效利用双能量源优化车辆的推进能量，实现更长的里程和减少温室气体的排放[1,2]。HEV 由内燃机（ICE）和电机集成，其由机载电池、超级电容器或两者的组合供电。不同推进组件在 HEV 和传统车辆中的参与如图12.1所示。电机（作为电动机和发电机的功能）的双模工作能力是 HEV 在车辆制动阶段回收能量方面的主要优点之一。此外，电动推进系统在低速下提供更高的加速性能，这在传统车辆中由于 ICE 的各种机械连接而不能实现。由于推进部件数量的增加和复杂性的增加，HEV 中的功率管理和控制系统在最大限度地提高总体能量效率和实现更高的运行性能的同时，大大降低了排放量，起着至关重要的作用。混合动力和传统车辆的主要特征和主要区别如表12.1所示。

12.2.1 燃油经济性改善型混合动力汽车

在很多情况下，强调 HEV 实现更高的燃油经济性，减少对环境的温室气体排放量[3-5]。然而，如何实现这一点并不清楚。因此，本节重点介绍 HEV 如何在实际驾驶环境中优于传统车辆，在哪种情况下可能会或可能不会显示燃油经济性的差异。

电动推进系统在 HEV 中为提高燃油效率提供了显著的优势，这是其他系统无法实现的。电动推进系统有4种不同的方式有效地提高了车辆的能量效率：

- 电机在整个转速-转矩包络范围内的运行效率更高，为 HEV 燃油效率的提高提供了显著的优势。通常，ICE 的效率不到电机的一半。此外，ICE 设计为在特定的转速-

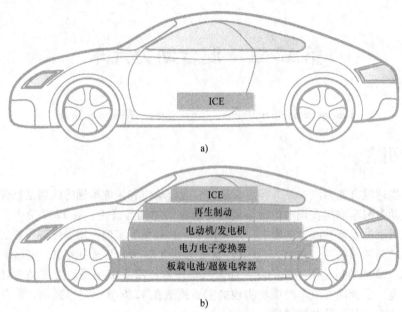

图 12.1 混合动力汽车和传统车辆的主要部件
a) 传统车辆 b) 混合动力汽车

表 12.1 传统车辆和混合动力汽车之间的比较

特点/要求	传统车辆	混合动力汽车
动力传动系	ICE	ICE + EM
能量源	汽油	汽油 + 电力
能量容器	油箱	油箱 + 电池
传动系统	机械和液压致动传动系统	电动、机械和液压致动的传动系统
推进冗余	一个推进系统（无冗余）	多个推进系统（更多冗余）
动力传动系的功率密度	更高的功率重量比	相对较低的功率重量比
排放	行驶时排放量更高	行驶时排放量较低
运行能量效率	在城市驾驶条件下能量效率低	在城市驾驶条件下能量效率高
技术	成熟的技术	成长的技术
成本	便宜	昂贵
保养	比较容易	复杂（由于涉及多个系统）
空间	更宽敞	相对较小的空间
能量回收系统	制动期间无能量回收能力	制动时有能量回收能力
低级控制	比较容易	相对复杂

转矩工作条件下运行，以实现优化效率，并且其效率在发动机的整个转速-转矩范围内都有很大差异。无论这个问题如何，现实世界的驾驶都需要波动的功率和转矩，而且必

须以有效的方式驱动车轮。在传统车辆中，通过结合复杂的传动系统来实现，该系统在齿轮系统中采用机械优势来匹配预期的结果，同时保持 ICE 的更高的运行效率。通过有效利用电动机的优点，涉及较不复杂的传动系统，HEV 中很容易实现这个完全相同的目标。然而，为了最大限度地发挥 HEV 机电系统的全部潜力，先进的控制系统的参与是强制性的。

- 动能回收是 HEV 的另一个重要特征，但其在传统车辆中不可用。在传统车辆的制动阶段，车辆的动能通常作为制动盘中的热量消散。然而，在 HEV 中，电机（电动机和发电机）的双模式运行能力提供了很好的机会来回收这种废能并将其存储在电池中。这种能量可以有效地用于为车辆的随之而来的加速需求提供燃料。与平稳的高速公路驾驶条件相比，车辆的停车和城市驾驶条件可能非常重要。

- 在高峰时段（城市和高速公路驾驶环境）的车辆怠速模式运行中，浪费了大量的能量。传统的车辆不是设计成在怠速期间停止发动机，而是简单地让发动机空转。混合动力汽车通过在车辆怠速模式下简单地关闭发动机，有效利用这一机会，并使用纯电动推进系统在缓慢移动的车辆中操纵车辆。这个特别的特点显著提高了燃油效率，同时减少了环境中的温室气体排放。

- 一些 HEV 设计将更大的可充电板载电池并入燃料电动机。这些类型的 HEV 可以在不涉及 ICE 的情况下实现相当大的电动行驶里程。这个概念被广泛地称为插电式 HEV（PHEV），并且车辆的车载电池在夜间接入电网充电，在白天驾驶时使用。因此，这种车辆不会消耗任何汽油而能达到显著的行驶里程，从而导致没有污染物排放到环境中。应该注意的是，该特征在所有种类的 HEV 中都不常见；它们将在第 14 章中详细讨论。

12.3 行驶工况

行驶工况和地形条件是影响节能减排的重要因素。

行驶工况被定义为车辆相对于不同行驶条件下的时间的速度变化。例如，您可能已经注意到，在高速公路行驶与在城市行驶相比显著不同。在城市中行驶，有很多交通信号和速度限制，根据交通状况，驾驶人必须经常进行走走停停。另一方面，高速公路驾驶条件并非如此。在高速公路上行驶，车辆不会太频繁地加速，大部分时间以恒定速度行驶（除了超车和变换车道）。一般来说，共同的行驶工况可以分为 4 种不同的类型，如图 12.2 所示。包括平稳的高速公路驾驶、高速公路行驶工况，更换车道和超车的频繁，以及意外的交通堵塞的高速公路行驶工况 3 种高速公路行驶工况，以及频繁的走走停停城市行驶工况。从图 12.2a 可以看出，在平稳的高速公路驾驶中，车辆开始加速达到预期的速度限制，并以恒定速度持续行驶一段相当长的时间，然后减速出高速公路。图 12.2b 显示了另一种类型的高速公路行驶工况，驾驶人要求车辆经常进行超车和变换车道。如图 12.2c 所示，在第三种高速公路行驶工况中，车辆经历了意外的交通堵塞。虽然它已经分为 3 个不同的类别，但在实际的高速公路驾驶条件下，三者的组合也是可能的。图 12.2d 显示了频繁的走走停停式的城市驾驶条件。

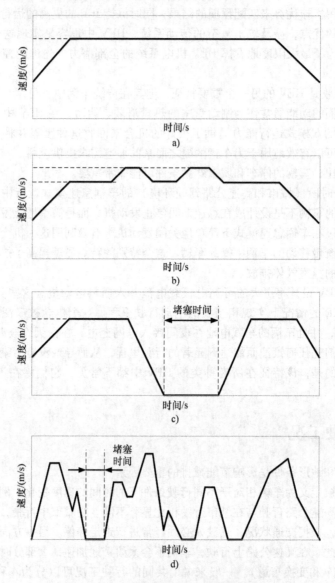

图 12.2 不同类型的现实世界行驶工况
a) 平稳的高速公路驾驶 b) 频繁超车及变换车道的高速公路驾驶
c) 意外的交通堵塞的高速公路驾驶 d) 频繁的走走停停式城市驾驶

有很多研究表明,驾驶模式变化不仅仅是由交通和其他条件等外部因素决定的,而且还取决于驾驶人的年龄、天气条件、驾驶车辆的类型等。因此,很难推广单个行驶工况,这代表了所有可能的现实世界驾驶场景。在本节中,我们讨论了几个常见的行驶工况以及它们之间的差异。下一节将介绍行驶工况燃油经济性和车辆减排之间的联系。

12.3.1 行驶工况对燃油经济增效和减排的影响

了解行驶工况对燃油经济性和减排效果的影响，对车辆动力学的了解非常重要。因此，本节将简要介绍车辆动力学，从而提供必要的基础工作。

图 12.3 显示了一种简化的车辆动力学，其中车辆在道路上以加速度 a 从速度 V 加速，其使得速度与水平面成角度 B。在这种驾驶条件下，实现这一目标所需的推进力可以由式（12.1）给出

$$F_p - F_{r\_f} - F_{r\_r} - F_{aero} - Mg\sin B = Ma \tag{12.1}$$

式中，F_p 为由车辆的推进系统施加在车轮上的力（N）；F_{r_f}，F_{r_r} 为车辆前轮和后轮上的地面阻力（N）；F_{aero} 为气动牵引力（N）；a 为车辆加速度（m/s²）；M 为车辆质量（kg）；B 为道路的倾斜角度。图中 CG 为车辆的重心。

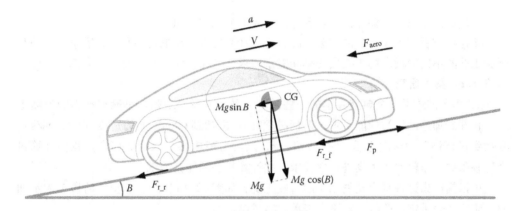

图 12.3 简化的车辆动力学图

从式（12.1）可以推导出车辆的推进动力需求

$$P_p = (F_{r\_f} + F_{r\_r} + F_{aero} + Mg\sin B + Ma)V \tag{12.2}$$

式中，P_p 为车辆的推进功率（W）。

由接面阻力引起的作用力可由式（12.3）给出。这是车辆的质量、道路倾斜角度和道路的附着系数 v 的函数。一般来说，道路的附着系数非常小（在 0.2 和 0.4 之间）；因此，在任何驾驶环境下，对于典型的客车来说，由于接地阻力的力不会超过 1kW。

$$F_{r\_f} + F_{r\_r} = vMg\cos B \tag{12.3}$$

为了更简单，让我们忽略地面阻力，并假设车辆在平坦的道路上行驶。因此，车辆的功率需求可以进一步简化为式（12.4）。

$$P_p = (F_{aero} + Ma)V \tag{12.4}$$

克服气动阻力所需的功率可以写为

$$P_{aero} = \frac{1}{2}\rho A C_D V^3 \tag{12.5}$$

这里，车辆的横截面积由 A 给出，空气密度由 ρ 给出，车辆的气动阻力系数由 C_D 给出。从式（12.5）可以看出，克服气动阻力所需的功率与车速的 3 次方保持线性关系。因此，在高速条件下克服气动阻力所需的功率明显高，在低速时可忽略不计。

车辆的加速功率可以由式（12.6）给出。

$$P_\mathrm{acc} = MaV \tag{12.6}$$

这里可以注意到，加速车辆所需的功率是车辆质量 M、车辆的加速度 a 和车辆的速度 V 的函数。由于车辆的质量在给定驾驶条件中将保持恒定不变，车速 V 和该速度下的预期加速度 a 将决定车辆的加速功率要求。

将推进功率需求与时间相结合将提供车辆的能量需求。因此，实现特定驱动要求所需的能量可以由式（12.7）给出。

$$E_\mathrm{propulsion} = \int_{t_0}^{t_1}\left(MaV + \frac{1}{2}\rho AC_\mathrm{D}V^3\right)\mathrm{d}t \tag{12.7}$$

这里应该注意，车辆加速度 a 和速度 V 是时间依赖变量。

将这些方程应用于特定的行驶工况，可以计算推进系统的功率和能量需求，以满足行驶工况的不同阶段。为了找出功率和能量需求的变化，我们来研究一个案例。

12.3.1.1 案例研究

表 12.2 描述了一个典型客车的一些基本参数。假设，最初，车辆在平坦的道路上从停止开始加速。作为性能要求，车辆必须在 6s 内达到 60mile/h 的速度（约 26m/s）。在达到 60mile/h 的速度之后，它再行驶 6s，然后再减速 6s，以恢复停车。我们计算每个驾驶条件下车辆的最大推进功率要求，并计算相关的能量需求。

可以描绘出这种特定驾驶场景的行驶工况，如图 12.4a 所示。这里，阶段 1 表示加速，阶段 2 表示定速巡航，阶段 3 表示车辆减速。

让我们将式（12.4）和式（12.7）应用于每个阶段来计算推进功率和能量需求。

由于速度变化率被定义为加速度，车辆的加速度可以用 4.33m/s² 计算。

1. 阶段 1

应用式（12.5），克服气动阻力所需的最大功率可以计算为 8.5kW。类似地，应用式（12.6），克服加速度要求所需的最大功率可以计算为 180kW。这清楚地表明，实现车辆加速要求所需的功率远远高于克服气动阻力所需的功率。因此，为了达到这一推进要求，动力传动系应能够在驱动轴上提供超过 188.5kW 的功率。如图 12.4b 所示，车辆在第 1 阶段仅行驶了 78m 的距离。

2. 阶段 2

让我们应用相同的公式来计算第 2 阶段车辆的推进要求。由于在这个阶段没有加速，所以只需要 8.5kW 的功率来克服气动阻力，与第 1 阶段相比显著降低。在这个阶段，车辆行驶了最大距离为 156m。当我们比较第 1 和第 2 阶段时，可以清楚地看出，加速阶段需要大量的功率才能行驶较小的距离，而定速行驶阶段需要很少的功率便能行驶更长的距离。

表 12.2 典型客车的基本参数

参数	数值
车重（包括驾驶人）	1600kg
气动阻力系数	0.5
空气密度	1.29kg/m³
车辆横截面积	1.5m²

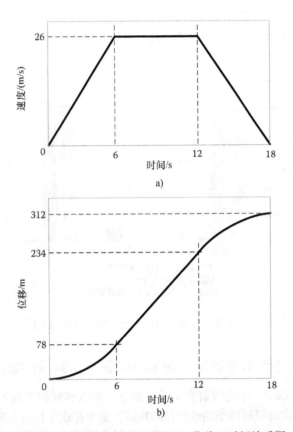

图 12.4 a) 车辆的行驶工况和 b) 位移 – 时间关系图

3. 阶段 3

在阶段 3 中，由于车辆正在减速，推进系统不需要提供任何功率。相反，制动系统应该被激活以便消耗车辆存储的动能。通过应用式（12.4），制动系统中消耗的最大功率可计算为 171.5kW。它也可以消耗更多的功率，同时实现更短的距离。

从图 12.5 可以看出，实现加速目标的能量需求和制动过程中消耗的能量明显高于车辆定速巡航阶段的能量需求。这清楚地显示了当我们考虑到频繁地加速和减速的行驶工况时，车辆为何需要更多的能量。

这里应该指出的是，本研究中没有考虑到许多不同的现实问题，例如
- 动力传动系的运行效率；
- 车辆的地面阻力；
- 道路倾斜角度（上/下山行驶条件）；
- 地面风力对气动阻力的影响；
- 消耗的能量在悬架中。

因此，当我们考虑所有这些问题时，实现推进需求的净能量需求将甚至高于图 12.5 所示的值。然而，这个简单的研究提供了更多的思路，即行驶工况如何对于确定车辆的推进功率需求至关重要。这项研究还表明，驾驶行为可以为节油减排做出很大贡献。

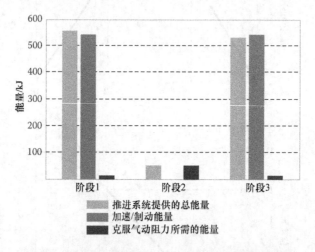

图 12.5 推进系统满足行驶工况不同阶段的能量需求

12.3.2 混合动力汽车如何从传统车辆中获益，实现燃油经济性

让我们再看图 12.2。在案例研究 1 的帮助下，可以非常清楚地看到，平稳的高速公路行驶工况能够实现更高的燃油经济性和减排。由于在这个行驶工况中没有发生频繁的加速和制动事件，因此混合动力传动系和传统动力传动系都将提供类似的结果。

图 12.2b 所示的第二类高速公路行驶工况包括几次车道变换和超车行驶。人们可以理解这种特定的行驶工况如何消耗大量的燃料来实现车辆的速度波动要求。这些类型的驾驶需要来自动力传动系的非常高的推进功率。HEV 中的动能回收系统可以在这个行驶工况中受益。然而，无论哪种车辆只要有人驾驶，这种驾驶模式都不宜提高燃油经济性。

一方面，当我们考虑图 12.2c 所示的第三类行驶工况时，与传统车辆相比，HEV 可以受益匪浅。这个行驶工况经历了一些加速和制动事件，HEV 可以回收车辆的一定量的动能，以提高燃油经济性。此外，在交通拥堵期间，只需关闭发动机，将显著提高高

速公路的燃油经济性和减排。虽然在传统车辆上实施也是很简单的，但驾驶人并不喜欢这样做。另一方面，混合动力传动系的综合控制系统非常仔细地利用每一个机会来提高车辆的燃油经济性和减排能力。

在走走停停式的城市行驶工况中，HEV 显示出比传统车辆显著的优势。由于交通条件，城市行驶工况的性质不能改变，驾驶人的行为变化不会提高燃油经济性。行驶工况中的频繁加速、减速和怠速特性为 HEV 提供了与传统车辆相比提高燃油经济性的巨大机会。ICE 和电机之间的适当的功率混合使 HEV 能够在车辆的加速阶段提高推进能量效率。类似地，HEV 采用再生制动来回收车辆的制动能量，并且它们在交通堵塞期间简单地切断动力传动系。然而，这 3 种机会在传统车辆中均不可用。因此，与高速公路行驶工况相比，HEV 在城市行驶工况中显示出显著的燃料节省。

12.4 燃油经济性行驶工况和道路条件

到目前为止，我们已经采取平坦道路驾驶状况进行分析。然而，这不是一个有效的假设，因为我们喜爱的现实世界道路不平坦。在实践中，车辆应能够在上坡、下坡和平坦的地形环境中驾驶。这意味着车辆应该能够在不同的地形环境中实现预期的行驶工况。因此，实际行驶工况应该在驾驶的整个持续时间内结合道路的地理信息和车辆的速度变化。

图 12.6 显示了 12.2 节中讨论的所有行驶工况，以及所有可能的地理信息。现在，在不同的道路状况下完成相同行驶工况的推进功率需求会有所不同。但是，应该验证其对车辆的燃油效率重要性。因此，我们进行另一个案例研究来调查地形状况对燃油经济性的影响。

12.4.1 案例研究

让我们考虑案例研究 1 中的行驶工况和车辆参数，地形信息如图 12.7 所示。为了简单起见，这里只考虑了两个不同的地形条件（上坡和下坡）。在这里，两条道路与水平面成 4°角（相当于 4π/180 弧度）。计算车辆的峰值推进功率和能量需求，以实现这两个道路状况下的行驶工况。为了简单起见，在此分析中忽略了地面阻力。

由于有倾向，本研究不能忽略重力加速度。因此，为了计算推进功率，式 (12.2) 必须被修改为式 (12.8)。

$$P_p = (F_{aero} + Mg\sin B + Ma)V \tag{12.8}$$

可以通过简单地将式 (12.8) 相对于时间积分来计算车辆的能量需求。

$$E_{propulsion} = \int_{t_0}^{t_1}(MaV + Mg\sin BV + \frac{1}{2}\rho AC_D V^3)dt \tag{12.9}$$

图 12.8 显示了不同路况下车辆在不同行驶工况阶段的峰值推进功率变化。这里可以注意到，即使在负方向或正方向上的 4°倾角也能显著改变车辆的推进功率需求。当考虑到车辆的加速阶段时，上坡路需要 220kW 的功率，而下坡道需要 160kW 的推进功

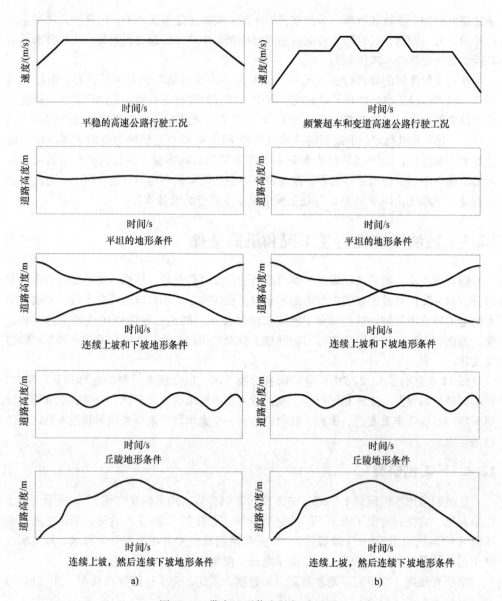

图 12.6 带有地形信息的驾驶循环

率。此外,下坡行驶的能量回收潜力大大高于上坡行驶。在定速巡航期间,下坡行驶甚至可以回收一定量的再生制动功率。在不同道路条件下,在车辆的推进/再生能量变化中可以看到类似的趋势,如图 12.9 所示。

这项研究清楚地显示了地形条件如何影响车辆的推进功率/能量需求,以及 HEV 如何利用不同的地形条件来提高车辆的燃油经济性。

随着我们在研究中纳入越来越多的现实问题,车辆的功率和能量需求显著增加。从

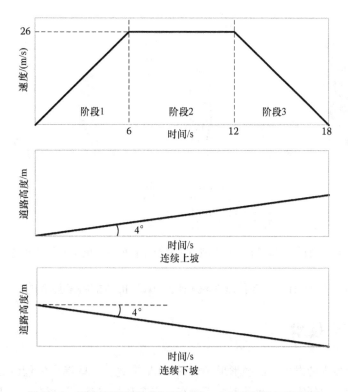

图12.7 带有地形信息的行驶工况：上坡路况和下坡路况

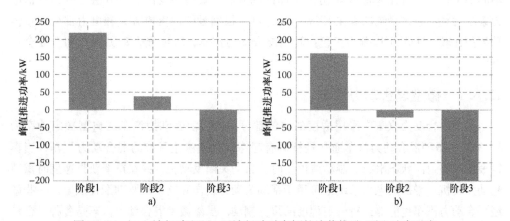

图12.8 a）上坡行驶和b）下坡行驶时车辆的峰值推进/再生功率需求

这个案例研究中，人们可以清楚地看到行驶工况、地形条件、地面风等，对于燃油经济性的改善和车辆的排放减少至关重要。此外，人们可以看到HEV如何在不同的驾驶环境中优于传统车辆。

显而易见的是，当行驶工况加速、减速和怠速更为频繁，并且必须在不同的地形环

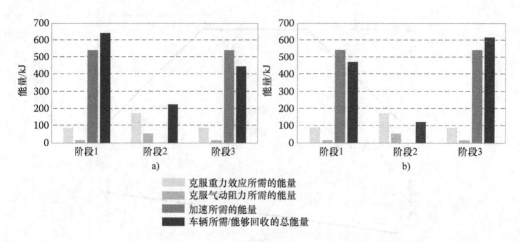

图 12.9 a）上坡行驶状况和 b）下坡行驶状况车辆的不同能量分量和推进/再生能量

境中实现，如图 12.6 所示，与传统车辆相比，HEV 的节能将是显著的。

12.5 HEV 技术

随着混合技术的发展，已经形成了各种 HEV 配置。这些混合配置已经广泛应用于各种车辆类型，包括客车、运动型多用途车、卡车和公交车。尽管有这些不同的配置和不同的平台，但有几种将 HEV 分成不同组的方法。普遍接受的分类方法之一是评估电力系统功率与总体系统功率在 HEV 中的比例。根据系统的集成方式和电力部分与整体功率的比较，HEV 可以分为三组：微型混合动力汽车，轻度混合动力汽车和全混合动力汽车。

12.5.1 微型混合动力汽车

微型混合动力汽车中采用适度的电气部分。微型混合动力汽车的典型额定功率为 3~5kW。微型混合动力汽车通常是指具有起停或急速停止系统的混合动力汽车，当车辆根据某些道路状况滑行、制动或停止时，自动关闭发动机，并在重新获得速度时重新起动发动机。增加的电力系统也可用于帮助为动力转向和空调等驱动配件供电。一些微型混合动力汽车也能够进行一定程度的再生制动。虽然微型混合动力汽车是各种混合动力配置中最简单的混合动力汽车之一，但它们可以提供高达 10% 的燃油经济性效益，特别是在城市驾驶情况下，频繁停车是不可避免的。

微型混合动力汽车只包括电气系统的一小部分，通常是小型电动机。这导致相对简单的结构变化和更便宜的重新设计成本，同时显著提高燃油经济性和减少尾气排放。因此，许多汽车制造商在从传统石油动力到 HEV 的转变过程中应用了这种技术。

宝马的微型混合动力汽车结合了旨在降低燃料消耗和尾气排放的高效动力学技术。其微型混合动力汽车都有起动和再生制动功能。大众汽车还以 Blue Motion Technologies 的名义为微型混合动力车队配备了类似功能。菲亚特在一系列微型混合动力车型中引入了 PUR-O2，梅赛德斯公司在其微型混合动力汽车上开发了微型混合驱动（MHD），据报道将其燃油经济性提高了近 8%。

12.5.2 轻度混合动力汽车

轻度混合动力汽车具有较高的额定功率，一般为 7~15kW。因此，可以实现更高水平的燃料经济性增益，与传统燃料车辆相比，节省高达 20% 的燃料。轻度混合动力汽车的推进系统通常由发动机曲轴和变速器输入轴之间的电动发电机构成。增加的电动发电机为车辆提供起动/停止功能、再生制动功能和额外的功率来驱动附件。一些轻度混合动力汽车也可以为发动机提供适度的动力辅助。

类似于微型混合动力汽车，轻度混合动力汽车是相对成本效益较高的，因为它们的重建需要最少的车辆平台，并且通常保持基本的制造过程。电机的高直径长度比率导致高的电动机惯性，使得发动机的原始飞轮可以被电机代替。此外，电机还可以起动发动机并对电池充电；因此，电机及其配套电力电子设备的附加成本由于起动电动机和交流发电机从车辆的移除而被抵消。由于生产线在很大程度上被保留，并且不需要显著的变化，总成本基本保持不变。

许多汽车制造商开发了轻度混合动力汽车。本田在 1999 年开发了综合电动机辅助（IMA）系统，并将其应用于能够停止和起动，再生制动和功率达到发动机功率的 30% 的本田 Insight Hybrid，其燃油经济性好，排放量低，2000 年是美国环保署（EPA）认证的最有效的汽油助燃车。IMA 系统也应用于本田思域混合动力汽车和 CR-Z。

通用汽车（GM）皮带交流发动机起动机（BAS）系统也可以归入轻度混合动力汽车。类似地，它利用停止/起动和再生制动技术来改善燃油经济性和驾驶性能。与其非混合版本相比，2007 款雪佛兰 Silverado 混合动力皮卡的总体燃料节省可达 12%。

除了日本和美国的汽车制造商，欧洲汽车制造商也提出了轻度混合动力汽车。梅赛德斯旗下的 S-Class 与 Blue Motion Technologies 作为轻度混合动力汽车。宝马也将其 Active Hybrid 公司发布到了 7 系列的轻度混合动力汽车。

12.5.3 全混合动力汽车

与微型混合和轻度混合相比，全混合具有最多的电气化部分。全混合动力汽车的额定功率为 30kW 或更高。全混合动力汽车定义为仅发动机模式、仅电池模式或两者兼容的汽油电动汽车。除了微型混合动力汽车和轻度混合动力汽车的功能外，全混合动力汽车也可以在纯电动模式内运行，只有电动机用于推动车辆并提供给所有内部动力负荷。然而，由于电机和电池组的尺寸有限，全混合动力汽车通常具有相对较短的纯电动续驶里程，功率输出有限。通常，全混合动力汽车可以实现超过 40% 的城市驾驶燃料经济性的增长，并有更多的电力辅助来提高驾驶性能。

与微型和轻度混合动力汽车相比，全混合动力汽车采用 HEV 动力传动系中最多的电力部分。需要更大的电池组才能实现所需的电动驱动电平。同时，由于电动机以纯电动方式与输出驱动轴直接连接，所以要求具有足够的转速和足够的转矩的鲁棒性电动机。全混合也具有比较复杂的配置。大多数全混合动力汽车通过诸如行星齿轮组的功率分流装置将电气路径与机械功率路径整合。功率分流装置用于将电力与车载发电厂（即发动机和电池）分开，并重新分配电气和机械路径之间的功率流，以实现最佳的燃油效率和驾驶性能。功率分流装置和其他增加的机械部件都增加了全混合系统的复杂性。因此，虽然全混合动力汽车的效率明显提高，燃油经济性更好，但随着电池组的增加，电机的功率越来越大，配置也越来越复杂，制造成本也越来越高。

与其他两个相比，全混合动力汽车获得了最高的认可，因为全混合动力汽车满足降低燃料消耗和排放的要求。截至 2013 年第二季度，丰田凭借其全混合动力汽车丰田 Prius 系列已经取得了显著的成功，该车型已在全球销售了 300 多万台。丰田凯美瑞混合动力汽车和本田思域混合动力汽车也获得了相当的人气。通用汽车、戴姆勒克莱斯勒、宝马还发布了基于双模混合动力传动系的多款车型，这是一种复杂的全混合动力系统，具有高效率和高性能。世界各地的许多政府都发布了目标或规定，以将汽车行业调整为更多的混合形式，并提供了大量奖励措施来弥补全混合技术的初始高成本。表 12.3 总结了 3 类 HEV。

表 12.3 HEV 的 3 类及其特点

	电气额定值	燃油节约	成本增加	增加特点	例子
微型混合	3~5kW	~10%	低	起动和停止 适度再生制动 附件供电	梅赛德斯 Smart 宝马 Efficient Dynamics 大众 Blue Motion
轻度混合	7~15kW	~20%	中等	起动和停止 再生制动 附件供电 适度的电力辅助	本田 Insight 雪佛兰 Silverado Hybrid 梅赛德斯 S 级 Hybrid 宝马 7 系 Hybrid
全混合	>30kW	~40%	高	起动和停止 再生制动 附件供电 电力辅助 纯电动驱动	丰田普锐斯（Prius） 福特 Escape Hybrid 雪佛兰 Tahoe Hybrid 宝马 X6 Active Hybrid

12.6 基于动力传动系的道路车辆分类

有 5 种不同类型的 HEV 在市场上可用,它们可以分为轻度混合动力、并联混合动力、插电式混合动力、串联混合动力和串并联混合动力汽车。此外,插电式混合动力汽车是另一种类型的 HEV,其包含用于电力供应的较大的车载电池,并且可以从电网充电。可用的车辆推进技术可以根据动力传动系中电动和机械推进系统所占的百分比来分类。图 12.10 显示了传统和电动推进系统不同车辆结构的贡献的一般趋势。

如图 12.10 所示,车辆的名称反映了由 ICE 和电机贡献的推进力的百分比。例如,轻度混合动力汽车主要由 ICE 驱动,而插电式混合动力汽车主要由电机驱动。

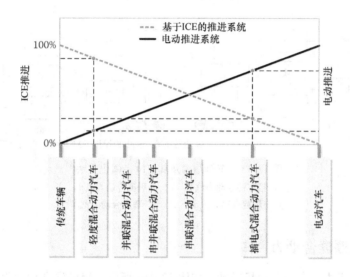

图 12.10 不同的车辆结构及其传统和电动推进系统

12.6.1 轻度混合动力汽车

轻度混合动力汽车采用较小部分的电动推进系统,通常它集成在 ICE 中,如图 12.11a 所示。ICE 的飞轮系统设计为电机;因此,可以通过电动推进来起动 ICE,并且当电力需求增加时,电机还可以对 ICE 进行动力辅助。此外,它可以在车辆的制动阶段回收一定量的动能。然而,从图 12.10 可以看出,在不同的行驶工况中,车辆的燃油经济性不会显著提高,因为轻度混合动力汽车采用了一小部分的电动推进系统。

12.6.2 并联混合动力汽车

并联混合动力汽车的推进功率的重要部分由电机提供。并联混合动力汽车的典型机电一体化如图 12.11b 所示,它具有两个独立的推进功率流路径,例如电气和机械路径。

因此，根据车辆的推进功率要求，可以选择仅电动、机械式或二者的组合。由于并联混合动力汽车采用较大的电机，因此与轻度混合动力汽车相比具有更好的再生制动能力，因此在城市行驶工况和某些高速公路驾驶条件下，燃油经济性更好。如图 12.12 所示，在并联混合动力汽车中可以获得 4 种不同的运行模式。

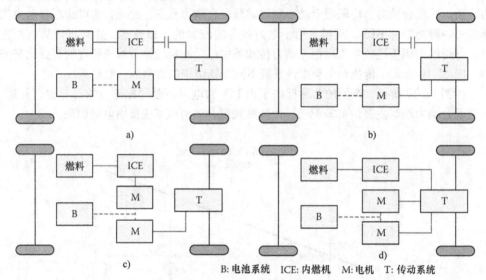

图 12.11 车辆结构及其机电一体化方法
a）轻度混合动力汽车 b）并联混合动力汽车
c）串联混合动力汽车 d）串并联混合动力汽车

12.6.3 串联混合动力汽车

串联混合动力汽车由电动机驱动。如图 12.11c 所示，串联混合动力汽车在推进系统中包含两台电机和一台 ICE。一台电机直接与 ICE 连接，大部分时间用作发电机（起动 ICE 时，起电动机的作用）。另一台电机与传动系统相连，以提供车辆的推进功率需求。由于串联混合动力汽车在推进系统中采用较大的电机，其能量回收能力明显高于其他类型的 HEV。串联混合动力汽车实现了 6 种不同的运行模式，如图 12.13 所示。

由于电机能够处理车辆的各种速度转矩要求，因此串联混合动力汽车架构在简化传动系统设计方面为重型车辆提供了有利条件。由于这种架构采用更大的推进部件（例如，为驱动轮提供 X kW 的功率，它们并入 $3X$ kW 的电源），因此该架构不适用于轻型车辆。在重型车辆中，空间约束不是很大；然而，轻型车辆的空间有限，必须得到有效的管理。

12.6.4 串并联混合动力汽车

市场上最受欢迎的混合动力汽车（Toyota Prius）是串并联混合动力车型，其中包括

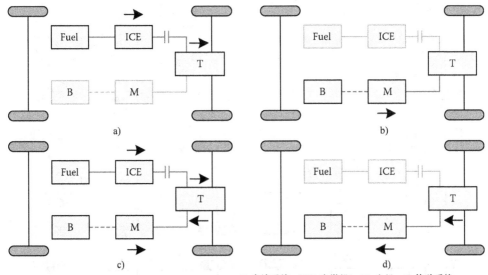

B:电池系统　ICE:内燃机　M:电机　T:传动系统

图 12.12　并联混合动力汽车的运行模式
a) ICE 提供推进转矩/功率需求　b) 电机是唯一的推进介质
c) ICE 和电机提供推进转矩/功率需求　d) 车辆的再生制动模式

两个电机和用于推进的内燃机,如图 12.11d 所示。与串联混合动力汽车相反,串并联混合动力汽车使用低功率电机,它们可以作为电动机和发电机。这里,两个电机和一个 ICE 通过行星齿轮系统连接到驱动器轴,如图 12.14 所示。这种齿轮系统的巧妙布置允许推进系统具有更多的灵活性,同时实现不同的推进要求。它还通过选择不同的功率组合来实现许多不同的功率流模式。如图 12.15 所示,串并联混合动力汽车也实现了与串联混合动力汽车类似的运行模式。

然而,随着功率流量的增加,车辆的控制复杂度增加;因此,许多研究工作着重于如何有效利用不同的电源来实现具有更高能量效率的各种功率流模式。

12.6.5　插电式混合动力汽车

插电式混合动力汽车通常是并联混合动力汽车或串/并联混合动力汽车。然而,并联混合动力汽车和插电式混合动力汽车的主要区别如图 12.16 所示。在这里,典型的并联混合动力汽车具有较小的电动推进系统和基于 ICE 的更大的推进系统。另一方面,插电式混合动力汽车结合了较大的电进推进系统和较小的基于 ICE 的推进系统。此外,插电式混合动力汽车还具有外部充电适配器,可用于从电网对电池充电。由于电动推进系统的比例较高,与传统 HEV 相比,插电式 HEV 具有更高的再生制动能力。插入式 HEV 是城市行驶工况的理想选择。

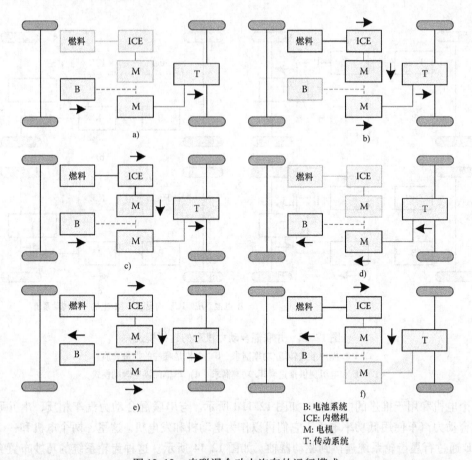

图 12.13 串联混合动力汽车的运行模式
a) 电机是唯一的推进介质　b) ICE 正在提供推进转矩/功率需求
c) ICE 和电机提供推进转矩/功率需求　d) 车辆的再生制动模式
e) ICE 提供了车辆的推进转矩/功率需求　f) ICE 为电池系统充电（也可以通过再生制动回收能量）

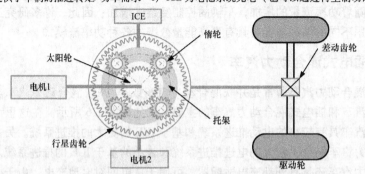

图 12.14 行星齿轮系统和串并联混合动力汽车推进系统的连接图
（来自 A. Emadi, M. Ehsani, and J. M. Miller, *Vehicular Electric Power Systems*:
Land, *Sea*, *Air*, *and Space Vehicles*. New York: Marcel Dekker, December 2003.）

第12章 混合动力汽车 395

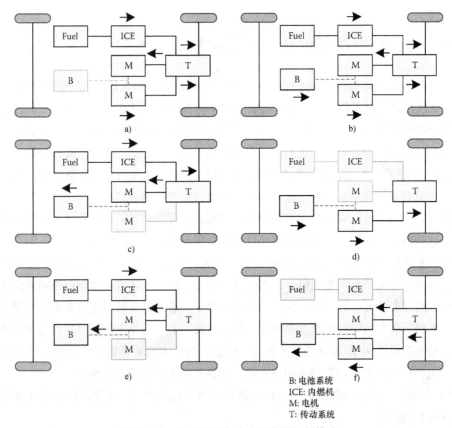

B: 电池系统
ICE: 内燃机
M: 电机
T: 传动系统

图 12.15 串并联混合动力汽车的运行模式

a) ICE 是唯一的推进介质,这里由 ICE 产生的一部分功率是通过电动发电机转换到牵引轮
b) ICE 和电池提供推进转矩/功率需求　c) 电池正在充电时,ICE 提供推进转矩/功率需求
d) 电池供应推进需求　e) 当车辆停止时,ICE 为电池充电　f) 车辆的再生制动

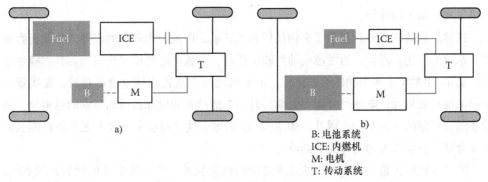

B: 电池系统
ICE: 内燃机
M: 电机
T: 传动系统

图 12.16 并联和插电式混合动力汽车的差异
a) 并联混合动力汽车　b) 插电式混合动力汽车

12.7 混合动力汽车设计与实现中的主要挑战

虽然与传统车辆相比，HEV 提供了卓越的能量效率，但其设计和开发过程并不是很简单。这主要是由于行驶工况的变化和许多不同的推进部件的参与。正如我们在行驶工况部分所讨论的那样，不同的行驶工况有不同的推进功率和能量需求，并且难以将单个动力传动系设计中的行驶工况的所有方面都纳入其中。例如，具有较高百分比电动推进系统的 HEV 将在城市行驶工况中实现更好的燃油经济性和减排。然而，在行驶距离方面，相同的车辆在平稳的平坦地形的高速公路行驶工况中表现不佳。

因此，开发独特的动力传动系是非常困难的，它可以在不同驾驶环境中提供所有的好处。这是决定哪些混合动力汽车拓扑更适合于哪个行驶工况的因素之一。

让我们考虑一个 HEV 拓扑来进行调查。如式（12.1）所示，车辆的功率需求将随着加速要求、车辆质量、地面阻力、车辆空气动力特性、上坡驾驶性能和预期最大速度等 6 个不同因素的增加而增加。此外，如式（12.9）所示，车辆的能量需求将随着功率需求和车辆行驶持续时间的增加而增加。另一方面，为了提供车辆的较高的推进功率需求，应增加车辆的功率/能量提供的能力。例如，为了实现更高的加速性能，车辆应与大功率电机和 ICE 集成。两种不同的方式，都将有助于车辆的重量增加：

1）推进部件的功率输出与动力传动系的重量增量成比例。重量增加是由于特定推进部件的直接贡献。

2）大功率推进部件需要较大的热管理系统、电力电子变换器、传动系统等。这也增加了动力传动系的整体重量。

因此，一个推进部件的增加将对其他关联部件产生链式影响，并且将显著影响车辆的重量增量。然而，动力传动系的这种重量增量将增加车辆的总重量，并且需要更多的功率来实现预期的性能。

这种简单的权重分析显示了事物如何相互联系，以及一个部件的轻微变化如何影响整个系统的变化。同样，当考虑电动行驶里程时，车载电池的尺寸应适当调整以满足电机的功率/能量要求和车辆的行驶里程。由于电池与汽油相比能量密度较低，要实现一定的电动行驶里程，电池尺寸需要大幅提升。电池尺寸的增加将增加车辆的总重量，并且还限制可用的乘客空间。因此，如图 12.17 所示，优化过程应综合考虑车辆性能及其对混合动力传动系设计与开发的影响。

除了车辆的重量、体积和性能要求之间的相关性外，还有许多其他挑战必须克服。车辆的生产经营成本是影响技术市场渗透率的主要问题之一。无论技术有多好，如果价格昂贵，运营成本高，消费者就不愿意使用。因此，HEV 应该提供合理的价格，并且还应该具有更少的运营成本来获得客户的关注。

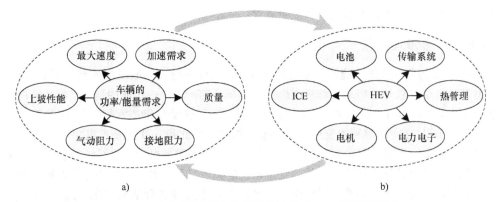

图 12.17 车辆的功率和能量需求及其对 HEV 设计的影响
a）确定车辆功率和能量需求的关键设计参数 b）功率和能量供应动力传动系的部件

12.8 研究与开发领域

12.8.1 电机的设计、选型和尺寸

电机的选型和尺寸是 HEV 开发的关键设计过程之一。主要有 3 种电机技术，如感应电机、永磁电机、开关磁阻电机等，具有不同的运行基础。永磁电机包括表面式永磁电机（SPM）、表面嵌件式永磁电机（SIPM）和内置式永磁电机（IPM）。由于广泛的工作范围，高功率/转矩密度以及更高的工作效率，永磁电机是许多混合动力汽车的首选。但是，还没有确定固定的设计类别。这部分是由于某些设计的版权原因和永磁材料的价格不断上涨。

永磁体在不同的工作温度下显示出不同的磁性，这对电机性能有显著的影响。因此，许多专家在这方面进行了许多研究。机器尺寸选择不仅受到车辆的推进功率/转矩要求的限制，而且还在很大程度上取决于功率变换器和电气系统的设计过程，以获得协同优势。由于该技术相对较新，对 HEV 非常重要，因此该领域具有进一步研发的巨大潜力。

12.8.2 储能系统

储能系统对 HEV 性能至关重要。根据期望的范围和所需的行驶工况，将为特定车辆选择特定的能量存储系统。一般来说，较高功率和能量密度的存储系统是 HEV 应用的首选。如图 12.11 所示，随着电动推进部件的增加，储能需求也增加。由于安全要求，丰田在其第一代普锐斯车型选择了镍金属混合动力电池技术。另一方面，锂离子电池技术的更高的功率和能量密度似乎更具吸引力，并且正在成为许多汽车制造商的首选。为确保电池系统在不同工作条件下安全运行进行了广泛的研究。此外，混合能量储存是另一个有前途的研究领域，将高功率密度超级电容器和高能量密度电池组合在一起，以提供车辆的各种峰值功率和能量需求。

12.8.3 热管理系统

HEV 中的各种推进系统均需要对热管理系统设计进行不同的温度控制。例如，ICE 的冷却液温度要求与电机的冷却液温度要求不同。实际上，一些部件是空气冷却的；一些是水冷却的，而另一些是油冷却的。因此，需要开发热管理系统以满足所有这些要求。

由于 HEV 在实时驾驶中使用不同的推进部件，因此某些驾驶要求可能不会使用某些部件。例如，考虑平稳的高速公路驾驶条件；这里不需要电动推进系统的参与。在这种情况下，与电动推进系统相关的热管理系统应关闭，而与 ICE 相关的热管理系统应起作用。车辆的这一特性要求自适应热管理系统设计来处理各种驱动要求，这是 HEV 技术进步中具有挑战性的研究领域之一。

客舱热管理是 HEV 的另一个重要课题。在传统车辆中，由 ICE 产生的热量用于在冬季加热车辆客舱，并且将空调装置安装在 ICE 上以在夏季控制客舱温度。由于 ICE 在传统汽车中连续运行，因此在任何天气条件下控制客舱温度非常方便。然而，一些 HEV 的情况并非如此，尤其是插电式混合动力汽车。让我们考虑一个 HEV 的走走停停式的城市行驶工况。在这里，主要是车辆将使用电动推进系统。因此，客舱加热/冷却能量应由电加热器和电动交流单元提供。这增加了车辆的复杂性并降低了能量效率。

12.9 案例研究

由于功率使用率的不同组合，各种 HEV 配置导致多样化的效率增益和减排。通过使用动力传动系仿真软件 Autonomie，将两种类型的 HEV 动力传动系作为案例研究。第一个 HEV 动力传动系是一种轻度混合动力系统，由变速器前的 ICE 与一体式起动发电机（ISG）并联组成。第二个 HEV 动力传动系是通过使用功率分流装置的串/并联配置的全混合动力。图 12.18 说明了两个 HEV 动力传动系配置。

为了比较两个 HEV 动力传动系的性能，在底盘、车轮、电气附件和机械附件的块中分配了相同的参数。发动机功率和电机功率不同，如表 12.4 所示。

两个独立的行驶工况分别应用于两个 HEV 动力传动系。一个是访问由三个美国城市测功机行驶计划（UDDS）工况组成的车辆动力传动系本地驾驶性能评估，另一个是由三个高速公路燃油经济性行驶计划（HWFET）工况组成的高速公路驾驶性能评估。表 12.5 总结了整个行驶工况的燃油经济性比较结果和排放结果。

图 12.19 显示了并联 ISG 轻度混合动力和分流全混合动力汽车经过 3 个 UDDS 行驶工况的发动机和电动机的功率组成。可以观察到，并联 ISG 轻度混合动力的发动机提供了大部分功率，而电动机提供了大约 10kW 的功率辅助和再生制动。两个电动机在分流全混合动力下进一步共同承载。发动机在节油区域运行更多，两个电动机以更高的功率输出来辅助性能。此外，在分流全混合动力汽车中获得更多的再生制动功率，以进一步提高燃油经济性。

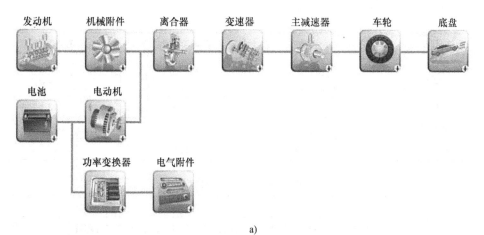

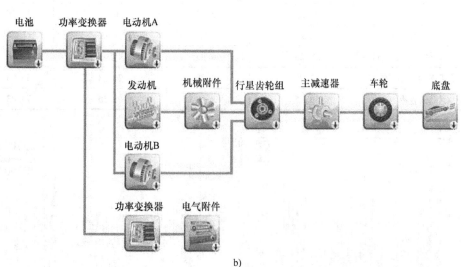

图 12.18 两个 HEV 动力传动系配置比较
a) 并联 ISG 轻度混合配置 b) 分离全混合配置

表 12.4 仿真输入参数比较

部件	参数	并联 ISG 轻度混合	分离全混合
底盘	质量/kg	1600	1600
	前重量比	0.64	0.64
	重心高度/m	0.5	0.5
车轮	半径/m	0.29	0.29
	滚动阻力系数	0.007	0.007
发动机	最大功率/kW	115	57
	最大转矩/N·m	220	123

部件	参数	并联 ISG 轻度混合	分离全混合
电动机	最大功率/kW	10	50　15
	最大转矩/N·m	140	200　77
主减速器	主减速器比	3.63	4.113
机械附件	功率/W	10	10
电气附件	功率/W	217	217

表 12.5　仿真结果比较

性能	UDDS		HWFET	
	并联 ISG 轻度混合配置	分全混合动力	并联 ISG 轻度混合配置	分全混合动力
距离/mile	22.33	22.33	30.76	30.76
燃油消耗/gal	0.64	0.32	0.68	0.48
燃油经济性/(mile/gal)	35.23	69.83	45.06	63.04
发动机平均效率(%)	23.95	34.25	26.98	35.03
再生制动回收率(%)	59.75	72.22	68.55	74.83

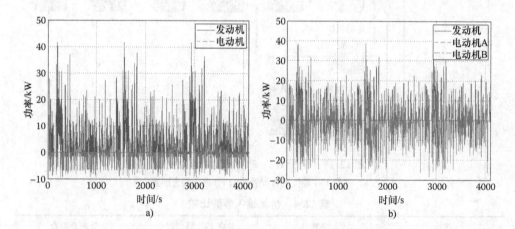

图 12.19　UDDS 行驶工况下的发动机和电动机输出功率
a) 并联 ISG 轻度混合动力　b) 分流全混合动力

图 12.20 显示了并联 ISG 轻度混合动力和分流全混合动力汽车通过三个 HWFET 行驶工况的发动机和电动机的功率组成。在高速公路驾驶场景下，发动机几乎全部提供了并联行 ISG 轻度混合动力的所有功率。电动机用于通过在车辆减速期间施加再生制动来回收动能。在分流全混合动力的配置中，发动机和电动机 B 都提供牵引力，而电动机 A 主要作为发电机运行以对电池充电。电动机也可以切换其运行角色，以使电动机 A 能够在电动机 B 以电动模式运行的情况下回收再生制动能量。

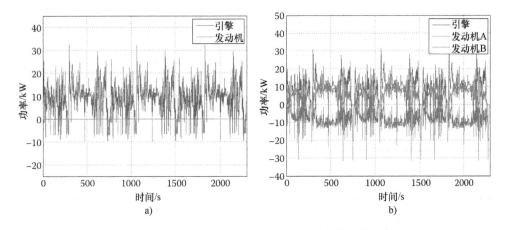

图 12.20 HWFET 行驶工况下的发动机和电动机输出功率
a)并联 ISG 轻度混合动力 b)分流全混合动力

习题

12.1 考虑 NEDC 行驶工况，计算车辆的理论能量需求，如表 12.2 所示。为了进行这项研究，最初假设测试车辆是具有 30% 电气和 70% ICE 的推进系统的并联混合动力汽车，并且在平坦的道路上行驶（推进系统的峰值功率为 200kW）。其次，考虑到测试车是串联混合动力汽车，并进行相同的研究。从获得的结果中，比较所有三个结果，以确定适用于该驾驶条件的车辆技术。

12.2 表 12.6 显示了采样行驶工况的时间与速度信息。考虑具有表 12.2 所示车辆参数的传统车辆，并计算车辆达到该行驶工况时的峰值功率和能量需求。要进行分析，假设为平坦的道路驾驶状况。此外，假设车辆的怠速功率等于峰值功率的 15%。

表 12.6 行驶工况的时间与速度信息

时间/s	速度/(m/s)
0	0
7	26
17	26
25	0
35	0
44	30
59	30
63	23
83	23
89	0
99	0
105	22

(续)

时间/s	速度/(m/s)
115	22
122	0
137	0
143	20
153	20
160	0
170	0
179	27
194	30
198	23
218	23
224	0
234	0
240	22
250	20
257	0
272	0
278	20
288	20
295	0

a. 根据这一分析，计算出加速时的能量需求，制动过程中的能量消耗，车辆怠速模式下的能量浪费以及实现该行驶工况的车辆总能量需求。

b. 考虑不同的道路状况，其中前50%的行驶距离是连续的上坡道路，倾斜角度为3°（对地），而后续的50%的行驶距离是相同倾角的连续下坡。根据该信息，计算加速时的能量需求，制动过程消耗的能量，车辆怠速模式期间的能量浪费以及实现该行驶工况的车辆的总能量需求。

c. 根据上述两项研究结果，确定混合动力汽车在两种情况下回收车辆制动能量的理论电动推进系统要求

参 考 文 献

1. J. M. Miller, Hybrid Electric Vehicle Propulsion System Architectures of the e-CVT Type, *IEEE Transactions on Power Electronics*, 21(3), 756–767, May 2006.
2. F. Orecchini and A. Santiangeli, Automakers' powertrain options for hybrid and electric vehicles, In *Electric and Hybrid Vehicles: Power Sources, Models, Sustainability, Infrastructure and the Market*, Elsevier, United Kingdom, ISBN: 978-0-444-53565-8, 2010.
3. C. C. Chan, The State of the Art of Electric, Hybrid, and Fuel Cell Vehicles, *Proceeding of the IEEE*, 95(4), 704, 718, April 2007.
4. A. E. Fuhs, *Hybrid Vehicles and the Future of Personal Transportation*. Boca Raton, FL: CRC, 2009.
5. A. Emadi, M. Ehsani, and J. M. Miller, *Vehicular Electric Power Systems: Land, Sea, Air, and Space Vehicles*. New York: Marcel Dekker, December 2003.
6. M. Ehsani, Y. Gao, and A. Emadi, *Modern Electric, Hybrid Electric, and Fuel Cell Vehicles: Fundamentals, Theory, and Design*, 2nd Edition, Boca Raton, FL: CRC Press, ISBN: 9781420053982, 2009.

第13章 充电系统的基本原理

Fariborz Musavi

13.1 引言

随着20世纪能源需求急剧增加，化石燃料由于方便和成本而成为主要的能源。然而，多年来，石油价格和污染造成的问题大大增加，对政府和行业施加了压力，使其投资于其他解决方案来替代化石燃料。因此，对其他交通工具的兴趣，如插电式混合动力汽车（PHEV）和电动汽车（EV），再次增加。

EV技术自20世纪初以来一直存在。然而，可用能量存储系统（主要是电池）的高成本和低能量密度以及极低的石油成本限制了对EV和PHEV的兴趣。锂离子电池的最新创新，更高的天然气价格和与化石燃料相关的空气污染对替代传输行业产生了重大的影响。

因此，PHEV和EV是汽车界的新兴趋势，消费者的利益正在迅速增长。随着PHEV和EV的发展，汽车应用的电池充电器也成为运输电气化的重要组成部分。此外，整体充电器效率和成本的提高对这些车辆技术的出现和接受至关重要；随着充电器效率的提高，充电时间和效用成本逐步降低。

在本章中，介绍了几种传统的PHEV充电器前端AC-DC变换器拓扑结构和隔离式DC-DC拓扑结构；讨论了提高效率和性能的注意事项，这对于最小化充电器尺寸、充电时间以及从电力公司吸取的电量和成本至关重要；分析了一个详细的实践示例以及这些拓扑的分析模型，在本章末尾列有各种问题和作业。

13.2 充电器的分类和标准

PHEV是具有存储系统的混合动力汽车，其可以通过AC或DC充电系统将插头连接到外部电源来进行充电。交流充电系统通常是安装在车辆内部并连接到电网的车载充电器。直流充电系统通常是安装在固定位置的车载充电器，将所需的直流功率直接提供给车辆内的电池。

13.2.1 交流充电系统

交流充电电源插座不可避免地需要具有功率因数校正（PFC）的车载AC-DC充电器。表13.1说明了根据SAE EV AC充电功率级别的充电方式电气额定值。

这些充电器根据它们可以提供给电池组的功率级别进行分类[1]：

- 1级：普通家用电路，额定电压可达 AC 120V，电流最高可达 16A。这些充电器采用标准的三通家用连接，通常被认为是便携式设备。
- 2级：专用于电动汽车充电的常设有线电动汽车供电设备（EVSE），额定电压高达 AC 240V，电流最高可达 60A，功率最高可达 14.4kW。

表13.1 充电方式电气额定值 – SAE EV AC 充电功率级别

充电方式	标称电源电压	最大电流	分支断路器额定值	输出功率级别
AC 级别 1	AC 120V，一相	12A	15A	1080W
	AC 120V，一相	16A	20A	1440W
AC 级别 2	AC 208~240V，一相	16A	20A	3300W
	AC 208~240V，一相	32A	40A	6600W
	AC 208~240V，一相	≤80A	每 NEC 635	≤14.4kW

- 3级：专用于电动汽车充电的常设有线 EVSE；额定功率大于 14.4kW。快速充电器被评为 3 级，但不是所有 3 级充电器都是快速充电器。这取决于要充电的电池组的大小以及为电池组充电所需的时间。如果充电器可以在 30min 以内对电动汽车电池组充电，则可将其视为快速充电器。

综上所述：
1）交流充电器通常是车载充电器。
① 交流电被提供给车辆；
② 充电器为电池提供直流电；
③ 必须是汽车级部件。
2）可靠性、热循环、振动、寿命/保修等方面的考虑。
3）制造成本高，供应商利润低。
4）AC 1 级和 2 级是当今产品中的主流技术。

13.2.2 直流充电系统

直流充电系统安装在固定位置，如车库或专用充电站。内置专用接线，这些充电器可以输出更多的功率，并可以更快地为电池充电。然而，由于这些充电器的输出为直流，因此每个电池系统需要为该车更换输出。现代充电站具有用于识别电池组的电压并相应进行调整的系统。表 13.2 说明了根据 SAE EV DC 充电功率级别的充电方式电气额定值。

表13.2 充电方式电气额定值 – SAE EV DC 充电功率级别

充电方式	提供的直流电压范围	最大电流	电压等级
DC 级别 1	DC 200~450V	≤80A DC	≤36kW
DC 级别 2	DC 200~450V	≤200A DC	≤90kW
DC 级别 3	DC 200~600V	≤400A DC	≤240kW

这些充电器根据它们可以提供给电池组的功率级别进行分类
- 1级：常设有线 EVSE 包括充电器；额定电压为 DC 200~450V，电流最高可达 80A，功率最高可达 36kW。
- 2级：常设有线 EVSE 包括充电器；额定电压为 DC 200~450V，电流最高可达 200A，功率最高可达 90kW。
- 3级：常设有线 EVSE 包括充电器；额定电压为 DC 200~600V，电流最高可达 400A，功率最高可达 240kW。

综上所述：
1) 直流充电器是非车载充电器（不在车内）。
① 交流电提供给充电箱；
② 充电器为车辆提供直流电。
2) 消费级部件。
① 可靠性、热循环、振动等方面的考虑不作为要求；
② 低生产成本和潜在增加的利润率。
3) 直流3级特斯拉增压器有限的可用性。
4) EVSE 包括非车载充电器。

13.3 充电器要求

充电器必须满足若干考虑因素和监管标准，必须符合以下安全标准：
- UL 2202：EV 充电系统设备；
- IEC 60950：信息技术设备的安全；
- IEC 61851-21：电动车辆传导充电系统-第21部分：与 AC-DC 电源的传导连接的电动汽车要求；
- IEC 61000：电磁兼容性（EMC）；
- ECE R100：防止电击；
- ISO 6469-3：电动道路车辆-安全规范-第3部分：人身防电击保护；
- ISO 26262：道路车辆-功能安全；
- SAE J2929：电动和混合动力车辆推进电池系统安全标准；
- FCC 第15部分 B 类：联邦法规（CFR）FCC 第15部分信息技术设备的 EMC 辐射测量服务）。

此外，它还可能会受到高温、振动、灰尘和其他参数的影响，这些参数包括工作环境。因此，充电器必须满足以下工作环境：
- 发动机舱性能；
- IP6K9K，IP6K7 防护等级；
- -40~105℃ 环境空气温度；
- -40~70℃ 液体冷却液温度。

以下给出了一个2级3.3kW充电器的输入和输出要求。
输入：
- 输入电压范围：AC 85~265V；
- 输入频率范围：45~70Hz；
- 输入电流：最大16 ARMS；
- 功率因数：≥0.98。

输出：
- 输出电压范围：DC 170-440V；
- 输出功率：最大3.3kW；
- 输出电流：最大DC 12A；
- 效率：>94%。

13.4 1级和2级交流充电器的拓扑选择

前端AC-DC变换器是充电器系统的关键部件。已经为PFC应用开发了各种电路拓扑和控制方法[2,3]。单相有源PFC技术可分为两类：单级方法和两级方法。单级方法适用于低功耗应用。另外，由于输出电流的低频纹波较大，只能使用铅酸电池。此外，车载电池充电器需要进行电气隔离，以满足双重故障保护，保证PHEV用户的安全。因此，两级方案是适用于PHEV电池充电器的候选者，其中额定功率相对较高，锂离子电池用作主要储能系统。前端PFC部分之后是DC-DC部分，以完成充电系统。

图13.1说明了用于PHEV和EV的通用输入两级电池充电器的简化系统框图。

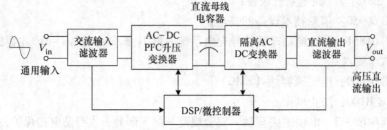

图13.1 通用车载两级电池充电器简化系统框图

PFC级对输入交流电压进行整流，并将其传输到受控的中间直流母线。同时实现PFC功能。接下来的DC-DC级然后将DC母线电压转换成用于对电池充电的稳压输出直流电压，这是满足调节和瞬态要求所必需的。

13.4.1 前端AC-DC变换器拓扑

作为充电系统的关键部件，前端AC-DC变换器必须实现高效率和高功率密度。此外，为了满足交流电源的效率、功率因数要求和监管标准，PFC是至关重要的。

随着这些车辆的利用率的增加，公用电网的压力预计在需求高峰时会显著增加。因此，高效率和高功率因数充电至关重要，以便最大限度地降低公用电力负荷应力，并减少充电时间。此外,需要高功率因数来限制这些充电器产生的输入电流谐波,并符合 IEC 1000-3-2[4]等监管标准。

根据输入电流谐波和输出电压调节的要求,前端变换器通常由 PFC 级实现。通常,大多数电源配套设备采用二极管整流器或具有大容量电容器的晶闸管整流器,以在处理之前将交流电压转换为直流电压。这种整流器产生具有丰富谐波含量的输入电流,这污染了电力系统和电力线路。电力质量是许多电气用户的主要关注点。

PFC 的最简单形式是无源(passive PFC)。无源 PFC 在交流输入端使用滤波器来校正较差的功率因数。无源 PFC 电路仅使用无源器件—电感器和一些电容器。无源 PFC 虽然非常简单和稳健,但很少能实现低总谐波失真(THD)。此外,由于电路在 50Hz 或 60Hz 的低线路工作频率下工作,因此无源元件通常体积大而重。图 13.2 显示了无源 PFC 的输入电压和电流以及输入电流的谐波谱。

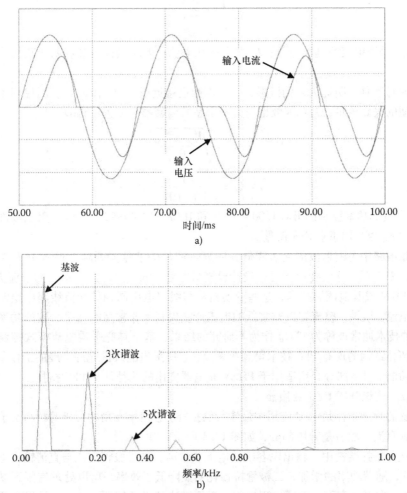

图 13.2 无源功率因数校正 AC 主电压和电流波形
a)输入电压和输入电流 b)输入电流的谐波谱

输入功率因数（PF）定义为实际功率与视在功率的比值

$$功率因数(PF) = \frac{实际功率(W)}{视在功率(VA)} \tag{13.1}$$

假设理想的正弦输入电压源，功率因数可以表示为两个因数的乘积，即失真因数和位移因数，给定为

$$PF = K_d K_\theta \tag{13.2}$$

失真因数 K_d 是基波方均根（RMS）电流与总 RMS 电流的比值。
a. 输入电压和输入电流；
b. 输入电流的谐波谱。
位移因数 K_θ 是基波输入电流与输入电压基波 RMS 电流之间的位移角的余弦值。

$$K_d = \frac{I_{1rms}}{I_{rms}} \tag{13.3}$$

$$K_\theta = \cos\theta_1 \tag{13.4}$$

式中，I_{1rms} 是线电流的基波分量；I_{rms} 是总的线电流；θ_1 是当前基波相对于正弦线电压的相移。

即使对于具有明显失真的波形，失真因数也接近于一致；因此，实际使用不是一个非常方便的失真测量。失真因数也与另一个品质因素唯一相关：THD。

$$THD = \sqrt{\frac{I_{rms}^2 - I_{1rms}^2}{I_{1rms}^2}} \tag{13.5}$$

$$K_d = \sqrt{\frac{1}{1 + THD^2}} \tag{13.6}$$

K_d 由较低功率级别的 IEC 1000-3-2 和 IEEE 519-1992[5] 规定，用于较高功率级别，其中 K_θ 由公用事业公司调整。

单相电路中电流谐波的显著降低只能通过使用基于脉宽调制（PWM）开关变换器的整流器来实现。这些变换器可以设计成模拟电阻负载，因此产生很小的电流失真。通过使用 PWM 或其他调制技术，这些变换器从与线路电压同相的交流线路中绘制出近似正弦的电流。结果，整流器以非常低的电流谐波失真和非常高的几乎一致的功率因数工作。这种技术通常被称为 PFC。作为本研究的结果，基于具有平均电流模式控制的升压变换器拓扑结构的现有 PFC 技术得到显著改善。所提出的改进允许扩展的工作条件范围和附加功能。以下部分介绍适用于 PHEV 充电器应用的几种常见 PFC 拓扑。

13.4.1.1 传统升压 PFC 变换器

传统的升压拓扑是 PFC 应用中最流行的拓扑。它使用专用的二极管桥将交流输入电压整流到直流，然后是升压部分，如图 13.3 所示。

在这种拓扑结构中，输出电容纹波电流非常高，是二极管电流与直流输出电流的差值。此外，随着功率的增加，二极管桥损耗明显降低了效率，所以处理有限区域的散热成为问题。在高功率下，电感体积也成为需要解决的设计问题。另一个挑战是高功率电流检测电阻的额定功率限制。

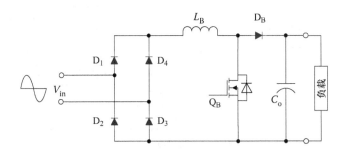

图 13.3 传统升压 PFC 变换器

13.4.1.2 交错升压 PFC 变换器

交错升压变换器，如图 13.4 所示，由两个并联的 180°异相运行的升压变换器组成。[6-8]

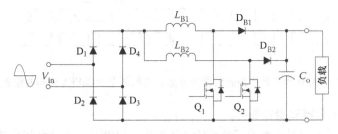

图 13.4 交错升压 PFC 变换器

输入电流是两个输入电感电流的总和。因为电感的纹波电流是相位不同的，所以它们倾向于相互抵消，并减小由升压开关动作引起的输入纹波电流。交错升压变换器具有并联半导体的优点。此外，通过切换 180°相位，将有效开关频率加倍，并引入更小的输入电流纹波，因此输入 EMI 滤波器相对较小[9,10]。在输出端有纹波消除，也可以减小输出电容的压力。

13.4.1.3 无桥升压 PFC 变换器

图 13.5 所示的无桥升压拓扑是本应用所考虑的第二种拓扑。动力传动系开关的栅极连接在一起，所以栅极信号是相同的，如图 13.6 所示。它避免了整流器输入桥的需要，而且保持了经典的升压拓扑[11-14]。对于功率密度和效率很重要的应用（>1kW），这是一个有吸引力的解决方案。无桥升压变换器，也称为双升压 PFC 变换器，解决了输入整流二极管电桥中的热管理问题，但引入了电磁干扰（EMI）[15-17]。这是因为在无桥 PFC 中施加到高压直流母线和电源地的杂散电容的噪声源的幅度要高得多；结果，由无桥 PFC 产生的共模（CM）噪声比传统的升压 PFC 拓扑要高得多。该拓扑结构的另一个缺点是相对于 PFC 级接地的浮动输入线，这使得在没有低频变压器或光电耦合器的情况下无法感测输入电压。

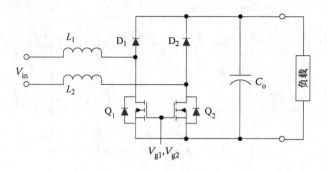

图 13.5 无桥升压 PFC 拓扑

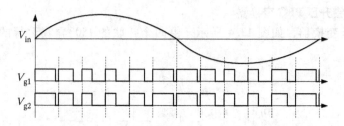

图 13.6 无桥 PFC 升压拓扑的栅极方案,说明两个 MOSFET 相同的栅极信号

13.4.1.4 双升压 PFC 变换器

图 13.7 所示的双升压变换器是无桥升压拓扑的替代[18]。在这种拓扑结构中,MOSFET 栅极被解耦,使得其中一个开关保持导通,并作为半线周期的同步 MOSFET 工作。图 13.8 说明了双升压 PFC 拓扑的栅极方案。双升压拓扑减少了栅极损耗,而在轻负载时,导通损耗可以降低,直到 MOSFET 通道 R_{DS}(ON)之间的电压降等于 MOSFET 体二极管两端的电压降,此时任何附加电流都通过体二极管导通。轻负载效率的提高以附加驱动程序的成本为代价,并增加了控制器的复杂性。

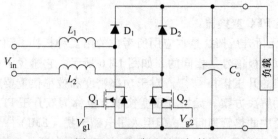

图 13.7 双升压 PFC 拓扑

13.4.1.5 半无桥升压 PFC 变换器

半无桥配置,如图 13.9 所示,包括传统的无桥拓扑结构,其中两个额外的慢速二极管 D_a 和 D_b 将输入端连接到 PFC 地[19]。添加了慢速二极管来解决 EMI 相关问题[15,16]。电流并不总是通过这些二极管返回,所以它们相关的导通损耗很低。这是因为电感器在

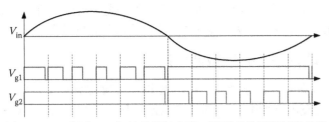

图 13.8 双升压 PFC 拓扑的栅极方案,说明半线周期同步整流

线路频率处表现出低阻抗,因此大部分电流流过 MOSFET 固有体二极管。半无桥配置还解决了相对于 PFC 级接地的浮动输入线问题。拓扑变化使用一串简单的分压器实现输入电压感应。

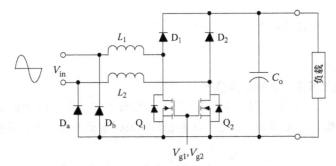

图 13.9 半无桥升压 PFC 拓扑

13.4.1.6 无桥交错升压 PFC 变换器

如图 13.10 所示,提出了无桥交错拓扑,作为功率高于 3.5kW 的解决方案。与交错升压 PFC 相比,它引入了两个 MOSFET,并用两个快速二极管替代了四个慢二极管。门控信号的相位相差 180°,与交错升压相似。参考文献 [20] 给出了详细的变换器描述和稳态运算分析。该变换器拓扑结构显示了高输入功率因数及整个负载范围内的高效率和低输入电流谐波。

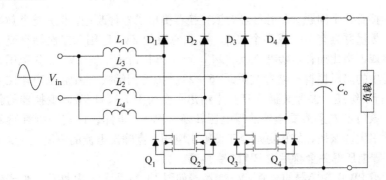

图 13.10 无桥交错升压 PFC 变换器

(来自 F. Musavi; W. Eberle; W. G. Dunford, *IEEE Transactions on Industry Applications*, 47, July/August 2011.)

由于所提出的拓扑结构显示出高输入功率因数及整个负载范围内的高效率和低输入电流谐波,因此它是高功率2级电池充电应用中单相PFC的潜在选择。

13.4.2 隔离式DC-DC变换器拓扑

已经提出许多高效率的全桥DC-DC变换器解决方案是PHEV充电器中的隔离DC-DC变换器的潜在候选者。用于电池充电器的DC-DC变换器要求是
- 电气隔离(监管要求);
- 适用于大功率(>1kW);
- 效率高(>95%);
- 软开关[零电压开关(ZVS)和零电流开关(ZCS)](>100kHz下工作);
- 低EMI;
- 低输出电压/电流纹波(避免电池加热);
- 小尺寸;
- 成本效益。

13.4.2.1 零电压开关全桥相移变换器

如图13.11所示的相移零电压开关(ZVS)PWM DC-DC全桥变换器在参考文献[21-23]中给出。开关的ZVS除了外部电感和开关的输出电容之外,还使用变压器的漏电感来实现。

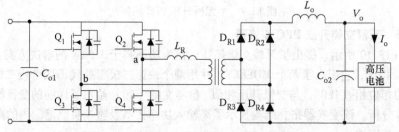

图13.11 ZVS F.B.相移DC-DC变换器拓扑

这个拓扑有几个问题。尽管已经对该变换器提出了各种改进,但是这些解决方案增加了元器件数量并且有一个或多个缺点,包括有限的ZVS范围,二次侧整流二极管上的高压振铃或占空比损耗。参考文献[24]和[25]讨论了宽ZVS工作范围,二次侧整流二极管中的高压振铃在参考文献[26-29]中得到解决。占空比损耗在参考文献[30]中进行了综述。参考文献[31]中给出了全桥DC-DC PWM变换器的新型互补门控方案。该门控方案需要额外的零电压转换(ZVT)电路,以实现所有的ZVS的负载电流变化很大。该拓扑结构更适合于低输出电压、高输出电流的应用。

13.4.2.2 零电压开关全桥后沿PWM变换器

具有后沿PWM变换器的全桥ZVS变换器如图13.12所示,其性能类似于传统的硬开关拓扑结构,而不是同时驱动对角桥式开关,下开关(Q_3和Q_4)以固定的50%占空比,上部开关(Q_1和Q_2)在后沿为PWM[32]。

在输出整流器中需要由 D_c、R_c 和 C_c 组成的钳位电路,以钳位由于二极管结电容与变压器漏电感的电压振铃。该 DC‐DC 变换器也遭受占空比损耗。当输出整流器整流时,需要电感式输出滤波器的变换器发生占空比损耗,使得所有二极管都能导通,这有效地使二次绕组短路。这导致输出电压降低;因此,需要较高的变压器匝数比,这增加了一次侧峰值电流。该拓扑结构也适用于低输出电压、高输出电流的应用。

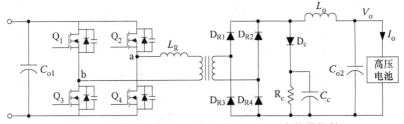

图 13.12　改进的 ZVS F. B. 后沿 DC‐DC 变换器拓扑

13.4.2.3　带电容输出滤波器变换器的零电压开关全桥

具有电容输出滤波器的 ZVS 全桥变换器拓扑结构如图 13.13 所示。由于变压器漏电感与电源侧电感有效地串联,电流输入滤波器的电流馈电拓扑固有地使二极管整流器振铃最小化[33]。此外,ZVS 可以实现高效率;特别地,参考文献 [34] 中提出的后沿 PWM 全桥栅极方案是实现 ZVS 的有吸引力的解决方案。

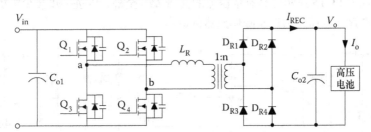

图 13.13　具有电容输出滤波器的 ZVS F. B. 后沿 DC‐DC 变换器拓扑

变换器一次侧电路由传统的全桥逆变器组成,而不是同时驱动对角桥式开关,下开关(Q_3 和 Q_4)以固定的 50% 占空比驱动,上开关(Q_1 和 Q_2)在跟踪边缘进行脉宽调制。尽管所提出的变换器可以以非连续导通模式(DCM)、边界导通模式(BCM)或连续导通模式(CCM)工作,但只需要 DCM 和 BCM。

13.4.2.4　在 BCM 工作的具有电容输出滤波变换器的交错零电压开关全桥

电流馈电拓扑在输出滤波电容器处受到高纹波电流应力的影响。带有电容输出滤波器变换器的交错 ZVS 全桥如图 13.14 所示,减少了输入和输出滤波要求,并降低了二次侧整流二极管的反向恢复损耗。

这种大功率应用采用交错多电池配置,该配置使用两个电池(每个输入和输出额定功率均为 1.65kW)并联,每个电池相移 180°(= 360°/2)[35]。由于交错,每个电池具有相同的功率,并且热损耗在电池之间均匀分布,并且输入/输出纹波是开关频率的 4 倍。

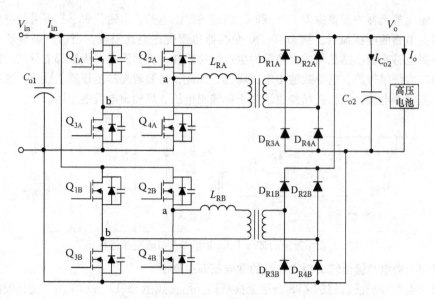

图 13.14 具有电容输出滤波器的交错 ZVS F. B. 后沿 DC – DC 变换器

13.4.2.5 在 BCM 工作的具有倍压器的交错零电压开关全桥

提出了如图 13.15 所示的具有倍压器的交错 ZVS 全桥,以进一步减少输出滤波电容器上的纹波电流和电压应力以及降低元器件成本。

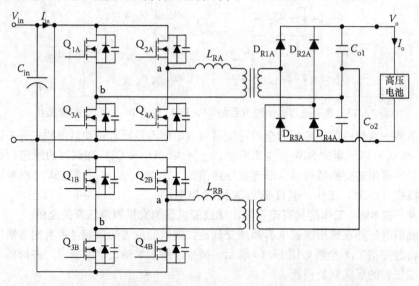

图 13.15 具有倍压器的交错 ZVS F. B. 后沿 DC – DC 变换器

由于交错,每个单元共享相同的功率,并且热损耗在单元之间是均匀分布的,并且输入纹波是开关频率的 4 倍。此外,输出倍压整流器显著减少了二极管的数量,二极管的额定电压等于最大输出电压[36]。

尽管所提出的变换器可以在 DCM、BCM 或 CCM 下工作,但是仅需要 DCM 和 BCM。CCM 中的运行导致最低的 RMS 电流,并且所有开关都可以实现 ZVS,但是高 di/dt 会导致二次侧整流二极管的大的反向恢复损耗和高压振铃。此外,为了在 CCM 中操作该变换器,它需要更大的谐振电感器,这也增加了变压器匝数比,从而增加了一次侧开关的应力。因此,该变换器应设计为在 DCM 或 BCM 中工作。

13.4.2.6 全桥 LLC 谐振 DC – DC 变换器

图 13.16 为全桥 LLC 谐振变换器。LLC 谐振变换器在谐振频率下的高效率以及在保持时间内调节输出电压的能力被广泛应用于电信行业,其中输出电压恒定并且输入电压可能显著下降。然而,与在窄输出电压范围内工作的电信应用相比,电池充电器的宽输出电压范围要求显著不同,具有挑战性。

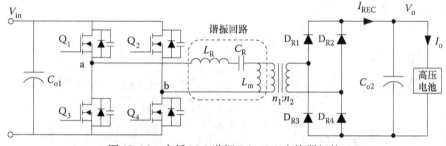

图 13.16 全桥 LLC 谐振 DC – DC 变换器拓扑

图 13.17 为 LLC 变换器的典型直流增益特性系列曲线,作为从空载到短路变化的 7 种不同负载条件下的归一化开关频率的函数。谐振发生在单位增益下,其中谐振电容器和串联谐振电感器是调谐的。

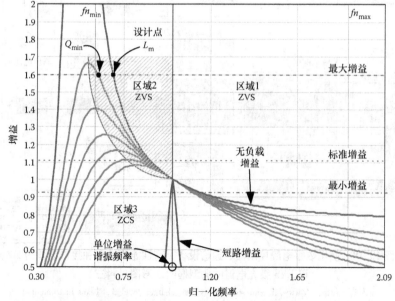

图 13.17 使用 FHA 的 LLC 变换器的典型直流增益特性

参考文献［37］给出了电池充电应用中 LLC 谐振变换器的详细设计步骤和谐振回路选择。

13.5　3 级充电器的拓扑选择

3 级充电器主要是常设有线的 EVSE，特别用于电动汽车充电，额定功率大于 14.4kW。这些充电器主要是与三相电源相连。快速充电器被评为 3 级，但不是所有 3 级充电器都是快速充电器。如果充电器可以在 30min 以内对电动汽车电池组充满电，则充电器可以被认为是快速充电器。该充电器也被认为是直流充电器，因为充电器和车辆之间的接口通过直流连接器。

图 13.18 为使用数字电源控制器、通信设备、高性能驱动器和接口设备的 EV、PHEV3 级充电器的典型框图[38]。

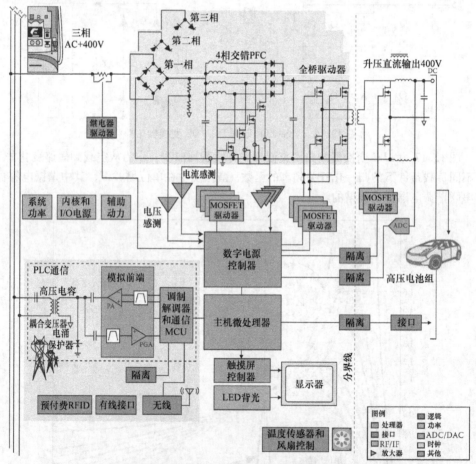

图 13.18　使用数字电源控制器、通信设备、高性能驱动器和接口设备的 EV、
PHEV3 级充电器的典型框图（彩图见封三）
（来自：http：//www.ti.com/solution/ev_hev_charger_level_3，Texas Instrument.）

可以注意到，充电器提供的电压为三相 AC 400V，因此需要一个三相 PFC 变换器用于电源接口，其次是大功率高压 DC-DC 变换器。

13.5.1 前端 AC-DC 变换器拓扑

这些由三相交流电源供电的电动汽车充电器通常需要 10~150kW 的峰值功率，以便根据车辆（50~600V）以可变电压电平将直流电注入电池组。

大功率 3 级充电器电源接口的三相单位功率因数变换器选项[39,40]：
1) 3 个单相 PFC 变换器以星形或三角形联结；
2) 降压型三相 PFC 整流器；
3) 升压型三相 PFC 整流器。

一个简单可靠的解决方案是将星形或三角形联结中的 3 个单相 PFC 升压变换器连接起来。

降压型三相 PFC 整流器［也称为电流源整流器（CSR）］对于这些大功率充电器也是适用的，因为可以直接连接到直流母线。

与升压型系统相比，降压型拓扑结构提供了更宽的输出电压控制范围，同时在输入端保持 PFC 功能，并且可以启用直接起动，同时允许动态电流限制。此外，三相升压型整流器产生的输出电压太高，无法直接馈入直流母线（典型值为 700~800V），在其输出端需要降压型 DC-DC 变换器。

13.5.2 隔离式 DC-DC 变换器拓扑

这些大功率充电器的第二个 DC-DC 级基本上是由 13.4.2 节中给出的解决方案组成的模块化构件。

13.6 实践示例

在本节中，给出了一个 2 级 3.3kW 通用输入两级 PHEV 电池充电器的实际设计实例，输出电压范围为 200~450V。

图 13.19 为由 Delta-Q Technologies 公司设计的 3.3kW 的车载 PHEV 电池充电器。充电器的要求和规格如表 13.3 所示。

图 13.19　Delta-Q Technologies 公司设计的 3.3kW 车载 PHEV 电池充电器

表 13.3　2 级 3.3kW 充电器要求和规格

参数	值
输入交流电压/V	85~265
最大输入交流电流/A	16
功率因数（F.L. 和 240V 输入）（%）	99
交流输入频率/Hz	47~70
满载和 240V 输入时的 THD（%）	<5
整体充电效率（%）	达 94
输出直流电压范围/V	200~450
最大输出直流电流/A	11
最大输出功率/kW	3.3
输出电压纹波/V_{p-p}	<2
冷却方式	液体冷却
外形尺寸/(mm×mm×mm)	273×200×100
质量/体积/(kg/L)	6.2/5.46
工作温度	-40~105℃
冷却液温度/℃	-40~70

下面将详细回顾前端 PFC 升压变换器和隔离式 DC-DC 变换器分步设计考虑和方法。

13.6.1　前端 PFC 升压变换器设计

13.6.1.1　拓扑选择

任何变换器设计的第一步都是拓扑选择。13.4.1 节讨论了 2 级充电器前端 PFC 升压变换器的拓扑选择。

本示例中选定的拓扑结构是双通道交错升压变换器，如图 13.4 所示。PFC 和 DC-DC 变换器级的开关频率分别选择为 70kHz 和 200kHz。为了实现硬开关交错 PFC 的高效率（例如 >97%），并且将基频开关频率纹波限制在低于 150kHz 以满足 EMI 要求，则这里选择了 70kHz 的开关频率。

为了设计交错 PFC 变换器，它可以被视为两个传统的升压 PFC 变换器，每个变换器都以负载额定功率的一半运行。通过这种方法，传统 PFC 中的电感器、开关和二极管的所有方程式仍然有效，因为应力不变，唯一的例外是通过输出电容器的纹波电流降低。

13.6.1.2　PFC 升压变换器电感器设计

低压线路每相中所需的最小升压电感值由式（13.7）给出，其中低压线路的最小占空比由式（13.8）定义，ΔI_{L-LL} 是低压线路上所需的电感电流纹波。

$$L_{\text{B}} = \frac{\sqrt{2}V_{\text{in-min}}D_{\text{min-LL}}}{f_s \Delta I_{\text{L-LL}}} \approx 400\mu\text{H} \tag{13.7}$$

$$D_{\text{min-LL}} = 1 - \frac{\sqrt{2}V_{\text{in-min}}}{V_{\text{PFC-bus}}}\sin\left(\frac{\pi}{2}\right) \tag{13.8}$$

13.6.1.3 PFC 总线电容选择

PFC 总线电容由式（13.9）确定，其中需要最长的保持时间。对于 PFC 总线由式（13.10）给出，$\Delta V_{\text{PFC-bus}}$ 是 PFC 总线电容器中预期的低频纹波：

$$C_{\text{PFC}} = \frac{2P_0 T_{\text{Hold-Up}}}{V_{\text{PFC-bus}}^2 - (V_{\text{PFC-bus}} - \Delta V_{\text{PFC-bus}})^2} \tag{13.9}$$

$$T_{\text{Hold-Up}} = \frac{1}{4}\frac{1}{2f_{\text{Line}}} \tag{13.10}$$

除了电容值外，还必须考虑电容纹波电流。PFC 电容器中的高频纹波电流由式（13.11）给出，其中 I_o 由式（13.12）给出，η_{PFC} 是 PFC 级的效率。

$$I_{\text{C-HF}} = I_\text{o}\sqrt{\frac{16V_{\text{PFC-bus}}}{6\pi\sqrt{2}V_{\text{in-min}}} - \eta_{\text{PFC}}^2} \tag{13.11}$$

$$I_\text{o} = \frac{P_\text{o}}{V_{\text{PFC-bus}}} \tag{13.12}$$

PFC 电容器中的低频纹波电流由式（13.13）给出。

$$I_{\text{C-LF}} = \frac{I_\text{o}}{2} \tag{13.13}$$

13.6.2 隔离式 DC-DC 变换器设计

13.6.2.1 拓扑选择

13.4.2 节讨论了 2 级充电器前端 PFC 升压变换器的拓扑选择。该示例中选定的拓扑结构是具有后沿 PWM 变换器的全桥 ZVS 变换器，如图 13.12 所示。

全桥 DC-DC 变换器设计为在全负载下工作在 400V 的 PFC 母线电压 V_{PFC} 和 400V 的输出电压 V_o。最初，假设峰-峰输出纹波电流 I_o 为 1A。包括死区时间和占空比损耗，假定有效占空比为 0.75。

13.6.2.2 变压器设计

按照假设，使用式（13.14）将变压器匝数比确定为 0.75。

$$n_\text{t} = \frac{D_{\text{eff}}V_{\text{in}}}{V_\text{o}} \tag{13.14}$$

使用匝数比为 12（N_p）：16（N_s）设计定制的平面型铁氧体变压器。

13.6.2.3 输出滤波电感器设计

使用式（13.14）选择输出滤波电感值为 400μH。

$$L_\text{o} = \frac{(V_{\text{in}}/n_\text{t} - V_\text{o})D_{\text{eff}}}{\Delta I_\text{d} 2f_\text{s}} \tag{13.15}$$

13.6.2.4 谐振电感器设计

计算出的谐振电感在式（13.16）中给出。选择 6μH 谐振电感器，其与使用式（13.16）计算出的值相比较小。使用环形（铁粉芯）电感获得 4μH，并且使用变压器漏电感获得额外的 2μH。

$$L_R = \frac{n_t V_{in}(1-D_{eff})}{4\Delta I_d f_s} = 8\mu H \tag{13.16}$$

13.7 无线充电器

13.7.1 介绍

车载充电器由于需要电缆和插头，且车上电子设备要电气隔离，充电器的尺寸重量以及安全性以及在雨雪中操作的问题而受到影响。无线电力传输（WPT）是一种提供解决这些问题的手段和方法，为消费者提供了一种无缝和方便的方式来进行充电。此外，它提供了固有的电气隔离，并降低了车载充电成本、重量和体积[41]。

典型的闭环感应 WPT 充电系统如图 13.20 所示[42,43]。感应 WPT 充电的基本原理是感应耦合界面的两半由两部分变压器的一次侧和二次侧组成。在功率变换阶段，充电器将低频交流电转换为高频交流电。二次侧从充电器无线接收高频交流电，该充电器由整流器转换成直流电，然后提供给电池组。

图 13.20 典型的闭环感应 WPT 充电系统

两部分变压器的行为如互感耦合或磁耦合电感器，其配置使得通过一个绕组的电流的变化通过电磁感应来感应另一个绕组两端的电压，如图 13.21 所示。

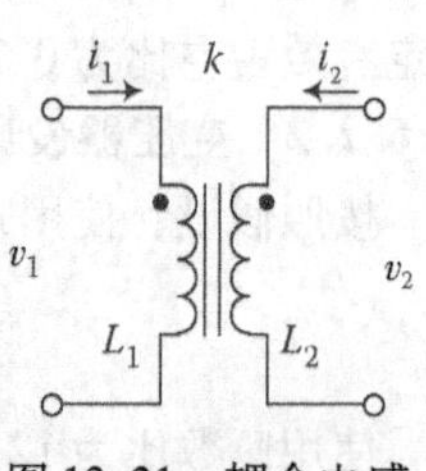

两个导体之间的电感耦合由式（13.17）和式（13.18）给出

$$v_1 = L_1 \frac{di_1}{dt} + M \frac{di_2}{dt} \tag{13.17}$$

$$v_2 = L_2 \frac{di_2}{dt} + M \frac{di_1}{dt} \tag{13.18}$$

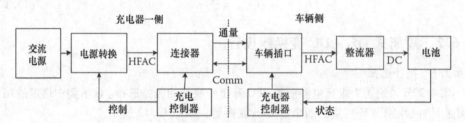

图 13.21 耦合电感电路符号

在式（13.17）和式（13.18）中，M 表示由式（13.19）给出的互感，其中 k 是绕组的耦合因数或磁路的质量。

$$M = k\sqrt{L_1 L_2} \quad (13.19)$$

对于 L_1 中的电流 I_1，L_2 中感应的开路电压由式（13.20）给出

$$V_{OC} = \omega M I_1 \quad (13.20)$$

在右侧具有短路，电流由式（13.21）给出。

$$I_{SC} = \frac{V_{OC}}{\omega L_1} = I_1 \frac{M}{L_2} \quad (13.21)$$

当系统用电容器在工作频率下调谐时，可用功率为 $V_{OC}I_{SC}$ 乘以电路调谐谐振因子 Q，由式（13.22）给出，其中 Q 由式（13.23）[44]给出。

$$P = \omega \frac{M^2}{L_2} I_1^2 Q = \omega L_1 I_1 I_1 \frac{M^2}{L_1 L_2} Q = V_1 I_1 k^2 Q \quad (13.22)$$

$$Q = \frac{\omega L}{R_L} \quad (13.23)$$

在式（13.22）中，前两项是输入电压和电流，第三项是磁耦合因数，最后一项是二次电路 Q。感应 WPT 系统所能产生的功率取决于一次电源的输入电压安培积（VA）、磁路质量（k）和二次电路质量（Q）。

13.7.2 感应充电

20 世纪 90 年代，电动汽车采用感应充电。感应充电器使用互感器将电能从电源传输到车辆。这和变压器的工作原理是相似的。在该系统中，包含带电一次线圈的绝缘桨接近车辆内的二次线圈。然后，一次线圈的磁场在二次线圈中感应出电荷。

Magne Charge 电缆耦合充电器的充电桨（一次线圈）与二次线圈密封在环氧树脂中。在 6.6 或 50kW，插入二次线圈中心的桨叶允许 EV1 充电，不要任何接触或连接器。应该注意的是，该系统是无连接器的，但不是无线的。

IPT 充电器电荷耦合接口的等效电路参数如图 13.22 所示。

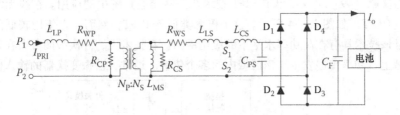

图 13.22　感应接口（桨）等效电路

13.7.3 谐振感应充电

谐振感应功率传输（RIPT）是目前最流行的 WPT 技术[45,46]。它是由尼古拉·特斯拉（Nikola Tesla）率先推出的，最近又由于现代电子元件再次流行起来。这种技术使用

两个或更多个调谐谐振回路在相同的频率谐振[47]。

RIPT 系统的典型原理图如图 13.23 所示。接收器和发射器包含谐振电容器 C_p 和 C_s。参考文献 [48] 中提出了各种谐振补偿拓扑。如参考文献 [47] 所述，谐振电路的功能包括

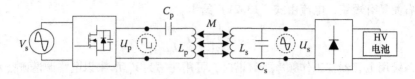

图 13.23 谐振感应充电器的简化典型原理图

- 最大化传输功率；
- 优化传输效率；
- 通过频率变化控制发射功率；
- 创建一定的源特性（电流或电压源）；
- 磁耦合的补偿变化；
- 补偿发射器线圈中的磁化电流，以减少发电机损耗；
- 发射器线圈阻抗匹配发电机；
- 抑制发电机的高次谐波。

高达大约 40cm 的距离可实现高效的谐振磁耦合。RIPT 系统具有 IPT 多种优势，包括增加量程、降低 EMI、高频运行、逆变器和接收器整流电路的谐振开关以及更高的效率。然而，这个概念的主要优点是工作频率在 kHz 范围内，这可以由当前最先进的电力电子技术支持。

13.7.4 道路/在线充电

参考文献 [49-58] 提出了 RIPT 技术在公共交通系统中的应用。在线无线电力传输系统（OLPT）如图 13.24 所示。这个概念类似于 RIPT，然而，它使用较低的谐振频率，并且该技术具有在高功率水平下的应用潜力。在技术上，一次线圈分布在道路上的一个区域上，功率传递发生在该区域内的多个位置。通常，谐振变换器的输入侧与分布

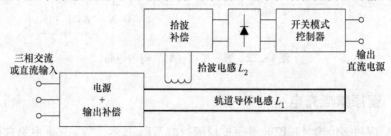

图 13.24 典型的在线无线电力传输系统[49-58]

式一次绕组的组合称为轨道,并且在道路上,二次侧称为车辆中的拾波线圈。该系统由三相交流系统或高压直流系统供电。考虑到电动汽车的短距离和相关的基础设施成本,对这些充电系统的可行性可能是不利的。然而,一个好处是,由于频繁和方便的充电,车辆可以以最小的电池容量(与传统的电池供电的电动汽车相比仅占20%)建造,从而可以最小化重量和车辆价格[56]。

习题

13.1 交流充电器和直流充电器系统有什么区别?

13.2 充电器的功率级别分类如何?

13.3 2级充电器中前端 AC – DC 变换器最常见的拓扑结构是什么?

13.4 2级充电器中前端 DC – DC 变换器最常见的拓扑结构是什么?

13.5 推导公式以显示 PF 与 THD 之间的关系。

13.6 在 CCM 中运行的传统 PFC 升压变换器中,考虑所有部件都是理想的。令 V_{in} 为 85~265V, V_o = 400V(已调), P_o = 1650W, f_s = 70kHz。计算输出电容器中的 L_{min},低频和高频纹波电流,以及如果输出端所需的低频电压纹波假定为额定输出电压的10%时的电容值。

13.7 对于无桥升压变换器和 P_o = 3300W,重复计算习题13.6。

13.8 在具有电容输出滤波器的 ZVS 全桥 DC – DC 变换器拓扑结构中,要考虑的工作模式是什么?令 V_{in} = 400V, V_o = 200~450V, f_s = 200kHz, P_o = 3300W。计算输出电容器中的 L_{R_min},低频和高频纹波电流,以及如果输出端所需的,低频电压纹波假定为标称输出电压(300V)的2%的电容值。

13.9 使用习题13.8给出的 LLC 谐振 DC – DC 变换器的参数。找出输出电容器的工作频率范围,谐振回路分量值以及低频和高频纹波电流,如果输出端所需的低频电压纹波假定为标称输出电压(300V)的2%的电容值。

13.10 使用 PSIM,在习题13.7和13.9中连接变换器,模拟整个系统,并通过 DL – Link 电容器验证高频和低频纹波电流。将结果与习题13.7和13.9中计算的值进行比较。

参考文献

1. Surface Vehicle Recommended Practice J1772, SAE Electric Vehicle and Plug in Hybrid Electric Vehicle Conductive Charge Coupler. SAE International, January 2010.
2. B. Singh; B.N. Singh; A. Chandra; K. Al-Haddad; A. Pandey; D.P. Kothari, A review of single-phase improved power quality AC–DC converters, *IEEE Transactions on Industrial Electronics*, 50, 962–981, 2003.
3. C. Qiao; K.M. Smedley, A topology survey of single-stage power factor corrector with a boost type input-current-shaper, *IEEE Transactions on Power Electronics*, 16, 360–368, 2001.
4. Compliance testing to the IEC 1000-3-2 (EN 61000-3-2) and IEC 1000-3-3 (EN 61000-3-3) Standards. Agilent Technology.
5. IEEE Std 519-1992 IEEE recommended practices and requirements for harmonic control in electrical power systems, *IEEE* 1992.

6. M. O'Loughlin, An interleaved PFC preregulator for high-power converters. Topic 5, in *Texas Instrument Power Supply Design Seminar*, 2007, pp. 5–1, 5–14.
7. L. Balogh; R. Redl, Power-factor correction with interleaved boost converters in continuous-inductor-current mode, in *IEEE Applied Power Electronics Conference and Exposition*, San Diego, CA, 1993, pp. 168–174.
8. Y. Jang; M.M. Jovanovic, Interleaved boost converter with intrinsic voltage-doubler characteristic for universal-line PFC front end, *IEEE Transactions on Power Electronics*, 22, 1394–1401, 2007.
9. P. Kong; S. Wang; F.C. Lee; C. Wang, Common-mode EMI study and reduction technique for the interleaved multichannel PFC converter, *IEEE Transactions on Power Electronics*, 23, 2576–2584, 2008.
10. C. Wang; M. Xu; F.C. Lee; B. Lu, EMI study for the interleaved multi-channel PFC, in *IEEE Power Electronics Specialists Conference, PESC*, Orlando, FL, 2007, pp. 1336–1342.
11. B. Lu; R. Brown; M. Soldano, Bridgeless PFC implementation using one cycle control technique, in *IEEE Applied Power Electronics Conference and Exposition*, Austin, TX. vol. 2, 2005, pp. 812–817.
12. U. Moriconi, A Bridgeless PFC Configuration Based on L4981 PFC Controller. STMicroelectronics Application Note AN1606, 2002.
13. Y. Jang; M.M. Jovanovic, A bridgeless PFC boost rectifier with optimized magnetic utilization, *IEEE Transactions on Power Electronics*, 24, 85–93, 2009.
14. L. Huber; J. Yungtaek; M.M. Jovanovic, Performance evaluation of bridgeless PFC boost rectifiers, *IEEE Transactions on Power Electronics*, 23, 1381–1390, 2008.
15. F.C. Pengju Kong; Shuo Wang; Lee, Common mode EMI noise suppression for bridgeless PFC converters, *IEEE Transactions on Power Electronics*, 23, 291–297, January 2008.
16. T. Baur; M. Reddig; M. Schlenk, Line-conducted EMI-behaviour of a high efficient PFC-stage without input rectification, Infineon Technology—Application Note, 2006.
17. H. Ye; Z. Yang; J. Dai; C. Yan; X. Xin; J. Ying, Common mode noise modeling and analysis of dual boost PFC circuit in *IEEE International Telecommunications Energy Conference, INTELEC*, Chicago, IL, 2004, pp. 575–582.
18. T. Qi; L. Xing; J. Sun, Dual-boost single-phase PFC input current control based on output current sensing, *IEEE Transactions on Power Electronics*, 24, 2523–2530, 2009.
19. F. Musavi; W. Eberle; W.G. Dunford, A phase-shifted gating technique with simplified current sensing for the semi-bridgeless AC–DC converter, *IEEE Transactions on Vehicular Technology*, 62, 1568–1576, 2013.
20. F. Musavi; W. Eberle; W.G. Dunford, A high-performance single-phase bridgeless interleaved PFC converter for plug-in hybrid electric vehicle battery chargers, *IEEE Transactions on Industry Applications*, 47, 1833–1843, July/August 2011.
21. L.H. Mweene; C.A. Wright; M.F. Schlecht, A 1 kW, 500 kHz front-end converter for a distributed power supply system, *IEEE Transactions on Power Electronics*, 6, 398–407, 1991.
22. D.B. Dalal, A 500 kHz multi-output converter with zero voltage switching, in *IEEE Applied Power Electronics Conference and Exposition, APEC*, 1990, pp. 265–274.
23. J.A. Sabate; V. Vlatkovic; R.B. Ridley; F.C. Lee; B.H. Cho, Design considerations for high-voltage high-power full-bridge zero-voltage-switched PWM converter in *IEEE Applied Power Electronics Conference and Exposition, APEC*, 1990, pp. 275–284.
24. K. Gwan-Bon; M. Gun-Woo; Y. Myung-Joong, Analysis and design of phase shift full bridge converter with series-connected two transformers, *IEEE Transactions on Power Electronics*, 19, 411–419, 2004.
25. M. Borage; S. Tiwari; S. Bhardwaj; S. Kotaiah, A full-bridge DC-DC converter with zero-voltage-switching over the entire conversion range, *IEEE Transactions on Power Electronics*, 23, 1743–1750, 2008.
26. W. Xinke; Z. Junming; X. Xiaogao; Q. Zhaoming, Analysis and optimal design considerations for an improved full bridge ZVS DC-DC converter with high efficiency, *IEEE Transactions on Power Electronics*, 21, 1225–1234, 2006.
27. W. Xinke; X. Xiaogao; Z. Junming; R. Zhao; Q. Zhaoming, Soft switched full bridge DC-DC converter with reduced circulating loss and filter requirement, *IEEE Transactions on Power Electronics*, 22, 1949–1955, 2007.
28. C. Wu; R. Xinbo; Z. Rongrong, A novel zero-voltage-switching PWM full bridge converter, *IEEE Transactions on Power Electronics*, 23, 793–801, 2008.

29. C. Wu; R. Xinbo; C. Qianghong; G. Junji, Zero-voltage-switching PWM full-bridge converter employing auxiliary transformer to reset the clamping diode current, *IEEE Transactions on Power Electronics*, 25, 1149–1162, 2010.
30. J. Yungtaek; M.M. Jovanovic, A new PWM ZVS full-bridge converter, *IEEE Transactions on Power Electronics*, 22, 987–994, 2007.
31. A.K.S. Bhat; L. Fei, A new gating scheme controlled soft-switching DC-to-DC bridge converter, in *Power Electronics and Drive Systems, 2003. The Fifth International Conference on PEDS 2003*, Singapore, vol. 1, 2003, pp. 8–15.
32. D.S. Gautam; F. Musavi; M. Edington; W. Eberle; W.G. Dunford, An automotive onboard 3.3-kW battery charger for PHEV application, *IEEE Transactions on Vehicular Technology*, 61, 3466–3474, 2012.
33. I.D. Jitaru, A 3 kW soft switching DC-DC converter, in *IEEE Applied Power Electronics Conference and Exposition, APEC*, New Orleans, LA, vol. 1, 2000, pp. 86–92.
34. D. Gautam; F. Musavi; M. Edington; W. Eberle; W.G. Dunford, A zero voltage switching full-bridge DC-DC converter with capacitive output filter for a plug-in-hybrid electric vehicle battery charger, in *Applied Power Electronics Conference and Exposition (APEC), 2012 Twenty-Seventh Annual IEEE*, Orlando, FL, 2012, pp. 1381–1386.
35. D. Gautam; F. Musavi; M. Edington; W. Eberle; W.G. Dunford, An interleaved ZVS full-bridge DC-DC converter with capacitive output filter for a PHEV charger, in *Energy Conversion Congress and Exposition (ECCE), 2012 IEEE*, Raleigh, NC, pp. 2827–2832.
36. D. Gautam; F. Musavi; M. Edington; W. Eberle; W.G. Dunford, An isolated interleaved DC-DC converter with voltage doubler rectifier for PHEV battery charger, in *Applied Power Electronics Conference and Exposition (APEC), 2013 Twenty-Eighth Annual IEEE*, Long Beach, CA, pp. 3067–3072.
37. F. Musavi; M. Craciun; D.S. Gautam; W. Eberle; W.G. Dunford, An LLC resonant DC-DC converter for wide output voltage range battery charging applications, *IEEE Transactions on Power Electronics*, 28, 5437–5445, 2013.
38. http://www.ti.com/solution/ev_hev_charger_level_3, Texas Instrument.
39. J.W. Kolar; T. Friedli, The essence of three-phase PFC rectifier systems—Part I, *IEEE Transactions on Power Electronics*, 28, 176–198, 2013.
40. T. Friedli; M. Hartmann; J.W. Kolar, The essence of three-phase PFC rectifier systems—Part II, *IEEE Transactions on Power Electronics*, 29, 543–560, 2014.
41. F. Musavi; W. Eberle, An overview of wireless power transfer technologies for EV battery charging, *IET Power Electronics*, 7(1), 60–66, 2014.
42. SAE J1773, SAE Electric Vehicle Inductively Coupled Charging, 1999.
43. SAE J2954, Wireless Charging of Plug-in Vehicle and Positioning Communication, 2012.
44. http://www.qualcomm.com/media/documents/, Inductive Power Transfer systems (IPT) Fact Sheet: No. 1—Basic Concepts, J.T. Boys; G.A. Covic, Eds., 2013.
45. A. Karalis; A.B. Kurs; R. Moffatt; J.D. Joannopoulos; P.H. Fisher; M. Soljačić, Wireless energy transfer. USA: Massachusetts Institute of Technology, Patent # 7825543, 2008.
46. A. Kurs; A. Karalis; R. Moffatt; J.D. Joannopoulos; P. Fisher; M. Soljačić, Wireless power transfer via strongly coupled magnetic resonances, *International Science Journal, American Association for the Advancement of Science (AAAS)*, 317, 83–86, 2007.
47. E. Waffenschmidt, Inductive wireless power transmission, in *Technical Educational Seminar, IEEE Energy Conversion Congress & Exposition*, Phoenix, AZ, 2011, pp. 1–128.
48. O.H. Stielau; G.A. Covic, Design of loosely coupled inductive power transfer systems, in *International Conference on Power System Technology, PowerCon 2000*, Perth, Australia, vol. 1, 2000, pp. 85–90.
49. L. Farkas, High power wireless resonant energy transfer system, USA, Patent # 20080265684, 2007.
50. R.A. Pandya; A.A. Pandya, Wireless charging system for vehicles, USA, Patent # 8030888, 2008.
51. G.A. Covic; J.T. Boys, Power demand management in inductive power transfer systems. New Zealand: Auckland Uniservices Limited, Patent Application # PCT/NZ2010/000181, 2010.
52. C.Y. Huang; J.T. Boys; G.A. Covic; M. Budhia, Practical considerations for designing IPT system for EV battery charging, in *IEEE Vehicle Power and Propulsion Conference (VPPC)*, 2009, pp. 402–407.
53. H.H. Wu; J.T. Boys; G.A. Covic, An AC processing pickup for IPT systems, *IEEE Transactions on Power Electronics*, 25, 1275–1284, 2010.

54. J. Huh; S. Lee; C. Park; G.H. Cho; C.T. Rim, High performance inductive power transfer system with narrow rail width for on-line electric vehicles, in *IEEE Energy Conversion Congress and Exposition (ECCE)*, Atlanta, GA, 2010, pp. 647–651.
55. S. Lee; J. Huh; C. Park; N.S. Choi; G.H. Cho; C.T. Rim, On-line electric vehicle using inductive power transfer system, in *IEEE Energy Conversion Congress and Exposition (ECCE)*, Atlanta, GA, 2010, pp. 1598–1601.
56. S. Ahn; J. Kim, Magnetic field design for high efficient and low EMF wireless power transfer in on-line electric vehicle, in *Proceedings of the 5th European Conference on Antennas and Propagation (EUCAP)*, Rome, Italy, 2011, pp. 3979–3982.
57. C.S. Wang; O.H. Stielau; G.A. Covic, Design considerations for a contactless electric vehicle battery charger, *IEEE Transactions on Industrial Electronics*, 52, 1308–1314, 2005.
58. G.A. Covic; J.T. Boys; M.L.G. Kissin; H.G. Lu, A three-phase inductive power transfer system for roadway-powered vehicles, *IEEE Transactions on Industrial Electronics*, 54, 3370–3378, 2007.

第14章 插电式混合动力汽车

Yinye Yang, Weisheng Jiang, Piranavan Suntharalingam

14.1 引言

插电式混合动力汽车（PHEV）是另一种新型车辆，其结合了可替代燃料来代替传统车辆的石油消耗。顾名思义，PHEV是一种特殊类型的混合动力汽车（HEV）。与HEV类似，PHEV通过使用传统的内燃机（ICE）和电机将电力路径与机械动力路径整合。它们也可以通过将电线插入墙壁直接从电网中获取电力（名称因此而来）。

PHEV和HEV之间的差异主要在于电池容量和充电方式。PHEV具有更大的电池容量，能够在相当大的范围内单独使用电池电源，这被称为纯电动续驶里程。通常，这种纯电动续驶里程（AER）旨在满足PHEV车主，特别是城市和郊区的日常行车要求。据估计，在欧洲，50%的行程不到10km（6.25mile），80%的行程不到25km（15mile）。在英国，97%的行程不到80km（50mile）。在美国，约60%的车辆每天的行驶距离不到50km（31.25mile），大约85%的车辆行程不到100km（60mile）[1]。因此，电动行驶里程为60mile的PHEV将会满足欧洲和美国的大部分旅行要求，表示为PHEV-60（或PHEV-100km）。图14.1显示了美国的每日行驶距离分布[2]。

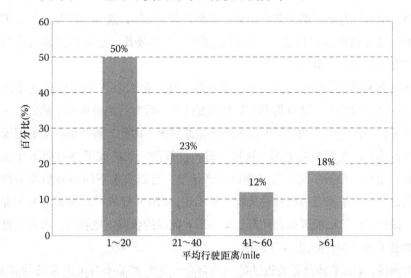

图14.1 美国每日行驶距离分布（来自L. Sanna, *EPRI Journal*, Fall 2005.）

此外，图 14.2 显示了美国 1995 年全国家庭出行调查公布的一日旅行中的单程距离，结合了 40 多万受访者的调查结果[3]。

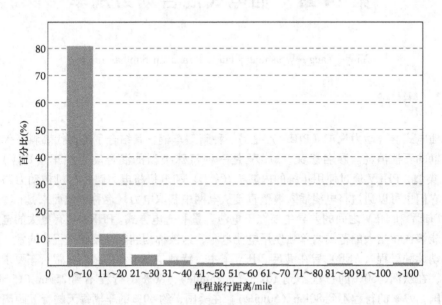

图 14.2　单程旅行距离
[来自 Day Trips, 1995. National Personal Transportation Survey（NPTS），Research and Innovative Technology Administration, Bureau of Transportation Statistics.]

显然，单程旅行距离的大部分距离不到每行程 10mile，这几乎保持在所有 PHEV 的 AER 之内。在任何两次旅行之间，可以在家中、工作场所、杂货店前面的停车场、公共场所的充电站等对车载电池充电。

通过将车辆的充电插头直接插入外部电力电源插座，PHEV 的电池充电能力与 HEV 相比有另一个重大差异。这也是 PHEV 的主要优势，因为石油不再是车辆的唯一燃料来源。事实上，电力供应在 PHEV 中占大部分能源供应，因此，对石油产品的能源依赖性大大降低。通常，电能来自电网，这可能是传统煤能、核能或可再生能源（如风能和太阳能）的选择。根据不同地区的能源生产情况，可以实现不同的燃油经济性和减排能力。因此，与仅依靠石油燃料的传统 ICE 相比，PHEV 提供了廉价和清洁的能源发电的选择，减少了对石油能源或任何其他单一形式能源的依赖。在美国，可再生能源发电厂[4] 的数量大幅增加，如图 14.3 所示。

一般来说，PHEV 涉及更高程度的电力部分，并且需要来自电力系统的较高性能，而机械动力系统降低到最小水平，但可以帮助维持电力系统。表 14.1 比较了 PHEV、HEV 和传统车辆的不同配置。

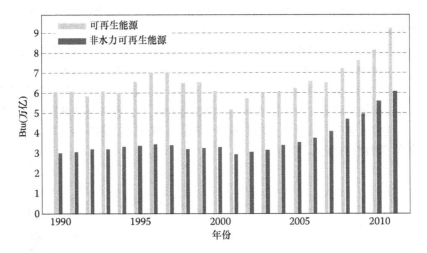

图 14.3 美国可再生能源发电

[来自 U. S. Energy Information Administration, *Electric Power Annual and Electric Power Monthly* [March 2012] based on preliminary 2011 data.]

表 14.1 PHEV、不同类型的 HEV 和传统车辆比较

	停止和起动	再生制动	电动机辅助	电力驱动	外部电池充电
传统车辆	大多数没有	无	无	无	无
微型 HEV	有	最低限度	无	无	无
轻度 HEV	有	有	最低限度	无	无
全 HEV	有	有	有	有	无
PHEV	有	有	有	有	有

14.2 PHEV 的功能和优点

PHEV 将 HEV 和电动汽车（EV）的功能在很大程度上结合起来，通过电力和液化石油燃料运行。大电池容量使 PHEV 尽可能地在纯电动模式下工作，从而通过使用更廉价和更清洁的电力来降低燃料消耗。然而，与纯电动汽车相比，由于电池成本，PHEV 仍然具有短得多的纯电动行驶里程，这限制了电池容量。因此，纯电动驾驶模式主要用于城市驾驶或日常通勤。在将电池电量放电到一定的低电平后，发动机开始对电池充电，并且 PHEV 从 EV 转为以 HEV 方式工作。利用电力系统和机械动力系统来提供车辆动力，并以混合工作的形式实现更长的行驶距离。此外，由于发动机提供备用电源，并且与其他传统燃油车辆一样好的 PHEV 的延长，因此在驾驶时电池电量可能耗尽的 EV 驱动器所引起的距离焦虑性将大大减轻。

与 HEV 类似，PHEV 主要用于处理车辆运输行业的 3 个新兴问题：化石能源安全，车辆空气污染和温室气体（GHG）排放导致的气候变化。

减少运输部门的石油消费是设计 PHEV 的主要目标。根据美国能源情报署 2010 年发布的"2010 年国际能源展望"[5]，2007 年全球石油消费量达到 495 万亿 Btu，比 1980 年上升了 36%。而交通运输部门则是石油消费量最大，呈现出过去几十年来最大的石油需求增长。特别是随着发展中国家目前的需求急剧上升，石油消费量比以往任何时候都多得多，这也可能在原油价格大幅上涨的情况下显现出来。图 14.4 显示了从 1968 年到 2011 年的美国原油精炼厂购置成本[6]。

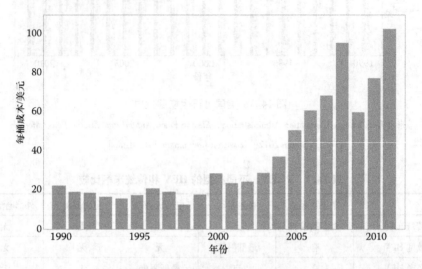

图 14.4　美国原油精炼厂购置成本
（来自 Annual Energy Review 2010, U. S. Energy Information Administration, Report number：DOE/EIA -0384, 2000. ）

此外，许多国家强调能源安全是重中之重。以美国为例，美国对进口石油的依赖自 2009 年以来一直在下降，如图 14.5 所示，政府仍然敦促进口原油减少原油和替代能源并鼓励采取措施提高车辆燃油效率[7]。美国政府 2012 年与主要汽车制造商，汽车工人联合会、消费者联合会发布的燃油效率标准环保组织还要求汽车和轻型卡车实现到 2025[8]年的 54.5mile/gal 平均行驶里程，可为每个家庭节省 8000 美元，帮助美国实现进口石油削减三分之一的目标。欧洲和亚洲国家也正在实施类似的燃油效率法规，以减少石油消耗，以确保国家能源安全[9,10]因此，车辆运输部门非常希望 PHEV 和电动汽车等提供更高的燃油效率和更少或无石油消耗以减少对石油能源的依赖，减轻甚至避免即将到来的潜在能源危机。

PHEV 旨在解决的另一个重要目标，就是减少车辆排放对环境的污染。排放物是在内燃机燃料-空气燃烧过程中以汽车尾气的形式产生的。它们也是通过在未完成的燃料燃烧期间的燃料蒸发或简单地在加油过程中产生的。排放物处理不当可能导致严重的环境问题和健康问题，如因为长期暴露于环境中而导致的癌症。表 14.2 列出了车辆排放

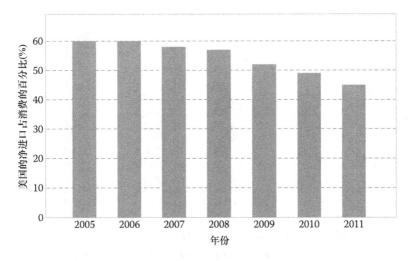

图 14.5 美国对进口石油的依赖下降

(来自:M. Slack, Our dependence on foreign oil is declining, The White House Blog, March, 2012.)

中最常见的污染物。

表 14.2 常见的车辆污染物

温室和地面气体	二氧化碳（CO_2），一氧化碳（CO），氮氧化物（NO_x）和二氧化硫（SO_2）
空气有毒物	碳氢化合物（HC）
固体/液体	颗粒物（PM）

(来自:Adapted from U.S. Department of Engrgy, Office of Energy Efficiency and Renewable Energy, Just the Basics: Vehicle emissions, freedom CAR and vehicle technologies program, August, 2003.)

许多决策者认为，PHEV 的发展是减少交通运输部门环境污染的最有希望和现实的战略之一。目前已经通过了各项规定，并在全球范围内提供激励措施，以刺激 PHEV 的研究与开发。通常，ICE 的效率很低，平均效率低于 30%，这是因为最大的热转换约束条件，即使在后处理系统的帮助下也能产生很多的排放。相比之下，使用电能作为其能源的机器具有更高的效率，从而产生具有相同输入功率的较大功率输出。基本上没有产生尾气排放，因为使用电机的唯一副产物是可以再循环或再利用的二手电池。一般来说，PHEV 比同类传统车辆产生少得多的尾气，而在纯电动续驶里程内，它们实现了零尾气排放。即使与从油井到车轮排放相比，PHEV 与传统的燃油车辆相比，显著减少排放量三分之一，如图 14.6 所示[12]。这是因为发电厂通常比 ICE 具有更高的效率；同时，越来越多的可再生能源产生电力，如水电、风电等，使发电方面的排放量进一步降低。另外，由于许多电站远离城市，排放量远离人类居住区，而传统的电力公司排放物大量在城市。因此，通过利用电机中的电力，PHEV 可以显著地减少车辆尾气排放。

而且，人们日益普遍接受二氧化碳（CO_2）排放量是全球气候变化的主要影响因素之一这一观念。传统石油燃料在内燃机（ICE）中燃烧产生二氧化碳，这形成了美国温

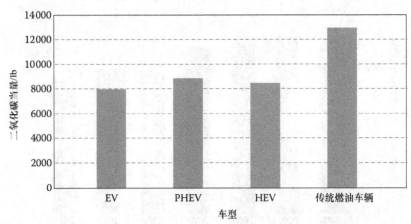

图 14.6 EV, PHEV, HEV 和传统燃油车辆排放比较

(来自 U. S. Department of Energy, Office of Energy Efficiency and Renewable Energy, Emissions from Hybrid and Plug-In Hybrid Electric Vehicles, Alternative Fuel Data Center, Fuels and Vehicles, Electricity, Emissions.)

室气体排放总量的大部分,如图 14.7 所示[13]。2011 年,仅美国就产生了 67 亿(6.7×10^9) 吨二氧化碳当量排放量,相当于 14 亿辆客车的年温室气体排放量,或者是 1710 亿棵树苗(0 年的碳封存量)[13]。图 14.7 显示了 2011 年经济部门的美国温室气体排放总量,清楚地表明运输部门占温室气体总排放量的近三分之一,成为所有经济部门的第二大贡献者。据了解,自 20 世纪 90 年代以来,交通运输部门的温室气体排放量增加了约 18%,这主要是由于旅游需求的增加以及美国车辆燃油效率停滞不前[14]。

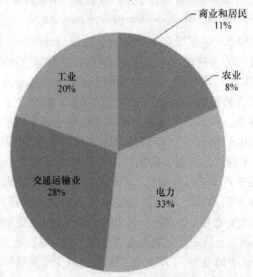

图 14.7 2011 年美国经济部门的温室气体排放总量

(来自 United states Environment Protection Agency, *Greenhouse Gas Equivalencies Calculator*, Updated April 25, 2013.)

PHEV 还可以帮助减少来自车辆的 GHG 排放。全球努力共同规范二氧化碳排放量，如图 14.8 所示[15]。通过大量使用电力替代石油燃料，PHEV 显著减少了燃烧的燃料量；因此，尾管中产生的二氧化碳少得多。此外，使用电力作为 PHEV 中的能量载体之一，可以实现来自当地区域的风力发电和太阳能等可再生能源的电力选择。这种清洁能源有助于进一步减少二氧化碳排放以及发电阶段的空气污染，大大扩大了 PHEV 清洁排放的好处。

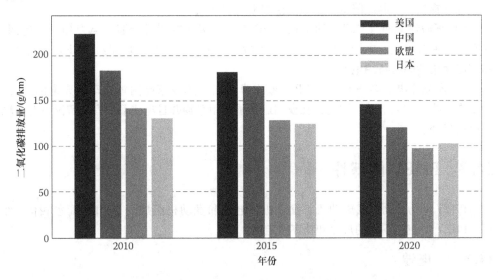

图 14.8 乘用车全球二氧化碳控制

（来自 Policy updates, European CO_2 Emission Performance Standards for Passenger Cars and Light Commercial Vehicles, International Council on Clean Transporation, July 12, 2012.）

总而言之，PHEV 有很多好处：

1）降低石油消耗：AER 使得能够将传统的石油能源转换为电力，这可以通过各种形式的资源产生。这显著减少了运输部门对化石燃料能源的依赖，并且可通过从诸如风能和太阳能等可再生能源发电来提供各种选择。潜在燃料减排的好处可能很大。随着美国国家实验室的一份报告发现，通过用 20mile 电动行驶距离的 PHEV 替换传统车辆，可以实现 45% 的减排[16]。

2）减少排放：随着石油消耗量的减少，化石燃料燃烧引起的车辆排放量明显减少。而且，如上所述，集中电力发电和可再生能源的使用都有助于大幅减排。然而，还应该指出的是，因为 PHEV 通常在需要最少发动机运行的纯电动行程内工作，所以由于不频繁的多发动机冷起动，发动机起动开始时的排放可能会增加。方法和控制算法[17]已经存在，用以解决这些问题，使得 PHEV 的总排放仍然远低于同等尺寸的典型传统车辆。

3）节约成本：除了燃油消耗和减排效益外，PHEV 还带来了更低的能源成本的好处。虽然确切的成本节省取决于长期的化石燃料价格和电价，对于 PHEV 业主[18]来说，估计平均来说，每英里电力的燃料成本是化石燃料每英里成本的$\frac{1}{4} \sim \frac{1}{3}$同时，政府的绿色能源激励措施和一些降低汽车保险的特权补偿了PHEV的初始成本。

4）节省维护成本：由于变速器和离合器等机械部件尺寸小，使用频率较低，因此对于这些部件的维护要求相对较少，这通常是传统车辆的维护问题。减少发动机的使用也延长了发动机使用寿命，降低了换油次数。此外，通过利用再生制动，机械制动器上的摩擦磨损较少，因此降低了频繁更换制动衬块的成本。

5）车辆到电网（V2G）的优点：PHEV在连接到电网时能够将电力提供回电网；这有助于保持稳定的电网功率水平并减少功率波动。当电力不可用时，PHEV可能会用作家庭使用的临时备用电源。

6）家庭充电的客户利益：PHEV业主享受在车库或家庭附近给车辆充电的好处，而不是寻找公共充电站。这也是在夜间通常不使用车辆并且电费最便宜的情况下对车辆充电的好处。

14.3 PHEV的部件

PHEV动力传动系由电动机、发电机、电池和发动机组成，与HEV配置相似。然而，PHEV中使用不同的尺寸和功率额定值。

14.3.1 电池

电池作为PHEV的主要能源。由于电力系统的增加部分和期望的纯电动续驶里程（AER），需要在PHEV动力传动系中具有足够的能量容量和功率密度的大量电池来满足所需的AER。它能够提供在整个速度范围内推进车辆所需的所有功率，并且它应该具有足够的能量来维持所需的AER。此外，电池还需要在AER内为附件提供所有的功率，例如空调和动力转向。因此，PHEV要求更高的电池性能。

另一方面，随着电池组的增加，整体车辆重量和制造成本容易增加。此外，大量的车载电池也会引起对正常车辆操作或事故中的火灾危险或高压短路的安全考虑。因此，在性能、成本和可靠性方面，电池技术在开发PHEV方面起着至关重要的作用。

在PHEV中使用不同类型的电池。锂离子电池目前是PHEV中使用最广泛的电池。它们具有高能量密度和高功率密度，使得对于相同重量的电池，它们能够实现更长的AER和更好的车辆性能。它们也具有较低的自放电率，可以降低充电频率，并且在低使用率下表现更好[19]。另一方面，安全性是与锂离子电池相关的一大问题。要在连续稳定状态下使用锂离子电池，需要精心设计电池管理系统（BMS）和冷却系统。在设计和制造过程中都应考虑到振动、湿度、过充电、短路、极端天气、火灾和水浸等特殊情况。这些增加了锂离子电池的成本，如何降低成本是学术研究和工业制造的热门话题。尽管目前高价格，但由于其高性能，锂离子电池仍主导了PHEV电池市场。销量前三名的PHEV目前是：通用汽车的雪佛兰Volt、丰田的普锐斯（Prius）PHEV和福特的

C – Max Energi，所有这些都使用锂离子电池技术。目前还开发了锂离子电池的其他变体。例如，比亚迪将磷酸铁锂（LiFePO$_4$）电池用于 F3DM PHEV 和 Qin PHEV。

镍氢电池（NiMH）是另一种已经实施在 PHEV 中的商业化电池。它具有相对较高的功率密度和能量密度。与锂离子电池相比，NiMH 电池工作在更稳定的状态，具有耐受性。它还具有比铅酸电池长得多的使用寿命。NiMH 电池主要用作 2005 年之前开发的第一代 HEV 的能源，如丰田 Prius 和福特 Escape Hybrid，因为它们的成本较低。然而，由于技术越来越好，成本不断下降，它们逐渐被锂离子电池替代。

还有一些其他类型的电池也可以在 PHEV 中使用。铅酸电池是最古老的可充电电池。该技术已经开发了 150 多年，与其他类型的 PHEV 电池相比，成本非常便宜。它们被广泛应用于汽车行业的低压电池，用于起动、照明和点火。电动滑板车、电动自行车、轮椅、高尔夫球车和一些微型混合动力汽车也可配备铅酸蓄电池。另外锂离子电池也在研发中。与传统汽油燃料相比，它们具有极高的能量密度。丰田正在与宝马合作开发先进的电池，包括锂空气电池。IBM 还在开发用于汽车牵引的锂空气电池。

14.3.2 电机

电机是 PHEV 的另一个核心部件。它们作为 PHEV 中的主要动力源，将转速和转矩输出到与车轮连接的输出轴。再生制动也可以通过以发电模式运行电机来实现，从而将动能从电机送回到电池中。同时由于电机是纯电动驾驶模式下唯一的动力源，它需要较高的额定功率，以满足所需的转速和转矩。例如，通用汽车的雪佛兰 Volt 能够 35 英里的 AER，其中所有的推进动力和辅助动力均来自车载电机，其输出峰值功率为 111kW，峰值转矩为 370N·m。

在 PHEV 中通常使用第二台电机作为发电机和发动机起动机。第二台电机也可以电动机模式一样工作，以提高车辆性能，使得电动机都以产生最大功率和转矩的电动模式运行。在非纯电动模式的操作中，第二台发电机有助于对电池充电，使得电池 SOC 保持在阈值水平以上，并且车辆可以在混合动力模式下操作，从而显著增加续驶里程的 PHEV。

与传统汽油发动机相比，电机在大多数转速和转矩范围内的效率通常都高于 90%。车载电机的使用寿命预计将超过 15 年，与传统汽油发动机相比具有竞争力，而且对于顾客来说在工厂保修期内不需要更换电机。目前，由于其高效率、高转矩密度和高功率密度，内置永磁电机是牵引驱动应用的最受欢迎的选择。目前阶段，汽车推进应用中电机功率密度达到 1.2kW/kg。研究还在进一步提高电机功率密度，进一步降低电机的体积和提高功率。美国能源部发布的 2020 年牵引力驱动电机的目标功率密度为 1.6kW/kg，在未来 5~7 年内电机功率密度将提高 33%[20]。

14.3.3 发动机

与 HEV 类似，PHEV 也配备了车载内燃机。所用的发动机与 PHEV 的配置不同。如果发动机与电机串联连接，由于电机作为主要动力源供应大部分动力，发动机仅起到支持电机共享峰值负荷或者在车辆运行时对电池充电，在混合电动模式下扩展 PHEV 续驶里程。因此，发动机的尺寸和额定功率可以最小化，并且在恒定运行区域需要高的发动机效率。另一方面，如果发动机与电机并联地输出功率，则发动机负责动力传动系所需的大部分功率。因此，发动机应该依靠机械和电力之间的 PHEV 中的功率比相应地保持其功率和尺寸。在一些具有大电池组件的 PHEV 中，发动机可能仅在电池耗尽时作为备用，以延长续驶里程并减轻客户焦虑程度。

与传统车辆的发动机相比，PHEV 的发动机也可以应用不同的技术。在一些 PHEV 中使用阿特金森循环而不是传统的奥托（Otto）循环，以进一步提高车辆效率。阿特金森循环允许发动机进气、压缩、动力和排气冲程全部发生在特殊设计的曲轴的一圈内。以降低功率密度为代价实现更高的热效率，这在大多数 PHEV 中是可以接受的，因为发动机不是主要能量来源，并且更高的效率是优选的。丰田 Prius 插电式混合动力汽车，福特 C – Max Energi 和本田雅阁插电式混合动力汽车全部采用阿特金森循环进行发动机推进。例如，通过在 1.8L 汽油发动机中使用阿特金森循环，丰田 Prius 插电式混合动力汽车获得了 38.5% 的热效率[21]。

此外，由于在 PHEV 中对发动机功率的需求减小，因此与诸如排气系统和机械变速器的机械动力系统相关联的系统也可以减小到更小的尺寸。

14.3.4 电力电子器件

PHEV 中的电力电子设备包括逆变器、DC – DC 变换器、充电器和 BMS（通常也随电池系统一起提供）。逆变器用于将电池的直流电源转换为交流电源，以驱动电机。还需要使用电动机驱动部件将电机的再生能量回收到电池组中。另外，对于使用交流电机的车载空调，通常需要逆变器和相关的控制器[22]。

多个 DC – DC 变换器用于升高和降低不同级别的电压，以适应各种应用。升压变换器用于将 DC 母线电压从电池组的电压提高到高电平，这是电机期望的，使得恒定转矩范围扩大，并且可以在额定工作点输出更高的功率和更高的速度。该 DC – DC 变换器还应能够进行双向功率传输，使得通过再生制动从电机获取的功率可以被传回电池。还需要多个 DC – DC 变换器来将电池电压调整为不同的低电压电平。例如，DC – DC 变换器用于为 12V 附件负载提供电源并对 12V 低压电池充电，而另一个 DC – DC 变换器可用于将电池电压降低以运行诸如动力转向系统和压缩泵的高功率应用。

电池充电器需要 AC – DC 变换器将电网中的交流电转换为直流电，来为电池充电。高能量电池组需要功率因数校正和具有适当电压 – 电流曲线的可编程数字控制器。

专有 BMS 用于主动监测电池 SOC 和健康状况（SOH）。每个单体电池的功率和状态也由 BMS 调节和平衡。通过适当调整电池单元的温度，以及控制进出口冷却液的流量，也可确保良好的散热性能。

14.4 PHEV 的工作原理

PHEV 的工作模式很大程度上取决于电池 SOC。电池 SOC 是描述电池的当前状态从 0% 变为 100% 的术语，0 表示空电池，100 表示充满电的电池。相比之下，HEV 通常在窄范围内保持电池 SOC，例如 60%，以优化电池性能并确保所需的电池寿命。然而，由于对电力能源的依赖性较高，PHEV 通常需要更大的放电深度（DOD）。

由于 PHEV 与 HEV 不同的工作模式，PHEV 通常由另一组特定工作模式分类[23]：电量消耗（CD）模式、电量维持（CS）模式、AER 模式和发动机维护模式。图 14.9 显示了 HEV 和 PHEV 之间的电池 SOC 比较。不同的模式会导致电池的不同要求，也会影响车辆的性能。表 14.3 为电池要求与车辆工作模式和性能[24]。

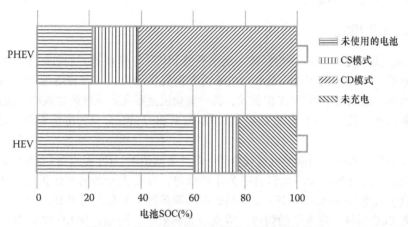

图 14.9 HEV 和 PHEV 之间的电池性能比较

（来自 U. S. Department of Energy, Office of Energy Efficiency and Renewable Energy, Plug - In Hybrid Electric Vehicle R&D Plan, Freedom Car and Vehicle Technologies Program, June 2007.）

表 14.3 不同车辆操作的电池要求

	仅 CD 模式	CD 和 CS 模式	仅 CS 模式
期望的 AER/mile	100	10~40	
期望的循环次数	1000 次深循环	5000 次深循环，30 万次浅循环（25% SOC）	在 55% SOC 下 30 万次浅循环
功能	能量	能量辅助	动力辅助

（来自 Adapted from U. S. Department of Energy, Office of Energy Efficiency and Renewable Energy, Plug - In Hybrid Electric Vehicle R&D Plan, Freedom Car and Vehicle Technologies Program, June, 2007.）

14.4.1 CD 模式

CD 模式是指电池平均 SOC 降低，但其可能沿着该趋势而波动的 PHEV 工作模式。

在PHEV工作的第一阶段经常使用CD模式，其中电池的SOC足以在一定里程内通过电力向车辆提供能量。只要电池SOC超过预设阈值，就可以通过从电池组中抽取大部分功率来优先使用电力。然而，如果所需的道路功率超过电池功率，发动机也将运行以辅助电机，从而提高输出牵引功率。

CD模式是PHEV工作中的主要工作模式。在大多数城市工况和郊区通勤的情况下，往返距离都在PHEV AER内。因此，CD模式在很大程度上被利用以用电力驱动，使得使用较少的燃料并且产生更少的尾气排放。

CD模式的程度取决于电池的能量容量和外部电池充电的频率。具有较高能量密度的较大电池组将提供更长的CD模式续驶里程。然而，这也使电池成本以及车辆的重量增加。充电PHEV也有助于延长CD的续驶里程。随着充电站的建设和在工作场所、停车场或杂货店前面的公共场所安装充电基础设施，PHEV可以轻松充电，日常驾驶中的CD续驶里程可以大幅增加。

14.4.2　CS模式

CS模式是指电池SOC平均保持一定水平的PHEV工作模式，而其频率可能高于或低于该水平。CS模式利用发动机和电机来为车辆提供动力，同时将电池组的SOC保持在恒定水平。这相当于HEV工作模式，其中发动机主要在其最佳燃油效率范围内运行，电机提供功率纹波。在CS模式下实现发动机辅助动力和混合动力电池充电，以延长续驶里程。

在PHEV工作中，当电池电量放电到一定的低阈值时，CS模式在CD范围之后更经常被使用。一旦电池电量不足以自行为车辆供电，发动机开始向车辆供应石油燃烧功率。发动机和电机一起，在HEV工作模式下协调运行。这充分利用HEV工作优势；所以在电池SOC保持一定水平的同时获得高的燃料效率。因此，与CD模式相比，CS模式显著地增加了PHEV续驶里程，而不会进一步增加电池成本。

CD和CS模式的组合使得能够使用两种能源。电力作为首选能源载体，以优先CD模式驱动车辆。电池可以通过插入外部电源插座来将车辆从外部电源充电。它们也可以通过以CS模式对车辆进行充电，其中发动机利用次要能量载体（石油燃料）发电。在PHEV中，两个能量源都存放在车辆上，它们存放在电池组和燃料箱中。然而，电力经常是优选的，因为它可以由各种更便宜的能源产生，包括煤、核电、天然气、风能、水力和太阳能，并且大大减少了车辆的尾气排放。因此，在使用相对较小的燃料箱的情况下，PHEV通常需要大量电池。

14.4.3　AER模式

顾名思义，AER模式仅使用电力作为其能量来驱动车辆。发动机在AER模式期间关闭，而电机通过从电池组中吸取能量来提供所有功率。AER模式在很大程度上与CD模式相似，只是AER模式不使用发动机来协助电源输出。每次充电的最大量取决于车载电池容量。AER模式通常通过在车辆驾驶人的指挥下进行人为的切换来激活，以获得更高的燃油经济性或者遵守某些仅电动驾驶区域的规则。

14.4.4 发动机维护模式

与其他工作模式不同,发动机维护模式不是为了驱动 PHEV。相反,它主要用于维护发动机并防止燃料过时。这对于续驶里程总是小于 AER 并且车辆频繁地进行充电的情况是有用的。因此,仅使用 AER 模式,并且发动机从不起动,这在长时间不使用时可能对发动机部件和燃料造成问题。

14.5 PHEV 结构

PHEV 通过利用两种能来自电能路径和机械能路径的能量结合起来。根据这两个电源路径的集成方式,实现了不同类型的 PHEV 架构,也可以将其分为串联混合、并联混合和复合混合。

14.5.1 PHEV 串联混合

在串联混合型 PHEV 配置中,发动机、发电机、电池和电动机按串联方式连接,电池具有通过外部电源插座充电的能力,如图 14.10 所示。在 PHEV 中,电池电源提供大部分的电力需求,并且电动机在推动车辆方面起着至关重要的作用。发动机与发电机相结合,以帮助电动机或通过使用化石燃料的动力为电池充电。通常在串联 PHEV 架构中,发动机具有小的额定功率,因为它与驱动轮分离,并且主要用于帮助电动机实现更好的整体车辆性能。发动机主要运行在燃料最优的区域,使得燃油效率显著提高,且需要较小的发动机即可。因此,油箱可以减小到相对小的尺寸。

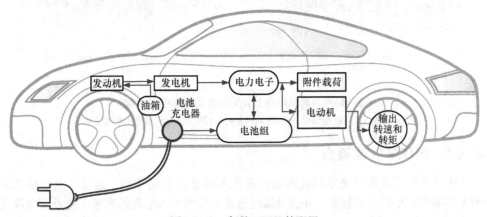

图 14.10 串联 PHEV 的配置

相对较大的电池容量和通过插入电源插座对车辆进行充电的能力允许发动机尽可能地关闭。因此,串联 PHEV 混合电路通常以电主导模式工作,直到电池达到较低的 SOC 阈值。这有助于 PHEV 串联混合与 HEV 串联混合相比具有更少的功率转换损耗,如

HEV 串联混合，发动机功率的很大一部分由于机-电-机转换而损耗。再生制动也可以通过使电机作为发电机，将动能转换为电力，从而在制动期间进行充电。

图 14.11 给出了典型串联 PHEV 的仿真情况。车辆在超过 4 个 UDDS 工况中运行。可以清楚地看到，电机首先提供所有的功率并且以 AER 模式驱动车辆。然后当电池 SOC 降低到低阈值时，发动机起动。然后车辆以 CD 模式工作以在电池 SOC 被调节在恒定水平的情况下延长续驶里程。

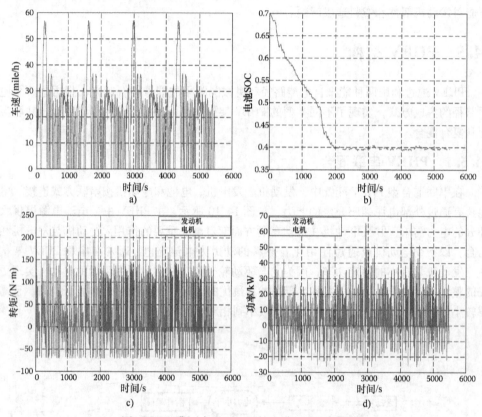

图 14.11 典型串联 PHEV 的发动机和电机性能
a）车速 b）电池 SOC c）发动机和电机转矩 d）发动机和电机功率

14.5.2 PHEV 并联混合

PHEV 并联混合允许来主要能源和次要能源的动力驱动车辆。通常，电池将作为 PHEV 并联配置中的主要能源，并且可以通过将充电线插入电源插座来将由外部电源充电。发动机用于直接驱动驱动轮，在需要额外的动力时可辅助电机，或者用于在混合工作模式下为电池充电。图 14.12 为 PHEV 并联混合架构。

与串联 HEV 相比，并联 PHEV 进一步缩小了机械动力系统的尺寸，因为发动机不用于提供大部分功率。因此，较小的发动机和较小的油箱被安装在并联的 PHEV 上。另

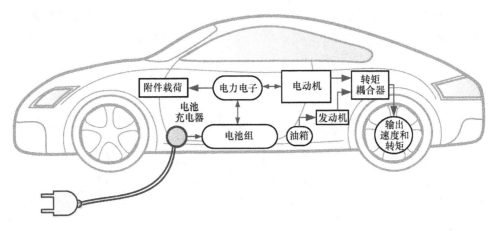

图 14.12 并联混合架构

一方面，并联 PHEV 显著地增加了电力系统的功率部分，将电力优先列为主要能源。电气系统需要在没有发动机帮助的情况下自行为车辆供电，与并联 HEV 相比，需要更大的电池组和更强大的电动机来实现较高的电力系统额定功率。

此外，由于发动机以并联的 PHEV 配置直接与输出驱动轮耦合，因此当需要 AER 模式时，发动机需要从动力传动系分离。这可以通过使用离合器或变矩器来实现，使得当车辆以 AER 模式工作时，发动机可以被关闭。

图 14.13 显示了在典型并联 PHEV 中的发动机和电机的功率和转矩输出。发动机和电机在整个行驶工况内提供功率和转矩，并且车辆以 CD 模式运行。

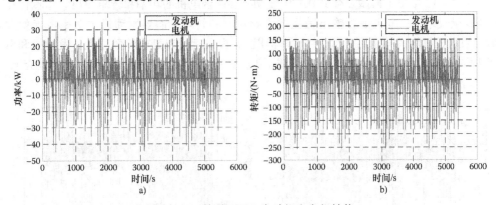

图 14.13 并联 PHEV 发动机和电机性能
a) 并联 PHEV 发动机和电机功率输出 b) 并联 PHEV 发动机和电机转矩输出

14.5.3 PHEV 复合混合

复合 PHEV 中的功率流不遵循简单的串联模式或并联模式；相反，机械和电力路径以复合的方式彼此相互作用，其中行星齿轮组通常用以功率的分开和组合。与其他类型的 PHEV 混合动力汽车类似，PHEV 复合混合实现了强大的电力系统，以满足 AER 模式下的性能要求。当以发动机开始辅助电机的复合模式行驶时，机械和电力路径都被一体化以为车辆供电。图 14.14 显示了复合 PHEV 动力传动系的架构。

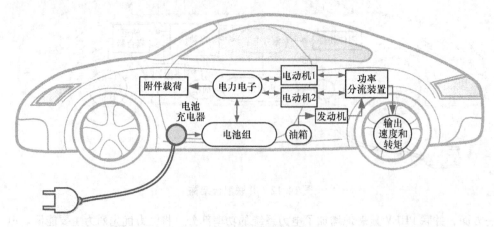

图 14.14 复合 PHEV 架构

当车辆由机械和电力系统推进时，复合 PHEV 将串联和并联 PHEV 的优点相结合。与并联 PHEV 不同，发动机通过利用功率分流装置与输出驱动轴分离，从而可以在燃料最佳区域中运行。此外，与串联混合相比，复合混合的功率转换损耗较小，因为发动机功率的一部分直接通过机械路径传递。另外，电机既可以作为电动机也可以作为发电机运行，从而增加了系统控制的灵活性以及车辆驾驶性能。

图 14.15 给出了典型复合 PHEV 中发动机和两台电机的功率和转矩输出。车辆首先以 CD 模式运行。电机 1 为输出轴提供主导功率和转矩，而当发动机的功率需求量大时，发动机只能偶尔提供功率。然后车辆以 CS 模式运行以延长续驶里程。发动机和电机 1 都在提供功率，而电机 2 在发电模式下工作，将发动机功率转换为电力并对电池充电。

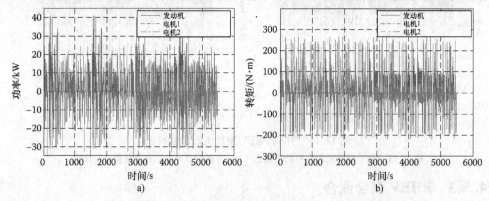

图 14.15 复合 PHEV 中的发动机和电机性能
a) 复合 PHEV 的发动机和电机功率输出　b) 复合 PHEV 的发动机和电机转矩输出

14.6 PHEV 的控制策略

PHEV 工作模式可以由驾驶人手动选择，也可以根据各种车辆系统的反馈信号（如电池 SOC、功率需求、道路负荷和预期行程长度等）进行自动控制。在控制策略方面，PHEV 中通常采用两种方法：基于 AER 和混合控制策略。

基于 AER 的控制策略最大限度地利用电力，并在电池 SOC 下降到某一阈值水平之前，以 AER 模式运行车辆，之后发动机起动，系统以 CS 模式运行。基于 AER 的控制策略通过完全依赖电池电源来优先考虑短距离旅行中的燃料减少和排放。它更适合于城市驾驶和短程郊区通勤，其中日常往返距离通常在电动车续驶里程内。由于 AER 模式中所有功率均来自电气系统，需要具有大容量的电池及具有高功率密度的电机和电力电子装置以满足所有的驱动器性能要求。

混合控制策略利用发动机和电机为车辆供电。在预期续驶里程的基础上，混合控制策略选择了最为合适的燃料/电力组合，使得电池 SOC 呈线性趋势平滑减少。它以 CD 模式驱动车辆，发动机始终在高效区域运行，直到电池 SOC 低于预设阈值水平，此后，车辆以 CS 模式运行，类似于基于 AER 的控制策略。混合控制策略优先考虑续驶里程。通过使用发动机主导策略或电力主导策略，可实现 CD 模式扩展续驶里程。在前一种策略中，发动机正在运行在最佳燃油区域，电机用于补充额外的动力需求。后者的策略主要是利用电力；只有当道路负荷超过电力容量时，发动机才会起动。

图 14.16 分别显示了基于 AER 的控制策略和混合控制策略的电池 SOC。UDDS 行驶工况中有 4 个应用于典型的串联 PHEV。发动机和电机的功率也在每个控制策略下呈现。

因此，最佳控制策略应该取决于 PHEV 行驶的距离。如果行驶距离在电池 AER 之内，应采用 AER 控制策略，以达到最大燃料排量。当行程距离大于 AER 时，混合控制策略是优先的，发动机在整个行程中运行在高效率区域，以达到最佳的燃油效率。

另外，图 14.17 显示了 UDDS（城市测功机行驶计划）工况和 HWFET（高速公路燃油经济性测试）工况的发动机和电机工作点的差异，分别模拟了本地和高速公路上的车辆驾驶行为。可以观察到，在本地驾驶场景下的低速区域中，电机频繁运行，而在高速公路上的高速区域更频繁地运行。还可以观察到，在本地驾驶情况下，电机频繁地在负转矩区域中运行，以便获得更多的再生制动能量。对于本地和高速驾驶情况，发动机在很大程度上被控制在高效率下运行。不同的控制策略将导致发动机和电机的不同工作点，从而影响燃料消耗以及车辆的排放。

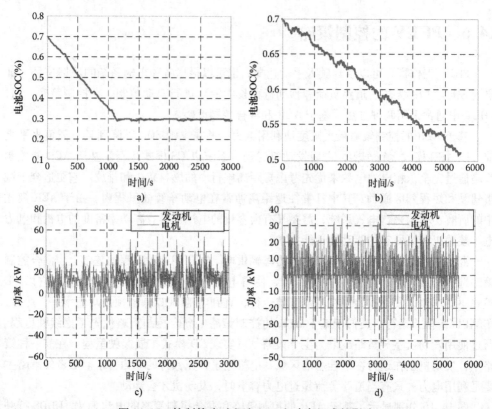

图 14.16 控制策略对电池 SOC 和功率组成的影响
a) AER 控制策略下的电池 SOC b) 混合控制策略下的电池 SOC
c) AER 控制下的发动机和电机功率输出 d) 混合控制下的发动机和电机功率输出

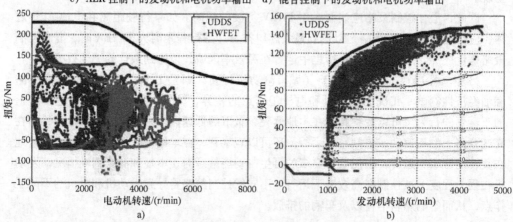

图 14.17 行驶工况之间的工作点比较（彩图见封三）
a) 电动机工作点比较 b) 发动机工作点比较

14.7 与 PHEV 相关的技术和挑战

与 HEV 相比，PHEV 在从传统的化石燃料车辆向电动车辆过渡方面迈出了一大步。它们采用大型电力系统，电力作为主要能源，电机作为主要推进驱动器。发动机和油箱保留在车上，但是它们被小型化到更小的尺寸，并且仅用于辅助电动机和电池以获得额外的功率和更长的续驶里程。所有这些变化都为电力系统带来了更高的标准，包括电池、电动机和发电机、电力电子器件及其相关控制。巨大的部件变化也需要不同的平台，甚至机械动力传动系的重建。此外，PHEV 也改变了车辆加油的方式，这使得驾驶人可以从家中电网给车辆充电，而不是寻找公共加油站。然而，这也引起了人们对电网的容量以及安装充电插座和公共充电设备方面的担忧。

上述问题与 PHEV 的发展息息相关。这些问题决定了 PHEV 在与传统车辆以及 HEV 和 EV 等竞争中的性能、成本和消费者接受程度。以下部分将讨论这些与 PHEV 相关的技术及其挑战。

14.7.1 PHEV 电池

高性能电池是实现 PHEV 架构最重要的组成部分之一。车辆性能、成本和可靠性很大程度上取决于电池。由于电力系统的增加部分和所需的 AER 增加，因此在 PHEV 动力传动系中需要大量的电池。

在 PHEV 中非常需要具有较高能量容量的电池。在 AER 模式下，电机仅从电池组中抽取电力，电池组还需要为所有附件供电。虽然通过使用再生制动系统获得的动能有助于在车辆行驶过程中为电池充电，但实际上它在整个续驶里程上对电池 SOC 的贡献很小。电池能量容量直接决定 AER，从而决定了化石燃料排放的程度和减排量。从消费者的角度来看，电池携带的能量越多，业主可能拥有的里程焦虑越小。在 AER 模式下，大电池能量容量也为空调和无线电等附件提供足够的能量。

除电池能量容量外，电池功率密度也是考虑 PHEV 性能的另一个关键指标。电池功率密度定义了电池以一定重量或体积供应给车辆的最大功率。它决定了车辆在发动机关闭时从速度零到所需驾驶速度所需的加速时间。它还确定了当以某种速度要求突然加速时，车辆可以从电力系统输出的最大转矩。在 AER 模式下，电池电源设计用于提供推进系统和其他内部附件，因此高度要求足够的功率密度以满足车辆行驶性能，而不会牺牲附件的运行。

在 PHEV 中要求高的能量密度和功率密度可实现所需的高标准 PHEV 性能和运行功能。这些高要求大大增加了电池成本，从而大大增加了 PHEV 的整体制造成本。与 HEV 相比，这些成本的增加给客户带来了巨大的经济障碍。因此，如何在提高性能的同时降低电池成本是电池技术的巨大挑战。增加的电池需求也导致电池尺寸和重量的增加，这降低了车辆的动态性能和燃油经济性。此外，电池技术遇到的一个主要挑战是高能量密度和高功率密度的目标在大多数时间上都是相互矛盾的，这归因于电池技术中固有的化学折中[25]。经常实现高功率密度在先进的电池技术中使用更薄的电极。然而，高能量密度通常通过较厚的电极来实现。因此，高性能电池的发展仍然面临同时提高功率密度和能量密度的挑战。

PHEV 中的电池也面临着与 HEV 电池或 EV 电池不同的放电循环的另一个挑战。在 HEV 中，因为发动机在 CS 模式下以相对恒定的水平运行电池 SOC 时，电池通常经历浅放电循环，而在 EV 中，由于更大的能量容量，电池通常在下次再充电之前经历一次深度放电。然而，PHEV 中的电池每次充电必须经历一次深度充电-放电循环，以及 CD 模式和 CS 模式下的多次浅充电-放电循环，用于电力辅助和再生制动。这在电池技术开发方面带来了特别高的标准和巨大的挑战，以满足典型的 8 年或 8 万 mile 汽车电池的保修标准。

电池的安全性和可靠性也是 PHEV 的首要关注点，因为电池在 PHEV 中占据重要地位。高压和大电流部件应该完全从底盘和附件系统中仔细地封装和隔离。冷却液应定期维护，以保持电池工作在安全的工作温度。在设计和制造过程中应考虑到危害保护方法。另外，车辆使用的电池在驾驶过程中不但要求驾驶人和乘客安全；而且在维修车辆方面也不应造成任何危险的情况。例如，有必要保留所有高压部件标记，并对其进行熔断和绝缘，以降低维护过程中的风险。另一方面，处理电池时，绝对需要安全玻璃、绝缘靴和绝缘手套等适当的安全装置。此外，在设计 PHEV 配置时，电池在事故或碰撞期间的风险应降低到最低水平。还应提供有关高压电池和电气系统的应急响应培训。已经出台了许多法规和标准来解决与 PHEV 相关的技术问题。例如，在美国，应用 SAE 和 NFPA 规范和标准清单来规范 PHEV 车辆安全、应急响应和基础设施安全[26]。

14.7.2 PHEV 成本

PHEV 的成本大大限制了这种车辆的发展，电力系统的增加在制造成本上增加了很大的一部分。对电池能量容量和功率密度的巨大需求需要大量的电池，这在成本上增加的很大一部分。据估计，只有当电池技术进一步发展并且可以批量生产以降低成本时，PHEV 才能与传统的石油动力车辆竞争。例如，NiMH 电池和锂离子电池目前是 HEV 和 PHEV 市场上最受欢迎的两款电池。2011 年之前的电池价格为 700~900 美元/(kW·h)，这是美国先进电池联盟（USABC）长期目标为 100 美元/(kW·h) 的多倍[27]。电动机和发电机的大转矩和转速要求由于大功率电机和电力电子设备的实施，电动机和发电机也增加了相当大的制造成本。

大多数情况下，PHEV 重建也会增加制造成本。通常，大型电池组安装，集成传动动力传动系，增加的电动机和发电机以及控制电力电子装置都需要重新设计车辆底盘以适应这些添加的部件及其对应的重量。需要在车辆上添加额外的安全部件，以防止电力系统的危险情况。例如，需要添加高压关闭机制以防止在车辆碰撞期间或在安全气囊弹开的情况下电池着火灾。

此外，电力系统的维护可能会增加 PHEV 整体投资的潜在成本。由于机械动力路径和电力路径集成的较为复杂的动力传动系，诊断和修理变得更加困难。汽车行驶中的电池更换也为 PHEV 车主带来了大量的维护费用。因此，PHEV 增加的电气系统的可靠性对于降低 PHEV 的整体成本至关重要。

14.7.3 PHEV 的充电

由于 PHEV 将充电方法从传统加油站加油切换到主要的插电式充电，因此充电相关问题在 PHEV 开发方面变得重要起来。这些问题包括收费策略、收费类型和相应的收费基础设施。

充电策略基于固定电池的能量容量极大地影响了电池 SOC 和 AER。有几种充电方案可以应用到日常的 PHEV 上[28]。第一种情况是，驾驶人在停车时向 PHEV 充电，从而最大化 AER，最大化的取代化石燃料。它可以应用于日常通勤驾驶，在工作场所、停车场、杂货店等处可以进行充电。第二种情况是每天晚上当车辆一般停在家中并且电价相对较低时，给 PHEV 充一次电。这样，驾驶人可以在车库内或家中给他们的车辆充电，而他们在家里或睡觉。第三种情况是在最低的公用事业负荷需求下为车辆充电。这种充电策略有助于平衡电力公用事业负荷，并实现 PHEV 业主的最大节省。然而，这需要车辆和电网之间的控制和通信，并且电池可能在没有完全充满电的情况下结束充电。第四个常用的方案是在任何时间和任何一天为 PHEV 充电。这种充电方法也称为无约束充电。这更像是传统的方式，如人们为汽车加油，它为驾驶人在充电时间表方面提供了最大的自由。然而，通常需要快速的充电速度，使得 PHEV 驾驶人在充电站等待的时间不会使其感到不舒服。

应用不同的充电水平以适应不同的充电场景。典型的三种充电水平根据充电电压和充电电流而变化。一级是家庭充电水平，PHEV 通常由家庭电源插座（如车库）充电。第二级提供较高的充电电压和电流，从而减少充电时间。它通常用于实现大功率充电设备，以提高电压和电流输出。第三级是最高的充电水平，它带有数百伏和数百安培。它将充电时间显著降低到与传统加油相比具有竞争力的水平。第三个充电水平通常应用在需要快速充电并且优先考虑安全性的公共充电站中。

所有 3 级充电都是为了实现 PHEV 充电的便利性，这些充电设施的实施对于 PHEV 的发展至关重要。低级和高级的家庭充电系统都应受到良好的管理，使其不会超载现有的家庭电力系统或本地配电系统，并且客户应该可以轻松安装。还需要大量的公共充电站或充电车，以便在户外提供快速方便的充电选择。因此，家庭充电设施和公共充电基础设施的发展大大影响了客户对 PHEV 的接受程度。

14.7.4 PHEV 相关电网挑战

与 PHEV 相关的电网挑战也在 PHEV 发展方面引起了相当大的关注。首先，随着电力逐步替代传统化石燃料，电网容量将成为一个潜在的问题。由于电网作为主要的能量载体，PHEV 将会引起大量的公用事业负荷的增加，以满足驾驶人的日常行驶需求。因此，当最坏情况发生时，即所有 PHEV 甚至 EV 同时充电时，电网应能够容忍最大公用事业负荷。

第二，由 PHEV 夜间充电引起的隔夜电力负荷的增加可能导致控制策略发生变化来管理电网平衡。目前，大多数人睡着了，家用电器被关闭，夜间电力公司的负荷到了一个山谷。随着 PHEV 的增加，夜间电力将会消耗更多；需要相应调整控制策略以平衡利用率。

最后，电网还可以采用 V2G 技术，利用其插电式充电功能，使得当负荷需求达到峰值时，PHEV 的电池电量可以转回电网。V2G 技术有助于平衡电网负荷，并降低 PHEV 业主的公用事业费用。此外，车辆电池也可以用作备用电力存储器，以在公用设施暂时停止运行的情况下向家庭发送电力。V2G 通信需要新的电网技术，如智能电表和新的配电和控制策略。

14.8 PHEV 市场

尽管面临挑战，PHEV 仍然成为从传统石油动力汽车到电动汽车最有前途的过渡车辆之一，并结合了两者的优势。2008 年之后，PHEV 的生产和销售逐渐回升。表 14.4 总结了截至 2013 年 9 月的 PHEV 生产车型，表 14.5 总结了 2013 年至 2014 年间市场推出的车型。

表 14.4 PHEV 车型（截至 2013 年 9 月）

车型	生产厂家	开始生产时间	续驶里程/km
F3DM	比亚迪	2008	64~97
Volt	通用雪佛兰	2010	56
Karma	菲斯克	2011	51
普锐斯 PHEV	丰田	2012	18
C-Max Energi	福特	2012	34
V60 PHEV	沃尔沃	2013	50
Accord PHEV	本田	2013	21
Fusim Energi	福特	2013	21
Panamera S E-Hybrid	保时捷	2013	32
Outlander P-HEV	三菱	2013	60

表 14.5 2013 年至 2014 年间市场推出的 PHEV 车型

车型	厂家	开始生产时间	续驶里程/km
P1	迈凯轮	2013	20
i3	宝马	2013	130~160
XL1	大众汽车	2013	50
A3 Sportback e-tron	奥迪	2013	50
Qin	比亚迪	2013	50

车型	厂家	开始生产时间	续驶里程/km
918 Spyder	保时捷	2014	24
ELR	凯迪拉克	2014	64
i8	宝马	2014	35
S 500 Plug – in Hybrid	奔驰	2014	NA

随着全球原油价格的上涨以及对环境污染日益增长的担忧,PHEV 将更有希望解决这些问题,并且与传统的石油动力车辆相比具有更强的竞争力。图 14.18 根据国际能源机构(IEA)的能源技术观点分析,预测 2005 年至 2050 年的 HEV、PHEV 以及 EV 销售数量,目标是到 2050 年使全球二氧化碳排放量从 2005 年的水平下降 50%[29]。PHEV 的销售数字将从 2015 年呈指数级增长,并将在轻型乘用车中保持较大份额。

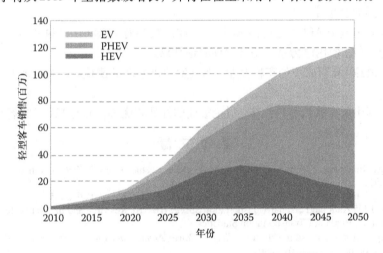

图 14.18 轻型 HEV、PHEV 和 EV 销售预测情景

(来自 J. Axsen, A. F. Burke and K. K. Kurani, *Electric and Hybrid Vehicles: Power Sources, Models, Sustainability, Infrastructure and the Market*, Elsevier, ISBN: 978 – 0 – 444 – 53565 – 8, 2010.)

除了轻型 PHEV,还有中型 PHEV 在研究与开发。中型车辆用于大量的车队,包括公交车、校车和快递运输车。这些车辆由于其瞬时密集的工作周期,在人口稠密地区的运行以及相对较高的燃料消耗和排放量,都是混合电气化的优秀候选人[30,31]。家庭停车设施还有助于夜间充电。南加州空气质量管理区和威斯康星州密尔沃基县等地方政府和机构一直致力于改造 PHEV 穿梭巴士和 PHEV 实用货车[32,33]。IC 巴士提供内燃机驱动的 PHEV 校车,已经交付给许多学校区。快递运输 PHEV 也已经过测试并部署到 Fedex 和 UPS 进行评估[31]另外,插电式混合动力摩托车 Piaggio MP3 Hybrid 已经在欧洲市场上销售。

14.9 总结

PHEV 是一种特殊类型的 HEV，利用传统的石油和电能作为其能源。PHEV 完全有能力在 AER 内运行一定要求的续驶里程，并且可以从车外电网直接充电。它们实现了高度的燃料替代和减排。PHEV 的主要部件与 HEV 类似，但电气系统更庞大。存在不同的配置和控制策略，使 PHEV 能够结合 HEV 和 EV 的优点。此外，还讨论了与 PHEV 相关的技术和挑战，并介绍了 PHEV 的当前和未来市场。

习题

14.1 比较 PHEV-20、PHEV-40 和 PHEV-100。部件层面和车辆层面的好处、成本和技术挑战会是什么？

14.2 通过基于 AER 的控制策略和混合控制策略对 PHEV 的续驶里程、燃油消耗和排放进行比较。使用电力系统仿真软件验证结果。

14.3 模拟 CD 模式下的车辆性能。调整发动机起动的阈值。比较电池 SOC 和总体燃料消耗。

14.4 列出所有替代燃料汽车。讨论彼此的好处和优势，并与 PHEV 进行比较。

参考文献

1. Technology Roadmaps: Electric and plug-in hybrid electric vehicles (EV/PHEV), International Energy Agency, 2011.
2. L. Sanna, Driving the solution: The plug-in hybrid vehicle, *EPRI Journal*, Fall, 2005.
3. Day Trips, 1995 National Personal Transportation Survey (NPTS), Research and Innovative Technology Administration, Bureau of Transportation Statistics.
4. U.S. Energy Information Administration, *Electric Power Annual and Electric Power Monthly* (March 2012) based on preliminary 2011 data.
5. *International Energy Outlook 2010*, U.S. Energy Information Administration, Report Number: DOE/EIA-0484(2010).
6. *Annual Energy Review 2010*, U.S. Energy Information Administration, Report Number: DOE/EIA-0384(2010).
7. M. Slack, Our Dependence on Foreign Oil is Declining, The White House Blog, March 2012.
8. The White House Office of the Press Secretary, President Obama Announces Historic 54.5 mpg Fuel Efficiency Standard, Statements & Releases, Briefing Room, July 29, 2011.
9. Pocketbooks. Energy, transport and environment indicators. ISSN 1725-4566. 2012 edition.
10. J. German, Global vehicle fuel economy and GHG emissions regulations for light and heavy duty vehicles, *MIIT Workshop*, Beijing, China, April 14, 2011.
11. U.S. Department of Energy, Office of Energy Efficiency and Renewable Energy, Just the Basics: Vehicle Emissions, Freedom CAR and Vehicle Technologies Program, August 2003.
12. U.S. Department of Energy, Office of Energy Efficiency and Renewable Energy, Emissions from Hybrid and Plug-in Hybrid Electric Vehicles, Alternative Fuel Data Center, Fuels & Vehicles, Electricity, Emissions.
13. United States Environment Protection Agency, *Greenhouse Gas Equivalencies Calculator*, Updated April 25, 2013.

14. United States Environment Protection Agency, Sources of Greenhouse Gas Emissions, Transportation Sector Emissions, July 2013.
15. Policy updates, European CO_2 Emission Performance Standards for Passenger Cars and Light Commercial Vehicles, International Council on Clean Transportation, July 12, 2012.
16. A. Simpson, T. Markel, Cost-Benefit Analysis of Plug-in Hybrid Electric Vehicle Technology, *22nd International Electric Vehicle Symposium,* Yokohama, Japan. October 2006.
17. D. E. Smith, H. Lohse-Busch, and D. k. Irick, A Preliminary Investigation into the Mitigation of Plug-in Hybrid Electric Vehicle Tailpipe Emissions Through Supervisory Control Methods Part 1: Analytical Development of Energy Management Strategies, SAE International, 2010.
18. D. Sandalow, *Plug-in Electric Vehicles: What Role for Washington?* Brooking Institution Press, ISBN: 0815703058, 2009.
19. M. Winter and R. J. Brodd. What are batteries, fuel cells, and supercapacitors?, *Chemical Reviews* 2004 104 (10), pp. 4245–4270, September 2004.
20. S. Rogers, Electric Drive Status and Challenges, *EV Everywhere Grand Challenges*, U.S. Department of Energy, Office of Energy Efficiency and Renewable Energy, July 24, 2012.
21. Toyota Prius Plug-in Hybrid, *Wikipedia*. Webpage last modified on Oct. 25, 2013. Retrieved on Oct 29, 2013.
22. A. Emadi, Y.J. Lee and K. Rajashekara, Power electronics and motor drives in electric, hybrid electric, and plug-in hybrid electric vehicles, *IEEE Trans. Ind. Electron.*, 55(6), 2237–2245, 2008.
23. M. Ehsani, Y. Gao, and A. Emadi, *Modern Electric, Hybrid Electric, and Fuel Cell Vehicles: Fundamentals, Theory, and Design*, 2nd edition, CRC Press, ISBN: 1420053981, 2009.
24. U.S. Department of Energy, Office of Energy Efficiency and Renewable Energy, Plug-In Hybrid Electric Vehicle R&D Plan, Freedom Car and Vehicle Technologies Program, June 2007.
25. J. Axsen, A. F. Burke, and K. S. Kurani, Batteries for PHEVs: Comparing Goals and the State of Technology, *Electric and Hybrid Vehicles: Power Sources, Models, Sustainability, Infrastructure and the Market*, Elsevier, ISBN: 978-0-444-53565-8, 2010.
26. C. C. Grant, Summery Report, U.S. National Electric Vehicle Safety Standards Summit, November, 2010.
27. D. Howell, Vehicle Technologies Program, 2011 Annual Merit Review and Peer Evaluation Meeting, Energy Storage R&D, U.S. Department of Energy, Office of Energy Efficiency and Renewable Energy, May 9–13, 2011.
28. T. Markel, K. Smith, and A. Pesaran, Improving Petroleum Displacement Potential of PHEVs Using Enhanced Charging Scenarios, *Electric and Hybrid Vehicles: Power Sources, Models, Sustainability, Infrastructure and the Market*, Elsevier, ISBN: 978-0-444-53565-8, 2010.
29. International Energy Agency, Technology Roadmap: Electric and plug-in hybrid electric vehicles, updated June 2011.
30. R.A. Barnitt and J. Gonder, Drive Cycle Analysis, Measurement of Emissions and Fuel Consumption of a PHEV School Bus, SAE Technical Paper 2011-01-0863, 2011, doi:10.4271/2011-01-0863.
31. R.A. Barnitt, A.D. Brooker, and L. Ramroth, Model-based analysis of electric drive options for medium-duty parcel delivery vehicles, National Renewable Energy Laboratory, Golden, CO, Conference Paper NREL/CP-5400-49253, 2010.
32. J. Cox, Plug-In Hybrid Medium-Duty Truck Demonstration and Evaluation Program, South Coast Air Quality Management District, February 2012.
33. G. Bennett, 'Plugging In' to Hybrid Technology, Milwaukee County's PHEV Utility Trucks, Sustainability Summit, Milwaukee, WI, March 6, 2013.

第 15 章 纯电动汽车和增程式电动汽车

Weisheng Jiang, Yinyue Yang, Piranavan Suntharalingam

电动汽车包括电池电动汽车（BEV）、燃料电池电动汽车（FCEV）和增程式电动汽车（REEV）。牵引采用电机。相比于传统的内燃机汽车，BEV 会产生更少的排放，有更高的效率，并且会降低噪声。然而，所有的电动汽车的续驶里程都是有限的。为了解决这个问题，BEEV 在市场上被推出，它们使用次要能源充电或者给电力推进系统供能。FCEV 使用燃料电池作为主要能源充电，这意味着减少了二氧化碳的排放，提供了更长的续驶里程。太阳能汽车和电动自行车也是电动汽车的重要组成部分。混合动力汽车和插电式混合动力汽车在前面的章节中已经广泛讨论。本章将首次讨论电动汽车的历史，它最近的发展及它的性能。不同的动力传动系电气化技术、各种牵引电动机和储能装置将会在本章进行比较。BEEV、FCEV、太阳能电动汽车和电动自行车会在后面的章节进行介绍和详细的讨论。

15.1 电动汽车的历史和发展

电动汽车的技术已经演变了超过 100 年，在电动汽车的发展中有 3 个重要阶段。

在 19 世纪末，法国、英国、美国和其他国家开始发展电动汽车的原型。1897 年，第一辆商务电动汽车进入美国纽约出租车的行列。1900 年左右，电动汽车脱颖而出，超过了其他类型的汽车。同时，Pope 制造公司成为美国第一家大型电动汽车制造商。然而，在内燃机发明后，以及低成本的燃油，电动汽车的市场份额开始在 20 世纪 20 年代减少，部分原因是内燃机汽车的大量生产，和汽油价格的下降。那时的电动汽车正在努力克服有限的电池容量和较短的续驶里程的问题。大约在 1935 年，电动汽车开始消失。

第二个阶段从 1940 年到 1990 年，电动汽车逐步完善。传统内燃机汽车的尾气排放问题驱使制造商们开始寻求替代品。政府也开始出台支持电动汽车发展的政策。例如，在 1966 年，美国国会就建议将电动汽车作为一种减少空气污染的手段。由于 OPEC 的石油禁运使得原油价格的上涨和尾气排放的增加迫使制造商开始关注电动汽车的发展。

从 20 世纪 90 年代以来，原油价格的飙升，化石燃料储能的减少，和传统汽车造成的环境问题已经极大地影响全球的汽车产业。相比于传统的内燃机，电动汽车有以下优点：

1) 相比于内燃机的效率，电机的效率更高。
2) 环境污染较低，可以提高空气质量。

3）低噪声。
4）更平稳的运行。
5）可以从可再生能源（例如水力、核能、风能和太阳能）中获得各种各样的电力能源。
6）各种各样的车载能量存储装置，例如电池、超级电容器、飞轮和氢燃料电池。
7）再生制动回收车辆动能。

从 20 世纪 90 年代以来，零排放汽车的要求和上涨的原油价格重新点燃了人们对电动汽车的热情。为了遵守加利福尼亚的零排放汽车的要求，通用汽车公司从 1996 年到 1999 年生产和开始租赁 EV1 型电动汽车。特斯拉汽车公司，一家加利福尼亚的电动汽车厂商，推出了特斯拉跑车和 Model S，第一辆全电动跑车，在美国还是小数量。2010 年，BEV 日产 LEAF 也已经推出。表 15.1 总结了从 2008 年到 2013 年 9 月份生产的高性能电动汽车和轻型汽车。

表 15.1 高性能电动汽车和轻型汽车

车型	上市时间	标价	价格来源
日产 LEAF	2010 年 12 月	83000	2013 年 9 月
三菱 i-Mi EV 系列	2009 年 7 月	>26000	2013 年 9 月
特斯拉 Model S	2012 年 6 月	18200	2013 年 9 月
雷诺 KangooZ. E.	2011 年 10 月	11069	2013 年 9 月
奇瑞 QQ3EV	2010 年 3 月	9512	2013 年 10 月
雷诺 Zoe	2012 年 12 月	6605	2013 年 9 月
三菱 Minicab MiEV	2011 年 12 月	4972	2013 年 9 月
江淮 J3 EV	1905 年 7 月	4918	2013 年 6 月
智能电动汽车	1905 年 7 月	>4300	2013 年 9 月
雷诺 Fluence Z. E.	1905 年 7 月	3715	2013 年 9 月
比亚迪 e6	2010 年 5 月	3220	2013 年 10 月
特斯拉 Roadster	2008 年 3 月	约 2500	2012 年 12 月
Bolloré Bluecar	2011 年 12 月	2300	2013 年 9 月
福特福克斯电动汽车	2011 年 12 月	2167	2013 年 9 月

尽管电动汽车有上述优点，但是目前纯电动汽车仍面临着极大的挑战，包括不足的续驶里程和高成本。电池相关的挑战，例如电池成本、容量和重量，较短的续驶里程，较长的充电时间都对电动汽车的发展形成了障碍。为了解决这个问题，研究者们尝试去提高电池的比能量和比功率，发明可替代的方法降低成本，并且在其他电气部件上研究，例如电机和电力电子设备已降低成本。

图 15.1 显示了汽车的主要类型，从传统车辆到电池电动汽车。一般来说，车辆动力传动系电气化对于提高燃料效率，降低对化石燃料的依赖，减少二氧化碳的排放变得至关重要。目前，REEV 概念车是一款经济实惠的电动汽车，它是通过增加辅助能源供应，最大限度地减少电池耗尽和超出续驶里程的风险。

燃料电池电动汽车（FCEV），用氢驱动车辆，不排放污染物，并且续驶里程长，

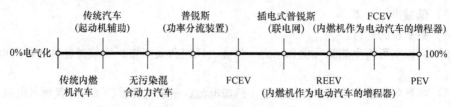

图 15.1 车辆电气化的程度

对于燃料电池汽车，充电时间短。相比于电池电动汽车，其续驶里程更长，有较低的二氧化碳排放，如图 15.2 所示。本田 Clarity，燃料电池电动汽车，目前在美国、欧洲、

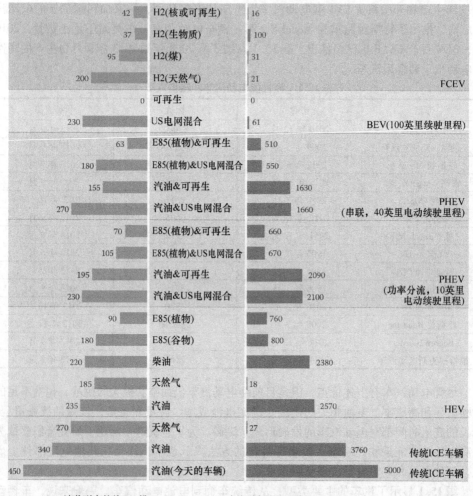

图 15.2 未来中型车的石油使用和温室气体排放［图中的可再生能源包括各种超低碳的可再生能源，例如风能和太阳能，图中使用的英制温度单位（BTU）定义为每提高一磅水 1°F 温度需要的能量］

日本可以租赁到，在 2018 年左右量产。燃料电池的价格高，基础设施（例如氢填充站），在大多数地方还不能用。近来，大多数氢来自于化石燃料，其中会产生温室气体，例如二氧化碳，且被排放出来。然而图 15.2 显示用天然气产生的氢气，可再生的生物能和其他的无碳可再生能源，例如风能、太阳能、核能，将大大减少二氧化碳的排放。

太阳能电动汽车由太阳能电池板产生的电驱动的，这对于日常出行不是很实际，但仍然是一个好的研究方向。此外，太阳能还能提供车载能量，不用于牵引，而是用于辅助功能，如音频和通信。也能并入充电站或者电网以间接为车辆供电。

电动自行车，用电动机来帮助乘客推动自行车，也是电动的重要部分。电动汽车、REEV、FCEV、太阳能电动汽车和电动自行车在电动中扮演重要角色，在以下部分将详细讨论。

15.2 电动汽车的配置和主要部件

15.2.1 电动汽车的配置

图 15.3 显示了传统汽车的前置发动机，后轮驱动的动力传动系布局。内燃机是唯一的动力源，位于前端。发动机的机械功率通过离合器和变速器的短轴传递。齿轮箱的传动轴将功率传递给差速器，差速器可以通过驱动轴带动两个车轮转动。

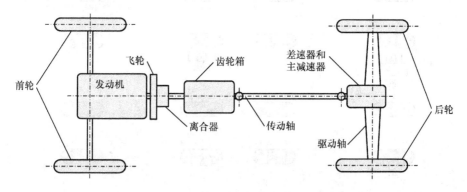

图 15.3　前置发动机和后轮驱动传统汽车配置

传统电动汽车的运行相当于一个内燃机汽车，如图 15.4 所示。电动汽车动力传动系的主要部分是电机、电子控制单元、一个电池组、一个电池管理系统、一个功率变换器、一个逆变器和一个再生制动装置。然而，不同于内燃机驱动的汽车，电动汽车由牵引电动机驱动，它是由一个电子控制单元控制。电子控制单元从加速踏板、制动踏板等中获得信号，反馈信号来自于传感器，如车速和加速度控制功率的需要和牵引电动机的功率流。除此之外，电动汽车还包括一个再生制动装置，当应用制动踏板时，可捕获大部分动能以免浪费。

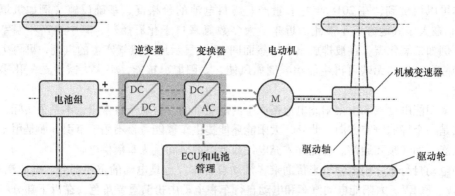

图 15.4 传统电动汽车动力传动系

电动汽车在动力传动系方面更加灵活,如图 15.5 所示。如前所述,传统电动汽车的动力系统主要是电机、离合器、多级齿轮传动,差速器和驱动轴,如图 15.5a 所示。在传统电动汽车的动力传动系中,内燃机被一个电机和电池组直接替换。如图 15.5b 所

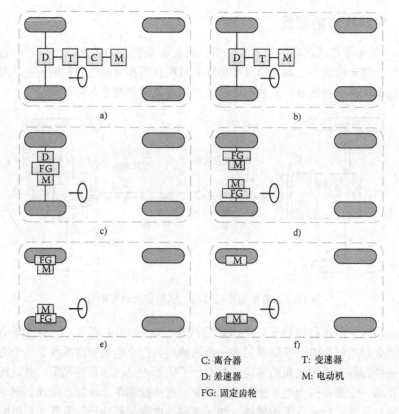

C: 离合器　　T: 变速器
D: 差速器　　M: 电动机
FG: 固定齿轮

图 15.5 可选的电动汽车的配置

a) 带变速器和离合器的驱动　b) 没有离合器的固定齿轮驱动　c) 将固定齿轮和差速器集成到驱动轴
d) 驱动轮上有电机和固定齿轮　e) 带独立电机和固定齿轮直接驱动　f) 轮毂电动机驱动

示,电动汽车的配置中具有一个固定的齿轮变速器。在此配置中,电机作为原动机可以在较宽的范围内调速。这种变速器的机械复杂程度被降低,传动系统小型化。电机、固定齿轮变速器和差速器被集成在驱动轴上,这将更加简化传动系统。差速器连接到驱动轴,能够控制轮子的转速。

图 15.5d 中,两个电动机不仅仅作为原动机驱动,还可以代替差速器。这种配置通过将固定齿轮安装在驱动轮上进一步简化,如图 15.5e 所示。在轮毂电动机驱动系统中,简化了电动汽车的机械设计,如图 15.5f 所示。轮毂电动机可以用于在一些应用中,如两前轮驱动,两后轮驱动,四轮驱动,如图 15.6 所示。

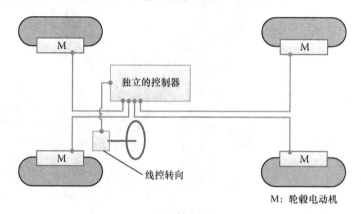

图 15.6 四轮驱动轮毂电动机

代替驱动轮,轮毂电动机包含电动机,它实际上驱动车辆。一些电动汽车的轮毂电动机中也有再生制动的特点。在这样的电动汽车中,大多数传统的机械部件,如驱动轴、车轴、变速器和差速器,被线控驱动替代。轮毂电动机驱动通过减少车重和增加传动效率,扩大乘客和行李的空间改善了车辆的燃油经济性。四轮驱动可以改善转向的灵活性,减少转弯半径。然而,这种配置需要轮毂电动机在更大范围内运转,能够自行起动并且加速车辆,增加给车轮的重量需要调整悬架系统。此外,轮毂电动机驱动系统需要更复杂的控制系统。

15.2.2 电动汽车能量存储装置

正如之前讨论,电动汽车可以有各种形式的能源供应,减少了对化石燃料的依赖,提高了一个国家能源供应的安全性。目前,电动汽车存在着多种能源来源,如铅酸蓄电池、镍铬电池、锂离子电池、超级电容器、燃料电池、太阳能电池、飞轮。一些能量存储装置通过 Ragone 图进行比较,如图 15.7 所示。

Ragone 图中显示的比能量代表了一个特定装置的储能能力,它和电动汽车一次充电的续驶里程有关,同时比能量也显示了装置的能量减少率,它和汽车的加速度有关。超级电容器有很高的比能量、较低的比功率,而电化学电池却有较低的比能量、较高的比功率。燃料电池在比能量方面很突出。对角线,通常叫作"燃烧时间",通过由比能

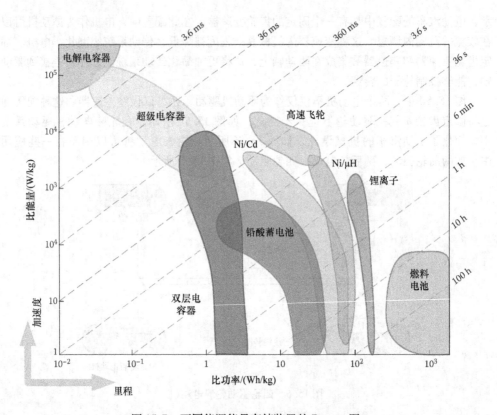

图 15.7 不同能源能量存储装置的 Ragone 图

量除以此功率获得。例如，如果一个储能装置能量为 1Wh/kg，释放功率为 1W/kg，存储的能量会在 1h 内被耗尽。所以，该装置的燃烧时间为 1 小时。

由于能源的种类和能源组合，使得能源供应配置有所不同。图 15.8 中显示了一些能源供应配置。如图 15.8a 中，加速和巡航、爬坡及再生制动过程中，电池组作为唯一的能源供能。要求电池组有足够的比能量和比功率。

2010 年，通用电气展出了一个双电池系统的公交车，包括一个高能量密度的钠电池和高功率的锂电池，类似于图 15.8b 中所示的配置系统。组合储能系统要满足车辆加速和续驶里程的要求。

图 15.8c 所示，燃料电池和电池组能够组合在一起作为电动汽车的能量存储系统。燃料电池将氢存储在一个车载燃料箱里，将氧气从空气中排出以产生电量。这个反应还会产生水。车载电池组能够用于存储多余的能量和再生制动能量。然而，这项技术的关键问题是供氧基础设施的发展和车载储能的发展。

图 15.9 提供了一个替代方案。燃料电池使用的氧气可以通过重整器从甲醇、乙醇、柴油和汽油中产生。周期长、成本低的催化剂对于燃料转换是至关重要的。产生的氧气需要提纯，一氧化碳对于燃料电池来说是一种有毒的气体，需要在进入燃料电池时去除。

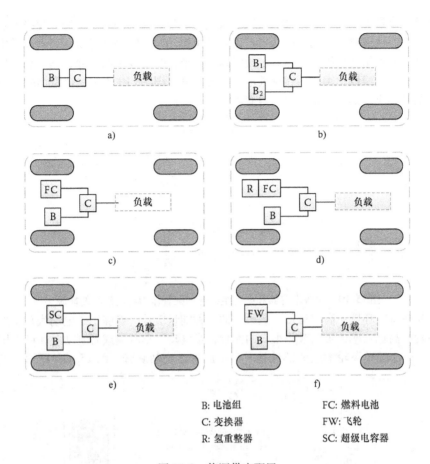

B: 电池组　　　　　　　FC: 燃料电池
C: 变换器　　　　　　　FW: 飞轮
R: 氢重整器　　　　　　SC: 超级电容器

图 15.8　能源供应配置
a) 基于电池的供能　b) 双电池供能系统　c) 基于燃料电池的供能
d) 燃料电池和车载氢重整器供能　e) 超级电容器供能　f) 飞轮供能系统

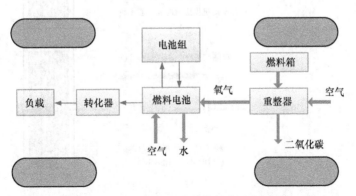

图 15.9　带有氢气重整器的燃料电池能量系统

超级电容器的能量密度不如大多数化学电池,但是其功率处于优势。超级电容器可以快速充电,快速放电。超级电容器可以在再生制动时吸收功率峰值,当汽车需要高功率时,增加电池组。超级电容器和电池组组合能够减小电池组的尺寸,提高动力传动系的比能量,减少峰值功率负荷,延长电池组的寿命。图 15.10 中,一个附加的直流 – 直流变换器被用于区别电池组和超级电容器。

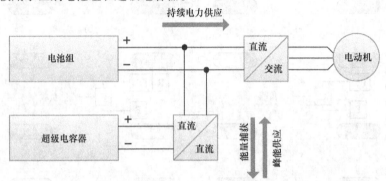

图 15.10 超级电容器和电池组组合的配置作为电动汽车的能源

飞轮在真空环境中高速运行,是另外的一种能量缓冲,能够用于电动汽车动力传动系。飞轮有高比功率,可以获得很高的能量,当电动汽车减速或者制动时,可以用于回收动能。一个简单飞轮的主要部件是一个平面磁盘绕轴旋转。图 15.11b 所示,飞轮能

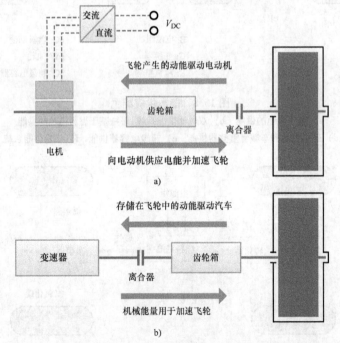

图 15.11 电动汽车中两种不同的飞轮设置
a) 来自飞轮上的机械能转化为电能 b) 来自飞轮的机械能直接传给变速器

够通过离合器和变速器连接到车轮,存储在飞轮上的动能可以通过变速器和齿轮箱直接驱动电动汽车。

15.3 电动汽车的性能

15.3.1 电动汽车功率分布

来自动力传动系的功率,实现了汽车的加速,能够让汽车爬坡,克服气动阻力,克服滚动阻力,如图 15.12 所示。此外,额外的功率被用来克服内部变速器和转换损耗,加速旋转部件,例如,车轮和机械变速器,给其他部分供能,如灯光、刮水器、喇叭、收音机、加热装置和空调。

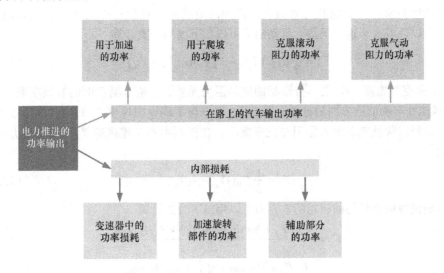

图 15.12 电动汽车功率分布

如图 15.13 所示,汽车的纵向加速由式(15.1)决定

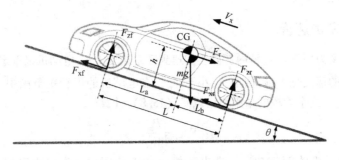

图 15.13

$$\frac{\mathrm{d}V_x}{\mathrm{d}t} = \frac{1}{f_m M}(F_{xf} + F_{xr} - F_r) \tag{15.1}$$

式中，M 是汽车的整体质量；V_x 是汽车速度；f_m 是质量因数，将旋转部件的旋转惯量转换成等效平动质量；F_{xf} 是前轮接触地面时的纵向力；F_{xr} 是后轮接触地面时的纵向力；F_r 是总阻力。

如果电动汽车是前轮驱动，上面的式子可以转换为

$$\frac{\mathrm{d}V_x}{\mathrm{d}t} = \frac{1}{f_m M}(F_{xf} - F_r) \tag{15.2}$$

总阻力可以用下面的式子表示

$$F_r = (F_{zf} + F_{zr})\cos\theta \cdot C_r + F_d + Mg\sin\theta \tag{15.3}$$

式中，F_{zf} 是前轮接触地面时垂直于地面的力；F_{zr} 是后轮接触地面时垂直于地面的力；θ 是地面的倾斜角；C_r 是轮胎与地面之间接触的滚动阻力系数；F_d 是车辆的气动阻力。总阻力可以理解为车速的函数。气动阻力可以用下面的公式计算

$$F_d = \frac{1}{2}C_d \rho A (V_x - V_w)^2 \mathrm{sgn}(V_x - V_w) \tag{15.4}$$

式中，ρ 是空气密度；C_d 是车身形状的气动阻力系数；A 是车辆正面的有效横截面积；V_w 是风速在车辆前进方向的分量；风速 V_w 可以与车辆纵向速度 V_x 同向，也可以与它相反，让我们假设气动阻力作用在汽车重心，在模型中不考虑风速 V_w，气动阻力可以表示为

$$F_d = \frac{1}{2}C_d \rho A V_x^2 \mathrm{sgn}(V_x) \tag{15.5}$$

车辆接触地面时的前后轮的垂直力可以用以下公式计算

$$F_{zf} = \frac{-h(F_d + Mg\sin\theta + M\dot{V}_x) + L_b Mg\cos\theta}{L} \tag{15.6}$$

$$F_{zr} = \frac{h(F_d + Mg\sin\theta + M\dot{V}_x) + L_a Mg\cos\theta}{L} \tag{15.7}$$

式中，L_a 是前轴与车辆重心的垂直距离；L_b 是后轴与车辆重心的垂直距离；h 是车辆重心的高度，$L = L_a + L_b$。

15.3.2 汽车加速度

初始加速度力用于在 t_{rv} 秒内从静止加速到额定速度 V_{rv}。电动机以额定转速运转时，电动汽车达到的速度是 V_{rm}，假定 V_{rm} 小于 V_{rv}，在电动机的恒转矩范围中，电动汽车从静止加速到 V_{rm}，这个阶段的牵引力由式（15.8）计算

$$F_{x,rm} = \frac{P_m}{V_{rm}} \tag{15.8}$$

式中，P_m 是电动机的额定功率，在电动机恒功率范围内，牵引力可以由式（15.9）估算

$$F_x(V) = \frac{P_m}{V} \tag{15.9}$$

汽车的加速度为

$$a = \frac{dV_x}{dt} = \frac{1}{f_m M}(F_x - F_r) \tag{15.10}$$

当汽车从静止加速到 V_{rm}，花费的时间可以估计为

$$t_{rm} = f_m M \int_0^{V_{rm}} \frac{dV}{F_{x,rm} - F_r(V)} \tag{15.11}$$

总阻力 $F_r(V)$ 可以表示为车速的函数，当汽车从 V_{rm} 加速到 V_{rv} 时，时间为

$$\Delta t = t_{rv} - t_{rm} = f_m M \int_{V_{rm}}^{V_{rv}} \frac{dV}{F_x(V) - F_r(V)} \tag{15.12}$$

所以，汽车从静止加速到额定速度的时间为

$$t_{rv} = f_m M \left[\int_0^{V_{rm}} \frac{dV}{F_{x,rm} - F_r(V)} + \int_{V_{rm}}^{V_{rv}} \frac{dV}{F_x(V) - F_r(V)} \right] \tag{15.13}$$

初始加速度力用于在 t_{rv} 秒时间内由静止加速到 V_{rv}，如图 15.14 所示。牵引电动机可以保证汽车在额定速度时的运转。巡航里程由电池性能决定。

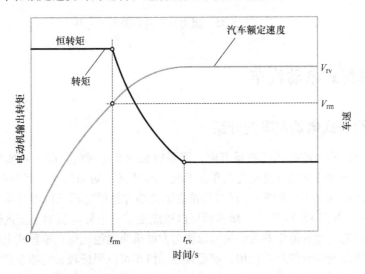

图 15.14 电动汽车加速过程

15.3.3 汽车的最高车速

当汽车开到最高速度时，牵引功率可以估算

$$P_{V_{max}} = V_{max} F_r = V_{max} \left[Mg\sin\theta + \frac{1}{2}C_d \rho A (V_{max} - V_W)^2 \text{sgn}(V_{max} - V_W) + Mg\cos\theta \cdot C_r \right] \tag{15.14}$$

相比于低速行驶，气动阻力在高速行驶时更明显，如图15.15所示。通常，P_m将会比P_{Vmax}有更强的加速性能。另外，P_{Vmax}可以决定牵引电动机的额定功率。

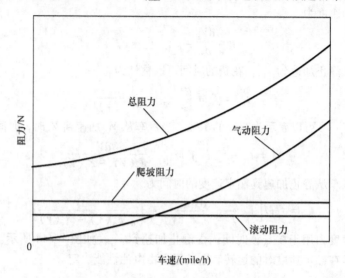

图 15.15　阻力与车速的关系

15.4　增程式电动汽车

15.4.1　增程式电动汽车的介绍

由于电动汽车电池技术的容量有限，需要较长的充电时间，BEV就实现更长的续驶里程而言，不如传统和混合动力汽车。因此，BEV适于短途驾驶，例如城市通勤等。然而，增程式电动汽车（REEV）通过给推进系统增加辅助电源可以增长续驶里程，如图15.16所示。如图15.17所示，增程器可以做成是带一个发电机的小型内燃机。代替直接给汽车供能，增程器中的发动机可以作为发电机为电池充电。增程式电动汽车的电池容量可以满足使用者的日常使用，增程式电动汽车可以保证较长的续驶里程。相比于传统的内燃机汽车，增程式电动汽车的燃油量和二氧化碳排放量明显下降。

15.4.2　增程器

基于发动机的增程器，如图15.18a所示，通常设计的结构紧凑，重量轻，成本低。发动机在高效率和经济的范围内运行。其他类型的能源也可以用于增程器。如图15.18b所示，当电池SOC达到功率极限时，燃料电池系统可以作为增程器以提供动力给动力传动系。替代携带笨重的电池组行驶较长里程，基于燃料电池的增程器能够减小电池尺寸并且降低成本。

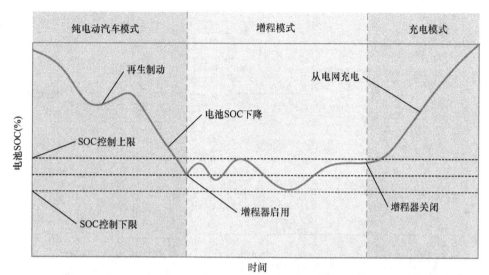

图 15.16 增程式电动汽车的运行模式

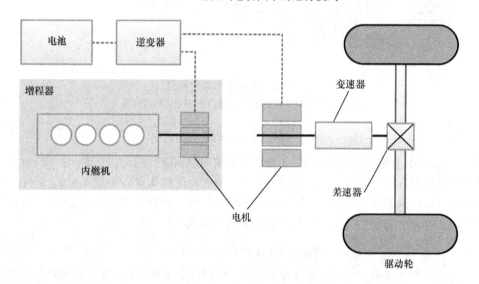

图 15.17 增程式电动汽车动力传动系配置

15.4.3 增程器连接

如图 15.19 所示。两种连接增程器的方法。第一种方案,增程器连接到电池,如图 15.19a 所示,来自增程器的能量流向两个方向:通过直流-直流升压变换器和直流-交流逆变器流向电池组和负载。这种方案中,从增程器到负载的总能量可以通过式 (15.15) 估计

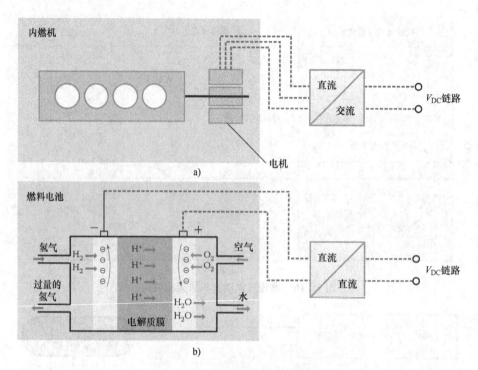

图 15.18 增程器的两种类型
a) 基于内燃机的增程器　b) 基于燃料电池的增程器

$$E_{\text{load}} = E_{\text{RE}}(\alpha \eta_{\text{BAT}} + \beta) \eta_{\text{DC}} \eta_{\text{AC}} \tag{15.15}$$

式中，E_{RE} 是由增程器提供的能量；α 是增程器流向电池组的能量百分比；β（$0 < \beta \leq 1$）是增程器流向升压变换器的能量百分比；η_{BAT} 是电池组的能量转换效率；η_{DC} 是升压变换器的能量转换效率；η_{AC} 是逆变器的能量转换效率。增程器也能连接到 DCLink，如图 15.19b 所示。这种情况下，负载所消耗的能量由式（15.16）得出

$$E_{\text{load}} = E_{\text{RE}}(\alpha \eta_{\text{DC}}^2 \eta_{\text{BAT}} + \beta) \eta_{\text{AC}} \tag{15.16}$$

通过比较上述两个公式，可以得出结论，如果以下条件成立，那么将增程器连接到直流链路具有更高的效率。

$$\beta > \alpha \eta_{\text{DC}} \eta_{\text{BAT}} \tag{15.17}$$

如果总能量从增程器流向负载，则增程器应连接到直流链路，以提高整体效率。电池组最好在增程驾驶阶段保持其 SOC。用来给电池组充电的能量从增程器最终会移动到负载，在这个过程中能量转换效率降低。

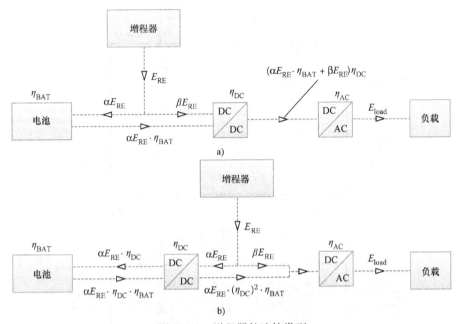

图 15.19 增程器的连接类型
a) 连接到电池 b) 连接到直流链路

15.5 燃料电池电动汽车

15.5.1 燃料电池电动汽车介绍

燃料电池电动汽车（FCEV）是靠车载燃料电池供能。燃料电池包括氧气和氢，在反应中产生电和水。燃料电池比其他类型的燃料转化器效率更高，例如内燃机和化学电池。此外，燃料电池的副产品只有水和热，并且取决于该燃料，有非常少量的二氧化氮和其他排放物。燃料电池动力传动系减少了噪声和提高了驾驶舒适性。然而，它们要想在电动汽车领域立足，还需要克服很多挑战。相比于内燃机和其他能源，燃料电池更贵。废水蒸气需要合理管控，另一个就是雾和尘。氢气的制备、存储和运输、分配都要妥善处理。

15.5.2 燃料电池介绍

燃料电池是一种电化学能量转换装置，氢和氧反应产生电，水是副产品。质子交换膜燃料电池和碱性燃料电池是电动汽车最常用的燃料电池。如图 15.20a 所示为质子交换膜燃料电池的机理。电解质是 0.1mm 厚的质子交换膜，覆盖铂催化剂。阳极上，氢在催化剂的作用下将电子传给阴极，电解质膜的设计只允许氢离子通过。阴极上，氢离子、氧和电子形成水。在这个过程中，从阳极到阴极的电子通过外部负载实现传递。如图 15.20b 所示为碱性燃料电池，碱性电解质只允许氢氧化物通过。阳极上，氢和氧产生水和电，阴极上，氧、水和电子产生氢。

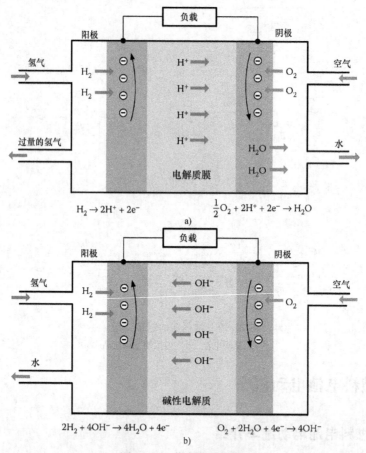

图 15.20 燃料电池图解
a）质子交换膜燃料电池 b）碱性燃料电池

15.5.3 燃料电池电动汽车动力传动系

图 15.21 显示了燃料电池电动汽车的动力传动系。动力传动系的主要部件包括燃料

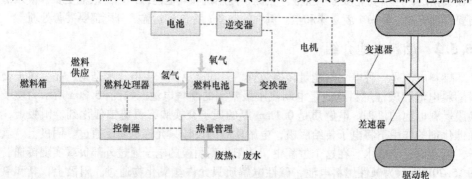

图 15.21 燃料电池电动汽车的动力传动系

箱和燃料处理器，作为主要能源的燃料电池、电池组，作为牵引电动机的电机等。车辆控制器从加速踏板、制动踏板中获得燃料电池信号和电池组信号，将控制信号传到燃料电池系统。来自燃料电池和电池组的功率为电机供能，通过变速器系统带动汽车。

如图 15.22 所示，燃料电池与其他能量存储装置组合为动力传动系供能。来自电池组和燃料电池的能量一起为电动汽车供能，如图 15.22a 所示，这种配置中的燃料电池更像是增程器。如图 15.22b 所示为超级电容器的并联组合。燃料电池可以像储能装置一样为电动汽车工作。如前所述，超级电容器有较高的比能量，帮助燃料电池提供高功率。在再生制动方面，超级电容器可以吸收峰值功率。如图 15.22c 和 d 所示为燃料电池和飞轮两种组合形式。存储在飞轮上的机械能首先转化为电能，然后和来自燃料电池的能量组合，如图 15.22c 所示。如图 15.22d 所示，燃料电池的能量首先转化为机械能，然后来自两种装备的能量可以机械地组合起来。

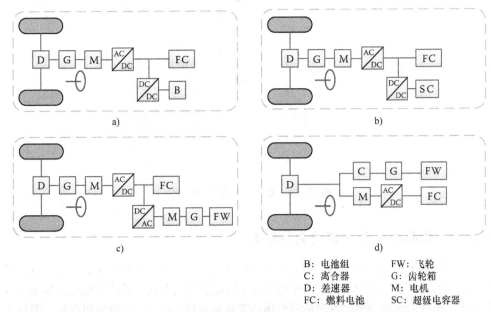

B: 电池组　　　　　FW: 飞轮
C: 离合器　　　　　G: 齿轮箱
D: 差速器　　　　　M: 电机
FC: 燃料电池　　　SC: 超级电容器

图 15.22　燃料电池和其他能源的组合
a) 燃料电池和电池组的组合　b) 燃料电池和超级电容器的组合　c) 燃料电池和飞轮的组合
d) 燃料电池和飞轮的其他组合，飞轮直接提供机械能，通过机械传动驱动汽车

15.6　太阳能电动汽车

15.6.1　太阳能电动汽车介绍

英国的 Allen Freeman 在 1979 年发明了第一辆太阳能汽车。太阳能汽车通过太阳能电池捕捉太阳能，并且将太阳能转化为电能，这样既可以为汽车供能，也可以给电池充电。世界太阳能挑战赛（WSC）是太阳能汽车最重要的比赛之一，从达尔文到阿德莱

德,穿越澳大利亚,如图 15.23 所示。挑战赛每三年举办一次,有来自全世界的队伍参加。类似的比赛在日本、美国、南美等地也有。

图 15.23 澳大利亚 WSC 路线图

15.6.2 太阳能电动汽车动力传动系

太阳能汽车有几种动力传动系,如图 15.24 所示。如图 15.24a 所示,对于传统的太阳能动力传动系,先利用太阳能电池板将太阳能转化为电能,然后用电能直接驱动汽车前进,传统的太阳能电动汽车的动力传动系容易安装运行,但是续驶里程短,限制了加速能力,低效,对气候条件敏感。

与简单地将太阳能电池板连接到电池组不同,最大功率点跟踪(MPPT)的方法,通常被用于连接太阳能电池板和电池,以便最大限度地以不同的辐射水平从太阳能电池板中获得能量,如图 15.24b 所示。简单地说,MPPT 是一种输出可变的直流-直流变换器,它不断跟踪太阳能电池板的输出,和来自电池组的电压比较,并准备优化的电压为电池组提供最大功率,如图 15.25 所示。来自 MPPT 的能量可以直接给汽车供能,剩余的能量可以给电池充电。当来自 MPPT 中的功率很低或天气为多云时,存储在电池组中的能量,可辅助给汽车供能。如图 15.24c 所示为另外的太阳能电动汽车动力传动系。轮毂电动机直接驱动,通过移除变速器提高了效率。动力传动系的整体效率通过收集再生制动产生的动能而提高。

第 15 章 纯电动汽车和增程式电动汽车

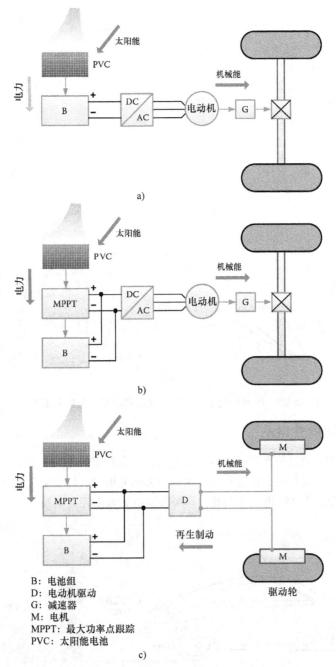

B：电池组
D：电动机驱动
G：减速器
M：电机
MPPT：最大功率点跟踪
PVC：太阳能电池

图 15.24 太阳能电动汽车动力传动系配置
a) 传统太阳能动力传动系 b) 带 MPPT 的太阳能动力传动系 c) 带 MPPT 和再生制动的太阳能四轮驱动

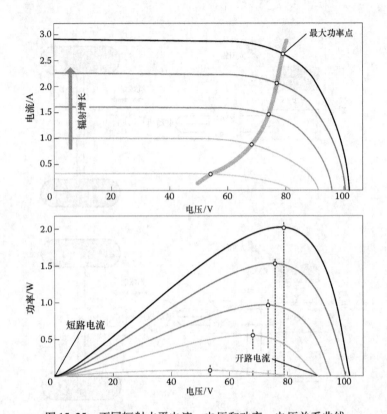

图 15.25 不同辐射水平电流-电压和功率-电压关系曲线

15.6.3 太阳能充电站

目前,太阳能电动汽车不适合在日常使用,与车载安装不同,太阳能电池板装在家中、停车场,或者其他将太阳能作为能源的地方的充电站,将太阳能转化为电能,然后给电动汽车充电。图 15.26 所示为将停车场改造成为太阳能充电站。

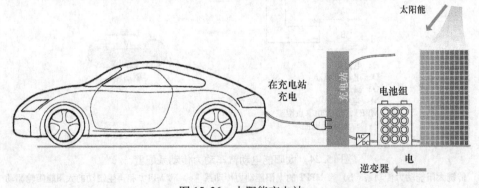

图 15.26 太阳能充电站

15.7 电动自行车

15.7.1 电动自行车介绍

经济、高效、方便的电动自行车在电动交通中扮演着越来越重要的角色。电池驱动的电动自行车在中国、日本和世界上其他国家被使用着。愈来愈多的人选择替代传统自行车，甚至在汽车上携带电动自行车在日常短距离通勤。电动汽车被当地政府支持，以减少污染和城市堵塞。目前，对于大多数电动自行车来说，一次充满电的续驶里程是可以接受的。它们大多数直接由有刷直流电机驱动，或由铅酸或者镍镉电池供电，或者以电动机作为辅助能源驱动。

15.7.2 电动自行车推进系统

如图 15.27 所示为电动自行车电动推进系统方案，这个系统的主要部件包括一个电池组、逆变器、一个电池管理系统、一个加速器、一个轮毂电动机和一个电子控制单元（ECU）。这个 ECU 从那获得加速信号，通过安装在电动机上的霍尔速度传感器让电动机旋转，电池向逆变器提供控制信号。由电池管理系统控制的电池组的能量，通过逆变器驱动轮毂电动机。当骑行者制动时，一些电动自行车能够通过再生制动装置捕捉动能。电动自行车可以通过电机或者电机与骑行者配合驱动。

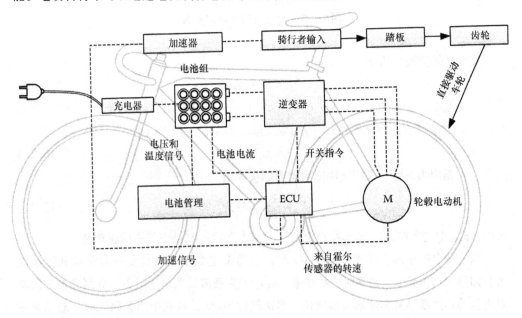

图 15.27 电动自行车推进系统

15.7.3 电动自行车功率分布

电动自行车相比于其他电动设备,以较低速度运行。电动自行车从静止达到期望速度的时间很短。所以,采用电力推进系统或者骑行者蹬踏板或者两者组合产生的总功率 P_{total},可以用于爬坡(P_{hc})时的动力和克服流动和轴承阻力的功率(P_f)及克服空气阻力的功率 P_d,如图 15.28 所示。可以使用式(15.18)计算

$$P_{total} = P_{hc} + P_f + P_d \tag{15.18}$$

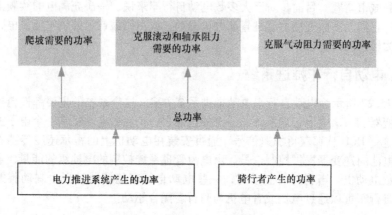

图 15.28 电动自行车功率分布

爬坡时的消耗的功率

$$P_{hc} = MgV_g \sin\theta \tag{15.19}$$

式中,M 是总重;g 是重力加速度;V_g 是地面速度;θ 是倾斜角,当自行车以恒定的速度运行时,克服轴承和轮胎摩擦所需的功率可以测量,且风速可以忽略不计,功率可以估计为

$$P_f = C_r M g V_g \tag{15.20}$$

式中,C_r 是阻力系数,克服气动阻力所需的功率是

$$P_d = \frac{1}{2} C_d \rho A V_r^2 V_g \tag{15.21}$$

式中,ρ 是空气密度;C_d 是车身决定的气动阻力系数;V_r 是空气中的相对速度。

当电动自行车运行速度小于 3m/s 时,总功率主要用于爬坡及克服滚动和轴承阻力,如图 15.29 所示。路平时,总功率主要用于克服滚动和轴承阻力。克服爬坡和滚动阻力的功率消耗随着车速增长而增长。车速超过 3m/s 并且在平坦公路上时,总功率主要用于克服气动阻力。克服气动阻力的功率与车速的立方成正比。当自行车在陡峭的山坡上行驶时,自行车采取低速大功率通过山坡。

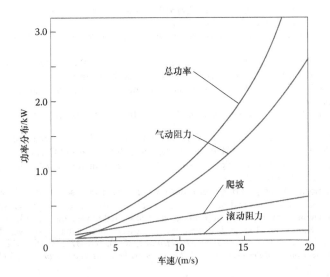

图 15.29 电动自行车在 6% 道路爬坡能力和 2m/s 逆风条件下的不同车速的功率分布
(来自 W. C. Morchin, Batter-powered electric bicycles, IEEE Northcon/94 Conference Record, 269-274, October, 1994.)

习题

15.1 调查世界各地最近的商用和研究电动汽车项目。

15.2 调查与电动汽车充电相关的各种标准和法规。

15.3 列出并比较电动汽车的能源。讨论每种能源最近的发展、优点和缺点。

15.4 调查全球商用电动自行车的生产和销售现状。比较中国、日本和美国关于电动自行车的规定。

参考文献

1. M. Ehsani, Y. Gao, and A. Emadi, *Modern Electric, Hybrid Electric, and Fuel Cell Vehicles: Fundamentals, Theory, and Design*, Second Edition, CRC Press, Boca Raton, FL, 2009.
2. A. Emadi, Transportation 2.0, *IEEE Power & Energy Magazine*, 9(4), 18–29, June 2011.
3. M. Ehsani, K. M. Rahman, and H. A. Toliyat, Propulsion system design of electric and hybrid vehicles, *IEEE Transactions on Industrial Electronics*, 44(1), 19–27, February 1997.
4. Z. Q. Zhu and D. Howe, Electrical machines and drives for electric, hybrid, and fuel cell vehicles, *Proceedings of the IEEE*, 95(4), 746–765, April 2007.
5. C. C. Chan, The state of the art of electric, hybrid, and fuel cell vehicles, *Proceedings of the IEEE*, 95(4), 704–718, April 2007.
6. C. C. Chan and K. T. Chau, *Modern Electric Vehicle Technology*, Oxford University Press, New York, 2001.
7. P. Simon and Y. Gogotsi, Materials for electrochemical capacitors, *Nature Materials*, 7, 845–854, November 2008.
8. J. Larminie and J. Lowry, *Electric Vehicle Technology Explained*, Second Edition, John Wiley & Sons, Chichester, UK, 2012.
9. R. Garcia-Valle and J. A. P. Lopes, *Electric Vehicle Integration into Modern Power Networks*, Springer, New York, 2013.

10. C. Mi, M. A. Masrur, and D. W. Gao, *Hybrid Electric Vehicles: Principles and Applications with Practical Perspectives*, John Wiley & Sons, New York, 2011.
11. M. H. Westbrook, *The Electric Car: Development and Future of Battery, Hybrid and Fuel-Cell Cars*, IET, London, 2001.
12. I. Husain, *Electric and Hybrid Vehicles: Design Fundamentals*, CRC Press, Boca Raton, FL, 2011.
13. J. M. Miller, *Propulsion Systems for Hybrid Vehicles*, IET, London, 2008.
14. R. Hodkinson and J. Fenton, *Lightweight Electric/Hybrid Vehicle Design*, Butterworth-Heinemann, Oxford, UK, 2001.
15. A. E. Fuhs, *Hybrid Vehicles and the Future of Personal Transportation*, CRC Press, Boca Raton, FL, 2009.
16. P. Mulhall, S. M. Lukic, S. G. Wirashingha, Y.-J. Lee, and A. Emadi, Solar-assisted electric auto rickshaw three-wheeler, *IEEE Transactions on Vehicular Technology*, 59(5), 2298–2307, June 2010.
17. A. Muetze and Y. C. Tan, Electric bicycles—A performance evaluation, *IEEE Industry Applications Magazine*, 13(4), 12–21, July 2007.
18. McKinsey & Company, A portfolio of power-trains for Europe: A fact-based analysis. The role of battery electric vehicles, plug-in hybrids and fuel cell electric vehicles, Available at http://www.fch-ju.eu/sites/default/files/documents/Power_trains_for_Europe.pdf, last visited in December 2013.
19. I. Aharon and A. Kuperman, Topological overview of powertrains for battery-powered vehicles with range extenders, *IEEE Transactions on Power Electronics*, 26(3), 868–876, March 2011.
20. W. C. Morchin, Battery-powered electric bicycles, *IEEE Northcon/94 Conference Record*, 269–274, October, 1994.

第16章 车辆到电网接口及电气基础设施

Giampaolo Carli, Arash Shafiei, Florence Berthold, Sheldon S. Williamson

16.1 引言

使用石油能源的传统汽车（CV）在今天仍占大多数。石油短缺在全球范围内成为最关键问题之一，昂贵的燃料问题成为消费者面临的挑战。此外，传统汽车排放的是温室气体，很难满足严格的环境法规。其中一个最有吸引力的替代品包括电动汽车或零排放汽车（ZEV），它们只消耗电能。然而，由于目前市售电池的能量密度有限，电动汽车作为代步汽车受到限制，存在低速、续航时间短和电池重的缺点。有一个成功的案例，加拿大的ZENN商业化电动汽车平均速度每小时25mile，每充电一次行驶30~40mile。

目前，最有前途和实用性的解决方案就是混合动力汽车。它的推进能量通常来自多于两种类型的储能装置或能源，其中一种就是电能。混合动力汽车驱动传动基本上分为串联和并联混合。由于电动机是其唯一的牵引能源，内燃机则在最大功率时工作，作为一个车载发动机给电池充电，因此串联混合动力汽车是电力密集型电动汽车。

牢记建立一个智慧能源、经济高效和整体可持续发展的社会的目标，插电式混合动力汽车目前正逐渐成为传统汽车和普通混合动力汽车的替代品。插电式混合动力汽车装备有足够的车载电源去支撑在一个全电模式下的日常行驶（平均每天40mile），仅仅使用电池中的电量，不使用一点汽油。反过来，这却促使了嵌入式内燃机使用一点汽油就可以行驶超过40mile，从而进一步减少了温室气体排放。

插电式混合动力汽车可以通过从网上充电减少燃料的消耗。因此，假设到了未来，大量的插入式混合动力汽车的用户会存在，车载能量存储系统充电的总体影响不可忽视。相关文献认为到2020年，插电式混合动力汽车的市场份额将增加到大约25%。基于这些数据，500万辆插电式混合动力汽车配电网所需要的额外电量将是一天50GW。此外，一般的充电时间变为7~8h，这很可能使它在没有增加峰值负荷时很难在负荷曲线上增加额外的负荷。此外，额外的电量将对公用事业系统产生可能的影响。

依靠远离负荷中心的大型发电厂，改进电力系统传统方法，将需要升级传统的输电和配电系统。除了高成本，这可能要花费很多年才能找到合适的方法。另外，除了公共系统，基于可再生能源的小发电厂，例如风电，就是一种经济的可再生能源。此外，太阳能电池板可以安装在配电系统一部分空间上，这通常被称为是"分布式发电"。光伏电池呈现出一个模块化的特点，可以轻易地安装在建筑物的阳台和外墙。很多公司都采用了这种分布式能源的方法。例如，谷歌已经在其位于加利福尼亚山景城的总部Googleplex安装了9MW/天的光伏电池。目前，它已经连接到山景城的电网。同时，它可以用于在工作时间内给混合动力汽车充电,极大地帮助了周围的员工。存储在电池里的电量也可以在故障期间备用。在加拿大,最新的预测(2000)表明,到 2010 年,可再生能源分布式电源在能源生产总量和热电联产中由 1% 和 4% 的份额增加到 5% 和 20%。因此,从环境角度来看,用太阳能电池给并联式混合动力汽车充电将是最有吸引力的解决办法。

本章主要旨在解决当前和未来插电式混合动力汽车商业化的实际问题,并且主要关注基于电力电子技术的目前和未来电动汽车技术解决方案。本章对新兴的 PHEV 的动力系统结构进行了详细的讨论。对电动汽车的电池技术和相关的电池管理问题进行了总结和解释。此外还详细讨论了电动汽车和插电式混合动力汽车的先进的电力电子密集型充电基础设施。

16.2 电动汽车和插电式混合动力汽车充电基础设施

16.2.1 电动汽车/插电式混合动力汽车的电池和充电状态

大规模地用电动汽车和插电式混合动力汽车代替传统的内燃机汽车,将会从不断加深的污染中挽救人类,从而获得极大的繁荣。主要的好处,例如使用电动汽车和插电式混合动力汽车会使污染物减少,石油消耗下降,这主要是基于使用一种绿色能源的电池。电池的化学性质使它们有了一种高度的非线性行为,并依赖于很多因素,如化学、温度、寿命、负载分布和充电方法。此外,为了获得一个合理的 AER 所需的特定的电量,需要将成百上千的电池串联和并联连接起以达到理想的电压和电流额定值[1,2]。这使得电池的非线性行为在一些方面被放大。此外,还有在电池组中观察到的现象,并不是在电池内,如电池之间的热不平衡。

电动汽车和插电式混合动力汽车的电池组的价格由于电池数量庞大,化学类型如锂基和保护电路等因素相对于整车来说是昂贵的。于是,这些电池组的寿命也是很重要的。因此,通过延长电池寿命周期来降低客户的最终成本,这将需要后续会更换整个电池组。联想到电池组的价格,有一个本田思域的例子[3]。最近,有关于本田思域电池 2006~2008 年度生产的新闻。显然,第二代本田思域混合动力汽车电池组在投产 5 年后正在过时。根据加利福尼亚的规定,对混合动力系统有 10 年 15000mile 的要求。本田公司已经采取一些行动来解决这个问题。然而,一些消费者仍然不满意,并且想着自己去改变电池组。这些电池组的价格大约是 2000 美元,不包括运输和安装。

上述情况表明,在大规模的电动汽车和插电式混合动力汽车商业化中电池价格的重要性。影响电池组寿命的一个重要因素就是充电方法。也有一些其他因素,如充电时间就在电动汽车和插电式混合动力汽车巨大的吸引力中起着重要作用。这些问题都和一个称为电池管理系统中的多层次控制和电力系统有关。这个系统主要负责以任何方式影响电池的全部或部分方面。更加准确和全面的电池管理系统是更可靠、更安全和充电更快的。设计一个高效的电池管理系统需要对各种不同参数的变化和在大量电池中单个电池的突变进行很好的理解。

首先,在下面的章节中,我们将试着描述和提到一些在电池领域的一些方面的内容和定义,基于这些提出一些结论,例如适当提高电池充电寿命的方法。在下面的章节中,我们不会非常详细地描述电池中不同的参数的数学定义,它们是为了解决问题和设计目的,相反我打算给出一些基本定义,这些可以帮助不熟悉的读者理解后面章节中相关的内容。

16.2.1.1 电池参数

16.2.1.1.1 电池容量

此参数可以简单地假设为电荷量,可以从一个满电荷的状态到完全放电。对于电池一个重要的影响就是电池中电流量越高,电池容量越低。因此,从理论上讲,电池容量被定义为电池从满电到完全放电一小时内的电荷量。例如,一个10A的电池意味着以恒定电流10A从电池中放电,在1小时后放电完全。然而,在实际中,电池厂商可以使用其他定义。通常情况下,有一个不同的测试情况表,它会显示不同恒流和不同功率负载下,电池的运行时间。实际上,这张表提供了更为实用的信息而不是标准定义,因为生产后,不同特性的不同负载可能会连接到电池上。然而,电池运行的时间不会被准确地预测,因为不是所有的负载都是恒定电流和恒定功率。即使它们是这种类型之一,这些表也只针对新电池有效,不针对旧电池。因此,在一些设计程序中,只能粗略地估计电池运行的时间。电池容量用字母 C 或 Q 或其他字母表示。电池容量的主要单位是 Ah。然而,基于电池的尺寸,在一些小尺寸电池中还可以使用 mAh。

16.2.1.1.2 充电速度

此参数用于表示充电电池或负载所需的电流量,它是从电池中引出的。例如,在以前的情况下,10Ah 的电池,当终止充电时,充电电流将下降到 C/10。这就意味着,当充电电流小于电池放电 10 小时后的电量时,应该停止充电。换句话说,$10Ah/10h = 1A$。

16.2.1.1.3 SOC

简单地说,SOC 可以视为一个水箱内剩余的水对于整体容量的百分比。就充电而言,这意味着可充电到电池容量的百分比。将电池比作水箱是一个不错的想法。然而,由于一些电池的影响因素使得这种说法变得不准确。影响因素例如松弛效应,将在后面的章节中进行详细描述。另外,根据寿命,电池的额定容量随着时间的推移而降低,因此,对于决定 SOC,额定容量应该被定期测量或计算。

16.2.1.1.4 放电深度

再次使用水箱的概念,放电深度可以被认为是从水箱中流出的水与水箱整体容量的百分比。就充电而言,水用电荷代替。此参数通常用于放电模式。例如,电池制造商可能建议使用者在电量低于30%时不要再使用。

16.2.1.1.5 能量密度

能量密度可以用两种方法定义。一种是"体积能量密度",这种定义是根据电池每单位体积可用的电量而来的。单位"升"可以用于测量液体的体积。大多数情况下,电池有液体电解质，所以在一些情况下，变得显而易见。然而，即使是固体电解质，如锂聚合物电池，通常也使用的是同一个单位。另外一个定义能量密度的方法是"重量能量密度"，通常是指一个完全充电的电池每单位重量的可用电量。基于应用和基于体积或重量的重要性，两个定义都可以使用。在电动汽车和插电式混合动力汽车的案例中，通常重量是比体积更重要的因素。因此，对于这种具体的应用，大部分具体的能量可从参考文献中得到。

16.2.1.1.6 充电效率

在充电和放电过程中，电池中的化学反应是不理想的，总有损耗。换句话说，并不是所有用于充电的能量都用于放电。这些能量中的一部分被浪费在能量耗散的一些类型中，如散热。充电效率可以被定义为由于电池放电而产生的可用能量对于完全充电电量的比值。这个参数可能有其他名字如库仑效率或充电接受率。减少库仑效率的损失类型主要是在充电过程中由于化学反应而产生，如水的电解或其他电池中的电解反应。一般来说，新电池的库仑效率是高的，但随着电池使用时间变长而减少。

此后，本章将讨论一些电动汽车和插电式混合动力汽车的电池方面的问题。这将极大地有助于设计更高效、更灵活的充电模式，最终将使电池寿命延长。

16.2.1.2 普通化学电池的重要性质

电池有很多类型，在相关参考书中可以找到[4]，然而，它们中一大部分由于不成熟，低能量密度、安全性、有毒物含量高和价格等因素只在实验条件下生产，仍在研究阶段中不能商业化。因此，只有一小部分的电池是商业化的，常用的主要有铅酸、铬镉、镍氢、锂离子和锂聚合物。一种观点认为，电池可以分为两大类，一次和二次电池。一次电池简单地说是只可以使用一次，完全放电后不能再次使用。这是因为它们内部发生的化学反应是不能逆转的。二次电池却可以重复充电而多次使用。在汽车和牵引应用的例子中，大部分应用二次电池，因为一次电池是不合理的。在这里，我们只考虑二次电池，其他情况另有说明。

16.2.1.2.1 铅酸电池

一个多世纪以来，铅酸电池已经被用于很多场合，包括牵引。它们改进了结构形成了阀控铅酸电池，这种电池可以认为是免维护的，这是电动汽车的一个特征。就效率而言，它们是高效的，处在 95%~99% 的范围内。铅酸电池主要的缺点是它们的重量，换句话说，它们与同类的产品相比有很低的比能（30~40Wh/kg）。

16.2.1.2.2 镍镉电池

考虑到低功耗应用，镍镉电池也受益于一项成熟的电池技术，但是考虑到牵引应用，它们的比能也很低。这种类型电池的比能是 45~60Wh/kg。它们的寿命和价格是很重要的。这种类型电池的主要应用是便携设备。然而，一些场合中高瞬时电流是必要的。考虑到环境问题，它们包含有毒介质[5]。

16.2.1.2.3 镍氢电池

和之前的电池类型相比，这种电池有很高的比能，很短的寿命。总的来说，具有相同尺寸的电池，镍氢电池的电量是镍镉电池的电量的 2~3 倍。目前镍氢电池的比能是

75~100Wh/kg。这种类型电池广泛用于电动汽车和插电式混合动力汽车。

16.2.1.2.4 锂电池

这种类型电池有高的比能、比功率及巨大的技术改进潜力，为电动汽车和插电式混合动力汽车提供了优异的性能，如加速度。它们的比能是100~250Wh/kg。由于它们的本质，锂电池作为对电动汽车和插电式混合动力汽车的储能装备比铅酸电池和镍镉电池充电放电更快。除了这些，锂电池还有突出的性能，在适当条件下使用，寿命更长，否则，它们的寿命将会是一个缺陷。主要的原因之一是锂电池记忆性能的缺失。锂电池的一个缺点就是安全性。锂电池应该防止充电过量，因为充电过量引起的过热会引发爆炸的可能。他们很容易吸收额外的电量而引起爆燃。利用先进的电池管理系统可以确保电池的正常运行，即使是在危险情况下。另外，锂电池相比于镍基电池更环保。

16.2.1.2.5 锂聚合物电池

锂聚合物电池和锂电池一样有相同的能量密度，但是成本更低。这种特别的性质对于电动汽车和插电式混合动力汽车的电池选择有巨大潜在优势。以前，锂聚合物电池的最大放电电流被限制在1C，然而最近的放电电流被扩大到原来的30倍，这可以极大地提高和减少电动汽车和插电式混合动力汽车就能量密度方面的缺点，因为这甚至可以减少超级电容器的需要。另外，在充电时间方面也有极大地提高。最近技术上的提高已经出现一些可以在几分钟内达到90%SOC的类型，这将极大地提高电动汽车和插电式混合动力汽车的吸引力，因为缩短了充电时间。因为这种电池是固态电池，有固态电解质，所以在事故中不会泄漏。这种类型的电池另外一个优点是能够适应汽车制造商的需要而设计成任何大小的形状。

16.2.1.3 EV/PHEV电池的基本要求

PHEV电池基本特性可以概括为以下几点[6]：

1) 高比能导致了更长的AER，要求更短的充电时间；

2) 高比功率导致了高的加速度特性，因为电池可用的高电流率，而不会对电池造成任何永久性的损伤；

3) 由于电池组的高功率额定值，可进行多次的充、放电循环，并且电池内置了高安全机制；

4) 电池材料环保可回收，含少量有毒物质。

成本也是电动汽车和插电式混合动力汽车商业化的重要考量。

16.2.1.4 电动汽车电池的充电方法

一般而言的充电就是把电量返回到电池中。不同的化学成分需要不同的充电方法。其他对充电方法选择产生影响的因素是性能、时间等。下面将提到的是最普通的充电方法。

16.2.1.4.1 恒定电压

从名字很容易看出，恒定电压（CV）是用于电池组的。电压是制造商的预设值。另外，这种方法大部分时间伴随着一个限制电流。特别是刚开始充电时，电池容易接受高电流相比于其容量。电流限制值主要取决于电池容量。由于电池的充电类型不同，电池电压的预设值不同。例如，锂离子电池，4200±50mV 的电压是可取的。准确的预设值是重要的，因为高电压会损害电池，低电压会造成部分充电，这将导致电池寿命随着时间而减少。因此，用于充电的电路，可以是简单的 buck、boost 或 buck/boost 拓扑，具体取决于输入和输出的电压比，应该配备一个控制器来补偿电源和负载随时间的变化。当电池达到预设电压值时，这将使电池处于待机模式，以备以后使用。但是，此空闲时间不应过长，应根据制造商的建议加以限制。这种方法通常用于铅酸电池和锂离子电池，同时使用限流器避免电池过热，尤其是在充电过程的第一阶段[7]。

16.2.1.4.2 恒定电流

恒定电流（CC）充电简单地说，意思就是无论电池 SOC 或温度如何，在电池上施加一个恒定的电流，电流纹波的百分比很低。在文献中这种方法简化为 CC。使用控制技术对电池施加不同的电压，如电流模式控制保持电流稳定。恒定电流可以通过使用"单率电流"或"分率电流"控制。单率电流，只用一种预置电流施加到电池上，这种做法在平衡电池上有用，然而，必须使用备用电路以避免过充电。分率电流，不同速率电流的应用于基于充电时间，电压和不同的充电阶段。这可以更准确稳定地充电；另外，电路应该被用于防止电池的过电压。在一些场合，对于延长电池寿命，用高速率和低持续时间的恒定电流的方法可以延长电池寿命。然而，这是一个非常谨慎的过程，应当认真操作。镍镉电池和镍氢电池都用这种方法充电。镍氢电池由于过充电很容易损坏，所以在充电中应准确地监测[8]。

16.2.1.4.3 锥度电流

当电源是非调节的直流电源时，它可以直接使用。它通常用于一个相比于电池电压的高输出电压的变压器。用电阻限制流向电池的电流。二极管可以保证流向电池的功率单向。用这种方法，电流最开始全额定值然后充电后逐渐减小。例如，对于 24V 12A 的电池，当电池电压是 24V 时，用 12A 充电；然后，当电池达到 25V 时，用 6A 充电；当那个电池达到 26V 时，用 3A 充电；最后 26.5V 时，用 0.5A 充电。这只是一个假设的例子，取值不一定正确。这种技术仅仅适用于密封的铅酸电池。锥度电流有其缺点，如前所述，这种技术使用变压器，这将增加充电器的重量和发电机的产热。

16.2.1.4.4 脉冲充电

这种技术包括使用短时电流脉冲充电。通过改变脉冲宽度，电流的平均值可以控制。脉冲充电有两个优点。一个是明显地减小充电时间，另一个是这种技术的条件影响，将极大地提高电池寿命。脉冲间隔称为休息时间扮演着重要角色，为电池内化学反应的发生和稳定提供了时间。此外，该方法会减少发生在电极上不良的化学反应。提到的这些反应如气体生成和晶体生长，将成为电池寿命缩短的重要原因。

16.2.1.4.5 反射式充电

充电过程中，靠近电极的地方会出现一些气泡。在快速充电中这种现象更明显。这种现象称为"打嗝"。应用能够获得的短放电脉冲和负脉冲，如通过短路产生很小的电流间隔，在充电休息期间通常比充电脉冲大 2~3 倍，将会导致去极化的电池加速稳定化进程和整个充电过程。这种技术也被称为"打嗝充电"或"负脉冲充电"。不同充控制模式及波形和图表在参考文献 [9] 中会找到。另外,其他的充电方法例如电流中断,将在充电方法部分讨论。

16.2.1.4.6 浮动充电

对充电过程完成和电池充满时的一些应用,电池应该长期保持在100% SOC,以备使用。不间断电源是应用之一。这些电池应该总是被充满电。然而,由于电池的自放电,它会随着时间流逝而放完电。例如,每个月会损失20%~30%的电。为了补偿自放电,基于电池化学性质和环境温度就有了一个参数。这种电压称为浮动电压。一般来说,浮动电压会随着温度的升高而降低。这将导致低电流速率,例如 C/300~C/100,这将持续地对电池自放电进行补充,同时也避免了电池板上硫酸盐的形成。这种技术不适用于锂离子电池和锂聚合物电池。另外,这种技术对于电动汽车和插电式混合动力汽车是不必要的,因为它天天都在使用。另外,浮动充电包括一个保护电路,以避免过充电。该电路会基于电池电压和温度自动调整浮动电压和中断充电。

16.2.1.4.7 涓流充电

主要地说,涓流充电类似于浮动充电,仅有一些细微的不同。一个通常没有避免过充电的保护电路。因此,在设计过程中确保充电电流小于自放电电流很重要。如果如此,它们可以与电池组长时间连接。

16.2.1.5 终止方法

在充电中,终止充电的时间很重要。有两个主要原因。一个是避免充电不足。就是为了确保电池电量的使用,使电池充电完全而不是部分。另一个是避免过充,尤其是在电动汽车和插电式混合动力汽车的高能量密度锂基电池的情况下。如果不按时终止,电池过量充电会导致电池气化,造成液体电解质电池体积膨胀。另外的问题是,电池过热尤其是锂基电池,可以很容易导致燃烧和爆炸,因为锂是一种非常活跃的材料,很容易氧化。开始反应唯一需要的条件就是热量。

选择不同的终止原则会有不同的终止方法。选择不同的充电终止方法取决于不同的因素和电池使用的环境。以下列举不同的终止方法。

16.2.1.5.1 时间

使用时间是最简单的方法之一,主要是用来快速充电或者特定类型电池的定期充电。这种方法实施成本很低,然而,由于时间的推移电池老化减少了电池容量,老化电池的充电时间应该被预置,以避免过量充电。因此,充电器无法有效地为新电池充电,导致寿命缩短。

16.2.1.5.2 电压

如前所述,电压可以作一个终止因素,当电压达到一个特殊值时,充电过程停止。然而,这种方法也存在一些不准确之处。因为电池充电后一段时间,才能得到真实的开路电压。这是因为电池中化学反应的发生需要一段时间稳定。然而,这种方法却被广泛使用。此外,这种技术与恒流技术一起使用,以避免高温对电池的损坏。

16.2.1.5.3 电压降 (dV/dT)

在一些化学电池如镍镉电池中,如果使用恒流的方法充电,电压先达到额定值,然后开始下降。这归因于电池中氧气含量增多。这种下降是显著的，所以电压的负导数与时间相比是一种明显的过充。当这个参数变成正值时，会显示正在通过完全充满电状态，温度将会升高。之后，这种充电方法会变为涓流充电或浮动充电或完全停止。

16.2.1.5.4 电流

在充电的最后阶段，如果使用恒定电压的方法，随着电池达到满电状态，电流将开始减小。要预置电流值，如 C/10 被定义，电流低于此值时，停止充电。

16.2.1.5.5 温度

一般来说，过热是高电压的特征。然而，使用温度传感器会增加系统的成本。然而，对于一些化学电池（如镍氢电池），电压降的方法是不适用的，因为满电时，电压降不明显，不能参考。温度增长是过电压的一个很好的标志，并且可以使用。

16.2.1.6 电池均衡

对高功率和能量需求的应用，例如电动汽车和插电式混合动力汽车，众多的电池应该串联以提供高压，并联在一起产生高电流，因此，一般来说，牵引应用的高功率和高能率是可以获得的。这似乎很好，然而也有问题。不同生产厂家生产的电池可以重复充电几百次，然而，连接到一起，电池的寿命会急剧下降。这是因为电池的不平衡。考虑到这种影响，这里提到参考文献 [10] 中一个实际的实验结果。在这个实验中，12 个电池被串联。尽管制造商声称寿命是 400 次循环，但是连接到一起只有 25～30 次循环。这种影响是巨大的。为了解决这个问题，电池不平衡的原因应该被考虑。电池是电化学装置，即使是个电阻在生产过程中也会有误差。在电池组中，这种误差被放大。同一个厂家在同一段时间内生产的电池可能在参数方面也有很大的不同。这些参数之一就是容量不同。在电池组中，由于不同的因素导致电池不均衡。如参考文献 [11] 所述，有 4 个因素导致电池不均衡。它们是制造不同、自放电不同、电池寿命不同、电荷接受差异。同样，在参考文献 [12] 中也提到，电池不均衡分类为内部原因，包括电池存储量变化和电池内部阻抗变化以及有保护电路和电池的热量差导致的外部原因。

简单地解释一下，我们再把电池比作水箱。假设不同容量的不同电池连接到一起。就像是不同容量的水箱用管道相连。如果第一个水箱注水，在所有水箱中水面均匀上升。一段时间后，小容量的水箱先充满水而另一些水箱部分充水。为了充满高容量的水箱，只有先高过充满水的水箱。

回到真实场景，很容易猜出电池的状况。充满电的高容量电池包括过充电的低容量电池。这将导致低容量电池过度充电过度干燥，同时在充电时电池中形成的硫酸会使电池寿命降低。如何去消除这种影响，解决这一问题的主要途径是均衡电池电路和控制方法。在这里应该提到一点，电动汽车的电池总是被充到 100% SOC。因此，电池均衡是一个重要问题。然而，在插电式混合动力汽车中，预期将电量保持在 40%～80%，以至于能提供足量的能量，同时能够吸收再生能量。串联电池均衡技术分为三类：（1）充电（2）被动（3）主动。

值得注意的是，电池均衡，一般来说，SOC 是一个关键点，而不是电压本身，尽管电压是 SOC 一个很好的标志。然而，如果其他技术也能使用，就可以更准确地决定

SOC。就像在参考文献［13］被提到的，串联时电池平衡意味着使电池中的 SOC 均衡，这相当于电压平衡。电压是 SOC 一个很有用的标志。不同 SOC 的评估技术之后将作研究。

1) 充电：充电方法就是简单地给电池充电直到它们在一定程度上都平衡。这暗示着用可控的方法使电池过充电，从而使大容量的电池完全充满电。这种方法应用于铅酸电池和镍基电池，因为它们能进行一定的过充电而没有损害；然而，实施时应该谨慎，因为额外的电量会使电池温度升高，最后电解质过早干燥。尽管这种方法简单且成本低，但也有缺点，如低效率和长时间才能保持平衡。实验结果表明[14]，对于一般电池（48V），需要几个星期才能保持平衡。此外，结果表明，这种方法所需要的时间会随着电池的数量呈二次方增长。

2) 被动：用这种方法，低容量电池中多余的能量被耗散在连接两个电池的电阻上。这将给高容量电池完全充满电提供充足的时间。这种方法由于能量耗散，很低效，然而它比充电方法速度更快。被动技术同时是便宜、容易实施的，控制算法也容易设计。

3) 主动：主动电池均衡包括主动电池元件，如晶体管、运算放大器和控制不同电池之间不同功率流的二极管。这可以在电池组和单个电池之间存在。显然，从低容量电池流出的额外电流流向高容量电池。这加快了充电进程，因为没有能量消耗。只有少量能量被耗散在电路中，如果可能的话，将最小化地使用零电压和零电流开关技术。

考虑锂离子电池，锂离子电池是 EV/PHEV 最有吸引力的候选电池之一。在这种化学反应中，由于导致电池击穿的阈值电压与完全充电的电池电压非常接近，因此应仔细监测电压，严格控制在 $4.1 \sim 4.3 \text{V/cell}$ 的典型范围内。如前所述，锂电池不能容忍过充电。因此，充电技术不适用于它们。根据与锂基电池相关的安全问题，它们唯一可靠的电池均衡技术是主动均衡。

文献中可以发现各种类型的电池平衡技术。因此，需要根据标准对它们进行分类。根据能量流可以将它们分为 4 种类型：①耗散型，②单个电池组，③电池组到单个电池，以及④单个电池到单个电池。根据名称不难想象每个类别的操作。每个类别都有各自的优缺点。例如，耗散分流电阻技术是一种低成本技术。此外，由于它结构简单，实现简单，因此易于控制[15]。

除了能流分类标准，电池均衡技术也可以基于电路的拓扑结构分为 3 类：(1) 分流 (2) 穿梭 (3) 能量变换器。无耗散技术例如脉宽调制控制分流术高效，但是需要准确的电压传感，并且需要复杂的控制[16]。此外，元件数量多导致了系统昂贵。一方面，使用谐振变换器会由于低开关损耗而高效，另一方面，也增加了控制系统的复杂性[17]。

穿梭技术的工作原理是传递高容量电池的额外电荷，到电池的储能元件（例如一个电容器或者一组电容器），然后再传递给低容量电池[18]。这个系统仅仅使用一个电容器，因为仅有一个元件用于电荷转换相比于多个电容器速度较慢。使用一组低容量电池而不是高容量电池是个好注意，尽管增加了控制系统的复杂程度[17]。

大多数能量变换器技术使用变压器。从变压器中获得解决方法是一个优势，然而，会增加更多的成本。参考文献［19］推导了能量变换器电池均衡系统的模型和传递函数，用于控制设计目的。

上面提到的电池均衡技术随着电路拓扑技术在参考文献［20］中被总结和阐述。这里产生的问题是多少电池应该均衡。电池均衡应该以伏特，还是毫伏为单位分配？实验显示[13]，对于铅酸电池、电池与电池之间的电压匹配应该在10mV内，这相当于SOC电池寿命可靠的改善。这是一个很重要的因素，因为，例如，如果电压匹配在1mV范围内，就意味着传感器精度需要提高十倍，这就要进行方法的改进。这就意味着更高的成本和复杂性。因此要在成本和生命周期间权衡参数应该通过对化学物质，环境和应用的实验验证。

因为电动汽车/插电式混合动力汽车的电池技术还不成熟，也没有多少实验参数可用，有时在一些文献中可能有出入，在这里提到其中一点。如上所述，混合动力汽车中使用的电池通常由SOC控制。这样可以使电池保持在能吸收足够的再生能量的状态，以保证加速阶段足够的功率。如果电池在100%的SOC内，吸收再生能量将会使电池过充电。电池过充电通常是通过检测电池电压发现的。一些研究者认为，开关电容电池均衡技术适于无限充电的混合动力汽车中。因为没有必要智能控制，它就可以充电放电[20]。然而，另外一些人认为，锂离子电池的开路端电压在40%~80%之间近似平坦形状，混合动力汽车应用的充电穿梭方法被拒因为电池中忽略了电压偏差[15]。

16.2.1.7 SOC 评估

充电安全最重要的信息之一是SOC。充电方法主要是基于直接或者间接在SOC上。因此，SOC上的信息是准确充电时的重要参数。然而，直接测量SOC是不可能的，或者至少很难，实施的话价格昂贵以及在一些应用中没有意义。所以，评估SOC基于电池的其他变量和状态。基于不同评估方法的电池模型可以被使用，或者观察者可以自己设计。SOC的准确评估不是一件容易的事，尽管电池电压是SOC的标志。在大功率高能量的电动汽车/插电式混合电动汽车电池组的情况下，更准确的方法会被采用，尽管应用上更昂贵，更复杂。SOC评估越准确，充电方法就会更好地被利用，电池的寿命就会延长。

之前提到，SOC可用电量的比例是相对电池容量而言的。SOC评估重要的一点是由于老化，电解液降解和其他原因导致的额定容量随时间的变化。解决这些问题，要分析电池的健康状态，称为健康状况评估。这个研究领域在这里还没提到。

在这里，我们将提到一些SOC评估的技术。其中最简单的方法之一就是完全放电，检测SOC。尽管简单，但非常耗费时间，为了检测SOC毫无逻辑性的放电。SOC上的信息目前对于电流状态是有用的，所以，电池放电，电池的状态将改变，先前检测到的SOC上的信息将没用。尤其在电动汽车和插电式混合动力汽车上，这种方法也不适用。尽管这种方法不适于在电池组中使用，但是它可以在长时间间隔后去校准其他SOC方法。

另外一种方法是，安倍小时计数法。这种方法可以测量随时间变化的进入和流出电池的电量。这是普遍采用的方法之一，可是，还有一些缺憾。传感器总是不准确，即使非常小，因为随着时间的推移而进行积分，它能够组合起来到一个相当大的值导致明显的误差。另外，即使假设有一个非常精确的电流传感器，通常是由数字电路和数值方法集成的，也会出现计算错误，并且随着时间的推移，错误率越高。即使设想所有的错误都被解决，另外的一个原因也会导致不准确。即使进入电池的电量被准确计算，由于之前提到的库伦效率，较少的电荷是可用的，当放电时，还依赖放电率。减少这些误差的方法是每次达到特定的已知设定点（如完全放电状态）重新校准积分过程。

另外一种 SOC 评估的方法是检测电解质的物理性质。很明显，这种方法主要适于液体电解质电池，液体电解质如锂聚合物。在这种方法中，用一个化学关系描述电解质重要参数随 SOC 变化的关系。这些参数之一就是酸的密度。酸的密度的改变与 SOC 几乎呈线性关系。这种方法很出名，尤其是在铅基电池上。密度可以使用参数间接或者直接的测量，例如黏度、电导率、离子浓度、折射率和超声效应。

正如之前所讨论的，电池的开路电压被看作 SOC 的一个指标。这种方法的不确定性是运行中的电池需要一些时间稳定开路电压。这部分时间可能会长达几个小时。然而，这种方法却被广泛使用。这种方法的关键点是开路电压与 SOC 之间的线性关系。该范围和斜率因不同的化学性质而异，这应该被考虑。

软计算技术，如模糊神经网络[21]、自适应模糊神经建模[22]，这也可用于 SOC 的评估。其他方法如参考文献 [23] 中提到的测量曲线启发式解释，如 Coup de fouet，线性模型，人工神经网络，阻抗谱和卡尔曼滤波器。这是更精确的方法，虽然应用复杂，也可以使用。

16.2.1.8 充电算法

充电算法可以定义为所提到的和全部或者部分控制的影响电池性能和周期的参数，以这样的方式实现对电池组安全高效充电和及时终止。控制几百个电池组成的大容量电池充电涉及之前提到的问题。控制这些部分需要高效准确的算法和备份电路。用高电流给电池组充电会产生热量，需要准确可靠的控制算法确保安全充电。管理这个复杂的任务可以用一些先进的技术控制例如模糊逻辑，监督控制和分散控制，每种化学电池都需要自己的充电算法。然而，根据该算法，也可以应用到其他类型，这应该根据寿命问题认真处理。

对于准确的电池充电，可以使用由制造商提供的充电/放电曲线。然而，这种曲线适用于新电池。因此，最好使用其他技术例如数据采集方法获得电池充电/放电曲线。关于这个问题的新技术在文献中被大量介绍[24]。

如前所述，铅酸电池技术已经成熟，基础设施已经存在。然而，它们却有很短的寿命周期，只有 300~400 次的循环。必须投入巨大的努力增加对这种化学电池寿命的研究，因为它有一些优点，如成本和可用性。这种化学电池有共同的充电算法，它包括 4 个不同阶段或者 3 个基于应用的不同阶段。第一个阶段，施加到电池的一个预定义的恒定电流，高速充电。在这个阶段中，电池的电压会随着 SOC 上的升高逐渐增加。这个阶段称为灌充阶段。这个阶段一直持续到一个预定值。它们是由制造商建议的，都在一个数值表中。下一个阶段称为吸收电荷阶段，恒定电压被施加到电池组。这个阶段，电流一直增大直到达到一个预定值。现在由于电池不均衡，充电后不均衡。这个阶段，比恒定电压更高的电压被施加到电池组上，保持电池组内电池平衡。这个阶段称为均衡充电阶段。这个阶段能被之前提到的技术完成，尤其是在前两个阶段。之后一段时间，充电器切换到浮动充电模式以保持电池在待机状态。根据应用程序，这个阶段可以省略。这个阶段被称为是浮动充电阶段。如图16.1所示。

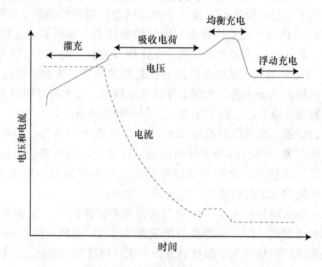

图 16.1　铅酸电池的充电算法

由于电池的寿命，电池内部的特征也会改变，一种自适应充电算法应考虑这些变化。实验表明，第三阶段的电压应该随着时间增加到与电池寿命相同的量[25-27]。均衡阶段是这种充电算法中的重要阶段，对电池寿命有着巨大影响。如上所述，这个阶段的电压应该增加，但是也增加了电流和对电池寿命有负面影响的热量。一种以较低热量消耗达到相同电流的方法是使用电流脉冲。这种技术似乎和脉冲充电相同，但是也有不同，因为时间间隔显然大于脉冲时间周期，这是在千赫兹范围内。这种方法叫作电流中断或 CI。这种技术显示了电池寿命的明显改进。使用这种算法，电池在 500 个周期后能够达到 50% 的电量，这是对电池寿命周期的明显改进[28]。尽管这种算法有用，由于一直增加过电压，当电池达到最终寿命时给电池带来压力。这种算法可以用另外一种方式获得。在每个周期内不使用这种算法，因为这种算法会给电池高压，在每 10 个周期后使用一次。这种算法称为部分状态循环充电（PSOR）[28]，这和给电池施加低压一样。据悉，这种算法使电池容量达到初始电量的 80%，这非常明显地改进了电池寿命周期。

可以看出，这些复杂的算法不能用简单的 PI 或 PID 控制器实现，它们需要 DSP 控制器基于化学、电池的健康状况和其他因素进行编程。每天都会有不同的算法被发现，并被运用到改善电池的寿命周期。这是一个宽广的研究领域，每天都在发展，越来越受电动汽车和插电式混合动力汽车的欢迎。

16.3 EV/PHEV 充电基础设施的电力电子技术

最简单的情况，电动汽车的充电基础设施可能仅仅包括一个连接到电网的单向交流-直流变换器。功率量会按要求从电网通过一个功率调节器输送到电动汽车的电池组。一旦电池充满电，连接到电网上的装置将失效，这种简单的装置可能会适用于小型的商务汽车或者电动汽车代替现有传统汽车。然而，社会的发展使我们的交通手段增多。很显然，汽车到电网（V2G）的更智能的交互是势在必行。对电力公司，大部分连接到电网的电动汽车似乎作为一种能量存储而出现，重要性不容忽视。这一些观察被一些统计研究强调[29]，超过90%的汽车都会随时停车，所以可以连接到电网。设想一个50%电动汽车占有率的市场正在形成，简单的计算表明，总存储容量需要数千GWh。因此，V2G连接应该是双向的，给予每个汽车拥有者向电网传送能量的权利。双向连接的需要也应用在车辆连接到一个分布式的微网络时。在一个并网的太阳能车库里，许多车辆用光伏电池板充电，这取决于环境和日照（白天时间、气象条件、一年时间等）。在生产过剩条件下，电池板上的电能会反馈到电网上作为补充，同时电池会在太阳能间隙时缓冲。同样，调节来自太阳能电池板的直流调节器到每个充电电池的电量的直流变换器也应该是双向的，以允许插电式混合动力汽车的所有者与电网运营商交换一部分能量。一个典型的光伏并网车库的结构如图16.2所示。

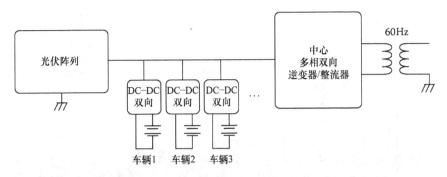

图 16.2 典型的光伏并网车库结构图

这些因素表明，在车辆充放电中双向连接是非常可取的一种功率调节特性，包括与电网、微电网或者住宅负荷和可再生能源发电机之间的相互作用。在此基础上，读者应该注意的是车辆到电网和电网到车辆之间没有什么区别。同样，车辆到住宅（V2H）系统将会明确汽车到住宅或者住宅到汽车的相互作用。

最佳的充电基础设施的其他要求很难满足。这是由于缺乏涉及电池技术和标准电压的标准、安全协议、连接器配置、通信协议、充电器的位置和更多因素。在下面的章节中，将特别讨论这些问题对当地发电和用电的影响。

16.3.1 充电硬件

像其他的交通工具一样,电动汽车/插电式混合动力汽车也从减重中受益。考虑到不可避免的重电池和超级电容器的存在,这些汽车甚至对这个问题更敏感。用于充电的电力变换器可以体积庞大。它们的随车携带从工程量上讲是有意义的。然而,在写本书的时候,美国的绝大部分电动汽车都包括它们自己的功率整流器,并且直接连接到 120~240V 的家用插头。这可以用两种因素解释。首先,当家用交流电压完全标准化时,至少在一个国家内,电动汽车的直流标称电池电压绝对不是标准的。不同的制造商采取特定的能量存储技术和安全策略,从而导致总线电压和电流要求明显不同。一个单纯的外部变换器,只适用于一个汽车品牌或车型。

第二,一些不给车辆增加显重的技术已经被开发。关键的一点是利用电力电子电路,这已经用到了车载技术以执行整流功能。这种充电电路通常叫作集成充电器。它利用双向逆变器驱动电动机本身及绕组。图 16.3 显示了这个概念众所周知的例子。

图 16.3 中,重要的是意识到电感 LS_1、LS_2 和 LS_3 不是增加的磁性装置,而是电动机实际绕组漏感。因此,唯一添加的是两个继电器 K_1 和 K_2,这样可以在正常的车辆充电中,将原理图从三相电动机驱动器重新配置,为一个单向升压整流器。

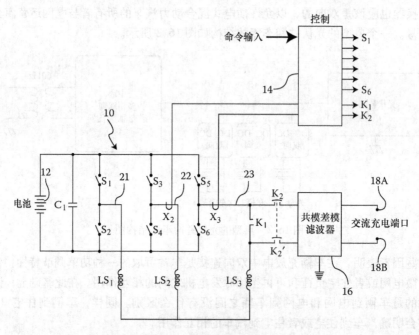

图 16.3 基于升压变换器的集成充电器

(来自 Cocconi AG. 1994 Combined motor drive and battery recharge system, US Patent no. 5341075)

上述两个考虑因素都是相对缓慢的充电策略。第一种情况,因为住宅中可用的电量一般不超过 10kW。第二种情况,因为驱动 PEV 电机的电子设备的尺寸适合推进需求。

因此，平均充电功率必须限定在一个与电机的额定功率相匹配的数值上，在小型车辆上是 10~50kW。

慢充策略有一级和二级。前者连接到一个普通的家用交流插头（120V，15A），后者连接的电源高达 14.4kW 或者 240V 60A。此外，这些功率水平要兼容微电网和相应的分布式资源的平均发电能力。然后，无论电动汽车是通过住宅插头还是微电网插座充电，可用的功率水平都确定了车辆整流器的位置。

然而，电动汽车的制造商很快就认识到，即使成本高，除非快速充电可用，长充电周期也可能会被消费者接受。两种方案都在考虑中。第一种方案就是所谓的电池交换，车主只需将车开到一个服务站，用一个自动化系统更换电池，电池是氧化还原型。这种情况下，电池外壳不被替换，然后填充新的电解液。在这种方案中，明显的缺点是电池需要准确的尺寸、化学物质和容量。

第二种方案是直接到电池的直流末端，使大型非车载整流器可以连接和重新供电的电池组使用高达几百千瓦的功率。这称为是三级充电，让电几分钟内充满。这种情况下，尽管电池本身不需要高级别的标准化，但是也会在高压下调整为高电流。这给第二种方案提供了可供实施的条件，强烈地依赖于电池改进和超级电容器技术。同时，一个为多辆车同时服务的公共充电站代表了当地电网的负荷能力。

尽管有这些问题，无论是电池交换还是快速充电都将普遍应用甚至代替车载充电器。

16.3.2 并网基础设施

设想直流连接快速充电成为选择的方法之一，车主就有了两个选项。他们可能仍然喜欢在家中用交流－直流充电器缓慢充电（或电动车辆供电设备）。由于与住宅插头连接的限制这种变换器提供较低的 5~10kW 功率。然而如在 15.5 节中的详细解释，这种方法可能会有一定的回报。这种方法将会用到快速充电公共基础设施，相当于一个能够进行电能转换的加油站。尽管每千瓦时的成本很高，但是业主会从充电时间短中受益。

在这两种情况下，被智能电网技术激活的汽车到电网（V2G）的能力，将成为电动汽车供电设备（EVSE）的标准特征，无论它们是公共的，商业的，半公共的或者私人的。这将允许一个非常重要的分布式存储资源在电力公共事业中存在。更具体地说，电动汽车将会提供一些辅助服务，在提供可调度峰值功率中发挥作用。这些服务将会分别进行分析。

16.3.2.1 电动汽车作为调峰器

一个调峰器是一个小而灵活的发电机组，可以提供快速网络响应。从历史上看，天然气涡轮机或者小型水电站是所选择的设备。它们每天只运行几个小时，因此只能提供有限的能量。因此，大的电动汽车车队可以完成这个任务作为不显著耗尽大量电池的高度分布式资源。不幸的是，只要峰值功率不被认为是"服务"，公共事业服务商就会弥补车主能量的消耗，尽管峰值需求率较高[31]。这可能不足以构成一个强大的动力以刺激车主考虑其他因素，如额外的电池和车辆电力电子设备的损耗。然而，能源市场模型的未来调整正在研究之中，以解决其他问题。

16.3.2.2 电动汽车作为旋转和非旋转备用

两个最有价值的辅助服务是旋转和非旋转备用。前者由在线的发电机组成，但通常以非常低的容量运行。在中断的情况下，例如基本负荷发电或传输故障，这些发电机被命令提供缺失的功率。它们必须能够在不到 10min 的时间内加强，并提供长达 1h 或更长时间的功率。非旋转备用不在线，需要在 30min 内达到最大功率。因为这是一项服务，公用事业公司将支付可用功率及其金额。事实上，这项服务是付费的，即使没有电力供应。电动汽车车主可以自然地提供这项服务，并从他将车辆接入电网时开始获得补偿，即使电池从未放电。此外，必须注意的是，插电式混合动力汽车（PHEV）的电池容量比所有电动汽车都要小，但含有内燃机，可以在 V2G 指令下发电，以发电并作为旋转备用。

16.3.2.3 电动汽车作为电压/频率调节器

更适合电动汽车的辅助服务是调节。它包括按需实时输送或吸收有限的能量。通常，请求是自动的，以便将瞬时发电量与瞬时负载精确匹配。否则会导致频率和电压发生危险变化。被发出的能量持续时间很短，只有几分钟左右，但要求相当频繁。因此，这是一项持续的服务。必须强调的是，所涉及的能量相对较小，并且方向变化非常迅速和有规律，这意味着在任何合理的短时间间隔内，电动汽车电池的放电量最小。电动汽车车队的近瞬时响应时间和分布特性解释了为什么从公用事业运营商的角度来看，调节可能是 V2G 最具竞争力的应用。

16.3.2.4 电动汽车作为无功功率提供者

在电动汽车与电网的接口中，用于逆变器/整流器功能的大多数电子拓扑完全能够塑造线电流，使其具有低失真和相对于交流线电压的可变相移量。这意味着无功功率可以按需实时注入电网[32]。此外，由于无功功率在没有净直流电流的情况下转换，因此可以提供这种服务，而不会给电动汽车电池增加任何压力。

16.4 V2G 和 V2H 概念

由于普遍缺乏所需的硬件基础设施，以及向包含 V2G 概念的新业务模型的艰难过渡，前面几节中描述的优势目前无法利用。实现这一目标的路线图可能包括以下几个里程碑。

1）第一个里程碑是相当初级的，因为它还不需要双向变换器。它将由一个简单的车主可选择的选项组成，该选项由车辆电池管理系统（BMS）用户界面提供，允许电网计划何时启动和停止充电。作为回报，业主只需支付较低的每千瓦时费率。电网运营商和 BMS 之间的通信可以通过现有的手机技术完成，不需要额外的基础设施或硬件。

2）上述简单的"电网友好"充电时间窗口策略将演变为包含更复杂的算法。例如，电网可能会广播对当前每千瓦时成本的任何更新，并让车辆 BMS 选择是否启动充电。一些辅助服务，如调节"下降"可能变得可行，而调节"上升"将受到现阶段电动汽车供电设备反向功率流能力不足的限制。聚合器的使用也将变得广泛。聚合器是一组相互靠近的车辆与电网之间的中间通信和配电节点。这使得电网能够宏观管理多个车辆的单个装置，对应于具有某种可预测行为的重要功率级块，类似于其他分布式能源。

此外，由于聚合器的消耗将在兆瓦范围内，它将允许在批发市场上购电，以降低每个参与者车辆的成本。

3）最终，双向性将成为所有电动汽车供电设备的标准特性。然而，这种能力将不会立即利用，以实现控制反向功率流到电网。更确切地说，电动汽车电池最有可能首先服务于周围的房屋，可能是业主的家。这种称为V2H的场景可能会先于V2G的全面实现[33]，因为它有效地绕过了几个大型基础设施和应用程序V2G所需的技术问题，同时实现了许多相同的结果。通过价格激励，可以利用停在住宅内并连接到电表用户侧的电动汽车，在需求量较低时从电网吸收能量，在需求量较大时将其转移到家用电器。这将间接减小电网的峰值功率，同时减少用户的电费。它还将减少V2G策略下的整体传输损耗，因为线电流将只流向一个方向，从电网流向车辆，然后将在本地消耗。

此外，如果家庭配备可再生能源发电机，车辆可立即作为存储，在停电时，作为备用电源。虽然V2H和V2G的概念有一些相似之处，但也有重要的区别。从实际情况看，这些差异源于V2H不能利用从非常高数量的车辆提供的统计平均值中获得的高可预测性，用于V2G操作。简单地说，V2H的实际效益不容易估计，因为它们依赖于许多非常不确定的变量。其中一些是：可用车辆数量、通勤时间表、时间持续时间和距离、PEV储能能力、准可预测本地发电（例如太阳能电池板）的存在和数量、不可预测的本地发电（例如风电）的存在和数量、住宅特定能耗剖面，以及额外存储的存在。尽管这些问题需要复杂的管理算法才能优化V2H的使用，但在住宅基础设施相对较小的升级后，可以立即获得一些好处，例如紧急备份。这些升级主要包括安装一个转换开关，以在备份操作期间断开住宅与电网的连接，并扩展功率变换器的设计，以检测孤岛状态。此外，EVSE在连接到电网时必须能够控制线路的输出电流，但当作为备用发电机时，它必须恢复到控制输出电压。

4）使用V2H的自动选项实现完整的V2G。该连接将计量，也可能包括任何当地产生的可再生能源管理。

16.4.1 电网升级

大多数工业化国家的输电和配电网络必须考虑变化和升级，以充分受益于EV作为分布式资源的引入。首先，我们必须考虑到当前生产能力将不得不扩大的程度。各种研究[34]表明，一旦对电动汽车的典型充电模式进行了仔细检查，并希望主要在夜间进行优化充电，那么新一代电动汽车的安装将是不必要的，或者最多应是最小的。事实上，这将减少对更昂贵的负荷跟踪电厂的依赖，因为整个24h需求曲线的平均值将更接近基本负荷。因此，主要工作应该是有效地将智能引入电网。实现这种智能的硬件和通信标准仍在研究中。宽带数字接口可以采用PLC（电力线通信）的形式，也可以利用已经具有一定市场渗透性的独立通信信道。在这两种情况下，电动汽车将很可能被视为任何其他管理负荷的智能电网，除了一个复杂的车载计量装置，将不得不与电力公司的定价模式相协调。目前，电动汽车作为分布式资源使用的两大障碍是功率变换器缺乏双向性，智能电网缺乏公认的软件协议和硬件标准。在这两种拓扑结构中，前者是迄今为止最容易实现的，因为已经确定了合适的电力电子拓扑结构的特征。

16.4.1.1 可再生能源和其他间歇性资源的市场渗透

由于最近众所周知的趋势,可再生资源在复杂的能源市场中日益突出。只要它们的渗透率低,就可以很容易地被现有的基础设施所处理,但在目前的增量率下,这种情况在未来不会出现。太阳能和风力发电的间歇性,将需要比现在更灵活的补偿机制。正因为如此,在发电机和电网之间起缓冲作用的大型电池组始终伴随着当今的可再生能量装置。特别是风力发电,不仅是间歇性的,而且没有日平均可预测性,因为风可以像白天一样容易地在夜间时变时变,给已经变化的负荷增加额外的不规则性。这意味着电动汽车不仅要执行更易于管理的调节任务,还要帮助提供峰值功率。如前所述,除非定价模型被修改,否则这可能得不到电动汽车所有者的支持。尽管如此,询问大型电动汽车合同车队是否能够在国家(美国)层面执行这项任务是合理的。研究表明答案是肯定的。对风能和7000万辆电动汽车的市场渗透率估计有50%的过分自信,峰值功率可以以每天约7kWh的电池电量或平均PEV备用的10%~20%为代价提供。

16.4.1.2 专用于可再生能源的充电基础设施

传统的微电网通常依赖柴油发电机作为单一能源。即使在这种情况下,任何负荷波动都很难协调,仅依靠发电机本身固有的缓慢爬升速度。将可再生资源整合到微电网的新趋势,由于其臭名昭著的间歇性,大大放大了这一问题。然而,以电动汽车充电为明确目的的可再生能源专用发电,作为消除输电损耗和大大减少总体碳足迹的一种手段,正在获得更大的可信度。此类装置可分为两类:(1)并网或不并网的小型装置,(2)并网的大型装置。小型装置可以任意定义为峰值功率小于250kW。这将足以减缓大约20辆车的充电速度,并且肯定需要本地外部存储以缓冲高峰以及当地能源生产的低谷。这在孤岛设施的情况下更为明显;如果产生的能量过多,就无法送回电网,因此需要长期的存储能力。并网的大型装置可以作为一个整体向电网注入或从电网中吸取电力以在生产过剩时使电网均衡。然而,根据连接的车辆数量(可以用统计方法准确预测),可以利用一些EV资源来最小化外部存储器的大小。尽管如此,电动汽车似乎可以缓解与当地可再生能源发电相关的固有问题,专门用于电动汽车充电,但不能完全消除这些问题。

16.5 PEV充电用电力电子设备

电动汽车供电设备中的复杂电力电子电路将实现PEV充电过程。此类设备将根据不同的可能地点和电源连接类型进行优化设计。我们将首先研究连接到主电网的电动汽车供电设备,然后分析双源系统,例如专用于电动汽车充电的并网可再生能源装置。关于基本安全合规策略的简短讨论如下。

16.5.1 安全注意事项

对于非车载充电器,只有几个重要的安全要求会显著影响功率变换器的设计。这些是①电池组相对于底盘和栅极端子的隔离;②接地故障断续器(GFI),用于检测来自电网或电池电路的任何危险泄漏电流;③连接器接口;④软件。典型的电动汽车供电设备和相关连接如图16.4所示。

第 16 章 车辆到电网接口及电气基础设施 495

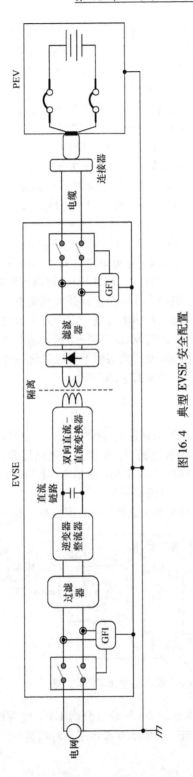

图 16.4 典型 EVSE 安全配置

两个 GFI 检测隔离栅两侧的任何击穿或漏电,以确保对用户的完全保护,并在出现故障时立即断开大功率电路。电池组与底盘完全隔离,因为在充电过程中,如果连接器电缆尺寸过大,电池组就无法正确接地。事实上,有些现有的安全建议要求在每个充电周期之前对电池组进行主动击穿测试。在撰写本书时,3 级直流充电的实际标准是东京电力公司开发的 CHAdeMO 标准。尽管竞争标准最终可能会超过它的流行程度,但 CHAdeMO 连接器的描述说明了所涉及的安全问题。连接器本身将由机械装置将自身锁定在汽车插座上,以防止通电时意外拆除。它不仅有电源线,还有通信线,包括一个 CAN 总线数字接口以及几个光学隔离模拟线,用于关键命令,如开/关和启动/停止。EV 发送给充电器的每个模拟信号(反之亦然)都通过模拟线路接收和确认。这种模拟接口比数字接口稳定,不易受电磁干扰的影响。CAN 总线启动只有在交换更复杂的信息时。在启动充电命令之前,EVSE 将其参数传送给 EV(最大输出电压和电流、错误标志约定等),PEV 将其参数传送给 EVSE(目标电压、电池容量、热极限等),并执行兼容性检查。充电过程中,EV 通过其瞬时电流请求(每 100ms 左右)和所有伴随的状态标志不断更新 EVSE。充电完成后,操作人员可以安全解锁接头并驾车离开。

可以看出,安全装置的存在,例如 GFI 以及稳健强大的模拟和数字通信方法,使得充电过程非常安全,使电动汽车供电设备的电力电子设计人员承担了一项相对简单的任务,即仅确保电网电压和电动汽车浮动电池之间的隔离栅。事实上,由于变压器匝数比提供了额外的电压放大能力,使用隔离变压器实际上可以简化一些设计。如果需要更高的电池电压来增加存储容量,这将是非常有益的。

16.5.2　并网的住宅系统

如前所述,只有 1 级和 2 级直流充电在住宅范围内可行。这可以通过集成充电器或外部电动车辆供电设备来实现。在后一种情况下,最明显的电路配置是单相双向整流器/逆变器供电由配电变压器提供的 AC 240V/60A 电路。然后由执行隔离功能的双向 DC-DC 变换器处理直流链路电压。图 16.5 中所示的这种简单拓扑可以称为经典的拓扑,对于大多数并网系统,不管额定功率如何,都会重复这种拓扑,但会有一些小的变化。

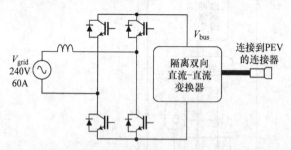

图 16.5　经典的单相 EVSE 配置

在北美洲,来自住宅配电变压器的 240V 是以分流 120V 电源的形式提供的,这表明对经典的拓扑结构进行了小的修改。图 16.6 显示了两种可能性。

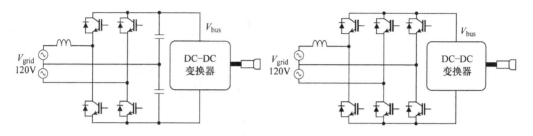

图 16.6　分相供电 EVSE 配置

图中的两种拓扑结构相似，但右侧的一种拓扑具有更好的电压利用率，并且能够更好地对抗分路供电上的不平衡负载[36]。对于 DC – DC 变换器，已经提出了许多双向隔离电路拓扑[37]。典型电路如图 16.7 所示。

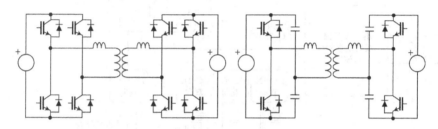

图 16.7　典型隔离双向降压—升压 DC – DC 变换器拓扑

当两个受控电桥在相移调制（PSM）中独立驱动时，通常称为双有源电桥（DAB）拓扑。在最简单的工作模式下，当电源需要从左侧电路传输到右侧电路时，例如，右侧 IGBT 开关未被驱动，使其反平行二极管以常规二极管桥的形式存在。在这种情况下，拓扑结构与规则的 PSM 变换器相同，操作简单，但在电压增益方面不是很灵活。然而，当两个电桥都被调制时，功率传输可以在两个方向上完成，并且输入和输出电压的变化范围很大。此外，零电压开关（ZVS）可以确保所有开关降低开关损耗和产生的电噪声（EMI）。基于 DAB 的其他拓扑结构[38,39]也被提出，据称还有其他好处，如更好的开关利用率、扩展的 ZVS 工作范围和更灵活的电压放大。

16.5.3　并网的公共系统

公共停车场/充电装置只能提供 2 级电源，因为充电时间相对较长。由于附近有几个停车场，住宅用电的配置可能不是最优的。相反，可以在电网上安装一个变压器，为设施中的所有车辆提供隔离电源。这样，在不违反安全规则的情况下，可以使用更便宜、更高效的非隔离 DC – DC 变换器。图 16.8 为每个充电站的配置。对于整个装置系统，图 16.9 所示的体系结构是可能的。

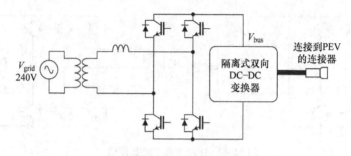

图 16.8 电网隔离配置

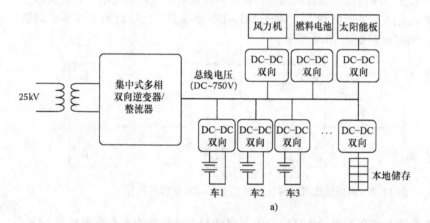

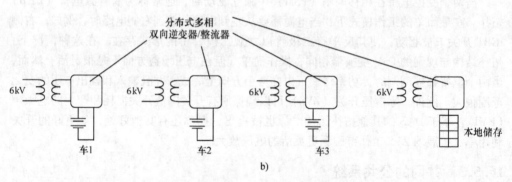

图 16.9 集中式架构（见图 a）和分布式体系结构（见图 b）

在集中式架构[40]中，一个大型多相 50/60 Hz 降压变压器连接到电网，为整个设施提供隔离。一个大的双向整流器，产生一个单一的高压直流母线如下。每个停车站都使用廉价高效的、非隔离式 DC-DC 变换器，用于将该母线电压处理为各个电动汽车的适当充电电流。由于隔离是理想的或需要的，特别是在光伏板上，取决于当地的电气规范、额外的存储或发电资源，如风力机和燃料电池，它还可以受益于与直流母线的简单接口。此外，单变压器连接保证没有直流电流注入电网，省去了复杂的有源技术来达到同样的目的。

集中式配置的优点在一定程度上被以下缺点所抵消：①需要一个体积庞大且通常效率低下的工频变压器，②昂贵的大功率多相逆变器/整流器，③变压器和集中式逆变器/整流器中的单故障弱点，④每个非隔离式 DC/DC 变换器中缺少电压放大（否则由隔离拓扑中高频变压器的匝数比提供）。

在 3 级（快速充电）公共设施中，必须考虑其他技术挑战。例如，当电池组额定电压在 200～600V 之间时，快速充电所需的总电流将达到数千安培。电流必须流经电缆，尤其是连接器，导致局部热问题和由于欧姆损耗而导致效率损失。此外，充电站将成为电网的集中负荷，因此，充电站产生的任何电力瞬变都极有可能导致局部电压骤降或浪涌。

第一个问题可以通过强有力的方法部分解决，例如开发先进的亚兆欧连接器，并通过将栅极降压变压器放置在车辆的附近来最小化电缆长度。很明显，只有在绝对必要时才应添加任何中间功率调节电子电路。这表明充电站的架构应该是分布式的，而不是集中式的。从图 16.10 可以看出，分布式架构可以潜在地将从电网到电池的处理器数量从两个减少到一个。公平地说，在管理大的输入 – 输出电压范围时，这种单级可能不可行，特别是在需要 buck – boost 操作的情况下（参见 Z 变换器的讨论）。尽管如此，如果需要额外的 DC – DC 阶段，它将很容易与逆变器进行局部集成，以提高效率。此外，中央处理器除了如前所述构成单点故障外，还必须按服务站的全功率（可能为兆瓦级）进行额定。相反，分布式架构得益于重复电路（规模经济）、冗余以提高可靠性，以及在车辆附近进行功率调节的可能性，从而减少欧姆损耗。

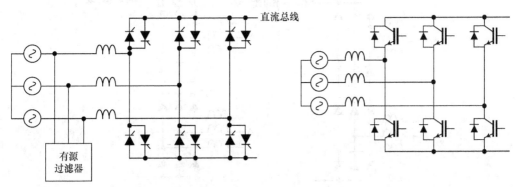

图 16.10　晶闸管桥和有源线路滤波器（左）；IGBT 桥（右）

仅针对特定地理位置研究了服务站运行瞬变引起的电力线质量劣化问题[41]，但据报道，根据馈电高压输电线路的长度，可能出现高达 10% 的电压波动。这个显然，也许来解决这个问题唯一的办法是飞轮、电池或超级电容器组集成到充电站。这种存储将通过在需要时提供本地电源和在需求较低时存储电源来平滑负载瞬态。此外，它将平均来自电网的电力消耗，以便配电设备的额定峰值功率更低（高达 40%）[42]。

当考虑到快速充电器处理的绝对功率时，区分各种可用电子拓扑的任务变得更容易；也就是说，高达250kW。显然，一个好的候选者必须非常有效，具有固有的低噪声、低部件数量，并且能够进行高频操作，以便控制物理尺寸[43]。对于逆变器/整流器部分，我们还必须增加要求，即线路电流中不应存在明显的谐波分量。为了获得正弦且无纹波噪声的输入电流，存在几种增加复杂性的方法。

一种方法是使用三相晶闸管电桥。这些设备在导通损耗方面非常有效，并且具有足够的可控性，可以粗略地调节直流母线[15]。为了消除不必要的电流谐波，增加了有源滤波器。这种滤波器基于IGBT器件，但只处理总功率的一小部分。第二种方法使用完全控制的IGBT电桥，以实现极低的输入电流失真及良好调节的无纹波直流母线电压良好的输入电流整形。

此外，可以实现更少的元件和更高的开关频率，从而产生更小的磁性元件。然而，IGBT有开关损耗和比晶闸管更重要的导通损耗。然而，其他技术虽然不太复杂，但有可能在不增加有源滤波器的情况下实现所需的低电流失真限制。图16.11（左）所示的不受控制的12脉冲整流器当然可以做到这一点，尽管添加了显著的电感滤波。由于输出直流母线不受调节，后续的DC-DC变换器设计无法优化。采用晶闸管可以实现对母线的调节，还可能实现所需的输入电流整形。需要注意的是，在这里提到的4种拓扑中，只有图16.10中的拓扑是双向的，因此如果要实现V2G，这是唯一的选择。对于最终的DC-DC变换器，所有常见的基本拓扑，即boost、buck-boost、buck、Cuk、SEPIC和ZETA都可以使用，只要它们是通过用晶体管器件代替二极管来实现双向的。在这种情况下，这些拓扑的功能不同，这取决于功率流的方向（见图16.12）。

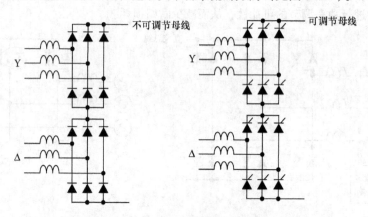

图16.11　12脉冲整流器电路

不同的设计要求可能会提出不同的拓扑结构[40]，但其中一些在客观上更难以证明。例如，使用buck-boost/buck-boost（图16.12中的左下角）会产生从正到负的电压反转，这可能是不需要的。它也会对开关施加更大的电应力；它需要一个更复杂的电感设计，并从电池中提取脉冲电流。类似地，ZETA/SEPIC拓扑具有更多的部件，包括电容而不是电感能量传输元件。然而，只要直流母线保证超过电池电压（这一要求通过使用前面讨论的受控电桥得到保证），buck/boost拓扑（图中左上角）就非常有吸引力。

此外，这种拓扑结构很容易修改，以便在并联模块之间分配处理非常大功率流的任务[41]。

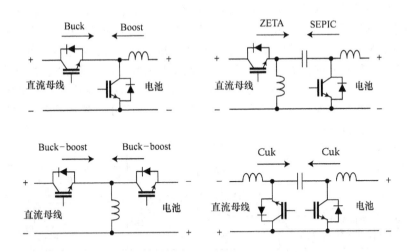

图 16.12 基本双向非隔离拓扑结构

如图 16.13 所示，通过众所周知的移相交错技术，可以将转换后的功率在 n 个相同的部分中进行分配，并大大降低了电池纹波电流。当 $n = 3$ 时，开关频率为 2kHz 的电路，对于典型的 125kW 应用，效率高达 98.5%。

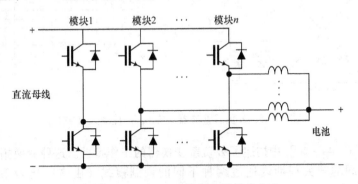

图 16.13 DC-DC 变换器交错模块方法

16.5.4 本地可再生能源发电的并网系统

如前所述，当间歇性能源产生的相对较大的能源与电网相连时，统计上可预测的电动汽车存在可用于最小化现场专用存储。这将是由风力和/或太阳能发电供电的市政停车场的情况，车辆必须能够同时与本地发电和电网分布式电源进行智能交互。图 16.9a 中描述的可能情景可能并不理想，因为可再生能源将产生电动汽车充电能源的主要部分。相反，通过实现分布式配置的优势，如图 16.9b 所示，只要能够找到具有宽输入 -

输出电压范围能力的变换拓扑,就可以消除一级变换。

图 16.14 显示了太阳能车库中几个充电站之一的一些配置。左侧描述的架构的缺点是将 DC-DC 变换器插入从光伏到电池的主要预期功率流中。此外,从单相连接获得的功率是线路频率的两倍。这种脉动功率以不希望的高纹波电流形式进入电池。图 16.14 中间图所示的配置消除了纹波问题,但在电网和电池之间增加了额外的变换阶段。右边的配置需要一个能够双向传输的变换器在电动汽车和电网之间,以及以受控方式将光伏电源转向电动汽车或电网。此外,理想情况下,对于所有功率流路径和宽电压范围能力,这应该通过单个变换阶段来实现。这项任务的一个很好的候选者是图 16.15 所示的 Z 负载逆变器/整流器拓扑。

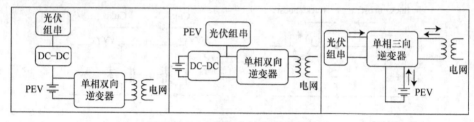

图 16.14 太阳能电池板可能的配置

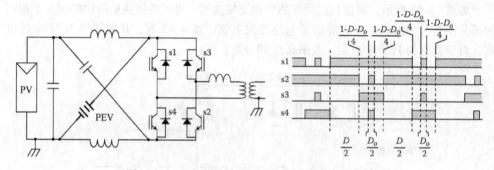

图 16.15 Z 负载整流器(左),门控模式(右)

参考文献 [44-46] 中描述了 Z 负载变换器的工作特性。这种变换拓扑最显著的特点是在相同的开关周期内通过两种不同的调制模式(由占空比 D 和 D_o 指定)。图 16.15 所示的选通模式描述了 D 和 D_o 的含义。可以看出,在 D_o 期间,所有 4 个开关同时闭合,导致电感器充电,并最终提高电容器、电池和栅极两端的电压。因此,D_o 可以理解为与类似于电流源逆变器的操作相关联的占空比。然而,在周期 D 期间,电桥以类似于电压源逆变器的方式工作,其本质上是降压。因此,通过适当地利用 D 和 D_o,可以实现 buck 和 boost 操作,使得电池电压可以高于或低于线电压的峰值。这允许宽线路和电池电压范围。最重要的是,由于双重调制,电网和电池电流的振幅和形状都可以精确控制(线电流为正弦,电池为无波纹直流)。光伏组串的 MPPT 功能可以通过管理这两个功率流的简单相加来实现。

必须修改图 16.15 所示的拓扑结构,以实现电池组的隔离。因此,可以集成图 16.7(右)所示的 DAB 变换器,从而得到图 16.16 的详细示意图。隔离阶段的表面复杂性具有欺骗性;事实上,这是一个简单的双向变换器,它使用一个小而便宜的高频变压器,在全占空比下开环运行,所有 8 个开关都由相同的信号驱动。此外,由于占空比始终为 100%,ZVS 得到了保证,从而可以由相对较小的设备完成高效的操作。

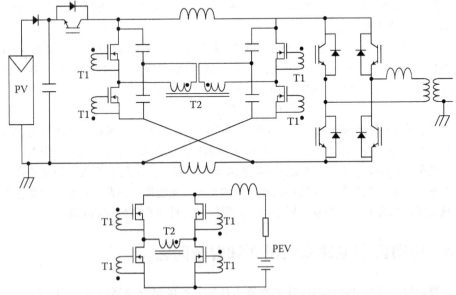

图 16.16 Z 变换器在单相并网光伏充电站中的应用

随着隔离 DC – DC 变换器的加入,对 50/60 Hz 隔离变压器的需求可能会受到质疑。在北美,传统上要求光伏电池板一侧接地。尽管《国家电气规程》允许对这一安全法规进行有条件的例外,但公用事业公司抵制了这一变化,主要是因为直接连接到 AC – DC 桥式变换器会将危险水平的直流电流注入配电变压器。然而,如果这一限制在北美变得不那么具有约束力,就像目前在欧洲一样,可以提出其他电路,证明其更可靠和更有效。已经提出了许多所谓的无变压器拓扑[47,48],图 16.17 描述了一种这种可能性的简化示意图。

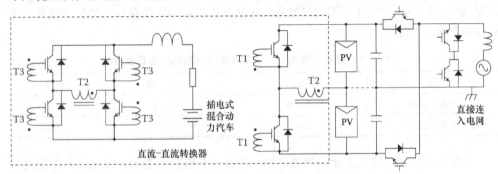

图 16.17 无变压器拓扑结构

在这种情况下，DC-DC 变换和整流器/逆变部分是分开控制的，使得控制策略更加简单。然而，DC-DC 变换器现在由反馈回路控制，这意味着它不再利用通常相关的低开关损耗 100% 占空比运行。在监管安全机构的许可下，只要电路具有 GFI 提供的额外保护，并且在正常运行期间不会产生接地泄漏电流，光伏电池板就可以浮动。最后一个要求只有在拓扑结构保证光伏电池板在正常运行期间几乎没有共模电压时才能实现（请注意，这不能通过 Z 变换器实现）。尽管如此，中点仍然可以固定，如图中虚线所示，但是以牺牲性能为代价。

无论选择哪种结构，显然都不能控制能量传输以同时满足 PV、电网和 EV/PHEV 电池的任何任意电流需求。事实上，许多可再生能源本身都受到最大功率点跟踪（MPPT）控制，因此必须满足式（16.1）中的简单功率平衡：

$$P_{MPPT} = P_{PEV} + P_G \tag{16.1}$$

这里，MPPT 是分布式能源所需的功率消耗。它必须等于电网和电动汽车电池吸收的功率之和（分别为 P_{PEV} 和 P_G）。由于 P_{MPPT} 是由外部因素决定的，例如 PV 情况下的云层，因此可以控制 P_{PEV} 或 P_G 独立，但不是两者兼而有之。这其中哪些被控制将在很大程度上取决于电动汽车车主决定如何利用他的车辆存储能源。因此，在充电电源主要来自间歇性能源的装置中，将减少但不消除在场所中大量存在额外存储的需要。

16.6 电动汽车电池充电说明和安全问题

主要问题是目前电动汽车电池单次充电的实际续驶里程限制在 100～120km。再加上充电站的普遍短缺，即使可用，也无法产生足够的电力进行快速充电（<15min）。即使在快速充电可能很快就可以实现的情况下，也可以想象，必要的大功率可用性将为用户带来额外的价值。看来电动汽车将继续受益于较慢的充电策略。例如，标准 2 级（SAE J1772）充电将可用功率限制在 14.4 kW 以下，因此 35kWh 电池组需要 2.5h 才能实现 100% SOC。在现实情况下，这自然意味着充电站也将兼作停车设施，车辆预计将在这里停留相对较长的时间。通过本节所涵盖的主题可以看出，在光伏发电方便的地方，可以实现与 1 级和 2 级兼容的功率水平，使太阳能汽车成为 EV/PHEV 充电应用的理想选择。表 16.1 总结了不同的电池化学成分及其在 40mile 能量使用情况下通过住宅插座的典型充电时间。

表 16.1 典型充电时间和电动汽车流行电池的能量密度

电池	PbA	Ni-MH	Li-ion
充电时间/h	8~10	6~14	5~7
能量密度/(Wh/kg)	60	80	180

尽管 PbA 电池是汽车工业的初级电池，但由于其能量密度低，在电动汽车应用中并不受欢迎。相比之下，Ni-MH 电池因其能量密度高、充电时间短、寿命长而更受青

睐，但其回收利用系统还不成熟。锂离子（Li-ion）化学电池被认为是一个确定的未来趋势，但与其他两个候选电池相比，它的耐久性较低，这是充电时需要重点关注的问题。

在充电效率方面，PbA 的效率在 95%~99% 之间。然而，锂离子电池的充放电速度比铅蓄电池和镍氢电池快，这使它们成为电动汽车和 PHEV 应用的一个很好的候选者。此外，锂聚合物（Li-Po）电池具有与锂离子电池相同的能量密度，但成本较低。以前，锂离子电池的最大放电电流被限制在 1C 左右；然而，最近的改进导致最大放电率几乎是 1C 放电率的 30 倍，这在功率密度方面大大改进和简化了电动汽车和 PHEV 的存储部分，因为这甚至可以消除超级电容器的需要。此外，充电时间也有显著改善。这种技术的最新进展使得某些类型的电池在几分钟内可以便达到 90% SOC 以上，这可以显著增加其在电动汽车/混合动力汽车上的应用。

锂离子和锂聚合物 PHEV 电池的主要问题之一是电池寿命仅限于特定的充放电循环次数。太多的充电/放电循环会中断电池组的整个寿命周期。就寿命周期而言，电池可能会受到严重影响，而使容量下降，这取决于充电水平和时间（2 级或 3 级）。此外，内阻也随着充电循环的增加而增加。此外，根据电池的化学性质和质量，电池通常在 200~2000 次循环后会损失约 20% 的初始容量（也称为 100% SOC）。通过减少 SOC 使用量，避免电池组在充电或完全充电之间完全放电，可以大大提高电池组的寿命周期。因此，所传递的总能量显著增加，由此电池持续时间更长。此外，对电池组进行过充电或过放电也会大大缩短电池寿命。

16.6.1 电动汽车充电水平、规格和安全性

EV/PHEV 电池通常由直流电源充电，直流电源通常由交流电源供电。为了避免增加车辆重量，许多早期的电动汽车使用非车载充电器。随着电力电子领域的技术进步，为了给用户带来更多的便利，现在大多数电动汽车都使用了车载整流器。事实上，今天的 EV/PHEV 制造商严格遵循 SAE J1771 的建议，要求交流电气连接和功率容量不超过 14.4kW。此外，常识可能表明这一策略的好处是简化了未来的公共基础设施。到目前为止，加州空气资源委员会（CARB）通过他们的报告"ZEV 基础设施：关于零排放汽车基础设施的报告"，引入经济因素，建议电动汽车最少配备一个车载整流器。表 16.2 显示了标准充电级及其重要性。虽然 1 级和 2 级符合上述考虑，但 SAE J1772 还包括所谓的快速充电（3 级）的规定，该规定允许将更高的功率级传输至 EV/PHEV 电池。

表 16.2 电动汽车/插电式混合动力汽车的充电级总结

1 级	1 级电动汽车充电采用电源线和插头连接的便携式电动汽车供电设备，能够与电动汽车供电连接。该设备专门适于电动汽车充电，AC 120V，15A，与最常见的接地电源插座兼容（NEMA5-15R）
2 级	电动汽车采用与 EVSE 固连的形式，专门适用于电动汽车，小于或等于 AC 240V，60A，不大于 14.4kW
3 级	电动汽车采用与 EVSE 固连的形式，专门适用于电动汽车，功率高于 14.4kW

目前，快速充电并不常用，主要是因为商用电池技术不允许过大的充电电流。此外，由于大量的电力需求，目前这种快速充电方案只能被视为一种营销噱头。

16.6.2　EV/PHEV 电池充电电压水平

要在 10min 内为一个 35kWh 的电池充电，需要 250kW 的功率，是办公楼高峰期平均耗电量的 5 倍。尽管公共 3 级基础设施的发展存在这些重要障碍，但市场对充电站快速充电可能性的驱动力（现在的加油站也是如此）使得这种发展在未来非常有可能。尤其是在不断努力改善电池化学特性和超级电容器的情况下允许更高电流的规格。快速充电的出现将最肯定的前提是回到非车载整流器，因此直接接触电池组将成为一种必要。因此，可以合理地预测，未来 EV/PHEV 将同时具有交流和直流充电插头。这样的假设对于基于可再生能源的电动汽车电池直流充电是至关重要的。

此外，EV/PHEV 的电池技术仍在开发中，且尚未成熟，更不用说任何形式的标准化了。每个制造商可自由选择不同的化学材料和系统设计；因此，目前不可能建立一个通用规范。对于充电解决方案中，最有问题的参数是电压水平，因为在某些情况下，必须添加变压器和相应的逆变器，以允许电压的灵活性。即使添加了变压器，也不可能正确地量化功率处理器的性能，如果允许电池电压具有很宽的范围。因此，在一厢情愿地期望这种电压在将来某个时候被标准化的情况下，必须在短期内做出合理的假设。

各种 EV/PHEV 车型的标称电池电压表明，275~400V 之间的范围是一个合理的假设，尽管一些附近的车辆仍然使用 PbA 电池，并且具有更低的标称电压。

16.6.3　充电安全问题

车辆本质上是不平稳的，因此不能通过永久性安全导体接地。由于电池组电压非常不安全，因此必须在工作条件下将其与底盘隔离，如 UL2202、UL 2231、ISO 6469、J1772 和 J1766 等许多标准所描述或假设的那样。然而，这一条款在充电过程中并不是严格必要的，因为充电器的电导耦合可以用来迫使底盘和浮动电池安全接地。这可能会解除充电器电源系统对电池的电隔离，但也会导致接地导体尺寸过大，同时对所有外部接线、连接器和联锁装置实施严格的安全规定。此外，SAE J1772 要求使用接地故障探测器（或等效方法）来确定电池组的绝缘完整性，因此不可能假设电池组可能始终都可以完全浮动。直接结果是充电器必须设计为与交流线路提供电隔离。

16.7　电动汽车充电和 V2G 功率流对电网的影响

根据能源预测，能源需求只会升级。超过一半的汽车工业市场将由电动汽车（EV）和/或 PHEV 组成。这意味着在晚上，当汽车到家后，还要额外充电。一方面，减少二氧化碳污染，另一方面，增加污染电厂并不是一个好的能量平衡方程。然而，通过引入 V2G 功率流和交流电网充电，可以改变系统的能量平衡。双向电动汽车电池充电器不仅可以给汽车电池充电，还可以利用电池的能量供给家庭住宅能量消耗。

从家到公司的车辆平均行驶长度约为 12mile（19.4km），这给电动汽车电池所含能量的使用带来了缺口。当驾驶人到家时，电动汽车可以为住宅负载供电，而不是直接给电池充电。电池的电量将在夜间转移。此时，电动汽车电池起到缓冲或 ESS 的作用。此外，为了增加可再生能源的能源产量，家庭供电（交流电网）将包括当地的可再生能源，如风能和太阳能。从调峰的角度来看，使用 V2G 技术显然是有益的，从上面的描述可以看出这一点。然而，为了安全实现 V2G 功率流，需要考虑一些关键问题。电动汽车锂离子电池组、交流电网和可再生风能/太阳能基础设施之间互联的一些关键技术方面如下所示。

16.7.1 线路稳定性

如上所述，交流电网可以完成"存储"可再生能源产生的多余能量的功能，从而消除对本地存储（电池和飞轮）的需要。事实上，情况要比这复杂得多。众所周知，间歇式发电机，如太阳能和风力发电装置，可能会对电网带来问题。事实上，如果这些发电机变得非常普遍，或者连接到偏远地区，它们产生的能量可能会超过负载可用量。简单的能量守恒理论指出，这种情况是站不住脚的，必须通过存储能量以备日后使用或通过减少发电量来弥补，从而使发电机的容量利用不足。即使产生的能量并不过剩，回流到变电站的电流也会导致局部公共耦合点出现电压升高，当线路阻抗很大时，这种升高可能会很严重。

此外，特别是在光伏发电的情况下，发电功率的瞬时水平可能会经历快速变化（由于云层的影响，最高可达每秒 15%），电网无法实时补偿，从而导致电压闪变。这些关于分布式发电的严重的问题目前是公共和私人各方深入研究和动员的对象。因此，重要的是考虑以下几点：①一般来说，分布式系统的电网渗透水平一般，尤其是 PVS 在美国非常低，小于 2%~3%。一些研究已经证实，在大多数情况下，只有当变电站的渗透水平分别超过 5% 和 15% 时，闪变和电压提升才是显著的；②在车库的情况下，负载本质上是存储型 EV/PHEV 电池。换言之，特别是对于大型停车场，在统计上很有可能负载是一样的。空置车库和生产过剩同时发生的情况非常罕见，在这种情况下减少发电量是可以接受的。事实上，因为上节提到的原因并网 EV/PHEV 电池可能对电力公司有利。

16.7.2 逆变器畸变和直流电流注入

可再生能源产生直流电压，需要一个 DC/AC 逆变器以便连接交流电网。一些监管机构，如 UL 和 IEC，对逆变器的性能实施了通用规范。最小限度地，逆变器必须产生低谐波失真电流（<5%）和近统一性功率因数（大多数情况下还不允许位移 PF 补偿）。此外，逆变器不允许向电网注入直流电流分量，因为这可能导致配电变压器饱和。通常遵循的标准 IEEE 929、IEC 61727 和 EN 61000 规定了额定输出电流的 0.5%~1% 作为最大值，而一些欧洲国家标准除了这个最小百分比外，还增加了 5mA 的绝对要求。

16.7.3 本地分布配置

前几节中考虑的解决方案假设使用单相连接。三相系统的主要吸引力在于增强了功率容量,无需任何线频元件即可输送和吸收功率,并消除了配电和接地线路中的三次谐波电流。这些特点是相当有吸引力的,包括潜在的优势,用于消除不必要的脉动充电电流的电动汽车电池。然而,单相配置允许更便宜和更简单的分布式逆变器。特别是,考虑到光伏电池只能为逆变器提供5kW的功率,并且需要添加中间DC-DC变换器以消除任何脉动电流,因此单相系统似乎更适合使用光伏能源的电动汽车充电应用。

16.8 智能电网中的可再生能源和EV/PHEV混合

在确定用于光伏/风力发电、并网车库的分布式能源变换器系统的技术目标时,必须做出适当的妥协,以控制成本,同时提供可接受的性能。基本上,主要设计目标取决于这样一个事实,即车库将是一个公共或半公共的。因此,系统的健壮性、可靠性和高可用性至关重要。已经确定,光伏/风能资源和电力变换系统必须是分布式的,提供灵活性和冗余,同时选择具有低部件数量和应力水平的拓扑,以便确保高可靠性。

另一个重要的考虑因素是可再生能源不易利用。这个简单的事实使得通过高转换效率来节约能源成为当务之急。如上所述,至少对于利用率最高的功率流路径而言,应尽量减少转换级的数量。在可再生充电的情况下,电力将最频繁地从光伏/风能流向电动汽车电池,并从交流电网流向电动汽车电池。因此,如果有选择,流动路径应该是根据以下优先顺序进行优化:按重要性降序排列,可再生能源到电池,电网到电池,可再生能源到电网,电池到

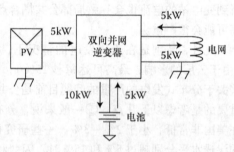

图 16.18 具有指定功率水平的可能功率流路径

电网[49]。图 16.18 特别针对光伏/交流电网接口描绘了显示可能功率流路径的示意图。图 16.19 显示了一个建议的结构,包括光伏、交流并网结构和电动汽车电池系统。

图 16.19 的配置具有独特的优点。首先,光伏能源可以直接注入电池组而不注入电网,然后从电网注入负荷,这样可以降低整体损耗。其次,这种配置为不同的功率流提供了极大的灵活性。根据光伏电池板的可用功率和电池组所需的功率,可能会出现不同的操作模式。如果来自PV的可用功率大于为电池组充电所需的功率,则剩余的可注入电网(模式1)。如果光伏发电量不足,将由电网提供剩余电力(模式2)。如果没有来自光伏电池板的电量,电池组可以单独由电网充电(模式3)。如果电池组没有连接到系统,光伏能源可以注入电网,以减少房屋的电费(模式4)。如果需要,可以在执行支持V2G模式(模式5)的配置期间,将电池组放电到电网。即使在停电的情况下,

电动汽车电池组也可以作为一种能源，并根据电池组的容量为住宅供电一段时间（模式6）。

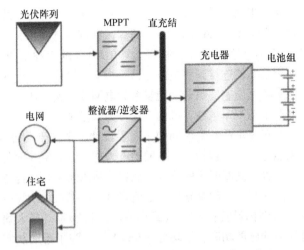

图 16.19　电动汽车、交流并网和光伏互联

16.8.1　车辆到电网：测试用例

EV/PHEV 电池并不能完全解决峰值用电期间的问题。然而，它可以作为一个外部存储系统，它可以帮助交流电网供应家庭和减少峰值用电。由于大多数可再生能源都是间歇性的，因此必须很好地开发 ESS 和先进的控制系统。EV/PHEV 电池可以在存储系统和能源发生等基础设施中发挥重要作用。由交流电网、风能和光伏供电的典型房屋连接到 PHEV，如图 16.20 所示。这就是电力系统净零能耗的概念。

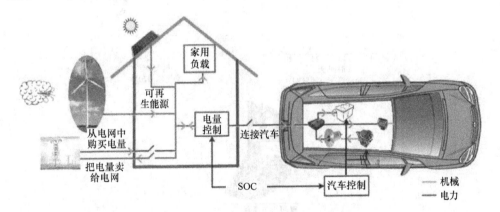

图 16.20　连接到净零能耗家庭的 PHEV

考虑到大多数车辆在晚上 8：00 到早上 7：00 之间在家，而且大多数人在早上

8:00到9:00以及下午4:00到下午5:00之间使用车辆,因此可以将车辆用作存储/发电系统使用11小时(取决于电池的SOC)。在此期间,可根据用户需要对EV/PHEV进行充电或放电。因此,当电网需求较低时,充电可以在夜间进行。此外,在大多数情况下,从家到工作地点的单程不超过25km。例如,雪佛兰Volt®的续驶里程为38mile(61km)。这意味着,汽车电池在一天结束时至少有11km的续驶里程[50]。整个系统可以分为两个部分:一个是车辆连接到住宅时,另一个是车辆未与住宅连接时。在第一种情况下,可再生能源直接供应家庭负荷。能量差为电网或车辆电池供电。然而,当可再生能源不足时,电网或电动汽车电池,或两者都可为家庭供电。

通常,为了解决基于成本的功率流问题,需要设计一个基于动态规划的优化函数。优化的目标是最小化能源成本,包括交流电网的电力成本,通常有两种价格:一种是非高峰时段的价格,另一种是高峰时段的价格。燃料价格以及可再生能源的成本也需要考虑在内。提出的优化问题有3个约束条件:电池容量、内燃机大小和电网容量。在典型的PHEV中,电池SOC范围设置在30%(最小SOC)和90%(最大SOC)之间。交流电网规模的特点是住宅插座的功率,平均为3.0kVA[50]。为了帮助制定优化算法,必须预测发电和消费概况以及车辆行驶周期。每次计算8小时的能量,这是可用的,通常有助于预测优化问题。

一个典型的PHEV和交流电网优化问题控制使用大约30%的可再生能源、40%的交流电网能源和30%的内燃机能源,来供应车辆出行和家庭能源负荷。基于图16.20的系统,在加拿大蒙特利尔康戈迪亚大学开发的一个实际测试案例被认为是一个例子。实际测试结果如图16.21所示。

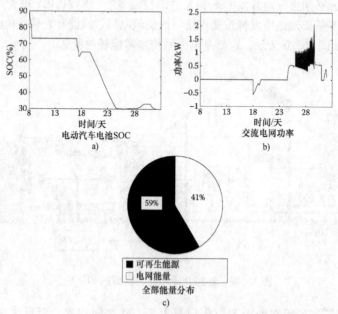

图16.21　典型的夏季测试情况(初始SOC=90%)

测试从充满电的电池（90% SOC）开始。结果表明，PHEV 电池有助于家庭供电和向电网销售电能，使基于优化的成本函数保持有序。

习题

16.1 征集电力和 PHEV 可能利用的各种辅助服务。简要解释这些服务，并给出适当的例子。

16.2 解释典型并网 EV/PHEV 充电系统的功率变换阶段。强调电力电子变换器在各种变换中所起的关键作用。

16.3 比较和对比 EV/PHEV 集中式和分布式公共充电基础设施。

16.4 强调各种非隔离 DC-DC 双向变换器的工作特性，以将 EV/PHEV 连接到高压直流母线。从整体性能的角度解释每个 DC-DC 变换器拓扑的优点。

16.5 在设计高效、高性能 EV/PHEV 电池充电基础设施时，使用交错式 DC-DC 变换器的优势是什么？用一个可以想象的大容量电动汽车电池充电场景来支持你的答案。

16.6 解释光伏电池板在 EV/PHEV 充电中的未来作用。突出显示各种 EV/PV/电网接口选项/场景。突出显示每个接口场景之间的比较特性。

16.7 解释可再生能源与 EV/PHEV 和智能电网的接口概念。使用本章最后一节中的模拟示例，考虑到您的家庭由合适尺寸的 PV 电池板供电。建模和模拟最佳电动汽车充电/放电场景（包括 V2H、V2H 功率流），同时牢记电动汽车电池 SOC、交流电网功率以及交流电网和光伏电源之间的总能量分布。在您的测试案例中，确保在不牺牲 EV 电池充放电效率和保持 PV 以及交流电网效率的情况下，获得最大的 PV 渗透率。

参 考 文 献

1. Ehsani M, Gao Y, Emadi A. 2010. *Modern Electric, Hybrid Electric and Fuel Cell Vehicles, Fundamentals, Theory and Design*, 2nd edn., CRC Press, New York.
2. Husain I. 2005. *Electric and Hybrid Vehicles, Design Fundamentals*, CRC Press, New York.
3. IEEE spectrum, Software Fix Extends Failing Batteries in 2006–2008 Honda Civic Hybrids: Is Cost Acceptable? http://spectrum.ieee.org/riskfactor/green-tech/advanced-cars/software-fix-extends-failing-batteries-in-2006-2008-honda-civic-hybrids-is-cost-acceptable. Accessed 23 August 2011.
4. Crompton TR. 2000. *Battery Reference Book*, 3rd edn., Newnes, Oxford, UK.
5. Buchmann I. 2001. *Batteries in a Portable World: A Handbook on Rechargeable Batteries for Non-Engineers*, 2nd edn., Cadex Electronics Inc, Richmond, BC, Canada.
6. Dhameja S. 2002. *Electric Vehicle Battery Systems*, Newnes, Boston, MA.
7. Chen LR. 2008. Design of duty-varied voltage pulse charger for improving Li-ion battery-charging response. *IEEE Transactions on Industrial Electronics*, 56(2), 480–487.
8. Park SY, Miwa H, Clark BT, Ditzler D, Malone G, D'souza NS, Lai JS. 2008. A universal battery charging algorithm for Ni–Cd, Ni–MH, SLA, and Li-ion for wide range voltage in portable applications, in *Proceedings of IEEE Power Electronics Specialists Conference*, Rhodes, Greece, pp. 4689–4694.
9. Hua CC, Lin MY. 2000. A study of charging control of lead acid battery for electric vehicles, in *Proceedings of IEEE International Symposium on Industrial Electronics*, Cholula, Puebla, Mexico, vol. 1, pp. 135–140.
10. West S, Krein PT. 2000. Equalization of valve-regulated lead acid batteries: Issues and life tests, in *Proceedings of IEEE International Telecommunications Energy Conference*, Phoenix, AZ, pp. 439–446.

11. Brost RD. 1998. Performance of valve-regulated lead acid batteries in EV1 extended series strings, in *Proceedings of IEEE Battery Conference on Applications and Advances*, Long Beach, CA, pp. 25–29.
12. Bentley WF. 1997. Cell balancing considerations for lithium-ion battery systems, in *Proceedings of IEEE Battery Conference on Applications and Advances*, Long Beach, CA, pp. 223–226.
13. Krein PT, Balog RS. 2002. Life extension through charge equalization of lead-acid batteries, in *Proceedings of IEEE International Telecommunications Energy Conference*, Montreal, QC, Canada, pp. 516–523.
14. Lohner A, Karden E, DeDoncker RW. 1997. Charge equalizing and lifetime increasing with a new charging method for VRLA batteries, in *Proceedings of IEEE International Telecommunications Energy Conference*, Melbourne, Australia, pp. 407–411.
15. Moore SW, Schneider PJ. 2001. A review of cell equalization methods for lithium ion and lithium polymer battery systems, in *Proceedings of SAE 2001 World Congress*, Detroit, MI.
16. Nishijima K, Sakamoto H, Harada K. 2000. A PWM controlled simple and high performance battery balancing system, in *Proceedings of IEEE 31st Annual Power Electronics Specialists Conference*, vol. 1, Galway, Ireland, pp. 517–520.
17. Isaacson MJ, Hoolandsworth RP, Giampaoli PJ. 2000. Advanced lithium ion battery charger, in *Proceedings of IEEE Battery Conference on Applications and Advances*, Long Beach, CA, pp. 193–198.
18. Pascual C, Krein PT. 1997. Switched capacitor system for automatic series battery equalization, in *Proceedings of 12th Annual Applied Power Electronics Conference and Exposition*, Atlanta, GA, vol. 2, pp. 848–854.
19. Hung ST, Hopkins DC, Mosling CR. 1993. Extension of battery life via charge equalization control, *IEEE Transactions on Industrial Electronics*, 40(1), 96–104.
20. Cao J, Schofield N, Emadi A. 2008. Battery balancing methods: a comprehensive review, in *Proceedings of IEEE Vehicle Power and Propulsion Conference*, Harbin, China, pp. 1–6.
21. Lee YS, Wang WY, Kuo TY. 2008. Soft computing for battery state-of-charge (BSOC) estimation in battery string systems, *IEEE Transactions on Industrial Electronics*, 55(1), 229–239.
22. Shen WX, Chan CC, Lo EWC, Chau KT. 2002. Adaptive neuro-fuzzy modeling of battery residual capacity for electric vehicles, *IEEE Transactions on Industrial Electronics*, 49(3), 677–684.
23. Piller S, Perrin M, Jossen A. 2001. Methods for state-of-charge determination and their applications, *Journal of Power Sources*, 96(1), 113–120.
24. Ullah Z, Burford B, Dillip S. 1996. Fast intelligent battery charging: neural-fuzzy approach, *IEEE Aerospace and Electronics Systems Magazine*, 11(6), 26–34.
25. Atlung S, Zachau-Christiansen B. 1994. Failure mode of the negative plate in recombinant lead/acid batteries, *Journal of Power Sources*, 52(2), 201–209.
26. Feder DO, Jones WEM. 1996. Gas evolution, dryout, and lifetime of VRLA cells an attempt to clarify fifteen years of confusion and misunderstanding, in *Proceedings of IEEE International Telecommunications Energy Conference*, Boston, MA, pp. 184–192.
27. Jones WEM, Feder DO. 1996. Behavior of VRLA cells on long term float. II. The effects of temperature, voltage and catalysis on gas evolution and consequent water loss, in *Proceedings of IEEE International Telecommunications Energy Conference*, Boston, MA, pp. 358–366.
28. Nelson RF, Sexton ED, Olson JB, Keyser M, Pesaran A. 2000. Search for an optimized cyclic charging algorithm for valve-regulated lead–acid batteries, *Journal of Power Sources*, 88(1), 44–52.
29. Kempton W, Tomic J, Brooks A, Lipman T, Davis. 2001. Vehicle-to-grid power: Battery, hybrid, and fuel cell vehicles as resources for distributed electric power in California, UCD-ITS-RR-01-03.
30. Cocconi AG. 1994. Combined motor drive and battery recharge system, US Patent no. 5,341,075.
31. Kempton W, Kubo T. 2000. Electric-drive vehicles for peak power in Japan, *Energy Policy*, 28(1), 9–18.
32. Kisacikoglu1 MC, Ozpineci B, Tolbert LM. 2010. Examination of a PHEV bidirectional charger system for V2G reactive power compensation, *IEEE Applied Power Electronics Conference*, Palm Springs, California.
33. Tuttle DP, Baldick R, The evolution of plug-in electric vehicle–grid interactions, *IEEE Trans. on Smart Grid*, 3(1), 500–505.
34. Jenkins SD, Rossmaier JR, Ferdowsi M. 2008. Utilization and effect of plug-in hybrid electric vehicles, in *The United States Power Grid, Vehicle Power and Propulsion Conference*, Arlington, TX.
35. Kempton W, Tomic J. 2005. Vehicle-to-grid power implementation: From stabilizing the grid to supporting large-scale renewable energy, *Journal of Power Sources*, 144(1), 280–294.
36. Wang J, Peng FZ, Anderson J, Joseph A, Buffenbarger R. 2004. Low cost fuel cell converter system for residential power generation, *IEEE Transactions on Power Electronics*, 19(5), 1315–1322.
37. Han S, Divan D. 2008. Bi-directional DC/DC converters for plug-in hybrid electric vehicle (PHEV) applications, in *Applied Power Electronics Conference and Exposition*, Austin, TX, pp. 784–789.

38. Peng FZ, Li H, Su G-J, Lawler JS. 2004. A new ZVS bidirectional DC–DC converter for fuel cell and battery application, *IEEE Transactions on Power Electronics*, 19(1), 54–65.
39. Xiao H, Guo L, Xie L. 2007. A new ZVS bidirectional DC-DC converter with phase-shift plus PWM control scheme, in *Applied Power Electronics Conference*, Anaheim, CA, pp. 943–948.
40. Du Y, Zhou X, Bai S, Lukic S, Huang A. 2010. Review of non-isolated bi-directional DC-DC converters for plug-in hybrid electric vehicle charge station application at municipal parking decks, in *Applied Power Electronics Conference and Exposition*, Palm Springs, CA, pp. 1145–1151.
41. Aggeler D, Canales F, Zelaya H, Parra DL, Coccia A, Butcher N, Apeldoorn O. 2010. Ultra-fast DC-charge infrastructures for EV-mobility and future smart grids, *Innovative Smart Grid Technologies Conference Europe*, Gothenburg, Sweden.
42. Bai S, Du Y, Lukic S. 2010. Optimum design of an EV/PHEV charging station with DC bus and storage system, *Energy Conversion Congress and Exposition*, Atlanta, GA, pp. 1178–1184.
43. Buso S, Malesani L, Mattavelli P, Veronese R. 1998. Design and fully digital control of parallel active filters for thyristor rectifiers to comply with IEC-1000-3-2 standards, *IEEE Transactions on Industry Applications*, 34(3), 508–517.
44. Peng Z. 2003. Z-source inverter, *IEEE Transactions on Industry Applications*, 39(2), 504–510.
45. Peng FZ, Shen M, Holland K. 2007. Application of Z-source inverter for traction drive of fuel cell—battery hybrid electric vehicles, *IEEE Transactions on Power Electronics*, 22(3), 1054–1061.
46. Carli G, Williamson S. 2009. On the elimination of pulsed output current in Z-loaded chargers/rectifiers, *Proceedings of IEEE Applied Power Electronics Conference and Exposition*, Washington, DC.
47. González R, López J, Sanchis P, Marroyo L. 2007. Transformer-less inverter for single-phase photovoltaic systems, *IEEE Transactions on Power Electronics*, 22(2), 693–697.
48. Kerekes T, Teodorescu R, Borup U. 2007. Transformer-less photovoltaic inverters connected to the grid, *Proceedings of IEEE Applied Power Electronics Conference and Exposition*, Anaheim, CA, pp. 1733–1737.
49. Carli, G, Williamson, S. 2013. Technical considerations on power conversion for electric and plug-in hybrid electric vehicle battery charging in photovoltaic installations, *IEEE Transactions on Power Electronics*, 28(12), 5784–5792.
50. Berthold, F, Blunier, B, Bouquain, D, Williamson, S, Miraoui, A. 2012. Offline and online optimization of plug-in hybrid electric vehicle energy usage (home-to-vehicle and vehicle-to-home), *Proceedings of IEEE Transportation Electrification Conference and Exposition*, Dearborn, MI.

第17章 能量管理与优化

Ilse Cervantes

17.1 引言

与传统汽车相比，混合动力汽车和电动汽车（即 HEV 和 EV）在能源利用上更加高效，主要有以下 3 个特征。

第一个特征是油箱到车轮的平均能效（化学能到机械能的转化能效）更高。也就是说，拿 HEV 举例，当内燃机（ICE）被使用时，来自于高能效的能量存储系统（ESS）的电力，会引起整个平均能效的增加。

第二个特征是再生制动，在制动过程中对 ESS 充电可以回收传统车辆中漏掉的机械能，从而进一步提高车辆使用的效率。

第三个特征是能源之间受控功率的分配。通过操纵这种功率分配，可以决定消耗多少燃料。ESS 的使用越频繁，车辆的运行效率越高，能量损失就越少。

本章的主要内容是对有关如何进行功率分配提供方法和理论基础。换句话说是关于如何设计一个能量管理策略（EMS）。现有的大多数 EMS 本质上主要是为了减少燃料的消耗。一旦车辆的设计阶段完成，这个主题的相关性就尤为重要，因为与燃油供应有关的任何燃油节省或运营成本的降低都主要由功率分配决定。考虑到车辆的机械特性（即几何设计、空气阻力、轮胎摩擦力等），我们想知道在给定的行驶工况⊖中，什么是一个好的功率分配决策。我用了"好"这个词，而不是"最好的"来强调，文献中的许多 EMS 并非总是数学家所说的"最优的"。我们将在 17.3 节中重新讨论该主题，在那里我们将建立最优的必要和充分条件。

EMS 可以分类为①基于优化②基于启发式或基于规则。基于优化策略的一个优势是它们的解决方案可以称为"最小"（即，燃料消耗最小）。他们现有结果的理论支持可用于各种车辆。它们的缺点可能是很难找到解决方案，并且对于实时应用程序可能消耗太多的计算资源。可以仅通过考虑瞬时功率需求（即无需了解未来需求）来执行优化，或者可以针对整个车辆行进轨迹进行优化⊜。车辆的行进轨迹需要了解行驶工况，但考虑到 ESS 荷电状态（SOC）的终端条件，从而可以更方便地进行 ESS 操作。

启发式方法利用了设计师的经验或先验知识。通常，它们很容易被实时应用，因为它们的复杂性通常与设计阶段的策略有关，而与操作无关。这种分类属于基于模糊逻

⊖ 行驶工况是给定道路条件下（如城市、半城市/城外）车辆的典型速度情况。——原书注
⊜ 轨迹是给定初始条件下系统状态的时间演化。——原书注

辑[1-3]、神经网络（NN）[4,5]和频率（即基于功率需求频率）[6-8]的分类；大多数都需要根据设计人员的经验或标准（开关模式条件）对功率分配进行分段连续描述。在该主题上进行的许多研究都集中在提供功能证据以及为设计标准提供理论支持上。

一旦决定了将使用哪种能源以及何种比例，下一步就是确保按预期执行功率分配。为此，我们这项任务中使用了电子控制单元（ECU）。在汽车工业中，ECU 是用于命名控制和监视设备的通用术语。通常，ECU 接收测量到的发动机/电动机/电池状态的各种传感器的电信号等。从这些信号，控制器通过产生电信号到执行器，来决定燃料的输送和通过 ESS 的电力传输。

EMS 充当功率基准发生器，而 ECU 充当跟踪控制。值得注意的是，ECU 中的跟踪控制也可能具有级联结构（例如，变换器控制器中的电压和电流环路，请参见图 17.1）。

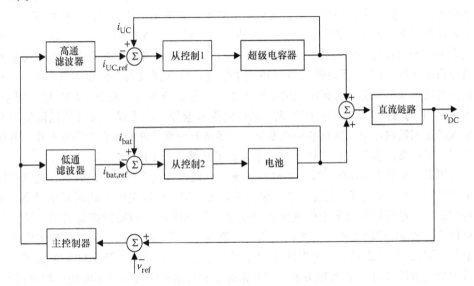

图 17.1　EV 的级联控制结构

[EMS 用作电流基准发生器以执行功率分配，而从控制器则跟踪电压控制（主控制器）提供的所需电流。EMS 由高通和低通滤波器组成。]

ECU 的设计既涉及控制器的数学设置，也涉及电子和执行器的设置。由于该主题对于单个章节而言太过庞大，因此我们将仅关注控件设计的一般方面，对于感兴趣的读者，请参考文献 [9-11] 了解有关控件的实现及其电子设计的问题。

17.1.1　能量管理问题：现有解决方案

综上所述，EMS 设计中存在两种不同的趋势，一种趋势是基于优化，另一种趋势是基于启发式规则。下面将简要回顾一些相关的方法。这样做不是要宏大或完整，而是要参考为减少燃料消耗而提出的不同想法并讨论它们如何工作。

首先，请注意，用于混合动力汽车和电动汽车的 EMS 着重于降低燃料消耗。因此，只有使用燃料电池（FC）来提供部分功率需求，才能在电动汽车中实现这一目标。这些车辆也称为燃料电池混合动力汽车（FCHEV）或燃料电池汽车。对于 HEV 或 FCHEV，存在类似的想法可用于 EMS 的设计。例如，在 HEV 或 FCHEV 中，可将发动机 FC 控制在改善车辆整体效率更高的区域，可以事先定义这些区域，并且可以使用①分段连续描述功率分配的启发式规则，或②在受限集中进行优化来考虑这些区域。处理能量管理问题时需要考虑的其他因素包括：电池续航能力，FC 寿命，FC 湿度和 ESS 的健康状况，这是最重要的。

在基于优化的策略中，值得讨论以下内容：

考虑 ESS 操作限制的策略。对于 FCHEV 和 HEV，使燃料消耗最小化的问题有一个简单的解决方案，那就是完全使用电气操作。但是，如果想法是 ICE 或 FC 提供车辆的主要能源，ESS 提供瞬时功率需求，或在一定的转矩或速度条件下工作。然后使用 FC/发动机功率和 ESS SOC 的限制以及使用所谓的电动机的等效燃料消耗，可以用一致的方式表示燃油消耗最小化问题（见参考文献 [12]）。等效消耗策略允许同时考虑电池在最小目标函数（OF）下的燃料消耗和能量消耗。并且还被用于减少 ESS 能耗$^\ominus$。对于这些种类的策略，为了保证电池的正常工作，通常必须考虑一些 FC 功率/电流限制。例如，FC 上的高电流需求会导致溢流，低电流需求会导致膜干燥，通过使用限制最小和最大的功率需求可以预防这些问题发生。满足所有约束条件的集合称为可行集，其解必须属于可行集。参考文献 [13 – 15] 中提供了此类 EMS 的示例。

考虑 FC/发动机效率的策略。在这种情况下，根据最大 FC/发动机效率，优化问题的限制是固定的。对于 FC 而言，效率取决于电流负载，在低电流负载时效率很高。在这种情况下，电流损耗与初始化氧化还原反应（开路区域）所需的能量有关。该策略还可以考虑对 FC 传输功率变化率的限制，以确保 FC 不会泛洪或变干。这样的限制也很重要，因为 FC 动态限制了输出功率的速率，并且 FC 无法满足快速的功率需求。虽然就燃料经济性（FE）而言很方便，但并未完全利用电池在最大效率电池区域的运行，尺寸过大的电池及其发电[17]。

考虑电池 SOH 或寿命的策略。通常，在设计基于优化的策略时，因为电压可以从电池 SOC 的静态（代数）关系中推断出来，所以电池 SOC 是唯一要考虑的动态状态。当然也可以考虑 SOH，为了解释什么是 SOH，我们假设电池在恒定条件下运行。在这种情况下，电池可以承受一定量的能量，该能量可用于计算等效数量的充电/放电循环次数。考虑到上述理想情况，SOH 是电池寿命结束时的一个量化值。现在，优化问题可能会受到电池的其他限制，包括对允许的最小 SOH 的限制[18]。当电池只提供其额定容量的 80% 时，通常电池达到损坏的边缘。NiMH 电池的使用寿命通常为 500 次循环，而镍镉电池则可以超过 1000 次循环。

基于分析解决方案的策略。在这种方法中，目标是制定一个基于优化的策略，能够

$\ominus$ 这个主题在 17.2.4 节讨论。——原书注

离线解决。这种情况只适用于特殊的 OF 和限制（通常是线性的）。在这种情况下，可以保证实时实现受限和非受限情况。由于解决方案是分析式的，因此可以对 ESS 效率或参数灵敏度的影响进行分析。

在线和离线策略。根据 OF 的性质，可以将优化问题表示为静态（即，OF 是仅考虑当前燃料消耗状态的瞬时值）或动态（即，OF 取决于瞬时燃料消耗的积分或涉及导数）。在本章中，我们将研究两种方法。

在基于启发式的 EMS 中，可以提到以下几点：

分段连续描述的功率分配：这可能是最简单的启发式策略。在这种情况下，功率分配是通过使用分段连续函数直接分配的，这是受设计器标准的启发。这种函数可能取决于 ESS SOC 和/或 SOH、FC 功率等。该函数的定义直接关系到策略的性能，因此是许多研究的课题。

基于频率的功率分配：在这种情况下，功率分配是由功率需求的频率特性来定义的。如前所述，FC 无法满足快速的功率需求，这也是小发动机存在的情况，因此，我们需要使用 ESS。频率分区是对电源频率响应分析的结果。通常，超级电容器（SC）用于高频功率变化，电池用于中频功率需求，FC 用于低频需求。在这个分区中必须考虑 ESS 的 SOC，例如耗尽的 ESS 不能满足功率需求，而基于频率的分区是没有意义的。

模糊的：设计这种策略的第一步是执行所谓的模糊化。也就是说，根据设计者的知识或准则，将模糊的概念或资格转化为集合。一旦定义了这些集合，下一步就是为每个概念分配隶属函数。这些隶属度函数可以重叠，这可能会为属于两个或多个隶属函数的点分配一个真正的值。通过应用模糊规则（模糊逻辑），可以推断出所应用的操作或策略（可能不止一个）。目标是定义基于一个集合决策，例如 ESS 的 SOC［例如：①高 SOC：FC/发动机围绕其最佳工作区域工作；②低 SOC：FC/发动机高于其最佳工作点工作）。为了实现目的，去模糊化过程将分配一个确定的功率共享值。可以对隶属函数的定义进行修改，得到不同的 EMS 结果。例如，在参考文献 [3] 中，对这些函数进行了操作，以接近基于优化的离线策略。研究结果表明，即使没有行驶工况的预测作用，该策略也表现出与离线优化策略的密切关系。

神经网络（NN）：神经网络方法的优点是可以处理不确定和非结构化的系统。它与黑盒模型不同，在黑盒模型中，许多输入都连接到单元层。单元基本上由低阶动力系统组成，该系统又可以互连到更多单元。通过操纵单元的参数、层数和互连，可以控制（训练）神经网络的输出。可以通过反复试验（基于设计人员的经验），也可以使用偏离期望响应的反馈来执行此操作。在后一种情况下，对于某些神经网络，可以给出收敛的证明，并且这些特征对于控制科学家来说非常有价值⊖。对于 EMS 设计，神经网络可用于学习最优策略以模拟它，或学习行驶工况以将其用于最优策略。

17.1.2 章节结构组成

在本章的其余部分，我们将着重于 EMS 设计问题和一些现有的解决方案，以及讨

⊖ 在这种情况下，策略不再是名发式的了。——原书注

论 ECU 的一些控制设计标准。本章的读者对象主要是本科生，但也有一些研究课题属于研究生水平。需要优化、功能分析和动态系统的基本概念。在某些情况下，参考文献是给为某些不熟练的读者准备的。

17.2 节致力于规范化 EMS 设计的问题表述，还讨论了基于优化和基于启发式 EMS 的特殊性。第 17.3 节中，我们讨论了解决最优问题的两个最重要的策略，即动态规划（DP）和变分演算（VC）。讨论了它们之间的主要区别，并在某些情况下给出了最优性的充要条件。在 17.4 节中，以 FCHEV 为例进行了最佳 EMS 的说明。

最后，17.5 节讨论了控制设计的一些一般性，并对当今一些最重要的控制策略的设计进行了深入的分析；也就是说，鲁棒和最佳控制。对控制设计策略感兴趣的读者可以跳过 17.2～17.4 节，直接从 17.5 节开始阅读，不会有任何影响。

本章不涉及电子控制电路的设计，也没有给出优化的数值方法和智能 EMS 的说明。

17.2 能量管理问题表述

在 17.1.1 节中，介绍了 EMS 设计问题表述的一些概括性。在本节中，我们将在此公式中获得精确度，在文章后面会具体讲解，问题的合理性对于确定解决方案及其计算方法而言是至关重要的。为此，需要构建每个部件的数学模型。由于 ESS 和 ICE 的特殊性在第 3 章、第 7 章和第 8 章已经介绍过，下一节的部件描述主要集中在氢质子交换膜燃料电池（PEMFC），它是目前最适合汽车的燃料电池技术之一。

17.2.1 PEMFC 说明

FC 是一种电化学装置，消耗氢气和空气（氧气）并产生热量、水和电能。FC 具有与电池类似的电化学原理，但是与电池不同，燃料和氧化剂（分别是氢和空气）是在外部提供的。对于 FCHEV 而言，此特性非常方便，因为可以像 ICE 车辆一样快速加油。化学能向电能的转化是在不燃烧的情况下发生的，因此，燃料电池是静默的，不用在高温下运行，更重要的是它们的效率不受卡诺循环的限制；这样的特性使它们比任何 ICE 都更有效率。通过使用膜电极组件（MEA），可以在不爆炸的情况下进行发电的氧化还原反应，该膜电极组件不仅可以防止气体混合，并且还可以作为离子导体。在反应过程中，氢分解成质子（带正电的粒子）和电子（带负电的）。质子穿过聚合物到达阴极，而电子通过外部电路产生电流。一旦离子传导完成，就会形成水分子。众所周知，湿度会改变膜的电导率，膜越干燥，膜的电导率就越小。然而，溢流也是不希望的，它可能阻止反应的进行。提取电流越高，产生的水越多。

FC 可以看作是可变电压、电流相关的直流电源。极化曲线是与 FC 的稳态电压和电流相关的函数［即 $V_{FC} = g(I_{FC})$］㊀。通常，极化曲线由 3 个区域组成（见图 17.2）。第一区域（Ⅰ）在低电流和高电压下，其中电流损耗与初始化反应所需的能量有关（开

㊀ 有时，当化学反应交叉发生时，这种关系可能不是一个函数。——原书注

路区域)。第二个区域(Ⅱ)是主要归因于电解液电阻率的欧姆电阻及电极及连接件的外电阻(线性区域)电流损耗和第三区(Ⅲ)位于高电流和低电压下,其中功率提取受传质速率的限制。

可以使用 FC 的电压和电流计算 FC 功率,如图 17.2 所示。这些曲线取决于改变 FC 电压的 H_2 压力,从而改变总提取功率。FC 的正常操作避免了区域Ⅰ和区域Ⅲ;因此,对 FC 的电流(功率)需求必须受到限制、FC 的氢消耗 $(m)_{H_2}$ 与 FC 输送的电流 (I_{FC}) 成正比,那是,

$$\dot{m}_{H_2}(t) = -\frac{\overline{N}M_{H_2}I_{FC}(t)}{2\overline{F}} \tag{17.1}$$

式中,$\overline{N}$ 是电池堆中的电池数量;M_{H_2} 是 H_2 的摩尔质量;$\overline{F}$ 是法拉第常数;$I_{FC}(t)$ 是为 FC 提供的电流。此关系将在以后为 FCHEV 求解 EMS 时使用。

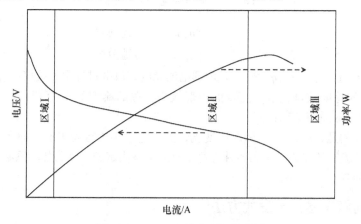

图 17.2　PEMFC 的典型极化曲线

17.2.2　功率需求计算:FCHEV

如前几章所述,车辆所需的机械功率取决于其动力学特性,也就是说,它不仅取决于滚动阻力、重力加速度、迎风面积、道路倾角等参数,也取决于车辆机械设计给出的运动传动效率。对于 FCHEV,这种机械功率需求可以转化为给定动力传动系的功率需求。由于电动机及其驱动器中存在不可避免的能量损耗,这种需求大于机械功率。

设 $P_{mech}(t)$ 为净机械功率需求;因此,给出了相应的电能需求 (P_{elec})

$$P_{mech}(t) = \eta_{md}P_{elec}(t) \tag{17.2}$$

式中,η_{md} 是电动机及其驱动器的总效率。I_{load} 和 P_{load} 分别表示车辆所需要的电流和功率,I_{bat}、P_{bat} 和 I_{FC}、P_{FC} 分别表示电池和 FC 所需要的电流和功率,如图 17.3 所示。

为了满足当前的负载需求,必须满足以下条件:

$$P_{load} = P_{bat}\eta_{eff,bat} + P_{FC}\eta_{eff,FC} \tag{17.3}$$

式中,$\eta_{eff,bat}$ 是电池的总电效率

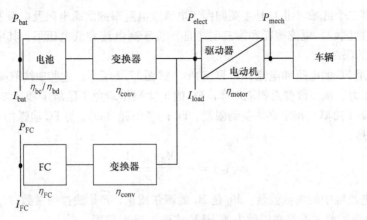

图 17.3 FCHEV 中的电力需求示意图

$$\eta_{source}\eta_{eff,bat} = \begin{cases} \eta_{bc}\eta_{conv} & 电池充电 \\ \eta_{bd}\eta_{conv} & 电池放电 \end{cases}$$

式中，η_{conv}是变换器效率；η_{bc}和η_{bd}是内部电池充电和放电过程中的效率；$\eta_{eff,FC}$（$=\eta_{FC}\eta_{conv}$）是 FC 的总电效率；η_{FC}是 FC 的内部效率。源的典型效率为[20]：$\eta_{bc}=1$，$\eta_{bd}=0.95$，$\eta_{SC}=1$，$\eta_{FC}=0.5$⊖。

需要注意的是，$P_{mech}(t)$ 随时间变化，因为它取决于行驶工况；即在车辆速度曲线上。换句话说，驾驶人和道路条件在每个时刻都是固定的，动力传动系必须满足一个时变的功率需求。

17.2.3 问题表述：启发式方法

启发式 EMS 不能以一种独特的形式用数学公式表示，而是取决于所使用的启发式方法的类型。在分段连续 EMS 的情况下，解决问题主要是使用文字来表示。

17.2.3.1 分段连续 EMS：PHEV 案例

让我们考虑一下插电式 HEV（PHEV）的情况。车辆配有发动机、电动机和一组蓄电池。假设车辆还配备有可变变速器，以便发动机能够以所需（最佳）速度运行。

操作规则集取决于电池 SOC、电动机功率和发动机的最佳工作点，而输出是电池、发动机和电动机状态。表 17.1[21]中给出了上述启发式规则的示例，其中P_{load}是功率需求，$P_{eng,opt}$是由发动机以最佳速度提供的功率，$P_{motor,max}$是由电动机提供的最大功率，而SOC_{min}是 SOC 的最小允许水平，而 REG 代表再生模式[21]。

17.2.3.2 基于频率的 EMS：EV 案例

为了将这种策略应用于电动汽车，ESS 必须同时由电池和 SC 组成。其主要目的是在对行驶工况进行频率分析的基础上，利用 SC 的高功率密度和电池的高能量密度来确

⊖ 文献中报道了更高的燃料电池效率，但通常，它们没有考虑与辅助系统相关的功率损耗和燃料电池的设备平衡（BoP）。BoP 是燃料电池的动力设备，外加辅助监测和控制设备。——原书注

定功率分配。环境管理体系的有效性主要取决于行驶工况的可变性；因此，基于频率的 EMS 对于高速公路行驶工况来说不是一个好的选择。

表 17.1 PHEV 的操作模式

条件	电动机状态	发动机状态	电池状态
$SOC \leq SOC_{min}$，$P_{load} < P_{eng,opt}$	REG	ON（在 $P_{eng,opt}$）	充电
$SOC \leq SOC_{min}$，$P_{load} \geq P_{eng,opt}$	OFF	ON	—
$SOC > SOC_{min}$，$P_{load} < P_{motor,max} > 0$	ON	OFF	放电
$SOC > SOC_{min}$，$P_{load} \geq P_{motor,max} > 0$	ON	ON	放电
$SOC < SOC_{max}$，$P_{load} < 0$	REG	OFF	充电

第一步是根据设计人员标准和 ESS 动态设计低通和高通滤波器。为此，使用例如快速傅里叶变换（FFT）的方法分析给定行驶工况下的电流需求（见图 17.4）[⊖]。根据 ESS 动力学，可使用图 17.4 轻松选择适当的滤波器的截止频率。过滤器是用来分离功率需求的实际频率内容。高通滤波器的输出用来创建 SC 电流控制器的基准，低通滤波器的输出用来创建电池电流控制器的基准，如图 17.1 所示。

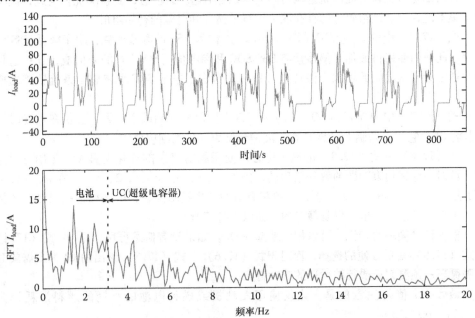

图 17.4 行驶工况的电流需求的频率分析
（高、低通滤波器的截止频率可以通过对电流需求和 ESS 动态的频率分析来确定）

17.2.4 问题表述：优化方法

如前面所述，基于能量管理系统（EMS）优化的目标是最小化燃油消耗 $\dot{m}_{Fuel}(t)$。

⊖ 也可使用小波变换（见参考文献 [5] 和 [28]）。——原书注

这个问题可以用不同的 OF 来表示。一些函数包括：

$$J_1 = K \dot{m}_{\text{Fuel}}(t) \tag{17.4}$$

$$J_2 = K [\dot{m}_{\text{Fuel}}(t)]^2 \tag{17.5}$$

$$J_3 = K \int_{t_0}^{t} \dot{m}_{\text{Fuel}}(\sigma) \mathrm{d}\sigma \tag{17.6}$$

$$J_4 = K_1 \int_{t_0}^{T} \dot{m}_{\text{Fuel}}(\sigma) \mathrm{d}\sigma + K_2 [\text{SOC}(T) - \text{SOC}^*] \tag{17.7}$$

$$J_5 = \int_{t_0}^{T} \{K_1 \dot{m}_{\text{Fuel}}^2(\sigma) + K_2 [\text{SOC}(\sigma) - \text{SOC}^*]^2\} \mathrm{d}\sigma \tag{17.8}$$

其中 K、K_1 和 K_2 是合适的常数，t_0 和 T 是行驶循环的起始时间和最终时间。OF 式（17.4）和式（17.5）没有考虑到过去或未来的燃料消耗量；如果用这样的公式来表述问题，则最小化问题将是瞬时的。

可以使用标准优化工具（例如，参考文献 [22] 中给出的工具）执行此类 OF 的优化。然而，OF 式（17.6）~式（17.8）是完全不同的，因为 OF 是动态的，其中任何一个，目的都是将燃料消耗的轨迹从时间 t_0 ~ T 最小化。请注意，要解决优化问题，此类轨迹集不能为空。这组轨迹的存在取决于行驶循环和电源的初始组成。

式（17.8）中的 $K_2 [\text{SOC}(T) - \text{SOC}^*]^2$ 称为 ESS 的等效油耗，用于降低 ESS 利用率。此项的使用将最佳点偏移量与 ESS SOC 和参考值（SOC^*）的差值成正比；这种调整通常会导致油耗的增加。注意式（17.8）考虑了电池 SOC 偏离整个系统轨迹的期望值。

式（17.7）中的项 $K_2 [\text{SOC}(T) - \text{SOC}^*]$ 称为终端成本，因为它仅在最终时间 T 影响 OF。它用于抑制 ESS SOC 在行驶循环结束时偏离期望值[⊖]。

式（17.6）~式（17.8）的最小化必须使用相对复杂的优化工具 VC 或 DP 执行；然而针对一些无约束问题的解是繁琐的，例如，$\min_{\dot{m}_{\text{Fuel}}} J_i$（i = 1，2，3…）在 $\dot{m}_{\text{Fuel}}(t) = 0$ 处有一个复杂的解。因此，要以一致和有益的方式提出问题，就必须包括限制；此类限制可以是动态的，也可以是静态的，如以下各节所示。

根据行驶循环的知识，可以相应地选择 OF。如果没有信息可用，则 OF 式（17.4）和式（17.5）是更方便的选择，而对于式（17.6）~式（17.8）给出的 OF，则需要对行驶循环的预测知识或行驶循环的准确特征。

最后一个值得注意的是，让仅使用发动机或燃料电池的车辆的燃料消耗记为 $\dot{\tilde{m}}_{\text{Fuel}}(t)$；FE 定义为

$$FE \triangleq \frac{[\dot{\tilde{m}}_{\text{Fuel}}(t) - \dot{m}_{\text{Fuel}}(t)]}{\dot{\tilde{m}}_{\text{Fuel}}(t)} \times 100\%$$

因此，燃料消耗的最小化与 FE 的最大化具有相同的解决方案。

17.2.4.1 瞬时优化问题的表述：FCHEV 案例

让我们考虑一下 FCHEV 的情况；由于油耗与 FC 要求的电流成正比，因此优化问

⊖ 我们将在后面看到，终端限制也有助于实现这一目的。——原书注

题可以表述为

$$\min_{I_{FC}} J_2 = \min_{I_{FC}} K[\dot{m}_{H_2}(t)]^2 = \min_{I_{FC}} K \left\{ \frac{-\overline{N}M_{H_2}I_{FC}(t)}{2F} \right\}^2 \tag{17.9}$$

$$P_{load} = P_{ESS}\eta_{eff,ESS} + P_{FC}\eta_{eff,FC} \tag{17.10}$$

$$SOC(t) = -I_{ESS}(t)/C, \ C > 0 \tag{17.11}$$

$$SOC_{min} \leqslant SOC(t) \leqslant SOC_{max}, SOC_{min} > 0, SOC_{max} \leqslant 1 \tag{17.12}$$

$$P_{FCmin} \leqslant P_{FC}(t) \leqslant P_{FCmax}, \ P_{FCmin}, P_{FCmax} > 0 \tag{17.13}$$

式中，$\eta_{eff,ESS}$ 和 $\eta_{eff,FC}$ 分别是 ESS 和 FC 的总电效率。注意 $t \geqslant t_0$ 时都必须要满足这些限制。因此，这些限制也是终端的（即在周期 T 的最后时刻也要满足限制）。

此外，注意式（17.12）构成对 ESS、SOC 的限制，因此 ESS 不能耗尽超过 SOC_{min} 或充电超过 SOC_{max}，而限制式（17.11）将电池电流与电池 SOC 相关联，并构成电池内部动力学给出的动态限制。

限制式（17.13）构成 FC 操作功率范围的限制。观察限制式（17.10）实际上是一个节能方程，它指出负载功率需求必须由 ESS 和 FC 满足。在最坏情况下，FC 设计应能满足车辆的最大功率需求；否则，无法满足此类限制。请注意，一旦 FC 功率固定，ESS 功率将固定为给定功率负载。也就是说，只有一个设计变量用于优化，问题可以相应地制定，最自然的选择是 I_{FC}，如式（17.14）中。

17.2.4.1.1 紧急模式

值得注意的是，基于优化的 EMS 的解决方案关键取决于存在非空可行集。预计当电池耗尽时，此类集会变窄，导致无法执行优化，发动机或 FC 必须提供所有功率。也就是说，在极端条件下，紧急模式（启发规则）的存在是不可避免的。

17.2.4.2 动态优化问题的表述：FCHEV 案例

在这种情况下，OF 可以选择为式（17.6）~式（17.8）的任意函数。在这种情况下，让我们将其设置为

$$\min_{I_{FC}} \int_{t_0}^{T} \dot{m}_{Fuel}^2(\sigma)d\sigma = \min_{I_{FC}} \int_{t_0}^{T} \left\{ \frac{-\overline{N}M_{H_2}I_{FC}(\sigma)}{2F} \right\}^2 d\sigma \tag{17.14}$$

受式（17.10）~式（17.13）和终端限制。

$$SOC(T) \geqslant SOC(t_0) \tag{17.15}$$

这里使用终端限制式（17.15），以确保电池至少被补充到行驶循环开始时 SOC 水平。

17.2.4.2.1 可达集和可容许输入的存在

动态优化问题（DOP）中终端限制的满意度很大程度上取决于初始条件。这种限制只有在初始条件属于可达集的情况下才能满足，也就是说对于所有可能的功率共享操作集，均可从中达到终端条件的初始条件集。

可达集的存在要求动态系统是可控的。满足终端限制的一组控制动作（功率共享决策）称为容许控制输入。

注意可达集的存在不仅取决于功率共享决策，还取决于行驶循环，这一点将在

17.4 节中说明。如果初始条件不属于可达集，DOP 的解决方案就不存在；因此，有必要确保满足这种条件，尽管在多数文献中，它是隐含的假设。

17.3 DOP 的解决方案

在 17.2.4 节中，已经提出两种不同的优化问题的表述，即瞬时和动态。瞬时优化问题（IOP）已在文献中得到广泛讨论，全局或局部最优值的存在与 OF 的类型或/和限制类型密切相关。为了解释这一说法，让我们考虑一下，例如，等式约束的经典拉格朗日乘数定理相。该定理指出，与等式约束相关的雅可比矩阵必须具有最小（最优性的必要条件）的满行秩，这种条件称为限定条件（约束限定）。这个条件与 OF 无关；因此，如果约束成立，定理对于相同的约束和任意可微的 OF 成立。约束条件可以构成存在最优的必要和/或充分条件。大量的研究文献关注确定最弱的约束条件，并将结果扩展到一般问题。

最重要的优化结果之一是 Karush、Khun 和 Tucker（KKT）[23]建立的凸⊖OF 和限制的一阶和二阶条件（必要充分）。一阶 KKT 也被证明是伪凸[24]、invex[25]、I 型[26]、强伪拟型 I·univex、弱伪拟型 I·univex、OF 和约束的限定条件。

如果 OF 是严格凸的，则其最小值是唯一的，因此是全局的。但是，一般来说，全局优化解决了非凸连续问题（包括差分代数、不可分解和混合整数问题）的全局解的计算和表征问题。

另一方面，DOP 的求解可以使用上述基本的静态优化工具进行推导；然而，这种推导不是直接的，在大多数情况下，是一个非常复杂的问题。解决此类问题的文献有两大趋势。DP 和 VC 方法。在这两种情况下，目标是将动态优化问题转换为瞬时（静态）优化问题。在以下各小节中，将介绍这两种方法；在每种情况下，在考虑限制时，假定存在非空的可行集，否则，任何解决方案的方法都是毫无意义的。

17.3.1 变分演算结果

变分演算有长串的结果。在本节中，我们将只关注 Pontryagin 原则，该原则为所谓的最佳控制问题（OCP）（也称为 Mayer 问题）提供了实现最佳性的必要条件。这些问题可以说明如下：

令 $M(t,x,u)$ 在 (x, u) 中是一个连续的标量函数 C^1⊖，其矢量分别为 x、u、$n-$、m 维。令 OF 为

$$\bar{J}(x,u) = G(x(T)) + \int_{t_0}^{T} M(t,x(t),u(t)) \mathrm{d}t \qquad (17.16)$$

⊖ 对于 Ω 中任意两点 x_1、x_2 和 $0 \leq \sigma \leq 1$，f 满足 $f(\sigma x_1 + (1-\sigma)x_2) \leq \sigma f(x_1) + (1-\sigma)f(x_2)$，则连续标量函数 $f(x)$ 在凸集 Ω 中为凸函数。当 $f(\sigma x_1 + (1-\sigma)x_2) < \sigma f(x_1) + (1-\sigma)f(x_2)$ 时，函数是严格凸的。

⊖ C^1 包含所有一阶导数连续的可微函数，它们也称为连续可微的。——原书注

限制条件

$$\dot{x} = f(t, x, u) \tag{17.17}$$

$$x(t_0) = \bar{x}(t_0) \tag{17.18}$$

$$\phi(T, x(T)) = 0 \tag{17.19}$$

t_0 和 T 表示初始时间和最终时间，$G(x(T))$ 是终端成本。限制条件式（17.18）和式（17.19）指出初始状态和最终状态是固定的，它们也称为结束限制。限制式（17.19）也称为终端限制。

DOP1：求出将式（17.16）最小化为式（17.17）～式（17.19）的 u。

在下面，当不会出现混淆时，状态和输入的时间参数将省略，以便简洁；此外，还介绍了以下符号。让 x' 代表 x 的转置，x_j （$j = 1 \cdots n$）代表 x 的第 j 项，其运算符为 $\nabla_x \triangleq (\partial/\partial x)$。

为了建立最佳的必要条件，让我们来定义哈密顿变量，

$$H(t, x(t), u(t), \lambda(t)) = M(t, x(t), u(t)) + \lambda' f(t, x(t), u(t)) \tag{17.20}$$

定理 17.1（庞特里亚金原理）

DOP1 实现最佳性的必要条件是

$$\dot{\lambda}(t) = -\nabla'_x f(t, x, u) \lambda(t) - \nabla'_x M(t, x, u) \tag{17.21}$$

$$\nabla'_u H(t, x, u, \lambda) = \nabla'_u f(t, x, u) \lambda(t) + \nabla'_u M(t, x, u) = 0 \tag{17.22}$$

$$\lambda(T) = [\nabla_x \phi(t, x) + \nabla_x G(x)]\big|_{t=T} \tag{17.23}$$

条件式（17.21）～式（17.23）称为横截性条件或边界条件，式（17.21）称为伴随方程。

注意定理 17.1，$\phi(T, x(T)) = 0$ 是必须满足的，此外在 $x_j(t_0)$ 未指定时 $\lambda_j(t_0) = 0$，如果状态和控制变量存在不等式约束，则无法应用定理 17.1 中的结果。例如，使用一组限制。

$$R(t, x(t), u(t)) \leq 0 \tag{17.24}$$

其中 $R(t, x(t), u(t))$ 为 (x, u) 中的 p 维矢量 C^1 在这种情况下，$\leq$ 为元素不等式。对于这些情况，引入了定理 17.2。

DOP2：求出令式（17.16）最小化的 u，使其满足式（17.17）～式（17.19）和式（17.24）。

为了提出 DOP2 的一个解法，引入定理 17.2，让我们考虑修正哈密顿变量。

$$\bar{H}(t, x, u, \lambda(t), v(t)) = M(t, x, u) + \lambda' f(t, x, u) + v' R(t, x, u) \tag{17.25}$$

和

$$v_j = \begin{cases} >0, & R_j(t, x, u) = 0 \\ =0, & R_j(t, x, u) < 0 \end{cases} \tag{17.26}$$

注意，在 $R_j(t, x, u) > 0$ 的情况下，由于没有满足限制，所以不存在解，下面的结果是有序的。

定理 17.2

DOP2 实现最佳性的必要条件是

$$\dot{\lambda}(t) = -\nabla'_x f(t,x,u)\lambda(t) - \nabla'_x M(t,x,u) - \nabla'_x R(t,x,u)v(t) \quad (17.27)$$

$$\nabla_u \overline{H} = \lambda(t)'\nabla_u f(t,x,u) + \nabla_u M(t,x,u) + v'\nabla_u R(t,x,u) = 0 \quad (17.28)$$

$$\lambda'(T) = [\nabla_x \phi(t,x) + \nabla_x G(x)]|_{t=T} \quad (17.29)$$

注意对于定理 17.1,必须满足 $\phi(T,x(T))=0$,此外在 $x_j(t_0)$ 未指定时 $\lambda_j(t_0)=0$,在这一点上很自然地要问定理 17.1 和 17.2 的条件是否也充分,一般来说,实现最佳条件的充分条件需要引入 DP 概念(见参考文献 [28])。然而,对于具有自由终点的最优问题,即初始时间和最终时间固定但最终状态没有条件的问题,其充要条件相当简单。

定理 17.3

具有自由端点的 ODP1 充分必要条件

$$\dot{\lambda}(t) = -\nabla'_x f(t,x,u)\lambda(t) - \nabla'_x M(t,x,u) \quad (17.30)$$

$$\nabla'_u H(t,x,u,\lambda) = \nabla'_u f(t,x,u)\lambda(t) + \nabla'_u M(t,x,u) = 0 \quad (17.31)$$

$$\lambda'(T) = \nabla_x G(x)|_{t=T} \quad (17.32)$$

此外如果 $M(t,x,u)$ 在 (x,u) 是严格凸的,则最优控制 $u(t)$ 是全局的(唯一)。

定理 17.1 ~ 定理 17.3 的证明是高度复杂的,这里就不介绍了。定理 17.2 的证明在 17.4 节给出。

17.3.2 动态规划

庞特里亚金原理可以提供一个很好的(但复杂的)最佳性的几何解释;然而,如前所述,如果要为最佳性寻找充分条件,则需要 DP 工具。要理解 DP 和庞特里亚金原理之间的联系,首先必须考虑最佳存在条件。也就是说,从定理 17.1 开始,我们已经建立了最佳性的必要条件,特别是极值的存在。但是,此类极值不是必需的(即,最小值必然是极值,但反之亦然)。DP 工具不存在这样的极值,这构成了 DP 的一般原则。为了介绍 DP,让我们定义以下内容:

定义 17.1

令 $V(t,x) \triangleq \inf_u J(t,x,u)$,其中 inf 代表 infimum,即标量函数 $J(t,x,u)$ 的最大下限。$V(t,x)$ 被称为贝尔曼函数或最佳返回函数。

此外,我们关注满足以下属性的 DOP 类:

属性 1。对于所有 T,x,存在一个连续的控制函数 u 满足 $V(t,x) = J(t,x,u)$。

属性 2。对于所有 t,$J(t,x,u)$ 是沿与初始状态 $x(t_0)$ 的可接受控制输入对应的沿任何轨迹估计的时间的非递减函数(参见图 17.5)。

属性 3。沿任何最佳轨迹估计的 $J(t,x,u)$ 是恒定的。

考虑到 DOP1,下面介绍相关的哈密顿 – 雅可比 – 贝尔曼(HJB)方程

$$-\frac{dV(t,x)}{dt} = \min_u [\nabla_t V(t,x) + \nabla'_x V(t,x)f(t,x,u)] \quad (17.33)$$

也可以写成

$$-\frac{dV(t,x)}{dt} = \min_u [M(t,x,u) + \nabla'_x V(t,x)f(t,x,u)] \quad (17.34)$$

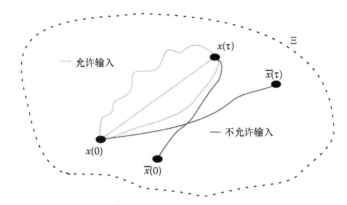

图 17.5 优化问题的允许输入和不允许输入

允许输入是控制输入的 u 的合集,以满足终端条件(初始和结束)

注意,为了满足终端成本,贝尔曼函数必须满足

$$V(T,x) = G(x) \tag{17.35}$$

可以证明,HJB 方程是 ODP1 满足属性 1~3 的最佳充分条件。在这种情况下,存在针对每个初始时间和初始条件存在唯一的最佳平滑控制,使 V 满足 HJB 式(17.33)和式(17.35)。即通过求解带边界条件的偏微分方程式(17.34),可以得到最佳控制。不幸的是,求解这样的方程是一个非常复杂的问题 [取决于非线性 $f(t,x,u)$],在少数情况下,它可以计算出来。

现在假设 OF 式(17.16)和限制式(17.17)分别允许以下表达:

$$\bar{J}(x,u) = x(T)'Sx(T) + \int_{t_0}^{T} [x(t)'F(t)x(t) + u(t)'N(t)u(t)]dt \tag{17.36}$$

$$\dot{x} = A(t)x + B(t)u \tag{17.37}$$

由于 $V(x(T),T) = x(T)'Sx(T)$,贝尔曼函数必须是二次函数 [即 $V(t,x) = x'P(t)x$];因此,最佳控制必须具有 $u(t) = K(t)x(t)$ 的形式才是合理的(否则贝尔曼函数不能是二次函数);因此,HJB 方程采用

$$\dot{P} = P(t)B(t)N^{-1}(t)B'(t)P(t) - P(t)A(t) - A(t)'P(t) - F(t) \tag{17.38}$$

$$P(T) = S \tag{17.39}$$

$$K(t) = -N(t)^{-1}B(t)'P(t) \tag{17.40}$$

其中最佳增益由式(17.40)给出。矩阵微分方程式(17.38)称为里卡蒂微分方程。注意对于 DOP2,即限制控制和状态的问题,只要限制不活跃,其解也在式(17.38)~式(17.40)的可行域内㊀。

17.4 FCHEV 的最佳 EMS

本节的目的是进行 EMS 设计之前的一些介绍,选择了两种基于 EMS 优化的瞬时和

㊀ 在可行集中,如果 $R(t,x,u) = 0$,则 $R(t,x,u) \leq 0$ 的限制称为有效限制。——原书注

动态优化。这样的选择使我们能够分析和对比这两个问题的复杂性，以及参数和当前需求的影响。在本节中，使用了两个行驶工况，它们是：欧洲（ECE）经济委员会又称 ECE-15 和城市行驶工况（城市Ⅱ），如图 17.6 所示。

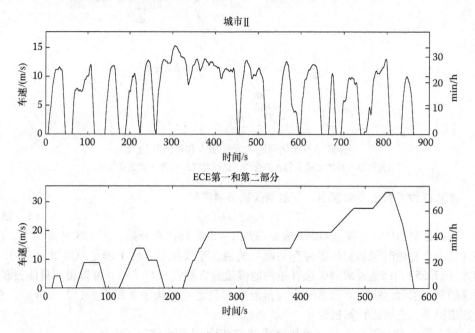

图 17.6　城市Ⅱ和 ECE 行驶工况

17.4.1　静态 OF

在这种情况下，优化问题式（17.9）服从式（17.10）~式（17.13）。考虑 ESS 是由电池组提供的，因此，$I_{ESS} = I_{bat}$；由于问题是瞬时的，因此通过绘制 FC 和电池限制可以很容易地说明可行区域。为了说明这一点，让我们考虑 17.2.1 节中的极化曲线。使用此曲线，可以表示区域Ⅱ中的 FC 电压作为 FC 电流的线性函数（见图 17.2）也就是：

$$V_{FC} = mI_{FC} + b \quad (17.41)$$

式中，V_{FC} 是 FC 的电压。请注意，$m < 0$ 和 $b > 0$（见图 17.2）。将式（17.41）代入式（17.13）可得

$$P_{FCmin} - mI_{FC}^2 - bI_{FC} \leq 0 \quad (17.42)$$

$$-P_{FCmax} + mI_{FC}^2 + bI_{FC} \leq 0 \quad (17.43)$$

下面定义

$$\alpha = \frac{P_{bat}(t)\eta_{eff,bat}}{P_{load}} \quad (17.44)$$

即 α 是电池组提供的功率需求的比例。请注意，$0 \leq \alpha \leq 1$；因此限制方程式（17.10）~

式(17.13) 可以写成

$$\frac{P_{\text{load}}(t)(1-\alpha)}{\eta_{\text{eff,FC}}} = P_{\text{FC}}$$

$$P_{\text{FCmin}} - \frac{P_{\text{load}}(1-\alpha)}{\eta_{\text{eff,FC}}} \leq 0 \tag{17.45}$$

$$-P_{\text{FCmax}} + \frac{P_{\text{load}}(1-\alpha)}{\eta_{\text{eff,FC}}} \leq 0 \tag{17.46}$$

$$\frac{-C\eta_{\text{eff,bat}}V_{\text{bat}}\dot{\text{SOC}}(t)}{P_{\text{load}}} = \alpha \tag{17.47}$$

使用上面的表达式，现在可以根据当前负载（图17.7中的阴影区域）来直观地识别可行区域。式（17.45）和式（17.46）构成曲线，随着P_{load}增加，曲线接近$\alpha=1$，它们分别用P_{FCmin}和P_{FCmax}表示。请注意，由于电池的限制是动态的，曲线A和B分别对应于初始条件SOC = SOC_{min}和SOC = SOC_{max}。但在实际应用中，电池的SOC会根据显示曲线A和B之间的曲线的功率需求而变化（图17.7中的虚线）。请注意，燃料消耗的降低是随着α的增加而降低的。因此，由于该解必须属于可行区域，所需的解位于可行集的边界上，对于低功耗负载，此解是最小FC功率曲线。这一事实与直觉一致，因为

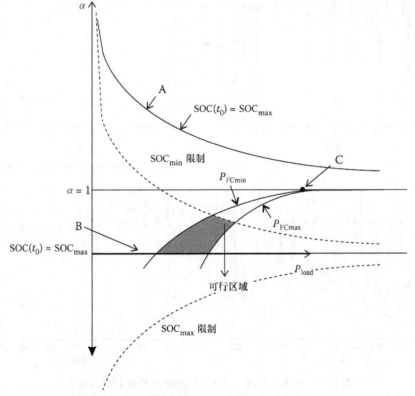

图17.7 瞬时优化问题的可行区域作为当前负载的函数

为了尽量减少燃料消耗,必须尽量减少 FC 的使用。此情况会随着当前需求的增加而迅速变化。在这种情况下,如果电池充分充电,解将从最小 FC 功率的曲线沿 $\alpha = 1$ 移动到最大 FC 功率;否则,解将位于实际 SOC 轨迹上(图 17.7 中的虚线)和 α 的值将取决于当前需求。

图 17.7 作为设计 FCHEV 电源的辅助工具。为了阐述这一点,首先观察给定的行驶工况,给定车辆和行驶工况的最大功率需求是固定的。最大 FC 功率的最大容量可以固定在 $P_{load,max} = P_{load}$,$\alpha = 1$ 的交集来最大化可行区域,因此优化事件。设此交点处的功率需求为 $P_{load,C}$(图 17.7 的点 C),然后最有价值的是,对于任何 α 功率需求是不可能达到 $P_{load,C}$ 的。也就是说,我们在求解优化问题时隐含的可控性假设不满足 $P_{load} > P_{load,C}$。

图 17.8 是初始条件 $SOC(t_0) = 1$ 和城市 II 的行驶工况下系统的瞬时最优问题的时间演进图。注意,由于电池的利用燃料最小化问题可以解决;因此,在这种最佳策略中,电池将耗尽到其最小(允许)的水平。此外,请注意,当电池由 FC 充电时,这绝不是最佳解决方案,因为如果使用 FC 来提供所有的功率需求,充电过程将消耗更多的燃料⊖。

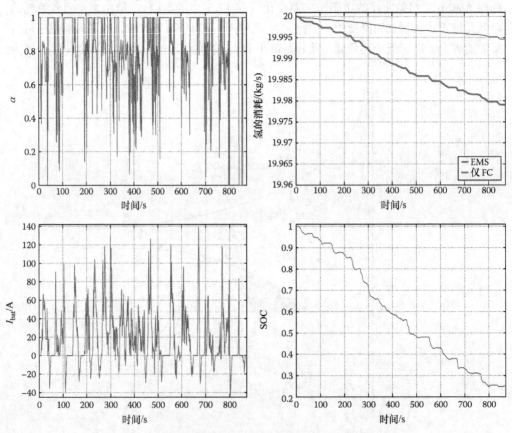

图 17.8 城市 II 行驶工况下车辆的最佳 EMS 的时间演进

⊖ 这是由于变换器效率导致的能量下降。——原书注

为了抑制电池的使用，可以使用 OF 式（17.8）中的等效燃料消耗项 [即 $J = K\dot{m}_{\text{Fuel}}^2(\sigma) + K_2[\text{SOC}(\sigma) - \text{SOC}^*]^2$]。这种策略无法避免电池耗尽（达到允许的最低水平），但放电速率比以上优化策略中要小，因为要对电池利用率进行抑制。然而，使用等效燃料消耗的缺点是增加了燃料消耗，如图 17.9 所示，其中 FE 为增益 K_2 的函数。

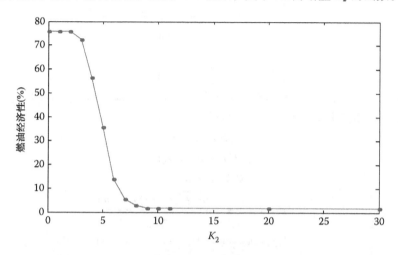

图 17.9 FE 作为等效燃料消耗值的增益函数

17.4.2 积分 OF

让我们考虑 17.2.4.2 节中由式（17.14）在限制式（17.10）~式（17.13）下给出的 DOP。优化问题有从时间 t_0 到 T 定义的积分。在这里，将使用 17.3.1 节中介绍的 VC 方法来解决优化问题。为此，让我们考虑，如 17.4.1 节，$\alpha(t) = u(t)$ 作为电池提供的总功率需求的比例。由于 FC 在欧姆区域 $I_{\text{FC}}(t) \propto P_{\text{FC}}(t)$，因此，目标函数（17.14）变为

$$\min_\alpha \int_{t_0}^T a^2 \overline{K}^2 P_{\text{FC}}^2(\sigma)\mathrm{d}\sigma = \min_\alpha \int_{t_0}^T a^2 \overline{K}^2 \frac{(1-\alpha)^2 P_{\text{load}}^2(\sigma)}{\eta_{\text{eff,FC}}^2}\mathrm{d}\sigma = \min_u \int_{t_0}^T a^2 \overline{K}^2 \frac{(1-u)^2 P_{\text{load}}^2(\sigma)}{\eta_{\text{eff,FC}}^2}\mathrm{d}\sigma \tag{17.48}$$

式中，$\overline{K} = \{-\overline{N}M_{\text{H}_2}/2\overline{F}\}$，电池 SOC 的动态由式（17.47）给出。因此，定理 17.2 中的函数为

$$f(t,x,u) = B(t)u \tag{17.49}$$

$$M(t,x(t),u(t)) = \frac{a^2 \overline{K}^2 P_{\text{load}}^2 (1-u)^2}{\eta_{\text{eff,FC}}^2} \tag{17.50}$$

$$G(x(T)) = 0 \tag{17.51}$$

$$\phi(T,x(T)) = 0 \tag{17.52}$$

$$R(t,x,u) = \begin{bmatrix} P_{\text{FCmin}} - \dfrac{P_{\text{load}}(1-u)}{\eta_{\text{eff,FC}}} \\ -P_{\text{FCmax}} + \dfrac{P_{\text{load}}(1-u)}{\eta_{\text{eff,FC}}} \\ \text{SOC}_{\min} - x \\ x - \text{SOC}_{\max} \\ -u \\ u - 1 \end{bmatrix} \tag{17.53}$$

注意，$u(t) = \alpha(t)$ 和 $x(t) = \text{SOC}(t)$ 已被使用和 $B(t) \triangleq (-P_{\text{load}}(t)/CV_{\text{bat}}\eta_{\text{eff,bat}})$。由于 OF 和动态系统不依赖于状态，而只依赖于输入 u，因此

$$\nabla_x f(t,x,u) = 0 \tag{17.54}$$

$$\nabla_u f(t,x,u) = B(t) \tag{17.55}$$

$$\nabla_x M(t,x,u) = 0 \tag{17.56}$$

$$\nabla_u M(t,x,u) = -\frac{2a^2 \overline{K}^2 P_{\text{load}}^2(t)(1-u)}{\eta_{\text{eff,FC}}^2} \tag{17.57}$$

$$\nabla_x' R(t,x,u) = (0 \quad 0 \quad -1 \quad 1 \quad 0 \quad 0) \tag{17.58}$$

$$\nabla_u' R(t,x,u) = (\rho(t,u) \quad -\rho(t,u) \quad 0 \quad 0 \quad -1 \quad 1) \tag{17.59}$$

式中，$\rho(t,u) = \dfrac{P_{\text{load}}(t)}{\eta_{\text{eff,FC}}}$。

根据定理 17.2，最优解的必要条件为

$$\dot{\lambda}(t) = v_3 - v_4 \tag{17.60}$$

$$\lambda(T) = 0 \tag{17.61}$$

$$\lambda B(t) + \Xi(t,u) + v_1 \rho(t,u) - v_2 \rho(t,u) - v_5 + v_6 = 0 \tag{17.62}$$

式中，$\Xi(t,u) = -\dfrac{2a^2 \overline{K}^2 P_{\text{load}}^2 (1-u)}{\eta_{\text{eff,FC}}^2}$；$v_j = \begin{cases} >0, & R_j(t,x,u) = 0 \\ =0, & R_j(t,x,u) < 0 \end{cases}$

从方程式（17.53）中观察到，v_1 和 v_2 不能同时为正数⊖。同理对 v_3 和 v_4⊖，v_5 和 v_6⊖。这意味着式（17.60）可以改写为

$$\dot{\lambda} = \begin{cases} >0, & \text{如果 SOC} = \text{SOC}_{\min} \\ =0, & \text{如果 SOC}_{\min} < \text{SOC} < \text{SOC}_{\max} \\ <0, & \text{如果 SOC} = \text{SOC}_{\max} \end{cases}$$

即当 $\text{SOC} = \text{SOC}_{\min}$ 时 $\dot{\lambda} = v_3$，当 $\text{SOC} = \text{SOC}_{\max}$ 时 $\dot{\lambda} = -v_4$。令 $\theta(t,u) = \lambda B(t) + \Xi(t, u) + v_1 \rho - v_2 \rho$，这意味着式（17.62）可以写成

⊖ 否则，FC 功率可能同时为最大值和最小值。——原书注

⊖ 否则，电池 SOC 可能同时为最大值和最小值。——原书注

⊖ 这意味着 $0 = u = 1$！

$$\theta(t,u) > 0 \quad \text{如果 } u = 0 \tag{17.63}$$

$$\theta(t,u) = 0 \quad \text{如果 } 0 < u < 1 \tag{17.64}$$

$$\theta(t,u) < 0 \quad \text{如果 } u = 1 \tag{17.65}$$

由于不等式约束式（17.63）~式（17.65）仅依赖于控制变量 u，因此最小值始终要求控制变量 $u(t)$（即 α）位于可行区域的边界处。也就是说，最小值由式（17.63）~式（17.65）之一给出。要找到解，首先观察式（17.63）~式（17.65）的情况是不够的，因为解分别是 $u=0$ 和 $u=1$。然而，对于式（17.64），我们必须分析所有边界；以下都是

案例（一）。$\text{SOC}_{\min} < \text{SOC}(t) < \text{SOC}_{\max}$ 和 $P_{\text{FCmin}} = P_{\text{FC}}(t)$。
案例（二）。$\text{SOC}_{\min} < \text{SOC}(t) < \text{SOC}_{\max}$ 和 $P_{\text{FCmax}} = P_{\text{FC}}(t)$。
案例（三）。$\text{SOC}(t) = \text{SOC}_{\min}$ 和 $P_{\text{FCmin}} = P_{\text{FC}}(t)$。
案例（四）。$\text{SOC}_{\max} = \text{SOC}(t)$ 和 $P_{\text{FCmin}} = P_{\text{FC}}(t)$。
案例（五）。$\text{SOC}_{\min} = \text{SOC}(t)$ 和 $P_{\text{FCmax}} = P_{\text{FC}}(t)$。
案例（六）。$\text{SOC}_{\max} = \text{SOC}(t)$ 和 $P_{\text{FCmax}} = P_{\text{FC}}(t)$。

17.4.2.1 案例（一）

对于第一种情况，我们知道限制式（17.64）变成

$$-\frac{2a^2 \overline{K}^2 P_{\text{load}}^2 (1-u)}{\eta_{\text{eff,FC}}^2} + v_1 \frac{P_{\text{load}}(t)}{\eta_{\text{eff,FC}}} = 0$$

导致

$$u = 1 - \frac{v_1 \eta_{\text{eff,FC}}}{2a^2 \overline{K}^2 P_{\text{load}}} \tag{17.66}$$

17.4.2.2 案例（二）

对于 $P_{\text{FC}} = P_{\text{FCmax}}$ 和 $\text{SOC}_{\max} < \text{SOC}(t) < \text{SOC}_{\min}$ 的限制式（17.64）变成

$$u = 1 + \frac{v_2 \eta_{\text{eff,FC}}}{2a^2 \overline{K}^2 P_{\text{load}}} \tag{17.67}$$

请注意，因为 $v_1 > 0$，$v_2 > 0$，$m < 0$ 和 $b > 0$，式（17.67）曲线总是在式（17.66）曲线上面。可以在图 17.10 中观察到，在图 17.10 中，两个曲线都已显示出来。因此，对于 $\text{SOC}_{\max} < \text{SOC}(t) < \text{SOC}_{\min}$ 的优化问题的解决方案，正如 17.4.1 节中展示，是沿着最小 FC 功率 $P_{\text{FC,min}}$ 曲线，因为 $P_{\text{FC,max}}$ 限制导致，当负载需要功率时，$\alpha > 1$。请注意，优化问题的解决方案不取决于电池的大小。然而，这一情况会随着电池 SOC 水平达到允许的最大值或最小值而改变，如下所示。

17.4.2.3 案例（三）

对于 $\text{SOC}(t) = \text{SOC}_{\min}$ 和 $P_{\text{FCmin}} = P_{\text{FC}}(t)$，我们知道限制式（17.64）变为

$$\lambda B(t) - \frac{2a^2 \overline{K}^2 P_{\text{load}}^2 (1-u)}{\eta_{\text{eff,FC}}^2} + v_1 \frac{P_{\text{load}}(t)}{\eta_{\text{eff,FC}}} = 0$$

当 $\dot{\lambda} = v_3$ 时有

$$u = 1 - \frac{v_1 \eta_{\text{eff,FC}} \eta_{\text{eff,bat}} CV_{\text{bat}} - \lambda \eta_{\text{eff,FC}}^2}{2P_{\text{load}} \eta_{\text{eff,bat}} Ca^2 \overline{K}^2 V_{\text{bat}}} \quad (17.68)$$

17.4.2.4 案例（四）

如果 $\text{SOC}(t) = \text{SOC}_{\text{max}}$，$P_{\text{FCmin}} = P_{\text{FC}}(t)$，那么 $\dot{\lambda} = -v_4$，限制式（17.64）也由式（17.68）给出。

约束和功率函数的最小和最大 FC 功率的限制动态优化和 $\text{SOC}_{\text{min}} < \text{SOC}(t) < \text{SOC}_{\text{max}}$ 问题的需求联系紧密。

17.4.2.5 案例（五）

如果 $\text{SOC}(t) = \text{SOC}_{\text{min}}$，$P_{\text{FCmax}} = P_{\text{FC}}(t)$，那么 $\dot{\lambda} = v_3$，限制式（17.64）变为

$$u = 1 + \frac{v_2 \eta_{\text{eff,FC}} \eta_{\text{eff,bat}} CV_{\text{bat}} + \lambda \eta_{\text{eff,FC}}^2}{2P_{\text{load}} \eta_{\text{eff,bat}} Ca^2 \overline{K}^2 V_{\text{bat}}} \quad (17.69)$$

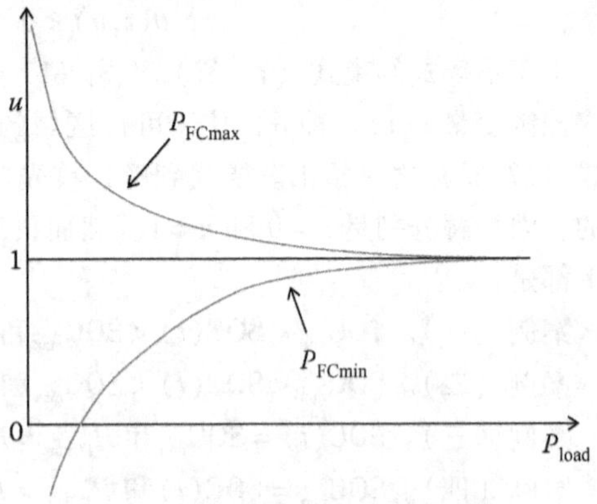

图 17.10　对于动态优化问题和 $\text{SOC}_{\text{min}} < \text{SOC}(t) < \text{SOC}_{\text{max}}$，与作为功率需求函数的最小和最大 FC 功率相关的限制

17.4.2.6 案例（六）

如果 $\text{SOC}(t) = \text{SOC}_{\text{max}}$，$P_{\text{FCmax}} = P_{\text{FC}}(t)$，那么 $\dot{\lambda} = -v_4$，限制式（17.64）也可以写成式（17.69）。通过比较案例（三）和（四）的控制函数，可以观察到优化问题将取决于 λ（由积分系统给出）和式（17.29）给出的最终条件。注意在这种情况下，最佳策略取决于电池的大小。最后，回想一下，由于我们已经转换了动态优化，最后回想一下，由于通过定理 17.2 将动态优化问题转化为静态优化问题，总油耗必须通过整个行驶循环内的系统积分来计算。

17.5　控制系统

如前所述，一旦决定使用何种能源，以及什么比例（即一旦确定了能量管理策略），下一步就是设计并实现一个控制器，以确保按预期执行功率分配。这样的任务是由 ECU 执行。

ECU 设计涉及两个方面：控制器的理论基础和机电系统实施。对于后者，值得一提的是实际控制实现中限制控制性能和稳定性的因素。其中一些包括采样时间、传感器噪声、传感器分辨率以及执行器动力学特性和分辨率。

如果对电子控制设计不注意，从理论到实践都会很难对研究中的系统所做出明确和隐含的假设。假设当使用慢传感器[○]或处理器时，连续系统可能会导致系统不可接受的性能或者不稳定。因此，最小采样时间（包括处理时间）要求必须在开始任何控制实现和系统标识之前显式计算，这在这项任务中起着基础性的作用。一般来说，为了保存信号的信息，有必要让采样使用至少两倍信号的最大频率，这样的原理是已知的。而且

○　慢是相较于系统动力学的。——原书注

因为模拟量的转换存在，奈奎斯特最小采样率对传感器和执行器的分辨率也很重要。

将在两个频率和幅值下进行采样的信号（如自然界中所发现的）转换成数字信号（如计算机处理的信号）。粗糙的传感器分辨率可能会导致持续的扰动，从而阻止算法收敛；在这些极端情况下，不能满足采样原理。由采样原理可确定，所有的与信号的振幅和信息有关的能量都包含在以足够快的速度采集的有限个样本中。

最后值得注意的是，当处理不稳定的系统时执行器和传感器的限制变得尤为重要。在参考文献［29］中有一个简洁的陈述，即不稳定系统是

1）可量化且更难控制；
2）其操作始终至关重要，且易受故障影响；
3）可实现的稳定性始终是局部的（即稳定点/区域只能从有界集上得到）。

17.5.1 控制设计

当前的控制设计遵循两大趋势：基于时间和基于频率。基于频率的技术适用于线性系统，它们主要是20世纪上半叶的科学家努力的结果。一般来说频域分析的一个优点是设计技术简单直观。

比例-积分（PI）、比例-积分-微分（PID）和比例-微分（PD）控制器是从这种设计趋势衍生出来的一些最常见的控制器。PI和PD控制器可以看作是PID控制的特殊情况。因此长期以来，调节参数一直是控制工程师们选择的工作重点。

积分使PID控制器具有抑制不确定性和补偿稳态偏差的能力；比例和微分提供稳定特性；而微分它可以看作是一种预测动作，具有提供过冲和过冲阻尼的特性以提高性能。对于适当的控制参数，PID表现出比较接近自适应和鲁棒控制器的性能或稳定能力；但是，如何获得对任意应用程序使用让系统程序拥有稳定性能问题尚未得到解决。

由于对这一课题做了大量的研究，学术界内有许多评论和文献。在参考文献［30］中，对优化过程、专利、软件和为 PID 控制器提供了商用硬件模块（另见参考文献［31］）。尽管基于频率的控制设计技术略显简单，在实践中会受到限制，但这是因为导出的稳定性结果仅在局部有效（其性质总是显示某种非线性）。

然而，基于时间的控制设计提供了可以应用于线性系统和非线性系统的模块，它们都具有由于非线性的增加的设计复杂度。系统可能会显示不符合常人思考的行为以及很少的封闭形式的解决方案。不像线性控制，非线性控制缺乏一般的方法去提供一个统一的处理方法来解决一大类问题。在本章中将回顾一些最常见的控制技术，即鲁棒控制、线性二次调节器（LQR）和时间最佳控制。

17.5.2 稳定性概念和工具

在讨论控制器之前，将介绍一些概念和稳定性工具。一般来说稳定性定义仅适用于自动化系统⊖，因为闭环系统也可以以这种形式写。所以，在不失一般性的前提下，可

⊖ 也就是说，没有形式为 $\dot{x}=f(t,x)$ 的扰动系统。——原书注

以对其稳定性进行研究。

定义 17.2

系统的平衡点 $x_{eq} = 0$

$$\dot{x} = f(t, x) \tag{17.70}$$

[即 $f(t, x_{eq}) = 0$] 如果所有 $\delta > 0$，则存在 $\varepsilon > 0$，当 $|x(t_0)| < \delta$ 时，则存在 $\varepsilon > 0$，那么 $|x(t)| < \varepsilon \ \forall \ t \geq t_0$。

注意，上面的定义与轨迹约束非常接近。定义17.2中的稳定性也称为Lyapunov意义上的稳定性。

定义 17.3

如果原点是稳定的，如果所有 $|x(t_0)| < \delta$，则 $|x(t)| \to 0$ 作为 $t \to \infty$（即原点是具有吸引的）。

如果平衡点不稳定则说它是不稳定的。观察到，在Lyapunov意义下，渐近稳定性是稳定的，但反之则不成立。一般来说，尽管另有规定，但这里仍关注孤立平衡点的渐近稳定性。

定义 17.4

集合

$$\Sigma = \{\beta \in R^{nv} \mid \sum_{i=1}^{nv} \beta_i = 1, \beta_i \geq 0\} \tag{17.71}$$

称为单纯形。

定义 17.5

如果

$$\boldsymbol{A} = \{\boldsymbol{A}(\beta) \mid \sum_{i=1}^{nv} \boldsymbol{A}_i \beta_i = \boldsymbol{A}, \beta_i \geq 0\} \tag{17.72}$$

式中，nv 是顶点数。

矩阵 $\boldsymbol{A}$ 称为多面体

定义 17.6

如果对单纯形中的所有 β_i 渐近稳定，则线性系统

$$\dot{x} = \boldsymbol{A}(\beta) x \tag{17.73}$$

是鲁棒稳定的。

17.5.3 鲁棒控制设计

在本节中将介绍一个非常简单的鲁棒控制设计结果，该结果是一个类似于频域的时域上的极大极小稳定性问题，结果易于验证，但存在不确定性，而且该策略实际上是使用多面体矩阵的鲁棒控制的早期结果。其中，多面体的顶点是矩阵的极值，并且给定不确定性边界。也就是说，如果描述线性动态系统的矩阵的参数是不确定的，或是突然变化的，但它们的项已知上下界，就可以得到矩阵的凸组合或多面体矩阵。通过证明顶点的稳定性，保证了单纯形中所有可能的线性描述的稳定性：即鲁棒控制。与传统的线性

系统描述不同，不仅参数小变化是有效的，而且参数的大变化也是有效的。

遵循上述思想，控制问题可以表述为下面的说法。考虑线性问题

$$\dot{x} = \overline{A}(\beta)x + \overline{B}(\beta)u \quad (17.74)$$

找到 $u = -Kx$ 的控制增益 K，使原点鲁棒稳定。

众所周知，由于系统是线性的，式（17.74）可以用标准特征值来稳定赋值[32]；这个结果总结在下面的定理中。

定理 17.4

如果存在对称正定矩阵 P，则线性系统式（17.74）是鲁棒稳定的。如下所示

$$PA(\beta) + A'(\beta)P < 0 \quad (17.75)$$

其中 $A(\beta) = \overline{A}(\beta) - \overline{B}(\beta)K$，矩阵不等式意味着不等式的左边是一个负定矩阵⊖。可以利用 $A(\beta)$ 是矩阵的凸组合这一事实，而不是试图为 $A(\beta)$ 中的每个矩阵分配闭环特征值。因为这个矩阵是凸函数。相反对于 β，我们可以选择只分配其顶点的特征值，通过观察

$$\lambda_{\max}\{PA(\beta) + A'(\beta)P\} \leq \lambda_{\max,i}\{PA(\beta_i) + A'(\beta_i)P\} \quad (17.76)$$

对于 $i = 1, 2\cdots, nv$。条件式（17.76）指出多面体矩阵 $A(\beta)$ 的最大特征值是由其顶点的最大特征值上界所确定的。转化条件式（17.75）为 1，很显然其只涉及顶点。在参考文献 [33] 中显示出多面体系统式（17.73）为对称正定矩阵 P 满足时的鲁棒稳定条件

$$PA(\beta_i) + A'(\beta_i)P < 0 \quad i = 1, 2\cdots, nv \quad (17.77)$$

在这一点上，我们想知道对于一个给定的多面体矩阵是否存在一个矩阵 P。以下结果给出了它存在的充分必要条件，它构成了极大极小问题[34]。对于 $i = 1, 2, \cdots, nv$，让 $h_i(P) = \lambda_{\max,i}\{PA(\beta_i) + A'(\beta_i)P\}$，因此 h_i 是凸的连续函数。

定理 17.5

假设对于线性系统式（17.73），如果已知只有一个顶点是渐近稳定的，然后存在对称正定矩阵 P，使得如果满足方程⊖，则满足式（17.77）

$$\min_{\|P\|\leq 1}\left[\max_i h_i(P)\right] < 0 \quad (17.78)$$

式中，$i = 1, 2, \cdots, nv$。

对于系统式（17.74），矩阵 P 或（等价地）矩阵增益 K 的计算可以用数值数学方法来计算来求解线性矩阵不等式（LMI）（见参考文献 [35]）。

用齐次 Lyapunov 函数可以得到更宽松的条件[36]或多项式参数相关 Lyapunov 函数[37]。这样的扩展使用了更多的参数，使得不等式矩阵更容易求解。此外，系统的鲁棒稳定性利用系统的输入输出特性和状态空间可以研究非线性系统以及 Lyapunov 技术，如参考文献 [38] 所示。

⊖ 对于所有 $x \neq 0$，负定矩阵 B 满足 $x'Bx < 0$，笛卡儿规则可被用于验证此条件。

⊜ 也就是当且仅当。

17.5.4 最佳控制设计

17.5.4.1 线性二次调节器

17.3.2 节中基于 EMS 的优化结果可用于推导被称为 LQR 的最佳控制。为了清楚地看到这一点，首先注意到目标函数 (17.36) 可以被看作性能指标，其中矩阵 $F(t)$ 是一个时变的权值矩阵，用来表示抑制状态相对于参考点的偏差（在本例中是原点），而矩阵 $N(t)$ 对控制作用具有相同的影响。

让我们假设 $S=0$，则可以使用里卡蒂微分方程 (17.38) 的解构造一个线性反馈，使期望的性能指标在时间间隔 $[t_0, T]$ 内最小化。因为一般来说，对于较大的时间范围，需要对优化问题进行求解（例如，无限时间范围），使用无限时间范围性能指数更方便。这样的优化问题有一个非常简单的解，它构成了式 (17.38) 的稳态。通过让式 (17.38) 中的 $t \to \infty$，导出了里卡蒂代数方程，即

$$P(t)B(t)N(t)^{-1}B'(t)P(t) - P(t)A(t) - A'(t)P(t) - F(t) = 0 \quad (17.79)$$

$$K(t) = -N(t)^{-1}B(t)'P(t) \quad (17.80)$$

$u = Kx$，可离线计算。

17.5.4.2 最短时间控制器

如定理 17.1 所示，ODP1 也能及时地完成一种最佳控制：也就是说，一种控制器使系统在最短时间内可以达到最终状态。因为它会完成快速的控制动作，这种控制也被称为 bang-bang。在这种情况下，如果 $G(x(T))=0, M(t,x(t),u(t))=1$，则式 (17.16) 得出

$$\bar{J}(x,u) = t_0 - T \quad (17.81)$$

根据定理 17.1，通过求解边值问题来计算解

$$\begin{aligned}\dot{x} &= f(t,x,u) \\ \dot{\lambda}(t) &= -\nabla'_x f(t,x,u)\lambda(t) \\ \nabla'_u f(t,x,u)\lambda(t) &= 0 \\ \lambda'(T) &= \nabla_x \phi(t,x)|_{t=T}\end{aligned} \quad (17.82)$$

习题

17.1 使用表 17.1 在 PHEV 中实现 17.2.3.1 节中给出的启发式 EMS。

17.2 在 17.4.1 节中电池尺寸对优化问题的油耗有何影响？

17.3 将终端约束式 (17.15) 引入 17.4.2 节的问题。
1) 计算解决办法。
2) 伴随方程的表达式是什么？

17.4 考虑 17.4.1 节的问题。如何考虑再生？

参 考 文 献

1. Blunier B., Simoies M.G. and Miraoui A. Fuzzy logic controller development of a hybrid fuel cell-battery auxiliary power unit for remote applications. In *2010 9th IEEE/IAS International Conference on Industry Applications (INDUSCON)*, Sao Paulo, Brazil, pp. 1–6, 2010.
2. Ferreira A.A., Pomilio J.A., Spiazzi G. and de Araujo Silva L. Energy management fuzzy logic supervisory for electric vehicle power supplies system. *IEEE Transactions on Power Electronics*, 23(1):107–115, 2008.
3. Ravey A., Blunier B. and Miraoui A. Control strategies for fuel-cell-based hybrid electric vehicles: From offline to online and experimental results. *IEEE Transactions on Vehicular Technology*, 61(6):2452–2457, 2012.
4. Murphey Y.L., Park J., Chen Z., Kuang M.L., Masrur M.A. and Phillips A.M. Intelligent hybrid vehicle power control—Part I: Machine learning of optimal vehicle power. *IEEE Transactions on Vehicular Technology*, 61(8):3519–3530, 2012.
5. Murphey Y.L., Park, J., Kiliaris L., Kuang M.L., Masrur M.A., Phillips A.M. and Wang Q. Intelligent hybrid vehicle power control—Part II: Online intelligent energy management. *IEEE Transactions on Vehicular Technology*, 62(1):69–79, 2013.
6. Chunting C., Masrur A. and Daniszewki D. Wavelet-transform-based power management of hybrid vehicles with multiple on-board energy sources including fuel cell, battery and ultracapacitor. *Journal of Power Sources*, 185(2), 1533–1543, 2008.
7. Florescu A., Bacha S., Munteanu I. and Bratcu A.I. Frequency-separation-based energy management control strategy of power flows within electric vehicles using ultracapacitors. In *IECON 2012—38th Annual Conference on IEEE Industrial Electronics Society*, pp. 2957–2964. IEEE Press, Quebec, QC, Canada, 2012.
8. Erdinc O., Vural B. and Uzunoglu M. A wavelet-fuzzy logic based energy management strategy for a fuel cell/battery/ultra-capacitor hybrid vehicular power system. *Journal of Power Sources*, 194(1), 369–380, 2009.
9. Archambeault B.R. *PCB Design for Real-World EMI Control*. Kluwer Academic Publishers, Norwell, Massachusetts, USA, 2002.
10. Ott H.W. *Electromagnetic Compatibility Engineering*. John Wiley and Sons, Inc., Hoboken, NJ, USA, 2009.
11. Montrose M.I. *Printed Circuit Board Design Techniques for EMC Compliance: A Handbook for Designers*. IEEE Press Series on Electronics Technology, New York, NY, USA, 2000.
12. Paganelli G., Delprat S., Guerra T.-M., Rimaux J. and Santin J. J. Equivalent consumption minimization strategy for parallel hybrid powertrains. In *IEEE 55th Vehicular Technology Conference, 2002. VTC Spring 2002*, Vol. 4, pp. 2076–2081. IEEE Press, Birmingham Al, 2002.
13. Lin C.C., Peng H., Grizzle J.W. and Jun M.K. Power management strategy for a parallel hybrid electric truck. *IEEE Transactions on Control Systems Technology*, 11:839–849, 2003.
14. Bo Geng, Mills J.K. and Sun D. Energy management control of microturbine-powered plug-in hybrid electric vehicles using the telemetry equivalent consumption minimization strategy. *IEEE Transactions on Vehicular Technology*, 60(9):4238–4248, 2011.
15. Bernard J., Delprat S., Guerra T.M. and Buchi F.N. Fuel efficient power management strategy for fuel cell hybrid powertrains. *Control Engineering Practice*, 18:408–417, 2010.
16. Feroldi D., Serra M. and Riera J. Energy management strategies based on efficiency map for fuel cell hybrid vehicles. *Journal of Power Sources*, 190(2):387–401, 2009.
17. Feroldi D., Serra M. and Riera J. Design and analysis of fuel-cell hybrid systems oriented to automotive applications. *IEEE Transactions on Vehicular Technology*, 58(9):4720–4729, 2009.
18. Bashash S., Moura S.J., Forman J.C. and Fathy H.K. Plug-in hybrid electric vehicle charge pattern optimization for energy cost and battery longevity. *Journal of Power Sources*, 196:541–549, 2011.
19. Tazelaar E., Veenhuizen B., van den Bosch P. and Grimminck M. Analytical solution of the energy management for fuel cell hybrid propulsion systems. *IEEE Transactions on Vehicular Technology*, 61(5):1986–1998, 2012.
20. Bernard J., Delprat S., Bchi F.N., and Guerra M.T. Fuel-cell hybrid powertrain: Toward minimization of hydrogen consumption. *IEEE Transactions on Vehicular Technology*, 58(7):3168–3176, 2009.

21. Banvait H., Anwar S. and Chen Y. A rule-based energy management strategy for plug-in hybrid electric vehicle (phev). In *American Control Conference, 2009. ACC '09*, St. Louis, MO, pp. 3938–3943, 2009.
22. Luenberger D.G. *Optimization by Vector Space Methods*. John Wiley and Sons, New York, 1969.
23. Kuhn H.W. and Tucker A.W. Nonlinear programming. In *Proceedings of the 2nd Berkeley Symposium on Mathematical Statistics and Probability*, University of California, Berkeley, CA, 1951.
24. Mangasarin O.L. *Nonlinear Programming*. SI AM. Classics in Applied Mathematics, Philadelphia, PA, 1994.
25. Hanson M.A. On sufficiency of the Kuhn–Tucker conditions. *Journal of Mathematical Analysis and Applications*, 80:545–550, 1981.
26. Hanson M.A. and Mond B. Necessary and sufficient conditions; Kuhn–Tucker conditions; invexity, type I and type II functions; duality; converse duality. *Mathematical Programming*, 37(1):51–58, 1987.
27. Sashi K.M. and Giorgi G. *Non Convex Optimization and Its Applications. Invexity and Optimization*. Springer Verlag, 2008.
28. Fleming W.H. and Rishel R.W. *Deterministic and Stochastic Optimal Control*. Springer Verlag, New York, NY, 1975.
29. Stein G. Respect the unstable. *IEEE Control Systems*, 23(4):12–25, 2003.
30. Ang K.H., Chong G., and Li Y. PID control system analysis, design, and technology. *IEEE Transactions on Control Systems Technology*, 13(4):559–576, 2005.
31. Li Y., Ang K.H. and Chong G.C.Y. PID control system analysis and design. *IEEE Control Systems*, 26(1):32–41, 2006.
32. Chen C.-T. *Linear System Theory and Design*. Oxford University Press, Inc., New York, NY, USA, 1999.
33. Path V.N. and Jeyakumar V. Stability, stabilization and duality for linear time-varying systems. *Optimization: A Journal of Mathematical Programming and Operations Research*, 59:447–460, 2010.
34. Horisberger H. and Belanger P.R. Regulators for linear, time invariant plants with uncertain parameters. *IEEE Transactions on Automatic Control*, 21(5), 705–708, 1976.
35. Gahinet P., Nemirobskii A., Laub A.J. and Chilali M. *LMI Control Toolbox*. Mathworks, 1994.
36. Chesi G., Garulli A., Tesi A. and Vicino A. Homogeneous Lyapunov functions for systems with structured uncertainties. *Automatica*, 39:1027–1035, 2003.
37. Chesi G., Garulli A., Tesi A. and Vicino A. Robust stability of time-varying polytopic systems via parameter dependent homogeneous Lyapunov functions. *Automatica*, 43:309–316, 2007.
38. Freeman R. and Kokotovic P.V. *Robust Nonlinear Control Design: State-Space and Lyapunov Techniques*. Modern Birkhuser Classics, Ann Arbor, MI, 2008.

Advanced Electric Drive Vehicles/by Ali Emadi/ISBN: 978-1-4665-9769-3.

Copyright © 2015 by Taylor & Francis Group, LLC.

Authorized translation from English language edition published by CRC Press, part of Taylor & Francis Group LLC; All rights reserved; 本书原版由 Taylor & Franc is 出版集团旗下，CRC 出版公司出版，并经其授权翻译出版。版权所有，侵权必究。

China Machine Press is authorized to publish and distribute exclusively the Chinese (Simplified Characters) language edition. This edition is authorized for sale throughout Mainland of China. No part of the publication may be reproduced or distributed by any means, or stored in a database or retrieval system, without the prior written permission of the publisher. 本书中文简体翻译版授权由机械工业出版社独家出版并限在中国大陆地区销售。未经出版者书面许可，不得以任何方式复制或发行本书的任何部分。

Copies of this book sold without a Taylor & Francis sticker on the cover are unauthorized and illegal. 本书封面贴有 Taylor & Francis 公司防伪标签，无标签者不得销售。

北京市版权局著作权合同登记　图字：01-2015-3492 号。

图书在版编目（CIP）数据

先进电动汽车/（加）阿里·埃玛迪（Ali Emadi）主编；王典等译. —北京：机械工业出版社，2021.12

（国际电气工程先进技术译丛）

书名原文：Advanced Electric Drive Vehicles

ISBN 978-7-111-69496-0

Ⅰ.①先… Ⅱ.①阿… ②王… Ⅲ.①电动汽车-研究 Ⅳ.①U469.72

中国版本图书馆 CIP 数据核字（2021）第 220444 号

机械工业出版社（北京市百万庄大街 22 号　邮政编码 100037）
策划编辑：朱　林　　　　　责任编辑：朱　林　赵玲丽
责任校对：郑　婕　王　延
责任印制：单爱军
北京虎彩文化传播有限公司印刷
2022 年 2 月第 1 版第 1 次印刷
169mm×239mm·35.25 印张·789 千字
0 001—1 000 册
标准书号：ISBN 978-7-111-69496-0
定价：249.00 元

电话服务　　　　　　　　网络服务
客服电话：010-88361066　　机　工　官　网：www.cmpbook.com
　　　　　010-88379833　　机　工　官　博：weibo.com/cmp1952
　　　　　010-68326294　　金　书　网：www.golden-book.com
封底无防伪标均为盗版　　　机工教育服务网：www.cmpedu.com